本书为河北省高等学校人文社会科学重点研究基地『董仲舒与传统文化研究中心』委托项目成果，由基地资助出版

董仲舒研究文库

第十四辑

主　　编　魏彦红
常务副主编　马惠钦
副 主 编　曹迎春　卫立冬　耿春红
　　　　　李建明　崔明稳

巴蜀书社

董子学院隆重推出《春秋繁露》精读班

代春敏博士主讲《春秋繁露·随本消息》

曹迎春教授主讲《春秋繁露·山川颂》

本书为河北省高等学校人文社会科学重点研究基地『董仲舒与传统文化研究中心』委托项目成果，由基地资助出版

董仲舒研究文库

第十四辑

主　编　魏彦红
常务副主编　马惠钦
副 主 编　曹迎春　卫立冬　耿春红
　　　　　李建明　崔明稳

巴蜀书社

图书在版编目（CIP）数据

董仲舒研究文库. 第十四辑/魏彦红主编. —成都：巴蜀书社，2022.10
ISBN 978-7-5531-1802-4

Ⅰ. ①董… Ⅱ. ①魏… Ⅲ. ①董仲舒（前179—前104）—哲学思想—思想评论—文集 Ⅳ. ①B234.55—53

中国版本图书馆CIP数据核字（2022）第175910号

董仲舒研究文库（第十四辑） 魏彦红 主编

责任编辑	陈亚玲
出　　版	巴蜀书社 成都市锦江区三色路238号新华之星A座36层　邮编610023 总编室电话：(028)86361843
网　　址	www.bsbook.com
发　　行	巴蜀书社 发行科电话：(028)86361851
经　　销	新华书店
照　　排	四川胜翔数码印务设计有限公司
印　　刷	成都蜀通印务有限责任公司（028）64715762
版　　次	2022年10月第1版
印　　次	2022年10月第1次印刷
成品尺寸	148mm×210mm
印　　张	21.25
字　　数	680千
书　　号	ISBN 978-7-5531-1802-4
定　　价	128.00元

2021 年度河北省教育厅人文社会科学研究重大课题攻关项目开题论证会暨“董子思想的创造性转化和创新性发展”学术研讨会专家研讨

董子学院协办泰伯吴都文化国际学术研讨会暨《春秋公羊传》暑假密集型读书班

董子学院隆重推出《春秋繁露》精读班

代春敏博士主讲《春秋繁露·随本消息》

曹迎春教授主讲《春秋繁露·山川颂》

《董仲舒思想通解》出版座谈会暨图书捐赠仪式在衡水市图书馆举行

董子学院学者应邀参加“中华孔子学会 2021 年年会暨中国心学的现代转型学术研讨会”

中央电视台再度拍摄专题片《承千秋礼乐 仿儒乡衡水》

全国总工会和中国社科院到访董子学院和学报编辑部

廊坊师范学院到董子学院和学报编辑部考察访问

首届全国儒学史研讨会暨河北省董仲舒研究会2021学术年会开幕式

河北省董仲舒研究会会长李奎良教授致辞

董子后裔、董子(上海)文化科技有限公司董事长董忠泉致辞

河北省董仲舒研究会秘书长魏彦红做研究会年度报告

衡水学院党委副书记卢援助代表衡水学院向董子学村赠送董学著作

国际儒联第七届"国学与大学德育"研讨会在故城县董子学村隆重召开

分组研讨现场

分组研讨现场

与会学者合影

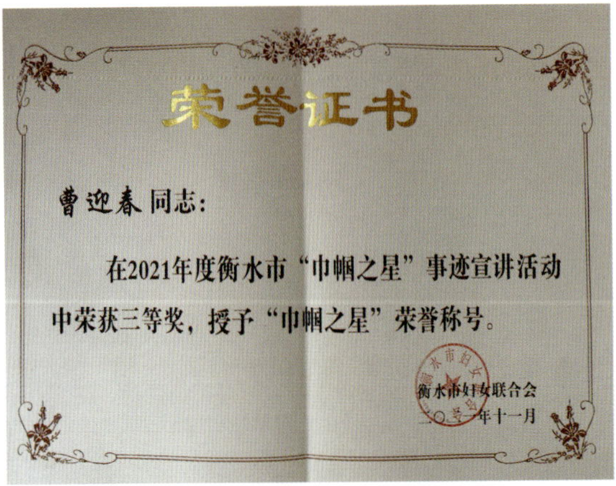

曹迎春教授获评2021年度衡水市巾帼之星

魏彦红教授参加第五届经史传统与中国哲学学术研讨会

董子讲坛隆重推出李奎良教授讲座：儒学中兴从衡水走来

主委致辞

民革衡水市委会主委 崔海霞

民革衡水市委会学院支部参与开展的"与经典对话 与时代同行"团结读书会活动是学习贯彻习近平总书记关于弘扬中华优秀传统文化的重要论述，积极打造"书香民革"，落实民革中央"履职能力建设年"，全面加强自身建设的重要举措。

董仲舒上承孔子，下启朱熹，是中国儒学发展史上的关键人物，其思想涵盖了从自然界到人类社会、从治国理政到个人修养的诸多方面，是中华民族宝贵的精神财富，充满了东方智慧。例如，董仲舒阐发的"大一统"思想，对于促进中华民族大一统观念的形成，推动多民族统一国家的发展，维护中华民族多元一体的格局，具有重大的历史和现实意义。董仲舒专心治学，其"目不窥园"的治学精神和深厚的学术造诣受到历代学者的推崇。董仲舒所提炼的传统社会价值观"仁义礼智信"与我们今天所倡导的家国情怀、责任担当亦是一脉相承。

民革衡水市委会将以团结报发起的团结读书会为契机，大力开展读书活动，努力营造"人人爱读书、处处有书香"的良好氛围。通过读书充实自我，丰富精神世界，提升综合素养；通过读书丰富知识，开阔视野，提高参政议政的深度和广度。

支部共读

【民革衡水市委会学院支部】

民革衡水市委会学院支部成立于1998年，现有党员19人，是民革衡水市委会唯一的高校支部。支部党员分布在美术、音乐、心理学、教育学、生命科学等多个学科领域，其中教授8人、副教授6人、博士2人。

近年来，在民革衡水市委会的领导下，支部党员务实创新，以高度的责任感和使命感，立足本职工作，在服务地方经济以及文化交流等方面作出了突出贡献。

支部党员结合自身业务和学术优势，积极参政议政，为地方政府建言献策。近5年来，围绕科学、教育、文化、卫生等方面，支部党员撰写提案30余项，其中，多篇提案获评省、市两级优秀提案。

支部自成立以来，先后获得"民革河北省优秀支部""民革河北省先进基层组织"等荣誉称号。多名党员受到民革中央、民革河北省委会、中共衡水市委统战部的表彰。

衡水学院向民革衡水市委会赠送董仲舒研究系列著作

民革衡水市委会学院支部开展团结读书会活动

品读董子名言 感悟先哲智慧

曹迎春

【领读人】

曹迎春，衡水学院教授，历史学博士，河北省董仲舒与传统文化研究中心研究员，上海交通大学董仲舒国际儒学研究院研究员，河北省董仲舒研究会常务理事，河北省儒学会常务理事，河北省宣传文化系统"四个一批"人才，衡水市第六批市管优秀专家。

西汉大儒董仲舒上承孔子、下启朱熹，是儒学思想史上里程碑式的人物。董仲舒使儒学由一家而融汇百家，由诸子而成独尊，奠定了儒家学说在中国传统文化中的主干地位，深刻影响了此后两千多年中国传统社会的政治结构和文化走向。然而，董仲舒的著作《春秋繁露》古奥难懂，足以让专业学者皓首穷经。如何才能为一般读者了解董仲舒思想找到一条捷径呢？笔者认为，可以从《春秋繁露》中的名言入手，这些名言是董仲舒思想的高度浓缩，可以作为打开董仲舒思想大门的钥匙。

忧患之思

"有忧而不知忧者凶，有忧而深忧之者吉。"

此句出自《春秋繁露·玉英》，意思是：如果你面临忧患而不知忧惧，那么前途就会凶险；相反，如果你面临忧患而深以为忧，那么就会逢凶化吉。从辩证的观点看，忧与喜、祸与福，本就是相互依存、互相转化的，但是对立面的转化又不是随意的、无条件的，而是相对的、有条件的。董仲舒认为最重要的一个条件，就是面对"忧"的态度和所采取的行动。"有忧而不知忧"和"有忧而深忧之"，两种不同的态度，就会导致两种不同的结果，前者凶，后者吉。

董仲舒以鲁桓公和齐桓公为例，进行了对比说明。鲁桓公是杀死自己的哥哥隐公即位的。他们的父亲去世后，因为没有嫡子即位，所以按继承顺序应该由母亲地位高的桓公即位，但是这时候桓公年纪还小，而隐公不但年长且十分贤能，于是大夫们就拥立隐公为君主。隐公本想暂代，等弟弟成年后就把君位还给他，可是后来的发展事与愿违。隐公十一年（前712年），公子翚建议隐公杀掉桓公，隐公没有答应，说自己打算让位。这让公子翚很害怕，生怕他的建议被桓公知道，于是他又去桓公那里诬陷隐公，说隐公根本没有还政的打算，并且请求桓公杀了哥哥。桓公却没有哥哥那么厚道，他答应了。这样，公子翚派人弑杀了隐公，立桓公为君。鲁桓公就是这样登上王位的，用了很不光彩的手段。他即位后，并没有因为自己杀死哥哥登上王位而有任何不安和忧虑，也没有什么得民心、任贤才的举动，最后大祸临头，死在了异国他乡。

齐桓公又是怎么即位的呢？齐桓公的即位也不是光明正大的。齐桓公的父亲在位时，齐国政治发生混乱。鲍叔牙保护小白（齐桓公的名字）逃到莒国，管仲保护着小白的哥哥公子纠逃到鲁国。后来，他们的父亲死后，鲁国赶紧护送公子纠回国抢夺君位，并派管仲带兵封堵从莒国到齐国的路。管仲一箭射中小白的带钩，小白假装倒地而死，管仲派人回鲁国报捷，于是鲁国就慢悠悠地送公子纠回国。等到了齐国才发现，小白早已被立为国君。这就是齐桓公即位的过程，齐桓公也是使用了诈谋手段。

但是与鲁桓公不同的是，齐桓公即位后尊敬并任用管仲为相，励精图治，积极改革，在外交上严格遵守信义，最终称霸诸侯。董仲舒说："鲁桓忘其忧而祸逮其身，齐桓忧其忧而立功名"（《春秋繁露·玉英》）。两个人都有忧患，但是一个"忘其忧"，一个"忧其忧"，态度不同，所以结果也完全不同。

谨慎之德

"善无小而不举，恶无小而不去。"

此句出自《春秋繁露·盟会要》。看到这句话，我们可能首先会联想到刘备的遗训"勿以恶小而为之，勿以善小而不为"。不过，刘备的遗训是在谈论道德修养，而董仲舒的"善无小而不举，恶无小而不去"却是在评价《春秋》一书的记事风格。董仲舒是研究《春秋》的大家，他认为《春秋》记载事件有一个重要的特点，就是不因为善事小就不写出来、不因为恶事小就不去除。

董仲舒认为，春秋时期之所以礼崩乐坏、天下大乱，主要是因为天子不守礼。天子不守礼，最初也只是在丧礼、婚礼上的失礼而不加以纠正，后来慢慢发展成王室内部兄弟相残的人伦悲剧，随之而来的是诸侯不尊王室、不讲礼义。董仲舒认为，春秋时期从天子不守礼到诸侯不守礼，再到后来出现弑君亡国的恶果，都是"细恶不绝之所致也"（《春秋繁露·王道》）。

在董仲舒看来，"善无小而不举，恶无小而不去"是《春秋》写作的风格特点，正是通过这样的方式，《春秋》教给我们为政、做人都须谨慎的道理，这是董仲舒"慎德"思想的理论来源。

辩证之法

"变用于变，常用于常，各止其科，非相妨也。"

此句出自《春秋繁露·竹林》。常变关系，相当于我们平常所说的一般和特殊的关系。这句话的意思是：在一般情况下，要坚持原则，不能随意变动；在特殊情况下，就应该灵活变通，要根据实际情况办事，而不能死抱着原则不放。常与变各有自己的适用范围，谁也不妨碍谁，但是也绝不能瞎用、乱用。

董仲舒讲的楚国司马子反的故事最能说明这个道理。根据《公羊传》的记载，鲁宣公十五年（前594年），楚庄王带兵包围了宋国，虽然楚国是大国，宋国是小国，但是宋国的抵抗很顽强，楚国久攻不下。眼看楚国粮草也不多了，于是楚庄王就派他的弟弟，担任司马的子反去探听宋国都城的情况。结果，宋国的大夫华元告诉子反，被围城数月的宋国百姓实在太惨了，已经到了"易子而食，析骸而炊"的地步。子反一听这种情况，顿生恻隐之心，于是就把楚军只有七天粮食的情况也如实告诉了对方，并且同意撤兵。楚庄王知道后大怒，但经过子反的再三劝说，楚庄王还是撤军了。国君派你去探听敌情，你却把自己的底细告诉对方，还先斩后奏，答应敌方请求，同意停战撤军。一般说来，对这样的人、这样的事，是要大加贬斥的，可是《春秋》反而给予赞扬。这是什么原因呢？董仲舒是这么分析的：子反遇到的不是一般情况，而是特殊情况。没有特殊情况，要按照原则行事；遇到特殊情况，就要灵活变通。这就是董仲舒的辩证之法。

治学之道

"《诗》无达诂，《易》无达占，《春秋》无达辞。"

此句出自《春秋繁露·精华》，是董仲舒对经典的学习最具代表性的看法。意思是，读经典不能抱着教条。对《诗经》《周易》《春秋》这些经典文本的解释没有标准答案，没有固定公式，没有统一模板，可以充分发挥主观能动性，创造性地解释经典。经典的意义就在于它是多元的、开放的，不是死的，而是活的。

就拿"《诗》无达诂"来说，董仲舒在引用和解释《诗经》时，会根据自己的需要作出不同的解释。比如，《诗经·小雅·节南山》中有这样四句："节彼南山，惟石岩岩；赫赫师尹，民具尔瞻。"从字面意思看，是把尹太师比作高山，受到百姓的仰望。董仲舒曾对这四句诗引用过两次。

一处是在《春秋繁露·山川颂》。董仲舒在颂扬完高山无私奉献的美德后，引用这四句，把高山比喻成高贵的君子；另一处是在《天人三策》。董仲舒给汉武帝讲当官不应与百姓争夺利益时说，周王室衰败时，"卿大夫缓于谊而急于利，亡推让之风而有争田之讼"，诗人看到世风日下的情形，就作《节南山》进行讥讽，接着就引用了这四句。

同一首诗，两处引用，一处赞美，一处讥讽。这是董仲舒"《诗》无达诂"思想的极好体现，根据需要对《诗经》进行引用和解释。后世的文论家普遍接受了董仲舒的这一思想，并把它发展成为注重读者主观阐发的文学阐释理论。

学习感悟

支部副主委**陈振帮**：

董仲舒是儒家中兴式人物，其思想体系繁阔庞大、包罗万象，其精神光芒即使在两千年后的今天，依然熠熠生辉。

令我印象最深的是董仲舒的"大一统"思想。"罢黜百家，独尊儒术"，这里并非弃百家之学于不顾，恰恰相反，董仲舒提倡汲百家之长，去其糟粕，让一切优秀的精华为我所用，然后创造性的转化和发展，形成独特的价值体系，从而站在文化的制高点上。

结合自身工作来说，作为一名心理学专业的教育工作者，我要学贯中西，纵览古今，站在巨人肩膀上，才能真正实现自己在心理学领域里的"大一统"。

当然，这既需要有一定的聪明才智，更需要有"三年目不窥园"的治学态度和"正心而归一善"的精神境界。

支部党员**徐晓丽**：

初识董仲舒，始于中学课本上的"罢黜百家，独尊儒术"。后来，来到大儒之乡——衡水，再加上衡水学院浓厚的董子文化研究氛围的熏陶，我渐渐对董仲舒、董子文化有了更深层次的了解。

"仁、义、礼、智、信"作为"五常"，有其永恒的价值，这种美德从古至今被我们所崇尚。其基本内核仍然合乎现代社会的需要，对新时代的社会主义核心价值观的弘扬有着非常重要的作用。比如，"信"作为"五常"中重要的人伦思想，成为核心价值观"诚信"的基础；"仁""义""礼"更是诠释了社会主义核心价值观的"文明""和谐""友善"。可见，"五常"作为优秀的传统文化的重要组成部分，对我国传统社会和现代社会的价值观念都有着深远的影响。

历史经验应是服务于生活的，我们应该从董仲舒的思想中挖掘汲取对现代社会有意义的内容，用董仲舒的儒学思想来修身审己，进一步坚定我们的文化自信，进一步凝聚起实现中华民族伟大复兴的磅礴伟力。

支部党员**赵章留**：

董仲舒的思想博大精深，我作为一名心理学工作者，更多关注的是董子的心理学思想。他的心理学思想在《春秋繁露·身之养重于义》《春秋繁露·循天之道》等篇中有精辟的论述。

董仲舒的心理学思想主要是"养生"，他认为养生分为两个方面，一是养生构成，分为身体养生和心理养生。身体养生的内涵是珍爱生命，提升生命质量；心理养生则是养心，心是精神和道德之义，养心重于养身。那么怎么养生呢？董仲舒认为"利以养其体，义以养其心……体莫贵于心，故养莫重于义"，即身体用物质的利来养，心理更重要，要用仁义来养。二是身心和谐，即"仁者寿，心和平，取天地之美以养其身"。寿不仅指的是生理上的长寿，还包括精神生活的高质量与生活状态的美好。仁义之人之所以长寿，是因为修养身心，心境平和，汲天地之美滋养，不以物喜、不以己悲，保持精神的愉悦，所以董仲舒养生的终极目的是身体与心灵的完美融合。这种观念和我国当前提倡的"健康中国"的理念高度契合，《健康中国2030规划纲要》将健康摆在优先发展的战略地位，并明确提出提升全民心理健康素养。

所以，董仲舒是具有大智慧的人，现代人提倡的"大健康"理念和董仲舒的"养生"思想一脉相承。

团结读书会

精彩回放

团结读书会走进河北衡水

6月10日上午，民革衡水市学院支部党员相聚在衡水学院董子学院，参与开展"与经典对话 与时代同行"团结读书会活动。此次活动是由团结报《文化周刊》策划，民革河北省委会宣传处、民革衡水市委会具体指导开展的。衡水市副市长、民革衡水市委会主委崔海霞，中共衡水学院党委副书记卢援助出席活动。卢援助代表衡水学院向民革衡水市委会赠送了由董子学院出版的董仲舒研究系列著作。

崔海霞表示，董仲舒作为衡水文化名人，其思想内涵深邃，在当今社会依然具有启示作用。作为一名民革党员，读书不是一件独善个人之事，还兼济着政治之责，是继续加强思想政治建设和提高参政议政能力的重要途径。党员同志要勤于学习，善于学习，通过读书丰富知识、开阔视野，不断提高参政议政的深度和广度。

活动的领读专家曹迎春教授作了题为《走近董仲舒》的讲座。她围绕董仲舒的生平、故里，详细讲解了董仲舒作为衡水历史文化名人，在中国儒学史和中国哲学史上的历史地位、重要作用及深远影响，重点介绍了董仲舒的"大一统"思想和"五常"思想。"大一统"思想不仅为汉代社会的政治思想转变完成了理论建构，还深刻影响了此后中国的制度建设和民族文化心理；"五常"思想更是中华民族传统思想核心价值观的来源和主导。

支部党员闫丽琴、陈振帮、赵章留、徐晓丽等在交流学习心得时表示，这次读书会活动内容丰富、意义重大。董仲舒思想体系包罗万象、意境深远，细心品读，如醍醐灌顶、春风化雨，其散发的精神光芒即便在两千多年后的今天，仍然熠熠生辉。董仲舒的"大一统"思想、"三年目不窥园"的治学态度和"正心而归一善"的精神境界，深深刻在国人心中。下一步，我们要努力治学，深入基层，更好地发挥民主党派作用，履职尽责，积极建言献策，为经济社会发展作出应有贡献。

支部主委时丽冉总结此次活动时表示，通过这次活动，支部党员们较为系统地了解了董仲舒思想，希望大家能够将经典的力量化为把中国特色社会主义伟大事业推向前进的内在动力，勇毅前行，为实现中华民族伟大复兴的中国梦而努力奋斗。（邢东乐 肖 凤）

《团结报》文化周刊整版宣传董子文化

曹迎春教授在大型文博纪录片《王厝时代》中担任专家讲解

大型电视文化栏目《大儒之乡话仲舒》在衡水电视台隆重开播

董子学院教师参加纪念王阳明诞辰550周年学术研讨会

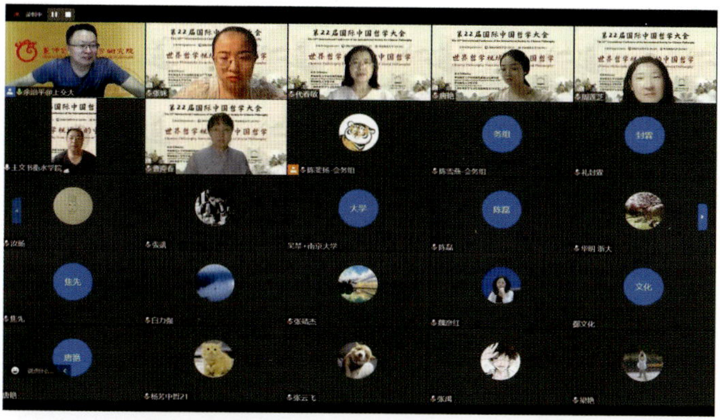

第 22 届国际中国哲学大会特设董学专场

董子学院协助上海交通大学顺利完成“2022 春秋学工作坊”讲学活动

河北省委书记倪岳峰(左二)实地考察董子文化

魏彦红教授受邀参加“旧邦新命与中国哲学——陈来先生七十寿辰纪念及学术思想研讨会”

董子学院教师受邀参加“燕赵文化与中国哲学创新发展”学术研讨会

目 录

公羊学与董仲舒经学思想研究

董仲舒伦理、法律思想研究

董学文本与董学史研究

董学研究方法、综述

序 盛世文化的代表

周桂钿

两千多年前的儒家提出了最高的社会理想和现实的社会理想。最高理想是“大道之行也，天下为公”的大同社会。最高理想很难实现，现实社会是“大道既隐，天下为家”的家天下。家天下也有兴衰成败的问题，兴盛时，社会安定，经济发展，人民安居乐业。这叫小康社会。如果天下分裂，社会大乱，战争爆发，经济崩溃，人民流离失所。这就是乱世。中国历史上经常出现乱世与治世的交替。大乱后有大治，治以后又乱，分久必合，合久必分。治理得好，可以安定数百年。治理不好，连续动乱，难有安定的日子。中国人的梦想首先是实现小康的现实理想，而最高理想只是追求的目标，时过两千多年，还没实现，再过两千年，也未必能实现。因此，我们要争取的首先是现实理想，那就是小康社会。

儒家认为尧、舜之前是公天下的大同社会，就是公有制的原始社会。从禹开始出现家天下，这是私有制的社会。儒家还认为，在禹、汤、文武、成王、周公执政时期是小康社会。这时的家天下，社会安定，没有战争，秩序良好。这是三代的前期。接着后来就逐渐变坏了。夏桀和商纣当政都是乱世，才被汤、武所取代。特别在周朝末期，天下大乱，周天子没有权威，礼崩乐坏，各诸侯分裂割据，年年纷争，大国强国吞并小国弱国，最后七强纷争进入战国时代，最终由秦国吞并六国统一天下，建立秦朝，筑长城，统一文字与度量衡，改封建制度为郡县制度。秦虽然统一了，由于执政缺乏德教，不久又陷入大乱，很快又灭亡了。继承秦朝的是汉朝，虽然改朝了，而家天下的格局没有改变，一直延续到清朝，达四千五百多年。家天下在四千多年中，虽然不断改朝换代，家天下的格局没有变化，虽有改革与创新，只是在完善这种制度。新朝代刚建立往往比较好，社会安定，经济发展，人民安居乐业，呈现盛世状况。延续一段时间后，就逐渐腐败，进入乱世，被人民推翻，被有德者取代。在中国历史上有汉唐盛世。汉朝与唐朝的前期与三代前期相似，都可以称为盛世即小康社会。

大同是儒家的最高理想，很难达到，小康则是可以实现的现实的理想社会。大同与小康就成为古今中国人的共同之梦。

尧舜之前还没有出现私有制的原始社会，儒家称为“天下为公”的时代。当时社会状况，我们不清楚。夏、商、周三代，孔子对于夏、商的社会制度已经不太清楚，礼制大概已经出现。后代考古可以确定商代有甲骨文和祭祀文化。至于周代，孔子有比较多的了解，主要的有周公制礼作乐，创造礼乐文化，又实行分封建国的封建制度，细节保存在儒家的典籍中。秦王朝建立时，实行郡县制，取代封建制，同时废除许多礼乐细节。春秋时代已经礼崩乐坏，这时改朝的冲击，使礼乐细节荡然无存。

汉代秦之后，许多儒生企图恢复周礼，由于资料不全，他们收集残篇断简，加上想象猜测，重新创造出与时代相适应的礼乐制度来。“礼之用，和为贵”，礼乐的作用最重要的就是使社会和谐。汉初统治者为了巩固得来不易的政权，采取了一系列措施，协调各种社会关系，消除危险因素。在稳定的条件下，发展生产，保障供给，让人民安居乐业。人民富裕以后，就开始奢侈，而当官的就抢先腐败，教育就变得特别重要。正如孟子所说，生活好了，不接受教育，就会变得与禽兽差不多。刘邦巩固政权，文、景时代使百姓富裕，汉武帝开始独尊儒术，大办教育，发展文化事业。汉初这三阶段形成了盛事景象：社会稳定，经济发展，文化提高。

文化提高，培育了史学家。史学家记述了盛世景象。司马迁、班固等著名史学家，记录了汉代社会的状况。在盛世之下有许多社会问题，是动乱的萌芽，任其发展，就会毁灭这个盛世。这里有丰富的经验与教训。还有一些著作，如陆贾《新语》，贾谊《新书》，桓宽《盐铁论》等，都从不同角度阐述了治理天下的深刻理论。特别是董仲舒，不置产业，专心理论探索，提出一些重要思想，对后代有深刻的影响，如“大一统论”，形成民族意识。为民族统一做出贡献的，是民族英雄；分裂民族，出卖民族利益的，是民族败类、汉奸卖国贼。又如“独尊儒术”，奠定了以儒学为主干的中华民族精神。因此，董仲舒被称为经学大师，“为儒者宗”，“为群儒首”，上承孔子，下启朱熹，堪称中华文明史上三大圣之一。

孔子生于春秋时代的乱世，朱熹生于南宋末世，只有董仲舒生于西汉前期的盛世。因此，董仲舒哲学即董学不愧为盛世文化的代表。

董仲舒故里广川，今属河北衡水市，衡水学院的学者们重视本地先贤，潜心研究，又组织全国性会议，交流研究成果和体会。现将这些论文汇集出版，编辑邀我作序，我以为好事，当即应允，在视力很差的情况下，闭目思考，写下以上文字，权充序，请读者指正！

序

蒋重跃

《衡水学院学报》主编魏彦红教授要我为他们将要出版的《董仲舒与儒学研究》系列文集作一篇序，其中的文章多出自他们学报的特色专栏“董仲舒与儒学研究”。我欣然接受了这项任务。为什么呢？一来是因为这个主题与我的学术领域相关，对于它的学术意义和价值，我多少还能有所了解；二来是因为办特色栏目对于高校社科学术期刊的发展具有重要的意义，作为全国高等学校文科学报研究会理事会的负责人，我的确感到有话可说。

毫无疑问，董仲舒是中国古代历史上第一流的学者和思想家。在他生活的时期，王朝统治正在从“清静无为”向“以孝治天下”（其实是“以霸王道杂之”）过渡，很自然地，学术思想上也就要从黄老之学向儒学转向。董仲舒的思想就是儒学向意识形态最高地位攀升的代表。他的“天人三策”对于汉武帝实施思想统治产生了重大影响；他对《春秋》学的研究继承了先秦公羊家传统，被当时的思想界和学术界公认为一家，并进而规范了两汉公羊学的基本走向。董仲舒在当时的政治、思想、文化、教育、学术等诸多方面都留下了影响。他在世时就受到最高统治者和学界的隆重礼遇，身后长期受到尊崇。不过，在特定的历史时期，他也会遭遇相反的命运，受到世人的批评、误解，甚至污蔑和谩骂。时至今日，关于董仲舒，仍有许多问题需要不断地探索和研究。例如，他对天人关系的认识究竟是毫无价值的宗教迷信，还是饱含真知灼见的理性反省？他的一统思想、三统论、三世说究竟是稀奇古怪的歪理邪说，还是别有会心的奇思妙想？他对公羊家法有怎样的贡献？他的学术活动在人类知识发展史上占有怎样的地位？他的思想在今天还有哪些意义和价值？这些问题的确大有研究的必要。

在中国历史上，像董仲舒这样的大思想家并不多见，如果回念两千多年的悠久历程，放眼中国乃至全世界的广袤地域，这个话题就更显得弥足珍贵了。在我国当下的中等学校和高等院校文史哲的相关教材和学术著作中，是不会丢掉董仲舒的。专以董仲舒为题的学术著作也有十几种出版，学术论文就更多了，以董仲舒本人为题的论文每年都会有五十篇左右在正式学术期刊发表，但却没有一种学术期刊是专以董仲舒及与董仲舒相关的思想文化现象为主题的，这不能不说是一个缺憾。怎么办呢？

2007 年，就在董仲舒的家乡，《衡水学院学报》创设了“董仲舒研究”专栏，弥补了学术界的这个缺憾。为了办好这个栏目，《衡水学院学报》的主编和编辑不辞辛劳，做了大量工作。他们在全国范围内发出征稿函和约稿函，专程拜访董学专家，参加相关学术研讨会，举办全国董仲舒思想高端学术论坛，还通过网络（博客、微博等）挖掘稿源。他们的努力得到了丰厚的回报，许多著名的董学专家学者纷纷把自己的研究心得贡献出来。在短短的几年里，他们与众多董学研究知名学者建立并保持了良好的合作关系，专栏共刊登了一百多篇董仲舒研究论文，其中不乏精品力作，所以才有本文集的系列出版。

《衡水学院学报》创办“董仲舒与儒学研究”专栏是一个有代表性的案例，它说明，综合性学术期刊创办特色栏目是必要的，更是可行的。

首先，在我国的学术研究和学术期刊界，有一个问题一直困扰着人们，即一方面是有许多学术专题研究成果需要发表，另一方面却是没有足够的与之相应的专题期刊以供论文发表。这样的研究课题和领域有许多，历史人物方面涉及思想家、教育家、文学家、政治家、军事家等等，地域文化方面涉及齐鲁、闽越、河海、三晋、关陇、巴蜀、岭南等等，行业文化方面涉及盐铁、纺织、印刷、演艺等等。与此相适应，各个主题下的研究队伍也相对集中。但与之相对应的专题性学术刊物却不多。那么，怎样才能更有效地把众多优秀的专题论文发表出来，以满足学术研究的需要呢？在现有的管理体制下，唯有在综合期刊中考虑创办专题栏目这条路可走。

其次，随着高等教育的快速发展，如何为提高高校的学术研究水平和教学的学术含量服务，也成了摆在高校学术期刊人面前的一个大问题。要做到这一点，提高自身的学术水平就是当务之急。除了少数办刊历史悠久、学术资源丰厚的“大刊”“名刊”，对于众多创刊时间短、经验相对欠缺、资源相对薄弱的学术期刊来说，要想在短时间内取得整体进步是不现实的。如果结合各自的实际，发挥某一方面的优势，创办特色栏目，先把一个或少数几个栏目办好，然后再把优势扩展到全刊，最终推动全刊整体进步，倒是切实可行的。

正是因为瞅准了以上两点，2003 年以来，教育部哲学社会科学名刊建设工程中才专门设立名栏建设计划，至今已经评选出三批共五十余家学报。同时，全国高等学校文科学报研究会在三届评优活动中，专门设立“特色栏目”一项，2014 年，共评选出 217 个优秀特色栏目，鼓励高校学术期刊在创办特色栏目上大胆探索。其中《衡水学院学报》的“董仲舒与儒学研究”专栏连续两届入选研究会评选的特色栏目。政府主管部门和行业组织的这些举措，极大地激发了高校学术期刊创办特色栏目的积极性。目前，许多高校学术期刊都在出点子，想办法，一个争相创办、办好特色栏目的活动正在蓬蓬勃勃地开展起来。《衡水学院学报》的“董仲舒与儒学研究”毫无疑问是其中的一个优秀代表。

创办特色栏目当然要有热情。不过，话又说回来了，创办特色栏目不能脱离实际，要认真研究选题的可行性，切实掌握研究基础和学术队伍的实际情况，保证刊发的学术成果是水到渠成的，而不是揠苗助长出来的。简单说，要在特色和学术水平两者之间形成一种合理的张力或平衡，这才叫质量，才值得去做，才有望获得成功。从本系列文集所选的论文可以看出，《衡水学院学报》在追求特色和水平之间的平衡上做出了他们的努力，应该给予充分肯定。

以上就我所知，对本系列文集的缘起和背景略做介绍，希望对读者的阅读和了解有所助益。

公羊学与董仲舒经学思想研究

“存王者之后”以“通三统”①

——公羊家建构王权合法性的一个特殊视角

余治平

中国古代源远流长的政治文明中有许多值得称赏和继承的内容，“通三统”就是其中的一个重要方面。当然，“通三统”中的“统”，更多的只具有名词性质，是一个描述性的语词概念，而有别于“大一统”中那个具有主动性和涵摄功能的“统”[1]。《史记·五帝本纪》载曰：“舜子商均亦不肖，舜乃预荐禹于天。十七年而崩。三年丧毕，禹亦乃让舜子，如舜让尧子。诸侯归之，然后禹践天子位。尧子丹朱，舜子商均，皆有疆土，以奉先祀；服其服，礼乐如之；以客见天子，天子弗臣，示不敢专也。”[2]7 禹继承天子位，封尧帝之子丹朱、舜帝之子商均，使他们皆有自己的封国疆土，并可以继续祭祀自己的祖宗，穿戴自己的衣服装饰，践行自己的礼乐文明。即便面见天子，也是以客人的身份而不是以子民的身份，是不必对天子称臣的。“不敢专”，即不敢自专，指禹帝得天子大位，仍然保持谦逊低调的态度，坦诚与先王尧、舜一起分享皇天后土，而丝毫都没有独享天下的私

① 基金项目：本文为国家社科基金重大项目“董仲舒传世文献考辨与历代注疏研究”（项目编号：19ZDA027）；上海交通大学“董仲舒学者支持计划”（项目编号：HS-SJTU2020A01）；河北省教育厅人文社会科学研究重大课题攻关项目（项目编号：ZD202125）阶段性成果。

心。天下是大家的，而不是一家一姓的。“不敢专”并非出于“尊贤”，前者表示愿意共享天下，因而是有一定高度的；而后者则仅仅表示对先王的尊敬，完全是一种崇仰之心情。《礼记·郊特牲》曰：“王者存二代之后，犹尊贤也。尊贤，不过二代。”存二王之后是新王上任的一种尊贤行为，是国家的一种政治态度，一般以上溯两代为标准，多了可能则属于繁文缛节，也会自找麻烦。至于“不过二代”的原因，孔颖达疏曰：“‘尊贤，不过二代’者，所以尊贤之事，取其法象，但代异时移，今古不一。若皆法象先代，今则不可尽行，故所尊之贤，不过取二代而已。若过之，远难为法也。”[3]785 上溯太远，则无法取象，对眼前现实则不太可能发生启发意义。立足本朝，取法先前二代，维持道统之一贯，而实现真正的“通三统”。

二

公羊家的“通三统”主张，借助于“存二王之后”而得以落实和完成。其所“存”的对象与内容，则无非包括：先王之子孙后裔，先王之政教与礼制法度，先王之历书体系。其用意与目的，也无非是：体现时王对先圣的尊重，能够礼遇前朝的遗老遗少，赐予其相对独立的生存空间，使其礼法道统得以继续保留和尊奉；能够谦卑地向他们学习，借鉴其优秀的天下治理经验，为新王改制提供师法榜样；把新兴的政权纳入整个历史谱系，以展示自身道统与前朝的连续性和统一性；向天下人证明自身政权的合法性和正当性，与前朝同样，也都是受天命而王的朝代，没有理由予以推翻；能够分享江山国土，不独食，不私占，天下是天下人的天下而不是一家一姓一王的天下，天命之恩泽已经兼及于前二代王室。

《春秋》经记：隐公“三年，春，王二月”。何休《解诂》曰：“二月、三月皆有王者。二月，殷之正月也；三月，夏之正月也。王者存二王之后，使统其正朔，服其服色，行其礼乐，所以尊先圣，通三统，师法之义，恭让之礼，于是可得而观之。”夏、商两朝之正月，有建寅、建丑的不同。《春秋》改制立新，当存二王之正。所以，隐公之二月，则可以是殷商的正月。隐公之三月，则可以是夏代的正月。但《春秋》要当新王，其道统存续则又必然只保留商、周两朝，而放弃夏朝。《礼记·郊特牲》曰："天子存二代之后，犹尊贤也。尊贤不过二代。"[4]381 朝代追溯得太远，所存之王朝太多，则既失去了礼法参考、借鉴的价值，也会徒增新朝的财政负担。故孔颖达疏曰："《春秋》黜杞，而言通三统者，黜杞为鲁也。通三王之正者，为师法之义。"[5]57 时王只要赐予先朝王室子孙一片很小的国土，让他们祭祀先祖①，服其服色，行其礼乐，称客而朝，并不求其俯首称臣②，但换来的却是："尊先圣""通三统""师法之义""恭让之礼"……政治成本很低，历史效果却很好。僖公二十三年，"冬，十有一月，杞子卒"。何休《解诂》曰："卒者，桓公存王者后，功尤美，故为表异卒录之。"杞成公死，杞桓公继位，夏之统绪便得以保存，成全了周天子"通三统"、存王者后的政治标榜。按照《春秋》书例，诸侯卒则称名，这里却贬其为"子"，深究个中原因，何休以为：一是"微弱为徐、莒所胁，不能死位"，没有为自己国家的尊严而战死在君位之上，是一种耻辱；二是"不名、不日、不书葬者，从小国例也"，杞国原本就不是周王封建姬姓亲戚的大国，赐其土地、让其立国，只不过是一种政治摆设；三是"圣人子孙有诛无绝，故贬不失爵也"[5]463—464，前朝王室之后裔，犯法则可治罪，甚至杀头都行，但却不可以褫夺其爵位而直接称名，道统保留有需要，尚存象征意义，为时王所不可或缺。

按成书年代推算，《春秋公羊传》《礼记》两部文献则较早总结出上古中国政治文明"存二王之后"的一大优良传统。《春秋》经鲁隐公三年记曰："春，王二月。"何休《春秋公羊传解诂》曰："二月、

① 如"杞之郊也，禹也；宋之郊也，契也，是天子之事守也"。见陈成国点校《礼记·礼运》，第369页。

② 隐公三年，"八月，庚辰，宋公和卒"。何休《解诂》曰："宋称公者，殷后也。王者封二王后，地方百里，爵称公，客待之而不臣也。《诗》云'有客宿宿，有客信信'是也。"

三月皆有王者。二月，殷之正月也；三月，夏之正月也。王者存二王之后，使统其正朔，服其服色，行其礼乐，所以尊先圣，通三统，师法之义，恭让之礼，于是可得而观之。”[6]35何休的“三统”比较特别，夏正三月，殷正二月，显然不同于后来《汉书》语境中的道统谱系。“存二王之后”则可以让新王、时王更自觉、更清楚地“统其正朔”“服其服色”“行其礼乐”，这些都是王政更新的基础事务和标志性工作，不可不为，如“《礼运》杞之郊，宋之郊”[7]。否则，就是不尊天命，属于懒政、不作为。而“通三统”所要达到的效果则是“尊先圣”，既能够显示出对过往圣君明主的恭让，又能够显示出新王当政有所师、有所法，而不是自封自立，自为一体，而自说自话。然而，徐彦却疏曰：“《春秋》黜杞，而言通三统者，黜杞为鲁也。通三王之正者，为师法之义。”[8]26在他看来，孔子著《春秋》，并没有尊夏，封二王之后，也没有夏人后裔的份儿，杞国所尊奉的统绪被罢黜了，而另立一新王——鲁君。继周之后的道统赓续，应该是孔子假托的理想中的君王。他当有全新面目，而不可能是夏王之后。

至《礼记·郊特牲》，则有曰：“天子存二王之后，犹尊贤也。尊贤不过二代。”[4]381首先，“存二王之后”是天子之事，而非诸侯所为。天子有承接道统的职责，而诸侯、大夫则不用，否则就是僭越不尊。这便犹如“诸侯不敢祖天子，大夫不敢祖诸侯”，因为“公庙之设于私家，非礼也”[3]782。其次，“存二王之后”的目的并不是何休解释的那种出于道统传承的标志性工程，而是迫于非常真切的现实人才需要，所尊之贤，不只是过往圣君明主，更主要的是面向当今天下的各路精英。连前朝、前前朝的君王之后都有所尊奉了，现在流落于民间的仁人志士也可以投奔朝廷了。再次，“存二王之后”的范围和承受程度只有两朝，郑玄说：“过之，远难法也。二或为三。”年代久远的王朝，其礼法制度已经逐渐遗忘，不可追溯，跟当今的时代关联不大，其礼制法统也难以效仿。只有取法于最近的两三个王朝，才是合理而可行的。

而孔颖达的注疏则没有郑玄、何休那么高大上了。“‘天子存二代’者，天子继世而立，子孙以不肖灭亡，见在子孙，又无功德，仍须存之，所以‘存二代之后’者，犹尚尊其往昔之贤所能法象。”[8]488显然，完全出于新王的一种同情、怜悯之心。前朝先期的君王大多是值得尊敬和学习的，或披荆斩棘草创江山，或能够精心守成，但到后来却一代不如一代，无德无能，甚至还昏庸暴虐，以致国灭族亡。天命已绝，被推翻之后，则因为长期深居宫闱而丧失谋生能力，连吃饭糊口的本事都没有了，只能靠新王发慈悲心而把他们供养起来。而新王这么做的目的也不是为了他们，而是为了自己，完全出于新的王朝巩固政权、凝聚天下人心的现实需要。秦末战争中，刘邦虽起于草野，但建政之后却也还能够自觉遵循和延续“存先王之后”的上古政治文明传统，并创新性地加以发挥和运用。汉王十二年十二月，高祖曰：“秦始皇帝、楚隐王陈涉、魏安釐王、齐缗王、赵悼襄王皆绝无后，予守冢各十家，秦皇帝二十家，魏公子无忌五家。”[2]109“守冢”即守墓，朝廷或地方政府安排一定数量的住户、提供相应的粮草和物资为逝者守墓，以示尊重和崇敬。

二

董仲舒春秋学直接继承了先前各家“存二王之后”的礼法要求和思想理念，厘清夏、商、周之“三正”脉络，而以孔子著《春秋》当新王，“上黜夏，下存周”，立“素王”之业，而自成一统。传世文献《春秋繁露·三代改制质文》一篇之中，竟然四次提及“存二王之后”。按“三正”道统演绎之逻辑，而次第呈现为：“三正以黑统初①，正日月朔于营室，斗建寅。天统气始通化物，物见萌达，其色黑。故朝正服黑，首服藻黑。正路舆质黑，马黑。大节绶帻尚黑，旗黑，大宝玉黑。郊牲黑，牺牲角卵。冠于阼，昏礼逆于庭，丧礼殡于东阶之上。祭牲黑牡，荐尚肝。乐器黑质。法不刑有怀、任、新产，是月不杀。听朔废刑、发德，具存二王之后也，亲赤统，故日分平

① 俞樾称：“‘初’下有阙文，当据下文补‘正黑统奈何？曰正黑统者，历’十一字。”转引自钟肇鹏主编《春秋繁露校释》（河北人民出版社，2005年，第435页）。

明，平明朝正。”[9]41—42

正黑统之内容，大致可分类为：

历法要求：按照夏之历法，月朔之二十八星宿为室宿（“营室”），即飞马座，在天之北端。《礼记·月令》曰：“孟春之月，日在营室。”[4]340 北斗星的斗柄（第五、第六、第七颗星）指向寅宫。于首奎称：“‘斗建寅’即夏历正月。”[10]435

万物征候：当此之时，上天运气而化生万物，万物开始发萌，而呈现为黑色。可证之于《春秋公羊传》隐公元年，何休《解诂》曰：“夏以斗建寅之月为正，平旦为朔，法物见，色尚黑。”[6]8

服饰要求：文武群臣正式朝见天子，衣裳服色，头顶帽子颜色，皆用黑。臣子用于系印章的绶带，包扎头发的头巾，悬挂的旗帜，也用黑色。《礼·稽命徵》：“天命以黑，故夏有元珪。”[10]436 所以，其“大宝玉”也是黑色的。

交通工具要求：天子、诸侯所乘车舆、马匹也一律用黑。《礼记·明堂位》：“夏后氏骆马黑鬣。”[4]407

乐器要求：演奏乐器的质地当为黑色。

祭祀用品要求：天子郊祭之牺牲，当用黑牛，嫩蒜（“角卵”）。祭祀用的牛羊之类的牺牲品，则应当用黑色的雄性。《礼记·明堂位》：“夏后牺尚黑。”[4]407 祭祀的奉献品，则以动物的心脏为好。凌曙曰：“《郊特牲》注：‘殷祭肝’，案夏祭心，尚肝误。”

礼仪要求：嫡长子在大堂前东面的台阶，即主人迎接宾客的位置举行成人之冠礼。举行婚礼则应该在堂前庭院上迎接新娘。举行丧礼时，灵柩则停放在东边的台阶上[11]239。

刑罚要求：不对受孕、怀胎、刚生孩子的妇女动用刑罚，不能在这个月执行死刑。凌曙注曰：“王者养微，故怀任新产之月，虽有罪，法所不刑。”[11]239

天子礼法要求：上古天子每月初一（“月朔”）都必须在南门之外举行“听朔礼”，处理一个月的天下政事。废除不合适的刑罚规定，而施行王道之仁德教化。分封前两个王朝天子的王族后裔，让其祭奉先祖宗庙，行使他们当年的礼法。亲近赤统，明确新旧一天的分界，在天亮的时辰正式朝见臣下百官。

夏之前的"二王"，尧舜时代，神话而已，年岁太过久远，而不可追，也难以取法。因而无论对周政还是对汉家天下治理都没有什么参考价值，备此一说而已。苏舆称："二王，谓唐、虞。"[12]193 于首奎则注曰："'二王'指前二代而言。以夏为当代，则'二王'指唐、虞二代。以《春秋》当新王，正黑统，则'二王'指殷、周。董笺、苏注文异而实同。"[10]428 而董天工注曰："按下亲赤统。赤统，周也。二王，当是殷、周。"[13]104 似乎欠妥，与《礼记》诸篇之道统叙事内容显然不符，故不从。刘汉政权需要借鉴的应当是殷、商两朝，故追溯其道统，分封其王室后裔，使其保护并延续先祖礼法，才是值得的。

至于"白统"，《三代改制质文》曰："正白统者，历正日月朔于虚，斗建丑。天统气始蜕化物，物初芽，其色白。故朝正服白，首服藻白。正路舆质白，马白。大节绶帻尚白，旗白，大宝玉白。郊牲白，牺牲角茧。冠于堂，昏礼逆于堂，丧事殡于楹柱之间。祭牲白牡，荐尚肺。乐器白质，法不刑有身怀任，是月不杀。听朔废刑发德，具存二王之后也，亲黑统，故日分鸣晨，鸣晨朝正。"[13]104—105 白统，虚宿星轮值，虚宿位于宝瓶座和小马座。当此之时，万物从萌发脱变为幼牙，呈现为白色。从朝服、车马，到旗帜、绶带，到祭祀牺牲、乐器质地等，都使用白色，并以之为高尚。天子在鸡鸣时分正式上朝处理政务。董天工注曰："此二王，当是虞、夏，然虞称帝，姑阙疑。"[13]105 白统当指殷商，而与《礼记》之《月令》《明堂位》《王制》的记载，与《史记·殷本纪》《尚书大传·略说》等描绘，都相一致。

"正赤统者，历正日月朔于牵牛，斗建子，天统气始施化物，物始动，其色赤，故朝正服赤，首服藻赤，正路舆质赤，马赤，大节绶帻尚赤，旗赤，大宝玉赤，郊牲骍，牺牲角栗，冠于房，昏礼逆于户，丧礼殡于西阶之上，祭牲骍牡，荐尚心，乐器赤质，法不刑有身，重怀藏以养微，是月不杀，听朔废刑发德，具存二王之后也，亲白统，故日分夜半，夜半朝正。"[9]42 赤统，牵牛星当值。《汉书·天文志》曰："牵牛，日、月、五星所从起，历数之元，三正之始。"[14]596

天道施行，化生万物，气韵流动，其色为赤。王政之服色、车马、冠带、旌旗、乐器，皆以赤为尚。天子于夜半时分正式上朝料理天下事务。证之于《白虎通·三正篇》曰："周以十一月为正，色尚赤，以夜半为朔。"[15]363 公羊家严守天地阴阳之气运行之轨迹，拘泥而使人多畏，于此可见一斑矣。董天工注曰："此二王，当是夏、殷。"[13]105 亦可看出董仲舒的公羊学对汉代思想、学术的巨大影响。周人建政之初，理当分封夏、商两朝之王室后裔，以示自己对三代文明的自觉传承。

三

至于如何"存二王之后"，应该采取哪些措施，《三代改制质文》则进一步解释说："王者之法必正号，绌王谓之帝，封其后以小国，使奉祀之；下存二王之后以大国，使服其服，行其礼乐，称客而朝；故同时称帝者五，称王者三，所以昭五端，通三统也。是故周人之王，尚推神农为九皇，而改号轩辕，谓之黄帝，因存帝颛顼、帝喾、帝尧之帝号，绌虞，而号舜曰帝舜，录五帝以小国；下存禹之后于杞，存汤之后于宋，以方百里，爵号公，皆使服其服，行其礼乐，称先王客而朝。"[13]106

这段文字对于理解"存二王之后"的具体落实与操作是很有帮助的。它的背景是《春秋》经鲁庄公二十七年"杞伯来朝"之事。杞国，是周武王灭商之后，封夏禹之后东娄公于杞。杞国建都于雍丘，今河南杞县境内。封二王之后的规模，则有大国、小国之分，待遇不一，按照周制也有明确规定。《春秋公羊传》隐公五年曰："王者之后称公，其余大国称侯，小国称伯子男。"[16]5 夏对于周而言，尚在"二王"之内，理当封为大国，故可称"杞伯"。其事可见于《春秋》庄公二十七年、文公十二年、成公四年、成公十八年之记载。无论大国还是小国，分封之后都可以在其内"服其服""行其礼乐"，周天子在召见他们的时候都把他们当客人对待，而不能视为臣子。在《三代改制质文》篇的道统谱系中，孔子著《春秋》是明确要当"新王"的，自立一统，以成就“素王”之业。故而“上黜夏，下存周”，忽略杞国，以《春秋》为“新王”，上溯两朝则为商、周。所以杞伯来朝见鲁庄公，则可以当作客人对待。儒家强调“正名”，王者即位，更要正名号，《白虎通·号篇》曰：“帝王者何？号也。号者，功之表也，所以表功明德、号令臣下也。”名号正则道统顺，道统顺则王政顺，只要在源头上没问题，便会有一通百通之治理效果。

“称帝者，五；称王者，三”，或曰“三王五帝”，苏舆曰：“凡二王之前皆称帝，合新王为三。”[12]198 这样，在商、周、《春秋》三王之前的神农、黄帝、尧、舜、禹，即是“五帝”①。于首奎也说：“二代之前上推五代均称帝。”[10]450 而这“五帝”的道统，对于周政而言，因为年代久远而可废黜不续不封。新王必须让元、春、王、正月、公即位这“五端”昭明天下，使其成为天下人普遍认同的王道法则。这一切的努力都表明了新兴政权已经纳入“三统”谱系之中，而同时具有现实的合法性和历史的正当性，谁想反，也反不了。至于“九皇之法”，则可参考笔者《董子春秋义法辞考论》一书的乙卷“董仲舒《春秋》法统之辨证与阐发”[17]，这里不再赘述。

从本朝开始，上溯两代，保留其后，是新王建构新的政治道统、论证自身政权合法性的需要，也是凝聚天下人心、稳固自家江山社稷的需要。所以说，在本质上，“通三统”也是为了这一统，以我为主，通贯先王，而确立自己的政权合法性，向天下人展示自己的政治威信。刘逢禄曰：“大一统者，通三统为一统。周监夏、商而建天统，教以文，制尚文。《春秋》监商、周而建一统，教以忠，制尚质也。”[18] 新王即位，为表示自己受命于天，则必改正朔、立新统，以别于前朝之政教制度。大一统必须能够通三统，以示天命流转到我家，但也不能唯我一家所独尊。而何又为“三统”呢？历代以“文”

① 古代传说中“五帝”，有不同谱系，《易传·系辞下》之伏羲、神农、黄帝、尧、舜。《史记·五帝本纪》之黄帝、颛顼、帝喾、尧、舜。《帝王本纪》之少昊、颛顼、高辛、尧、舜。均无法证实。董学“存二王之后”语境中的“五帝”，须根据不同“新王”而上推。

“质”法统解释“三统”者①，都已走偏，故不可取。

“存二王之后”是天子治国理政的一个不可或缺的方略，其意义不仅在于论证出自身王权的正当性与合法性，也不仅在于尊崇和敬重过往的圣王明君，还在于顺承了上天之意。《春秋繁露·符瑞》：“一统乎天子，而加忧于天下之忧也。务除天下所患，而欲上通五帝，下极三王，以通百王之道，而随天之终始。”[9]35《春秋》本来就是一部叙述“天子之事”的伟大经典，它也是要“法古奉天”的。万物一统于天，天下一统于天子，此乃天道之当然，逻辑之必然。于是，上通五帝，下及三王，是天子治国理政的分内事。只有做到这种程度，才算是真正的“承天意以从事”[14]1097。董仲舒坚持不懈地致力于把王道纳入天道，希图从天道那里寻找到帝国政治统御的规律和根据，并不是一种胆怯心虚，而是一种自觉建构。他要为刚刚诞生的皇权政治、为新兴的大一统社会秩序奠定牢固而不可撼动的根基。

四

作为汉初时代富有影响力的今文经学大家，董仲舒经由“存二王之后”而“通三统”思想极大地影响了汉代知识分子的历史哲学观

---

① 历代总不乏学者以文质道统之循环而议论“通三统”者，其实多有大谬大误。《春秋公羊传注疏》桓公十一年何休注云：“王者始起，先本天道以治天下，质而亲亲，及其衰敝，其失也亲亲而不尊；故后王起，法地道以治天下，文而尊尊，及其衰敝，其失也尊尊而不亲，故复反之于质家。”这里所意欲阐明的是，《春秋》“文质互变”之大义，而与通三统没有任何逻辑关联，不可牵强附会。后王兴起，必然纠正前王之政治病弊，损益其制度章法以有益于本朝建构，及至其步入极盛阶段，则又避免不了衰微，新的后王则勃兴而革命，实现新的受命改制，如此循环不已，成败交替，兴亡置换。而《论语·雍也》中，孔子强调文质参处，“质胜文则野，文胜质则史。文质彬彬，然后君子”，所要求的则是维持中道平衡，而不废于任何一边。《论语·八佾》曰：“周监乎二代，郁郁乎文哉！吾从周。”在孔子那里，周礼发达，典章制度璀璨夺目，借鉴和吸收了夏商二代的文明成果，值得遵循和追随。然而，孔子以《春秋》当新王，欲立万世法，却并不满足于有周一代的创造和发明。这些内容都无法与通三统相瓜葛。《春秋》经中的法统是一个体系，而通三统则是另外的一个体系，二者在历史哲学的环节可能会发生交叉，但在概念规定与内容本质上则应当区别对待，而不可混同。

念。自董仲舒与武帝对策之后，过了近一百五十年的时间，一直到东汉班固撰写《汉书》《白虎通》，仍然对之不厌其烦地征引和论述，进一步开辟出它更为广阔的意义空间。《汉书》语境中，“存二王之后”侧重王法道统的历史叙事，并致力于助推古文经学运动的开展。而在《白虎通》文本里，在传承“存二王之后”基本道统要求的基础上，还能够辗转、演绎出道德哲学的深刻蕴意。《三正》篇还专门单列一节“论存二王之后”，值得我们予以关注和重视。

《汉书·眭两夏侯京翼李传》：孟意亦不知其所在，即说曰：“先师董仲舒有言，虽有继体守文之君，不害圣人之受命。汉家尧后，有传国之运。汉帝宜谁差天下，求索贤人，禅以帝位，而退自封百里，如殷、周二王后，以承顺天命。”[14]1365——公羊家董仲舒的影响甚广，继体守文之君，也得遵循天命。刘汉政权革废秦楚之后，也有传递道统的责任，应当接续殷、周，主动追封其王室后裔，以示顺应天命。

《汉书·梅福传》：“王者存二王后，所以尊其先王而通三统也。其犯诛绝之罪者绝，而更封他亲为始封君，上承其王者之始祖。”又，“至成帝时，梅福复言宜封孔子后以奉汤祀。绥和元年，立二王后，推迹古文，以《左氏》《穀梁》《世本》《礼记》相明，遂下诏封孔子世为殷绍嘉公。”[14]1260—1261——存二王之后的目的是尊先王、通三统；成帝绥和元年付诸实施，立二王后，推明古文经学，《左氏》《穀梁》《世本》《礼记》始行于天下。因为尊二王，崇尚周礼，所以，周代的经典也被抬出来加以学习和研究。

《白虎通·王者不臣》：“不臣二王之后者，尊先王，通天下之三统也。”[19]3551——道统上尊奉前朝，但其圣明之先王皆已远逝，只得追封其当下的后裔，以便贯通古今道统之谱系，彰显新王政权之合法性。

《白虎通·三正》曰：“王者所以存二王之后何也？所以尊先王、通天下之三统也。明天下非一家之有，谨敬谦让之至也。”[19]3557——重申“存二王之后”的目的是尊奉前朝之先王，意欲贯通天下古今之道统谱系，显示新朝之君王：(1) 不敢专有而独揽天下；(2) 还能够正视历史而延续先王道统；(3) 富有极为谨慎、恭敬、谦逊、礼让之品格和情怀，以盛德而配大位。“存二王之后”因而成为今王德行的一个基本表征，不可不为。

《白虎通·爵》曰：“公者，加尊二王之后，侯者百里之正爵，士上有可次，下有可第，中央故无二十五里。”[19]3516——分封二王之后，待遇也有大国、小国之不同。《公羊传》隐公五年曰：“王者之后称公，其余大国称侯，小国称伯子男。”[16]5——前朝二王之后，当称“公”，为天子之客。《公羊传》隐公元年传曰：“公者，五等之爵最尊者也。”公爵的地位应当是高于侯爵的。而陈立却说：“公、侯之位正同，但以其为二王后，故特加以公之虚名，表异之耳。”[15]11—12

《白虎通·人事取法五行》曰：“王者监二王之后，何法？法木须金以正，须水以润也。”[19]3537——东汉时期，阴阳灾异之说大盛，公羊家“存二王之后”制度也渗透进阴阳观念，譬喻本朝为木，而前朝则为金、水。《论语·八佾》曰：“周监于二代，郁郁乎文哉。”殷、商两朝“礼乐日备，文物日富”[20]，值得有周一代取法和继承，融合而成中华文明之主体。陈立曰：“水生木，金生水，木借正润于金、水，是监二代义也。”[15]198

《白虎通·考黜》曰：“二王后不贬黜者何？尊宾客、重先王也，以其当公也。”[19]3530——后朝起事，攻伐、推翻前朝，原本势不两立，但建政之后，不仅没有亏待他们的王室后裔，尊敬其为宾客，而不以臣下之礼待之；还要封其为公爵，赏赐其土地，以便供养生存并且施行自家先祖之礼法道统、服色制度。今王堪称仁至义尽，宽大胸怀。

《白虎通·三正》曰：“二王之后，若有圣德受命而王，当因其改之耶①？天下之所安得受命也，非其运次者。”[19]3557即便是前朝的二王之后，也应该多少秉承一些其先祖的盛德，才能够获得封国，以体现接受天命而享有王爵待遇。他们的宗族礼法道统之所以能够获得保留，仅仅是因为德行，而不是靠运气。这里，首次为公羊家“存二王之后”制度设置出一道必要的德性条件，“圣德”是因，“受命”是

① 文字疑有脱误，语义不通。似应“当因其故，抑改之耶”，然后则“天之所废，安得受命也”。转引自陈立《白虎通疏证·三正·存二王之后》，第367页。

果，并不是所有的前朝王室后裔都有资格、都有可能获得分封加爵，应当有一个筛查、遴选的程序，而选择易于控制的、有利用价值的。而《白虎通·三正》篇的这一点恰恰没有引起历代注疏者的注意，忽略了其突破意义，因而也遮蔽了公羊家对“二王之后”道德素质的要求。

“存二王之后”而“通三统”，作为公羊家政治哲学的一个理论问题，其关注和讨论竟然能够持续了近一百五十年的历史而热度不退，这又意味着什么呢？如果当时官方的儒家知识分子试图借助于这种学说而论证出汉室政权的合法性，这在汉初时代还是必要的，可以理解，也可以接受，但为什么会延续到后汉呢？于是，这要么就说明，儒家知识分子仍在为汉家皇权效力，论证其长期执政的必要性，为其打“万年桩”做好理论准备，而这个状态下的儒家知识分子显然已经变成了犬儒；要么就说明，一种相反的情况，即在刘汉政权不断倡导以忠代孝、家国一体的窒息氛围下，儒家知识分子谋求哪怕是一丁点儿的突破，而试图告诉并警示统治者：王法道统的更替是正常的，是一种历史必然，任何一个朝代都将走向衰亡而被替换下来，汉室当然也不能例外。

而在《汉书》语境中，卷十《成帝纪》，皇帝昭曰：“盖闻王者必存二王之后，所以通三统也。”[14]126这句话非常凝练精辟，既带有高度的概括性和总结性，也导引出“存二王之后”的理论目的和实践意图。无论是“存二王之后”，还是“通三统”，实际上都只是手段、路径、渠道，而巩固和捍卫皇帝的江山一统，达到自家政权的稳定和长治久安，才是真正的目的和归宿。《汉书·刘向传》颜师古注引应劭曰：“二王之后，与已，为三统。”已经丧失政治统御权的夏、商二代之王，与当朝的周王，可并称三统。孟康曰：“天、地、人之始也。”张晏曰：“一曰天统，为周十一月建子为正，天始施之端也。二曰地统，谓殷以十二月建丑为正，地始化之端也。三曰人统，谓夏以十三月建寅为正，人始成之端也。”[21]960天、地、人三统的指示关系为：天统——周，十一月，建子，施之端；地统——殷，十二月，建丑，化之端；人统——夏，十三月，建寅，成之端。

《春秋》学讲究建正朔，要求新朝成立，新王即位，必改正朔，易服色，以有别于先前王朝的道统，表示弃旧图新。清全祖望《经史问答》曰："古人于岁首，则有建子、建丑、建寅之别，谓之三统。"但并不是所有的新王都有资格改正朔、易服色而建立一个新统。三统起源于一种政治事件的记时传统，夏、商、周三代新王建政之初所确立的不同正月，成为三统之端。而通三统则始于周代，夏、商两朝各自往前追溯则都不够三统，而只有一统或两统。发展到后来，三统则具有远远超越于时间记录的更为丰富的价值蕴意和思想内容。

五

《春秋》中的存王者之后，指存先王之天命法统，而并非单纯为了存先圣的子孙后嗣。存二王后，就好比保存下了先王之法度与道统。《孝经纬·钩命决》云："天子常所不臣者三。""二王之后"即排第一，"不臣二王后者，为观其法度，故尊其子孙也"①。实际上，时王尊先王，尊的是他们的天命道统，至于其散落下来的子孙，标签载体而已，并没有什么值得可尊的。王者对于二王之后，《春秋公羊传注疏》隐公三年何休《解诂》曰："封地方百里，爵为公，客待之而不臣也。"[6]39 新王存二王之后有三个基本条件：一是赐地方圆百里，二是赐爵以公，三是必须以客待之。武王究竟为什么要存二王之后呢？不但给予他们相应的封地、爵位，而且还必须以宾客相待之，不得让他们称臣？追溯其中的原因，则大致出于下列三种现实的需要：

首先，是一种精神安抚。灭了人家的国，对于它的那些不事稼

---

① 天子不臣的另外两个对象则分别是"妻之父母""夷狄之君"。至于各自的原因，"不臣妻之父母者，亲与其妻共事先祖，欲其欢心"，而"不臣夷狄之君者，此政教所不加，谦不臣也"。引文参见安居香山、中村璋八辑《纬书集成》（中）（河北人民出版社，1994年，第1015页）。天子"不臣妻之父母"是眷顾于亲情，将心比心地体谅一下自己人生伴侣的孝敬本能。而"不臣夷狄之君"则是对敌方的宽容与大度，还跟不通教化的人计较什么礼数?！上古中国的贵族政治还是有一定底线的，还知道什么该做、什么不该做。

穑、没有专门职业技能的王公贵族，还需有点同情心、仁慈心，总得留给他们一条活路。武王克殷不久即封了历代圣王的子孙。《礼记·乐记》载："武王克殷反商。未及下车，而封黄帝之后于蓟，封帝尧之后于祝，封帝舜之后于陈。下车而封夏后氏之后于杞，投殷之后于宋。封王子比干之墓，释箕子之囚，使之行商容而复其位。"[22]武王所封，远不止二王之后，显然已经上溯到神话传说时代的黄帝之后了，数量也竟然封了五王之后之多，这在周初政权所实际掌控的、非常狭小的势力范围内，算是占有了不小的土地面积。由此可见，武王当时的心意是何等的真诚、谦逊而热切！

黄帝之后，封蓟；尧之后，封祝；舜之后，封陈；夏后之后，封杞；殷之后，封宋。武王为什么要花如此巨大的血本，以及他为什么"未及下车"便大肆行封前朝先王了呢？主要还是因为内心胆怯，甚至还是有点自卑的。周人是小族，力量微弱，刚一取胜，阵脚不稳，因而非常害怕敌对势力纠集、反扑回来。为了迅速安慰那些包括殷商遗民在内的各种不稳定因素，武王立马封爵、封国主动向他们示好，显然是做出一种宽容的姿态，化敌为友，解决掉他们的后顾之忧，堵住他们的嘴巴。遭遇新王善待，则可以让他们感觉到新王不同于旧王，因为新王施行仁政，赢得人心，可期可盼，于是趁早打消重整旗鼓、光复前朝的一切念想。

然后，出于时王的一种门面装饰、拉拢人心的政治需要，"通三统"则可以显明天命重授、王道相续的传承谱系。《汉书·刘向传》曰："王者必通三统，明天命所授者博，非独一姓也。"颜师古注曰："王者象天、地、人之三统，故存三代也。"[21]960 新王建政受命于天，是大道之必然，非任何人为之力所能够决定。这是政权统御正当性的先天根据，不服不行。并且，天命授予是完全公平的，绝不偏袒于哪一家一姓，毋宁眷顾于每一位德行优异者。天命面前，人人平等，谁的德行超越而绝伦，谁就有机会蒙受上天的恩泽，获赐宝鼎与大位。经由这样的诠释，时王、天子便在天道和人心两个层面上，同时获得了合法性。

按《春秋》之旨意，圣人皆体"元"知本，受命才可以统治天下，其仪文制度虽与旧朝有所不同，但仍可以通贯百王。汤、武革命之道，通于尧、舜，亦可传为万世法。《春秋左传正义》襄公二十五年："其礼转降，示敬而已，故曰三恪。"这里的"恪"，有恭敬、谨慎之义。杜预注曰："周得天下，封夏、殷二王后，又封舜后，谓之恪。并二王后为三国。"[8]622 但凡新王想要本朝长治久安，都得把本朝纳入历朝历代的一贯谱系中去，才能够寻得当下政权统治的正当性与合法性。按照孔子"素王"之业的要求，"元年春，王正月，公即位"当下本朝的标准属辞，《春秋》正"元"位，重天端，足以匡正王之政事。但到了隐公"三年，春"，为什么却冒出一个"王二月"，公羊家也以为得其正，义同于"元年春，王正月"呢？何休注曰："二月、三月皆有王者。二月，殷之正月也；三月，夏之正月也。王者存二王之后，使统其正朔，服其服色，行其礼乐，所以尊先圣，通三统，师法之义，恭让之礼，于是可得而观之。"[6]35 这里，"通三统"首先得确定好"三正"：王三月，夏之正月；王二月，殷之正月；王正月，周之正月。三正，可以各自对应三统中的一统。"'三正'代表理事变易的'三统'中的三个环节"。① 三正通，则三统通。存二王之后的一大好处就是，可以观先王之法度，体会他们的受命之道、治民之义，新王改制维持其延续性，而不妄改其道。这才是董仲舒所说"天不变，道亦不变"[14]1106 的真正蕴含。而但凡能观先王之道的君主，才能够通百王之治，其为政、其统御天下，才能够长治久安。

最后，则是出于现政权草拟礼法必须有所借鉴之需要。更古之王，因为时代久远，其道统值得取法，但可惜已经文献不足，虽上古久远，圣人之名不传，亦示恭敬。王者受命，必改制，董仲舒称："新王必改制，欲以顺天志而明自显。"而所谓"新王必改制者"，并"非改其道"，并"非变其理"，毋宁要向全天下传递这样的信号："受命于天、易姓更王，非继前王而王也。"[9]10 新王新受命，而非直接延续前朝旧王之政。而改制则必有所师法，新王的制度必因前代之文而

① 然而，孔颖达却反对此说，他认为每年之春唯一言王而已，并无大义存焉。参见刘尚慈《春秋公羊传译注》，第 20 页。

损益。《论语·为政》孔子曰："殷因于夏礼，所损益，可知也；周因于殷礼，所损益，可知也；其或继周者，虽百世可知也。"[23]周人以小族胜大邦，武王建政之初，礼乐知识还都垄断在殷商旧朝的知识分子手中。尽管天命已改授周王，前王已失天子之位而降为一国，但其所行之政乃先祖受命时所立之法，可以为今王提供对比参照。

而二王之后，也并不是具有血缘关系的任何一个前王子孙都可以自封自立，而应当由时王授命而成，一般都不会是被推翻了的天子或储君，否则便后患无穷。二王之后领受时王所封的爵位，享受一定的政治待遇和经济待遇，但却不可能外于时王之政而独立自主。二王之后可以不向时王称臣，以示保全前王道统之纯正性。

王者之后可以在其所封之国内，继续遵循其先王之正朔，服先王之服色，行先王之礼乐，奉其祭祀，以此向天下人展示时王的胸怀和气量：前朝被上天所抛弃，只因桀、纣一类的昏庸行为所致，但对其前辈先圣所创立的道统，还是要给予充分尊重的，因为他们当初也是承受了天命而为王的，其政权有历史的合法性。《春秋经》僖公二十三年"冬，十有一月，杞子卒"，何休《解诂》曰："圣人子孙有诛无绝，故贬不使爵也。"这里的"有诛"，指可以诛杀之，剥夺其生命存在，削其地，微弱其国，使其受到应有惩罚；至于"无绝"，徐彦则《疏》曰："若其有过，但当诛责，不合绝去其爵，是以虽微弱见贬，仍但从伯至子，不失其爵矣。"[5]464这指二王之后有过，虽然应该受到惩治处罚，但不可完全剥夺其本该享受的政治待遇，而只能"微弱见贬"，稍加处分即可，不必当真，因为对于新王而言，二王之后的存在仍然有一定的符号意义和象征作用。

结　语

在漫长的中国历史上，夏、商、周三代都是贵族阶层主政，王位禅让、祖先崇拜、宗法礼乐制度体系，尚有许多政治文明的因素可圈可点，大体上还能够保持住一些伦理底线。即便在今天看来，"通三统"也不失其优点和长处，起码在客观效果上还能够体现出新王对于前朝还是有点人道主义关怀的。汉代知识分子群体，从西汉的司马迁，到董仲舒，到东汉的班固，在他们的著作里都极力推崇“存二王之后”的上古中国政治文明之先进制度，一代又一代人，乐此不疲，追究其真正意图，却又无非是以儒家的仁义理想改造现实政治与社会，在当下的汉家制度中确立并完善周礼系统，尽管这套系统显然只是纸面上的一种王道追求和形上演绎罢了。可惜的是，汉代之后的中国历史，风气则为之大变，新兴政权对旧王的残余势力唯恐杀之不及。片甲不留，寸土不留，血腥镇压，斩草除根，不绝于史书，让人读来经常毛骨悚然，心魂颤巍，简直就要怀疑这到底还是不是文明古国人们的所作所为。

周天子分封夏王、商王后裔，“存二王之后”，经由公羊家的理论推扬和意义阐发，而实现“通三统”、整合三代文明的目的。这样做的好处就是，能够及时体现出时王对先圣的尊重和礼遇，谦逊地借鉴、学习乃至继承他们优秀的天下治理经验，有“师法之义”，也应该是新王的一种“尊先圣”的良善行为。有效安置好前朝的遗老遗少，让他们还能够在新的政治空间里继续保留他们的礼法道统，拥有相对独立的自治权利，这也符合了新兴王权实现政治、军事和社会稳定的迫切现实需要。赐予其国土，分封其后嗣，也已表示不敢专制天下，而愿意分享江山，属于“恭让之礼”。天下是天下人的天下，而非一姓一家的天下，此乃是有诚心、有诚意的体现。让“二王之后”在相对独立的封国内部维持各自的祭祀、服色、礼乐，不对新王称臣，而只称客，客观上也满足了新王“通三统”的精神要求。这样，便能够有效地把新兴的政权纳入整个历史谱系之中去，向“二王之后”展示自身道统与前朝道统的一致性和连贯性，本朝与前朝一样都是秉受了天命而王天下的，你们要像维护前朝政权一样维护本朝，政治统御的合法性和正当性即在其中，不言而喻。这种做法其实政治成本是很低的，但却很容易起到收拾人心、笼络天下、建构“大一统”意识形态的积极效果。

参考文献：

[1] 鲁惟一. 董仲舒："儒家"遗产与《春秋繁露》[M]. 戚轩铭，王珏，陈颢哲，译. 香港：商务印书馆，2017：182.

[2] 司马迁. 史记 [M]. 长沙：岳麓书社，1988.

[3] 郑玄，孔颖达. 礼记正义：中 [M]. 北京：北京大学出版社，1999.

[4] 戴圣. 礼记 [M]. 陈戍国，点校. 长沙：岳麓书社，1989.

[5] 何休，孔颖达. 春秋公羊传注疏 [M]. 上海：上海古籍出版社，2014.

[6] 何休，徐彦. 春秋公羊传注疏 [M]. 北京：北京大学出版社，1999.

[7] 潜苗金. 礼记译注 [M]. 杭州：浙江古籍出版社，2007：311.

[8] 何休，徐彦. 重刊宋本春秋公羊传注疏 [M]. 嘉庆二十年江西南昌府学刻本影印. 台北：艺文印书馆，2013.

[9] 董仲舒. 春秋繁露 [M]. 乾隆三十八年聚珍版影印. 上海：上海古籍出版社，1989.

[10] 钟肇鹏. 春秋繁露校释 [M]. 石家庄：河北人民出版社，2005.

[11] 凌曙. 春秋繁露注 [M]. 北京：中华书局，1975.

[12] 苏舆. 春秋繁露义证 [M]. 北京：中华书局，1992.

[13] 董天工. 春秋繁露笺注 [M]. 上海：华东师范大学出版社，2017.

[14] 班固. 汉书 [M]. 长沙：岳麓书社，1994.

[15] 陈立. 白虎通疏证 [M]. 北京：中华书局，1994.

[16] 公羊高. 春秋公羊传 [M]. 顾馨，徐明，校点. 沈阳：辽宁人教育出版社，1997.

[17] 余治平. 董子春秋义法辞考论 [M]. 上海：上海书店出版社，2013：221－223.

[18] 段熙仲. 春秋公羊学讲疏 [M]. 南京：南京师范大学出版社，2002：432.

[19] 班固. 白虎通 [M]. 长沙：岳麓书社，1993.

[20] 钱穆. 论语新解 [M]. 北京：生活·读书·新知三联书店，2002：67.

［21］王先谦．汉书补注［M］．光绪廿六年虚受堂刊本影印．北京：中华书局，1983.

［22］朱彬．礼记训纂［M］．北京：中华书局，1996：596.

［23］刘宝楠．论语正义［M］．北京：中华书局，1990：71.

原载于《衡水学院学报》2020年第2期。

余治平（1965－），男，江苏洪泽人，上海交通大学长聘教授，博士生导师，董仲舒国际儒学研究院院长。

“五始”：时间政治的公羊学范式①

——“元年春，王正月”的道义规定和价值赋予

余治平

儒家“大一统”之说最直接、最明确的起源是公羊家们对《春秋经》隐公“元年春，王正月”计时方式所做的义理诠释和形上发挥。《穀梁传》只言“虽无事必举正月，谨始也”，仅强调“《春秋》贵义而不贵惠，信道而不信邪”，却避而不谈“大一统”之事。《左氏》也只说“王周正月。不书即位，摄也”②。唯有到了公羊家这里，却硬生生挖掘并伸张出“大一统”之义，竞相揭橥和阐述，代不绝人。“《春秋》公羊学之义，首推‘大一统’”③。可见，“大一统”的思想观念与政治哲学在公羊学系统中占据着非常重要的地位。《春秋经》开篇第一句话即是：“元年，春，王正月。”公羊家传之曰：“‘元年’者何？君之始年也。‘春’者何？岁之始也。‘王’者孰谓？谓文王也。曷为先言

① 基金项目：本文为国家社会科学基金重大项目“董仲舒传世文献考辨与历代注疏研究”（项目编号：19ZDA027）、上海交通大学“董仲舒学者支持计划”“春秋‘大一统’的观念兴起与历史影响研究”（项目编号：HS－SJTU2020A01）的阶段性成果。

② 洪业、聂崇岐、李书春、马锡用：《春秋经传引得・隐公元年》，上海古籍出版社，1983年，第1页。

③ 并且，“西汉穀梁家自江公以下，均与董仲舒公羊学持分庭抗礼的态度”，不赞同把“大一统”直接与“王鲁”说相关联。引文见王葆玹：《今古文经新论》，中国社会科学出版社，1997年，第260、261页。

‘王’而后言‘正月’？王正月也。何言乎‘王正月’？大一统也。”[①] 这里，借助于公羊学的诠释和发挥，儒家第一次在学术层面上明确提出了所谓“大一统”的概念与理念。班固《汉书》卷五六《董仲舒传》所抄录的“天人三策”原始文本中，也有“大一统”一词，尽管“只在本传中虽然只出现一次，但该思想是贯彻全《传》始终的”[②]，它甚至直接构成了董学天人系统之中的一个核心理念和一个重要理想。何休《解诂》释“大一统”曰：“统者，始也，总系之辞。夫王者，始受命改制，布政施教于天下，自公侯至于庶人，自山川至于草目昆虫，莫不一一系于正月，故云政教之始。”[③] 这一句话的蕴意无穷，其包含则广博浩大，时间、礼制、法度、王政、教化、宗教信仰、天地宇宙、自然万物，存在论、宇宙论、本体论、君道、臣道、治民之道、哲学、政治学、道德学、伦理学、天人关系论等内容，浑然一体，可以释放出无比开阔的解释空间，纵横之捭阖，上下、左右之交叉，而经得起多层面、多角度的意义挖掘。儒家的政治哲学在先秦时期主张天子尊天，天比君高；而到汉代之后，则多为君、天同尊，甚至，天子僭越，直接等同于天，君、天一体而不二。按照何休的解释，包括人在内的天地万物都应该一统于天子，一无遗漏。“要真正体现天子之‘大一统’，就须将自王侯至于庶人，以至山川万物，统统置于天子的治理之下”[④]。在孔子、孟子、荀子那里，天子还需要“正名”，君君，臣臣，亦即君要像个君的样子，不行就放一边去，找人替代，早期儒家显然都是要主张“汤武革命”的。即便到了汉初，董仲舒也依然强调“以君随天”，“屈君而伸天”[⑤]，要以天制君，而不断用灾异系统警示天子。但后来，天子却一下子就被赋予了上管天、下管地，中间管人管空气的无限权限和能力。

---

① 顾馨、徐明校点：《春秋公羊传·隐公元年》，辽宁教育出版社，1997年，第1页。

② 刘尚慈：《春秋公羊转译注·隐公元年》，中华书局，2010年，第3页。

③ 张岂之主编：《十三经注疏》，何休注，徐彦疏：《春秋公羊传注疏·隐公元年》，刁小龙整理，上海古籍出版社，2014年，第12页。

④ 陈其泰：《清代公羊学》，东方出版社，1991年，第42页。

⑤ 参阅凌曙：《春秋繁露注·玉杯》，中华书局，1975年，第28、29页。

一

新王即位，按照公羊家的道理要求，当更元建始，以示重新纪年，又有一个开端。何休以“始”解“统”，尽显一种管绾、抓钢、摄能、总领的张力欲望，而呈现出抑制不住的操控话语霸权的内在要求。人为设置一个时间刻度，对一个时间节点赋予“一国之始”“政教之始”的意义，倾注以王道正义的理念与价值，则彰显出公羊家的基本人文追求。刘逢禄释曰：“建始者，受命改元之大要也”，所试图传递的则是“天下更始”“咸与维新”之义①。而证之于史，《史记·历书》则载曰：“昔自在古，历建正作于孟春。于时冰泮发蛰，百草奋兴，秭鳺先滜。物乃岁具，生于东，次顺四时，卒于冬分。时鸡三号，卒明。抚十二节，卒于丑。日月成，故明也。明者，孟也；幽者，幼也；幽明者，雌雄也。雌雄代兴，而顺至正之统也。日归于西，起明于东；月归于东，起明于西。正不率天，又不由人，则凡事易坏而难成矣。”② 司马迁关于上古历法的描述，大多采自《大戴礼记》《左传》《国语》。新王更元，应当首先“建正”。选取孟春之月作为岁首之正月，主要想效法于天道自然中万物萌发、事值新兴之意。“正”必须体现天道精神（“率天”），循天而为，不可违拗。建寅的第一轮循环大致是，从正月开始，到十二月结束，“自建寅月而循十二月节，以绝于见丑月”③。而接下来则当然分别是建子、建丑的循环。

根据司马贞《史记索隐》解释，上古中国很早就有《上元太初历》，以建寅为正，所以称“孟春”之时。颛顼、夏禹也沿用建寅为

---

① 刘逢禄：《春秋公羊经何氏释例·建始》，顾廷龙主编：《续修四库全书·经部·春秋类》（第一二九册），嘉庆养一斋刻本影印，上海古籍出版社，2002 年，第 519 页上。

② 司马迁：《史记》卷二六《历书》，岳麓书社，1988 年，第 174 页。

③ 泷川资言：《史记会注考证·历书第四》（叁），上海古籍出版社，2016 年，第 1441 页。

正，只有黄帝制《调历》、殷、周、鲁皆建子为正①。至于新王更元的必要性，《历书》则称："王者易姓受命，必慎始初，改正朔，易服色，推本天元，顺承厥意。"② 新王必须为自己的政权寻找合法性理由，而诉之于"天命"，则往往是最好的、最恰当的方式，因为从苍天那里寻找到的根基与本源，最容易说服自己，坚定信心，也最容易让民众接受，更最容易形成普天之下人们的广泛认同。中国历史上的王朝都是讲"气数"的，新朝禀受"天道元气"而形之于人世间，其产生是一种必然，不可怀疑，不可否定。当年孔子著《春秋》、当新王的第一件事情就是"改周之时制而另立一新时制"③，也是想标榜一下自己所禀受的天命，建构"素王"的正统性与合法性。而无论是"改正朔"，还是"易服色"，都是在为天下人设置一个新的起点、新的开端，以期与旧的王朝形成区别，尤其是可以与旧的王朝中坏恶、腐朽的人事划清界限。天下之民统于新的王朝，而新的王朝又统于天，这是一种历史的逻辑必然，不服从是不行的。

《史记·历书》中新王改正朔、易服色，既出于重新纪元的需要，方便民众生活；又出于政治统御的现实需要，以便能够巩固王权秩序。黄帝考定星历，依据五行之消息，而正闰余，制历法，使得天地万物各司其序，不相紊乱，尤其是，民可以具备信诚的能力与品格，神能够显明其德化之功能与作用。"天之历数在尔躬"一句，徐彦《疏》曰："历数，谓位次也"④，则应该是新王禀受天命的最好标榜。汉初的皇帝也已经意识到新王朝确立新正朔的重要性并也已经采取了相应措施。高祖与叔孙通已经形成共识，必须"知时变"而定"仪号"，"五帝异乐，三王不同礼。礼者，因时世人情为之节文者也。故夏、殷、周之礼所因损益可知者，谓不相复也"。于是，叔孙通"愿

① 司马迁撰，裴骃集解，司马贞索隐，张守和正义：《史记三家注·历书》（上），广陵书社，2014年，第497页上。

② 司马迁：《史记》卷二六《历书》，第174页。

③ 蒋庆：《公羊学新论》，辽宁教育出版社，1995年，第156页。

④ 转引自泷川资言：《史记会注考证·历书第四》（叁），第1444页。

颇采古礼与秦仪杂就之"[1]，初步拟出富有汉室特征的朝仪礼制，但尚不涉及正朔、服色之变易。"汉兴至孝文二十馀年，天下和洽，而固当改正朔，易服色，法制度，定官名，兴礼乐，乃悉草具其事仪法，色尚黄，数用五，为官名，悉更秦之法。"[2] 文帝朝还只是"草具"，未果；至武帝朝，方才正式确立。

二

《春秋》经中，一岁之起始，但凡合法政权则都称"王正月"。但核心的问题是，按照《公羊》之辞法体例，诸侯不得称元，唯有真命天子才有这个资格[3]，殷周的时间制度有明确的规矩要求，不能随意破坏。但《春秋》经为什么却以鲁隐公这么一个诸侯王的即位之年而改口称"元年"呢？

面对春秋以来各个诸侯王国的计时制度混乱而给民众交往带来无所适从的问题，孔子在著《春秋》时则正本定元，以求统一各个诸侯国的历法，令其有所依据，皆归于周天子的纪年方式。《春秋》经于三月之后，一般都不加书"王"字，而只记"夏四月""秋七月""冬十月"之类，皆不系"王"字，而"仅于春三月每月书'王'，此正经文大一统，用周时、周正之据"[4]。《春秋》开篇，以文王为王，则当以周时为准，使用"周正"而确立和颁布历法。"公即位者，一国之始。政莫大于正始，故《春秋》以元之气，正天之端；以天之端，

---

① 司马迁：《史记》卷九九《刘敬叔孙通列传》，第 724 页。

② 司马迁：《史记》卷八四《屈原贾生列传》，第 630 页。

③ 为什么只有天子才可以纪元，诸侯可不可以纪元呢？徐彦《疏》曰："若《左氏》之义，不问天子、诸侯，皆得称元年。若《公羊》之义，唯天子乃得称元年，诸侯不得称元年。"见李学勤主编：《十三经注疏》（标点本），何休注，徐彦疏：《春秋公羊传注疏・隐公元年》，北京大学出版社，1999 年，第 6 页。孔广森曰："古者诸侯分土而守，分民而治，有不纯臣之义。故各得纪元于其境内"，或可印证《左传》之义。引文见孔广森：《公羊春秋经传通义・隐公元年》，嘉庆刻本影印，顾廷龙主编：《续四库全书・经部・春秋类》（第一二九册），上海古籍出版社，2002 年，第 3 页。

④ 段熙仲：《春秋公羊学讲疏》，南京师范大学出版社，2002 年，第 428 页。

正王之政；以王之政，正诸侯之即位；以诸侯之即位，正竟内之治。”[①] 原本非常单纯的时间概念，“元年春”“正月”，一下子就被公羊家注入了丰富的政治蕴含和王道主义的基本主张。有开端，重缘起，应用于王政，则为尊尊之道。公羊家在“天端”—“王政”—“诸侯即位”—“境内之治”之间，设置了一根王道的逻辑锁链，一环扣一环，紧紧相连，有始必有终，有因必有果。只要抓住“尊王”这个大本大根的问题，就可以让自己的政治行为符合王道正义。儒家始终是富有天下总系于一、天下统摄于一的情怀的。大同的理想，也是希望并要求天下所有的人、所有的事都能够趋近，都能够统一，而不至于因为差异太大而导致出现分裂、分离和各自独立于一方。“溥天之下，土地人民，定于一尊之王。王室诸侯、上下内外、政治制度、礼仪教化，始于一、归于一的王道政治。”[②] 孔子一生的努力，孜孜矻矻，历经艰难，就是以恢复周王亲亲、尊尊之礼法制度为使命和圭臬。

孔子意欲恢复周礼当然是可以理解的，《论语·八佾》篇称：“周监于二代，郁郁乎文哉，吾从周”，三代之文，汇集于周，总结于周。但何必以鲁隐公为纪元之始呢？这就要回到《春秋》经“王鲁”“内鲁”的出发点上去考察原因了。鲁国是周公的封地，其“文献足征，人事浃备，可以见王法，可以明王道”[③]。而又得益于周公、伯禽之教，鲁国民众“崇礼尚信”“仁厚近道”[④]，其文明水平应该超越于周边的诸夏中国，王化程度当数最高。所以，其世风民俗中所传承和保留的周公礼教成分可能会更多一些。孔子在世的时候，他所看到的鲁国实际上已经是一个衰败不堪的诸侯国了，力量薄弱，《春秋》所载的十二公或昏庸残暴，或荒淫篡弑，几乎没有一个符合儒家王者标准

① 十三经注疏（7），何休注，徐彦疏：《重刊宋本春秋公羊传注疏附校勘记》，嘉庆二十年江西南昌府学刻本影印，台北：艺文印书馆，2013年，第9页下、第10页上。

② 刘尚慈：《春秋公羊传译注·隐公元年》，第2页。

③ 段熙仲：《春秋公羊学讲疏》，第473页。

④ 钱穆：《论语新解·雍也》，读书·生活·新知三联书店，2002年，第159页。

要求的，但孔子明知其烂到极点，却不惜曲笔予以粉饰，甚至宁可以“内无贬于公之道”（宣公元年）而蓄意塑造出鲁王之高大、光辉的形象，仍然假托鲁国为天下一切政治、经济、军事、文化活动的中枢，设想鲁国的礼乐教化也最为昌明、发达，并由此而分出内、外，逐次辐射。《春秋》以鲁国为中心，以鲁国为京师，诸夏中国环绕在其四周，属于外土诸侯；而夷狄蛮戎则是最周边的，分布于最外围。但相比于夷狄蛮戎而言，诸夏中国则又明显属于内，亲近于鲁，有的还是同根同文的本家宗族。正如《说苑·指武》所曰：“内治未得，不可以正外。本惠未袭，不可以制末”，于是，“《春秋》先京师而后诸夏，先诸华而后夷狄”。如果“内治未得”，则“不可以正外”[①]。在《春秋》一书中，鲁国不过只是孔子王道理想的一个寄托而已，鲁国一定是想象中的天子之国，十二公也一定是想象中的君王，其符号意义远大于实际所指。孔子这么做的目的则又无非是要申明王道正义。董仲舒概括说：“《春秋》缘鲁以言王义”[②]，可谓入木三分之见。更何况，鲁国越是破败不堪，其与王化的距离越远，《春秋》一经的价值也就越大，因为越能够彰显出它自身的纠偏功能和匡济作用[③]。

既然以鲁隐公即位之年为“元年”，那么为什么还要强调“文王之正”呢？鲁国只不过是一个想象中的文明共同体，鲁隐公也只不过是一个假托的“真命天子”，所以，孔子才给予他更元的机会，让它享受一次立元之始的高级政治待遇。“托始者，言隐公实非受命之王，但欲托之以为始也”[④]，孔子只是假托隐公、借助于鲁国一君，而为《春秋》之开端而已，不能当真。事实上的鲁隐公，也非其父鲁惠公钦定的接班人，“惠公不早分别”，是其过矣。鲁国诸大夫立隐公为君，其即位则属于不正。如果序起尊卑秩序来，则以年幼的桓公为

① 刘向：《说苑·指武》，见《百子全书》，第一册，岳麓书社，1993年，第654页。

② 董仲舒：《春秋繁露·奉本》，乾隆三十八年抱经堂刻本影印，上海古籍出版社，1989年，第59页。

③ 参阅余治平：《春秋公羊夷夏论》，上海书店出版社，2014年，第44、45页。

④ 张岂之主编：《十三经注疏》，何休注、徐彦疏：《春秋公羊传注疏·隐公元年》，第21页。

贵，其当即位①。后来公子翚弑了隐公，也不是没有历史根据的。隐公八年，何休在《解诂》中曾历数隐公之微行不肖："言莒子，则嫌公行微不肖，诸侯不肯随从公盟，而公反随从之，故使称人，则随从公不疑矣。隐为桓立，狐壤之战不能死难，又受汤沐邑，卒无廉耻，令翚有缘謟，为桓所疑，故著其不肖，仅能使微者随从之耳，盖痛录隐所以失之，又见获受邑，皆讳不明"②。代桓而立、输平、见获、受邑、与微国盟，不一而足，《春秋》以"莒人"之辞，称人而不称子，隔山打牛，给予贬抑。然而，及至孔子治《春秋》，一心只"明王者受命"，而并"不追前事"，历史的一页已经翻过，一切就皆从隐公开始吧③。而在法理逻辑上，站在鲁隐公背后的那个王，则应该是周文王。"《春秋》据鲁，故春系于鲁君之年，而孔子伤文王法度之仅存，虽鲁君亦无疾不视朔月久矣，故于'正月'之上冠以'王'"④。《春秋》据鲁，却还是回到了周；首元隐公，却又得从文王说起。这个矛盾，于古来各家都未见妥善解决和圆润诠释。周文王也只不过是历史中的圣君而已，早已不是什么现实存在了。于是，建"文王之正"也只不过是利用文王的旗号而已，文王是道义之王，千万别把他理解成一个实体存在者。道义之王，只具有理论上的合法性与逻辑上的必然性，所以也称为"素王"。后世儒者以"素王"称孔子，宛如佛教徒以"空王"称释迦牟尼，尊敬而已，并非圣人之本意。王充《论衡·定贤篇》曰："孔子不王，素王之业在《春秋》。"⑤ 这个"素

① 隐公虽无"受国之心"，也有辞让不干之意，但却经不起大夫的簇拥，最终还是自己即了位。

② 张岂之主编：《十三经注疏》，何休注、徐彦疏：《春秋公羊传注疏·隐公八年》，第102页。隐公十一年，何休又注曰：隐公"为弟守国，不尚推让，数行不义，皇天降灾，谄臣进谋，终不觉悟。又复构怨入许，危亡之衅，外内并生，故危录之。"见第109页。

③ 事见《公羊传》隐公元年。参阅张岂之主编：《十三经注疏》，何休注、徐彦疏：《春秋公羊传·隐公元年》，第16—17页。

④ 段熙仲：《春秋公羊学讲疏》，第429页。

⑤ 《新编诸子集成》，黄晖：《论衡校释·定贤篇》（下），中华书局，2017年，第1303页。

王”其实并不是孔子本人的自封，孔子本人也没想过要做什么王，孔子也没想过自己要爬到九五之尊的位置上去亲自操刀，他只不过是借文王之口向世人、向后代颁布王道真理。隐公—文王—素王，在义理、逻辑上应该是统一不二的，不必制造出相互对立。

三

“建始”之事一向为《春秋》公羊家所伸张，刘逢禄称其是君王“受命改元之大要也”①。何休治公羊，辟出“五始”为公羊独有家法，奉之不移。追究其直接的思想来源，则应该归之于早先的董仲舒。《春秋繁露·二端》篇曰：“是故《春秋》之道，以元之深正天之端，以天之端正王之政，以王之政正诸侯之即位，以诸侯之即位正竟内之治。五者俱正而化大行。”② 这里，“元之深”“天之端”“王之政”“诸侯即位”“境内之治”五大因素，各自保持庄重严肃，完成规范化运作，或都能够得到精当治理，并借此而顺次演绎，逐级推进，就能够促使王道伸张而催生大化流行局面之形成。原本只是一个再简单不过的时间刻度，则被公羊家们做了一次匠心独运、非常精妙的政治化处理。时间被赋予王道价值和真理蕴意。时间一旦政治化，便可以让帝王的思想主张能够非常有效地渗透进民众的日用生活。因而，中国古代的纪元制度就具有了意识形态的管理功能与钳制作用。何休《解诂》则有曰：“政莫大于正始，故《春秋》以元之气，正天之端；以天之端，正王之政；以王之政，正诸侯之即位；以诸侯之即位，正竟内之治。诸侯不上奉王之政，则不得即位，故先言正月，而后言即位。政不由王出，则不得为政，故先言王，而后言正月也。”③ 可见，

① 刘逢禄：《春秋公羊经何氏释例·建始》，见顾廷龙主编：《续修四库全书·经部·春秋类》（第一二九册），第519页上。

② 董仲舒：《春秋繁露·二端》，第35页。

③ 张岂之主编：《十三经注疏》，何休注、徐彦疏：《春秋公羊传注疏·隐公元年》，第13页。

何休在直接继承董仲舒“正本重始之旨”的基础上[①]，更进一步重申和强调了“政”自天子出的重要性，明确反对政出诸侯、政出大夫。《春秋》经“先言王”，然后“言正月”，把“王”加在“正月”之上的意图就是要充分彰显天子的政治权威性和受命而王的神圣性，以维护大一统的中央集权。

至于“五始”更早的思想源头，《礼记·中庸》曰：“仲尼祖述尧舜，宪章文武，上律天时，下袭水土”，以使“万物并育而不害，道并行而不相悖，小德川流，大德敦化，此天地之所以为大也”。郑玄注曰：“圣人制作，其德配天地，如此唯五始可以当焉。”[②]《中庸》只讲尧舜作为人文初祖的开辟礼乐教化之伟大贡献，而并未涉及“五始”。但郑玄却诠释出“五始”，应该是渗透了当时公羊学影响的。相比之下，《礼记·大学》则是较早强调本末、先后问题的，“物有本末，事有终始，知所先后，则近道矣”，而将其视为最接近于“仁道”的方法与路径。但其曰：“自天子以至于庶人，壹是皆以修身为本。其本乱而末治者否矣。其所厚者薄，而其所薄者厚，未之有也”[③]，则显然以儒家的心性工夫论来诠释本末、先后，而非立足于拨乱反正之“五始”。此处乃《大学》与公羊家之一大区别与分殊矣，为治《春秋》学者所不可不察。

作为“天地之始”的“元年”，何休《解诂》曰：“以常录即位，知君之始年。君，鲁侯隐公也。年者，十二月之总号。”元年，乃“君之始年”，以一国之侯称君、以一国之侯即位而纪元天下，滥觞于孔子作《春秋》，其本身即已有违礼制，但却迫于伸张王道正义之不得已。何休曰：“《春秋》书十二月，称年，是也。”至此，“年”还只是一个时间单位。但接下来，“元”则被赋予一定的存在论、宇宙论和政治学含义。“变一为元。元者，气也，无形以起，有形以分，造

① 段熙仲：《春秋公羊学讲疏·建五始》，第437页。

② 李学勤主编：《十三经注疏》（标点本），郑玄注、孔颖达疏：《礼记正义·中庸》（下册），北京大学出版社，1999年，第1460页。

③ 陈戍国点校：《礼记·大学》，岳麓书社，1989年，第531页。

起天地，天地之始也。故上无所系，而使春系之也。不言公，言君之始年者，王者诸侯皆称君，所以通其义于王者，惟王者然后改元立号。《春秋》托新王受命于鲁，故因以录即位，明王者当继天奉元，养成万物。”[①] 元即气，气即元，起于无形，化生有形，万物之母，而成为“天地之始”。何休指出了“变一为元”，而《公羊传》不称“隐公一年”“桓公一年”之类，显然是把作为记数之始的“一”改造成作为政教之始的“元”，以文饰单纯的时间数字“一”，赋予其宇宙论的创世价值和政治哲学的新王要求。何休在力主“以元统天”，元比天大，强调元是天的来源的同时，也把元与天并列，“继天奉元”，天、元一如，皆为万物之本初，一切存在者之源始状态。他一方面完成了对《公羊传》进行宇宙论改造；另一方面，也把上古中国的时间制度赋予并充实了历史、政治、文化的信息内涵。于是，看似平淡无奇、再简单不过的一个“元年”，瞬间就被注入了世界本体的建构和人文价值的关切[②]。“元”具有先验、形上的功能，它关乎“造起天地”“天地之始”，而成为何休公羊学的“五始”之端。诸侯一旦即位称君，则必然被赋予王者所应当承担起来的一切政治功用与能力，其中当然包括修改纪元的时间制度体系，以此而整合、聚拢天下人心。《春秋》王鲁、以隐公为纪元之起始年份，完全出于孔子“托王”而“受命”建立王道新秩序的理论需要。

作为“岁之始”或“四时之始”的“春”，何休曰：“以上系‘元年’在‘王正月’之上，知岁之始也。”在“元年”与“王正月”之间，还有一个“春”字，也很值得探究。按照自然时间秩序，年与月的中间，应该是季节。“春者，天地开辟之端，养生之首，法象所出，四时本名也。昏斗，指东方曰春，指南方曰夏，指西方曰秋，指北方

---

① 李学勤主编：《十三经注疏》（标点本），何休注、徐彦疏：《春秋公羊传注疏·隐公元年》，第 6 页。

② 诚如蒋庆所指出的那样，“在宇宙万物与历史政治之前必须立元，以元来作为宇宙万物与历史政治的基始，克服宇宙万物的自然状态与历史活动的自发状态，从而使宇宙万物与历史政治获得一纯正的开端，体现一人文的价值”。见《公羊学引论》，第 281 页。

曰冬。”万物从“元”“天”那里生发出来，“春”是其走上存在之路的第一站，万物从此而呈现出自己的各种表象，现实世界也因此纷繁多样。徐彦《疏》曰：“春、夏、秋、冬，皆是四时之名，而夏、秋、冬三时，常不得配王言之，唯有‘春’字常在‘王’上”，显得很特殊。春之所以重要，是因为它位居四时之首，是“岁之始”，四时之端。但自然的时间秩序一旦被公羊家赋予王道逻辑，并纳入王权政治的架构体系之中，其蕴意也就大不一样了。“天端即春”，可见，春为天时季节之首，公羊家所能够引申出来的政治逻辑则必定是，王则缔造国家社稷，当为亿万人民之首。时重春季，人则尊王，春季、人王都是至关重要而值得敬仰和崇拜的。因而，公羊家一向“贵元重始”，其对天地之初、四时之初、人道之初、政教之初、国家之初、心意之初态度之谨慎、虔诚，仪式典礼之繁复，几近于一种宗教信仰。而这一切折射、转换到人世生活的世界里，则必然是对王权政治、一国之主或最高元首的礼赞与讴歌。而这种礼赞与讴歌又绝不可以从现代政治的视角予以批判和挞伐，好像这就难免有专制政府或极权统治的帮凶之大危险、难免有为独裁帝王张目而助纣为虐之大嫌疑。而实际上，《春秋》经写于上古文明发生之初、勃兴之初，在孔子之所传闻世、所闻世、所见世，诸夏中国的周边依然布满茹毛饮血、刀耕火种的夷狄部族，他们无政府、无组织并还不知礼乐，因而是野蛮的而尚未发展、尚未进化成文明之区。国家的形成、君臣伦理的确立，对于夷狄而言，似乎还是一件非常遥远的事情，甚至连设王制、立政府、征税赋、有大夫、知礼让、懂仁义都是一种莫大而了不起的进步，《春秋》经文时常利用书法、辞法予以表彰和鼓励。早期中国的尊王的要求与期待，是奔赴文明、积极向上的历史呼声，因而是一种进步的标志，它一定不同于两千多年后帝制烂熟条件下俗儒、陋儒和无骨知识分子对君权独尊的谄媚，其已构成阻碍中国社会进一步发展的愚蠢行为。所以，今人解读公羊家的尊尊，应该顾及背景、时机、前提与条件，必须回到当初的发生语境里去，要有理解之同情，也要有同情之理解，才能避免掉许多空洞乏味、不切要害的无端指责。

四

作为“人道之始”的“王”[①]，何休《解诂》曰：“以上系‘王’于‘春’，知谓文王也。文王，周始受命之王，天之所命，故上系天端，方陈受命制正月，故假以为王法。不言谥者，法其生不法其死，与后王共之，人道之始也。”王命系于天，王的出现，是天命在人间正式授予的开端，也是周天子“受命之始”。王只有经过上天的授命，才可以成为上天在人间的合法代言人。儒家、公羊家在政治学意义上，一向把民众当作群氓，“民之号，取之瞑也”，虽然“有其质而未能觉”，就好比“瞑者待觉，教之然后善”[②]。他们浑然不知王道真理，因而需要圣王进行启蒙和开智。王一旦确立了，则必须致力于教民、化民，故“王”乃为“人道之始”。有了王，就能够让芸芸万民活得像个人样。普天之下，只有王，才能够让人成其为人，仅仅靠民众自身是不可能实现的。民只是民，王才是主。必须有王为民做主，民才能够有意义地活着。何休“‘重本尊统’的核心，就是要明确树立君主本位的原则，做到‘一法度，尊天子’”[③]。而文王受命，法度之始。文公九年春，《公羊传》曰：“继文王之体，守文王之法度。”何休《解诂》曰：“引文王者，文王始受命，制法度。”[④] 确立新纪元，翻开新的历史一页，应当成为国体法度的一个重要组成部分。而既然把“王正月”之“王”解为文王，那么为什么却又把“元年”说

① “人道之始”亦作“受命之始”，即受命而王的开端。如《汉书·王褒传》：“共惟《春秋》法五始之要，在乎审己正统而已。”颜师古注曰：“元者，气之始；春者，四时之始；王者，受命之始；正月者，正教之始；公即位者，一国之始，是为五始。”见王先谦：《汉书补注》卷六四下《严朱吾丘主父徐严终王贾传第三十四下》，光绪廿六年虚受堂刊本影印，中华书局，1983 年，第 1269 页上、下。

② 董仲舒：《春秋繁露·深察名号》，第 61 页。

③ 黄朴民：《文致太平：何休与公羊学发微》，岳麓书社，2013 年，第 107 页。

④ 李学勤主编：《十三经注疏》，何休注、徐彦疏：《春秋公羊传注疏·文公九年》，第 292 页。

成是“隐公元年”呢？为什么要在“元年”与“王”之间制造断裂或矛盾呢？于是，只有把“隐公—文王—素王”三者统一起来理解，才可以消除上述疑问。鲁隐公显然不是“周始受命之王”，是诸侯而不是天子，但孔子编纂《春秋》经时却把“元年”系于他的名下，所寄所托，是相当沉重不堪的。按照司马谈《论六家要旨》对孔子的评价，《春秋》不尚“空言”而把王道正义皆黏附在“行事”的身上①。文王早已逝世，鲁隐公却还活着。先王不再，时王可托，《春秋》属辞则利于比附。所以，孔子便借隐公之名号而还文王之幽魂，“假以为王法”是一种道义需要。除了指涉文王、鲁隐公之外，“王”还可以指任何一个“时王”。《左传》即以其为是周天子，即周平王②。这种解释显然游离出《公羊传》文本的语境和含义都太远，故不予采纳。《春秋》当“新王”，《论语·子罕》中，孔子曾有自命：“文王既没，文不在兹乎！”③ 孔子自命而王，立意行“素王”之事，重开新元，当然也要改制立法，颁布新的时间制度。

作为“政教之始”的“正月”，王受天命而王，其既已即位，其第一项任务就应该是改正朔，赶紧“制正月”，其意义既在于标榜新命，又可以授以人时，让天下民众尊奉有据。关于正月的重要性，董仲舒曰：“百礼之贵，皆编于月，月编于时，时编于君，君编于天，天之所弃，天下弗佑。”④《春秋》一书叙述“天子之事”，其所记载的内容皆为与礼有关的大事。赖炎元解“编”为“顺次排列”⑤，只

---

① 司马迁：《史记》卷一三〇《太史公自序》，第944页。

② 孔广森：《春秋公羊经传通义·隐公元年》称，“治左氏者，以‘王正月’为时王之正月。周之东迁，时王不能颁月，久矣”。见顾廷龙主编：《续修四库全书·经部·春秋类》，嘉庆刻本影印本（第一二九册），上海古籍出版社，2002年，第4页上。

③ 这里的“文”，钱穆说：“指礼乐制度，人群大道所寄发”，应该是三代文明的积淀，上古中国优秀文化的集成与汇总。“孔子深通周初文武周公相传之礼乐制度，是即道在己身。”显然，孔子已经把自己看作是三代文明的代表了。但临死都始终未著一字“空言”，只在《春秋》242年的各种事件中指点评议，以“新王”“素王”的身份而向后人尤其是当政者颁布真理，确立王道。

④ 董仲舒：《春秋繁露·观德》，第56页。

⑤ 赖炎元：《春秋繁露今注今译·观德》，台北：商务印书馆，1984年，第247页。

知其表，而不涉其里，似乎并没有传递出董仲舒所要竭力伸张的旨意情怀。单从《春秋》文字在竹简帛书上的编排形式看，月份的确是写在季节的下面的，但说季节写在君王的下面，君王写在天的下面，则不通；而把万千礼仪之制皆写在月份的下面，则更不顺，因而必须从义理的进路予以理解和诠释。“编”字，本义是排列，序次，有秩序地组织起来；引申义则为，对……进行排序，把……纳入次序，符合某种秩序地安排在一起，按照某种目的而维系。孔子在编纂《春秋》的时候，创新发明出一套时间政治，蓄意把王道的思想、正义的主张统统渗透到年、月、日、季节这类时间刻度中去，赋予计时单位以仁义规定和礼乐价值。这样，时间系于君之下，王者一旦即位则当敬授人时，以便天下民众有所适从，民众在本质上必须听命于君；君则系于天之下，君命天赐，君当然也必须听从于天的命令，这一切也才是可以理解和接受的。君、臣之间有秩序，君、天之间也有秩序。而这种秩序则是雷打不动、永恒不变的。孔子著《春秋》，其书法，“月编于时”，“时编于君”，“君编于天”，已经把王道秩序、政治安排寓于时间刻度之中，其蕴意巨深，当慎察之！

十二月份之中，当以正月最为紧要。正月之重，非同一般。正月不确定，年就没法有，王者改制一定是先定正月而后才立元的。孔广森指出：“《尔雅》曰：‘正，长也。’谓之正月者，十二月之长。”①月之为正，年岁之首，将主导和统领一年的所有月份。正月的确定，关乎新王的法统起源和政教实施。强调正月的作用，突出正月的功能，是《春秋》经谨始、重始的表现。《穀梁传·隐公元年》曰：“虽无事，必举正月，谨始也。”② 这或许就是《春秋》不断书“正月”的原因，尽管看上去经常显得刻板而无聊③。何休曰：“以上系于王，

---

① 孔广森：《春秋公羊经传通义·隐公元年》，北京大学出版社，2012 年，第 2 页。

② 顾馨、徐明校点：《春秋穀梁传·隐公元年》，辽宁教育出版社，1997 年，第 1 页。

③ 参阅杨树达：《春秋大义述·谨始第十四》，上海古籍出版社，2007 年，第 124—125 页。

知王者受命，布政施教所制月也。王者受命，必徙居处，改正朔，易服色，殊徽号，变牺牲，异器械，明受之于天，不受之于人。”公羊家绝不迂腐，毋宁识时变，倡更化，而主张“法后王”。所以，“公即位”是“一国之始”，而“政莫大于正始”[①]，君王为政，处理的事务可谓千头万绪，但一切都应当从源头上抓起，寻根治本方能切中要害。而异代之新王新受命，则当行新法，迁徙居处，修改正朔，变易服色，改革徽号，更换牺牲，制造不同的礼器与兵甲，是必须的举措，而不应该因循守旧。其办事处物总以因时制宜、因地制宜为基本原则，不拘一格。这样做的目的并不是故意要跟旧制旧法过不去，而是为了彰显王权的合法性根据来自于上天，是任何个人主观刻意图谋所不可能导致的一种必然结果。

而历代新王建正的具体内容则为：“夏以斗建寅之月为正，平旦为朔，法物见，色尚黑；殷以斗建丑之月为正，鸡鸣为朔，法物牙，色尚白；周以斗建子之月为正，夜半为朔，法物萌，色尚赤。”三代建正之不同，不只是儒学家、思想家的话题，并且，史学家也在谈论。其证之于史则有：“夏正以正月，殷正以十二月，周正以十一月。盖三王之正若循环，穷则反本。天下有道，则不失纪序；无道，则正朔不行于诸侯。”[②] 很可能，作为汉初显学的公羊学深刻地影响了作为史学家的司马迁。其《史记·历书》的“三正”记载并没有太多的文学性渲染，但值得注意的却是，太史公强调的“三正循环”，运行不竭，而无穷无尽，并不满足于线性的或单向度的进化演绎。而这种循环恰恰是董仲舒的公羊学所没有明确交代出来的。在太史公看来，岁时有致，有条不紊，应该是“天下有道”的一大标志，是好的现象。而如果“天下无道”，各诸侯国则一定不遵循、不推行天子的正朔，这是尊尊之道受损的重要表现，不可不警惕啊！把“正月”与王道相联系，向时间制度中渗透政治哲学的逻辑，这不妨看作是公羊家

① 李学勤主编：《十三经注疏》（标点本），何休注、徐彦疏：《春秋公羊传注疏·隐公元年》，第10页。

② 司马迁：《史记》卷二六《历书》，第174页。

的精神意旨在《史记》一书中获得淋漓尽致的表达和伸张，及至武帝在元封七年一改秦代、汉初建正于亥而用《太初历》、更元太初则是公羊家用历史哲学改造现实世界的一个成功案例①。

《公羊传》是要以周之正月为准的。证之于《左传·隐公元年》，其开篇一句即是："元年春，王周正月"，至于为什么"不书即位"呢？"摄也"。② 杜预解曰："假摄君政，不修即位之礼，故史不书于策，《传》所以见异于常。"③《春秋》录隐公十一年，却始终"无正月"，《公羊传》四记"成公意"，极为低调、谦逊，彰显其让位之心，暂时摄政称王而已，而必将反政于桓公④。孔子著《春秋》，对于鲁君即位的书法原则是"继弑君，不言即位"。在这一点上，《公羊》《左传》的立场是相同的。但隐公、定公都不是继弑君，却未言即位。《春秋》十二公中，桓公、庄公、闵公、僖公、宣公皆继弑君，却有的言即位，有的不言即位，各有原因⑤。隐公非弑，却不言即位，大概因为他是鲁惠公之庶子，非嫡长子，却被大夫拥立，当时桓公已经被立为太子，只是年幼不能即位。隐公摄政十年，只不过充当桓公获得王位继承权的中间过渡而已，最终被桓公所弑。"国君逾年改元，必行告庙之礼，国史主辑时政，必书即位之事"，但隐公元年却没有任何记录，好像压根没发生过这档子事似的，胡安国《传》指出，是"仲尼削之也"，并且批评道：隐公"内不承国于先君，上不禀命于天子，诸大夫扳己以立，而遂立焉，是与争乱造端，而篡弑所由起也。《春秋》首绌隐公，以明大法，父子君臣之伦正矣"⑥。孔子著《春秋》，一上来就行使"素王"之道义权力而对隐公予以委婉批评。

随着新王代替旧王，随着朝代有所变易，其京师、正朔、服色、

① 参阅泷川资言：《史记会注考证·历书第四》（叁），第1439页。

② 蒋冀骋标点：《左传·隐公元年》，岳麓书社，1988年，第1页。

③ 杜预：《左传集解·隐公元年》，上海古籍出版社，1997年，第5页。

④ 张岂之主编：《十三经注疏》，何休注、徐彦疏：《春秋公羊传注疏·隐公十一年》，第110页。

⑤ 参阅刘尚慈：《春秋公羊传译注·隐公元年》，第3页。

⑥ 胡安国：《春秋胡氏传·隐公元年》，浙江古籍出版社，2010年，第3页。

徽号、牺牲、礼器、颜色、风俗都得及时改变，不改变则不足以向天下之人展示并证实自身王权的天命必然性与现实合法性。公羊家恪守经、常，但又能够权、变，并不是唯变是从，为变而变。不同于法家的权变，儒家的更化，总是有原则的。所以，徐彦《疏》曰："止变此等者，其亲亲、尊尊之属不可改，即《大传》云：'其不可得变革者，则有矣。亲亲也，尊尊也，长长也，男女有别，此其不可得与民变革者也'[①] 是也。"王朝可以异代，江山可以易手，新王的年号可以不停地变换，但唯有"亲亲""尊尊""长长""男女有别"的基本生活秩序不可改变，这或许就是董仲舒所说的"天不变，道亦不变"[②] 的真义。无论王权怎么变化，人类生活的最基本伦常法则却始终不可能丢失，世代相传而绵延不绝。

五

作为"一国之始"的"公即位"，这个政治活动，被当成以单纯时间为主的"五始"之一，似不协调。因为"公即位"是事件，是历史，是真切发生过的生活事实，而不是时间刻度本身。对于公羊家之"正"而言，时间之始、纪元之始只是方式、路径，而国家之始、政教之始才应该是"建始"的目的与归宿。所以，为了便于认识和理解，我们不妨在概念含义和语义表述上把纪元制度与政治活动适当区分开来加以对待。另外，正即位，也应该是公羊家"大居正"的内容之一，按照周制，嫡长子继承，立嫡不立庶，此乃为正。隐公元年春，徐彦疏曰："凡十二公即位皆在正月，是以不问有事无事，皆书'王正月'，所以重人君即位之年矣。若非即位之年，正月无事之时，或有二月王，或有三月王矣，但定公即位在六月，正月复无事，故书

---

① 陈戍国点校：《礼记·大传》，岳麓书社，1989 年，第 414 页。

② 班固：《汉书董仲舒传》，岳麓书社，1994 年，第 1106 页。

三月王也，其正月时不得书王矣。”[1]《春秋》记鲁十二公之史，于岁首必书“王正月”，既表达出尊王谨始之义，又昭示着王位继承的合法性与正当性，一般君王在即位初年，《春秋》经都会提及这三个字。但也有例外，董仲舒曰：“桓之志无王，故不书‘王’。其志欲立，故书‘即位’。书‘即位’者，言其弑君兄也；不书‘王’者，以言其背天子。是故隐不言立，桓不言王者，从其志以见其事也。”[2] 鲁桓公却只有其元年、二年、十八年书“王正月”，其余 14 年皆只书“春正月”而无加“王”字。无“王”之正月占多数，故一向有“桓公无王”之说。据王引之《经义述闻》的统计，《春秋》不书王者凡一百有八[3]。何休《解诂》曰“未无王”，似不通。《穀梁传》则曰：“桓弟弑兄，臣弑君，天子不能定，诸侯不能救，百姓不能去，以为无王之道，遂可以治焉尔。”[4] 继承王位即便是喜事，但因为有弑在前，孔子断不予正面记载。“庄公、闵公、僖公继弑君，均不书即位”[5]。桓公与公子翚合谋杀了隐公而自立，没直接交代其即位，是不忍心丧事喜办而由此遮揜非法夺权的事实。

至于“加‘王’于‘正’者，《公羊》言‘大一统’是也”[6]。公羊家的时间政治是蕴藏着深刻的话语霸权的，具有极强的内在涵摄力量，切切不可小觑。在新王即位之初，确立正月，不仅可以说明王权继承的合法性，而且更有尊王、统管的内在要求。在公羊家看来，以王之正月为大，更应当以新王之正月为大，以渗透进王者对时间制度的决定权和领导权。王者受命即位，确立岁首之月，这两件事情已占公羊家“五始”之二始，其重要性可见一斑。段熙仲称：“正月以存

---

① 李学勤主编：《十三经注疏》（标点本），何休注、徐彦疏：《初秋公羊传注疏·隐公元年》，第 9、10 页。

② 董仲舒：《春秋繁露·玉英》，第 20 页。

③ 转引自钟肇鹏主编：《春秋繁露校释·玉英第四》（校补本），第 136 页。

④ 顾馨、徐明校点：《春秋穀梁传》，辽宁教育出版社，1997 年，第 8 页。

⑤ 刘尚慈：《春秋公羊传译注·桓公元年》，中华书局，2010 年，第 54 页。

⑥ 胡安国：《春秋胡氏传·隐公元年》，第 2—3 页。

君，王正月以存王，所谓著有天子也。”[①] 君、王、天子，尽管称谓不同，但皆有天之受命，故而也皆得有“正月”。《春秋》每每书以“正月”，就是要向人们强调作为上天之子的君王一统天下、总系时间法统的重要性和严肃性。徐彦《疏》曰：“所以书正月者，王者受命制正月以统天下，令万物无不一一皆奉之以为始，故言大一统也。”[②] 显然，受命—制正月—统天下之间维系着一根牢固的逻辑链条，随时都能够彰显出只属于君王天子的那种驾驭万物、绾控乾坤的权力欲、决定欲和宰制欲。“令万物无不一一皆奉之以为始”，就是仁道本体走向现象世界与现实社会的一个当然结果。公羊家的大一统是具有本体论的决定功能和作用的，它具备生发事物的本领与能力，如果仅仅从政治哲学、历史哲学的角度予以诠释，则还太肤浅。

所以，回过头来看，作为字词概念的“大一统”，从语源学、语用学的意义上解释，其“大”字，当指动词性的张大，放大，扩大，引申为尊尚，突出，强调，重视，伸张，推崇，或以……为大，以……为最好或最重要，使……变大，把……放在至上位置。而“一统”，即一贯，一串，用一根绳子穿起来，引申指上下统贯，四方集中，全部收拢。并且，连接有核心，贯通有主线。各个方面都统于一，而不是多。何休解“统”则比较特殊，能够开出“始”之义，甚为新颖、别致。在最基本的语用学意义上，作为名词的“统”，可以指头绪，纲纪，准则，或根本。《释名》：“统，绪也，主绪人世，类相继，如统绪也。”[③] 许慎《说文解字》曰：“统，纪也。”[④]《淮南子·泰族训》：“茧之性为丝，然非得工女煮以热汤而抽其统纪，则不能称丝。”[⑤]《荀子·臣道》：“忠信以为质，端悫以为统。”杨倞注曰：

---

① 段熙仲：《春秋公羊学讲疏》，第 424 页。

② 李学勤主编：《十三经注疏》（标点本），何休注、徐彦疏：《春秋公羊传注疏·隐公元年》，第 10 页。

③ 任继昉：《释名汇校·释典艺第二十》，齐鲁书社，2006 年，第 348 页。

④ 桂馥：《说文解字义证·糸部》，齐鲁书社，1987 年，第 1120 页上。

⑤ 杨坚点校：《淮南子·泰族训》，岳麓书社，1988 年，第 202 页。

“统，纲纪也。”[①] 端正、信实是根本原则。《易传·彖·乾》：“大哉乾元，万物资始，乃统天”，《经典释文》曰：“统，本也”，[②]，似不通；但《三国志·管辂传》裴注载《管辂别传》引注曰：“统者，属也”[③]，指万物源始，本属于天。而作为动词的“统”，则可以指总括，主管，管控，绾摄，绾握，或统领，统御。《列子·天瑞》：“昔者，圣人因阴阳以统天地。”[④] 而何休《解诂》以“始”释“统”，赋予“统”以时间性、存在论的哲学意义，并且在此基础上，把“统”理解成一个“总系”之辞，又使“统”自获得了动词特性，“总系”即总括、主管、管控、或绾摄、统领，万物归一，收纳百宗，千头万绪最终都得囊括在自己的手中。[⑤]。于是，“统”这一字，显然是蕴含着一定话语霸权的，不在那个尊位上的人、没有一定权势的人、没有资源整合和支配能力的人，是无论如何都不可能把行为对象“统”起来的。所以，“大一统”就是张大一统，以一统为大，推崇一统，而不尚分裂，排斥散漫。新王“制正月”的行为，乃天道、人道、物道之所系，显然具有真理的力量和文化的价值。至于“王权至上、国家统一、天下一家”[⑥] 则应该是其在传统中国政治层面的引申含义。而把“《春秋》大一统”仅仅理解为“《春秋》所赞扬的一统（The yitong that the Chunqiu exalts)”则显然是不恰当的[⑦]，已经丧失了

① 转引自王先谦：《荀子集解·臣道》，中华书局，2012年，第250页。

② 陆德明：《经典释文·周易音义·乾》，宋刻本影印，上海古籍出版社，2013年，第74页。

③ 转引自高亨：《周易大传今注·乾》，齐鲁书社，1998年，第42页。

④ 列御寇：《列子·天瑞》（第五册），岳麓书社，1993年，第4633页。

⑤ 而动词性的“统”与作为名词的“统”，不可混用。M. 鲁惟一指出：“‘一统’的‘统’与‘三统’的‘统’是有很大差别的。”见《董仲舒：“儒家”遗产与〈春秋繁露〉》（*Dong Zhongshu, a “Confucian” Heritage and the Chunqiu Fanlu*），戚轩铭、王珏、陈颢哲译，香港：中华书局，2017年，第182页。

⑥ 张分田：《大一统与政治分合》，见刘泽华主编：《中国传统政治哲学与社会整合》，中国社会科学出版社，2000年，第112页。

⑦ M. 鲁惟一：《董仲舒：“儒家”遗产与〈春秋繁露〉》（*Dong Zhongshu, a “Confucian” Heritage and the Chunqiu Fanlu*），第193页。他以为，何休、颜师古、徐复观、周桂钿、康有为等人也都是这么理解的。

“统”本身所具有的概念规范的功能，缺少了一份主动性和涵摄力，而沦为一种静态的、现象描述性的干瘪语词。

结 语

因生活事件而设立公共时间制度，以政治事件为开端的纪年传统，早在中国的西周时代就已经创置，“共和元年”是中国有确切纪年的开端。周厉王在位之时，昏庸残暴，治政无方。西元前 841 年，国都中的平民、中小贵族不堪忍受，群起而反抗，将厉王赶出都城。其后 14 年，朝廷的当政者，或说是诸侯“共伯和”，所以称为“共和”；或说是大臣周定公、召穆公两人共同代理，取“共同执政”之义而谓“共和”。称其为“元年”，则显然是一种时间政治，把王道理想渗透进纪年之中，时间刻度被赋予了政治学的价值与意义。及至何休则总结出“同日并见、相须成体”的《春秋》“五始”，并且以之为“天人之大本”。至唐代徐彦，又进一步地把“五始”之中的“元年”“春”归结为“天之本”，而把“王”“正月”“公即位”当作“人之本”[①]。前两始，为天；后三始，为人。天人相与，彼此交通、感应，而形成一幅壮漫绚丽的世界图景。“五始”又当突破时间政治的话语境地，而直接关涉天人之应，后世学者则不可不察也。“元”之气，其所有蕴含的创造天地的本体论指向和生存论意义是不可忽视的，公羊家虽聚焦于“天子之事”、外王之学，但其所已经达到的哲学深度也值得我们挖掘、整理和阐发。“元年”，作为“天地之始”，可以“造起天地”“养成万物”，非常真实地构建出我们的“有形”世界和秩序社会。有年才有春，而“春”，作为“岁之始”“四时之始”，能够以一季引导和统领夏、秋、冬三季，非常正确地体现了天道之功能与作用。把“王”放在“正月”之上，则意味着人事、人道之开端。王者先出，然后才可以制月，正月一经确定，则道统、法统、德运顺应则立。制月主体不明，则国家不能成立，王政不能成立。托以文王，只

① 张岂之主编：《十三经注疏》，何休注、徐彦疏：《春秋公羊传注疏·隐公元年》，第 13 页。

是标志、符号而已，意欲表明《春秋》乃“始受命之王”，可以“系于天端”。“公即位”，指涉“一国之始”，因“天之端”而有“王之政”，而有“竟内之治”，顺次而出，逐级辐射、外扩，时间政治的功效尽显殆尽，完成了一次典范操作。

原载于《同济大学学报（社会科学版）》2021 年第 4 期。

余治平（1965－），男，江苏洪泽人，上海交通大学长聘教授，博士生导师，董仲舒国际儒学研究院院长。

“名伦等物不失其理”①

——董仲舒的“物”哲学

张靖杰

既往对于董仲舒的思想研究往往侧重于从其“天的哲学”“政治哲学”等角度，把握董子思想之大略，却往往忽略了对于“物”的研究。然而，作为认识与语言的对象，“物”在董仲舒的思想中自有其一席之地。一方面，在董仲舒的名学思想中，名物（名实）关系作为基础得以确立；另一方面，董子以阴阳、四时、五行等图示解释世界的理论，自然不可能略过“物”这一抽象的、代表一切存在者的范畴。然而，历来的研究者或将之归于“天人感应”的框架内，将“物”视作为天人关系中的参与者，或将之归于认识的或语言——或统之曰“名”——所把握的对象，始终缺乏就“物”而论“物”的系统研究。② 事实上，董子发挥《春秋》“五石六鹢之辞”，形成其独特

① 基金项目：本文为国家社会科学基金重大项目“董仲舒传世文献考辨与历代注疏研究”（项目编号：19ZDA027）、上海交通大学“董仲舒青年学者支持计划”（项目编号：HS-SJTU2020B01）阶段性成果。

② 例如王永祥《董仲舒评传》以“辨物理、真天意的认识论”囊括了对“物”的讨论；余治平《唯天为大》则以“物莫无邻、以类相召的感应思想”将对“物”的分析统摄其中。参见王永祥：《董仲舒评传》，南京大学出版社，1995 年，第 207 页；余治平：《唯天为大——建基于信念本体的董仲舒哲学研究》，商务印书馆，2003 年，第 212 页。

的“名物”观，有别于“多识草木鸟兽之名”的名物训诂。又继先秦名学思想之余绪，并将之组织进其宇宙论、本体论的论域之中。“物”的不同面向之间环环相扣，共成一体。因此，本文即试图以“名”为视角，系统剖析董仲舒的“物”哲学。

一、从“五石六鹢”到“名伦等物”

辨物理、别物类的研究往往被归于“训诂”的范畴，更确切地说，则是“名物训诂”。所谓“名物”，大抵指称专有名词，如草、木、鸟、兽、鱼、虫之类，也包括宫室、车舆、器皿、服制、天文、地理等等。因古字、古言之不可得而解，所记之名物有不可得而闻者，则有考镜源流，还其故训的必要。如最早的字书《尔雅》，除却《释诂》《释言》与《释训》三篇外，大抵皆为名物训诂。《说文解字》《释名》亦包含大量训释名物的条目。《论语》记载孔子教导“小子”学《诗》，认为其有“兴、观、群、怨”之教化功能外，尚可有助于“多识于鸟兽草木之名”，可见《诗》中所载名物之繁复，这也使得《诗》成了名物训诂之大宗，自汉讫清好之者不绝。

不过，细绎“名物”一词，又可以析分为“名”与“物”。《周礼·天官·冢宰》：“庖人：掌共六畜、六兽、六禽，辨其名物。”① 贾公彦疏以“名物”作“名号物色”解。又《地官·司徒》：“辨其山林、川泽、丘陵、坟衍、原隰之名物。”② 郑玄注曰：“名物者，十等之名与所生之物。”③ 贾疏作“十等形状名号及所出之物也”。又孙诒让释“名物”曰：“名物，若《尔雅·释鸟》《释兽》《释畜》所说，种别不同，皆辨异之也。”④ 综合以上释读，可以认为：“物”当然可

① 郑玄注，贾公彦疏：《周礼注疏·天官冢宰·庖人》，李学勤主编：《十三经注疏》(标点本)，北京大学出版社，1999 年，第 86 页。

② 郑玄注，贾公彦疏：《周礼注疏·地官司徒·大司徒》，第 241 页。

③ 郑玄注，贾公彦疏：《周礼注疏·地官司徒·大司徒》，第 241 页。

④ 孙诒让：《周礼正义·天官冢宰·庖人》，中华书局，1987 年，第 258 页。

以依“名”而辨异或别类，但“名”与“物”之间并非自然而然的连缀成词。其中所谓“名物”二字虽联属而其含义又有间隙，也并非专指草木、鱼虫、鸟兽之专有名词。若要在字义上锱铢必较，则大可推断：“名物”二字连缀成词，本身即意味着将“名”可以（有效地）指称“物”作为前提接受了下来。当然，这一前提并非是不证自明的。因此“名物训诂”的一项重要工作就是还其本原，也就是试图还古书、古言中的“名”以其本身所指称的那个“物”。

如果说承自孔子“多识鸟兽草木之名”的“名物”之学以博闻多识为目的，那么董仲舒对于“名物”的看法则纯是“名物”之学的对立面。《重政》篇曰：“能说鸟兽之类者，非圣人所欲说也。圣人所欲说，在于说仁义而理之，知其分科条别，贯所附，明其义之所审，勿使嫌疑，是乃圣人之所贵而已矣。”① 董子明确认为圣人虽能说鸟兽草木之名，却不愿多说，圣人真正关心的是“仁义”二字。在《仁义法》篇中，董子强调“以仁安人，以义正我”，并试图通过将“仁”训为“爱人”，由为政者之“爱人”等同于“爱民”推至“鸟兽昆虫莫不爱”。“说仁义而理之”中的“理”当然有条理、分理的含义，故要“分科条别，贯所附”。这一说法固然在一定程度上指向了认识与名物意义上分类、拣择，赋其条理之意，却更侧重于以人道而范围之，并非就草木、鸟兽而分类别属之意。这里，孔子“多识”之说与董子“非圣人所欲说”之间似乎存在着某种对立的关系。苏舆试图调和这一矛盾：“孔子学《诗》，亦云‘多识’，盖视为余事，不侈浩博。观《古今注》所载芍药蝉蚊之答，《论衡》所纪识重常之鸟，知董未尝以博物为非。程子以记诵博识为玩物丧志，亦畏其得小而遗大也。”② 要之，《诗》之“兴观群怨”要重于“多识”之功，董子未尝以博物为非，却亦不以博物为要。可见，董子重道德而轻名物，虽不废博闻多识之功，却在学有小大之辩的问题上表明了立场。

---

① 董仲舒：《春秋繁露·重政第十三》，乾隆三十八年聚珍本影印，上海古籍出版社，1989年，第33页。

② 苏舆：《春秋繁露义证·重政第十三》，中华书局，1992年，第144页。

这一对于“名物”的不同理解在董子对于《春秋》的解读中又进一步放大。董子所谓“名物”大抵以《春秋》为依归，这与其作为《公羊》先师，善言《春秋》的历史形象若合符契。其言曰：“《春秋》辨物之理，以正其名。名物如其真，不失秋毫之末。故名贯石，则后其五，言退鹢，则先其六。圣人之谨于正名如此。君子于其言，无所苟而已，五石、六鹢之辞是也。”① 董子所谓“名物”，并不排除草木鸟兽、天文地理等专有名词，将对于贯石、飞鹢的考察归于“名物”亦未为不可。不过，“名物如其真”，却更多地指向命名、指称事物如其所是的含义。或许可以认为：“名物训诂”之“名物”侧重在“物”，而董子所谓“名物”侧重在“名”（或谓“言”“辞”）。前者关注的是如何辨物、真物，后者则更侧重于正名、慎辞。

以对于五石、六鹢的考察为例。《春秋·僖公十六年》：“春，王正月，戊申朔，陨石于宋五。是月，六鹢退飞，过宋都。”② 《左传》解经，专就“名物”立论，其意平实。所谓“陨石”即“陨星”，解“六鹢退飞”之缘由为“风”，可知风大而致鹢鸟退飞③。《公》《穀》则不同。《公羊传》曰：“曷为先言陨而后言石？陨石记闻，闻其磌然，视之则石，察之则五……曷为先言六而后言鹢？六鹢退飞，记见也，视之则六，察之则鹢，徐而察之则退飞。”④ 五石、六鹢，《公羊》着眼全在语序，于陨石，则先闻、再见、后察，于飞鹢则先见而

① 董仲舒：《春秋繁露·深察名号篇第三十五》，第 60—61 页。《实性》篇中有一段内容几乎一致的文字，曰：“《春秋》别物之理以正其名，名物必各因其真。真其意也，真其情也，乃以为名。名賈石则后其五，退飞则先其六，此皆其真也。圣人于言无所苟而已矣。”参见董仲舒：《春秋繁露·实性篇第三十六》，第 63 页。

② “鹢”，《穀梁》作“鶂”。参见范甯集解，杨士勋疏：《春秋穀梁传注疏·僖公六年至十八年》，李学勤主编：《十三经注疏》（标点本），北京大学出版社，1999 年，第 134 页。

③ 又《史记·宋微子世家》：“六鶂退蜚，风疾也。”参见司马迁撰，裴骃集解，司马贞索隐，张守节正义：《史记·宋微子史家第八》，中华书局，2014 年，第 1963 页。

④ 何休解诂，陆德明音义，徐彦疏：《春秋公羊传注疏·僖公第十一》，上海古籍出版社，2014 年，第 434—436 页。

后察。因为认识由粗入精，故在记述上则有石先于五，六先于鹢之文辞。《穀梁》则以为："先陨而后石何也？陨而后石也。于宋四竟之内曰宋。后数，散辞也。耳治也……六鶂退飞过宋都，先数，聚辞也，目治也……君子之于物，无所苟而已。"① 陨石散于宋之四境，圣人记之以耳闻，故"后数"。六鹢聚而飞过宋都，圣人记之以目见，故"先数"。与《公羊》之说略同，不过更添释义，却难免牵强之嫌。董子所谓"于言无苟""名物如其真"，显然是站在《公》《穀》的立场上强调圣人以耳闻目见之序，纪实而录，以明确《春秋》之于辞无苟。这与《公羊》以《春秋》为圣人笔削之书，虽讥贬诛绝以托圣人志意，却仍是耳闻目见之序则纪实，阙疑阙传之处则阙如的"信史"。且《公羊》一般以《春秋》中之"君子"为孔子，故"君子于其言无所苟"就不仅仅是孔子"正名"观念的表述，也被董子用来说明圣人笔削《春秋》时之于"辞"无苟。

《玉英》篇中另一则对于《春秋》辨物之理的论述同样可以为证："《春秋》理百物，辨品类，别嫌微。修本末者也。是故星坠谓之陨，螽附谓之雨，其所发之处不同，或降于天，或发于地，其辞不可同也。"② "星坠"曰"陨"，"螽附"曰"雨"，均为坠落之意，《春秋》即以"辞"别嫌疑。苏舆注曰："星降于天，不可言雨星。雨亦降于天者，嫌使同也。螽本发于地，不嫌同雨，言雨正状螽死坠。"③ "星賈"可言"如雨"，但"如雨"毕竟不是"雨"。《公羊》对之即有释义："如雨者何？如雨者非雨也。非雨则曷为谓之如雨？不修《春秋》曰：'雨星不及地尺而复。'君子修之曰：'星賈如雨。'"④ 可知，未经孔子删削之《春秋》本作"雨星"，孔子笔削而成"星賈如雨"。一般以为，经孔子笔削之《春秋》于记事上要更为精确。记录者不可能

① 范甯集解，杨士勋疏：《春秋穀梁传注疏·僖公六年至十八年》，第133—134页。

② 董仲舒：《春秋繁露·玉英第四》，第20页。

③ 苏舆：《春秋繁露义证·玉英第四》，第73页。

④ 何休解诂，陆德明音义，徐彦疏：《春秋公羊传注疏·庄公第六》，第1136页。

如此切近地观察到陨星的坠落，所谓“尺而复”者大抵为传闻或臆说，且“雨星”与“雨螽”又辞同而嫌疑。以“如雨”称“星贾”，以“雨”称“螽”则可以起到别嫌明疑的效果。董子的解释即以陨星降自天，而蝗虫生于地，“雨”亦地气蒸腾所生，故与蝗虫同发于“地”，自与陨星不同。故“螽”可言“雨”，而“星”不可言“雨”。其说牵合与否姑且不论。依董子之意，突出“星贾”与“雨螽”之异，表明的是对《春秋》中的“名”（或“辞”）的重视，“辞”以别嫌疑，故于“辞”之嫌微、同异之处必需慎之又慎。

无论是五石、六鹢，还是雨星、雨螽，尽管仍围绕着“物”而展开，但却并非狭义的“名物”之学所能范围。五石、六鹢关乎语序问题，而雨星、雨螽则更多牵涉词义及搭配，并非严格意义上的考究名物。或可认为，董子所谓“名物”，当解之为“名伦等物”更为确切。《精华》篇曰：“《春秋》慎辞，谨于名伦等物者也。”[①] 苏舆注曰：“因伦之贵贱而名之，因物之大小而等之，故曰‘名伦等物’。”[②] 钟肇鹏分释四字，即以“名伦等物”包含名称、人伦、等级、事物四者[③]。下文又就小夷、大夷，战、获、执之嫌疑处一一剖析，最终指向了“大小不逾等，贵贱如其伦，义之正也”[④]。可见其所关注者并非狭义的“名物”，而是如何由“辞”而达乎圣人之“义”（“意”）[⑤]。

① 董仲舒：《春秋繁露·精华第五》，第22页。

② 苏舆：《春秋繁露义证·精华第五》，第82页。

③ 钟肇鹏：《春秋繁露校释·精华第五》（校补本），河北人民出版社，2005年，第159页。

④ 董仲舒：《春秋繁露·精华第五》，第22页。

⑤ 《春秋繁露·盟会要》篇的一段文字则直接将“名伦等物”组织进理解“圣人至意”的一隅中，经由“名伦等物不失其理”，即通过小大、尊卑、贵贱之序，以明乎政治得失：“至意虽难喻，盖圣人者贵除天下之患。贵除天下之患，故《春秋》重，而书天下之患遍矣……故曰：立义以明尊卑之分，强干弱枝以明大小这职；别嫌疑之行，以明正世之义；采摭托意，以矫失礼。善无小而不举，无恶小而不去，以纯其美。别贤不肖以明其尊。亲近以来远，因其国而容天下，名伦等物不失其理。公心以是非，赏善诛恶而王泽洽，始于除患，正一而万物备。故曰大矣哉其号，两言而管天下。此之谓也。”参见董仲舒：《春秋繁露·盟会要第十》，第32页。

综上，董子所谓“名物”虽然不排斥狭义的“名物”之学，甚至其所谓“名物”以狭义的“名物”之学为基础，却将更多的关注投向了人伦、政治领域，体现出轻物重人的倾向。其在《春秋》的语境中所提揭出来的“名物如其真”，关注的其实是言如何达意——更具体地说，则是如何由《春秋》之辞（或圣人之言）透入圣人之意——的问题，而非对具体事物的考究。

二、“名物如其真”——“名”的基本功能

董子所谓“名物”尽管与“多识草木鸟兽之名”的“名物训诂”有所不同而更倾向于人伦、政治的论域，然而，若回到董子所谓“名物”的基本规定，即以“名”命“物”，则其对于“物”的讨论也同样触及了先秦以降一切名学思想都无法绕过的基本议题，即名实关系的问题。大体而言，先秦时期的儒家、墨家、名家、法家、黄老等在这一问题上的观点可以区分为循名责实与依实定名两种不同的进路。前者主张名对于实的规约，甚至认为“名”具有超越于其所指称对象之现实性的指导意义；而后者则主张名以指实，乃至名副其实，强调名与实之间的对应关系。先秦诸子的论述虽然各有侧重，但两种致思进路之间并不存在正误之分，事实上，在《荀子》那里，“制名以指实”与“名定而实辨”两种倾向得以并存。当然，也可以认为依实定名，主张名与实之间近乎严丝合缝的关联侧重于对自然物的命名。而循名责实，则更适用于对人伦的、政治性的“名”。不过，无论采取何种进路，名与实（或其所指称的对象）之间的关联，作为论“名”的基石是没有争议的。

董仲舒的名号学说承先秦名学思想之余绪，其以“真”字关联起的“名”与“物”，恰恰包含了名实关系的上述两个面向：一方面，“名之为言真也”，“名生于真，非其真，弗以为名”①，即将“名”视

① 董仲舒：《春秋繁露·深察名号第三十五》，第60页。

作为对“真”（或“实”）的呈现或反映。先有物而后有名，强调“名”之为对“物”的真实反映，恰是还“名”与“物”之关系的本原。苏舆则从造字（“字”亦“名”也）的角度解之：“先有物而后有名。象形而为字，辨声以纪物。及其繁也，多所假借，原其始，皆以其真。”① 万物各有其“名”，即便“名”与其所指称对象的形象业已相去较远，但其所假借而为“名”者，若原其本，则同样为“真”；另一方面，“名者，圣人之所以真物也”②，“名”成了圣人用以探真伪、审是非的工具，循其名而后可以责其实，所谓“凡百讥有黮黮者，各反其真；则黮黮者还昭昭耳……诘其名实，观其离合，则是非之情不可以相谰已”③。天下之事有黯而不明者，皆以“名”之不正，而若要使黯者得以大白于天下，则势必要在“名”与“实”之离合处着眼。可见董子所谓“真”，包含了以实检名与以名正实两个面向。一方面，“名”以“真物”，这与孔子为政必先“正名”的主张如出一辙，侧重于循名责实的进路；另一方面，“诘其名实，观其离合”又更多地观照到了“名”与“实”间的相互关系，而非单方面地主张“名”对于“实”的作用。

如果说“真物”意味着依物之所是而认识、把握物（用宋儒的话来说则是“物各付物”），那么，物之万殊则势必体现为“名”的分化，“名”也就承担了辨别事物——即董子所谓“别物”——的功能④。或可谓，“名物如其真”即意味着“别物”。首先，“名”有洪、私之分，所谓“物也者，洪名也，皆名也，而物有私名，此物也，非

① 苏舆：《春秋繁露义证·深察名号第三十五》，第 283 页。

② 董仲舒：《春秋繁露·深察名号第三十五》，第 60 页。

③ 董仲舒：《春秋繁露·深察名号第三十五》，第 60 页。

④ 苏舆曰：“万物总总，藉名以散殊之。”参见苏舆：《春秋繁露义证·深察名号第三十五》，第 280 页。

夫物”[①]。凡一切存在皆可名之为“物”，故谓“洪名”，又谓“皆名”[②]。物又各有其性，如鸟兽草木性质各异，黑白方圆各自不同，彼此相别而至于万殊，各以其一己之性而名之，故曰“私名”；其次，“名”与“号”的区分体现出详略之别：“名众于号，号其大全。名也者，名其别离分散也。号凡而略，名详而目。目者，遍辨其事也；凡者，独举其大也。”[③] 钟肇鹏以为，所谓“号”当作《荀子》之“共名”解，其义可通[④]。暴君、仁君，其为“君”者一也；顺民、公民，其为“民”者亦一也，下文由“祭”之“号”，而分为春祠、夏祗、秋尝、冬蒸之“散名”，由“田”之“号”，而分为春苗、秋蒐、冬狩、夏狝之“散名”，皆依从“名”与“号”之为详与略的区分，最终落实于“物莫不有凡号，号莫不有散名”这一自“物”而“号”，自“号”而“名”的详略之序。董子所谓“号”，承担了《荀子》所谓“共名”的角色，而自“物”到“号”，再由“号”到“名”（散名），正与《荀子》以“共”“别”区分详略或《墨经》所谓“达、类、私”者略同。

“名”之为“别物”，也并不仅仅意味着散殊万物。如果仅示以区别，则世界所呈现的面貌无疑是一片混乱。事实上，“别物”即已包含了整肃以秩序的义涵于其中，这一秩序即体现在“理”与“义”这两个范畴。就“理”而言，无论是作名词用的“《春秋》辨物之理”，还是作动词用的“《春秋》理百物”[⑤]，无论做条理、分理，还是整

① 董仲舒：《春秋繁露·天地阴阳第八十一》，第 99 页。

② 《说文·白部》：“皆，俱词也。”又《仪礼·聘礼》“三揖皆行”，郑玄注曰：“皆，犹并也。”《诗·大雅·緜》“百堵皆兴”，毛亨《传》作“皆，俱也。”可知“皆”之为并、兼、俱等相近之义。参见许慎著，段玉裁注：《说文解字注·白部》，上海古籍出版社，1981 年，第 265 页；郑玄注，贾公彦疏：《仪礼注疏·聘礼》，李学勤主编：《十三经注疏》（标点本），北京大学出版社，1999 年，第 421 页；毛亨传，郑玄笺，孔颖达疏：《毛诗正义·大雅·文王之什·緜》，李学勤主编：《十三经注疏》（标点本），北京大学出版社，1999 年，第 988 页。

③ 董仲舒：《春秋繁露·深察名号第三十五》，第 59—60 页。

④ 钟肇鹏主编：《春秋繁露校释·深察名号第三十五》（校补本），第 651 页。

⑤ 董仲舒：《春秋繁露·玉英第四》，第 20 页。

理、董理解，都体现出赋予某种秩序的隐含意图。万物散殊而不可知，但“名”之为“别物”的功能即体现在分门别类、别嫌决疑，董理万物。譬如名册，个别的“名”仅仅用以命名个别的对象，而作为整体的“名”册，则有将秩序与规律灌注于“名”之集合的意义。也正是在此意义上，董子认为《春秋》可以起到“辨物之理”或“理百物”的作用，因为其中所记名物繁复，且圣人于一字行褒贬，于用名上则不免要锱铢必较。

如果说“理”大体倾向于就“物”而言，那么“义”则更倾向于在人伦世界中发挥作用。《天道施》篇：

> 名者，所以别物也。亲者重，疏者轻，尊者文，卑者质，近者详，远者略，文辞不隐情，明情不遗文，人心从之而不逆，古今通贯而不乱，名之义也。男女犹道也。人生别言礼义，名号之由人事起也。不顺天道，谓之不义，察天人之分，观道命之异，可以知礼之说矣。见善者不能无好，见不善者不能无恶，好恶去就，不能坚守，人道者，人之所由乐而不乱，复而不厌者，万物载名而生，圣人因其象而命之。然而可易也，皆有义从也，故正名以名义也。[①]

上述文字从论“名”之“别物”功能起笔，却通篇围绕“义”字展开。首先，亲疏、尊卑、远近、详略即是“义”的具体呈现。《精华》篇曰：“大小不逾等，贵贱如其伦，义之正也。”[②]“义”代表的是人伦秩序——当然也包括《春秋》文辞——中所体现出的差别意识，这与董子所谓“别物”之“别”合契；其次，“人生别言礼义，名号之由人事起”[③]，即从生成的角度将“名”组织进“礼”（义）的范围。人生于天地之间，本无所谓君臣父子之名，礼制而义定，则有尊卑之序、上下之别。其中，君臣父子之“名”与上下尊卑之“礼义”是表与里的关系。对于一般意义上的草木鸟兽之名，也只有在进入人类世

① 董仲舒：《春秋繁露·天地阴阳第八十一》，第99页。
② 董仲舒：《春秋繁露·精华第五》，第22页。
③ 董仲舒：《春秋繁露·天地阴阳第八十一》，第99页。

界之中才被赋予名号，其存在乃至使用也就有了一定的限度与规定。换言之，“名”是“礼义”所代表的人伦秩序的外在呈现；第三，“正名以名义”，通过将“义”的范畴嵌入“正名”的理论。命物以名就不仅要合乎“义”，同时更要彰显“义”。这与《左传・桓公二年》“名以制义，义以出礼”的逻辑如出一辙①。

总的来说，董仲舒对于“名”所具有的“真物”与“别物”功能的理解大体上未能超过先秦名学思想的基本框架。不过，经由上文的讨论可以进一步明晰：“真物”即内在包含了“别物”，而“别物”也绝不是“别离分散”以至于万殊。区别的同时即意味着整肃以秩序，对“物”而言则是赋予“理”，对“事”而言则是制以“义”。从认识与语言的角度来看，将“理”赋之于“物”，才有可能进行认识的拓展与逻辑的推演；从经学自身的脉络来看，将“义”赋之于“事”，则可以在《春秋》之辞中体圣人之微。值得进一步追问的是：“理”与“义”——即作为“物”的内在规律与秩序——究竟以何种面貌呈现？散殊之万物究竟又如何进入这一秩序的人道世界？对于这一问题的回答，不妨在董仲舒对于“物”的解读中予以进一步明晰。

三、一元、耦合与推类——“物”何以有规律

在认识或语言的论域中，“物”作为“名”所指称的对象始终呈现出一定的规律，不可言说或不可认知的“物”，或“物”之为“物”的本性则非“名”所能范围。换言之，命物之“名”便具有了赋予万物以一定的规律的功能。荀子所谓“共名”与“别名”之分，董子所谓“洪名”“私名”之别，即体现出“名”所承担的分门别类、董理

---

① 《左传・桓公二年》记载晋国大夫师服针对晋穆侯名子曰仇一事发表议论：“夫名以制义，义以出礼，礼以体政，政以正名，是以政成而民听。易则生乱。嘉耦曰妃，怨耦曰仇，古之命也。今君命大子曰仇，弟曰成师，始兆乱矣。兄其替乎！”可见命名关乎道义、礼法、政事等各个方面，杜预注，孔颖达正义：《春秋左传注疏・桓公元年至二年》，李学勤主编：《十三经注疏》（标点本），北京大学出版社，1999年，第152—153页。

万物的职责。不过，仅从共、别区分“物”之详略仅仅是“物”的规律之一隅，董子对于“物”有着更为周密的思考。

“天”之于万物的本体论意义，使得万物散殊却系于“一元”。作为认识和语言的对象，“物”的存在始终处于与人的交互之中，但人如何认识与把握对象的问题，则涉及认知与言说的主体与客体自身的条件及其限制。一方面，人作为有限的存在者，其认识与言说的官能本即有限，对于不可名之“道”，对于“物”之为“物”的本性，都是认识或语言所无法触及的边界，甚至天地之广、万物之博，也总在挑战着有限个体的认识边界；另一方面，圣人制“名”的意义在于将万物分科别条，但作为认识与言说的对象，势必要由“博”而转“约”。或者说，分科别条之依据何在，此物与彼物何以可以按照特定的规则予以分门别类，董子显然将这一系列问题的解决方案托付于“天”。从本体论的角度来看，“天者万物之祖，万物非天不生”①。可知，天地万物共有一个“祖”，即生成的、形上的本体，也就是“天”。立足于人类世界，则是“惟圣人能属万物于一，而系之元也”②。“元”字的含义当然十分丰富，如以“天”为“元”，以“元”为“元气”，以“元”为“纯时间概念”等等，不一而足③。若仅从

① 董仲舒：《春秋繁露·顺命第七十》，第85页。

② 董仲舒：《春秋繁露·重政第十三》，第33页。

③ “元”作为本原不难理解，即便在《春秋繁露》中亦有这一含义。如《立元神》篇：“君人者，国之元”等等。持“元”之为“元气”的说法可以远绍至何休《公羊解诂》，其言曰：“变一为元，元者，气也。无形以起，有形以分，造起天地，天地之始也，故上无所系，而使春系之也。”徐复观、金春峰等学者即持此说。周桂钿则主张一种“元一元论”，认为“元”是一个纯时间的概念。参见何休解诂，陆德明音义，徐彦疏：《春秋公羊传注疏·隐公第一》，第7页；徐复观：《两汉思想史》（二），第328－329页；金春峰：《汉代思想史》，中国社会科学出版社，1987年，第150页；周桂钿：《董学探微》，北京：北京师范大学出版社，2008年，第39页。还有一种对于“元”的解释或许更衷于《春秋》，即将“元”视作为“人君”。刘敞《春秋权衡》：“元年者，人君也，非实太极也。以一为元气，何当于义哉？其过在必欲成五始之说，而不究元年之本情也。”这一解释本身实出于宋代《春秋》学者舍传求经的解经方式，如若准之以《公羊》传文，则断不如是。参见刘敞：《春秋权衡》卷八，《文渊阁四库全书》（第一四七册），台北：商务印书馆，1983年，第255－266页。

“物”的角度看，仅将“元”视作为本原即可，而这一本原即是董子所十分推重的“天”。而所谓“属”，《说文·尾部》作“连”解，可知“属”即连及、联属之意[①]。圣人的工作即将天地万物联系于一，也就是“天”。其说虽然本《春秋》而就人伦政事立言，亦可推之于一般意义上的论“物”之说[②]。一则，人与天地万物均以“天”为“本”、为“元”，且人的认识与言说官能亦象天而成，作为认识与言说工具的“名”与“号”亦本于天地，以此认识与言说才成为可能；二则，天地万物在本源上的相通担保了在认识与语言的层面上对“物”的把握可以采取循理、比较、类推等方法。换言之，“物”所呈现的规律并不在于“物”自身，而在于“天”的背书。更进一步，“天无所言，而意以物”，“天”不仅为“物”之规律与秩序背书，同时也可以由“物”之运化来呈现“天意”，故“君子察物之异，以求天意，大可见矣。”[③]

“天”不仅将万物系之于一，以奠定“名”得以命“物”的基础，也在“物”的具体展开中呈现为特定的规律。天道分列阴阳，于“物”而言则为耦合。《楚庄王》篇：“百物皆有合偶，偶之合之，仇之匹之，善矣。”[④] 又《基义》篇：“凡物必有合。……物莫无合，而合各有阴阳。”[⑤] 所谓“耦合”或“合偶”，即以阴阳的对举为范式来范围天地万物。苏舆注曰：“物皆有所合，以为阴阳。就一物言之，亦各有其阴阳。身以背面为阴阳，背面又以带上带下为阴阳，山以前后为阴阳，气以清浊为阴阳，质以流凝为阴阳。”[⑥] 也就是说，万物

---

① 许慎著，段玉裁注：《说文解字注·尾部》，第721页。

② “《春秋》变一为元”“春正月”等，显然是就《春秋》所谓“五始”之说立论。其所谓“物”，自然也偏向于“事”的面向。又如《立元神》篇曰：“君人者，国之元，发言动作，万物之枢机。”即站在黄老的立场上强调为君者的重要性，“万物之枢机”，当然侧重于政事，却亦含庶物于其中。参见董仲舒：《春秋繁露·立元神第十九》，第37页。

③ 董仲舒：《春秋繁露·天地之行第七十八》，第95页。

④ 董仲舒：《春秋繁露·楚庄王第一》，第10页。

⑤ 董仲舒：《春秋繁露·基义第五十三》，第73页。

⑥ 苏舆：《春秋繁露义证·基义第五十三》，第342页。

而此事件本身与《春秋》之记录有着本质差别，《春秋》书法意在以史明义，非以纯粹记录历史事实。从公羊学角度而言，《春秋》书弑君是为彰显公羊家对于时政的批判，史实是否全如书法本身所论并非其关键。对于赵盾之弑君，学界多有研究，但大部是从历史史实或史家书法上入手①，少有以经明义，从公羊学角度切入，解析《春秋》书“赵盾弑君”书法的微言大义。本文对赵盾弑君的史实与经法之别做出说明，并主要从公羊学的角度对孔子书其弑君做出阐释，并进一步对“从道”与“尊君”问题进行探讨。

一、董狐记“赵盾弑君”是否“直书其事”？

“赵盾弑君”事件是发生在鲁宣公二年（前607），《春秋》经记曰：“秋，九月，乙丑，晋赵盾弑其君夷獋。”②“夷獋”，《左传》《穀梁传》作“夷皋”③。三传所记，经文差别甚微，仅仅在于晋灵公夷

① 刘家和：《史学的求真与致用问题》，《学术月刊》1997年第1期。从史学既求事实之真，又致经世之用，认为董狐所记“赵盾弑君”是一种“定性之真”，区别与事实之真。“定性之真”已然将“赵盾弑君”作为非事实而论述，但从史学角度未能说明《春秋》书“赵盾弑君”的内在意义。汤大民：《“书法不隐”无隐吗——董狐史案质疑》，《史学月刊》2010年第5期。明确质疑董狐之“书法不隐”，认为其歪曲事实真相。而孔子的《春秋》乃“正名”之史，从礼法对君臣大义的规定要求董狐维护以礼制为中心的“法”。吕殿军：《“赵盾弑君”发微》，《邯郸学院学报》2011年第6期。从历史角度指出，赵盾非实际弑君者，且赵盾为弑君主谋说难以成立。王青：《董狐与“书法不隐”》，《史学月刊》2011年第6期。以赵穿弑君为保护赵盾为观点，指出赵盾要为灵公负“弑君”之责，认为董狐所记乃秉笔直书，不畏权贵。陈其泰：《论古代史家的信史追求》，《人文杂志》2017年第9期。以孔子《春秋》为信史，并表彰董狐、南史的据史直书。陈立柱：《赵盾事迹与董狐“书法”》，《淮阴师范学院学报》2019年第5期。从历史史实角度着眼，以赵盾为晋国权臣，其“用心深而沽名誉”，指出赵盾利用赵穿弑杀晋灵公。

② 洪业，聂崇岐，李书春，马锡用编纂：《春秋经传引得·宣公二年》，上海古籍出版社，1983年，第180页。

③ 左丘明撰，杜预集解：《左传·春秋经传集解》第十，上海古籍出版社，1997年，第1629页；范宁注，杨士勋疏，黄侃经文句读：《春秋穀梁传注疏》卷一二，上海古籍出版社，1990年，第114页。

獆之名。赵盾，或称赵宣子、赵孟。晋襄公、晋灵公、晋成公之时晋国卿大夫，曾一度全面执掌晋国国政。弑君事件发生在晋灵公执政期间，因晋灵公“不君”，杀膳宰，台上以丸弹众臣，见其躲避而乐，且厚敛以修饰宫室。赵盾多次劝诫而不听，灵公更派人杀害赵盾。事未遂，灵公邀赵盾一同进餐，欲杀之而又未成。赵盾出逃，其昆弟赵穿缘民心而杀晋灵公夷獆，晋国史家董狐书曰：“晋赵盾弑其君夷獆。”① 亦即实际杀灵公者赵穿，而史家将之首罪加之赵盾。此中可能涉及的问题，赵盾是否指使赵穿让其明弑其君，而己暗自出逃，以避其罪？若非此，则赵盾是否当得起“弑君者”的名号？

既然《春秋》将弑君罪名加之赵盾，若从信史角度而言，则赵盾可能作为幕后指使成为弑君的主谋。历来学者多主其说②，其中言之凿凿者当首推宋人吕祖谦。在其书《东莱博议》之“晋赵穿弑灵公”条目中指出：

> 盾之弑君，本无可疑。灵公之殒，虽假手于赵穿，然桃园之难，不作于盾未出奔之前，而作于盾方出奔之后。盾身朝出，穿变夕兴。盾若不奔，穿亦不弑，是弑君之由，实起于盾，穿特为盾役耳。使得穿专弑君之谋，则事捷之后，当席其威而窃国。灵何有一亡？大夫复推之秉大柄乎。则穿之弑，为盾而不为己明矣。盾闻君弑而亟反，不惟不能讨穿，又遣迎新君，以固其宠。是德其为己用而隐报之也……穿既为盾弑君，盾虽欲辞弑君之名得乎？既不可辞，何名为受？董狐书之，仲尼因之，皆以正法而治。盾之实恶，不闻有所谓为法受恶也。③

吕祖谦之论显然是从《春秋》为“信史”的角度，做出推测。其意以赵盾假手赵穿而弑君，因弑君之事发生于赵盾出奔之后。即赵盾

① 何休解诂，陆德明音义，陆德明音义，徐彦疏，刁小龙整理：《春秋公羊传注疏》卷第一五，第 621 页。

② 赵盾为幕后指使之说，吕殿军称之为“同谋”说。笔者在写作过程中，此资料收集亦受吕先生的启发。见其论文《“赵盾弑君”发微》，《邯郸学院学报》2011 年第 2 期。

③ 吕祖谦撰，希政民注：《东莱博议》，陕西出版社，1991 年，第 585 页。

出奔，赵穿弑君，欲以逃避责任而故意为之。赵穿在赵盾指使下弑君，赵盾归国依旧可执掌国政，所谓“窃国”也。因此赵穿为盾而弑君，董狐之笔当属于直书其事，且否认赵盾受道德之法而背上弑君者的罪名，即赵盾乃实际指使而弑君者也。吕氏之说，穿之为盾指使，并无直接证据。以盾出奔而灵公被弑，便推测灵公被弑属于赵盾指使，此论亦缺乏足够的因果事实联系。赵盾被灵公所追杀，臣子若生命受到威胁，何以不当出奔？赵盾出奔，而赵穿为维护赵氏利益①而杀灵公，亦有可能。童书业之论几乎与吕祖谦观点如出一辙，他在《春秋左传研究》中指出，“赵穿弑杀灵公，赵盾未出山而复，‘反不讨贼’，明是预定阴谋，不得谓赵盾不与弑君”②。“预定阴谋”亦只是推测，是从史家“直书其事”角度对《春秋》所记之事的说明。宋人吕本中《春秋集解》以“族人弑君而盾反不讨”以及“与（赵穿）

---

① 以赵盾为首的赵氏家族权力显然不弱于晋灵公的公室之权，赵穿杀晋灵公之事与赵氏家族的实力和利益密切相关。沈长云：《赵国史稿》指出：“从晋国历史发展总的进程看，赵盾（包括其家族）与灵公的冲突，实反映了晋国公室与作为晋国新生力量的异姓贵族之间的矛盾。赵氏作为异姓势力的代表，越来越占据着政治舞台中心的位置，并且也得到晋国社会与民众的普遍支持。”引自沈长云，魏建震，白国红，张怀通，石延博著：《赵国史稿》，中华书局，2000年，第68页。董林亭《论赵盾》一文亦称：“晋灵公的‘不君’和两度谋杀赵盾的‘失手’，为之带来了杀身之祸，可谓是‘咎’由自取。在这种昧于晋国政坛情势的愚蠢之举的背后，呈现出的是晋灵公不甘‘君权’受制于‘卿权’的绝望机智和收回政权重振君威的企图。只可惜他生不‘逢’时，当时晋国公室式微，以赵氏家族为代表的异姓贵族势力正如日中天。因此，晋灵公面对的不只是一个赵盾，而是整个异姓贵族势力。”引自董林亭：《论赵盾》，《燕山大学学报（哲学社会科学版）》2009年第3期。

② 童书业遗著：《春秋左传研究》，上海人民出版社，1980年，第61页。

之并立于朝”两条罪状，指控赵盾“阴弑其君而阳逃其迹”[①]。其因盾之嫌疑而推论之，并不能正面说明赵穿是受赵盾指使弑君。而顾炎武“穿之弑，盾之主也”[②]的观点，明确以“董狐之直笔”之由将赵盾弑君视为史官直书的事实。董狐此处“直笔”是有所隐的，显然并非于后代所谓“秉笔直书”“善恶必书”的观点[③]，顾氏所见非当。清初经学家毛奇龄以盾穿为“同谋”，认为赵盾“为穿受恶，即遣穿

① 吕本中《春秋集解》曰：“高邮孙氏（孙觉）曰：‘赵盾之为大夫于晋，其执政之久且专。如此灵公无道而欲杀盾者数矣，族人弑君而盾反不讨，又与之并立于朝，然则弑君者谁欤？盾也。”以灵公无道作出推测，且赵盾执政于晋国时间长久，因此在赵穿弑君之后，赵盾并未反对，又于赵穿同立于朝政，从此意义上而言，赵盾当受“弑君者”之名。又“若盾者盖阴弑其君而阳逃其迹，实行其计而穿受其名者也。有执政之久，其贤闻于国人，而灵公无道，滋欲杀之。出奔未远，而其族人乘国人之不悦而弑之。盾之反讨贼犹未免也，况不讨乎？’”以赵盾为首的赵氏家族与灵公公室早已形成固有矛盾，若赵盾以假装逃跑而令赵穿杀灵公，则此全出于赵盾之计谋也。即便赵盾反国讨贼，亦当受部分罪责，何况对弑君者并未作惩罚。吕氏之言，指责赵盾有罪之论合理，但谓赵盾利用赵穿杀灵公，则无根据，只是出于推测。引自吕本中撰：《吕氏春秋集解·宣公二年》卷一五，《文渊阁四库全书·经部·春秋类》第150册，台北：商务印书馆，1986年，第282页。

② 顾炎武《日知录集释》称：“太史书曰，赵盾弑其君，此董狐之直笔也。子为正卿，亡不越境，反不讨贼，此董狐之狱辞也。传者不察其指，而妄述孔子之言，以为越境乃免，谬矣。穿之弑盾主之也，讨穿犹不得免也。君臣之义无逃于天地之间，而可逃之境外乎？”以董狐之记录“赵盾弑君”为狱辞，指出后人传《春秋》之义，妄述孔子之意，认为赵盾逃出国境，则可免罪，实乃无稽之谈。《左传》所言“越境乃免”，其实乃谓出境不再回国，因此君臣关系可断绝。顾炎武著，黄汝成集释，栾保群，吕宗力校点：《日知录集释》，上海古籍出版社，2013年，第243页。

③ 刘知几《史通·直书》篇专述“直笔”之事，以史家所当承担的责任为论述主旨，指出“史之为务，申以劝诫，树之风声。其有贼臣逆子，淫君乱主，苟直书其事，不掩其瑕，则秽迹彰于一朝，恶名被于千载。言之若是，吁可畏乎！”史书以行劝诫，树风声。诛乱臣贼子，于事实直书而不隐，令恶名随之存于千载。又以董狐为“书法不隐”的楷模，称“如董狐之书法不隐，赵盾之为法受恶，彼我无忤，行之不疑，然后能成其良直，擅名古今”。然董狐书法隐去了赵盾弑君，亦隐去了灵公之无道，以之为“直书”例，是有争议的，详见下述引自刘知几著，浦起龙通释，王煦华整理：《史通通释·直书二十四》卷七，上海古籍出版社，2009年，第179页。

迎立新主，与之比肩而事之。则弑一立皆属豫定，不谓之同谋不可也”①。赵盾“为穿受恶”之说是来源于董狐所记，即认为赵盾自愿受“弑君者”的恶名，但此并无其他理据以说明赵盾是自愿而为，更大程度上是因为赵盾实际上受赵穿之邀回朝而未惩治穿，故客观上形成了赵盾为赵穿受恶的局面。使穿迎立新主之事，虽然赵盾有其嫌疑，但下结论谓之二者同谋则缺乏足够证据。清代经史学家马骕曾怀疑此事，曰：“居乎数千载之下，其事不可见也，赵盾之狱亦难言矣。弑君之贼，明书于经，而传谓赵穿何？居无已，则穿之弑而盾之谋乎？”又：“且盾之于人，积不能容，先都、箕郑之流，咸以私憾除之矣。董狐直书，岂反能忍，是又知必无其事，而赵盾弑其君，断为孔子书法也。”② 言下之意，对赵盾为弑君之谋说有疑。且赵盾于先都、箕郑之政敌，亦以私怨而除之。若董狐实书赵盾弑君之事，盾岂能忍之。故将罪加之赵盾，仅仅属于史家董狐之书法，赵盾本无弑君之事，故并无足够理由惩治董狐，而夫子继承其说法则用以贬责赵盾。

三传于赵盾是否为弑君之主谋，亦并无直接证据可以证明。以史见长的《左传》于此事记载董狐之言曰：“大史书曰：‘赵盾弑其君。’以示于朝。宣子曰：‘不然。’对曰：‘子为正卿，亡不越竟，反不讨贼，非子而谁？’”③ 董狐之言，仅以赵盾为晋国执政卿，权重责大，君主被弑，而己逃亡不出国境，返归不讨弑君者，与弑君同罪。从董狐所说之缘由分析，则赵盾非为弑君者也，而之所以将之等同于弑君，实际是以其出奔未断君臣之义，又归国亦未诛讨弑君者赵穿。大夫无故不出境，逃奔出境，则可断君臣之义。杜预曰：“越境，则君臣之义绝，可以不讨贼。”④ 出境既断君臣之义，则讨贼之说当绝。

---

① 毛奇龄：《春秋毛氏传·宣公二年》卷二〇，《文渊阁四库全书·经部·春秋类》第176册，台北：商务印书馆，1986年，第218页。

② 马骕：《左传事纬》，徐连城校点，齐鲁书社，1992年，第145页。

③ 左丘明撰，杜预集解：《左传·春秋经传集解》第十，第541页。

④ 左丘明撰，杜预集解：《左传·春秋经传集解》第十，第543页。

因赵穿为盾之昆弟，且赵盾于河曲之役后替赵穿逃避惩罚①。则此恶君被弑，赵盾缘亲情与灵公杀己之雠，不讨赵穿亦有所本。纵然赵盾有未讨贼之罪，但其与亲弑者之罪迥异，性质不同，亦不当以同罪论之。《穀梁》之义与《左传》相表里，进一步申论臣子之责，曰："史狐曰：'子为正卿，入谏不听，出亡不远，君弑，反不讨贼则志同，志同则书重，非子而谁？故书之。'曰晋赵盾弑其君夷皋者，过在下也。曰于盾也，见忠臣之至。"②《穀梁》以赵盾为正卿而任重，返不讨贼则视如赵穿之弑君同志，为贤任重，同志则书益重。以贤臣之罪虽轻而其任重，故书弑君以见重臣之责。《公羊》则言之更确，以"加弑"之辞称之曰："亲弑者赵穿，则曷为加之赵盾？不讨贼也。"又："史曰：'尔为仁为义，人弑尔君，而复国不讨贼，此非弑君如何？'"③ 即赵穿实际杀灵公，而将罪名加之于赵盾。赵盾以仁义为臣，人弑其君，己当复国而讨贼。复国不讨贼，则被视为"弑君"。《公羊》"加弑"之辞，更加明确指明，赵盾只是被加"弑君"之罪，非实际弑君者也。因此，作为现存三传，均未能说明赵盾乃实际弑君者。既然赵盾非实际弑君者，而三传以及史家所论均难以证明赵盾指使赵穿弑君，那么董狐所记则不能称为"直书其事"或者"秉笔直书"！晋国史家董狐将弑君罪名加之赵盾，是否与赵盾本人的品格与历史形象相符合？这也值得进一步展开探讨。

---

① 《左传·宣公元年》："晋人讨不用命者，放胥甲父于卫。"杨伯峻注曰："不用命指文十二年河曲之役，赵穿与胥甲不肯薄秦师于险。赵穿以赵盾之侧室及公婿故。"引自杨伯峻编著：《春秋左传注》，中华书局，1990 年，第 648 页。秦晋河曲之役中，赵穿不顾禁止出兵的禁令，贸然出战，赵盾为保护赵穿而被迫出兵。两军相遇，因未准备充分，各自撤退。后臾骈发现秦军欲彻，建议追击。而赵穿、胥甲父以未收伤亡、不期而出为理由止之。后晋国惩罚河曲之役中不听命者，而胥甲父被贬谪于卫地。赵穿无事，显然是受赵盾保护。

② 范宁注，杨士勋疏，黄侃经文句读：《春秋穀梁传注疏》卷一二，第 114 页。

③ 顾馨、徐明校点：《春秋公羊传·宣公六年》，辽宁教育出版社，1997 年，第 74 页。

二、史家书法与事实的牴牾

如果赵盾并未弑君，则晋国史官董狐以其弑君者书之为何？在《左传·宣公二年》中，引用孔子之言称："董狐，古之良史也，书法不隐。"①《左传》所引，虽难确定是否真为孔子所言。但通过此言可以看出，《左传》意欲表达对于古代史家的人格特性，即所谓"书法不隐"。董狐之书法，隐去了晋灵公的不君之恶，亦隐去了实际弑君者赵穿，何以谓之"不隐"呢？日本学者竹添光鸿指出："不隐者，不曲也。《庄子》'道隐于小成'，隐犹曲也；《学记》'隐其学而疾其师'，隐，曲也。书法不隐者，不曲其法而书之也。"②即书法不隐，并不是后世以之为标榜的"善恶必书"③，而是在"法"之下有所侧重的历史书写。不受外界权力所屈而依"法"所书，此"法"即是以道德准则要求臣对君绝对忠诚的书法原则④。作为晋国重卿，赵盾被要求为灵公被弑负主要责任；作为赵穿长兄，赵盾要承担返国不讨贼的"同志"之责。史学家白寿彝先生就此事所存在的问题提出："董狐所记，在具体情节上跟事实有出入，但把弑君一事在政治上应当负责的人写上，不畏权贵，还是尽到了史官应有的责任。所以孔子赞叹

---

① 左丘明撰，杜预集解：《左传·春秋经传集解》第十，第541页。

② 竹添光鸿：《左氏会笺·宣上》卷一〇，井井书屋印行，明治卅有六年，第8页。

③ 《新唐书·吴兢传》称吴兢在坚持秉笔直录当时宰相张说之过时，其其要求删改后，坚决拒道："徇公之情，和名'实录'？终于一字不改，时称'今董狐'。"转引自汤大民：《"书法不隐"无隐吗——董狐史案质疑》，《史学月刊》2010年第5期。

④ 汤大民：《"书法不隐"无隐吗——董狐史案质疑》指出："孔子是从礼法规定的君臣大义高于一切出发来认定赵盾有罪并肯定董狐'书法不隐'的。他并不在意是否实录，而只是在意董狐敢于公开维护君臣大义，执'法'如山。"引自汤大民：《"书法不隐"无隐吗——董狐史案质疑》，《史学月刊》2010年第5期。当然孔子《春秋》遵从董狐所记，此并不能完全说明董狐之史家之义与孔子作《春秋》书"赵盾弑君"其义相同，详见下文论述。

他，说：‘董狐，古之良史也。’”[①] 史官之责虽尽，而赵盾与弑君者同罪是否合理？纵然当下我们可以理解作为执政之卿的赵盾，难逃其对于灵公被其弟赵穿所弑的嫌疑，不论于其位或于其嫌，赵盾均有不可推卸的责任。但是如此是否便意味着，赵盾要直接被等同于弑君者而书于史书？若如此，赵盾在史书中的地位则与“弑君者”同罪，以道德之“法”令赵盾背上“弑君者”的名号，是否是夫子对于此事件的全部意义？这应该是值得深入考究的。

从赵盾一生对于晋国的功过及其个人品行来看，以赵盾与弑君者同罪，此评价亦是难以服众的。赵盾在史书中，既有“专政者”的贬责，又有“良大夫”的美誉。从其在晋国所做的贡献而言，可谓有过有功。在立新君问题上，晋襄公去世后，储君的处置使得赵盾颇具“专政者”的恶名。赵盾欲立居秦的公子雍，而杀害公子乐[②]，后在灵公母亲的迫使下立灵公。随即便亲自帅军阻挡秦国送公子雍回晋的军队，并将其击败[③]。此举埋下了秦晋此后十几年的战争因果，亦使得晋国陷入与秦的纠缠中而无力再顾及霸主地位。然而赵盾在执掌晋

---

① 白寿彝：《中国史学史（先秦时期）》第一卷，上海人民出版社，2006年，第237页。

② 《左传·文公六年》记曰：“使先蔑、士会如秦，逆公子雍。贾季亦使召公子乐于陈。赵孟使杀诸郫。”引自左丘明撰，杜预集解：《左传·春秋经传集解》第八，第449页。

③ 《史记·赵世家》：“（赵盾）遂立太子，是为灵公，发兵距所迎襄公弟于秦者。”引自司马迁撰，裴駰集解，司马贞索隐，张守节正义：《史记·赵世家》卷四三，第1782页。《左传·文公七年》详记曰：“赵盾将中军，先克佐之。荀林父佐上军。先蔑将下军，先都佐之。步招御戎，戎津为右。及堇阴，宣子曰：‘我若受秦，秦则宾也；不受，寇也。既不受矣，而复缓师，秦将生心。先人有夺人之心，军之善谋也。逐寇如追逃，军之善政也。’训卒利兵，秣马蓐食，潜师夜起。戊子，败秦师于令狐，至于刳首。”赵盾本欲于秦迎公子雍，后因灵公母号哭之事，转立灵公。然秦已派军护送公子雍入晋途中，赵盾以为若受秦所纳，则秦以宾客相待；不受，则秦将以晋为寇也。故连夜起兵，大败前来送公子雍的秦军。此事当赵盾之过虑，即便晋国内部已决定立灵公，主动与秦好言相谈，秦当不必为难于晋。而赵盾既不领秦之心意，更以恶意相度，致使此后二国战争不断，此赵盾之失也。引自《左传·春秋经传集解》第八，第445页。

国国政期间，对晋国内部实行了“制事典，正法罪，辟狱刑，董逋逃，由质要，治旧洿，本秩礼，续常职，出滞淹”①。一系列整顿国内旧政的措施，如治理法律与刑狱，重申礼仪秩序，举贤才，修废官等，无疑对于稳定晋国内部政治、社会形势有着重大作用。沈长云《赵国史稿》指出：“赵盾的内外政策或举措确实是有得有失，其对于晋国社会历史发展所起的作用也是多方面的。然而，就其对晋国内部事务处理而言，赵盾总的来说是起到了维护晋国社会稳定，建立与健全法制，促进社会政治经济正常运作的作用。”② 这位功过兼有，甚至功大于过的晋国重卿，在董狐的笔下，赫然成为弑君的直接承担者，显然这样的评价有失公允。且从赵盾的品行为人而言，亦难以成立。《国语·宋人弑昭公》一则记载了赵盾与灵公关于讨伐宋国弑君者的故事：

> 宋人弑昭公，赵宣子请师于灵公以伐宋，公曰：“非晋国之急也。”对曰：“大者天地，其次君臣，所以为明训也。今宋人弑其君，是反天地而逆民则也，天必诛焉。晋为盟主，而不循天罚，将惧及焉。”公许之。乃发令于大庙，召军吏而戒乐正，令三军之钟鼓必备。赵同曰：“国有大役，不镇抚民而备钟鼓，何也?”宣子曰：“大罪伐之，小罪惮之。侵袭之事，陵也。是故伐备钟鼓，声其罪也。战以錞于、丁宁，儆其民也。今宋人弑其君，罪莫大焉！明声之，犹恐其不闻也。吾备钟鼓，为君故也。”乃使旁告于诸侯，治兵振旅，鸣钟鼓以至于宋。③

宋国君被弑，作为当时盟主的晋国，有责任去讨伐弑君之贼。而灵公以“非晋国之急也”欲推卸责任，赵盾以天地、君臣之德进谏，称他国弑君，是违背天地之德，于民有害。况且晋为盟主，当有责讨

---

① 左丘明撰，杜预集解：《左传·春秋经传集解》第八，第445页。

② 沈长云、魏建震、白国红、张怀通、石延博：《赵国史稿》，中华书局，2000年，第62页。

③ 徐元诰撰：《国语集解·晋语第十一》，王树民，沈长云点校，中华书局，2002年，第379页。

伐弑君者以彰正义。对于弑君者，其罪莫大，即便国内有“大疫”，亦要出君讨伐，并且以伐钟击鼓，令诸侯国皆听闻其罪，以声讨之也。从赵盾对于宋国弑君事件的分析、态度和行为上来看，其为人明理尊德，处处维护霸主权威，其对君主以礼相待，尤其强调弑君必须受到惩罚，则赵盾不当不晓得弑君之罪乃是对于臣子的重贬。尽管此次讨伐最终未成，但赵盾深谙臣之大义，明上下尊卑，断不可能作出弑君之事。因此，董狐书其弑君并未有充分的理由。

既然史家书“赵盾弑君”与事实并不相符，且史家书法亦不能完全说明孔子《春秋》书“赵盾弑君”的微言大义。那么孔子著《春秋》引用晋国史家的说法，除了加时间于句首，于赵盾弑君之事并没有增删一字，则其中有可兹探讨之处。在《左传》所引孔子之言中，“董狐，古之良史也，书法不隐。赵宣子，古之良大夫也，为法受恶。惜也，越竟乃免”①。既肯定了董狐之书法，赞赏董狐不曲其书法，将赵盾之罪公之于世。又称赵盾为晋国贤良大夫，因法受恶，而未越境免罪。则在夫子看来，即便是对贤良卿大夫，亦不能逃离以尊君为代表的董狐之书法；而作为晋国贤良大夫，孔子从道的角度予以保护，称可以越境而免罪。依此而言，孔子所引董狐的史记，并不一定代表其完全认可晋国史家的说法，也许只是“信以传信，疑以传疑”②。但当我们公羊学的视角对此做深入分析之时，不难发现其中存在着对于“赵盾弑君”的不同态度。在《左传》所引之言中所存在的“尊君”③ 与“从道”的张力，在《公羊传》之中依旧可以发现其

---

① 左丘明撰，杜预集解：《左传（春秋经传集解）·宣公二年》第八，第 541 页。

② 范宁注，杨士勋疏，黄侃经文句读：《春秋穀梁传注疏·桓公五年》卷三，第 30 页。“信以传信，疑以传疑”，范宁注曰：“明实录也。”故《春秋》实录将信与疑皆传，在此意义上，言《春秋》是信史。但并非言之凿凿，谓《春秋》所记皆符合彼时发生的事实。彼时时人所记之事本身，亦是事实。如董狐书“赵盾弑君”为事实，并非言赵盾弑君为事实。

③ 相对《公羊传》侧重于尊道义而言，《左传》更重尊君上。王江武：“《春秋》尊王，各传有别。《左氏传》尊君之势，《公羊》尊王道。”引自王江武：《〈春秋〉“尊王”刍议》，《复兴论坛》第 140 期，2016 年。

痕迹，在“尊君”与“从道”出现对冲之时，公羊学既要“尊君”，亦要“从道”，而在其张力中体现着公羊家试图以道义引导政统的积极努力。

三、《春秋》“书葬”辞法：正君臣大义，明尊卑之序

《春秋》经学借事明义，通过对于春秋二百四十二年中具有代表意义的事件进行编排，以日系月，以月系年，经由时间一统而形成编年式的经书。因此《春秋》经文是依照一定书法，将历史事件进行横向排比，整合类同，即所谓“属辞比事”。依辞法而贬损有道，序书例而进退有度，《礼记·经解》称：“属辞比事，《春秋》教也。”即《春秋》教化天下，以合其事而明其义，比其事而见其理。《公羊传·宣公十五年》何休《解诂》曰：“《春秋》经传数万，指意无穷，状相须而举，相待而成。”① 通过一定辞法、书例将相类之事齐举而论，不仅使叙事自有其序而不相乱，亦使得经义呈现章法分明。余治平在《董子春秋义法辞考论》中指出：“‘属辞比事’，宽泛的意思就是指连缀文辞，排列史事，简称‘撰文记事’；而在《春秋》一经中，则应该理解为对书法、文辞进行精心选择，认真加工，聚合类属，规整同类，以一一参照、比对于列国之具体的人事物，然后再分别予以褒贬、进退和赏罚。”② 公羊学意义之下的《春秋》书法是借事明义的具体方法，以事系时，以法通义。由此，以“比事”而贯通其理，以“属辞”而彰显微言大义，使得《春秋》事事包含必书之理，字字蕴藏褒贬大义。

《公羊传》在解《春秋》之时，于弑君之书法尤为看重，君主被弑，若不书其葬，则是责臣子不讨贼，此是对于被弑之君的“书葬”

① 何休解诂，陆德明音义，陆德明音义，徐彦疏，刁小龙整理：《春秋公羊传注疏》卷第十六，第678页。

② 余治平：《董子春秋义法辞考论·丙卷》，上海书店出版社，2013年，第233页。

辞法。《公羊传·隐公十一年》明确记曰："君弑，贼不讨，不书葬"①，以明弑君者若不被讨伐，则不书被弑君主之葬。何休注曰："道《春秋》通例"②，春秋事乱，孔子特以笔删史实以著《春秋》。徐彦《疏》所谓："《春秋》据乱而作，时则有之，因设其法。"③ 春秋时期，"弑君三十六"④，可谓乱臣贼子以下犯上之最为剧烈的时期，故《春秋》特著其例。在弑君之事上，以君弑若贼未被讨伐，则不书君主之葬为《春秋》弑君之书法通例。鲁隐公被弑，未书葬，亦是符合此书法之例。《春秋·隐公十一年》经曰："冬，十有一月，壬辰，公薨。"⑤ 即鲁隐公十一年，冬天，十一月十五日，鲁隐公被弑。因《春秋》"王鲁"，故以"薨"特用于对鲁国君主之死的尊称，

他国诸侯死皆曰"卒"。鲁隐公去世，《春秋》记其卒，未记其葬，是因弑君者公子翚与鲁桓公未被讨，以贬责鲁国臣子不讨贼之罪。而卫桓公、齐襄公皆被弑而书葬，因弑君者州吁、公孙无知皆被杀，故书被弑君者之葬⑥。段熙仲《春秋公羊学讲疏》所谓："周吁、无知讨，而桓公、襄公书葬，讨贼矣故书葬。"⑦ 因此，国君被弑，

① 顾馨、徐明校点：《春秋公羊传·隐公十一年》，第9页。

② 何休解诂，陆德明音义，陆德明音义，徐彦疏，刁小龙整理：《春秋公羊传注疏》卷第三，第109页。

③ 何休解诂，陆德明音义，陆德明音义，徐彦疏，刁小龙整理：《春秋公羊传注疏》卷第三，第109页。

④ 董仲舒：《春秋繁露·灭国上第七》卷五，聚珍版影印本，上海古籍出版社，1989年，第30页。

⑤ 洪业、聂崇岐、李书春、马锡用编纂：《春秋经传引得·隐公十一年》，上海古籍出版社，1983年，第22页。

⑥ 《春秋·隐公四年》经文曰："戊申，卫州吁弑其君完。九月，卫人杀周吁于濮。"又《春秋·隐公五年》经文曰："夏，四月，葬卫桓公。"卫桓公被州吁所弑，后卫国人杀周吁，故于下一年书卫桓公之葬。《春秋·庄公八年》经文曰："冬，是有一月，癸未，齐无知杀其君诸儿。"又《春秋·庄公九年》经文曰："春，齐人杀无知。秋，七月，丁酉，葬齐襄公。"齐襄公被公孙无知所弑，后齐国人杀公孙无知，公子小白入齐侯，于秋天葬齐襄公。此二例是证明君弑，贼讨，则书葬。引自洪业、聂崇岐、李书春、马锡用编纂：《春秋经传引得》，第9—12、55—56页。

⑦ 段熙仲：《春秋公羊学讲疏》，鲁同群点校，南京师范大学出版社，2002年，第381页。

贼不讨，则不书葬。胡安国《春秋传》曰："不书葬，示臣子于君父，有讨贼复雠之义，非圣人莫能修，谓此类也。夫贼不讨、雠不复而不书葬，则服不除，寝苫枕戈，无时而终事也。"[①] 不书鲁隐公之葬，是时刻提醒臣子于君父，有复雠之义。贼不讨，则不书葬，不除孝服，寝不安眠，无时而不思复君父之雠也。因此《春秋》于弑君之事，不"书葬"是以明臣子有为君父讨贼之责，以强调"尊君"之义。被赵穿所弑者之君，即晋灵公，后未见书葬于《春秋》经文，亦是贬赵盾不讨贼，责其袒护族弟赵穿，符合被弑之君不书葬的辞法。

《春秋》之义，臣子为君父讨贼，是天经地义之事。公羊先师子沈子曰："君弑，臣不讨贼，非臣也；子不复雠，非子也。葬，生者之事也。《春秋》君弑贼不讨，不书葬，以为不系乎臣子也。"[②] 君主被弑，臣子不讨贼，则非臣非子也。然臣之讨贼与子之复雠毕竟有异，臣之讨贼从"尊尊"的角度，阐明下级对于上级的守护与尽责；而子之复雠，是从"亲亲"的角度，表达儿子对于父亲在血缘关系上的继承。赵盾弑君，是从臣子对于君主的责任来看，不涉及子对于父的复雠问题。君臣关系以下对上的尊从与保护为尚，故上忠于君，为君讨贼，方才可尽臣下之责。董仲舒《繁露·王道》曰："《春秋》之义，臣不讨贼，非臣也。"[③] 臣子侍奉君上，君臣关系一旦成立，则臣下当有为君尽忠之责。君若被弑，臣当有讨贼之责。若不讨贼，则君臣关系断绝，即非君之臣也。"不系乎臣子者"，即断绝君臣上下级的关系，视为无臣子也。因此，"赵盾弑君"之事，即是赵盾在归国后未对实际弑君者赵穿进行惩罚，且"使赵穿逆公子黑臀于周而立之"[④]，即令赵穿于周迎接公子黑臀回晋国即位。赵盾作为晋国权臣，对于弑君者赵穿并未有半点指责之处，且依旧重用之，令其迎接新

① 胡安国：《春秋胡氏传·隐公十一年》卷第三，钱伟彊校点，浙江古籍出版社，2010 年，第 37 页。

② 顾馨、徐明校点：《春秋公羊传·隐公十一年》，第 9 页。

③ 董仲舒：《春秋繁露·王道第六》卷四，聚珍版影印本，第 25 页。

④ 左丘明撰，杜预集解：《左传·春秋经传集解》第十，第 535 页。

君，此亦是后世对于赵盾所作为的主要批判之处。因此，孔子承晋国董狐所书，于《春秋·宣公二年》经文记曰："秋，九月，乙丑，晋赵盾弑其君夷獆。"[①] 书日书月，即详细将弑君之事记入经文，用以惩戒臣子。但赵盾未曾弑君，夫子此记或只是责赵盾不讨贼之罪。此在《春秋》辞例上属于"诛辞"，即从辞义上诛杀有罪之臣子[②]。在《春秋》辞之"刺、讥、贬、诛、绝"例中，是贬之较为重者。辞例诛杀，使若不得再有臣子之行。故从"书葬"辞法与"诛绝"辞例中，对赵盾均有贬责。国君被弑，《春秋》不系乎赵穿而归罪于赵盾，以对权臣的"加弑"来彰显《公羊》对于"尊君"的看重。显然作为赵盾之臣属赵穿，不足以承担全部弑君之责，赵盾身为晋灵公的重要辅臣，有着不可推卸的责任。因不诛赵穿，故"加弑"于盾，使得臣下对于君上的尊从责才能全部被阐明，如此既使得"尊君"思想得到落实，亦令权臣明确己之重任不仅关乎己身，更涉及族群更甚国家层面的利益攸关。若经文仅仅诛区区赵穿，而作为权力的把控者赵盾无所指责，不仅难以服众，而且赵盾作为赵穿的长兄，自有其嫌疑。此嫌疑不除，恐会导致后代以之为借口而行弑君之事[③]。

回顾赵盾的罪责，无非两条，一则逃不离境，未断君臣之义；二则回朝之后，未对实际弑君者赵穿，做任何惩罚。君臣之义，出境而永不复回，则断仕君之道，如微子启因不愿与纣王同流合污而选择离朝隐遁，不复回朝。赵盾既未阻止灵公的暴行，而又留恋权位，既在

① 洪业、聂崇岐、李书春、马锡用编纂：《春秋经传引得·宣公二年》，上海古籍出版社，1983年，第180页。

② 段熙仲《春秋公羊学讲疏》之"诛例"以"篡、贼、畔、残"皆属之，"赵盾弑君"之事属于大夫弑君类，当以"乱成贼子"之罪归入"贼"类。引自段熙仲：《春秋公羊学讲疏》，鲁同群等点校，南京师范大学出版社，2002年，第378—380页。

③ 高闶：《春秋集注》曰："诚使赵穿尸其罪，则奸臣伪亡诈窜，而阴使人弑其君者，遂得以免其罪矣。夫弑君之罪岂可计免乎？况盾又使穿逆成公，则其迹嫌矣。故圣人正赵盾之罪，以戒天下后世专权坏奸之臣也。"圣人之意或乃特以赵穿之罪加之赵盾，以避免后世臣子不避弑君嫌疑。通过"加弑"于赵盾，以正臣子之道。引自高闶：《春秋集注·宣公二年》卷二一，《文渊阁四库全书·经部春秋类》第151册，台北：商务印书馆，1986年，第425页。

受到灵公追杀之时出逃，而又在灵公被弑后回朝做官。显然作为晋国当朝重卿，赵盾并未尽到臣子劝善止恶的全部职责，又贪图权势而未断君臣之义。孔子记其事，是要匡正君臣大义，既为臣子，则当尽臣之义，国君作恶，臣子或极力劝谏，或胁君而改，或抗命而救国，均当出于为国尽忠而努力，显然赵盾的行为说明其并未足够尽心、尽力地对待君上。弑君之罪，轻者当诛弑君者，重者当累及家族。因赵穿弑君之后，又将其堂兄赵盾迎回。因此，赵盾出于“亲亲”大义，并未处置赵穿。我们或许可以接受，在“亲亲”与“尊尊”对冲之时，赵盾并未走向“大义灭亲”的地步而诛杀赵穿，但是赵盾回朝后不仅不惩罚赵穿，而且还重用，令其迎接新君。即便缘亲之义而不杀赵穿，亦当责罚而不当重用。因此，公羊家通过“书葬”辞法和“诛辞”贬责赵盾未尽讨贼之责，是正君臣大义，明尊卑之序的必要步骤，是封建制之下对“尊君”意义的首要阐明。然而“尊君”并不意味着一切“从君”，君主若行为不端，所作所为有损民利而陷国于大难，则当以“从道”为准。

四、“从道不从君”：《公羊传》对“赵盾弑君”事件的义理化诠译

儒家对于君臣关系的态度，与法家单方面主张君对臣的统御①不同，而是向来强调君臣双方的职权和责任。臣子当以忠诚、敬重、谨慎的态度对待君上，而君主当以信义、尊重、崇礼的态度对待臣子。

---

① 韩非子著名的“三顺”之道，以强调下对于上的遵从与顺服为要，是法家以君统臣思想的体现。“臣事君，子事父，妻事夫，三者顺则天下治，三者逆则天下乱。此天下之常道也，明君贤臣而弗易也。明君贤臣而弗易也，则人主虽不肖，臣不敢侵也。”即便君上有错误之行为，更甚于国于家有不利的行为，为臣子也不能侵上。此乃典型的法家强调以下绝对尊上的观念，目的是树立一个法纪严明、至高无上的君主，依此来统御臣下，至于君主之贤与否，则不是臣子所能决定与参与。王先谦撰：《韩非子集解·忠孝》，钟哲点校，中华书局，1998年，第465页。

孔子有言“君使臣以礼，臣事君以忠”[①]，即君要以礼义之道使臣，臣要以忠敬之心事上，并以“君君、臣臣”凸显君臣关系的双向性。孟子亦曰“欲为君，尽君道；欲为臣，尽臣道”[②]，为君上如果残害人民，视民之生命如草芥，违背儒家仁道大本，则大可不必仕于其君，所谓“可以仕则仕，可以止则止”[③]。荀子则将社稷之臣分为“谏、争、辅、拂”[④]四种，臣子当心存仁道，体恤民众，以天下苍生之安定为目的，在君主不作为、不行仁政、图己之利而暴虐无道之时，要勇于以积极的心态为家国之利益而努力，或极力劝谏，或以死相争，或协同挢君，或抗命而安国。此四种臣子无疑凸显了儒家“从道不从君”的政治原则，在遵从仁道的基础之上，竭尽其力，想方设法矫正君主之误，实现利国爱民的政治主张。正如余治平指出，“从道不从君”在“儒家的道德生活与政治实践中始终居于最高、最耀眼的地位，或者包括君使臣、臣事君在内的一切伦理规范与政治原则无一例外地都在仁义大道的支配之下”[⑤]。仁义乃儒家之本旨，在君主不以其道而行之时，儒者常常遵从仁道之大而利国利民，而不是盲目遵从君主而苟且偷生。

《公羊传》在对“赵盾弑君”之事上，通过一系列生动的故事性叙述，似乎对于赵盾有所谅解，体现出了公羊家在尊君基础之上对家国有着更深层面的意义关注，这正是公羊家对“从道不从君”原则的坚守。晋灵公被弑未书葬，本是明确贬责赵盾，因未讨伐弑君之贼。而君主被弑，若未惩戒其当罪之臣，则此臣不再复见于《春秋》经

① 何晏注，邢昺疏：《论语注疏·八佾》卷第三，北京大学出版社，2000年，第30页。

② 赵岐注，孙奭疏：《孟子注疏·离娄章句上》，北京大学出版社，2000年，第234页。

③ 赵岐注，孙奭疏：《孟子注疏·公孙丑章句上》，第30页。

④ 王先谦撰：《荀子集解·臣道第十三》卷第九，沈啸寰、王星贤点校，中华书局，1988年，第247页。

⑤ 余治平：《忠恕而仁：儒家尽己推己、将心比心的态度、观念与实践》，上海人民出版社，2012年，第275页。

文，此即“复见”书法。赵盾于《春秋·宣公二年》经文已被认为是弑君者，却又复见于《春秋·宣公六年》经文，此见是明其事另有所隐。因此，在此事情上，二者似乎存在着张力。一方面，通过书葬书法贬责赵盾，以强调臣下对于君上的遵从；另一方面，经文复见赵盾，又是出于道义的角度而保护贤臣。“复见”书法，是《春秋》的用以贬责弑君之贼的重要辞法，即是乱臣于弑君之后，不再次见于《春秋》经文。夫子以《春秋》“讨大夫”，是对于乱臣贼子的斥责。此“复见”书法，即是从君臣大义角度对于弑君之恶的深重贬绝。孔广森《春秋公羊经传通义》案：“《春秋》托王者之事，见诛赏之法，故弑君贼有幸免于诛杀者，皆绝正之，使不得以他事复见，若已然诛杀者然。言逸于一时，而必讨于《春秋》之王法也。”[①]《春秋》以假托为王者行事，针砭时弊，诛绝不义，行王者赏罚之权，夫子所谓“吾以行事，加吾王心”[②]。因此，若有弑君者未被诛杀而逍遥于周王之法外，《春秋》皆以贬绝之，以正王道之大法。且不得以其他任何事情复见于《春秋》经文，若谓已然诛杀，不再见诸夫子之经。此弑君者或能逃一时，却难逃夫子之《春秋》对于他们的贬绝。《春秋》经文完全符合“复见”书法的有三例，即宋督弑其君[③]，郑归生弑其

---

① 孔广森：《春秋公羊经传通义·宣公》卷七，《续修四库全书·经部春秋类》，上海古籍出版社，1996年，第103页。

② 董仲舒：《春秋繁露·俞序第十七》卷六，聚珍版影印本，第35页。

③ 《春秋·桓公二年》经文曰：“二年，春，王正月，戊申，宋督弑其君与夷。及其大夫孔父。”是对于宋督弑君之事的记载，以此贬绝之，后未再见宋督现于经文。洪业、聂崇岐、李书春、马锡用编纂：《春秋经传引得·桓公二年》，上海古籍出版社，1983年，第24页。

君[1]以及齐崔杼弑其君[2]。此三者均为弑君之贼，《春秋》经文于书其弑君之后，再无见其名出现，以《春秋》之书法绝其名，即为“复见”之正例。若弑君者被杀，《春秋》特记其死，当不属于此复见之正例。然而《春秋》于赵盾所记，在宣公二年《经》文记“赵盾弑君”后，却又于宣公六年记其名，且此记非赵盾之死。《春秋·宣公六年》曰：“春，晋赵盾、卫孙免侵陈。”[3]《公羊传》以“复见”为弑君之正例，设问道：“赵盾弑君，此其复见何?”[4] 意即赵盾弑君，依照“复见”书法，赵盾不当再次见于经文，此又见者，《公羊传》解其缘由曰：“亲弑君者，赵穿也。亲弑君者赵穿，则曷为加之赵盾?不讨贼也。”[5] 则因赵盾并未弑君，实际弑君者是赵穿，“复见”似乎是为了说明情况。那么加弑于赵盾，是因为其不讨伐实际弑君者赵穿。因此，从赵盾复见来看，《公羊传》怕后人对于赵盾有所误解，故特设问以著明实际弑君者，且阐明赵盾的罪责是因为“不讨贼”。就此而言，对于赵盾的复见有着替赵盾澄清冤屈的意味。

《公羊传》后续对于晋灵公与赵盾故事的记载来看，对赵盾的“袒护”更加明显。从对于赵盾贤才与晋灵公不君等行为来看，公羊学是在“从道”的角度对于“赵盾弑君”做具体而微的情况描述，以此来彰显赵盾贤能而不当被诛，晋灵公则属于昏君而不称其位。由此，公羊学的价值取向由“从君”彻底走向“从道”。《公羊传》对于

---

① 《春秋·宣公四年》经文曰：“四年，夏，六月，乙酉，郑公子归生弑其君夷。”是对于郑公子归生弑君之事的记载，以此贬绝之，后未再见郑公子归生于经文。洪业、聂崇岐、李书春、马锡用编纂：《春秋经传引得·宣公四年》，上海古籍出版社，1983年，第184页。

② 《春秋·襄公二十五年》经文曰：“夏，五月，乙亥，齐崔杼弑其君光。”是对于齐崔杼弑君之事的记载，以此贬绝之，后未再见齐崔杼于经文。洪业、聂崇岐、李书春、马锡用编纂：《春秋经传引得·襄公二十五年四年》，上海古籍出版社，1983年，第304页。

③ 洪业、聂崇岐、李书春、马锡用编纂：《春秋经传引得·宣公六年》，第186页。

④ 顾馨、徐明校点：《春秋公羊传·宣公六年》，第74页。

⑤ 顾馨、徐明校点：《春秋公羊传·宣公六年》，第74页。

赵盾复国之事设问道：

> 赵盾之复国奈何？灵公为无道，使诸大夫皆内朝，然后处乎台上，引弹而弹之，已趋而辟丸，是乐而已矣。赵盾已朝而出，与诸大夫立于朝。有人荷畚，自闺而出者，赵盾曰："彼何也？夫畚曷为出乎闺？"乎之不至，曰："子大夫也，欲视之，则就视之。"赵盾就而视之，则赫然死人也。赵盾曰："是何也？"曰："膳宰也。熊蹯不熟，公怒，以斗摮而杀之，支解，将使我弃之。"①

此中透露出晋灵公不君无道的如下几条罪责：其一，使诸大夫皆内朝，违背《春秋》礼法。何休《解诂》曰："礼，公族朝于内朝，亲亲也。虽有富贵者，以齿，明父子也。外朝以官，体异姓也。"②内外朝制度，用以区别同姓与异姓。内朝，郑玄注《礼记》谓之"路寝庭"③，外朝，即路寝门外之朝。公族以内朝议事，以明亲亲之别，富贵者，以年龄为别，尊父也。而若于外朝议事，为体恤异姓，以官之大小别之，不再以年龄为别。何休所引《春秋》礼法，于现本《礼记·文王世子》篇亦有所见，文义几乎无甚差别④。因此，于礼内外朝议事当有所差别，晋灵公使诸大夫皆内朝，显然不合《春秋》礼法。诸大夫不可能皆为姬姓，异姓处内朝议事，失礼也。其二，晋灵公处台上弹人，自取其乐，不合为君之道。为人君尊严甚重，当顾国之大事而行仁义之法，不当轻易以嬉戏为乐，且大厅广众之下以丸弹卿大夫，是对于国之栋梁的蔑视。灵公已自不尊，又不以爱人为尚，贬己辱臣，非能正其位也。其三，膳宰烧熊掌不熟，罪不致死，而晋

① 顾馨、徐明校点：《春秋公羊传·宣公六年》，第74页。

② 何休解诂，陆德明音义，陆德明音义，徐彦疏，刁小龙整理：《春秋公羊传注疏》卷第十五，第622页。

③ 郑玄注，孔颖达疏，龚抗云整理，王文锦审定：《礼记正义·文王世子第八》卷第二十，北京大学出版社，2000年，第746页。

④ 《礼记·文王世子》："公族朝于内朝，内亲也。虽有富贵者以齿，明父子也。外朝以官，体异姓也。"引自郑玄注，孔颖达疏，龚抗云整理，王文锦审定：《礼记正义·文王世子第八》卷第二十，第755页。

灵公擅自杀人，不以仁义治国，当属无道之君也。董仲舒《繁露·仁义法》曰："昔者，晋灵公杀膳宰以淑饮食，弹大夫以嬉其意，非不自厚自爱也，然而不得为淑人者，不爱人也。"[①] 晋灵公无君之德而徒居君之位，德位不匹，己不自正而亦不爱人，《公羊传》"无道"之辞当不仅是对其行为的贬斥，更是对于其君德的质疑。如此不仁不义，随意杀人，视家国大事如同儿戏者，何以当得一国之君？

《公羊传》对于晋灵公杀赵盾之事，也颇具戏剧性的味道。灵公之刺客受命刺杀赵盾，却因见赵盾以国之正卿之位，仅食鱼飧[②]，盾之门、闺、堂皆无仆人，见其俭省也，故刺客不忍杀盾而自杀[③]。后赵盾又分别受到其车右祁弥明、桑下饿人的保护，以及在盾逃离国境

---

① 董仲舒：《春秋繁露·仁义法第二十九》卷八，聚珍版影印本，第51页。

② 飧，简单、粗糙饭食。《玉篇》曰："水和饭也"，即泡饭。引自顾野王：《大广益会玉篇·言部》卷第九，吕浩校点，中华书局，2019年，第324页。《礼记·玉藻》："君未覆手，不敢飧。"孔颖达《正义》曰："飧，谓用饮浇饭于器中也。"引自郑玄注，孔颖达疏，龚抗云整理，王文锦审定：《礼记正义·玉藻第十三》卷第二十九，第1036页。赵盾作为晋国重卿，仅仅以泡饭和鱼为晚餐，足见其饭食简单，生活节俭。

③ 《公羊传·宣公六年》记曰："赵盾逡巡，北面再拜稽首，趋而出。灵公心怍焉，欲杀之。于是使勇士某者往杀之，勇士入其大门，则无人门焉者；入其闺，则无人闺焉者；上其堂，则无人焉。俯而窥其户，方食鱼飧。勇士曰：'嘻！子诚仁人也！吾入子之大门，则无人焉；入子之闺，则无人焉；上子之堂，则无人焉；是子之易也。子为晋国重卿，而食鱼飧，是子之俭也。君将使我杀子，吾不忍杀子也。虽然，吾亦不可复见吾君矣。'遂刎颈而死。"晋灵公本因赵盾多次劝诫而惧，故生杀盾之心。派遣勇士去盾之家，欲杀盾。勇士见盾作为国之重臣，却节俭、朴实，无仆人守门，饭食简易，故不忍杀盾而自刎之。《公羊传》通过对于勇士的行为，侧面说明赵盾本国之贤臣，而灵公执意妄杀。而勇士自刎的行为，也正说明了传文对于道义的守护。引自顾馨、徐明校点：《春秋公羊传·宣公六年》，第75页。

之时，国内无人留盾而终于逃离灵公的追杀①。《公羊传》通过赵盾被杀故事将其背后的意义凸显出来，赵盾作为晋国之贤能之士，在受到灵公迫害之时，处处恩得车右、军士以及百姓的保护与宽宥而保住性命。赵盾在此已然成为“道义”的代表而备受推崇，而灵公则成为贬责的对象，无道不君，作为君主无力杀死一名大臣，则见其失民心久矣，《公羊传》以此进一步说明了公羊家对于道义的遵从远大于其对于君主的盲从。《春秋》“书葬”书法是对于赵盾不讨贼的贬责，是彰显君臣大义的前提。而“复见”书法以及《公羊传》对于赵盾侥幸逃托晋灵公追杀故事的建构，又成功地将公羊学尊道而体民的思想表现出来，此本是儒家“从道不从君”原则的题中之义。

五、“从道”重于“尊君”：无德之君当贬与“原心定罪”

作为汉代著名的儒学大家，董仲舒对于公羊学的贡献在西汉可谓无出其右者。班固《汉书·五行志上》称：“董仲舒治公羊《春秋》，始推阴阳，为儒者宗。”② 其以公羊学而闻名于西汉，并被班固视为儒者之宗。其尊孔子为“素王”，进而以《春秋》为“改制之作”的

① 《公羊传·宣公六年》：“于是伏甲于宫中，召赵盾而食之。赵盾之车右祁弥明者，国之力士也，仡然从乎赵盾而入，放乎堂下而立。赵盾已食，灵公谓盾曰：‘吾闻子之剑，盖利剑也，子以示我，吾将观焉。’赵盾起，将进剑，祁弥明自下呼之曰：‘盾食饱则出，何故拔剑于君所？’赵盾知之，躇阶而走。灵公有周狗，谓之獒，呼獒而属之，獒亦躇阶而从之。祁弥明逆而踆之，绝其颔。赵盾顾曰：‘君之獒，不若臣之獒也！’然而宫中甲鼓而起，有起于甲中者，抱赵盾而乘之。赵盾顾曰：‘吾何以得此于子？’曰：‘子某时所食活我于暴桑下者也。’赵盾曰：‘子名为谁？’曰：‘吾君孰为介？子之乘矣，何问吾名？’赵盾驱而出，众无留之者。”晋灵公欲借招待赵盾为由而杀之，因盾之车右力大无比，不仅提醒赵盾不应当君之面而拔剑，亦将灵公之獒踢死。除车右祁弥明外，赵盾亦收到曾经受他之恩的桑下之人所救。则《公羊传》试图以似乎看似离奇但却符合道义的众人救盾的故事，凸显了赵盾的贤能与得众。引自顾馨、徐明校点：《春秋公羊传·宣公六年》，第 75—76 页。

② 班固撰，颜师古注：《汉书·五行志上》卷二七，中华书局，1964 年，第 1317 页。

思想是直接将孔子的经学视角对准当朝统治者的政治改革。尽管董仲舒不言“革命”而仅谈“改制”[①]，但其对于儒家所标榜的汤武革命并没有否认，而汤武革命被儒家认为是对于无道之桀纣的正义讨伐。那么桀纣之夫当杀，是否意味着晋灵公亦当受诛？其中不仅涉及君主为恶的程度问题，亦涉及作为公羊家在“从道”与“尊君”问题上的张力。在“赵盾弑君”问题上，一方面“尊君”并非“从君”，董仲舒虽并未得出“诛杀灵公”结论，但指责灵公之恶；另一方面，由“从道”而护佑贤者，以“原心定罪”的原则宽宥赵盾之罪。由此而言，在“尊君”的基础之上，对于道的恪守让公羊家走向了平衡君道关系的路途。

弑君，涉及臣下对于君上的造反之事。因此，从正面维护统治者的角度而言，《春秋》对弑君者之贬当无可非议。据《繁露·灭国上》所言“弑君三十六”，《春秋》均以详记之，则可以说明孔子对于弑君是深恶痛绝的，因其于民于国不仅无益，更有乱国的风险。然国君若似桀纣等暴君之徒，汤武“弑君”是否成立？其答案是否定的。儒家向来推崇汤武革命，前有孟子之闻诛杀一夫，未闻弑君之论，后有荀子言桀纣“反汤禹之德，乱礼仪之分，禽兽之行”[②]，认为“汤武不弑君”，均以汤武革命为非弑君之变。董仲舒以汤武革命合天之理，称“有道伐无道，此天理也，所从来久矣，宁能至汤武而然耶？”[③]治国者有道则可伐无道，是合乎天理的正确行为，汤武亦是遵此而为，以此借对天的信仰而实现儒者以德治世的理论归宿。并以“独身

---

① 黄开国《公羊学发展史》言及此曰：“熟知革命说的董仲舒在其著作中没有革命一说，而只有改制之说，显然与这场争论中汉景帝不准言汤、武革命的态度有关。只讲改制，不讲革命，这就消除了革命说所隐含的革西汉王朝的命的可能性，而代之只是承认西汉王朝改制的合法性问题，即使改革也是西汉王朝、在位君主的问题，而不关他人革命来推翻统治王朝的问题。”引自黄开国：《公羊学发展史》，人民出版社，2013 年，第 171 页。

② 王先谦：《荀子集解·正论第十八》卷第十二，沈啸寰、王星贤点校，中华书局，1988 年，第 324 页。

③ 董仲舒：《春秋繁露·尧舜汤武第二十五》卷七，聚珍版影印本，第 46 页。

者，虽立天子诸侯之位，一夫之人耳，无臣民之用矣”[①]。明确指出君主若徒有其位而无其仁爱天下之德，则不足以当国，与孟子所谓“一夫”无以异。而在“赵盾弑君”事件中，晋灵公无道不君，而赵盾贤能却受其追杀，是否意味着灵公亦可当“一夫”之号而受诛？这其中所蕴藏的隐性问题，表现在君主之恶的差异。《繁露·王道》曰：“晋灵行无礼，处台上弹群臣，枝解宰人而弃之。”[②] 言及灵公为君无礼，在台上弹众大夫，随意杀人而肢解之，均为其无道之表现。但其“无道”是有限度的，就董仲舒所言，其无礼杀人当不足与桀纣之恶相较，甚至远低于后者。《繁露·灭国上》亦言：“灵公据霸主之余尊，而欲诛之，穷变极诈，诈尽力竭，祸大及身。”[③] 晋灵公欲杀赵盾，自用诈谋而不成，最终酿成被弑的结果。从晋灵公杀赵盾的种种行为来看，不行君之德而妄自菲薄，作为晋国之君无力杀一国之士，一方面说明赵盾深得民心，其所作所为是站在道义一边；另一方面，从实际层面而言，则说明灵公之恶并没有能够祸及大臣。若灵公真如桀纣般恶贯满盈，无恶不作，作为君主杀区区赵盾，不当如此艰难。因此，董仲舒并未直言晋灵公当杀，从其对于灵公被赵穿所杀的分析来看，灵公虽恶，或尚不至于被弑。则“尊君”之义在灵公这里依然是君臣关系的必要基础，“尊君”而不盲从其君。既然灵公不当杀，那么实现“君”与“道”的和谐不仅关系到对于君主的良性劝导更甚善意责备，亦涉及对于臣子德性要求。整个事件中，赵穿当是受诛杀的罪魁祸首。灵公不君而无礼，理应受到公羊家“道义”的贬责，但罪不至死，赵穿以“弑君”这种绝对的做法结束君臣关系，显然“刑过其罪”，并不合理。而赵盾作为灵公的辅政大臣，在教育灵公问题上并没有尽到自己的全部责任。况且赵穿弑君，赵盾当深责而不当重用。因此，公羊学对君臣的批判，使得对于如晋灵公之类的无道之君，当然不可能全部遵从，但亦不是如桀纣般直接诛杀，而是通过对

① 董仲舒：《春秋繁露·仁义法第二十九》卷八，聚珍版影印本，第51页。
② 董仲舒：《春秋繁露·王道第六》卷四，聚珍版影印本，第25页。
③ 董仲舒：《春秋繁露·灭国上第七》卷五，聚珍版影印本，第30页。

于其不称其位的道德贬责来实现儒家以道义引导政统的夙愿。由此而论，公羊学并非维护统治者的工具性儒学，而是具有强烈批判性的儒学。蒋庆在其《公羊学引论》中指出：“公羊学在本质上是一种批判儒学，批判性才是公羊学的根本精神。”① 然而公羊家的批判并不意味反对正统，而是通过积极的劝善戒恶来引导君主，逐步形成以德治民、以道御君的政治氛围。由此，在“尊君”基础上实现“从道”，尤其是在君主德行较差，需要引导之时，“从道”的分量必然重于“尊君”。但此“重”并不是非此即彼，即不是前述的“从道不从君”，而是以道义引导其君。

《春秋》贵志，常常通过还原其原初之心来判断君臣行为是否合乎道德，类似于现代法律所谓对于个人行为动机的考量。《繁露·玉杯》曰：“《春秋》之论事，莫重于志。”② 以其心志之善恶，对君主或卿大夫的行为做出道德性的判断。如在讥鲁文公纳币一事上，《公羊传》通过对于鲁文公在三年之内图婚的强调，来说明其早已有不敬父之心，故当讥贬之。《公羊传·文公二年》曰：“纳币不书，此何以书？讥。何讥尔？讥丧娶也。娶在三年之外，则何讥乎丧娶？三年之内不图婚。”③ 虽然文公娶事发生在其父三年之丧外，但纳币之事当在三年之中已做。婚姻之礼，《礼记·昏义》所谓：“纳采、问名、纳吉、纳征、请期。”④ 而纳币即其中纳征之事，诸侯即送大璋、玄纁等纳聘的礼物⑤。婚前已必然要送聘礼，而此事是发生于三年之丧

---

① 蒋庆：《公羊学引论——儒家的政治智慧与历史信仰》，辽宁教育出版社，1995年，第9页。

② 董仲舒：《春秋繁露·玉杯第二》卷一，聚珍版影印本，第11页。

③ 顾馨、徐明校点：《春秋公羊传·文公二年》，第60页。

④ 郑玄注，孔颖达疏，龚抗云整理，王文锦审定：《礼记正义·昏义第四十四》卷第六十一，第1888页。

⑤ 孔颖达《礼记正义·昏义》曰：“先纳聘财，而后昏成，《春秋》则谓之‘纳币’。其庶人则缁帛五两；卿大夫则玄纁，玄三纁二，加以俪皮；及诸侯加以大璋，天子加以谷圭，皆具于《周礼》经、注也。”鲁文公作为诸侯，纳币当送玄纁，加以大璋。郑玄注，孔颖达疏，龚抗云整理，王文锦审定：《礼记正义·昏义第四十四》卷第六十一，第1888页。

中，则说明鲁文公在三年之丧中已经有图婚的企图。因此，公羊通过对于文公在丧期送纳币而图婚的讥贬，尤其是对于文公不思父恩而只图己事之心做出批判，在其父丧期间妄思娶事，于父之丧为不敬，于己则为不孝者也。何休《解诂》曰："以人心为皆有，疾痛不忍娶。"[①] 人心于父母皆有思念之心，且父丧更为疾痛，不当有妄娶之心。董仲舒亦曰："今全无悼远之志，反思念取事，是《春秋》之所甚疾也。"[②]《春秋》贵志，不惟通过对于君臣行为的道德批判行褒贬之事，更甚从其心而定其罪，所谓"原心定罪"者也。《繁露·精华》较为清晰地列出"原心定罪"的具体原则，"《春秋》之听狱也，必本其事而原其志。志邪者，不待成；首恶者，罪特重；本直者，其论轻"[③]。根据其本心之志的善恶意图来定其罪，志本有恶意者，则先止之，防止其行而成其罪，消灭于未成形之时；带头作恶者，必以重罪惩之，因其挑起矛盾而造成事端；本心正直而无恶意者，其罪当从轻而论。又以逢丑父、袁涛涂、季子追庆父、吴子释放阖庐为例，进行详细的说明，此四者其罪均为欺骗三军，但罪不同[④]。逢丑父陷齐顷公于耻辱之位当斩[⑤]，袁涛涂有忧陈国民众之心而不当被执[⑥]，季

① 何休解诂，陆德明音义，陆德明音义，徐彦疏，刁小龙整理：《春秋公羊传注疏·文公二年》卷一三，第525页。

② 董仲舒：《春秋繁露·玉杯第二》卷一，聚珍版影印本，第12页。

③ 董仲舒：《春秋繁露·精华第五》卷三，聚珍版影印本，第22页。

④ 《繁露·精华》："此四者罪同异论，其本殊也。俱欺三军，或死或不死；俱弑君，或诛或不诛，听讼折狱，可无审邪?"引自 董仲舒：《春秋繁露·精华第五》卷三，聚珍版影印本，第23页。

⑤ 《繁露·竹林》曰："（逢丑父）欺三军为大罪于晋，其免顷公为辱宗庙于齐，是以虽难而《春秋》不爱。"引自董仲舒：《春秋繁露·竹林第三》卷二，聚珍版影印本，第18页。

⑥ 《公羊传·僖公四年》："此执有罪，何以不得为伯讨？古者周公东征，则西国怨；西征，则东国怨。桓公假涂于陈而伐楚，则陈人不欲其反由己者，师不正故也。不修其师，而执涛涂，古人之讨，则不然也。"袁涛涂因齐桓公借陈而伐楚，大军过境，对民众不利，故特指路让桓公绕道陈国，致使桓公陷入不利之地。虽然袁涛涂有罪，但其出于对于陈国之民的担忧，故谅其罪，而不以桓公为伯讨。引自顾馨、徐明校点：《春秋公羊传·僖公四年》，第43页。

子缘“亲亲”之义而不忍急追庆父无罪①，吴季子反对阖庐刺君而己自归隐亦无罪②。

因此，通过对于个人行为动机的不同，来判定其罪责，是《春秋》“原心定罪”的主要方法。初始目的为善者，即便行为不当亦应受到保护；而行为动机不善者，即便取得好的结果亦当受到惩罚。而人之善德，正是儒学或者公羊家依此而行仁义大道的潜在动力。孟子之“善端”，是对人内在德性存在的确知，是仁德之道借以发用的基础；荀子在论相人之术时指出，“术正而心顺之，则形相虽恶而心术善，无害为君子也。”③ 即便形象不佳更甚看似恶人，而其心术善者，则亦为君子。是通过人之善术，来推行善道。因此，董仲舒通过原赵盾之心，判断赵盾具备正直之善心而不当为弑君者。《繁露·玉杯》曰：“吾语盾有本，《诗》云：‘他人有心，予忖度之。’此言物莫无邻，察视其外，可以见其内也。今案盾事而观其心，愿而不刑，合而信之，非篡弑之邻也。桉盾辞号乎天，苟不内诚，安能如是？是故训其始终无弑之志。”④ 董仲舒原赵盾之心，以《诗经·巧言》忖度他人之心，推己心而及人之心。在赵盾得知晋史董狐将弑君罪名加之于己后，号哭曰“天乎！无辜！吾不弑君，谁谓吾弑君者乎？”⑤ 按其

---

① 《公羊传·闵公二年》曰：“将而不免，遏恶也；既而不可及，缓追逸贼，亲亲之道也。”庆父弑二君，出逃，季子缘亲亲之道，缓慢追之，彰显季子有维护亲属之义，不当罪。引自顾馨、徐明校点：《春秋公羊传·闵公二年》，第38页。

② 《公羊传·襄公二十九年》曰：“于是（阖庐）使专诸刺僚，而致国乎季子。季子不受，曰：‘尔弑吾君，吾受尔国，是吾与尔为篡也。尔杀吾兄，吾又杀尔，是父子兄弟相杀，终身无已也。’去之延陵，终身不入吴国。故君子以其不受为义，以其不杀为仁。”公羊贤让国，故季子让国而出不为不义，楚公子比被胁而君楚，不以死相抗，被《公羊》加“弑君”之罪。引自顾馨，徐明校点：《春秋公羊传·襄公二十九年》，第111页。

③ 王先谦撰：《荀子集解·非相第五》卷第三，第72页。

④ 董仲舒：《春秋繁露·玉杯第二》卷一，聚珍版影印本，第14页。

⑤ 顾馨、徐明校点：《春秋公羊传·宣公六年》，第74页。《左传·宣公二年》亦曰：“宣子曰：‘呜呼！《诗》曰：“我之怀矣，自诒伊慼”，其我之谓矣。’”《左传》亦记赵盾之号，称其因怀念君国，故召至此祸。有学者依此而论定赵盾自己认罪，非也。引自左丘明撰，杜预集解：《左传·春秋经传集解》第十，第541页。

号哭之语而观其痛苦之心，则赵盾非篡弑之类者也。“愿而不刑”，苏舆引《说文》曰：“愿，谨也。”又引《国语·越语》注曰：“刑，害也。”解释为“谓谨愿而不阴害。”[①] 谨，《玉篇》谓“敬也，慎也”[②]，即谓原赵盾于君之谨慎、敬重之心，无阴害君上之迹也。钟肇鹏《春秋繁露校释》解为：“言谨愿而为不法”[③]，即其心有善而不当有刑人之事。若盾有杀灵公之心，其如何有此诚心号哭之状，且盾为晋之贤臣，明君臣大义，本当无弑君之志者也。从当事人之行为动机而言，赵盾无弑君之志，本不当承担弑君的罪名。其罪责当在于作为晋国重卿，国君被弑，赵盾对于实际弑君者赵穿并未有任何指责之处，更甚于用赵穿迎接新君，此其罪也。因此，董仲舒曰“挂恶谋者，过在不遂去，罪在不讨贼而已”[④]。董仲舒通过“原心定罪”为赵盾洗清罪责，称“盾不宜诛”，但并非全无罪状。儒家崇贤尊德，贤者是仁德得以推行与伸张的直接承担着，因此对于赵盾而言，董仲舒从“原心定罪”的角度为其辩护，方是公羊家以道正义，以贤守德的思想体现。

综上而言，“从道”重于“尊君”的义理是在对于君上尊敬的基础之上，走向以道义矫正君主之德行的路径。通过道义将君主的权力纳于可兹施行的范围之内，“尊君”作为君臣关系的前提为仁道大义张目，而“从道”作为君权的限制性因素成为平衡君道关系的主要标准与方向。在其中，尚贤是公羊家“从道”的必要条件，通过对于贤者的遵从与保护，实现其以道义匡正君上的最终目的。

---

① 苏舆：《春秋繁露义证·玉杯第二》卷第一，钟哲点校，中华书局，1992年，第41页。

② 顾野王：《大广益会玉篇·言部》卷第九，第290页。

③ 钟肇鹏主编：《春秋繁露校释（校补本）·玉杯第二》卷一，河北人民出版社，2005年，第68页。

④ 董仲舒：《春秋繁露·玉杯第二》卷一，聚珍版影印本，第14页。

六、《春秋》“加弑”之辞：贤者当执天下之大者

《春秋》特重弑君之罪，以臣子犯上作乱致使君上亡故，著其为弑君。而《春秋》属辞，分别“杀”与“弑”，凡书“弑”者，皆特指下对上的叛乱，皆有贬责之义。陆德明《春秋公羊意义》云：“弑字从式，杀（殺）字从殳，不同。君父言弑，积渐之名也；臣子云杀，卑贱之意也。”① 对于国君被臣子侵害至死，《春秋》均以书“弑”而贬责臣子以下犯上，僭越君臣之礼，乃罪大恶疾者。“加弑”之辞，即臣子因未尽心照顾或失误而导致君上身亡，故《春秋》以加“弑”辞于臣子，以贬其未尽其责。《春秋》中许子弑君，赵盾弑君，均属“加弑”之辞。许国世子因未替父亲许悼公尝药，而导致其君父身亡。本无弑君之心，实际却被加弑君之罪，此即《春秋》“加弑”之辞。加“弑”于臣子，当为贬责臣子因大意而未尽其责，但又与实际弑君者不同。因此，赵盾弑君亦当属于“加弑”之辞，以贬责赵盾未讨贼之罪。董仲舒以“加弑”之辞为赵盾开脱罪责，然而又出于对贤者的“求全责备”，对其提出于家于国更为重大的要求。

董仲舒通过将赵盾弑君与许子弑君事相对比，指出二者同贯而类，其义相通。以此，董仲舒将赵盾弑君的是非置于许子弑君的是非上来谈。而于许止之罪，《春秋》先“加弑”之，后又以他经免其罪，如此则赵盾之罪亦当免。《繁露·玉杯》曰：“臣之宜为君讨贼也，犹子之宜为父尝药也。”② 将臣为君讨贼，即赵盾未讨贼而“加弑”之，与子为父尝药，即许止未尝药而“加弑”对比而论。许止弑君之事，昭公十九年《经》记曰：“夏，五月，戊辰，许世子止弑其君买。”③

---

① 陆德明：《经典释文·春秋公羊音义》卷二一，上海古籍出版社，2013 年。第 1201 页。

② 董仲舒：《春秋繁露·玉杯第二》卷一，聚珍版影印本，第 14 页。

③ 洪业、聂崇岐、李书春、马锡用编纂：《春秋经传引得·昭公十九年》，第 396 页。

《春秋》书月书日，详记许子未尝药而药杀其父，责其未尽子之责。《礼记·曲礼下》曰："君有疾，饮药，臣先尝之。亲有疾，饮药，子先饮之。"[①] 君父有疾，为臣子者，当亲尝其药，以敬君父之尊也。孙希旦《礼记集解》曰："医者之用药也，其效可以愈病，其误足以杀人，故君父饮药，臣子必尝度其可否而进之。"又："臣子于君父之身，无所不致其谨，而于疾则尤所宜慎者也。"[②] 臣下至于君父，无所不慎也，而当父疾病之时，进药更须谨慎，误则有弑君杀父之风险，故臣子当亲尝药而绝其误伤。因此，许止未尝药而致其君父身死，《公羊传》"加弑"于许止，曰："讥子道之不尽也。"[③] 然"加弑"之辞，于后《春秋》经特明之，以书许悼公之葬[④]来谅解许止。加弑于许止乃讥其未尽子之道，而实际非许止弑也，故终免许止之罪[⑤]。许止未实际弑君而《春秋》书悼公之葬以明之，赵盾实际亦未弑君而《春秋》却未书晋灵公之葬[⑥]。以《春秋》君弑，贼不讨，不书葬之例，晋灵公未书葬，是否意味赵盾当诛呢？非也。《繁露·玉杯》曰："世乱义废，背上不臣，篡弑覆君者多，而有明大恶之（不

---

① 郑玄注，孔颖达疏，龚抗云整理，王文锦审定：《礼记正义·曲礼下第二》卷第五，第 175 页。

② 孙希旦撰，沈啸寰、王星贤点校：《礼记集解·曲礼下》卷六，中华书局，1989 年，第 148 页。

③ 顾馨、徐明校点：《春秋公羊传·昭公十九年》，第 122 页。

④ 《春秋·昭公十九年》经曰："冬，葬许悼公。"引自洪业、聂崇岐、李书春、马锡用编纂：《春秋经传引得·昭公十九年》，第 396 页。

⑤ 《公羊传·昭公十九年》曰："止进药而药杀，是以君子加弑焉尔，曰：'许世子止弑其君买'，是君子之听止也；'葬许悼公'，是君子之赦止也。赦止者，免止之罪辞也。"《春秋》书法，君弑贼不讨不书葬，此书葬以明许止非实际弑君者。加弑于止，是对许止未尝药的责怪；而书悼公之葬，则是免去了许止的弑君之罪。引自顾馨、徐明校点：《春秋公羊传·昭公十九年》，第 122 页。

⑥ 《春秋繁露·玉杯》引问者之语曰："夫谓之弑而有不诛，其论难知，非蒙之所能见也。故赦止之罪，以传明之。盾之不诛，无传，何也？"引自董仲舒：《春秋繁露·玉杯第二》卷一，聚珍版影印本，第 14 页。

宜)[①] 诛，谁言其诛。故晋赵盾、楚公子比皆不诛之文，而弗为传，弗欲明之心也。”[②] 因春秋战乱，臣下弑君上，子弑其父者不绝于史，世道战乱，礼义废弃，臣下背上而不从其所尊，若在此情况之下，依旧为此弑君之事“开脱”，恐天下之人找寻借口，以粉饰弑君之事。因此，关于赵盾弑君、楚公子比弑君[③]（公子比亦未是实际弑君者）皆未见其赦免之经文，是对于春秋丧乱之时局的担忧。因许子尝药而药杀其父，毕竟是属于个人行为方式不当而导致误杀，与赵盾弑君、楚公子比弑君性质有别。后者更倾向于臣下对于君上的不尊而导致的君主被杀事件，不论是赵盾未尽到臣子之责而为君讨贼，还是楚公子比未以命相抵抗而不立为君，二者若得到《春秋》明确的宽恕，则于春秋世乱义废的情况之下，恐怕徒增其乱。乱臣贼子不惧，则何以尽《春秋》之“贬天子、退诸侯、讨大夫”的目的！由此，董仲舒不仅通过许止弑君而免其罪，阐明了赵盾弑君亦当免其罪，亦经由以《春秋》大义正乱世之道说明赵盾最终未被以经明确免其罪者，是因其对春秋时局的深度考量。既然赵盾之罪可免，则董仲舒从侧面守护了赵盾作为贤者的地位与名号，由此对贤者提出了更加严苛的要求，即以道义引导、纠正社会风气，成为天下人的标杆。

尽管董仲舒对赵盾弑君有宽宥的态度，但对于贤者而言，赵盾依然要背负不讨贼之责，以“求全责备”的角度要求作为贤臣的赵盾要做到于小恶而亦无失。晋灵公被弑之时，赵盾已然逃出，不在灵公身边。《春秋》其君被弑，臣子不讨其贼，则君臣关系断绝。然在场之臣子与不在场之臣子其罪应当有别，在场当厚责之，而不在场当轻贬

---

① 卢文弨曰：“‘大恶之诛’，疑当作‘大恶之不宜诛’，脱二字。”引自董仲舒：《春秋繁露·玉杯第二》卷一，聚珍版影印本，第 14 页。

② 董仲舒：《春秋繁露·玉杯第二》卷一，聚珍版影印本，第 14 页。

③ 《公羊传·昭公十三年》：“比已立矣，其称公子和？其意不当也。其意不当，则曷为加弑焉尔？比之义宜乎效死不立。”楚公子比本意不愿立为君，而是公子弃疾迫使其立，而加弑于公子比，是其未以死抗拒之。《春秋》终未以公子比为弑君者，仅以出入无恶之“归辞”言之，后未以明确阐述之，亦是出于对春秋之时乱礼的考量。引自顾馨、徐明校点：《春秋公羊传·昭公十三年》，第 120 页。

之。赵盾不在场，竟然以“加弑”之辞书之，责之更重于在场者，若言实际弑君者赵盾，此以何解[①]？董仲舒《繁露·玉杯》曰：“今赵盾贤，而不遂于理，皆见其善，莫知其罪，故因其所贤，而加之大恶，系重责，使人湛思，而自省悟以反道，曰：吁！君臣之大义，父子之道，乃至乎此，此所由恶薄而责之厚。”[②] 赵盾作为晋国贤臣，竟不懂得其君被弑，而已有讨贼之责。因此，他人或只知其于晋为贤，却不知其不讨贼之恶。故由其所贤，而加弑君之大恶，使得重责之。《春秋》责备贤者，严格要求其尽德而行。如僖公元年，邢国被狄人灭，《公羊传》曰：“上无天子，下无方伯，天下诸侯有相灭亡者，桓公不能救，则桓公耻之。”[③] 齐桓公作为师之霸主，在天子、方伯无力顾及天下诸侯之战乱征伐之时，桓公不能救邢国，而邢被狄人所灭，是桓公的耻辱。何休《解诂》称：“故以为讳，所以醇其能，以治世自任，而厚责之。”[④]《春秋》为齐桓公避讳，因其能而可治理乱世而自任，又其有力而不救被伐之国，故重责备之。因此，在赵盾身上，《春秋》依旧要责备其作为晋国重卿，有贤能之才而不知为君讨贼，虽然不讨贼为薄恶，但《春秋》厚责之，使世人知晓。以“弑君”之名加之赵盾，虽然于事实不符，但却自有其对于贤者的大义。处于春秋乱世，臣弑君，子弑父者不绝，礼义丧失，董仲舒更以“矫枉过正”之义，称“矫者不过其正，弗能直”[⑤]。矫枉过正，一般理解为矫正其行太过，反而偏向另外一边，是有贬义的。但于乱世之

---

① 《春秋繁露·玉杯》引问者之语曰：“人弑其君，重卿在而弗能讨者，非一国也。灵公弑，赵盾不在，不在与在，恶有薄厚？《春秋》责在而不讨贼者，弗系臣子尔也。责不在而不讨贼者，乃加弑焉，何其责厚恶之薄，薄恶之厚也？”弑君之罪，当分为在场与不在场，而在场当然应该予以重贬，而不在场则其罪应当相对较轻。但是赵盾不在场，却被系之弑君之罪。引自董仲舒：《春秋繁露·玉杯第二》卷一，聚珍版影印本，第 14 页。

② 董仲舒：《春秋繁露·玉杯第二》卷一，聚珍版影印本，第 14 页。

③ 顾馨、徐明校点：《春秋公羊传·僖公元年》，第 39 页。

④ 何休解诂，陆德明音义，陆德明音义，徐彦疏，刁小龙整理：《春秋公羊传注疏·僖公元年》卷第十，第 367 页。

⑤ 董仲舒：《春秋繁露·玉杯第二》卷一，聚珍版影印本，第 14 页。

中，董仲舒要求对于弑君之事，要矫过其正，或可理解为不仅仅要断绝弑君之事，而且还要求矫正世俗对于弑君的错误观念。依此而论，董仲舒更将“弑君”之义进一步深化，弑君不仅仅是指实际杀害君主的行为，而且是如赵盾事件重的不重贤者之能与讨贼之责而“加弑”之义，更是如楚公子比之不以面向死亡的勇气而抗拒立已为君而“加弑”之辞等等。背负贤臣名号的赵盾，已然成为匡正君臣关系，矫正世俗观念以及救国救民的直接承担着。《春秋》经的微言大义，已然与史学之求事实之真形成差别，前者要求贤者尽其德行而为，立正家国之风气，树立仁者之标杆，而后者只是求史实之如其是。

因此，董仲舒对于“赵盾弑君”事件态度是明确的，但却不一致。有澄清其罪，保护贤者，亦有维护《春秋》之书法，彰显儒家尊贤重德的大义。之所以如此，正是因为儒家在面对君与道关系上的不同态度，既要维护君主的权威，以为劝君行道留出路径，又要昭著仁德大义，以引导君主，匡正家国风气。因此，公羊家要求贤臣具备更大的气象，在家国大义面前，扛起匡正救国的大旗，以仁义之道纠正世间俗见，以儒家之善道自立于诸夏中国的诸德之首。

结　语

“赵盾弑君”本为董狐所书，史家书法意在贬责赵盾逃不越境，归国又未诛讨弑君者赵穿，因此特以罪加之赵盾。但史家以“秉笔直书”为《春秋》“赵盾弑君”的书法精神，则言之不当，並没有将孔子《春秋》沿用董狐所书的微言大义阐述清楚。公羊学在此问题上，通过不同的书法与辞法，对于赵盾既贬斥其不讨伐弑君之贼，又出于对贤者的避讳与爱护而复见其名。董仲舒原赵盾之心而为其开脱，但又从对于贤者的高标准、严要求的角度提出要“矫枉过正”，以达成对于世俗观念的纠偏。如此“异议可怪”，不妨将之称作“诡谲”之论。但公羊学的“诡谲”背后，却是暗藏着公羊家对于“从道”与“尊君”的张力。道与君的关系，本源自儒家对于圣人的定位。在儒家理想中，圣人本是王位与王道的集合。而君主集权下的王位，却与圣人之道是相分离的。因此，儒者在劝君行道的过程中，难免会遇到君主与道法相悖的情况。如此，则儒者的理想当然是“从道而不从君”。但是，“从君”与“尊君”意义有差别，“从君”主要是指在面对暴戾之君的盲目遵从，而“尊君”则主要指向正当意义之下，臣下对于君主的尊敬、听命以及对其地位的认可。因此，“从道”并不代表不“尊君”，而在“尊君”与“从道”相对冲之时，儒者不得已要优先选择“从道”。当然，若国君无道不仁，儒者当劝则劝，当贬则贬。而其中所涉及的问题则是，贬责君主的程度问题。对于本文所涉及的人物而言，晋灵公之行为当然可以归于无道，但是毕竟与桀纣之恶有一定距离。桀纣当杀，而灵公却不当被弑，而是需要贤臣引导、劝诫更甚矫君之过。因此，从《公羊传》以及董仲舒的思想中，我们并没有看到类似“灵公当被杀”的结论，仅仅是出于对君主的贬责。由此，“从道”与“尊君”或许并不相悖，儒者最大的愿望是在“尊君”的前提之下，以道义引导政统，达成君权与仁道的平衡。

本文为“2021 中国·衡水董仲舒与儒家思想国际研讨会暨中华孔子学会董仲舒研究委员会学术年会”提交的论文。

张禹，（1989—），男，山西朔州人，上海交通大学人文学院博士研究生。

卫献公何以“出有恶”而“归无恶”[1]？

——公羊家对大居正与守小信之间的张力分析

张 凯

孔子作《春秋》自鲁隐公至鲁哀公共十二世。董仲舒曰：“《春秋》分十二世以为三等：有见、有闻、有传闻。”[2] 其中文、宣、成、襄为孔子之有闻世，鲁襄公乃是有闻世的最后一任鲁国诸侯，时值大夫擅权愈演愈烈，弑君之事不断，夷狄之楚屡犯诸夏中国，然而诸侯内不尊天子以安宇内，外不敌强楚而至楚奔丧，内耗不止。在鲁襄公二十四年至二十六年，这短短三年时间内，诸夏中国乱象频出，《春秋繁露·随本消息》曰：“诸夏再会陈仪，齐不肯往，吴在其南，而二君杀，中国在其北，而齐、卫杀其君，庆封劫君乱国，石恶之徒，聚而成群，卫衎据陈仪而为谖，林父据戚而以畔，宋公杀其世子，鲁大饥。中国之行，亡国之迹也。”[3] 诸侯擅盟、臣弑君频发、欺君乱国、叛国而逃、诛杀世子，灾异突现。其中，卫献公在晋平公、齐国大夫崔杼帮助下回到卫国陈仪，通过欺诈手段弑杀了卫殇公，复为卫

① 基金项目：本文为国家社会科学基金重大项目“董仲舒传世文献考辨与历代注疏研究”（项目编号：19ZDA027）阶段性成果。

② 董仲舒著，赵曦明校：《春秋繁露·楚庄王》，上海古籍出版社，1989年，第10页。

③ 董仲舒，赵曦明校：《春秋繁露·随本消息》（乾隆三十八年聚珍版刻本影印），第10页。

侯，臣子有叛逃者、有被杀者，皆详细记录了下来，笔笔在案。据《史记·卫康叔世家》记载，卫国历史中有四次卫侯出而复归之事[①]，卫献公是第三位出奔后又重新回归卫国的国君。对于一个谖君以弑的旧主，为何《春秋》花费大量的笔墨，又为何书“复归”以其归国无恶？童书业认为：“在这大夫专政的局面渐趋造成的时代，卫献公独能削平内患，也算是一位有能耐的君主”[②]，站在夷夏冲突的立场上，国际上正在酝酿着第二次弭兵之会，诸夏中国内部，卫献公确是一位平息大夫之乱的诸侯，但无论是从史实、义理的考辨，依然还有许多值得商榷的地方。钱穆认为“说经之有门户，自《三传》始”[③]，对于传承了两千多年的文献，无论是其文字风貌，还是经文之义，难免有诸多嬗变，专以一家之言难窥全貌[④]，本文立足《公羊春秋》和《公羊传》，借助《穀梁传》《史记》《左传》等文献梳理、辨析，以卫献公复归为事件的核心，对公羊家所论大居正与守小信之间的张力进行分析。

一、卫献公出奔，《春秋》书其名而称其恶

卫献公出奔一事记录在鲁襄公十四年，《春秋》书：“己未，卫侯

---

① 司马迁：《史记·卫康叔世家》（第五册），中华书局，1959年，第1594、1595、1596、1603页。分别为卫惠公、卫成公、卫献公、卫出公，《春秋》在鲁桓公十六年，记载了卫侯朔出奔齐；鲁僖公二十八年，记卫成公出奔楚；卫出公出奔发生在鲁哀公十五年，《公羊春秋》《穀梁春秋》自鲁哀公十四年，孔子“西狩获麟”后即止，故今文《春秋》中未有记载卫出公出奔之事，其事见于《史记·卫康叔世家》《左氏春秋》中。

② 童书业：《弭兵之约的完成与中原弭兵时期各国内政的变迁》，见《春秋史》，商务印书馆，2010年，第228页。

③ 钱穆：《孔子与六经》，见《国学概论》，商务印书馆，1997年，第14页。

④ 范宁注，杨士勋疏：《重刊宋本穀梁注疏附校勘记·穀梁传序》，见嘉庆二十年江西南昌府学刻本影印，《十三经注疏》（7），台北：艺文印书馆，2013年，第6页上。“《春秋》之传有三，而为经之旨一，臧否不同，褒贬殊致”，对于春秋三《传》，两汉即有今古文之分，本文无意也无力详谈三传区别，但三《传》各有所长，相参而发《春秋》经义，对有文献、义理难辨之处，则以公羊学为据。

衎出奔齐”[1] 大国诸侯出奔，书日则为变例。《春秋》对于诸侯出奔，如果是大国则记录“月”，是小国则记录“时”，卫国乃大国，书月即可，但经文书日为“己未”，故有异。如果以书时较为简略，则书月、书日则显得愈加精确。书“月”还是书“日”，本为记载一件事而指明其发生的时间，但同国之大小联系起来。大国者，受封于周天子，其人口、土地、军事实力远超一般的小国，与周天子多为血亲，是分封制下维系其政权稳定的中坚力量，也是践行周制的主要诸侯国，其一举一动皆能引起其他诸侯国的关注。所以同样记载出奔的时间，大国的更精确，小国则模糊一些，这是大国之祸重于小国，需张显其过失，罪其君臣，以警天下，方可明王道教化之所在。出奔书月，徐彦《疏》曰：“重乖离之祸”（《春秋公羊传注疏·襄公十四年》，第 835 页），大国之民失去其君主，国内政治动乱，离心离德，臣下逆上的成功是对国君权威的践踏，也是对整个周制控制力的挑战；小国的民众较少，其国际影响力也弱，纵有政乱，其恶劣的影响较大国为轻，甚至只会局限在其国内，故书时以明其罪即可。简而言之，《春秋》对于君主出奔之祸，记载的日期越详细、精确，则危祸越重。卫为大国，国君出奔，却精准记录到日，过于精确，则为变辞，乃祸特重之故。其二，何休《解诂》曰：“日者，为孙氏、甯氏所逐，后甯氏复纳之，出纳之者同，当相起，故独日也。”（《春秋公羊传注疏·襄公

---

① 何休注，陆德明、徐彦疏：《春秋公羊传注疏》，张岂之主编：《十三经注疏》，刁小龙整理，上海古籍出版社，2014 年，第 834 页。（下文所引《春秋公羊传注疏》之文，皆出自该本）卫献公，乃卫国第二十任诸侯，从《史记·卫康叔世家》记载：“定公十二年卒，子献公衎立”，可以推断其为卫定公之子。司马迁：《史记》（第五册），第 1596 页。

十四年》，第834页）卫献公被孙林父、甯殖所驱逐①，而后甯殖令其子甯喜复纳卫献公回归。徐彦《疏》曰："一家之事。"（《春秋公羊传注疏·襄公十四年》，第835页）按照何休和徐彦的意思，驱逐与纳归皆有甯殖家族人员参与，甚至起到了主导性作用，大夫擅权成了卫献公一出一进的直接原因，所以书日以明之（《春秋公羊传注疏·襄公十四年》，第834页），但让人觉得极其吊诡的是，卫献公出奔，乃孙林父一人策动的政变，甯殖未参与致使卫献公出奔的军事行动②。而且，史官所记之文同《春秋》之文不一，《春秋》记载的是卫献公出奔，并不是记载孙林父和甯殖逼迫卫献公出奔。这牵扯到一个公案，即孔子有没有修《春秋》③。在鲁襄公二十年，《左传》记载了甯殖死前说的话：

> 卫甯惠子疾，召悼子曰："吾得罪于君，悔而无及也。名藏在诸侯之策，曰：'孙林父、甯殖出其君。'君入则掩之。若能掩之，则吾子也。若不能，犹有鬼神，吾有馁而已，不来食矣。"

---

① 杜预注，孔颖达疏：《重刊宋本左传注疏附校勘记·襄公十四年》，见嘉庆二十年江西南昌府学刻本影印，《十三经注疏》（6），台北：艺文印书馆，2013年，第562页上。《左传》："卫人立公孙剽，孙林父、甯殖相之，以听命于诸侯"，则孙林父与甯殖并不是直接立公孙剽的大臣，二人只是为卫殇公之相，则直接立卫殇公者当另有其人。司马迁：《史记》（第五册），第1596、1597页。《史记·卫康叔世家》："孙文子、甯惠子共立定公弟秋为卫君，是为殇公。"《史记》则称是孙林父、甯殖立的卫殇公，这二者存有差异，但甯殖在这场宫变之中，只在卫殇公立君上有明文记载，尚无文献可证明甯殖有逼迫卫献公出奔之事。此处有异，《左传》中，甯殖未参与驱逐卫献公出奔之事，其二，孙林父并未有助卫献公回卫的时，徐彦或见《史记》孙林父赂晋，纳卫献公回卫而言之。

② 《左传·襄公十四年》中记载乃是孙林父率领军队攻打卫献公致使卫献公出奔，《史记·卫康叔世家》所记亦是如此。

③ 参见许子滨：《从"卫侯出奔齐"看〈春秋〉书法——以杨伯峻说为讨论中心》，《人文中国学报》2020年第1期，第27页。《左传》有两处记载"未修《春秋》"，分别见于宋华耦及卫甯殖之言，《春秋》记"卫侯出奔齐"不同于甯殖所言诸侯史策皆书"孙林父、甯殖出其君"，古今论者大多认为前者出于孔子所修，此说自杜预创始，得到唐宋后儒的推衍，为目前主流意见。杨伯峻则倡言孔子不修《春秋》，《春秋》所记乃甯喜使卫侯复位更改史文的缘故。杨伯峻先生之论或有其新意，本文则以孔子修《春秋》为基本的立场。

悼子许诺，惠子遂卒。[1]

甯惠子，即甯殖，在他生命即将走到尽头之时，让他恐惧的是对自己国君犯下的罪责，而且史策之上记有其名其罪，“名藏在诸侯之策，曰：‘孙林父、甯殖出其君。’”这是驱使甯殖起意重新迎回卫献公来掩盖自己的过失的动因。以孔子修《春秋》之论而言，为贬卫献公失地之罪而将原来史策中孙林父、甯殖驱逐卫献公改之为“卫侯衎出奔齐”。《春秋》记事不留一恶，对于臣下欺君之祸是深痛恶绝的，尽管卫献公出奔等于失去自己的土地，丧失了其作为一国诸侯的尊严是需要痛骂的，这不仅是卫国一国之事，更会因为卫献公无力抵抗大夫的叛乱将动摇分封制的根基，需要重而书之，以警惕诸侯，但是以不书月而书日的变辞将其与之后卫献公复归书日联系起来，以时间限定事件发生的历史阶段以及历史空间，又以时间将两个不同事件系于大夫之乱，其记载的详略与否更是蕴含着对事件褒贬的强弱程度。所以这场以孙林父、甯殖为首的卫国大夫集团与其君卫献公之间的拉锯战反而以痛贬卫献公开始了。

对于卫献公出奔的贬义自《春秋》书其名“衎”可见，《春秋》书“卫侯衎”其义有二，贬卫献公和明卫侯衎已经不是卫国的国君了。徐彦《疏》言：“书衎之名，见其当绝，不合为诸侯。”（《春秋公羊传注疏·襄公十四年》，第 835 页）对于尚还活着的诸侯，《春秋》常例是不能书他的名字的，《礼记·曲礼下》：“诸侯不生名”[2]，姓名是一个人最具社会属性的私人附属品，任何一个姓名的价值体现在其社会价值，而在先秦时代，拥有姓名者多为当时的达官贵族，出于对

① 杜预注，孔颖达疏：《重刊宋本左传注疏附校勘记·襄公二十年》，第 589 页上。

② 郑玄注，孔颖达疏：《重刊宋本礼记注疏附校勘记·曲礼下》，见嘉庆二十年江西南昌府学刻本影印，《十三经注疏》（5），台北：艺文印书馆，2013 年，第 95 页上。

其身份的保护和社会地位的尊崇，衍生出了一套起名、为尊者讳的礼法①。卫献公贵为一方诸侯，其名岂是随意书写的，史官记载之时更不会书直书其名，而且具体到不同事件中，《春秋》中对于出奔的诸侯书名是有着不一样的含义，或是为了去凸显某一评判，如郑厉公出奔记名是为了贬其夺正②，卫惠公出奔书名是为了贬其不能守土，失地而得罪于天子③。对于卫献公，《公羊传》中并未指出其贬之处，相较于郑厉公自然不会是其为卫国之君不正，而如果以失地而论则难以解释孔子花费如此大篇幅的笔墨记录下来该事，君主失地当贬乃是《春秋》已明之文。《春秋繁露·楚庄王》篇指出："《春秋》之用辞，已明者去之，未明者著之"，是以失地之罪并不能是书其名最核心的原因。因此，对卫献公出奔书名，孔子用心之处还需另做探析。

从公羊家的视角看是为了贬卫献公失德寡恩。卫献公继位之后，

① 据《左传·桓公六年》鲁桓公为世子起名时问于大夫申繻，申繻回答曰："名有五，有信，有义，有象，有假，有类。以名生为信，以德命为义，以类命为象，取于物为假，取于父为类。"取名字主要有五种依据，一以生而就有的异象为名是有信，如叔虞、季友；一以祥瑞的字眼命名是有义，如姬昌、姬发；一以相似之物来名其特征是有象，如孔丘；一假借某种事物来取名是有假，如孔鲤；一事借用与父亲相关的命名是有类。"不以国，不以官，不以山川，不以隐疾，不以畜牲，不以器币。"取名有六不可，不用国名、官名、山川名、疾病名和器物礼品之名。"周人以讳事神，名，终将讳之。故以国则废名，以官则废职，以山川则废主，以畜牲则废祀，以器币则废礼。"主要和周朝祭神会对人名进行避讳的制度有关，祭祀之时，以国取名者，人名就会被废除；以官命名者，官职就要改变；山川命名就要废除山川之名，以牲畜命名则会废除祭祀，以器物礼品命名则会废礼。所以大的事物皆不可用来命名。

② 鲁桓公十五年，《春秋》曰："五月，郑伯突出奔蔡。"《公羊传》曰："突何以名？夺正也。"郑庄公死后，郑国大夫祭仲拥立郑国世子忽为君，是为郑昭公，这是符合春秋时继位顺序的，而郑昭公之弟突依靠母族的宋国胁迫祭仲拥立其为新君，是为郑厉公。后郑厉公忌惮祭仲权大势威，欲杀了祭仲，事情败露后，出奔蔡国，但是公羊家以祭仲其目的乃是迎回郑昭公为郑君，故善其知权。郑厉公继位不正，故书名而贬之，何休曰："故复于此名，著其夺正。"参见何休注，陆德明、徐彦疏：《春秋公羊传注疏》，第 186—187 页。

③ 鲁桓公十六年，《春秋》曰："十有一月，卫侯朔出奔齐"，常例大国诸侯出奔书月。对于卫惠公书名，《公羊传》则曰："绝"，是以书名乃贬绝其恶，又曰："得罪于天子也"，"见使守卫朔，而不能使卫小众"，是罪卫惠公不能为天子守社稷。参见何休注，陆德明、徐彦疏：《春秋公羊传注疏》，第 191 页。

声色犬马，对臣下动辄棍棒相加，或无礼轻慢，是一个极具脸谱化的暴君形象[①]。其一，宠妾而伤臣。“初，公有嬖妾，使师曹诲之琴，师曹鞭之。公怒，鞭师曹三百。”[②] 师曹乃是卫献公授命教授其宠妻弹琴，只是采用教学方式过于严苛，鞭打过该宠妾，惹怒了卫献公，故鞭笞了师曹。师曹教学方式在今天看来确有问题，但在当时其授人以艺，当尊而厚之。宠其妾，实际是以己之欲而论是非；鞭师曹，则是待人不以社会准则为约束。

其二，失信而无礼。卫献公本欲请孙文子、宁惠子吃饭，君臣之间本当遵循各自的礼节，然而在孙文子、宁惠子兴致勃勃，穿戴好朝服，进了朝堂后，一直等到太阳快下山还未见卫献公的影子。原来这卫献公顾着自己开心，驰骋田猎。《左传》特别强调，二人见到卫献公后，卫献公未感失礼，“不释皮冠而与之言，二子怒”[③]。孙文子、宁惠子因卫献公的傲慢，不以礼相待而对卫献公产生怒意，这股怒意在二人离开之后，久久不能平息，就差一点火星，可能就让卫国陷入多年的朝局动荡之中。

其三，德性不足终酿苦果。卫献公恰好把这个火星通过大夫孙蒯给送了过去。“孙文子如戚，孙蒯入使。公饮之酒，使大师歌《巧言》之卒章。大师辞，师曹请为之。”[④] 卫献公请孙蒯喝酒、听曲，唱的

① 鲁襄公十四年，《左传》曰：“卫献公戒孙文子、甯惠子食，皆服而朝。日旰不召，而射鸿于囿。二子从之，不释皮冠而与之言，二子怒。孙文子如戚，孙蒯入使。公饮之酒，使大师歌《巧言》之卒章。大师辞，师曹请为之。故师曹欲歌之，以怒孙子以报公。公使歌之，遂诵之。”杜预注，孔颖达疏：《重刊宋本左传注疏附校勘记·襄公十四年》，第560页。

② 杜预注，孔颖达疏：《重刊宋本左传注疏附校勘记·襄公十四年》，第560页下。

③ 杜预注，孔颖达疏：《重刊宋本左传注疏附校勘记·襄公十四年》，第560页下。杜预《注》曰：“皮冠，田猎之冠”，带皮冠乃是田猎时使用的。孔颖达《疏》曰：“君敬大臣，宜释皮冠”，国君遇见大臣，按照礼制，应该解除皮冠，以表示对大夫的敬重。

④ 杜预注，孔颖达疏：《重刊宋本左传注疏附校勘记·襄公十四年》，第560页下。

乃是《诗经·小雅·巧言》中的最后一章。《巧言》乃是一首讽刺统治者听信谗言而导致国家混乱而作的诗歌。《毛诗序》云："《巧言》，刺幽王也。大夫伤于馋，故作是诗也。"① 或许卫献公只想听了勉力自己不受谗言蛊惑，谁知他偏偏要求乐师唱起了最后一段，"彼何人斯？居河之麋。无拳无勇，职为乱阶。既微且尰，尔勇伊何？为犹将多，尔居徒几何？"② 这完全就是在痛斥臣下蛊惑君上、尸位素餐、乱政害国，不知君意的孙蒯吓得魂不附体、坐立难安。值得一提的是，乐工们本是辞唱该曲，然而当中的师曹怀恨在心，特意请缨唱了这首《巧言》。不管是卫献公不知《诗》，还是师曹有意歌之，结果惹得孙蒯去往戚地告予父亲孙文子。孙文子对卫献公的恨意，再加上通过孙蒯释放的信息判断卫献公对身边大夫不满的想法，因而欲先除卫献公而后快。最后由孙文子主导的一系列的宫廷政变，逼迫得卫献公出逃至齐国。

卫献公书名以《春秋》贬辞来看是其失地，有罪天子，但是从史实来看，其微言的背后验证了孔子将儒家基本伦理融入对人物的评判之中，卫献公本为一国之诸侯，因大夫之乱而出奔未受到丝毫怜悯，其平日无信、无德、无礼的形象在《春秋》书名之时，宣告着这场动乱乃是一次德性不足的应验性结果。在一个等级森严的社会之中，将君王诸侯的过错不加掩饰地彰显出来，对大夫之祸反而轻判，至少证明儒家名学思想中的核心依然是对人伦礼法的维护。

二、卫献公复归乃无恶

卫献公出奔，《春秋》以书其名而贬之，但是在这位流亡他国十二载的卫国正统继位者重新回到卫国复为一方诸侯之时，《春秋》以"复归"之辞记载下来。《春秋》书"复归"则言卫献公出奔有恶，归

① 毛亨、郑玄注，孔颖达疏：《重刊宋本毛诗注疏附校勘记》，见嘉庆二十年江西南昌府学刻本影印，《十三经注疏》(5)，台北：艺文印书馆，2013年，第423页下。

② 毛亨、郑玄注，孔颖达疏：《重刊宋本毛诗注疏附校勘记》，第425页上。

国为君无恶[1]，但是从经文用辞来看，又处处存有对卫献公的贬斥。鲁襄公二十六年，《春秋》曰："甲午，卫侯衎复归于卫"，这里有两处异于常辞，其一，书日；其二，书名。

首先，书日实为贬卫献公有恶。甲午，二月初十，王闿运《笺》曰："君复归例时日者，为无恶词耳，实有恶也"[2] 常例，复归之事是不书日的，如桓公十五年，"郑世子忽复归于郑"、僖公二十八年"曹伯襄复归于曹"皆未书日。复归书日并非是恶辞，然而与卫献公出奔书日联系起来，则实为贬其君德有亏，致大夫擅权之风不止。在鲁襄公十四年，卫献公出奔例与鲁襄公二十六年卫献公复归例下，何休《解诂》皆认为书日是为了明出纳之者同，是以将两件不该记日的事件归纳于同一缘由，即大夫擅权，而无论是出奔，还是复归，最终《春秋》直接贬斥的乃是卫献公，故虽是大夫之祸，但卫献公个人德行有亏乃是原因之根本。另外，考究卫献公是在卫国政局什么状况下复归的，会发现其重为卫君恰逢卫国大夫甯喜弑杀了卫殇公剽，"春，王二月，辛卯，卫甯喜弑其君剽"（《春秋公羊传注疏·襄公二十六年》，第 873 页）。弑君例书日乃为常辞，卫殇公被杀后，紧接着卫献公就掌控了卫国，又岂会如此巧合。高攀龙曰："辛卯弑而甲午归，知弑也"[3]，则将甯喜弑君，同卫献公联系起来，是有贬卫献公有弑君而重为卫侯的意旨。所以，无论是之大夫擅权，还是意指弑君之嫌，最终皆如王闿运之言，是"实有恶也"。

其次，对于卫献公复归有恶之嫌，在《春秋》又一次生而书其名"衎"中显得格外突出。段熙仲言："出奔复归者名，篡辞也"[4]，出奔后重新回到卫国执政，却书其名，则有意指其篡位为君，《春秋》

---

① 《公羊传》在鲁桓公十五年指出："复归者，出恶，归无恶；复入者，出无恶，入有恶；入者，出入恶。归者，出入无恶。"何休注，陆德明、徐彦疏：《春秋公羊传注疏·桓公十五年》，第一八八页。

② 王闿运：《春秋公羊传笺》，岳麓书院，2009 年，第 440 页。

③ 高攀龙：《春秋孔义》，见《影印文渊阁四库全书·经部·春秋类》（第一七〇册），台北：商务印书馆，1983 年，第 112 页上。

④ 段熙仲：《春秋公羊学讲疏》，南京师范大学出版社，2002 年，第 338 页。

贬之。高攀龙曰："书名，始正其自取奔亡之罪而不改，不足以有国也。"[①] 其核心之义即言卫献公德不配位。其一，君主为社稷鞠躬尽瘁，诸侯为疆土厉兵秣马，君臣一体，勠力同心本为周朝众星拱月之政治体制的理想状态。卫献公却不惜羽毛，辱臣伤臣，致己出奔，是自取之祸。其二，卫献公出奔至齐，历时十余载，当有寄人篱下之苦，但未如晋文公于颠沛流离中砥砺心志，反而骄奢淫逸不改常态。《左传·襄公二十六年》中记载了卫国大夫榖见到方入卫国的卫献公时的评论，"君淹恤在外十二年矣，而无忧色，亦无宽言，犹夫人也。若不已，死无日矣"[②]。此时的卫献公已然回到了卫国不久，在儒家看来其当洗心革面，礼贤下士，然而其不但不担心自己的处境，对臣下依然无半点悦色，其色厉内荏之状，让这位卫国大夫对于迎回卫献公为君是深表担忧的。所以卫献公在外多年亦未于困厄之处修德修身。其三，是卫君之位当为有德之人所承之。《大学》曰："君子先慎乎德，有德此有人，有人此有土"[③]，欲有国者，必先克明俊德方可得众人之心，未有无德之人可永享国祚。对于卫献公而言，其为卫国第一合法继位者，但其德之劣，即便在各种机缘之下再为卫君，但《春秋》并不会因此而隐其无德之本来面目。

综上而言，对于卫献公重为卫国之君，《春秋》以记日、书名而贬之，但极其吊诡的是为何以"复归"书之，言其归而无恶呢？《公羊传》曰："恶剽也"，"剽"即为卫献公出奔之后，卫国的新国君卫殇公，是以善卫献公重新为君而贬卫殇公之不当立。按照《春秋》常

---

① 高攀龙：《春秋孔义》，见《影印文渊阁四库全书·经部·春秋类》（第一七〇册），台北：商务印书馆，1983 年，第 112 页上。

② "淹者，淹留。恤，忧也。淹留忧患即避难之意。"参见杨伯峻：《春秋左传注》（四），中华书局，2016 年，第 1237 页。

③ "德，即所谓明德。有人，谓得众。有土，谓得国。"朱熹：《大学章句》，见《四书章句集注》，中华书局，1983 年，第 11 页。朱熹之言有国之人"不可不慎"，是以告诫在位之君当恪守己德，方可得众。在儒家看来，个人修德同有无君位不是构成绝对因果关系的，孔子至德先圣在公羊家处也是行素王之权，对于在位之君，儒家依然分为有德适位之君和无德不合为君之人，将君主行举规约在其构建的伦理范式之中。

例，记录诸侯不当继为国君，是会书“立”之辞以贬之，《公羊传》曰：“立者不宜立也。”① 如果卫殇公不当立，为何没有书“立剽”。《解诂》曰：“卫侯失众出奔，故不书剽‘立’”（《春秋公羊传注疏·襄公二十六年》，第878页），卫献公失德为孙林父等人所逐，方有后来立卫殇公之事。卫殇公剽并不是有意篡位，驱逐卫献公之人，乃是在大夫之祸，臣下犯上之后，推出来接手卫君之位的。《春秋》并未将立剽为国君视作当贬的事件，故一国无君，循制而无合法的继位者的情况下，众人共立新君以安定政局，是不贬的。春秋时期，诸侯乃一国最高权力者，作为政治稳定的必要条件，国有君，臣民方能各司其职。尽管驱逐君主是朝堂上大夫的引起的政治动乱，但放眼整个卫国，国民看见失去了自己国君，就如同失去了基本安全保障。国人种对上位者精神的寄托，恰恰符合春秋时代对尊尊理念的构建。然而公羊家以“剽立无恶，则卫侯恶明矣”（《春秋公羊传注疏·襄公二十六年》，第879页），认为不书“立剽”，则默认其立为国君不是一件恶事，并不需贬绝以责之。对于卫献公来说，则凸显了其出奔乃咎由自取，连卫国另立新君这种逆君之举都不足以弥补其德行之恶，需要用不书“立剽”而明之。

但为何《公羊传》在卫献公复归时又指出立卫殇公为恶呢？对于卫殇公而言，即便他并非主观上想做卫侯，但在实际上已经触犯了亲亲原则下的嫡长子继承制。隐公元年，《公羊传》曰：“立适以长不以贤，立子以贵不以长。”（《春秋公羊传注疏·隐公元年》，第18页）立嫡子凭年龄不以贤能，立庶子按身份贵贱而不以年龄。以卫献公为中心，其父乃卫定公，祖父乃卫穆公，曾祖乃卫成公，《解诂》曰：“剽以公孙立于是位，尤非其次。”（《春秋公羊传注疏·襄公二十六年》，第878页）诸侯之子称公子，公子之子称公孙，又《史记·卫

① 鲁隐公四年，卫州吁弑卫桓公后立公子晋为君，《春秋》书“卫人立晋”，《春秋》称“人”明为众人所立，但如果被立之人并不合乎周代立嫡制度的，则需书“立”以明其恶，“明下无废上之义”，以保证权力过渡的有序性、稳定性、可行性。参见何休注，陆德明、徐彦疏：《春秋公羊传注疏·襄公二十六年》，第74页。

康叔世家》言："孙林父、甯殖共立定公之弟秋。"[①] 故以近推剽之所服应为卫成公之孙。何休言以公孙之序而论剽亦不当立为君，则剽或以卫成公嫡孙论非最年长，或以庶孙论身份非最贵重。总而言之，作为卫献公叔辈的剽是不满足继位条件的，这在嫡长子继承制深入人心的时代，即便国人不能表达出质疑，但不满的情绪必然会在国内蔓延。《解诂》曰："故卫人未有说，喜由此得成谖祸。故恶以爲戒也"（《春秋公羊传注疏·襄公二十六年》，第873页），卫人对基本的社会准则、礼法制度被破坏的不悦，成了促使他们铤而走险，默许了甯喜弑杀卫殇公，迎回流亡多年不改暴虐之气的卫献公。王国维《殷周制度论》曰："欲观周之所以定天下，必自其制度始矣。周人制度之大异于商者，一曰立子立嫡之制，由是而生宗法及丧服之制，并由是而有封建子弟之制，君天子臣诸侯之制；二曰庙数之制；三曰同姓不婚之制。此数者，皆周之所以纲纪天下。其旨则在纳上下于道德，而合天子、诸侯、卿、大夫、士、庶民以成一道德之团体。"[②] 在周制之中，亲亲之道一直是贯穿于其政治、经济、思想等社会各个层面的核心原则，通过血缘亲疏以定天下贵贱、以长幼秩序而成尊卑之势，尽管到了春秋礼乐征伐的权力不断向下转移，以孔子为代表的儒家先圣寄希望明周礼而兴亲亲、尊尊之理，甚至在世愈乱而尊尊愈重，但这并不意味着亲亲之道被忽视，反而成了其阐发内圣之学的基石。周制之中将亲亲原则贯彻的最彻底的莫不过于其权力继承制度，即立嫡之制。由立嫡而衍生出的一系列社会礼制皆纳于该充满着道德评价的原则。余治平指出："纵观有周一代君王统御实践的理路，便不难发现其目标旨意、实施路径，都有一种泛亲亲主义倾向和泛道德主义要求：让政治道德化，让道德政治化；使社会血亲化，使社会宗法化。周王率先以德治国，'纳上下于道德'，不过，他并不是把道德作为治

① 司马迁：《史记·卫康叔世家》（第五册），第1596页。

② 王国维：《殷周制度论》，见《观堂集林》卷第十，中华书局，1959年，第453页。

理手段，而是以道德为治理目标与理想。”[①] 所以书“复归”，乃是《春秋》善卫国能沿袭周礼，拨乱反正，非善卫献公！

三、谖君以弑：公羊家贬卫献公失信

以“复归”之辞书卫献公重为国君，乃有善其归之义，《春秋》为著其恶，对其复归前后之事一一记录，不留余力地将这场卫国动乱展现出来。公羊家释《春秋》之时，甚至将卫殇公之死归咎于卫献公，称其“谖君以弑”，但是在《春秋》中，清楚记载的是甯喜弑杀卫殇公，到底谁才是弑君之人，并需要对弑君之事负主要责任呢？这就需要辨析孔子本义是否如公羊家所论要贬卫献公弑君以归？如果《春秋》有贬卫献公弑君之义，则书“复归”将不仅是贬卫殇公不当立，其中涉及在君臣关系对立冲突、相互转换的特殊情况下，儒家如何对弑君一事的审判。

谖君以弑，一言卫献公复位乃是欺诈卫殇公而成的，二责卫侯衎以臣弑君。在公羊家看来，卫献公能从齐国回到卫国，又能够重新回到权力的制高点，并不是凭借自己的德行、实力，而是动之以机巧、屈身以欺诈的方法搅弄朝堂而成的。卫献公在晋、齐等国帮助下进入卫国陈仪，《春秋》书：“卫侯入于陈仪”，书“入”则是说入者出、入皆恶，卫献公出逃之时当贬，再次进入陈仪，也是不当的。陈仪者，乃卫国之城邑，卫侯进入自己国家，直书“卫”即可明其回到卫国，但专门指出进入的是卫国哪一座城邑，则为变辞，《疏》曰：“欲言是国，‘卫侯入于’；欲言其邑，不系于‘卫’。”[②] 据鲁哀公六年，《春秋》：“齐阳生入于齐”[③]，则言“入于齐”，今书卫侯入于陈仪，没有书“入于卫”，也没有书“卫城邑”以明陈仪所属之国。据徐彦

---

① 余治平：《“亲亲”而“分封”：“天下共主”之成败——公羊家政治哲学一个基本原则的使用与效果分析》，《中山大学学报》2021 年第 3 期，第 129 页。

② 何休注，陆德明、徐彦疏：《春秋公羊传注疏·襄公二十五年》，第 835 页。

③ 何休注，陆德明、徐彦疏：《春秋公羊传注疏·哀公六年》，第 1157 页。

《疏》，齐阳生实入陈乞家，陈乞之家，在国都之内，故言“入于齐”，陈仪非卫之国都，故不言入于卫而书“入于陈仪”。在卫国已经有新的国君时，旧君入国都则有为君之可能，未入国都者则可行害君之事，春秋以异辞既可明卫献公入陈仪乃有后祸。

《公羊传》曰：“曷为不言入于卫，谖君以弑。”“谖”，何休《解诂》曰：“谖，诈也”①，欺诈之意，而且卫献公欺诈的对象是“君”，即是卫殇公，但是在《公羊传》记载中，卫献公与卫殇公之间并没有正面交锋之事，反而是同卫国大夫甯喜相谋甚多。首先，甯喜受其父甯殖所托，主动向卫献公示好，欲以纳卫献公回归，以减其父逐君之罪②。甯喜的到来给卫献公带来了复位的希望，尽管是以为了完成父亲遗愿，将帮助卫献公重新掌权作为自己的政治筹码。卫献公自然非常乐意，表面上也是同意了甯喜的要求，这等于是告诉甯喜，一旦能帮助自己复位，那么逐君出奔的佞臣就只有孙氏，甯氏与此事毫无关系。

其次，卫献公欺诈的直接对象乃是甯喜。卫献公同甯喜将各自政治利益诉求交换了意见后，最大的问题是如何信任合作伙伴。卫献公期望通过和甯喜盟誓打消其顾虑，《解诂》：“盟者，欲坚固喜意。”（《春秋公羊传注疏·襄公二十五年》，第878页）卫献公虽然默许了甯氏的政治诉求，但不代表他对甯氏的信任，也是想通过盟誓来坚固二人的约定。但是卫献公为人暴虐、狡诈、轻信，自然很难作为政治上可靠的合作伙伴。甯喜对卫献公也不信任，《解诂》曰：“喜见献公

---

① 文公三年，《公羊传》：“公羊传：此伐楚也。其言救江何，为谖也。”参见何休注，陆德明、徐彦疏：《春秋公羊传注疏·文公三年》，2014年，第530页。

② 《左传》是以卫献公主动与甯喜联系。“卫献公自夷仪使与甯喜言，甯喜许之”，但是卫献公在甯喜主动示好之前贸然寻找一位卫国大夫，而且这个大夫的父亲乃同孙林父一起立卫殇公，则有悖常理。《公羊传》记载的是甯喜先遣使臣同卫献公沟通后，才与之共谋弑君之事。参见杜预注，孔颖达疏：《重刊宋本左传注疏附校勘记·襄公二十五年》，第625页上。《公羊传》言卫献公谖君以弑，其人多奸诈，像《左传》中如此沉不住气，则同人物形象大有出入，而且谁是主动方，则与弑君一事的关联甚大。

多诈，欲使公子鱄保之，故辞不肯盟，曰：‘臣纳君，义也。无用爲盟矣。’”（《春秋公羊传注疏·襄公二十五年》，第878页）甯喜知卫献公平素多诈少信，则想到与卫献公一起出奔又回到陈仪的公子鱄，甯喜以臣子帮君主重新复位，乃是臣子之义务，臣岂可与君盟的理由推辞，坚持同公子鱄盟誓。《解诂》曰：“喜素信鱄，以爲鱄能保献公。”（《春秋公羊传注疏·襄公二十五年》，第878页）相较于卫献公，甯喜更相信公子鱄的为人。公子鱄是同卫献公一同出奔，随行左右的母弟，本应以礼相待，但是在巨大的政治利益面前，卫献公迫使公子鱄与甯喜缔约，但是公子鱄跟随卫献公久矣，自然对卫献公品性非常了解，《解诂》曰：“鱄见献公多诈，不敢保。”（《春秋公羊传注疏·襄公二十七年》，第878页）卫献公心知公子鱄不愿意同甯喜缔约，但其复位为君的希望，岂能付之东流，因此不顾兄弟情分，君臣之义，怒斥公子鱄：“黜我者，非甯氏与孙氏，凡在尔！”（《春秋公羊传注疏·襄公二十七年》，第八七八页）欲把其出奔至因怪罪到公子鱄身上。卫献公之怒，可见其对于被逐出奔之事怀恨在心。在甯喜面前言把甯殖之罪推得一干二净，现在又把甯氏家族作为逐其出奔帮凶之事重提，心胸不可谓不狭隘、狡诈之极。对于同自己福祸与共的公子鱄，在面对唾手可得的权力，说要责怪就责怪，《论语·学而》：“巧言令色，鲜矣仁。”[①] 公子鱄虽然不情愿，但最终还是同意了同甯喜缔约。据《左传》，公子鱄同甯喜缔约的条件是“苟反，政由甯氏，祭则寡人”[②]，也就是卫献公只掌管基本的祭祀，国家事务性治理全交由甯氏来处理。在政由甯氏的巨大诱惑下，甯喜自然为了卫献公奋不顾身，四处联系臣下，等待着时机。就在“孙文子在戚，孙嘉聘于齐，孙襄居守”[③]，卫殇公势弱之时，甯喜组织了对孙氏的军事进攻，

① 钱穆：《论语新解》，九州出版社，2011年，第7页。

② 杜预注，孔颖达疏：《重刊宋本左传注疏附校勘记·襄公二十六年》，第630页上。

③ 杜预注，孔颖达疏：《重刊宋本左传注疏附校勘记·襄公二十六年》，第630页上。

在取得效果后甯喜将卫殇公弑杀。孙林父则携戚地叛卫逃到晋国。卫献公如愿以偿，重新执掌卫国。

《公羊传》为何认为卫献公欺骗的是卫殇公？在甯喜相信了卫献公的许诺时，就已经注定其悲剧性的收场。作为一个流亡在外多年的君主，回到故国，本有一席之地以安余生，但在权力欲望的面前，铤而走险，选择同大夫密谋弑杀现任的卫君，而且其选择的还是当初有驱逐自己之嫌的甯氏家族。但是在成功后第二年就默许与甯喜有过节的大夫诛杀了甯氏一族，转瞬之间，就把复归之前的盟约忘得一干二净，孔广森认为卫献公欺骗的是甯喜，而不是卫殇公，“若衎者，有国不能自保，去国不能自复，而谋为谖于逐我者之子。”① 这应是根据《左传》记载，以甯喜被杀之故。付隶朴认为：“《公羊》将明年三月卫甯喜弑剽文合为一个行为，遂有‘谖君以弑’之义”，则看到了当卫献公同甯喜合谋已定之时，甯喜的弑君就可视作二者共同的行为，甚至是卫献公的授意之下，由大夫执行的悖逆之事，但并未指出欺诈的对象是谁，甚至认为“衎始得入于夷仪，经文并无贬义”②，忽视了公羊家对《春秋》辞法规律的总结③。孔广森为了调和《公羊传》同《左传》之间不一，则认为：“甚足贱恶，故从出入有恶例，使与叛臣入邑者同问也。”④ 显然，对于复位以欺诈手段而成功的卫献公，从入陈仪之时即被定之为卫殇公之臣。卫献公虽为卫国旧主，但此时也已经成了卫殇公之臣。

当卫献公被判定为卫殇公的臣子时，其行为举止皆当以为臣之道约束之。《春秋繁露·离合根》曰：“为人臣者，比地贵信而悉见情于主。”在董仲舒构建的天道系统下的世界图景中始终将阴阳之道契合

① 孔广森：《春秋公羊经传通义》，陆建松、邹辉杰点校，上海古籍出版社，2014年，第612页。

② 孔广森：《春秋公羊经传通义》，第612页。

③ 付隶朴：《春秋三传比义》，台北：商务印书馆，1984年，第152页。夷仪，《左氏春秋》《穀梁春秋》皆作“夷仪”，为由《公羊春秋》书“陈仪”，乃是一个地方，当是流传中出现的分歧，本文以《公羊春秋》为准。

④ 孔广森：《春秋公羊经传通义》，第612页。

其中，并将天地万物与阴和阳向比附，所以产生诸如天为阳，地为阴；天为君，地为臣；君为阳，臣为阴的论断。阴阳相辅相成之势在君臣关系间并不是机械的对立、合作，而是互为阴阳，“人臣居阳而为阴，人君居阴而为阳。阴道尚形而露情，阳道无端而贵神”，君主虽然居阳位而统摄群臣，但是其一言一行皆处庙堂之上，并不为一国之民尽知，而群臣居阴为而代君主行教化之事，在民众看来反而处在阳处。所以一个君主的政令是否行之有效，可以上传下达，最重要的就要看群臣有没有和君主同心同德，竭情尽智，无所保留地反馈于君主。尽管这带有着理想的政治伦理在今天看来显得有些粗糙，但是反映了公羊家对于君臣相变间其仁义道德的评价标准是不同的。臣最基本的道德评价标准在董仲舒看来即是“信”，所以当卫献公作为卫殇公之臣的时候，其最应该做的不仅是行臣子之事，更重要的是对卫殇公要做到有信且可被信。这恰恰对于性格乖戾的卫献公毫无约束可言。所以“谖君以弑”最终并不是断言谁应当承担弑君的责任，而是在贬责一国臣子，这里则特指卫献公和甯喜一党，共同欺瞒君主，即便卫献公乃国之旧主。《春秋》将卫献公等同为卫国之臣以发“贵信”之旨。

四、无恶：守小信服从于大居正的需要

尽管《春秋》贵信，但是在尊君重礼的前提下依然有其限度，即便君主有恶，但如果他维护了周礼继承制度，应当善其所为，以确保国家权力继承的稳定性、合法性。《春秋》极为重视据守嫡子继位正统，这是维护王道正义的政治前提，在大居正这一基本原则之下，小信小义皆需服从。公子鱄因卫献公杀甯喜，怒其失信出奔之事，表面上看是赞扬以信为重，但与《春秋》善卫献公重新为卫君书“复归”，以常例书其葬，皆证明了轻小负失信信之罪而大居正。《穀梁传》所释或曲解了孔子之义，《穀梁传》认为“鱄之去，合乎《春秋》”，杨士勋引郑玄《注》曰：“春秋拨乱重盟约，今献公背之而杀忠于己者，是献公恶而难亲也。献公既恶而难亲，专又与喜为党，惧祸将及，君

子见几而作，不俟终日”[①]，将公子鱄出奔叙述成为避免卫献公迁怒于己，杀之而伤亲亲之情，未见公子鱄怒卫献公已深，何谈出奔而全君臣、兄弟之谊。孔广森不赞同穀梁家之义，认为：“鱄以君之小负自绝，非大义也，何以合乎《春秋》?”[②] 卫献公背约杀大夫，在公羊家看来只能算是小负。

《春秋》借事明义，尤其在孔子之所闻世，信在大夫之势愈演愈烈，记卫献公谖君以弑在彰显“信”重要性的同时，又明确了其伦理约束的是有限度的。面对卫献公的欺诈，甯喜、孙林父等人的乱政，皆聚焦于臣事君不以信为重，但重新审视这场错综复杂的卫国动乱过程中涉及的人物、事情，各有不同的角色转变。卫献公实质上是经历了由君至臣，又由臣至君的转变；卫殇公从大夫共立为君到为臣所弑被贬不当立；孙林父从逐君之恶臣到辅君之权臣，又在君死之时叛卫；甯喜则弑殇公而迎旧君，后又被卫国大夫所杀。这场腥风血雨皆是围绕着卫献公复归展开的，《春秋》对这些事实的记载，也唯有书“复归”而善卫献公重新为君，其他所记所书未见一善辞。从公羊家的角度来看，卫献公唯一可以称善的乃在于其复位符合周代嫡长子继承制，是以对于以欺诈手段弑君而获得君位，本应当被贬责，除了弑君之罪重《春秋》已多次贬斥，乃是小信之义皆次于居正之制。

在公羊家看来信分为小信和大信，大信之义则当服务于君臣大义、礼法制度。《论语·学而篇》曰：“信近于义，言可复也；恭近于礼，远耻辱也；因不失其亲，亦可宗也”[③]，相反如果言之为信不符

---

① 范宁注，杨士勋疏：《重刊宋本穀梁注疏附校勘记·襄公二十七年》，第160页下。

② 孔广森：《春秋公羊经传通义》，第612页。

③ 何晏注，邢昺疏：《重刊宋本论语注疏附校勘记·学而第一》，见嘉庆二十年江西南昌府学刻本影印，《十三经注疏》(8)，台北：艺文印书馆，2013年，第8页。何晏注曰：“复，犹覆也。义不必信，信非义也。以其言可反覆，故曰近义。”邢昺疏曰：“若为义事，不必守信，而信亦有非义者也。言虽非义，以其言可反复不欺，故曰近义。”儒家讨论了义与信之间的关系问题，言而有信固然可贵，但在道义面前，在维护周礼制度面前，在社稷安定等大是大非面前，守信不一定是值得推崇的最高道德准则。

合儒家之义则为小信。卫献公复归之后，背弃了与甯喜之间的盟约，将甯喜杀了，而公子鱄是代卫献公与甯喜盟约的人。公子鱄对卫献公失信有极大的不满，因此携妻儿出奔，并且发誓说："苟有履卫地食卫粟者，昧雉彼视。"《解诂》曰："昧，割也。时割雉以为盟，犹曰视彼割雉，负此盟，则入彼矣。"①《战国策·齐策》云："齐、卫先君刑马压羊，盟曰：'后世有相攻伐者，令其命如此。'"②《说苑·奉使篇》：齐、鲁之先君相与刳羊而约曰："后世子孙敢有相攻者，令其皋若此"③，皆与公孙鱄杀鸡立誓之礼类似，以活物死状为诅咒，以为约束，来证盟约、誓言皆可为信。

公子鱄以今后再也不踏入卫地，不吃卫国粮食公子立誓以表达对失信的不满，可见其对守信重约的道德追求，何休却认为书公子鱄出奔是贬他拘泥于小信而失大义。首先是否定了公子鱄是一个重约可信的贤大夫，《解诂》曰："《传》极道此者，见献公无信。刺鱄，兄为强臣所逐，既不能救，又移心事剽，背为奸约。"（《春秋公羊传注疏·襄公二十七年》，第 879 页）显然对于公孙鱄身份的界定依旧是对其褒贬评价的关键所在，到底公孙鱄是谁的臣子？其随卫献公出奔在外乃是义，是忠君之事，然而作为卫献公的大夫并不能为之筹划复位乃是其才能不足，事君不力之表现。到了随卫献公回到卫国陈仪，公孙鱄即便为卫献公之亲信，身份却应当被界定为卫殇公的大夫，所以他与甯喜之约定虽出自卫献公的授意，但其不忠的乃是卫殇公，是应当贬责的。那么所谓的约定则当视为一件违背忠君之事的小信。

其次，君主失信并非皆是大恶。《春秋》以书卫献公葬，再一次强调了卫献公纵容大夫杀甯喜之罪并不是大恶。鲁襄公二十九年，卫献公卒，《春秋》以常例书其葬。《解诂》曰："坐杀大夫，不得以正葬，正葬，明喜有罪。"（《春秋公羊传注疏·襄公二十七年》，第 883

① 何休注，陆德明、徐彦疏：《春秋公羊传注疏·襄公二十七年》，第 879 页。

② 刘向集录，范祥雍笺证：《战国策笺证·齐策三·孟尝君舍人》，上海古籍出版社，2006 年，第 600 页。

③ 刘向撰，向宗鲁校证，《说苑校证·奉使篇》，中华书局，1987 年，第 300 页。

页）若卫献公有专杀大夫之罪，以常例则不书其葬，正常书卫献公葬，则表明甯喜有罪的。《解诂》曰："献公虽复，因喜得反，诛之，小负未爲大恶，而深以自绝。"《疏》曰："正以甯氏杀逐两君，累世同恶，虽纳旧君，未足掩其前罪。今献公违约杀之，故谓之'小负'。"（《春秋公羊传注疏·襄公二十七年》，第883页）正是因为甯氏一族两次逐卫侯，且甯喜杀了卫殇公，臣弑君为大恶。甯氏累世同罪，虽然帮助卫献公重新为君，但这不足以掩盖其之前对君权的藐视、侵犯。然"小负未为大恶"，卫国杀甯喜，杀有罪之大夫，虽是卫献公失信，非大恶。

第三，臣子守信而叛君之罪特重。公子鱄在看到甯喜被杀之后，出奔至晋，乃是因小信失大义。《春秋》书公子鱄出奔，强调背君者，纵然有小信之德，亦当贬之。《解诂》："守小信而忘大义，拘小介而失大忠。"（《春秋公羊传注疏·襄公二十七年》，第879页）《春秋》将小信小节屈于君权之下，其大义是忠于自己的君主。那么为何公孙鱄背卫殇公谋弑君之事，《春秋》不贬其不忠不信而记载下来？归根结底忠于卫献公是忠于周礼而忠于卫殇公则有违周礼，公羊家所认为的礼就是嫡长子继承制度。《春秋》为了体现其以居正为重，在记孙林父之事也是经过深思熟虑的。其一，在孙林父驱逐卫献公出奔之时，《春秋》未书孙林父之罪，反而书卫献公出奔，是为君者出奔，祸特重，甚至重于臣下犯君之罪。其二，在甯喜弑卫殇公之后，孙林父再次出奔。尽管卫献公在卫国境内，但此时卫国实际上是处于无君的状态，所以臣下之罪则详录之，且孙林父叛国而奔晋，于卫国有大害，不书何以正君位。这样看来，书孙林父出奔更加凸显了卫献公复归的积极作用。

结　语

卫献公居位以正为其积累了丰富的政治资源。尼科洛·马基雅维里说："君主只要不触犯他的皇宗皇祖的制度，如遇有意外事件，则随机应变，这就足够了。因此，以为君主如果具有通常的能力，依此方法，总是能维持他的地位，除非遇到有某种异乎寻常的格外强大的力量，才可能被篡位。但是即使他被夺权，当篡夺权者一旦发生祸患的时候，他就能够光复旧物。”① 对于一个世袭罔替的君主，总能够享有比常人更多的政治资本，依靠父辈世代积累的人口、土地、军事等强大的力量，在规范的制度下统辖域内的臣民，并为臣民所认可，即便被篡位夺权，也可以获得更多的政治同情，为复位带来利好的政治因素。在古代不论是中国还是西方，君臣矛盾是一个始终绕脱不了的话题。强大的君主并非依靠这父辈的财富就可以获得永恒的权力，他们在其威严的背后，安抚着惊惧的内心，惧惕着事己如父、如友的臣子在某一刻将矛头对准自己。为保护自己权力不受侵犯，期待以某种约定俗成的制度来规约臣子，在中国周朝可以是礼，《春秋》大居正，以嫡为尊，以长为先，其核心乃是将血缘关系道德化、法度化、普遍化、王权化、政治化，而这对整个中国后世政治制度产生了深刻的影响。不同于西方将维护君主权力的手段作为某种政治之善②，将实现权力的保留与扩张作为政治目的，这种单向性、极端性的思维往往造成功利主义、阴谋论在政治哲学中大行其道。但在《春秋》之中，我们看到的是在一定时空限度中，将不同的政治行为，通过属辞比事，以其特有的微言大义将褒贬评判变得有可比性，即便大居正乃是对周礼中权力相续制度的推崇，而小信之义更具道德评价性。卫献公复归本身乃是恶中有善，但是《春秋》的目的并非是陈列出人类社会的种种恶行、种种善行，乃是在规范制度中引人思考何以为恶，何以为善？所以善非常善，恶非恒恶，纵使弑君、叛国、杀臣，在《春秋》不同事件中总会有不同程度的褒贬，但是最终目的并不是为了认识某种形而上的政治之善，反而是维护诸如居正制度、亲亲、尊尊原

① 尼科洛·马基雅维里著，潘汉典译：《世袭君主国》，见《君主论》，商务印书馆，2017 年，第 4 页。

② 亚里士多德："我们也看到，那些最受尊敬的能力，如战术、理财术和修辞术，都隶属于政治学"，"政治学实其他科学为自己服务"，"它的目的就包含着其他学科的目的。所以这种目的必定属于人的善。"参见亚里士多德著，廖申白译注：《最高善与政治》，见《尼各马可伦理学》，商务印书馆，2017 年，第 4 页。

则等政治风俗。虽弑君之罪特重，但不应忽视居正之义，而为此付出的道德损伤，在儒家基本原则中亦可以一定程度的忽视，而且只能是一定限度的忽视。所以小信之义未必重要居正之制，但是亦有可善之处，所以《公羊》之义在儒家内部也可以被讨论、质疑，这也是中国政治智慧的魅力所在。

本文为“2021 中国·衡水董仲舒与儒家思想国际研讨会暨中华孔子学会董仲舒研究委员会学术年会”提交的论文。

张凯（1992—），男，安徽合肥人，上海交通大学人文学院博士生。

《春秋》对“外灾异不书”常例的突破
——基于《公羊传注疏》文本的原因分析

周莲芝

孔子著《春秋》，灾异是其重要部分，《春秋公羊传》短短的一万八千字中，共录三十二种灾异类型，一百四十五条灾异，其中外灾异有十一条，刘逢禄的《公羊何氏释例》中曰：“外灾异八”[1]207，数量的统计上稍有偏差，本文从外灾异数为十一。孔子为何对灾异进行大书特书呢？在律法制度尚未健全的春秋时期，《春秋》的作用不言而喻。如果说，《周礼》被称为古代人的行为准则和纲领，那么《春秋》则通过描述血淋淋的事实来警醒当权者，记录活生生的例子告诫君主要谨言慎行。然而“灾异”一直以来都被后人所诟病。段熙仲《春秋公羊学讲疏》提道：“灾异之说，《公羊》家受人诟病之由也。虽然儒者以之戒人主修政事，亦神道社教之上达者耳。”[2]64 儒学家以“灾异”惩戒人、修政事。《讲疏》又曰：“此犹《中庸》之说：国家将兴，必有祯祥；将亡，必有妖孽。畏天之威，圣主贤君以之自儆，同于乐受忠臣之谏者也。”[2]744 国家将要中兴，必有吉祥之征兆；国家要灭亡，则会现妖孽。畏惧上天的威慑，英明圣贤的君主往往以“灾异”自查自纠，就好比得到忠臣良将的劝谏一样。在封建社会，君主具有极高的权威，引用一句民间的说法：君要臣死，臣不得不死。虽然这是后世对儒家所诠释的“君臣关系”不恰当的发挥，但也足以见得封建社会君主所拥有着至高无上的权威。所以只有给君主的头上罩一个

“天”的紧箍咒，才能约束其言行。余治平老师引用《春秋繁露·天地之行》所言：“是以天高其位而下其施，高其位，所以为尊也；下其施，所以为仁也。”[3]222并强调：因为天在位置上有凌驾于人间尘世之上的优越、高达及恢弘的性质，才使得我们对它产生其“尊”的敬畏心情[4]94，所以只有通过“天”来约束君主的行为，用“天”所显现出的“灾异”来警醒君主，才能让整个社会更加安定和谐，由此可见“灾异论”在当时具有重要的现实意义。

一、“灾”“异”之分

灾、异之别。灾，《说文解字·宀部》曰：天火曰灾，或从宀火，火起於下，焚其上也[5]484。由此可见，“灾”是自然之火，而不是人为的火灾。桓公十四年，秋八月，壬申，御廪灾。何休《解诂》曰：“火自出烧之曰‘灾’。”[6]184物体自燃而形成的火，称之为“灾”。襄公九年，春，宋火。鲁襄公九年春天，宋国发生了火灾。传曰：“大者曰‘灾’，小者曰‘火’。”何休《解诂》曰：“‘大’者，谓正寝、社稷、宗庙、朝廷也。下此则‘小’矣。”[6]813烧到大的、对国家来讲重要之物称为“灾”，比如天子诸侯的处理政务的场所、朝拜祭祀的地方、祭祀用品等。烧到小的、地位次之的称之为“火”。徐彦《疏》曰：“五行书云‘害物为灾，不害物为异’者，谓雪、霜、水、旱、蠽螽之属，非谓火害与否，与此非妨矣。”[6]813对万物造成伤害的为“灾”，没有伤害的为“异”，如下雪、结霜、发大水、蝗虫之类为异象，跟火灾并不相同。

异，《说文解字·廾部》曰：“举也，从廾，目。”[5]104“异”作奇异、奇特、怪异解。郑玄《驳五经异义》：“非常曰异，害物曰灾。”[7]592非同寻常的奇怪现象为“异”，对万物造成伤害的为“灾”。段熙仲在《春秋公羊学讲疏》中对“异”做了解释：“不时为异，非其地为异，太甚为异，不为害之灾亦以异书。”[2]232总之，不符合常例、不合时宜的皆为“异”。鲁昭公十八年宋、卫、陈、郑四国发生火灾。《传》云：何以书？记异也[6]977。孔子记录四国火灾是为了记异。孔广森《通义》曰：“宋火以灾书，此亦火也，曷为以异书?”[8]237鲁襄公九年宋国发生火灾，《传》文称之为“灾”，而鲁昭公十八年的四国灾则称为“异”，同样为火灾，为什么有的称“灾”，有的称“异”? 徐彦《疏》曰：“传云‘异’者，正以四国同日而俱灾。”[6]977一国灾为“灾”，而四国在同一天发生火灾，这样的景象难得一见，非同寻常，所以称之为“异”。

董仲舒对“灾”和“异”的区别与呈现方式进行阐释。《春秋繁露·二端》曰：“天地之物有不常之变者，谓之异，小者谓之灾。灾常先至而异乃随之。灾者，天之谴也；异者，天之威也。谴之而不知，乃畏之以威。”[9]345天地间万事万物出现的非同寻常的变化，称之为“异”（亦称作异象），比它稍轻微的现象称作“灾”。灾异出现的顺序为：“灾”先出现而“异”后出现，“灾”就是上天的谴责；“异”为上天的威慑和恐吓。上天在“降灾”谴责的时候，人若不知悔改，就会用“异”的威力来震慑从而让人畏惧。如果当“灾”出现时，人能及时止损，那么“异”就不会出现。何休曰：“异者非常可怪，先事而至者。”[2]233

《春秋公羊传》中记录了具体的灾和异，“灾”的种类有：旱灾（不雨、大旱、大雩）；地质灾害（地震、地陷、山崩、水涌）；虫灾（螟、螽、蝝）；饥荒灾（饥、无麦苗、大无麦禾）；火灾；疾疫等[10]287，这几种灾害，都具有一定的伤害性。“异”的种类有：天象（日食、晦、星变）；气象（雨雪、雨雹、霜、大冰、无冰）；牛祸；虫禽兽[10]287。虽然对其进行分类整理，但判断其到底的是灾还是异，需要根据当时的情形来看，而不能用一句话来概括。董仲舒《春秋繁露·竹林》曰：“《春秋》无通辞，从变而移。”[9]76《春秋》没有固定的、一层不变的书法，用词造句都是根据实际情况的变化而改变的。所以，同样的事有时候看作是“灾”，有时则看作是“异”。

同为火灾，一个国家发生火灾称之为“灾”，四个国家一同发生火灾则称之为“异”。襄公九年，“春，宋火”[6]813。鲁襄公九年春天，宋国发生了火灾，此处的火灾在经文中称为“火”。鲁襄公三十年，“五月，甲午，宋灾，伯姬卒”[6]896。鲁襄公三十年宋国发生的火灾，经文曰“灾”。鲁昭公十八年，“五月，壬午，宋、卫、陈、郑灾。何以灾，记异也”[6]977。鲁昭公十八年，宋、卫、陈、郑四国同日发生火灾，传文曰“异”。对于火灾，不同的情况有不同的书法，有时曰“火”，有时曰“灾”，有时又曰“异”，书法不同，其意义也截然不同。董仲舒《春秋繁露·精华篇》曰：“《诗》无达诂，《易》无达占，《春秋》无达辞。从变从义而一以奉人。”[9]181《春秋》中没有通用的辞法，随着不同情况的变化和不同的义理来因人而异，没有标准的“害”和“无害”，所以也没有一成不变的“灾”和“异”。

二、“内”“外”之别

孔子著《春秋》以鲁为内，列国为外。所以《春秋》亦作鲁国史，较详细记录鲁国的事件。董仲舒《春秋繁露·精华》曰：“《春秋》固有常义，又有应变。”[9]167《春秋》中既包含了一般常理，又有随机应变的方针。于诸夏中国而言，鲁国为内，其他国家为外；于春秋时期大的社会背景而言，则以诸夏中国为内，夷狄之国为外。此为“内其国而外诸夏，内诸夏而外夷狄”[6]38的具体体现。

鲁隐公十年，《传》曰：“《春秋》录内而略外，于外大恶书，小恶不书；于内大恶讳，小恶书。”[6]108《春秋》中一般书法都是详录鲁国的内部之事而忽略他国之事。对于别的国家的事情，记录情形恶劣的而忽略微小的事件。鲁国内部的情形严重的事情避而不谈，只记录一些零碎小事。孔子记录灾异的手法上符合中国从古至今的政治哲学，所谓“家丑不可外扬”，对于鲁国内部的大事避而不谈，只记录无关痛痒的小事。《春秋公羊夷夏论》中，余治平师提道：“别内外的灵活运用，能够把鲁国、诸夏的大事化小，而把夷狄的小事放大。”[11]66按照此逻辑来看，孔子在“灾异”的论述上，把鲁国的大事化小，而把诸夏的小事放大。孔子对诸夏的“灾异”都痛录之，对鲁国的灾难则更是痛心疾首，但是却“大恶讳，小恶书”，书“小恶”足以说明孔子对鲁国小事情都哀痛，大恶则更甚。不书“大恶”是尊鲁、王鲁的一种情怀，亦是对自身的一种保护。《论语·宪问》：“子曰：‘邦有道，危言危行；邦无道，危行言孙。’”[12]140 正如孔子所言，当人所处乱世，国家无道时，行为要正直，做好自己，但是语言一定要谨慎、谦逊。尹氏曰：“君子之持身不可变也，至于言则有时而不敢尽，以避祸也。然则为国者使士言孙，岂不殆哉？”[12]140 君子明哲保身的办法就是不能说的话就不说，以此来避免灾祸。所以一直延续至今的一个词叫“祸从口出”，适时的缄默不语就是对自己最好的保护。

而对于孔子编撰《春秋》的原则是：外灾不书，外异不书。胡安国《传》曰：“凡外灾，告则书。”[13]403 言外之意为不告则不书。为何告则书，不告则不书？如果别的诸侯国发生灾难，告之于鲁，是王鲁和尊鲁的表现，体现出鲁国在当时诸侯国当中有一定的威望。所以孔子书所告外灾，也是王鲁的一种表现。

三、孔子忧国忧民的情怀

孔子作为一代醇儒，其行为是春秋时期的道德典范。不仅因为他严格按照礼来执行，是礼的践行者，更重要的是孔子透过“礼”的外在去寻求内“德”的本质，并化为自己待人接物的行动上。《论语·乡党篇》大量描述了孔子在不同场合践行礼的一举一动。其中，两节看似与礼节并无关联，其中“朋友死，无所归，曰：‘于我殡。’”[12]116 如果说，朋友之间尚有情谊，为朋友料理丧事是情分使然。那么《论语·乡党篇》记录孔子的马棚着火，“厩焚。子退朝，曰：‘伤人乎？’不问马”[12]115。“马”作为春秋时期重要的交通工具，更是权利和地位的象征，但是孔子却第一时间关心有没有人受伤。足以见得，孔子的人道主义精神和重民爱民的思想。

（一）“以鲁为内”忧其国

“及我也”是孔子书“外灾异”的原因之一。记他国的灾难是因为殃及鲁国，为了说明鲁国也有同样的灾难。孔子著《春秋》一个重要的原则就是“于外大恶书，小恶不书；于内大恶讳，小恶书”[6]108。记录他国的大灾难，一来可以凸显其恶，二来也可以避讳鲁国的大恶，于鲁国虽避而不谈，亦可知其有难。《春秋》有两次因为“及我”

来书他国灾。

宋国，国名，公爵，子姓，殷商之后，微子启为首封君。庄公十一年，秋，宋大水[6]267。这是孔子第一次为宋国记录灾难，作“灾”来记，书时，作：某年、某时。《传》曰：“外灾不书，此何以书？及我也。”[6]267外灾本不记录，记录这次灾难的原因是殃及鲁国。徐彦《疏》曰：“水者流通之道，可以及两国，故得书外以见内。”[6]267河水流经两国，记录了宋国的灾难就可以知道鲁国也发生了水灾。当时鲁国也有水灾，若只记录鲁国的水灾的话，宋国的水灾则没法体现出来；但如果鲁宋两国都记录的话，行文又太过烦琐，故只记录了宋国水灾，就可知鲁国亦有水灾。何休《解诂》曰：“先是二国比兴兵相败，百姓同怨而俱灾，故明天人相与报应之际，甚可畏之。”[6]267在庄公十年春，二月，鲁国对宋国发动一起战争。夏，六月，齐国、宋国的军队驻扎在“郎”地，鲁国军队战胜了宋国。庄公十一年夏，五月，鲁国军队在“鄑”地战胜宋国。宋、鲁连年征战，劳民伤财，两国百姓怨声载道。按董仲舒阴阳五行说为“百姓愁怨，阴气盛，故二国俱水”[14]1219。因为两国百姓对战争的愁苦和怨恨，而致使天地间阴气过盛，所以两国都发生水灾。《汉书·五行志》曰：“宋闵公骄慢，睹灾不改，明年与其臣宋万博戏，妇人在侧，矜而骂万，万杀公之应。”[14]1219刘向则认为宋闵公骄慢无礼，看到发生灾难，仍未警醒，下年与南宫万搏斗嬉戏而被杀，言行没有君臣之分，臣下犯上的一种预言。董仲舒继承并发扬孔子的思想，用“先事后异”的“灾异论”来解读“天下事”，跟孔子的天下思想不谋而合，用另一个角度说明了君主只有实施仁政、重民爱民，才能得到人民的拥护和爱戴，才会天降吉祥，因为人民就是君王之“天”。

《春秋》为齐国记录了一次灾异。庄公二十年“夏，齐大灾”[6]294。庄公十二年夏天，齐国发生了大疾疫。孔子著《春秋》书外灾异的常例是“外灾例时”[6]896。故此处书“时”为正例。书外灾的原因为“及我”，殃及到鲁国。陈立《义疏》云：“疫气自齐渐染及鲁，道灾所由生，故不举我为重。齐灾恒不书，今独见书，则及我之意自见。”[15]839疾疫的传播不分国界，且齐国、鲁两国毗邻，齐国出现瘟疫逐渐传染给鲁国，齐国灾异本不书，唯独此次书之，书齐国灾主要原因在于突出鲁国的灾疫，且为被齐国传染的。何休《解诂》曰："痢者，邪乱之气所生。是时鲁任郑瞻，夫人入莒淫泆，齐侯亦淫诸姑姊妹，不嫁者七人。"[6]295 因为齐侯淫乱鲁国夫人文姜，上年秋入莒约会，该年二月，又应邀入莒。两国上梁不正，淫乱之风不断，邪气重生，所以致使齐、鲁两国发生疾疫。《汉书·五行志》曰："刘向以为齐桓好色，听女口，以妾为妻，嫡庶数更，故致大灾。"[14]1201 齐桓公好女色，听信妇人之言，宠妾灭妻，嫡庶不分，长幼无序，故天降灾以谴之。

（二）"以民为重"痛其祸

襄公三十年"（夏），五月，甲午，宋灾。伯姬卒"[6]896。襄公三十年五月初五，宋国发生了火灾，伯姬去世了。此次为宋国"记灾"是因为"录伯姬"，记录伯姬卒。"书日"是为记录伯姬的卒日，鲁女卒，本当书日。此处作"外灾"来书。此次记录灾的目的在于说清宋伯姬卒的原因，死于火灾之中。后又为伯姬书葬，按理外夫人不书葬，为伯姬书葬是为了树立妇女道德模范的典型，故大书特书。伯姬作为春秋时期妇女道德模范的典型人物，孔子采用了大量的笔墨对其进行大书特书。何休《解诂》曰："外灾例时，此日者，为'伯姬卒'日。"[6]896 外灾本当只记录到"时"，这里记录到"日"，原因是为了记录伯姬的卒日，由此亦可知此次记录火灾的目的，记灾是其次，主要是为了记录宋伯姬的死因。《汉书·五行志上》："伯姬如宋五年，宋共公卒，伯姬幽居守节三十余年，又忧伤国家之患祸，积阴生阳，故火生灾也。"[14]1205 董仲舒认为伯姬多年守寡，又忧愁国家之祸患，忧思过度，积阴升阳，所以起火灾。刘向则认为是宋公听信谗言杀太子痤，所以出火来谴责之。孔子怀着悲悯的心情来记录此事，为伯姬葬身火海被活活烧死而痛心，为知礼守礼的鲁女而感动。

除此之外，还有一个特例：为"存陈"，昭公九年"夏，四月，陈火"[6]937。鲁昭公九年四月，陈国发生了火灾，此处作"外灾"来书，记录外灾本当"例时"，此处例月，是为凸显楚国人的种种恶行。昭公八年，陈国已被楚国灭国，但孔子多次提到陈国，书"陈火"就是采用复见的笔法，而更主要的原因是“存陈”，死灰复燃之象。楚国虽灭陈，但天不灭陈，预示陈国还会复国，故书之。《左传》中详细记录了郑国裨灶跟子产讨论陈火之事的始终。裨灶曰：“五年陈将复封，封五十二年而遂亡。”子产问其原因，对曰“陈，水属也，火，水妃（配）也。今火出而火陈，逐楚而建陈也。妃以五成，故曰一年。岁五及鹑火，而后陈卒亡，楚克有之，天之道也，故曰五十二年。”[16]裨灶由陈火推断陈将复国，并预言其复国兴亡之年。《汉书·五行志》记载：“陈夏征舒杀君，楚灵王托欲为陈讨贼，陈国辟门而待之，至因灭陈。陈臣子尤毒恨甚，极阴生阳，故致火灾。”[14]1205董仲舒认为是臣下弑君，夷狄之楚灭国，极阴而生阳，所以起火灾。在昭公八年冬，楚师灭陈，执其公子，杀其大夫、葬其国君。孔子作为一代“素王”，虽不能以军事行动讨伐其罪行，但在《春秋》中笔墨伐之，让其永世不得翻身，被后人诟病和唾骂，体现了孔子对“夷狄灭诸夏”之痛心，战争带来的物力财力的耗费和人员伤亡，以及让百姓流离失所。无一不让孔子痛心疾首。

“重民爱民”就是让百姓衣食无忧，不受战乱的侵扰，其乐融融。《论语·颜渊》中，子贡问政。子曰：“足食，足兵，民信之矣。”[12]127孔子深刻阐述了为人君治理政事要解决的三件事：让人民吃饱穿暖，物质生活丰盈为其一。有足够的兵力来保护人民，让其不受到战乱的侵扰和迫害为其二。让人民有信仰，充分信任为政者为其三，这也是孔子认为的最重要的一项，在子贡与孔子的问答中，子贡对孔子提到：如果逼不得已去掉其中两项的话，去哪两项？孔子首先“去兵”，其次“去食”，只留了“民信”这一项。在孔子看来，“民无信不立”，只有人民有信仰，对为政者充分信任，那么国家才有立足之本。党的十九大指出：“人民有信仰，国家有力量，民族有希望。”这也正是对孔子的“为政”理念的继承和发扬。中国数代仁人志士舍生取义、视死如归之情怀和品德，就是因为对政党的信仰。只有为政者重民爱民，体察民情，才能让人民对其政党的信任。

四、孔子的“尊君”理念

孔子怀有深刻的“尊君”理念并为之践行，所以为“王者之后”记灾异，“尊君”具体表现为上下有序、尊卑有别。《论语·颜渊》中第十一章提道：齐景公问政于孔子，孔子对曰：“君君、臣臣、父父、子子。”[12]129孔子在论述君臣关系时，把“君”提到了首位，体现了孔子的尊君尊王的理念。《礼记·缁衣》：子曰：“民以君为心，君以民为体。心庄则体舒，心肃则容敬，心好之，身必安之。君好之，民必欲之。心以体全，亦以体伤。君以民存，亦以民亡。”[17]1329把君主比作心脏，人民比作身体；心好身必好，君好民亦好；身好心就好，身伤心亦伤，深刻阐明了君民一体，一荣俱荣，一损俱损的观念。君主依赖于人民而生存，也因人民而灭亡，体现了“君以民为天”的理念。董仲舒《春秋繁露·玉杯》曰：“《春秋》之法：以人随君，以君随天”以及“屈民而伸君，屈君而伸天”的春秋大义[3]26，都是董仲舒的“天人感应”和“大一统”思想集中表达，也论述了关于“君”和“民”的关系，即：人民要服从君主，君主要服从于上天，只有“天”才是最高的权威。从而形成“民尊君、君尊天、民为天”的君民关系的循环体系，充分体现了孔子的“以民为重”的理念和“重民爱民”的思想。

《春秋》为周天子记录了一次灾，鲁宣公十六年，夏，成周宣谢灾[6]685。周宣王庙的木榭着火了。此处作“灾”解，外灾书时，正例也。周宣王在世时为周王室的中兴立下了汗马功劳，所以周宣王之庙历经两百多年的风雨，仍然耸立不坏。这是《春秋》中唯一一次为周天子记录灾异。按常理来讲，鲁国是周天子的分封之地，应该为周天子的土地，鲁国的百姓亦为周天子的子民。但是孔子著《春秋》以鲁国为内，所以“成周”之灾亦为“外灾”。《汉书·五行志上》曰：“董仲舒、刘向以为十五年王札子杀召伯、毛伯，天子不能诛。天戒若曰，不能行政令，何以礼乐为而臧之?”[14]1202上一年即宣公十五年，周定王的庶兄杀了召伯、毛伯，君无君样，臣无臣样。天子放任不管，任由兄弟杀大夫，王札子杀大夫则更是专权独断，不成体统；大夫有失大夫之职，连自身都保护不好，导致被杀。可见天下王道渐微，礼乐不兴，所以藏乐器之所发生火灾。大夫是为国效力的中坚力量，天子作为人君，理应保护好自己的臣民，让其更好为国效力。“杀大夫”这样血腥的事件，不仅仅体现了天子失职，也是不爱民的重要表现。位高权重的大夫都能被杀，一介草民之百姓岂不是命如草芥吗？如此不爱民、不惜民命之天子，何以体现其“天子之德”？故孔子记灾来警醒之。

宋国为二王之后，《春秋》六次为宋国记录灾异，其中有三次《传》文中明确写“为王者之后记灾或异”。僖公十六年“春，王正月，戊申，朔，陨石于宋五。是月，六鹢退飞过宋都”[6]434。正月初一，五块陨石从天而降，掉在宋国，月底，六只飞鸟倒退飞过宋国国都。这次当作“异”来记录，而且详细记录了某年、某时、某月、某天，记录此事的原因在于为王者之后记异。何休《解诂》曰：“石者，阴德之专者也，鹢者，鸟中之耿介者，皆有似宋襄公之行。襄欲行霸事，不纳公子目夷之谋，事事耿介自用，卒以五年见执，六年终败，如五石六鹢之数。天之与人，昭昭著明，甚可畏也。于晦朔者，示其立功善，甫始而败，将不克终，故详录天意也。”[6]437宋襄公刚愎自用一意孤行，种种行为犹如陨石之阴，又如鹢鸟之耿介，最终导致其五年被楚人所执，六年即僖公二十二年泓之战失败，正如五石六鹢之数。异象再次印证了人事，宋襄公的结局并非偶然，而是未尽好一国之君之责的必然结果。所以，只有做好国君的角色，为百姓谋幸福，而非一心只想南征北战，称霸天下，最后流落至此。文公三年“秋，雨螽于宋”[6]529，蝗虫尸体像下雨一样坠落到宋国。这里当作“异”来记录，按常理“书时”，其目的仍然是“为王者之后记异”。《汉书·五行志中之下》曰：“宋三世内取，大夫专恣，杀生不中，故螽先死而至。”[14]1294三世内娶，大夫专权，杀伐不断，所以反映到异象上就是螽先死而后坠落下来。何休《解诂》以为：“螽，犹众也。众死而坠者，群臣将争疆相残贼之象，是后大臣比争斗相杀，司城惊逃，子哀奔亡，国家廓然无人，朝廷久虚，盖由三世内娶，贵近妃族，祸自上下，故异之云尔。”[6]529 杀大夫，鲁文公七年夏和八年冬宋国连续杀大夫，后又司城、子哀出奔，朝廷空虚，三世无大夫，三世内娶，所以出此异象来警醒之。襄公九年“春，宋火”[6]813。鲁襄公九年春天，宋国发生了火灾。宋国为二王之后，故为宋国录灾异是为了“存二王之后”。此处作“灾”，按常例“书时”。董仲舒《春秋繁露·王道篇》曰：“《春秋》异之，以此见悖乱之征。”[9]207 用非正常的自然异象来映射宋国的政事。何休《解诂》曰：“王者之后有王徵，非亲王安存之象，故重录，为戒，记灾异也。”[6]437 种种迹象都表明了宋国衰败的象征，宋襄公应该引以为戒。《汉书·五行志上》曰：“宋公听谗，逐其大夫华弱，出奔鲁。”[14]1203 宋公听信谗言，大夫华弱出奔到鲁国。徐彦《疏》曰：“宣公十六年时，周乐已毁，而宋是王者之后，先圣法度所存，今复灾之，是法度侵疏远不用之应也。”[6]815 宣公十六年，成周宣谢灾，宣王中兴所作乐器尽毁，以示礼乐不存，周不复兴，宋国为王者之后，现今又发生火灾，表示礼法全无。

孔子以灾异明人事，记录灾异的目的并不在于灾异本身，而是透过灾异来反映当时的人事。宋国三世内娶而使君臣无序，亲情与政治勾连，上下一片乱象，大夫出奔等等事件。作为“二王之后”的宋国尚且如此，其他国家又能好到哪里呢？通过书宋国灾，来凸显春秋时期的政事和人事。“君以民为本”，人民才是国家的根本，只有“君爱民”，“民”才会“拥君”，百姓是否爱戴君王、拥护其政权取决于君王对民是否怀有仁爱之心，君王是否采取仁政。《论语·为政》开篇就提道：子曰：“为政以德，譬如北辰居其所而众星共之。”[12]55 以德治政，那么百姓就会像众星环绕北极星一样拥护当政者。孔子认为当政者的德行和对百姓的态度，决定了“民”对当政者的态度。只有真正实施仁政，做到爱民重民，心系百姓，关怀人民，才会得到百姓的热爱和拥护。

五、孔子“忧天下”的大局观

在春秋时期礼坏乐崩的大背景下，不仅仅鲁国礼乐不兴、政道衰败，其他列国亦是如此，故孔子晚年周游列国，试图推行自己的仁政思想。所以孔子的仁爱之心不仅仅表现在对鲁国的担忧，一个心怀天下的仁者，忧天下也是其仁爱思想不可或缺的一部分。

《春秋》中书“外灾异”还有一个重要原因是“为天下记异”。僖公十四年，秋，八月，辛卯，沙鹿崩。《传》云：何以书？记异也。外异不书，此何以书？为天下记异也。[6]428 黄河岸边的沙鹿塌陷，被孔子当作“异”记录下来。《春秋经》未明确“沙鹿”隶属哪国，据查证应在晋国境内。《解诂》曰：“不系国者，起天下异。”[6]429 按“书外灾异”之常例，应言明哪国，如：文公三年，雨螽于宋，襄公九年，宋火；庄公二十年，齐大灾；昭公十八年，宋、卫、陈、郑灾，都具体写明了哪个国家发生的灾异。《礼记·王制篇》：“名山、大泽不以封，名山、大泽不以肦。”[17]315 山川、河流，不进行分封，不进行颁赐，为周天子所有。所以，《春秋公羊传》中不书“沙鹿”是哪个国家，原因有二：其一，沙鹿不属于哪个国家，而是属于周天子所有；其二，孔子书此异象是“为天下记异”。刘向以为“臣下背叛，散落不事上之象也”[14]1219。先前由齐桓公行伯道，会诸侯、事天子。管仲既死，桓公德行日渐衰微，伯道将废，诸侯散落，天下如同一盘散沙。以此异象来象征人事。何休《解诂》曰：“土地者，民之主，霸者之象也。河者，阴之精。为天下所袭者，此象天下异，齐桓将卒，霸道毁，夷狄动，宋襄承其业，为楚所败之应。”[15]1189 土地象征着伯主之位，黄河是阴气的结晶，土地和河流是天下人共同承袭的，象征着天下将变，齐桓公的霸业不在，夷狄之楚的蛮横行事，宋襄公欲继承霸业，却有心无力，最终却被楚击败。异象印证了天下的人事，预示了天下的政治局面的转变。

成公五年，夏，梁山崩。《传》云：何以书？记异也。外异不书，此何以书？为天下记异也[6]721。晋国境内的梁山崩塌了，亦被孔子当作“外异”来书之。“梁山”都在晋国境内，但孔子不书“晋梁山崩”。《礼记·王制篇》曰：“天子祭天下名山大川，五岳视三公，四渎视诸侯。”[17] 由此可知，祭祀名山、大川是天子的专有的祭祀权，故不能作为诸侯国的私有土地来分封，而视“梁山”为周天子所有。

《解诂》曰："记山崩壅河者，此象诸侯失势，王道绝，大夫擅恣，为海内害。自是之后，六十年之中，弑君十四，亡国三十二，故溴梁之盟，偏刺天下之大夫。"[6]721 梁山崩塌导致黄河断流，河水堵塞成为一片沼泽。这些都预示着诸侯失势，王道不兴，大夫专权。自此以后六十年中，十四位君王被杀，三十二个国家灭亡。后面一连串的人事，都是"梁山崩"的印证。《汉书·五行志下之上》："山阳，君也；水阴，民也。天戒若曰，君道崩坏，下乱，百姓将失其所矣。哭然后流，丧亡之象也。梁山在晋地，自晋始而及天下也。后晋暴杀三卿，厉公以弑。溴梁之会，天下大夫皆执国政，其后孙、甯出卫献，三家逐鲁昭，单、尹乱王室。"[14]1313 据《穀梁》所载，梁山崩后，晋国国君率领群臣哭乃流，丧亡的征兆[18]。梁山在晋国境内，先从晋国开始，然后再及天下。刘向之言跟何休、董仲舒略同，都认为山崩河断是衰败和灭亡的象征。应该在梁山崩后，上至天子下至诸侯国，都应该警醒，但事实上并没有改变的迹象，反而愈演愈烈，弑君，杀大夫，亡国，大夫专政，礼崩乐坏。

昭公十八年"夏，五月，壬午，宋、卫、陈、郑灾"[6]977。昭公十八年五月十三日，宋国、卫国、陈国、郑国四个国家于同一天发生火灾。此处详细记录了具体的日期，"书日"，当作"外异"来记录的。《注》云："正以四国得为四方之国，故得谓天下之象。"[6]977 四国作四方之国解，故四国即为天下之意。孔广森《通义》曰："三国为众，况至于四，天下同乱，远近若一之象。"[8]238《公羊》认为此次四国同灾为"异"，书异之因在于为天下记异。《汉书·五行志上》："宋、卫、陈、郑之君皆荒淫于乐，不恤国政，与周室同行。阳失节则火灾出，是以同日灾也。刘向以为宋、陈，王者之后，卫、郑，周同姓也。"[14]1207 四国国君不勤于政，荒淫无道，阳盛阴衰，所以天降灾祸来谴告四国当权者，用灾异来谴告人事。付隶朴《三传比义》认为该经文与昭公十七年冬，有星孛于大辰相应[19]。古人常以天象论人事，彗星出现预示着宋、卫、陈、郑四国灾。先是彗星出现，天有异象，后有四国火灾。董仲舒《春秋繁露·二端》曰："凡灾异之本，尽生于国家之失。国家之失乃始萌芽，而天出灾害以谴告之，谴告之而不知变，乃见怪异以惊骇之，惊骇之尚不知畏恐，其殃咎乃至。以此见天意之仁而不欲陷人也。”[9]346 灾异出现的本意，是由于国家的过失，国家过失开始萌芽的时候，上天就会出现灾害来谴责和告诫，如果仍不知悔改，就用怪异现象来吓唬他们，如果仍然不害怕，上天就不会手下留情了，国家就会遭殃了。足以见得上天是很仁慈的，不想陷害人的。宋、卫、陈、郑四国灾符合董仲舒的“灾异论”，国家过失萌芽，有四国国君不勤于政，荒淫无道，导致上天出“灾”来谴告之，此前宋、陈皆有火灾，各国并未引以为戒，一改从前作风，所以上天便出现“异”来惊醒他们，而有昭公十七年冬天出现的“星孛”之异象，仍不畏惧、不恐慌，则出现昭公十八年的四国火灾来惩罚四国。《胡氏传》曰：“吉凶祸福固有可移之理，古人所以必先人事而后言命也。”[13]424 古人必先尽人事而后听天命，如若想要吉祥和幸福就要行好事，做好人；如果行好事，做好人，天就会降临“吉”和“福”；相反，如果作恶多端，那么“凶”和“祸”就会随之而来。这也更好体现了人的主观能动性，凡事要主动向好，不能等待天降吉祥。

《春秋》中的外灾异以“昭公十八年，宋、卫、陈、郑灾”而告终，内涵深刻，意义深远。揭开“灾异”的神秘色彩，从地理位置来看，宋、卫、陈、郑四国接壤，春秋时期一个国家的国土面积并不大，孔子周游列国十四年十个国家，也不过是从现今的山东走到了河南。再根据《左传》记载，火灾之前狂风大作，可以推断，因一个地方着火又有大风的助推，从而使火势蔓延，殃及四国。这也体现了天下一体，一个国家有灾，其他国家也会引火上身，在这样一个大环境中，一个国家无法独善其身。“庄公二十年，齐大灾，及我。”[6]294 齐国发生了大疾疫，同时殃及鲁国。若一个国家有难，其他诸侯国和天子坐视不理，袖手旁观，那么这样的灾祸可能会在自己身上重演，殃及自身；若一国作乱，没有及时制止，其他人便纷纷效仿。因此而导致天下大乱，没有人能逃过其咎，人人有责。只有同心勠力，上下一体，才能抗拒天灾，避免人祸。

结 语

清代学者刘逢禄曰："灾异者，圣人所以畏天命，重民命也。圣人之教民，先之以教，而后诛随之。天之告人主，先之以灾异，而后乱亡从之。"[1]207一语道出了圣人记录灾异之目的：重民爱民的思想。"重民"不仅体现在对鲁国为内的百姓的爱戴，亦体现在对天下所有民众的关怀之中，所以，孔子不仅为鲁国记灾异，亦为"天子"、"二王之后"记灾异，还为"天下记灾异"。在礼崩乐坏、礼法荡然无存的春秋时期，"无法无天"是其重要的表现之一，天子之"天"已然崩塌，所谓"礼法"形同虚设。那么就只有用理想的"天"来撑起人们的敬畏之心，这也是中国从古至今的信仰所在。虚无的"天"如何让人敬畏，如何能成为人的信仰？"灾"和"异"就是其具体的表现形式，"灾异"就是"天"的代言人，表现好了会出现"祥瑞"来奖赏你，表现不好就出现"灾异"谴责或警醒你。《春秋公羊经何氏释例》书："夫圣主尚乐求忠臣之谏，而况天谴乎？"[1]208英明的君主对忠臣贤良的谏言都乐意听取呢，更何况是天的谴告呢？正是作为天之谴告的"灾异"受到圣人和君王的重视，"灾异"才有存在的现实意义。孔子作为儒学的创始人，他的"天命说"就是"天道"哲学的雏形。《论语·季氏篇》："孔子曰：'君子有三畏：畏天命，畏大人，畏圣人之言。'"[7]161"敬畏天命"是生而为人首先要有的信念，所以孔子在《春秋》中大写特写"灾异"，就是试图通过对"灾"和"异"的描述来表达"上天"神圣而不容侵犯和至高无上的权威。孔子怀着悲悯之心记录了鲁国和列国灾异。希望无论鲁国，还是诸夏中国，再或是夷狄之国，都能平安无灾，但是"灾异"并非孔子一己之力所能左右，只有天下一体、家国同心才能减少人祸、躲避天灾。

参考文献：

[1] 刘逢禄. 春秋公羊经何氏释例 [M]. 北京：北京大学出版社，2012.

[2] 段熙仲. 春秋公羊学讲疏 [M]. 南京：南京师范大学出版社，2002.

[3] 董天工. 春秋繁露笺注 [M]. 上海：华东师范大学出版社，2017.

[4] 余治平. 唯天为大：建基于信念本体的董仲舒哲学研究 [M]. 北京：商务印书馆，2003.

[5] 许慎著. 段玉裁撰. 说文解字注 [M]. 上海：上海古籍出版社，1981.

[6] 张岂之主编. 十三经注疏. 何休、徐彦. 春秋公羊传注疏（上）[M]. 上海：上海古籍出版社，2014.

[7] 陈寿祺著. 皮锡瑞疏. 驳五经异义疏证 [M]. 北京：中华书局，2014.

[8] 孔广森. 春秋公羊经传通义 [M]. 北京：北京大学出版社，2012.

[9] 钟肇鹏主编. 春秋繁露校释 [M]. 石家庄：河北人民出版社，2005.

[10] 刘逢禄. 春秋公羊经何氏释例 春秋公羊释例后录 [M]. 上海：上海古籍出版社，2013.

[11] 余治平. 春秋公羊夷夏论：儒家以文明教化为一体的一种天下秩序设计 [M]. 上海：上海书店出版社，第 66 页.

[12] 朱熹撰. 四书章句集注 [M]. 北京：中华书局，2011.

[13] 胡安国. 春秋胡氏传 [M]. 杭州：浙江古籍出版社，2010.

[14] 班固撰、颜师古注. 汉书 [M]. 北京：中华书局，2012.

[15] 陈立. 公羊义疏. 北京：中华书局，2017.

[16] 左丘明传、杜预注、孔颖达. 春秋左传正义 [M]. 北京：北京大学出版社，2000：1463.

[17] 孙希旦. 礼记集解 [M]. 北京：中华书局，1989：1329.

[18] 范甯. 春秋穀梁传注疏 [M]. 北京：北京大学出版社，2000：251.

[19] 付隶朴. 春秋三传比义 [M]. 北京：中国友谊出版公司，1984：327.

本文为“2021 中国·衡水董仲舒与儒家思想国际研讨会暨中华孔子学会董仲舒研究委员会学术年会”提交的论文。

周莲芝（1988—），女，衡水学院讲师，泰国格乐大学在读博士研究生。

董仲舒经学的发生、解释及其思想史意义

姜海军

董仲舒（前179—前104），河北广川人（今属河北），精研《春秋》学，并广涉群经，在景帝时被立为博士。董仲舒的著述，主要是《汉书》收录的《贤良对策》三篇。《春秋繁露》一书，是否为董仲舒所撰，历代存有争议。四库馆臣称此书“发挥《春秋》之旨，多主《公羊》，而往往及阴阳五行”，“其文虽未必全出仲舒，然中多根极理要之言，非后人所能依托也”①。董仲舒作为孔子之后备受世人推崇的儒者，尤其是作为汉代儒宗，通过阴阳五行学说解释儒经，建构了全新的儒学思想体系，实现了儒学范式的转化。董仲舒的儒学在中国历史上具有里程碑的意义，其在经学、思想、文化、政治等各领域都产生了直接而深远的影响。经学作为董仲舒儒学的基础与重要表现形式，学术界有一定的研究②，这对于我们理解董仲舒经学的发生、内容、特点及影响都有十分重要的借鉴意义。

① 纪昀：《四库全书总目》卷二九《春秋繁露》提要。

② 徐复观：《两汉思想史》（第二卷），华东师范大学出版社，2001年，第182—270页。金春峰：《汉代思想史》，中国社会科学出版社，1987年，第121—179页。平飞：《经典解释与文化创新——〈公羊传〉“以义解经”探微》，人民出版社，2009年。边家珍：《汉代经学发展史论》，中国文史出版社，2003年。王永祥：《董仲舒评传》，南京大学出版社，1995年。马勇：《旷世大儒——董仲舒》，河北人民出版社，2000年。

从经学发展的角度来看，汉代作为中国古代经学发展史上的重要时期，直接促使了儒学的官学化。董仲舒作为当时非常重要的儒者，不仅继承发展了孔子儒家化的经学，更是结合汉王朝在社会政治、思想文化等领域的需求，基于经学解释的形式，建构了符合汉朝国家治理的新儒学思想体系，形成了天人一体的新经学范式。这不仅积极有效地服务于汉王朝的统治，更是推动了中国经学、儒学的发展，为两汉经学范式的形成、确立起到了枢纽式的作用。基于此，我们希望在前人的基础上，进一步就董仲舒经学的发生、解释思想与方法、经学与治国之道等问题进行深入分析，从而加深对董仲舒思想及两汉经学、中国经学发展史的认知与理解。

一、董仲舒经学的学术渊源及现实立足点

董仲舒是汉景帝时期的博士，是当时的经学大家。汉代《公羊》学之所以能够立为官学，主要得力于胡毋生、董仲舒与公孙弘三人。其中，尤其以董仲舒影响最大，正如《汉书·五行志》所言："董仲舒治《公羊春秋》，始推阴阳，为儒者宗。"《汉书·董仲舒传赞》也说："仲舒遭汉承秦灭学之后，六经离析，下帷发愤，潜心大业，令后学者有所统一，为群儒首。"董仲舒经学的出现，既有对东周、秦汉以来治国历史经验的总结，更是对西汉时期所面临的社会政治发展的思考。换言之，董仲舒经学的宗旨，就是要维护西汉王朝政权的合法性、稳定，同时，通过各种方式来促成它的稳定发展与繁荣。

董仲舒经学的学术渊源到底是什么呢[①]？董仲舒精于《公羊》学，而这自然可以追溯到孔子，这是对孔子、孟子《春秋》学的继承与发展，更是对战国时期齐学传统的继承与发展。在战国秦汉之际，当时邹衍阴阳五行说、辕固生《诗经》学、公羊寿《春秋》学等在当时非常盛行。其中，战国时期邹衍的阴阳五行学说流行于齐地，对秦

① 对此也有学者有所探讨，比如马勇：《旷世大儒——董仲舒》，河北人民出版社，2000年，第3—5页。

汉时期意识形态的建构起到了重要的推动作用。另外，根据《汉书·儒林传》记载："胡毋生，字子都，齐人也。治《公羊春秋》，为景帝博士。与董仲舒同业，仲舒著书称其德。年老，归教于齐，齐之言《春秋》者宗事之。"从这我们可以看出董仲舒与胡毋生都一并研习《公羊春秋》学，这自然是公羊寿的弟子。正因为如此，董仲舒在经学解释上，以阴阳五行学说作为自己解经的基本方法，从而建构了大一统为宗旨的天人感应思想体系，从而传承弘扬了齐学的传统。

实际上，在秦朝建立之后，邹衍的阴阳五行学说也得到了当时的重视，并成了论证秦朝政权合理性、合法性的重要学说。如《吕氏春秋·应同》就这样说道：

> 凡帝王者之将兴也，天必先见祥乎下民。黄帝之时，天先见大螾大蝼。黄帝曰："土气胜。"土气胜，故其色尚黄，其事则土。及禹之时，天先见草木秋冬不杀。禹曰："木气胜。"木气胜，故其色尚青，其事则木。及汤之时，天先见金刃生于水。汤曰："金气胜。"金气胜，故其色尚白，其事则金。及文王之时，天先见火赤乌衔丹书集于周社。文王曰："火气胜。"火气胜，故其色尚赤，其事则火。代火者必将水，天且先见水气胜。水气胜，故其色尚黑，其事则水。水气至而不知数备，将徙于土。

这段就强调了是秦朝论证自身政权合理性、合法性的五德终始说，这种将天道与人道相结合的方法，实际上也是对齐学的继承与发展。当然，随着秦朝的迅速灭亡，这种五德终始说在汉代初年也得到了继承①。不过，如何重建新的天道观及对汉王朝政权的合理性、合法性进行解释，也是汉前期儒家学者及董仲舒关注的核心问题。

换句话说，在董仲舒之前，齐学不论是在战国时期，还是秦汉之际都非常盛行，并成了当时朝廷论证政权合理性、合法性的重要理论依据。即使是董仲舒所处的汉武帝时代，当时齐学经学也非常有影响，比如伏生所传的《尚书》便是当时其齐学派经学的代表，其著述

① 如汉文帝时期公孙臣曾上书说道："始秦得水德，今汉受之，推《终始传》，则汉当土德。土德之应黄龙见，宜改正朔，易服色。"（《史记·封禅书》）

《洪范五行传》集中展现了天人感应的思想体系。当时三家《诗经》学的齐学也影响甚大。《公羊春秋》学更是如此。正是由于当时齐学非常盛行，且齐学一派注重经学与现实政治的有机结合，董仲舒则继承了齐学派经学的传统，并将之发扬光大，由此成为当时齐学派经学的代表。

董仲舒继承了齐学的传统，并基于经学解释，建构了“大一统”为宗旨的经学思想体系。董仲舒的经学体系具有极强的现实性与政治性。正因为如此，董仲舒“大一统”经学理论的出台后，并得到汉武帝的支持与采纳。汉武帝以董仲舒的思想为基础，“卓然罢黜百家，表章六经”[①]，在思想统治上，结束了之前诸子学并进的状态，尤其是黄老刑名之学的盛行。在政治上，开始采取了削弱诸侯国的一系列政策，并积极对匈奴用兵，由此巩固了当时中央集权下的王权统治。换句话说，董仲舒经学体系的出现，是当时现实社会的需要所致。毕竟，在思想上，汉初以来法家、道家、阴阳家、墨家、儒家等多种学说并存，尤其是黄老之学在当时的盛行，对于巩固皇权秩序极为不利；在政治上，对内有各宗室诸侯与中央政权若即若离，虽然吴楚七国之乱在景帝时期平定，但没有彻底解决中央与地方的紧张关系；对外北方匈奴势力日渐强大，并时刻威胁着汉王朝，不能不说董仲舒思想对于当时社会政治问题的解决有十分重要的参考价值与指导意义。

为了维护大一统帝国的稳定，董仲舒还借助阴阳五行学说，以《春秋》学为基础，对周、孔以来的儒家学说中将维护国家存在与稳定的伦理、价值等都做了全新的解释。例如，对《孝经》所说“夫孝，天之经也，地之义也”，董仲舒即阐发说：

> 天有五行，木火土金水是也。木生火，火生土，土生金，金生水。水为冬，金为秋，土为季夏，火为夏，木为春。春主生，夏主长，季夏主养，秋主首，冬主藏。藏，冬之所成也。是故父之所生，其子长之；父之所长，其子养之；父之所养，其子成

① 班固：《汉书》卷六《武帝纪》。

之。诸父所为，其子皆奉承而续行之，不敢不致如父之意，尽为人之道也。故五行者，五行也。由此观之，父授之，子受之，乃天之道也。故曰：夫孝者，天之经也。此之谓也。

地出云为雨，起气为风。风雨者，地之所为。地不敢有其功名，必上之于天。……故下事上，如地事天也，可谓大忠矣。土者，火之子也。五行莫贵于土。土之于四时无所命者，不与火分功名。木名春，火名夏，金名秋，水名冬。忠臣之义，孝子之行，取之土。土者，五行最贵者也，其义不可以加矣。五声莫贵于宫，五味莫美于甘，五色莫盛于黄，此谓孝者地之义也。

董仲舒以阴阳五行说来解读《孝经》中的忠孝观念，他强调忠孝乃是天地五行自然而然的延伸，所谓："五行者，乃孝子忠臣之行。""事君，若土之敬天也。""是故圣人之行莫贵于忠，土德之谓也。"（《春秋繁露·五行之义》）总之，董仲舒通过整合黄老刑名、法家、阴阳家等诸家思想，由此建构了一个以"天人感应"特征的新的儒学思想体系，由于其学说适应了汉武帝时代建立与巩固大一统中央集权制社会政治的需要，统一了当时的思想意识，从而一举成为当时儒者的重要代表，儒学自然也随之成为当时最受重视的学说。正如《汉书》所云：

仲舒遭汉承秦灭学之后，六经离析，下帷发愤，潜心大业，令后学者有所统一，为群儒首。①

昔殷道弛，文王演《周易》。周道敝，孔子述《春秋》。则乾坤之阴阳，效《洪范》之咎征，天人之道粲然著矣。汉兴，承秦灭学之后，景、武之世，董仲舒治《公羊春秋》，始推阴阳，为儒者宗。②

按，《春秋》自孟子以来为儒家所推崇。但在此之间，儒者多从政治的角度来探究其中的"微言大义"。也就是说，从董仲舒开始，当时的经学家们开始注重利用阴阳五行学说解读《春秋》及其他儒经，从

① 班固：《汉书》卷五六《董仲舒传》。
② 班固：《汉书》卷二七上《五行志》。

而建构了天人合一的新儒学思想体系，而这个思想体系较先秦以来的儒学更凸显了其政治性、宗教性的一面，从而实现了儒学在汉代的范式转化。

不能否认的是，董仲舒“大一统”的思想体系，是秦汉皇权大一统建立的基本诉求，这其实也是上古三代以来王权统治的基本理念。自先秦以来，历代统治者们为了维护既得利益，多将王权与上天、天神、天命相联系，由此将自己的行为神化，通过神道设教的方式进行有效统治，从而将天人合一，强化王权，实现一统，如《诗经·小雅·北山》所说的“溥天之下，莫非王土；率土之滨，莫非王臣”，《墨子·尚同上》“天子唯能一同天下之义，是以天下治也”。战国时期，流行于齐地的阴阳五行学说为阴阳家所利用，并将之为现实的社会政治服务，当时重要的代表邹衍，便以阴阳五行学说为基础，提出了“五德终始”的理论，改造了儒家学说[①]，以此来强调大一统理念。他将金、木、水、火、土五种物质的相生相克，运用到历代朝廷更替的解释中，并认为这是上天的意志，虽然邹衍的理论当时引起了很多人的关注，但并没有为统治者所推行。秦统一六国之后，便有秦人依据邹衍的“五德终始”理论，认为秦当政为上天的意志，由此神化王权，并推定秦为“水德”。与此同时，秦朝通过各种方式，强化大一统。

秦亡后，汉文帝时期的公孙臣便又利用邹衍的学说为汉朝政权服务。如《史记·封禅书》记载云：

> 鲁人公孙臣上书曰：“始秦得水德，今汉受之，推终始传，则汉当土德，土德之应黄龙见，宜改正朔，易服色，色尚黄。”……后三岁，黄龙见，成纪文帝乃召公孙臣，拜为博士。与诸生草改历服色。[②]

董仲舒作为汉武帝时代的重要儒者，基于当时的政治文化“危机”，

---

① 邹衍本为儒者，据汉桓宽《盐铁论·论儒篇》云：“邹子以儒术干世主，不用，即以变化始终之论，卒以显名。”

② 司马迁：《史记》卷二八《封禅书》。

反复强调天人合一、天人感应，目的就是希望为现实社会政治、思想文化建设提供新的解释。为了进一步肯定金字塔式的大一统帝国统治模式，他便借助对《春秋公羊传》的诠释，进一步对“大一统”理论做了系统化。如他说：“《春秋》大一统者，天地之常经，古今之通谊也。”① 在解释《春秋》经中，开篇的“元年，春王正月”一句话时，便云：“元者何？君之始年也。春者何？岁之始也。王者孰谓？谓文王也。曷为先言王而后言正月？王正月也。何言乎王正月？大一统也。”大一统包括政权的统一与思想的统一。

董仲舒所谓的政权统一，就是要削弱各个诸侯王国的势力，巩固中央集权统治。另一方面便是“尊王攘夷”，即为了对抗这一时期实力日益强大匈奴，维护领土的统一。思想上统一，便是要结束汉初以来法家、阴阳家、道家、儒家、纵横家等多种学说并存的状态，即以思想文化的统一来加强王权的专制与民族的凝聚力。为了巩固大一统下的等级制度，他还提出了与孟子性善论、荀子性恶论不同的性三品说，这对后世产生了深远的影响。董仲舒将人性分为“圣人之性”“中民之性”和“斗筲之性”② 三种，统治阶层的人性为“善”，而被统治阶层的为“恶”，所以被统治阶层要受到统治与教化，才能转化为善性。当然，我们不能否认，董仲舒宣扬的大一统，实际上就是儒家创始人孔子始终强调的基本理念，孔子鉴于春秋时期礼坏乐崩的局面，一再强调“礼乐征伐自天子出”③。之后的孟子、荀子也都一再强调大一统，如孟子强调“（天下）定乎一”④，荀子则说“四海之内若一家”⑤ 等。

总之，董仲舒作为汉代经学的宗师，他基于汉王朝的政治需要，以孔子的儒学为根底，并充分吸纳了先秦以来的阴阳五行学说，当然

---

① 班固：《汉书》卷五六《董仲舒传》。
② 董仲舒：《春秋繁露》卷一〇《实性》。
③ 《论语·季氏》。
④ 《孟子·梁惠王上》。
⑤ 《荀子·王制》。

董仲舒直接继承了孔子《春秋》的思想，尽管吸收了孟子、荀子等人的儒学思想，但并没有拘泥于孟子、荀子等孔子后学的理念，这实际上直接推动了孔子经学的发展，从而实现了孔子之后六经之学的重新解释与理论建构。换句话说，董仲舒的经学直接孔子学说，并吸收了孟子、荀子等人的经学思想，是对先秦以来经学的集大成。董仲舒经学的出现，是基于当时汉王朝政治稳定、国家治理的需要而产生的，由此吸收了以往尤其是秦汉以来的思想，从而实现了经学的范式转化。

二、经学观、解释方法及其思想旨趣

董仲舒作为汉代的"一代儒宗"，并不仅仅是对周代王官之学的继承与发展，而是对上古三代以来人文精神的继承与发展，更是借助经学解释的形式，就当时的政治大一统、皇权巩固、人伦道德、纲常名教做了全方位的思考与思想建构，由此确立了天人感应的思想体系。可以说，董仲舒是上古以来人文精神、经学传统非常重要的儒者，并由此确立了他在汉代及中国经学思想史上的崇高地位。

由于董仲舒儒学思想体系的建构是基于对传统儒家经典的解释，故经学是董仲舒思想的基石与立足点。汉朝建立之后，六经日渐得到朝野上下的关注，董仲舒基于《春秋》学来建构其儒学思想体系，从而实现了先秦以来儒学范式的转化。在董仲舒看来，六经在思想上具有内在相通性，都是成为圣人、治国理政的经典：

> 君子知在位者不能以恶服人也，是故简六艺以赡养之。《诗》《书》序其志，《礼》《乐》纯其养，《易》《春秋》明其知。六学皆大，而各有所长。《诗》道志，故长于质；《礼》制节，故长于文；《乐》咏德，故长于风；《书》著功，故长于事；《易》本天地，故长于数；《春秋》正是非，故长于治人。能兼得其所长，而不能遍举其详也，故人主大节则知闇，大博则业厌，二者异失同贬，其伤必至，不可不察也。是故善为师者，既美其道，有慎其行，齐时早晚，任多少，适疾徐，造而勿趋，稽而勿苦，省其

所为，而成其所湛，故力不劳，而身大成，此之谓圣化，吾取之。①

在董仲舒看来，六经作为圣人之道的重要载体，从不同的维度展示了治国之道。所以，作为君王一定要系统了解六经的思想，只有这样才能提升自己的智慧，为自己事业的发展起到了重要的促进作用。换言之，在董仲舒看来，六经是治国之道的经典所在，是作为君王必须了悟的核心经典。正因为如此，由于董仲舒的学说，基于《春秋》解释，同时旁涉其他儒家经书，如《汉书·儒林传·瑕丘江公传》称："仲舒通五经，能持论。"

随着董仲舒之学的被重视，不仅是《公羊传》，其他儒经的地位也由此得到了极大的提升，为当时的儒士阶层所关注。可以说，董仲舒以《公羊春秋》为基础，结合当时的政治，建构了自己的思想体系，由此推动了朝廷采取了罢黜百家、独尊儒术、表彰六经、兴立太学等一系列重视儒家学说、经学的举措，经学也由此成了当时儒士大夫出处进退、政治参与的重要方式。正如《汉书·董仲舒传》所言："自武帝初立魏其武安侯为相而隆儒矣。及仲舒对册，推明孔氏，抑黜百家，立学校之官，州郡举茂材孝廉，皆自仲舒发之。"② 随后，儒经及经学进一步强化了在政治领域的主导性地位，最有代表性的例子便是刘端《春秋》决狱、夏侯胜以《洪范》考察灾变、王式以《诗经》为谏书。③ 等等。总之，由于董仲舒的推动，儒经及经学成为两汉时期的学术主导及政治表达的重要形式，"两汉之际，户习七经，虽及子家，必缘经书"④。

董仲舒作为汉代儒学宗室，他的思想建构主要借助经学解释，他在经学解释的思想与方法上。其中，董仲舒借助阴阳五行学说解释儒

---

① 《春秋繁露·玉杯第二》。

② 班固：《汉书》卷五六《董仲舒传》。

③ 分别参见《汉书·淮南衡山列传》《汉书·夏侯胜传》《汉书·儒林传》。

④ 刘师培：《中国中古文学史讲义》第三课《论汉魏之际文学变迁》。

家经是基本的方法①，而这种方法实际上是对邹衍学说的继承与发展，由此强化皇权的权威地位、儒家人伦纲常的绝对正确性，由此确立了他在汉代儒学的宗师地位，如《汉书·五行志》所言："汉兴，承秦灭学之后，景武之世，董仲舒治《公羊春秋》，始推阴阳为儒者宗。"的确，在董仲舒所建构的治国之道中，阴阳五行学说也成了主体性的经学解释路径，比如在《春秋繁露》中的《为人者天》《阳尊阴卑》《天容》《阴阳位》《威德所生》《如天之为》等，都将儒家的德治做了系统化的解说，由此强化了儒家学说的主导性。

另外，董仲舒在经学解释的时候，非常注重群经之间的互释与会通。在他看来，群经之间的思想都是儒学理论的文本载体，具有内在的思想一致性，所以在借助经学解释建构自己思想的时候，他非常注重群经的融通，比如：

> 尧、舜何缘而得擅移天下哉？《孝经》之语曰："事父孝，故事天明。"事天与父同礼也。今父有以重予子，子不敢擅与他人，人心皆然。则王者亦天之子也，天以天下予尧、舜，尧、舜受命于天而王天下。犹子安敢擅以所重受于天者，予他人也。天有不予尧、舜渐夺之，故明为子道，则尧、舜之不私传天下而擅移位也，无所疑也。儒者以汤、武为至圣大贤也，以为全道究义尽美者，故列之尧、舜，谓之圣王，如法则之；今足下以汤、武为不义，然则足下之所谓义者，何世之王也？曰：弗知。弗知者，以天下王为无义者耶？其有义者而足下不知耶？则答之以神农。应之曰：神农氏之为天子，与天地俱起乎？将有所伐乎？神农有所伐可，汤、武有所伐独不可，何也？且天之生民，非为王也，而天立王以为民也。故其德足以安乐民者，天予之；其恶足以贼害民者，天夺之。《诗》云："殷士肤敏，祼将于京，侯服于周，天命靡常。"言天之无常予，无常夺也。故封泰山之上，禅梁父之

① 对于董仲舒以阴阳五行学说解读群经，有很多学者做了探讨，比如徐复观：《两汉思想史》（第二卷），华东师范大学出版社，2001年。金春峰：《汉代思想史》，中国社会科学出版社，1987年。

> 下，易姓而王，德如尧、舜者七十二人。王者，天之所予也，其所伐皆天之所夺也，今唯以汤、武之伐桀、纣为不义，则七十二王亦有伐也。推足下之说，将以七十二王为皆不义也。故夏无道而殷伐之，殷无道而周伐之，周无道而秦伐之，秦无道而汉伐之。有道伐无道，此天理也，所从来久矣，宁能至汤、武而然耶？①

在这里，董仲舒为了强调天子的权威来源于上天，而之所以能够获得上天给予的权威，主要是自身的修德，为此他援引《孝经》《诗经》《尚书》等经典中以德配天的思想，以此强调作为天子的权力来自上天，只有以德配天才能维护权力，反之亦然。董仲舒采用群经互证的形式，一方面肯定了六经的神圣性，更是为其学说思想的权威性、合理性提供了经典的依据；另一方面也为天人合一思想体系的建构，提供了坚实的经典依据与支撑。这样一来，董仲舒之学能够获得汉武帝及统治阶层认可，无疑起到了积极的作用。

此外，董仲舒在论证其天人合一的思想体系的时候，非常注重将经学与史学相结合，以历史史实为论据，反复强调其学说的合理性、可实践性，比如：

> 《春秋》明此，存亡道可观也。观乎蒲社，知骄溢之罚；观乎许田，知诸侯不得专封；观乎齐桓、晋文、宋襄、楚庄，知任贤奉上之功；观乎鲁隐、祭仲、叔武、孔父、荀息、仇牧、吴季子、公子目夷，知忠臣之效；观乎楚公子比，知臣子之道，效死之义；观乎潞子，知无辅自诅之败；观乎公在楚，知臣子之恩；观乎漏言，知忠道之绝；观乎献六羽，知上下之差；观乎宋伯姬，知贞妇之信；观乎吴王夫差，知强陵弱；观乎晋献公，知逆理近色之过；观乎楚昭王之伐蔡，知无义之反；观乎晋厉之妄杀无罪，知行暴之报；观乎陈佗、宋闵，知嫉淫之祸；观乎虞公、梁亡，知贪财枉法之穷；观乎楚灵，知苦民之壤；观乎鲁庄之起

---

① 《春秋繁露·尧舜不擅移汤武不专杀第二十五》。

台，知骄奢淫佚之失；观乎卫侯朔，知不即召之罪；观乎执凡伯，知犯上之法；观乎晋郤缺之伐邾娄，知臣下作福之诛；观乎公子翬，知臣窥君之意；观乎世卿，知移权之败。故明王视于冥冥，听于无声，天覆地载，天下万国莫敢不悉靖共职受命者，不示臣下以知之至也。故道同则不能相先，情同则不能相使，此其教也。由此观之，未有去人君之权，能制其势者也，未有贵贱无差，能全其位者也；故君子慎之。①

在这里，董仲舒为了阐明《春秋》所表达的兴衰存亡之道，他将春秋时期不同类型的、与成功之道或乱政之道有关的史实做了梳理与分析，以此证明了为政之道中，作为君臣一定要践行礼制、德政，更为主要的是君臣之间的关系也要符合基本的礼仪规范。可以说，董仲舒在解释《公羊传》的过程中，尽管很多地方都是思想义理的阐发，极力表达其政治思想，但为了表明其思想的合理性、可实践性，他在很多地方都将与《春秋》有关的史实做了总结与概括，从而形成基于历史史实的理论分析与逻辑推理。

总之，董仲舒以全新的阴阳五行学说解经、群经互证、经史互证等经学解释学，来注解儒家经典《春秋》，进而建构自己的思想体系，从而为汉代经学解释学的发展提供了全新的思想与方法。正因为如此，董仲舒为儒学范式的更新提供了坚实的经学基础。也就是说，董仲舒经学解释的目标，实际上是为了解决当时的现实社会政治问题，更是解决先秦以来儒学思想体系的更新，以此适应秦汉以后所建立的皇权大一统体制。可以说，董仲舒是自孔子、孟子、荀子、邹衍等重要儒家理论家与实践者之后，对儒家学说的又一次集大成及范式更新，从而完成了儒学对秦汉以后皇权体制的匹配性理论建构。这一点如今人有学者研究认为：

董仲舒的神学目的论体系是汉初以来思想综合发展的一种结果。董仲舒的哲学思想集中体现在《天人三策》和《春秋繁露》

---

① 《春秋繁露·王道》。

> 中，其体系虽然庞大，但是其思想“要素”有相当部分是从前人那里“拿来”的。例如，其君臣之义、尊卑之序的伦理思想主要来自孔子、荀子；其“三纲”思想可能受到孟子的“五伦”、《吕氏春秋》的“君臣、父子、夫妇六者当位”以及韩非的“三事”说的影响；其阳尊阴卑观念来自《易传》；其以阴阳五行为框架的宇宙图式主要来自秦汉以来的阴阳家。即使最能体现其体系特征的天人感应思想，在董仲舒之前的阴阳家那里也已经有了；而其思想体系最核心的范畴“天”则是先秦墨子、孟子、荀子思想的结合。董仲舒的创造则主要在于他以“天意”为核心，以阴阳五行为框架，把传统的儒家伦理、法家的法术思想等统统纳入一个系统中。所以，从总体上说，董仲舒的哲学思想，“兼儒、墨，合名、法”（《汉书·艺文志》），继承、综合多于创造。当然这种综合也是一种创造，由综合而创造。这种综合创造是以儒家和阴阳家为主干的。儒家的伦理纲常、等级秩序是其全部思想的出发点和基础，阴阳家的宇宙图式是当时比较流行的思想，因而也是可资利用的形式。董仲舒的思想特点在于“相当自觉地用儒家精神改造了利用了阴阳家的宇宙系统”，把阴阳家的宇宙图式与儒家伦理相结合起来，从而使儒学在经历秦代的打击、汉初儒道互黜的较量之后获得了新的生命力，这一方面使儒学在百家之学中的地位凸显起来，另一方面也使儒学自身发生了不同于原始儒学的某些变化，而具有一些新的特征。①

可以看出，董仲舒成为孔子之后又一个整合儒家学说的人，他借助阴阳五行学说对先秦以来的各种学说，儒家、墨家、道家、阴阳家、法家、名家等诸家学说，融会贯通，然后对宇宙自然、社会人生、政治治理、道德刑律等多个方面都做了系统的解说。董仲舒的理论很好地适应并服务于汉王朝的皇权体制，具有普遍的意义，正因为如此，后代学者也基本上继承并延续了董学的很多思想。进而言之，董学在本

---

① 刘学智：《中国哲学的历程》，广西师范大学出版社，2011年，第114页。

质上讲，就是一种政治哲学。这一点，金春峰先生也有这样的观点，他说：

> 董的思想体系并非简单地继承并照搬阴阳五行，而是将这一学说的精神与关注点，由神学的以吉凶祸福为内容的天人感应，转变为以人为中心的道德目的论和人文主义思想。在古今之变上，则以《公羊春秋》学为基本的指导方针，古为今用。……实际上使春秋学演变为解决当时政治、社会、伦理、道德问题的指导著作。①
>
> 汉代经学，后人特别是清学，称之为汉学，以为其性质、内容是名物训诂。实际上，它的主要特质与特征，是义理之学与哲学，主要是哲学。这个哲学的根本内容是天人关系、古今关系，而核心是重新树立天的权威与信仰，重新确立人的尊严与地位，重新综合已往的政治与历史之经验教训，以确立适应大一统中央集权之新的政治与社会之需要的新指导思想。②

董仲舒借助阴阳五行学说从思想体系上完成了孔子之后儒学的集大成。虽然其学说思想体系中，多家并存，但也是多种学说融会贯通，由此改变了先秦以来多家学说并进、无序的状态，这为儒家学说的继续与发展做出了突出的贡献。也就是说，董仲舒基于六经中的《春秋》学，立足于汉武帝时期的政治需要，继承并发展了齐学的传统，实现了先秦以来儒学范式的转化。如有学者所言："董仲舒《春秋》公羊学的'大一统'论直承《公羊传》而来，但较之《公羊传》有显著的发展，这显然是与汉武帝时期的有违政治相呼应的。"③

进而言之，董仲舒借助儒经的解释，建构了全新的儒学思想体系，实际上改变了汉初以来叔孙通、陆贾、贾谊等人基于总结秦亡教训，而对儒学所做的"术"的层面的改造与利用，这些虽然也引发了

① 金春峰：《汉代思想史》，中国社会科学出版社，1987 年（2006 年修正第三版），序言，第 4 页。

② 金春峰：《汉代思想史》，序言，第 4 页。

③ 边家珍：《汉代经学发展史论》，中国文史出版社，2003 年，第 60 页。

汉王朝统治阶层的重视，但儒学依然没有摆脱诸子之学的历史地位。董仲舒则基于汉王朝皇权体制的政治结构与现实政治需求，在汲取孔子之后儒家各派的思想，甚至还有当时流行的法家、墨家、名家、道家等派思想，以阴阳五行学说为指导，以经学解释的形式，建构了全新的儒学思想体系，从而实现了对汉王朝所代表的皇权体系的全面论证与解说，一举获得了皇权体系的认可，并使儒学也一跃成为当时的主导性的思想学说，为此后两千年儒学的主导性奠定了重要的学术思想基础。

三、治道：董仲舒经学解释与治国之道

董仲舒作为汉代的儒学宗师，他对于经学的理解与认知，取决于秦汉以来大一统王朝的建立，而这种社会结构、政治结构异于先秦时期夏商周、周朝各个诸侯国，所以他需要结合秦朝以来社会政治的变化，结合汉王朝的政治文化需要，对传统的经学、儒学做全面的思考与重建，由此促成了董仲舒基于经学解释建构了全新的新儒学思想体系。

董仲舒经学的宗旨在于服务于当时的社会政治，从而继承并发扬孔子以来儒家学说经世致用的学术旨趣。董仲舒经学的落脚点在于现实社会政治问题的解决，其中首先便是汉王朝政权的合法性、合理性问题。董仲舒对于这一问题的论证，主要是进一步强化上古以来“天”的主导性、主宰性。一方面，董仲舒将天看成是宇宙万物、人伦道德、纲常名教的本源[①]，而则是上天的一部分，天人同体、天人同构，比如他说人的形体之数与天数相合，“人有三百六十节，偶天之数”，“身犹天也，数与之相参，故命与之相连”[②]。另一方面，他进一步吸收了汉代阴阳五行学说，重新解释了这个命题。他认为天人

---

① 《春秋繁露·郊义》中说道：“天者，百神之君也，王者之所最尊也。”

② 董仲舒：《春秋繁露》卷一三《人副天数》。

相通、相感的重要媒介是"气"，所谓"天气上，地气下，人气在其间"①，"阴阳之气在上天，亦在人。……天地之间有阴阳之气，常渐人者，若水常渐鱼也"②。董仲舒通过将天、气作为一个解释的对象整体，融为一体，由此强化了当时的天道信仰，更是为其治道提供了理论的逻辑支撑，这自然也是对战国秦汉以来天道观衰微的重建，如有学者所言："战国至于秦汉之际，社会是在大动荡中发展的，此期包括统治者在内的人们，基本上是处于一种天道信仰迷失的状态，他们对于社会的动乱、政权的更替，找不到一个合理的解说。然而，一个时代占统治地位的思想史统治阶级的思想，作为统治者来说，他们也不会认同春秋时的'理性思潮'——它对君主的权威性会有极大的损害，而需要重建天道信仰。"③

在董仲舒看来，正是因为天人一体、天人相应，一切都是上天的安排，所以人应当秉承天道做人、做事，其目的就是希望为现实的社会政治尤其是皇权存在的合理性、权威性提供理论基础。比如他在天人感应的基础上，强调君权神授，所谓"通天地、阴阳、四时、日月、星辰、山川、人伦，德牟天地者称皇帝，天佑而子之，号称天子"④。"天子受命于天，天下受命于天子"⑤，"天子受命于天，诸侯受命于天子。子受命于父，臣妾受命于君。妻受命于夫。诸所受命者，其尊皆天也"⑥。这样就规定了天子至尊的地位，这自然为巩固王权为中心的中央集权等级制度提供了理论依据。当然，董仲舒还借着天的威严，对皇权提出了限制，比如他说"《春秋》之道，奉天而法古。……圣者法天，贤者法圣，此其大数也。得大数而治，失大数

① 董仲舒：《春秋繁露》卷一三《人副天数》。

② 董仲舒：《春秋繁露》卷一七《如天之为》。

③ 边家珍：《经学传统与中国古代学术文化形态》，人民出版社，2010 年，第 183 页。

④ 《春秋繁露·三代改制质文》。

⑤ 董仲舒：《春秋繁露》卷一一《为人者天》。

⑥ 董仲舒：《春秋繁露》卷一五《顺命》。

而乱，此治乱之分也”[1]。他认为圣君应当法天，方可以大治，否则大乱。作为皇帝怎么效法上天呢？首先，君主要推行仁政，所谓“夫仁也，天覆育万物，既化而生之，有养而成之。事功无已，终而复始。凡举归之，以奉人察于天之意，无穷极之仁也。人之受命于天也，取仁于天而仁也”[2]。其次，君主要提升自己的德行。所谓“人主以好恶喜怒变习俗，而天以暖清寒暑化草木，喜乐时而当则岁美，不时而妄则岁恶。天地人主一也，然则人主之好恶喜怒，乃天之暖清寒暑也，不可不审其处而出也”[3]。

为了有效地限制皇权，董仲舒还设计出了一套从天降灾异谴告，以至于天弃、天诛、易姓受命等理论体系，以此来警醒皇帝，限制皇权，他说：

> 天地之物有不常之变者，谓之异，小者谓之灾。灾常先至而异乃随之。灾者，天之谴也；异者，天之威也。谴之而不知，乃畏之以威。……凡灾异之本，尽生于国家之失。国家之失乃始萌芽，而天出灾害以谴告之；谴告之而不知变，乃见怪异以惊骇之；惊骇之尚不知畏恐，其殃咎乃至。以此见天意之仁而不欲害人也。[4]

他认为尽管君权神授，但是作为皇帝如果不修身、修德，以民为本的话，上天就会降临小灾害警告他，如果还不听；上天就会降临更大的灾异，以表示上天愤怒了；如果皇帝还不知道悔改，上天就要改

---

① 董仲舒：《春秋繁露》卷一《楚庄王》。
② 董仲舒：《春秋繁露》卷一一《王道通三》。
③ 董仲舒：《春秋繁露》卷一一《王道通三》。
④ 《春秋繁露·必仁且智》。

朝换代了①。总之，董仲舒通过《公羊》学解释的形式，实现了对战国秦汉以来天道信仰的重建，一方面为当时汉王朝政权的合理性、合法性寻求了天道依据，更是为董仲舒的治国之道提供了形上学的依据。

董仲舒重建天道信仰体系，旨在为当时汉王朝现实问题的解决，寻求全新的治国之道。毕竟，在汉武帝即位之后，面临着一系列的挑战，他曾在发布的诏令中这样说道：

三代受命，其符安在？灾异之变，何缘而起？性命之情，或夭或寿，或仁或鄙，习闻其号，未烛厥理。伊欲风流而令行，刑轻而奸改，百姓和乐，政事宣昭，何修何饬而膏露降，百谷登，德润四海，泽臻草木，三光全，寒暑平，受天之祜，享鬼神之灵，德泽洋溢，施乎方外，延及群生？

从汉武帝发布的诏令，我们就可以看出，当时朝廷面临着太多的挑战，一方面是三代以来天道信仰的衰微，另一方面是自然灾害的频繁发生。另外，在政治上，汉初以来推行的郡县制、分封制对皇权造成了一定的冲击，尤其是朝廷所分封的各个诸侯国与朝廷保持着若即若离的关系，虽然吴楚七国之乱在景帝时期平定，但没有彻底解决中央与地方的紧张关系。在思想上，汉初以来法家、道家、阴阳家、墨

① 在这里，董仲舒强调对天命的敬畏，有别于战国秦汉以来对天命的质疑或曰抗争，比如《荀子·天论》中就提到了天人不相与、人能胜天的思想，其曰："治乱天邪？曰：日月星辰瑞历，是禹桀之所同也。禹以治，桀以乱，治乱非天也。时邪？曰：繁启蕃长于春夏，畜积收藏于秋冬，是又禹桀之所同也。禹以治，桀以乱，治乱非时也。地邪？曰：得地则生，失地则死，是又禹桀之所同也。禹以治，桀以乱，治乱非地也。诗曰：'天作高山，大王荒之。彼作矣，文王康之。'此之谓也。""星队［坠］木鸣，国人皆恐。曰：是何也？曰：无何也，是天地之变，阴阳之化，物之罕至者也。怪之，可也。而畏之，非也。夫日月之有蚀，风雨之不时，怪星之党见，是无世而不常［尝］有之。上明而政平，则是虽并世起，无伤也。上暗而政险，则是虽无一至者，无益也。夫星之队，木之鸣，是天地之变，阴阳之化，物之罕至者也。怪之，可也。而畏之，非也。"在这里，荀子的天道观强调了天时自然的天，不是人格神，所以对于天道要尊重其规律，但是不要有所畏惧，这无疑弱化了上古以来人们对于天道的敬畏之心。相比较而言，董仲舒则强调对天道的敬畏，并对天象所出现的灾异更要敬畏，由此凸显了天是人格神及宇宙万物、人伦纲常的主导地位。

家、儒家等多种学说的并存，尤其是黄老之学的盛行，对皇权的巩固与思想的统一也有极大的消解作用。在对外关系上，北方匈奴势力日益强大，时刻威胁着西汉王朝，等等。总之，在汉武帝时期，进一步巩固中央皇权、加强大一统帝国的力量有着重要的现实意义。在这种背景下，董仲舒借助经学诠释所建构的政治思想，尤其是“大一统”理论对解决当时各种政治文化危机，有着十分重要的现实意义。

董仲舒的“大一统”理论主要就是借助《春秋》诠释提出来的，他说：“《春秋》大一统者，天地之常经，古今之通谊也。”[①] 他在解释《春秋》经中，开篇的“元年，春王正月”一句话时就明确说道：

> 元者何？君之始年也。春者何？岁之始也。王者孰谓？谓文王也。曷为先言王而后言正月？王正月也。何言乎王正月？大一统也。

大一统包括政权的统一与思想的统一。所谓的政权统一，一方面就是要削弱各个诸侯王国的势力，巩固中央集权统治；另一方面便是“尊王攘夷”，即为了对抗这一时期实力日益强大匈奴，维护领土的统一。思想上统一，便是要结束汉初以来法家、阴阳家、道家、儒家、纵横家等多种学说并存的状态，即以思想文化的统一来加强王权的专制与民族的凝聚力。

其次，董仲舒对于儒家治国之道的核心问题，比如民本思想、德治、君臣关系、中央与地方、民族关系等具体问题的反思与重建问题[②]。董仲舒经学思想的宗旨是为了“治道”，而治道的逻辑出发点是民众。董仲舒重视人文精神，尤其是民本思想，这是对东周以来治国之道的基本反思，而对于人的重视是其对儒家学说的继承与发展，在他看来，人是宇宙万物的核心与精髓，所谓“莫精于气，莫富于

① 班固：《汉书》卷五六《董仲舒传》。

② 对此，前人已经有了很多的论证，此不赘述。比如徐复观：《两汉思想史》（第二卷），华东师范大学出版社，2001 年，第 182—270 页。金春峰：《汉代思想史》，中国社会科学出版社，1987 年。

地，莫神于天。天地之精所以生万物者，莫贵于人。”[①] 在董仲舒看来，人是天地宇宙的精髓展现，天地之间人最为贵，“天地之性，人为贵”[②]。也就是说，董仲舒重视儒学，并基于儒家的经学解释，建构了系统的哲学体系，这个哲学体系实际上是对上古以来尤其是战国时期人文儒学传统的继承与发展，其中尤其是人文传统，如有学者所言：

> 孔子制礼作乐，维护传统信仰，并把它理性化而引向人文与道德教育的方向，为中国文化树立真正新的基础；同时为人的尊严与地位，从天人关系的哲学高度，提供有力的论证。但儒家思想在孟子以后迅速遭到削弱、围攻，郁而不彰。[③]

战国时期，儒家的孟子、荀子更加强调人文精神，相对于当时法家、阴阳家、刑名学说、杂家、兵家等人所宣扬的秩序、政治而言，儒家学者更加注重人文传统，亦即人在社会政治中的主导性地位以及道德自觉的必要性。但实际上，随着战国纷乱、秦朝统一六国，功利主义甚嚣尘上，儒家人文精神被弱化，秦国更是将此推波助澜，使得儒学人文精神陷入了空前的谷底。

汉朝建立之后，虽然利用黄老之学缓解了由于人文精神废弃而导致弊政，但依然模式人文精神及人的价值与意义，如汉初《黄老帛书》将人视为生育、发展的工具，“夫民之生也，规规生食与继。不会不继，无与守地；不食不人，无与守天”[④]，而缺乏对人的基本尊崇。所以，自古以来的人文传统遭到了漠视，这就需要当时天人之际中对人的价值与存在进行重新认知，才能切实维护大一统王朝稳定与发展。为了让民众听天由命，服从皇权，服从儒家纲常名教、人伦道德，董仲舒借助阴阳五行学说，借助《春秋》诠释的形式，对儒家的纲常名教、人伦道德做了全新的解释，将这些视为上天的安排、本来

① 《春秋繁露·人副天数》。

② 《汉书·董仲舒传》。

③ 金春峰：《汉代思想史》，中国社会科学出版社，1987年，序，第2页。

④ 《十六经·观》。

已经存在的体系。董仲舒为了进一步宣扬儒家的纲常名教、人伦道德，他借助阴阳五行学说，将这些纳入他的天人感应学说之中，如他说：

阴者，阳之合；夫者，妻之合；子者，父之合；臣者，君之合。物莫无合，而合各有阴阳，阳兼于阴，阴兼于阳。夫兼于妻，妻兼于夫；父兼于子，子兼于父；君兼于臣，臣兼于君。君臣、父子、夫妇之义，皆取诸阴阳之道。君为阳，臣为阴；父为阳，子为阴；夫为阳，妻为阴。……是故仁义、制度之数，尽取之天。天为君而覆露之，地为臣而持载之；阳为夫而生之，阴为妇而助之；春为父而生之，夏为子而养之，秋为死而棺之，冬为痛而丧之。王道之三纲可求于天，天出阳为暖以生之，地出阴为清以成之，不暖不生，不清不成。然而计其多少之分，则暖暑居百，而清寒居一。德教其与刑罚犹此也。①

在这里，董仲舒将君臣、父子、夫妇的关系都用阴阳来表示，并突出阳为阴的主导，而阴为阳的辅助。这样就突出了君为臣纲、父为子纲、夫为妻纲，而这三纲都是大自然中天尊地位、阳尊阴卑的一种体现，它具有先验性与神圣性。另外，与之相关的仁义道德教化、制度刑罚都与之相类似。总之，董仲舒借此宣扬纲常名教、人伦道德的神圣性。此外，董仲舒专门认为，仁义礼智信都是天意的展现，人们只有遵循五常，才能获得上天、鬼神的护佑，他说："夫仁、谊、礼、知、信五常之道，王者所当修饬也。五者修饬，故受天之佑，而享鬼神之灵，德施于方外，延及群生也。"②

在儒家学说中，孝为仁之本，对于孝道这个根本思想，董仲舒也借助阴阳五行学说做了解释，以此突出孝道的先验性、神圣性，如他解释《孝经》"夫孝，天之经也，地之义也"时就说道：

天有五行，木火土金水是也。木生火，火生土，土生金，金生水。水为冬，金为秋，土为季夏，火为夏，木为春。春主生，

① 《春秋繁露》卷一五《基义》。
② 《汉书》卷五一六《董仲舒传》。

夏主长，季夏主养，秋主首，冬主藏。藏，冬之所成也。是故父之所生，其子长之；父之所长，其子养之；父之所养，其子成之。诸父所为，其子皆奉承而续行之，不敢不致如父之意，尽为人之道也。故五行者，五行也。由此观之，父授之，子受之，乃天之道也。故曰：夫孝者，天之经也。此之谓也。

地出云为雨，起气为风。风雨者，地之所为。地不敢有其功名，必上之于天。……故下事上，如地事天也，可谓大忠矣。土者，火之子也。五行莫贵于土。土之于四时无所命者，不与火分功名。木名春，火名夏，金名秋，水名冬。忠臣之义，孝子之行，取之土。土者，五行最贵者也，其义不可以加矣。五声莫贵于宫，五味莫美于甘，五色莫盛于黄，此谓孝者地之义也。

在这里，董仲舒以阴阳五行说来解读《孝经》中的忠孝观念，他强调忠孝乃是天地五行自然而然的延伸，所谓："五行者，乃孝子忠臣之行。""事君，若土之敬天也。""是故圣人之行莫贵于忠，土德之谓也。"（《春秋繁露·五行之义》）

最后，董仲舒经学解释及思想的哲学依据。董仲舒的经学及思想，旨在解决现实问题，旨在通过经学解释的形式，实现对孔子以后儒学的理论更新。那么董仲舒经学的哲学依据到底是什么呢？或者说，董仲舒的经学哲学到底怎么理解呢？其实，从本质上讲主要解决人的价值及其如何实现的问题。在董仲舒时代，天人之际、古今之变、人与人之间的关系，始终是学者们普遍关注的问题，这些关系的思考关系到了汉代王朝政权的合法性、神圣性问题。对此，如金春峰所说：

殷周有传统的上帝与天命信仰。王权的圣神性与合法性都建立于这一神权、天命之上。经过春秋以来理性的发展，文化的提升，人文思想的涌现，系统性哲学思想的诞生，上帝、天命信仰被严重打击、毁坏。①

① 金春峰：《汉代思想史》，中国社会科学出版社，1987年，序，第2页。

的确，自古以来天命观是农业文明的基本观念。经过了春秋战国这个传统受到了冲击，天命、人文思想都有了巨大的变化，而基于天命信仰论证皇权统治的合理性、合法性也是当时的基本思想。秦汉以来，对此很多学者也做了探讨。尤其是汉代前期流行的黄老之学，其所强调的道家“无为”，鉴于当时对于董仲舒而言，继承并发展这个传统至关重要。的确，董仲舒在其天人关系的探讨中，基本上利用阴阳五行学说，解决了人与自然之间的关系，即天人一体。

对于古今关系，董仲舒继承了经学传统、儒家学说，实现了对古今关系的认知，实现了古人一体的思想，“古之天下亦今之天下。今之天下亦古之天下。共是天下，古以大治，…… 以古推今壹何不相逮之远也！安所谬而陵夷若是？意者有所失于古之道与？有所诡于天之理与？试迹之于古，返之于天，傥可得见乎！”① 在董仲舒看来，古今尽管变化，治乱不同，但是在治国理政方面却有着内在的相通之处，古人当为一体。

由于董仲舒对于天人关系、古今关系的一体化思维，这样一来在国家治理思想上，自然就将焦点落在了人与人之间的关系上。换句话说，董仲舒的思想落脚点是“治道”，而治道的主要是在处理当时人与人、不同阶层之间的关系，由此强调传统的德治、礼治。为了更好地表达自己这个思想，董仲舒从人性出发来论证。也就是说，董仲舒希望基于人性，建构出系统的治国之道来。他的人性论，兼有了孟子性善、荀子性恶两个维度，甚至也认为人性实际上是无善无恶具有自然性，如其所言：“性比于禾，善比于米。米出禾中，而禾未可全为米也。善出性中，而性未可全为善也。”② 正因为如此，董仲舒认为人需要培育、教育，需要德治教化。当然，他也认为人性存在恶的倾向，“栣众恶于内，勿使得发于外者，心也”③。基于此，需要通过礼制来限制人的恶行。正是由于人性有善有恶，甚至无善无恶，董仲舒

① 《汉书》卷五六《董仲舒传》。
② 《春秋繁露·洞察名号》。
③ 《春秋繁露·洞察名号》。

将人性分为三等，这三等实际上形成了治理的三种方式，即教化、引导、规范等形式，这自然也成为其德治、礼治思想的人性来源。

董仲舒之所以基于人性来宣扬德治、礼治，这也是当时汉王朝的现实决定的。在汉王朝建立之后，七国之乱的爆发及边疆危机，这些都促使其对现实治国思想的反思。此外，当时的官僚体系、宗族关系、中央与地方、民族关系等，也已经跳出了先秦时期基于血缘关系的基本认知，可谓是政治关系开始取代了血缘关系。尽管秦朝推行的法家学说及官僚体系在一定程度上符合汉朝的现实，但是对于汉朝推行的分封制及其所属官僚体系依然存在着不可适应性。如何采用宗法制、郡县制，亦即实现礼制与法制的有机结合是当时统治阶层关注的问题。正因为当时的社会政治中存在着血缘关系、政治关系的双重性，所以在治国之道的建构上，董仲舒基于人性善恶而实现了德治、礼治的融通，由此实现了对传统宗法制、郡县制、官僚制等治理体系的优化。不过，相对于先秦以来阴阳五行学说所强调天道的主宰性、礼法的强制性有所不同，董仲舒一方面借此强化了儒家人伦纲常的权威性、神圣性，更是通过人性的探讨，进而强化孔孟德治、教化的必要性，以此来改变战国秦汉以来人们对于礼法尤其是秦朝注重刑罚的极端做法。对此，徐复观也曾指出了这一点："仲舒所赋予阴阳的性格，与战国中期以后，以《易传》为中心的阴阳思想，有了很大的出入。他之所以如此，大概是因为在现实政治上，他要求贬刑而尚德，以转换当时专制政治的残酷性格。"① 实际上，汉武帝时期推行的外儒内法，也是董仲舒思想在现实国家治理中的具体呈现而已。

总的来说，董仲舒经学解释的最终归宿旨在国家治理，不仅仅为当时汉王朝政权的合理性、合法性提供论证，也不仅仅是为当时的现实政治文化危机提供解决方法，他之所以在儒学史、经学史上影响深远，主要是他吸收了先秦以来各家各派的思想，为秦汉建构起来的皇权体制及机制运行，基于经学解释提供了一系列的思想与方法，从而

---

① 徐复观：《两汉思想史》（第二卷），华东师范大学出版社，2001 年，第 232 页。

形成了系统的新儒学思想体系。汉代新儒学思想体系兼有形上学的道，也有形而下学的术，还有经学解释形成的知识体系。总之，董仲舒的经学完成了具有划时代意义的范式更新，更是建构了先秦以来全新的符合皇权体制的儒学思想体系，从而让儒学适应了时代与历史的需要，进而从诸子转变了经学的主导地位，并一直影响到了清朝结束之际。

四、董仲舒经学的历史贡献及其影响

董仲舒尽管在汉代政治地位上并不十分显赫①，但他对汉代经学、儒学的贡献甚大。就经学贡献来说，可以从三个方面来说：

首先，董仲舒进一步强化了儒家经典的神圣性、权威性地位。董仲舒时代儒家经典随着儒学的兴起，日渐得到重视，并在汉文帝、景帝时代有儒经的博士官产生，董仲舒重视儒经，尤其注重《春秋》学，为经学尤其是《春秋公羊》学以及儒学在汉代的兴盛起到了重要的推动作用。正如司马迁所云："自此以来，则公卿大夫士吏斌斌多文学之士矣。"② 班固所言更是直接，他说：

> 自武帝立五经博士，开弟子员，设科射策，劝以官禄，讫于元始，百有余年，传业者寖盛，支叶蕃滋，一经说至百余万言，大师众至千余人，盖禄利之路然也。③

董仲舒对儒经的重视，并基于儒经实现了儒学的范式转化，并由此让儒学成为当时的官方意识形态，这样一来改变了先秦以来儒学衰微的状态，尤其是改变了秦以来儒学由诸子之学转变为官方意识形态主导地位，董仲舒可以说是功不可没。更为主要的是，儒经的范围由此扩

① 熊铁基就认为："董仲舒当时地位并不是太高，影响远不及公孙弘治《春秋》封侯的榜样力量，在政治上更无大的作为。要说他的贡献，主要还是在儒学理论上，他留下的《春秋繁露》为我们全面论述他的思想何理论提供了原始的史料。"（熊铁基：《汉代学术史论》，高等教育出版社，2013 年，第 196 页）

② 司马迁：《史记》卷一二一《儒林列传》。

③ 班固：《汉书》卷八八《儒林传》。

大。总之，经学由此成为学术的范式，更是读书人获得名利最重要的手段之一。

与此同时，董仲舒经学的阴阳五行化，也成了两汉时期流行的经学解释的基本范式。也就是说，随着董仲舒经学的阴阳五行化，从而得到了朝廷的重视，此后的诸家、诸派都流行用阴阳五行学说解释儒经，由此成了西汉以后的主要经学范式，对此正如陈乔枞所言：

> 先大夫尝言：汉儒治经，如《易》有孟京卦气之候，《春秋》有《公羊》灾异之条，《尚书》有夏侯、刘氏、许商、李寻《洪范》五行之论，莫不明于象数，善推祸福，著天人之应。翼氏之治《诗》，精通乎律历阴阳，以穷极性命，告往知来，夫非圣门言《诗》之微旨者与？①

在汉代解经的过程中，阴阳五行学说日渐成了解经最为流行的方式，之所以如此，便是注重五经的现实意义，旨在沟通天人之间，已达到趋利避害的目的。

另外，随着董仲舒之学的被重视，儒学也开始日渐成了主导性的学说，受到董仲舒之学的影响，其弟子司马迁在其编纂的《史记》中，也将儒家人伦道德、纲常名教作为价值判断的重要依据，以至于近人梁启超将之视为荀卿、董仲舒一样的大儒，他说：

> 《史记》自是中国第一部史书。……司马迁实当时《春秋》大师董仲舒之受业弟子，其作《史记》盖窃比《春秋》。故其《自序》首引仲舒所述孔子之言曰："我欲载之空言，不如见之于行事之深且著明也。"……《春秋》旨趣既如此，则窃比《春秋》之《史记》可知。故迁《报任安书》云："欲以究天人之际，通古今之变，成一家之言。"……其著书最大目的，乃在发表司马氏"一家之言"，与荀卿著《荀子》，董生著《春秋繁露》，性质正同。②

司马迁《史记》在编纂旨趣上，也强调对六经、孔子思想的传承和发

① 《齐诗翼氏学疏证·自叙》。

② 《要籍解题及读法·史记》。

展，如其所谓“绍明世，正《易传》，继《春秋》，本《诗》《书》《礼》《乐》之际”①。司马迁对《史记》予以非常高的期待，并将之视为模拟《春秋》所作，他希望借助历史叙事的形式来阐明六经之义、圣人之道，所谓“究天人之际，通古今之变”，建构出属于自己特色的知识思想体系，以服务于当时社会政治、思想文化，进而实现孔子所赋予儒士阶层明道、传道、行道的身份意识。可以说，司马迁无论是在史学编纂、历史叙事还是人物事件的评价方面，都要认可儒学的主导地位，并为之服务。所以，此后，随着今文经学诸家、诸派的推动，儒家学说及经学成为西汉中期以后基本的价值体系与意识形态。

其次，以阴阳五行学说为解经的基本方法，由此建构了天人感应的经学范式，由此进一步强化了儒家学说在意识形态中的主导地位。董仲舒经学解释最大的特征，莫过于利用阴阳五行学说来解读经书，并将天文、历法、人伦、道德、纲常、社会、政治等融入其中，以此凸显了天人一体、古今一体。对此《汉书·五行志》称：“景、武之世，董仲舒治《公羊春秋》，始推阴阳，为儒者宗。”由此可见，董仲舒以阴阳五行学说解读儒经，成为那个时代新儒学建构的奠基人。随着董仲舒天人合一新经学范式的流行，也为那个时代经学的阴阳五行化起到了重要推动作用。对此如《汉书·眭两夏侯京翼李传》称：

> 汉兴推阴阳灾异者，孝武时有董仲舒、夏侯始昌，昭、宣则眭孟、夏侯胜，元、成则京房、翼奉、刘向、谷永，哀、平则李寻、田终术。此其纳说时君著明者也。察其所言，仿佛一端。假经设谊，依托象类，或不免于“亿则屡中”。仲舒下吏，夏侯囚执，眭孟诛戮，李寻流放，此学者之大戒也！

在董仲舒的影响下，众多学者多以阴阳五行学说解释儒经，由此为汉代经学的阴阳五行化起到了重要的推动作用，并最后也推动了两汉之际谶纬经学的兴起。可以说，董仲舒以阴阳五行学说解释儒家经典，

① 《史记·太史公自序》。

实现了先秦以来经学范式、儒学体系的更新，由此使得阴阳五行化经学成了那个时代的标志，如有的学者所言，“董的思想体系，以阴阳五行为基础，吸收法家、墨家、名家、道家黄老思想，形成综合与扬弃各家的一大思想体系，在整个汉代四百年间，覆盖与支配了《易》学、《诗》学、《尚书》学等各学术思想领域，成为一时代性的思想与思潮”①。所以，我们在探讨两汉经学的时候，离不开对董仲舒经学的关注，更不能忽视经学阴阳五行化的现实。

由于易学是两汉时期经学的重心所在，而在汉代易学的传习历程中，董仲舒是值得关注的人物。皮锡瑞认为“汉初说《易》，皆主义理，切人事，不言阴阳术数”②，这其实属于“《易》之正传”。由于董仲舒之学的盛行，汉代《易》学在其思想上开始有了转型。《易》学传习中开始注入了天人感应、阴阳灾异的思想，这也为汉代象数《易》学的兴盛与壮大，提供了重要的契机。“如果说孟喜、京房是汉代象数《易》学的开创者和奠基人，那么至少在一定意义上应该承认，董仲舒是孟、京《易》学的不祧之祖。董学构成了汉代象数《易》学的观念背景、思想基础和理论依据。”③ 正是在董仲舒天人感应、阴阳灾异学说的影响下，孟、京为主的象数《易》学盛行于两汉之际，并为当时的显学。

当然，在两汉时期，《春秋》学备受关注，而《公羊》学之所以能够立为官学，主要得力于胡毋生、董仲舒与公孙弘三人。其中，尤其以董仲舒影响最大，正如《汉书·五行志》所言：“董仲舒治《公羊春秋》，始推阴阳，为儒者宗。”《汉书·董仲舒传赞》也说：“仲舒遭汉承秦灭学之后，六经离析，下帷发愤，潜心大业，令后学者有所统一，为群儒首。”不能否认的是，董仲舒对阴阳五行学说的重视，这对于两汉之际谶纬之学的兴起及泛滥起到了一定的推动作用。谶纬，四库馆臣解释曰：“儒者多称谶纬，其实谶自谶，纬自纬，非一

① 金春峰：《汉代思想史》，序言，第 4 页。

② 皮锡瑞：《经学通论·易经》。

③ 张涛：《经学与汉代社会》，河北人民出版社，2001 年，第 92 页。

类也。谶者，诡为隐语，预决吉凶。……纬者，经之支流，衍及旁义。"[①] 说明谶纬彼此不同，谶指的是关于吉凶祸福的预言。如据《史记·秦始皇本纪》记载，燕人卢生从海上得到一谶语，说"亡秦者胡也"[②]，这就是谶。而纬则相对于经而言，指对经书所作神秘的解释。谶纬之学的兴盛，与董仲舒天人感应的经学思想体系有一定的关系。

经学的谶纬化，其实就是将阴阳五行学说、天人感应思想甚至是各种方术融入经书的注解之中，来神化孔子与经书，以实现比附政治的目的，由此推动了当时经学的发展，成了汉代章句训诂经学的重要组成部分。如清人崔述《考信录提要》中所言：

> 先儒相传之说，往往有出于纬书者，盖汉自成、哀以后，谶纬之学方盛，说经之儒多采之以注经，其后相沿，不复考其所本，而但以为先儒之说如是，遂靡然而从之。

在汉代，儒者们注解经书，经学、纬学有时候并没有绝对的分野，以至于儒者们注解经书也多采用纬书。这样一来，纬书成了汉代经学的重要组成部分。不能否认，董仲舒天人感应的大一统思想体系，对于谶纬经学的兴起起到了极大的推动作用。

可以说，两汉时期的经学，其最大的特征就在于阴阳五行化，而这种特征的奠定者无疑是董仲舒，对此正如《汉书》所言："董仲舒治《公羊春秋》，始推阴阳，为儒者宗。"[③] 的确，尽管以阴阳五行学说解释儒经早已有之，但董仲舒是最大规模利用这个学说解释儒经最重要的学者，是东周以来经学的集大成者。可以说，董仲舒为了大一统汉朝的稳定与发展，向民众宣扬践行儒家人伦道德、纲常名教的必要性和重要性。董仲舒在汲取前人阴阳五行学说的成就上，基于经学诠释的形式，提出了天人合一、天人感应的理论。其经学体系实际上是一个对以往文化传统的继承，更是对东周、秦汉以来经学的集大

---

① 纪昀等：《四库全书总目》卷六《易纬坤灵图》提要。

② 司马迁：《史记》卷六《秦始皇本纪》。

③ 《汉书》卷二七上《五行志》，中华书局，1962年，第1317页。

成，更是对孔子以后儒学范式的又一次转化。

最后，董仲舒进一步确立了经学与治道之间的内在逻辑关系，为儒家学说的传承发展起到了重要的推动作用。在董仲舒之前，儒家经典成了当时思想文化、教育政治的重要经典，随着董仲舒的推动，经学进一步被视为儒学的核心与基石所在，也是儒学的基本表现形式，更是当时儒生出处进退、安身立命、实现个人价值的重要方式，根据《史记·儒林列传》记载，当时董仲舒的众多弟子因此而入仕，成为那个时代学而优则仕的代表："仲舒弟子遂者：兰陵褚大、广川殷忠、温吕步舒。褚大至梁相，步舒至长史。……弟子通者，至于命大夫；为郎、谒者、掌故者以百数，而董仲舒子及孙皆以学至大官。"从这可以看出，董仲舒不仅推动了经学的发展，更是进一步强化了经学与政治之间的关系。这不仅为汉代政治运行模式的经学化起到了推动作用，更是为此后官学继续重视经学、隋唐以后科举考试重视经学树立了全新的模式。

可以说，董仲舒通过经学解释的形式，实现了儒学的范式转化，更是对儒学自身的哲学体系、治国之道等做了全面的思考与更新，由此促成了儒学在汉代的范式转化。这样一来，两汉儒学不仅在儒学的形而上方面做了自己的理论建构，更是在社会政治理论上提出了自己的新思想。更为主要的是，经由董仲舒对儒学范式的转化，由此强化了儒家仁学思想的宗教性、政治性内涵，如李泽厚所言：

> 孔子继承远古所提出的仁学结构主要便是通过一系列的行政规定如尊儒学、倡孝道、重宗法，同时也通过以董仲舒儒学为代表的"天人感应"的宇宙图式，才真正具体地落实下来。尽管董仲舒的儒学和五行图式与孔子学说已有很多的不同，但孔子所提出的原始儒学的基本精神——血缘基础、心理原则、治平理想、实用理性、中庸观念等等，……因为有了这样一个具有信仰以至宗教功用的宇宙图式作为理论基石而更为加强。①

① 李泽厚：《中国古代思想史论》，人民出版社，1986年，第174页。

孔子儒学经过董仲舒借助阴阳五行学说的解释，更加富有了宗教性，并结合当时社会政治的现状，对传统孔子儒学的思想做了全新的改造与发展，从而形成了新的天人合一的儒学体系。这不仅实现了对皇权体制合理性、合法性的解释，更是对儒家人伦纲常的政治意义做了新的解释，从而实现了儒学的时代性转化。

正因为如此，汉代基于阴阳五行学说所建构的新儒学思想体系，极大地满足了汉王朝政治统治的需要，实现了儒学的范式转化，改变了先秦以来儒学发展以六经解释的旧范式及服务于先秦王权体系的旧体系，由此成了先秦与中古时期儒学转关的枢纽式人物。尽管在汉唐之际，经学开始衰微，玄学、佛学盛行，但是不能否认的是，汉代所建构的天人感应的思想体系，始终是当时经学解释的重要思想与方法而得到了儒者的传承与发展，一直到宋代。可以说，两汉作为中国古代经学发展史上的重要时期，由于董仲舒的推动，经学、儒学实现了革命性的变化，而这种范式盛行于汉唐之际，进而与宋明理学、清代考据学相提并论。进而言之，两汉经学的发展，不仅在经学观念上、经学解释与方法上有很大的变化，更是在借助经学诠释所建构的儒学理论上也表现出了极大的不同。换句话说，两汉时期，儒家学者主要利用阴阳五行学说，重新解释了儒家经典，构建了全新的儒学思想体系，为儒学的传承与发展做出了不可忽视的贡献，而董仲舒则在此过程中扮演着枢纽性的作用。更为主要的是，董仲舒新儒学在强化中央集权方面的积极价值，也为后来诸儒所推崇，尤其是清代康梁变法之际，也以董仲舒之学为标杆，不能不说董学影响之深远。

结　语

董仲舒作为汉代经学兴起时代的重要推动者，他结合时代的需要对当时的经学做了全新的改造与发展，由此促成了天人一体化经学体系的重建。董仲舒作为当时的儒宗，其经学具有时代性，也具有极强的现实性。董仲舒经学思想体系及治国之道，得到汉武帝的支持与采纳。汉武帝以此为基础，“卓然罢黜百家，表章六经”[①]，在思想统治上，结束了之前诸子学并进的状态，尤其是黄老刑名之学的盛行。在政治上，开始采取了削弱诸侯国的一些列政策，并积极对匈奴用兵，由此巩固了当时中央集权下的王权统治。总体来看，董仲舒基于经学解释的形式实现了儒学的范式转化，这在儒学发展史上具有里程碑的意义。如有学者所说：“董仲舒将阴阳五行学说同儒家学说结合起来，以阐释《公羊传》的形式提出一套系统、精致的政治学说，建立了关于王道和天道的复杂的系统哲学理论。这是儒学发展史上的一个里程碑。”[②]

需要强调的是，董仲舒以治道为宗旨，借助阴阳五行学说对儒家经典进行解释，从而形成了全新的经学解释的范式，由此形成了两汉经学解释的阴阳五行化。更为主要的是，董仲舒的经学解释，不论是对《春秋公羊传》的诠释，还是对群经的解释，都是为了基于汉王朝的政治需要，而吸纳孔子之后儒家各家各派的思想，推动新儒学思想体系的建构。从这个角度来说，董仲舒是先秦以来经学及儒学发展的关键性人物，也是荀子以后经学、儒学的集大成者，而这离不开他对于《春秋》尤其是《公羊传》的诠释与思想建构。对此正如学者严正所言：

> 五经的发展各自有其独立的发展脉络，它们在秦汉之际都顺应时代的发展和要求，自觉或不自觉地向着阴阳五行的天道观靠拢，但是只有公羊学家董仲舒天资卓绝，自觉地提出和论证了儒家的天道观，全面地论证了先秦儒学的各种观念，受到了汉武帝的认可，于是董仲舒的春秋学自然而然地成为五经哲学的核心。董仲舒之后，不仅五经哲学成为自觉的理论体系，而且儒家学派也进入了一个新的发展阶段，可以说董仲舒的思想集汉初经学发展之大成。所以，我们认为《春秋》哲学史汉初五经发展的中心

① 班固：《汉书》卷六《武帝纪》。

② 章启群：《经世与玄思：秦汉魏晋南北朝的精神文明》，北京大学出版社，2009年，第9页。

和灵魂，董仲舒是秦汉之际五经哲学发展的集大成者。①

可以说，正是由于董仲舒对五经做了全新的解读与诠释，更是基于《春秋》学建构了天人感应的思想体系，由此将五经融为一个思想体系，实现了五经之学的价值与范式转化，更是完成了先秦以来经学、儒学的集大成工作。这样一来，就改变了之前孟子、荀子、陆贾、贾谊等人儒学作为诸子之学的历史地位，一跃成了汉代官方之学，并直接影响了两千多年中国思想文化、社会政治的发展，为中华文明注入了礼乐文化的精神。

我们不能否认，董仲舒的新经学推动了当时经学大发展的同时，也导致了谶纬之学的兴起，尽管它也是经学的一部分，促进了当时经学的飞速发展。但是，谶纬之学在两汉之际，随着阴阳五行、天人感应之学的流行，儒者便以神化、比附的方式来解读经典，使得经学解释更加远离圣人本意，对此正如有的学者所言：

> 谶纬是汉代经学发展史上一个较为特殊的现象。它的形成、它的内容及思想实质，都与今文经学有内在的联系。……从本质上说，谶纬是以天人感应为理论基础、以阴阳五行为诠释手段、以经学与神学合一为根本理念的一种独特的学术现象，它应被视为今文经学的一般形态，尽管其本身亦体现为一种学术文化的历史运动。②

实际上，谶纬之学是两汉经学，尤其是今文经学发展的必然结果。毕竟，西汉今文经学主要的理论基础是阴阳五行学说，而阴阳五行学说经过董仲舒等人的推动，被建构出一套天人感应的思想体系。而谶纬之学则在天人感应学说的基础上，走得更远、更甚，以至于演化为经学与神学相结合的一种独特的学术形态。正因为如此，导致了东汉时期，今文经学的衰微、古文经学的兴起，以至于在整个中古时期，今文经学都处于式微的状态，这与董仲舒所推动的经学与政治的合一有直接的关系。

---

① 严正：《五经哲学及其文化学的阐释》，齐鲁书社，2001年，第312页。

② 边家珍：《汉代经学发展史论》，中国文史出版社，2003年，第195页。

本文为“2021中国·衡水董仲舒与儒家思想国际研讨会暨中华孔子学会董仲舒研究委员会学术年会”提交的论文。

姜海军（1977—），男，宁夏青铜峡市，北京师范大学历史学院教授，博士，博士生导师。

董仲舒的“春秋”观

——观念史与史学史的考察

张俊娅

在今天看来，《春秋》就是孔子据鲁国国史所修的《麟经》，但在先秦数百年间，孔子所修之《春秋》（后文称之为《春秋》）与百国史书《春秋》《左氏春秋》（后文称之为《左传》）的概念相互混淆，直至西汉立《春秋》博士，《春秋》的概念仍然不明晰。笔者以为，《春秋》概念的明确，是春秋学史上的重要问题之一。对此问题，以往学者未给予足够的重视，很少有人涉猎①。作为西汉春秋公羊学博士，董仲舒在春秋学史上有着重要地位，因而探究董仲舒的《春秋》概念，是为《春秋》“正名”的重要里程碑。

董仲舒的《春秋》概念，是指董仲舒眼中的《春秋》是什么。是那本孔子所修的只有1.8万字的书吗？《春秋》仅有1.8万字，而记录240年间事，简略如此也就只能如同今日的新闻标题，王安石所谓断烂朝报者也。没有三传，如何识得《春秋》之奥、圣人之意。因

① 以《春秋》观命名的文章与专著甚多，然而多关注研究《春秋》的思想、内容、社会意义与哲学理念，与本文的关注点不同。对于“春秋”概念的探究未曾有专著，只有台湾学者戴晋新《先秦诸子的“春秋”观——观念史与史学史的考察》一文专门关注于先秦诸子的《春秋》概念。此文见于《理论与史学》第3辑，中国社会科学院历史研究所马克思主义史学理论与史学史研究室主编，中国社会科学出版社，2016年，第60—73页。

此，三传因《春秋》而产生且得名（《左传》则不然，此处仅为概说）；《春秋》借三传得以揭示与流传。因此董仲舒的《春秋》概念也绕不开三传的因素。众所周知，个人对于事物的观点态度总是受其所处的时代、个人的学识与素养的影响，而个人对于事物的观点主要显示于他的著作、言谈、待人接物，甚至于情感态度之中。斯人已乘黄鹤去，不废文章万古流。对于董仲舒的《春秋》概念的探究，需循其著述而开展，考察与分析董仲舒对《春秋》经传的事、文、义的称引，厘清《春秋》在西汉时被认知的情况。

一、《春秋繁露》中的《春秋》

孔子之前就有百国春秋，孟子所谓的晋之《乘》、楚之《梼杌》、鲁之《春秋》（《孟子·离娄下》），《墨子》所谓的鬼故事著在周、燕、宋、齐之春秋是也（《墨子·明鬼下》）。战国之际，《左氏春秋》与孔子所修的《春秋》也并行于世。孔子之后的数百年间，在历代孔门弟子的口授笔传下，孔子所修之《春秋》才逐渐从百国《春秋》中脱颖而出。而至西汉之际，《春秋》的概念仍然与三传有混淆现象。《春秋繁露》是董仲舒的代表作，探究其中的《春秋》概念，是了解董仲舒《春秋》概念的必由之路。《春秋》在《春秋繁露》中出现128次，可分为《春秋》经与《公羊传》。

（一）《春秋》指《春秋》经

通过对《春秋繁露》中“春秋”一词的爬梳，将与《春秋》有关的描述整理分析可知，其中的《春秋》包括两种情况，确指《春秋》经和概说《春秋》经。第一种情况是指在《春秋》中能找到具体的对应的经文：

《春秋繁露·楚庄王》篇曰：“楚庄王杀陈夏征舒，春秋贬其文，不予专讨也。”《春秋》经宣公十一年：“楚人杀陈夏征舒。”《公羊传》云：“此楚子也。其称人何？贬。曷为贬？不与外讨也？实与而文不与。文曷为不与？诸侯之义，不得专讨也。”《春秋繁露》称“《春秋》贬其文”，是指《春秋》经文中将“楚子”称为“楚人”。因此此句中的“春秋”就是指《春秋》经。

《春秋繁露·玉杯》篇曰：“今赵盾弑君，四年之后，别牍复见，非《春秋》之常辞也。”赵盾弑君之事见于宣公二年《春秋》经文：“晋赵盾弑其君夷皋。”宣公六年经文又曰：“晋赵盾、卫孙免侵陈。”《春秋》常辞是贼不复见，《春秋》违反此常辞，赵晋又于四年后再次出现于《春秋》。联系两年的经文，则“非《春秋》之常辞也”一句中的“春秋”就是指《春秋》经。

《春秋繁露·楚庄王》篇的：“《春秋》曰：‘晋伐鲜虞。’”与昭公十二年《春秋》经文完全一致。

以上《春秋繁露》中提到的《春秋》，寻其源头，或者其文，或者其事，均在《春秋》经中能找到对应的出处，则其指《春秋》经无疑。

第二种情况往往是对于《春秋》的概括总结与评论，如：

> 《春秋》常于其嫌得者，见其不得也。（《春秋繁露·楚庄王》）
>
> 《春秋》之道，奉天而法古。（《春秋繁露·楚庄王》）
>
> 《春秋》无通辞，从变而移。（《春秋繁露·竹林》）

可见，这类概说一般关乎春秋大义或春秋笔法，是从总体上概说《春秋》的性质或特征，也应归纳为确指《春秋》经。

（二）《春秋》指《公羊传》

《春秋》指《公羊传》，是指董仲舒说的是《春秋》，但是循着文意与事例来看，其指向是《公羊传》。《春秋繁露》中这种情况颇多，举例如下：

《春秋繁露·玉杯》篇曰：“春秋讥文公以丧取。”《春秋》讥文公丧取之事，见于《公羊传》文公二年。《春秋》经：“公子遂如齐纳币。”语句客观平实，未见褒贬讥讽之意。《公羊传》则曰：“纳币不书，此何以书？讥，何讥尔？讥丧娶也。娶在三年之外，则何讥乎丧娶？三年之内不图婚。”可见董仲舒是径直将《公羊传》称为《春秋》。

《春秋繁露·竹林》篇曰：“司马子反为其君使，废君命，与敌情，从其所请与宋平，是内专政而外擅名也。专政则轻君，擅名则不臣，而《春秋》大之。”司马子反私自与宋国言和之事见于《春秋》宣公十五年：“夏，五月，宋人及楚人平。”楚庄王围宋城，而军粮只能支撑七天之用，庄王让司马子反去窥探宋国城中情况。司马子反在探查中遇到宋国华元，华元说城中人“易子而食，析骸而炊”，司马子反闻此起恻隐之心，与华元说和而退兵。《春秋》经称“宋人”“楚人”是为贬，因为“平在大夫”。为何董仲舒说“《春秋》大之”?“为其有惨怛之恩，不忍饿一国之民”（《春秋繁露·竹林》)。《公羊传》中：“外平不书，此何以书？大其平乎已也。”可见，《春秋》经持贬的态度，而《公羊传》则含褒的观点。显然，董仲舒接受的是《公羊传》的态度，这是董仲舒将《公羊传》称为《春秋》的一个典型案例。

《春秋繁露·郊事对》篇曰：“《春秋》曰：‘鲁祭周公，用白牡。’”鲁国用白牡祭祀周公，见于《公羊传》文公十三年：“鲁祭周公，何以为牲？周公用白（牡)。”是董仲舒直接将《公羊传》称为《春秋》。

由以上分析可知，董仲舒有径直将《公羊传》称为《春秋》的现象。董仲舒时已立春秋公羊学博士，因此在他看来，表达的就是经的意思，有时就混而为一了。与董仲舒同属西汉而稍后的学者刘向也有称传为经的现象。徐复观说：“刘向以《公羊》《穀梁》所传者为能得《春秋》立意。故对两传，极少数称‘传曰’，大多数即称《春秋》或《春秋》曰。”[1]53这与董仲舒径直称传为经同理。

二、《春秋繁露》中的“传”

前文考察董仲舒关于《春秋》的概念，主要是从董仲舒所说的“春秋”所指入手。《春秋繁露》依《春秋》而命名，其所述从大的方面来说，是围绕《春秋》无疑，那么《春秋繁露》中的“传”亦应围绕《春秋》而言。但是，细究《春秋繁露》中的“传”，不尽如此。笔者认为，另开一路，从《春秋繁露》所说的“传”来考证董仲舒关于《春秋》的概念才会臻于至善。现以《春秋繁露》中“传曰”为导向，由传溯源经，双向探究董仲舒的《春秋》概念。

（一）传为《公羊传》与无传之传

据笔者统计，“传”于《春秋繁露》共出现17次，可分为《公羊传》与无传之传两类。

第一类：“传”指《公羊传》，凡12见。举两例：

《春秋繁露·玉英》篇有“传曰：‘臧孙许与晋却克同时而聘乎齐，按经无有，岂不微哉。’”此内容见于成公二年《公羊传》。

《春秋繁露·王道》篇有“传曰：‘古者不盟，结言而退。’”见于桓公三年《公羊传》。

第二类：“传”在三传中均未找到，有5例。举两例如下：

> 传曰：“轻为重，重为轻，非是之谓乎？”（《春秋繁露·玉杯》）

> 传曰：“唯天子受命于天，天下受命于天子，一国则受命于君。”（《春秋繁露·为人者天》）

董仲舒于《春秋繁露》中17次提及“传”，其中有12次指《公羊传》，董仲舒为春秋公羊学大师，他所说的传多指《公羊传》乃自然。而这些在三传中找不到出处的传，应该是董仲舒自己的阐发，亦有可能是汉代将所有对儒家经典的阐释均称为传。苏舆曰：“（《春秋繁露》）之于传，阐发为多。”[2]2 这种情况在汉代其他学者中也时有发生。徐复观说：“（刘向）但凡以‘春秋’之名所称之传，皆属于《公羊》《穀梁》，乃至于董仲舒之《春秋》说。”[1]53 日本学者本田成之说：“把诸子百家之说，或贤人所书叫作‘记’或‘传’，而以圣人的六经或五经叫作‘经’。”[3] 所见略同。

（二）董仲舒对《左传》与《穀梁传》的引用

《汉书·五行志》言：“景、武之世，董仲舒治《公羊春秋》，始推阴阳，为儒者宗。”[4]1317 司马迁亦言：“汉兴至于五世之间，唯董仲舒名为明于春秋，其传公羊氏。”[5]3128 是董仲舒为公羊大师，世人皆知。然而身为公羊大师，董仲舒《春秋繁露》中频见《左传》与《穀梁传》事与义，或者明引其文，或者暗用其意。如下：

《春秋繁露》对《左传》的引用：《春秋繁露》全文，未提及《左传》，但引用了《左传》中之事。

《春秋繁露·王道》篇说："（楚灵王）有行暴意，杀无罪臣成然，楚国大懑。公子弃疾卒令灵王父子自杀而取其国。"事见于《左传》昭公十三年。楚灵王屡次不礼遇臣下，他任令尹时，杀死大司马薳掩而夺取了他的家产；即位后又夺取薳居的田地；把许国迁走但是把许围留下作为人质；洧的父亲战死，灵王不让洧奔丧而让他守城，又夺蔓成然的封邑。因此楚国人大怨，纠集力量，以公子弃疾为首，攻入王室，杀死灵王的两个儿子，灵王就此自杀。事件起因结果均与《左传》相同，只是《左传》详细而《春秋繁露》简略。

《春秋繁露·五行相胜》篇有"（司农）不劝田事，搏戏斗鸡，走狗弄马"。事见于《左传》昭公二十五年。季氏与郈氏斗鸡，季氏为其鸡戴上盔甲，郈氏为其鸡套上金属的爪子。董仲舒述其大致而嘲讽二者不以政事为要的行径。

尽管董仲舒引用了《左传》中的事，但他既未说明是"春秋"，也未说明是"传"。可见，董仲舒视《左传》为史料，不认为《左传》是《春秋》之传。《汉书·楚元王传》云："及歆亲近，欲建立《左氏春秋》及《毛诗》《逸礼》《古文尚书》皆列于学官。哀帝令歆与《五经》博士讲论其义，诸博士或不肯置对，歆因移书太常博士，责让之。"[4]1976 为何诸博士不肯置对，是因为众大家不认为《左氏》是传《春秋》之作。清代刘逢禄考证这段话亦说："此时尚称《左氏春秋》，则歆初年尚未改旧名也。博士不肯置对者，以《逸书》十六篇绝无师说，谓《左氏》为不传《春秋》也。"[6] 刘氏此说，可谓灼见。

《春秋繁露》对《穀梁传》的引用：《春秋繁露》对于《穀梁传》亦有引用，但仅见于语义。

杨树达说，董仲舒通《春秋》之学，是有汉一世大儒，其《春秋繁露》一书，皆述公羊家说，然而亦时时用穀梁义[7]360。

例一见于《春秋繁露·深察名号》篇："君子于其言，无所苟而已，五石、六鹢之辞是也。"是说《春秋》措辞的严谨与精炼。《穀梁传》僖公十六年曰："君子之于物，无所苟而已。石鶂且尽其辞，而况于人乎？故五石、六鸟之辞不设，则王道不亢矣。”言语不尽相同，但意思一致。亦见于庄公十年《春秋》经：谭子奔莒。《公羊传》曰：“何以不言出？国已灭矣，无所出也。”何休注：“别于有国出奔者。孔子曰：‘君子于其言，无所苟而已。’”[8]此正说明了三传分流，溯源则一，盖孔子确有此言，后人传承则用于不同事例之中。

例二见于《春秋繁露·灭国上》篇：“王者，民之所往。”见于《穀梁传》庄公三年：“其曰王者，民之所归往也。”《春秋繁露》语言较《穀梁传》更为简练，与《穀梁传》中的语词与语意则完全一致。

另外，《春秋繁露·顺命》篇两处用《穀梁传》意。其一曰：“人于天也，以道受命；其于人，以言受命。不若于道者，天绝之；不若于言者，人绝之。”见于《穀梁传》庄公元年：“人之于天也，以道受命；于人也，以言受命。不若于道者，天绝之也；不若于言者，人绝之也。”不同之处仅在于介词与语气词的使用与否，语义语序评价完全一致。其二曰：“独阴不生，独阳不生，阴阳与天地参然后生。故曰：父之子也可尊，母之子也可卑，尊者取尊号，卑者取卑号。”见于《穀梁传》庄公三年：“独阴不生，独阳不生，独天不生，三合然后生。故曰母之子也可，天之子也可，尊者取尊称焉，卑者取卑称焉。”不但意思相同，言语也如出一辙。虽然《公羊传》《穀梁传》皆有，但溯源到头则是第一代宗师孔子，因此两家皆有亦是当然。因此苏舆说：“此篇两用穀梁传，盖师说同与？”[2]404

于《春秋繁露》之外，也可见董仲舒关于《穀梁传》之说。《春秋》桓公十七年：“十月朔，日有食之。”《公羊》无传；而《穀梁传》曰：“言朔不言日，食二日也。”《汉书·五行志》记载董仲舒“以为，言朔不言日，恶鲁桓且有夫人之祸，将不终日也”。《公羊》既无传，明显董仲舒针对《穀梁传》而议论。另外，康有为《春秋董氏学》一著[9]、杨树达《春秋繁露用谷梁传义疏证》一文[7]361中，均有举例说明董仲舒用《穀梁传》。徐复观亦举数例说明董仲舒曾习《穀梁传》[1]154。

董仲舒用《穀梁传》，亦有可能是《春秋》口传的原因。与前述董仲舒引用《左传》而未明言一样，董仲舒引用了《穀梁传》语义也并未说明，并且董仲舒所说的传中并未包含《穀梁传》，这固然有董仲舒时《穀梁传》尚未著于竹帛的原因，更重要的原因是董仲舒只视《公羊传》为传《春秋》之作。

（三）董仲舒为何会有两家之说

既然董仲舒不认为《左传》《穀梁传》两家为传《春秋》之作，按说先秦以至汉代重师承，家法森严，《荀子》有："言而不称师谓之畔，教而不称师谓之倍。倍畔之人，明君不内，朝士大夫遇诸涂不与言。"董仲舒也说："臣愚不肖，述所闻，诵所学，道师之言，仅能勿失耳。"[4]2519 那么为何董仲舒身为公羊大家而在其《春秋繁露》中屡现他家之说呢？笔者认为，原因有三。

首先，战国以来，《左传》广泛流传于民间，学者多有采用。苏舆说《左传》固行于民间，通儒多见之矣[2]507。刘正浩于《西汉诸子述〈左传〉考》自序中，在述列《汉书·贾谊传》《张敞传》《韦玄成传》中引用《左传》情况之后，他说："足见西汉《左传》一书，内藏秘府，外传民间。"[10]

但也应该考虑到，《左传》是史书，其根据就是史事。而史事的流传不只是书面，更广泛的流传形式是以口头方式传播于民间，这种形式一直延续到近代。现当代以来，全民扫盲、全面普及初级义务教育，才从根本上改变了民间口头传播历史的局面。则上述诸子及史传散文中所引《左传》事、义，似乎也不见得就必定出自《左传》。戴晋新说："近人或以诸子言及与春秋经传有关的事、文、义来说明彼此间的关系，方法固然不错，但运用时仍有些问题……忽略了彼此同源的可能性。"[11] 就是指出了史书记录史事，而史事不止仅依史书而流传，口说与史书流传的同源就是史事。

其次，是《公羊传》善于吸收两家之说。《公羊传》是开放的《公羊传》，并不墨守成规，而游走于两家。董仲舒也是有着开阔视野的通儒，他博览群书而汲取两家精华。廖平则认为在"著于竹帛"之前，《公羊传》已有兼有《穀梁传》《左氏》义。他说："学问未有久而不变者，《公羊》传学在鲁、燕之间，又著录稍晚，传习渐染，人思兼取，其杂用《左传》古学，盖在秦火以前，非必汉初弟子所为也。”

再者，董仲舒兼用两家，是因为《春秋》口传。三家之说，均可上溯至孔子。孔子口授《春秋》于七十子之徒，至后世分流。《汉书・艺文志》记载：“仲尼思存前圣之业，……有所褒讳贬损，不可书见，口授弟子，弟子退而异言。……及末世口说流传，故有《公羊》《穀梁传》《邹》《夹》之传。”[4]1715 初孔子教授弟子，以《春秋》为教材，然《春秋》区区1.8万字，何以表达其中的隐曲诲塞。圣人必口说其义，七十子之徒退而言说，世世相传，至于汉初，著于书帛而正式分流。司马迁说：“（孔子作《春秋》）约其辞文，去其烦重，以制义法，王道备，人事浃。七十子之徒口受其传指，为有所刺讥褒讳挹损之文辞不可以书见也。”[5]509 苏舆亦说：“春秋诡辞，门弟子当有口说传授。”[2]80 因此，孔子著《春秋》，有所忌惮也合乎情理，某些内容只能是口传弟子。七十子之徒均得业师口传，至后世分为三家，既然同出于孔子，因此三家之说彼此有所混同亦为当然。

括而言之，通过《春秋繁露》对于“春秋”及“传”的引用来看，董仲舒的《春秋》观念呈现以下特点：

首先，董仲舒就是一个纯粹的《公羊》学家。他所说的春秋是指《春秋》经与《公羊传》，他所说的传就是《公羊传》。至于他为何将《公羊传》称为《春秋》，是因为在他看来，传所表达的，正是经的意思，因此在一定意义上，传就与经是一样的。其次，董仲舒的学说中有《左传》与《穀梁传》的因素，那是因为他不视《左传》为传《春秋》之作，《左氏》作为一般史书，流通于汉世，董仲舒视它为史料。他的学说中有《穀梁传》的因素，是因为七十子之徒之间的渗透与间杂以及口传因素，不能由此而否定董仲舒是一个纯粹的《公羊》学家。再者，《春秋》成为专名，至西汉完成。董仲舒的《春秋》中，不再有含混的泛指史书意义上的《春秋》，《春秋》就是指孔子所修的《春秋》，它与《左传》泾渭分明。最后。三家此时已经分流，董仲舒只视《公羊》为传《春秋》之作。

参考文献：

[1] 徐复观. 两汉思想史：卷三 [M]. 上海：华东师范大学出版社，2001.

[2] 苏舆. 春秋繁露义证 [M]. 北京：中华书局，2015.

[3] 本田成之. 中国经学史 [M]. 孙俍工，译. 桂林：漓江出版社，2013：3.

[4] 班固. 汉书 [M]. 北京：中华书局，1962.

[5] 司马迁. 史记 [M]. 北京：中华书局，1982.

[6] 刘逢禄. 春秋左传考证 [M]. 曾亦，点校. 上海：上海古籍出版社，2013：415.

[7] 杨树达. 积微居小学述林全编 [M]. 上海：上海古籍出版社，2007.

[8] 何休，徐彦. 春秋公羊传注疏 [M]. 上海：上海古籍出版社，2014：264.

[9] 康有为. 春秋董氏学 [M]. 北京：中华书局，2012：96—98.

[10] 刘正浩. 两汉诸子述左传考 [M]. 台北：台湾商务印书馆，1968：3.

[11] 戴晋新. 先秦诸子的“春秋”观——观念史与史学史的考察 [J]. 理论与史学，2016 (1)：66—79.

原载于《衡水学院学报》2020 年第 2 期。

张俊娅（1977—），女，陕西咸阳人，西北民族大学中国语言文学学部在读博士。

论董仲舒与何休的学术渊源

曾 亦

一 胡毋生与董仲舒

汉初传《公羊》之学者，首推胡毋生与董仲舒，皆尝为《春秋》博士。据《史记·儒林传》记载：

> 胡毋生，齐人也。孝景时为博士，以老归教授。齐之言《春秋》者多受胡毋生，公孙弘亦颇受焉。

胡毋生既教授于齐地，受其学者当多为齐人，然唯公孙弘以取汉相而显于世[①]。又，《汉书·儒林传》谓公孙弘受胡毋生《公羊春秋》，而《汉书》本传则谓弘“年四十余，乃学《春秋杂说》”，《汉书·艺文志》著录有《公羊杂记》八十三篇，不知是否即《春秋杂说》[②]？

当时治《春秋》者，又有董仲舒。仲舒，赵人，少治《春秋》，景帝时为博士。《汉书·五行志》云：“汉兴，承秦灭学之后，景、武之世，董仲舒治《公羊春秋》，始推阴阳，为儒者宗。”则胡毋生与董仲舒，俱以治《春秋》而为博士，而仲舒尤为儒者所宗矣。

然董仲舒之学，授受不明。汉人以胡毋生、董仲舒平列，如《汉书·儒林传》谓二人“同业”，郑玄《六艺论》亦以胡、董并称。然至唐徐彦《公羊疏》，乃以仲舒为胡毋生弟子，“胡毋生本虽以《公

① 公孙弘学宗《公羊》，较之董仲舒，其于汉廷尊用儒术，更有力焉。据《史记·儒林列传》，“公孙弘以《春秋》白衣为天子三公，封以平津侯，天下之学士靡然乡风矣”。弘又奏请立博士弟子，“为博士官置弟子五十人，复其身。太常择民年十八已上，仪状端正者，补博士弟子。郡国县道邑有好文学，敬长上，肃政教，顺乡里，出入不悖所闻者，令相长丞上属所二千石，二千石谨察可者，当与计偕，诣太常，得受业如弟子。一岁皆辄试，能通一艺以上，补文学掌故缺；其高弟可以为郎中者，太常籍奏。即有秀才异等，辄以名闻”，“自此以来，则公卿大夫士吏，斌斌多文学之士矣”。儒学之兴，实以此焉。又据《汉书·儒林传》，“仲舒通五经，能持论，善属文，江公呐于口，上使与仲舒议，不如仲舒。而丞相公孙弘本为公羊学，比辑其议，卒用董生。于是上因尊公羊家，诏太子受《公羊春秋》，由是《公羊》大兴”，可见，董仲舒之进用及《公羊》大兴，公孙弘皆颇有力焉。然《史记·儒林列传》云：“公孙弘治《春秋》不如董仲舒，而弘希世用事，位至公卿。董仲舒以弘为从谀。”时辕固生与弘并征，亦正告之曰：“公孙子，务正学以言，无曲学以阿世。”可见，董仲舒、辕固生俱不屑弘之为人，然弘之所为，犹汉初叔孙通也，殆政治人物之品性常若此类耳。对此，唐晏《两汉三国学案》云：“胡毋生派止传公孙弘一人，故弘居朝专与董生立异，正以流别不同耳。”戴维殆从其说，以为汉初《公羊春秋》之传授颇复杂，公孙弘初受《春秋杂说》，至胡毋生年老归教于齐，弘乃从受《公羊春秋》，则弘之《春秋》学，未必全出于胡毋生也。《汉书·儒林传》谓弘“颇受”于胡毋生，疑有此意也。故弘与仲舒之冲突，非必全因弘之人品，亦以其学与仲舒不尽同故也。（参见戴维：《春秋学史》，湖南教育出版社，2004年，第63、64页）

② 章太炎以为，“春秋杂说”非《春秋杂说》，乃《春秋》杂说，即《公羊传》也；且谓“史公以《公羊》为《春秋》杂说，其以《左氏》为《春秋》正义明矣”。（《春秋左传读叙录》，《章太炎全集》第二册，上海人民出版社，2017年，第815页）章氏尊《左氏》，竟不惜丑诋《公羊》如此。

羊》经、传传授董氏，犹自别作《条例》”①。徐氏以为，胡毋生之书既有《公羊章句》，又有《条例》，而仲舒受于子都者，唯《章句》耳，至于其《条例》，直至汉末何休乃远绍之。观乎董书，有“《春秋》无达辞”之说，殆疏于条例之学耶？

案，胡毋生既以老而归齐教授，然董仲舒至武帝时犹为《春秋》博士，且随着“五经博士”的建立，董仲舒及其弟子遂垄断了官学中《春秋》的教授，其影响和地位自非教授于齐地的胡毋生可比。故其后治《公羊》者，多出于董子之门。《汉书·儒林传》云：

> 胡毋生，字子都，齐人也。治《公羊春秋》，为景帝博士。与董仲舒同业，董仲舒著书称其德。年老，归教于齐，齐之言《春秋》者宗事之，公孙弘亦颇受焉。而董生为江都相，自有传。弟子遂之者，兰陵褚大、东平嬴公、广川段仲、温吕步舒。大至梁相，步舒丞相长史，唯嬴公守学不失师法，为昭帝谏大夫，授东海孟卿、鲁眭孟。

然班固此段文字，极易让人误会。盖仅据此处所说，褚大、嬴公、段仲、吕步舒等，既可视为胡毋生弟子，亦可做董仲舒弟子。若如前说，整个两汉公羊博士官学，悉为胡毋生之传矣。其后范晔即持此说，曰：

> 齐胡母子都传《公羊春秋》，授东平嬴公，嬴公授东海孟卿，孟卿授鲁人眭孟，眭孟授东海严彭祖、鲁人颜安乐。（《后汉书·儒林传》）

更后，《隋书·经籍志》亦祖范说，而以两汉博士之学俱出于胡毋生也。

案，《史记·儒林列传》云：“仲舒弟子遂者：兰陵褚大、广川殷忠、温吕步舒。”又云：“董仲舒弟子吕步舒不知其师书，以为下愚。”可见，史公明以吕步舒等为仲舒弟子也。又，《汉书·眭弘传》云：

---

① 清凌曙《春秋繁露注》序即祖此说，谓“（公羊）寿乃一传为而胡毋生，再传而为董仲舒”。徐复观尝撰文，驳此说甚详。（参见徐复观：《两汉思想史》第二册，台北：学生书局，1976年，第317—319页）

“先师董仲舒有言，虽有继体守文之君，不害圣人之受命。”则眭弘亦出于董仲舒一脉也。可见，《汉书·儒林传》所叙次诸弟子，当承“董生为江都相，自有传”一语而来。又，郑玄《六艺论》云：“治《公羊》者胡毋生、董仲舒。董仲舒弟子嬴公，嬴公弟子眭孟，眭孟弟子严彭祖及颜安乐，安乐弟子阴丰、刘向、王彦。”陆德明《释文序录》云：“兰陵褚大、东平嬴公、广川段仲、温吕步舒，皆仲舒弟子。”诸如此说，俱谓褚大、嬴公以下为仲舒弟子，足见范晔误读班书也。

可见，两汉《公羊》博士之学，当出于董仲舒无疑，而与胡毋生无涉。至于胡毋生之学，则主要在齐地流传，并未取得官学地位，宜乎何休不满于博士之“守文持论败绩失据”之失，乃追本溯源，而欲回归于汉初胡毋生之学也。

二　何休对汉博士之学的不满

何休（129—182），字邵公，任城樊人。据《后汉书·儒林传》，休为人质朴讷口，而雅有心思，精研六经，世儒无及者。太傅陈蕃辟之，与参政事。蕃败，休坐废锢，乃作《春秋公羊解诂》，覃思不窥门，十有七年[①]。又注训《孝经》《论语》、风角七分。皆经纬典谟，不与守文同说。又以《春秋》驳汉事六百余条，妙得《公羊》本意。休善历算，与其师博士羊弼，追述李育意以难二传，作《公羊墨守》十四卷、《左氏膏肓》十卷、《穀梁废疾》三卷。

案，东汉所立今文十四博士，其中，《春秋》则唯有严、颜二家，皆出于董仲舒弟子眭弘也。汉人既重师法与家法，则东汉《公羊》博士当出于严、颜二家无疑。然据今所见史志，又有李育、班超、杨

---

① 案，陈蕃败在灵帝建宁元年（168），而何休卒在光和五年（182），前后只十五年，与所说十七年不合，故徐彦疏何休序“余窃悲之久矣”一语云：“何邵公精学十五年，专以《公羊》为己业。”然桓帝延熹九年（166），时有第一次党锢之祸，休即被废锢，则至邵公卒，恰为十七年矣。

终、王充、荀爽、戴宏等《公羊》学者，师承不明，似未必尽出于严、颜之学。《后汉书·儒林传》谓何休“与其师博士羊弼，追述李育意以难二传”，则羊弼当守严、颜之学，而何休之学本出于博士也；至于李育，因在章帝建初间得为博士，则李育之学当亦不出严、颜之外①。

据邵公《解诂》自序云：

> 传《春秋》者非一，本据乱而作，其中多非常异义可怪之论，说者疑惑，至有倍经、任意、反传违戾者。其势虽问不得不广，是以讲诵师言至于百万犹有不解，时加让嘲辞，援引他经，失其句读，以无为有，甚可闵笑者，不可胜记也。是以治古学贵文章者谓之俗儒，至使贾逵缘隙奋笔，以为《公羊》可夺，《左氏》可兴。恨先师观听不决，多随二创。此世之余事，斯岂非守文、持论、败绩、失据之过哉！余窃悲之久矣。往者略依胡毋生《条例》，多得其正，故遂隐括使就绳墨焉。

据此，贾逵“缘隙奋笔”，所针对的自是博士之学，其用意则在欲使《左氏》夺《公羊》的学官地位。而治古学者所讥的“俗儒”，亦指守博士之学者。至于《儒林传》谓邵公“不与守文同说”，盖不取于严、颜二家博士之学也②。何休既深不慊于博士之学，遂据胡毋生《条例》③，而撰《解诂》而为《公羊传》注。可见，相对于严、颜二家，何休之学实属新论也。

案，汉初《公羊》先师，唯胡毋生、董仲舒也，二子同业，而俱

① 段熙仲则以李育、羊弼、何休俱非严、颜二家之学。

② 清人惠定宇《公羊古义》谓何休传颜氏《春秋》，然据徐疏，颜氏“分张一公而使两属”为“任意”，说十四日日食乃“反传违戾”，皆指斥颜氏也。

③ 关于胡毋生《条例》，两汉《儒林传》《汉志》及何休以前文献，皆不见称述。徐复观以为，汉人解经，多采取故训、章句、传说之形式，而以条例治经者，乃出现于西汉末期，非汉初所能有。因此，胡毋生有《条例》，不过出于何休之说耳。（参见徐复观：《中国经学史的基础》，载《徐复观论经学史二种》，上海书店出版社，2005年，第125页）

为景帝时博士[①]。其后各自异传，董子之学传在官府，而立为博士，然胡毋生之学不知所传，盖犹古文之学，在民间或有传习焉[②]。何休既师博士羊弼，又追述李育意以难二传，而李育“少习《公羊春秋》”，亦为博士，则邵公之学又似不出于严、颜博士之藩篱，而远绍董子也。[③]

然江藩《公羊先师考》以为，“休之学出于育，育之学本之子都”，又谓“仲舒推五行灾异之说，取京房之占，不师仲舒可知矣”，“今之公羊，乃齐之公羊，非赵之公羊也”。其后，康有为亦以为，“董子之学见于《繁露》，胡毋生之学传于何休”[④]。诚若是说，则何休之归本于胡毋生，犹孝宗承统之反正也。段熙仲尝作《〈春秋公羊传解诂〉所据本考》，多有取于江藩之论，考订颇精审，断言邵公《解诂》多据胡毋生《条例》，与董子《繁露》不同[⑤]。段氏因谓何休乃“西京博士之教外别传，而直接胡、董先师之说者矣”[⑥]。且观徐疏，何休不独讥严、颜二家，甚至有批评董氏者。徐疏谓“逄丑父代齐侯当左，以免其主。《春秋》不非而说者非之，是背经也”，然此说

---

① 案，《公羊传》与《春秋繁露》所记《春秋》先师，几无有相同者，颇为可怪。黄开国以为，《繁露》晚出，而不及《公羊传》所载先师者，实以赵、齐学术之异故也。（参见黄开国：《春秋发展史》，人民出版社，2013年，第48、49页）

② 汉李固《祀胡毋先生教》谓胡毋生“知时情，匿书自藏，不敢有声”，清姚振宗因谓“胡毋氏《章句》，据李子坚言，当时匿书自藏，殆归教于齐，齐之学《春秋》者传，至后汉犹存，为何邵公等所祖述。”（姚振宗：《汉书艺文志拾补》，台北：台湾开明书店，《二十五史补编》本，1959年，“胡毋生《春秋公羊传章句》”条）。邵公舍胡毋生《章句》而从《条例》，盖以刘歆、贾逵等创通条例，执例诠经，夺《公羊》官学之地位，邵公欲与之相抗，亦推明条例之说，较之《公羊传》，邵公《解诂》之条例，愈加繁复矣。（参见张广庆：《从〈春秋公羊解诂〉论何休对贾逵之反击》，《经学研究论丛》第三辑，第202页）

③ 清阮元谓邵公“为胶西（董仲舒）四传弟子，本子都《条例》以作注”，然邵公与董生年辈相去甚远，不可能止有四传，故此说实为不经。

④ 张伯桢：《南海师承记》，《康有为全集》第二册，第212页。又参见康有为：《春秋笔削大义微言考发凡》，《不忍杂志》第八期。

⑤ 参见段熙仲：《春秋公羊学讲疏》，南京师范大学出版社，2002年，第14－23页。

⑥ 段熙仲：《春秋公羊学讲疏》，第13页。

实出于董氏。故何休《解诂》虽以逄丑父非王法所当贵，然犹与以善辞。据此，则何休之学盖传自胡毋生也①。抑或李育、羊弼虽为博士，犹兼习胡毋生《公羊春秋》，是以何休乃得折衷于胡、董之间耶？

综上所论，何休之学术渊源，大致有三：其一，就李育、羊弼俱得立为博士而言，何休之学亦不出于严、颜二家之外。其二，就何休之不慊于严、颜之徒而言，又似欲返本于汉初之胡毋生、董仲舒也。其三，何休既依胡毋生《条例》而作《解诂》，则其学自当上承胡毋生②。

三　董仲舒与何休解经之异：以论逄丑父事为例

何休《解诂》序谓《春秋》"多非常异义可怪之论"，然严、颜二家学者以为异于常理，遂"致疑惑"，其说甚至有"倍经、任意、反传违戾者"。对此，徐彦疏举逄丑父一事以论二家学者之"背经"，盖"《春秋》不非而说者非之"也。

---

① 清末苏舆作《春秋繁露义证》，其《自序》谓何休所以述胡毋生而不及董子者，云："余因推思董书湮抑之繇，盖武帝奉《春秋》本由平津，董生实与之殊趣。生于帝又有以言灾异下吏之嫌，虽其后帝思前言，使其弟子吕步舒以《春秋》治淮南狱，且辑用生《公羊》议，时复遣大臣就问政典，抑貌敬以为尊经隆儒之饰耳。史公称公孙弘以《春秋》白衣为天子三公，天下学士靡然向风。则当日朝野风尚可以概见。其后眭孟以再传弟子误会师说，上书昭帝，卒刑诛。乃至邵公释《传》，但述胡毋，不及董生，阶此故已。歆崇古学，今文益微，《公羊》且被讥议，董书更何自存？"苏氏以为何休之不能述董子，盖以董子书不存故也。然此说舛谬实多，其理由有二：史、班两传俱称两汉博士所传皆董子学，何湮抑之有？此其一也。又，隋唐人尚能"时见征引"，何休时当汉季，即便无从观董书之全貌，何至于一无所称乎？此其二也。盖苏氏有感于时政之非，遂痛斥龚、康之徒误会董书所致也。

② 何休据胡毋生《条例》以作《解诂》，然胡毋生又有《春秋章句》。汉李固有《祀胡毋先生教》一文，曰："自宣尼没，七十子亡，经义乖散，秦复火之，然胡毋子都禀天淳和，沈沦大道，深演圣人之旨，始为《春秋》制造《章句》，是故严、颜有所祖述征微，后生得以光启，斯所谓法施于人者也。……太守以不材，尝学《春秋》胡毋《章句》，每读其书，思睹其人，不意千载来临此邦，是乃太守之先师。"（唐李敬宗等：《文馆词林》第二册，商务印书馆，《丛书集成初编》，1936年）

案，成二年《公羊传》云：

君不使乎大夫，此其行使乎大夫何？佚获也。其佚获奈何？师还齐侯，晋郤克投戟，逡巡再拜稽首马前。逢丑父者，顷公之车右也，面目与顷公相似，衣服与顷公相似，代顷公当左。使顷公取饮，顷公操饮而至，曰："革取清者。"顷公用是佚而不反。逢丑父曰："吾赖社稷之神灵，吾君已免矣。"郤克曰："欺三军者，其法奈何？"曰："法斮。"于是斮逢丑父。

据此，逢丑父因免君于死，然因欺三军而为晋人所杀。可见，《公羊传》虽无褒逢丑父之明文，亦无贬辞。至于徐彦疏所谓"说者非之"者，实本于董仲舒之说也。《春秋繁露·竹林篇》云：

逢丑父杀其身以生其君，何以不得谓知权？丑父欺晋，祭仲许宋，俱枉正以存其君。然而丑父之所为，难于祭仲，祭仲见贤，而丑父犹见非，何也？曰：是非难别者在此。此其嫌疑相似而不同理者，不可不察。……祭仲措其君于人所甚贵以生其君，故《春秋》以为知权而贤之；丑父措其君于人所甚贱以生其君，《春秋》以为不知权而简之。……故欺三军为大罪于晋，其免顷公为辱宗庙于齐，是以虽难，而《春秋》不爱。丑父大义，宜言于顷公曰："君慢侮而怒诸侯，是失礼大矣。今被大辱而弗能死，是无耻也而复重罪。请俱死，无辱宗庙，无羞社稷。"如此，虽陷其身，尚有廉名。当此之时，死贤于生。故君子生以辱，不如死以荣，正是之谓也。由法论之，则丑父欺而不中权，忠而不中义。

盖自董仲舒视之，逢丑父虽生其君，然措其君于大辱之地，可谓"无耻也而复重罪"，虽忠而不合于义也。董仲舒甚至认为，逢丑父既致其君蒙辱如此，实属"弗忠"。可见，严、颜学者对逢丑父行为的批评，实本于董仲舒，则"说者之背经"，当由董子任其咎焉。

然《解诂》论逢丑父之事云：

佚获者，已获而逃亡也。当绝贱，使与大夫敌体以起之。丑父死君不贤之者，经有使乎大夫，于王法顷公当绝。如贤丑父，是赏人之臣绝其君也。若以丑父故不绝顷公，是开诸侯战不能死难也。如以衰世无绝顷公者，自齐所当善尔，非王法所当贵。

详何氏意，顷公佚获，自当绝贱，此王法也。至于丑父死其君，本当贤之，而《公羊传》所以不贤之者，以为如此不免有“开诸侯不能死难”之嫌。可见，何休实以丑父无有可非之者，尤其站在齐人立场，更当善其所为，然孔子作《春秋》，意在当“一王之法”，则丑父所为，“非王法所当贵”，此《春秋》不予以褒辞也。

可见，董、何对于逄丑父行为价值的判断截然相反。董仲舒认为逄丑父置其君于大辱之地，可谓不忠不义；而何休则以丑父得尽臣责，有可善者，唯以《春秋》当新王之法而不得褒也。换言之，在何休看来，丑父的行为，在道德上固可贵，而在王法上不当予以褒赏也。

今考何休《解诂》，无一语提及董仲舒，实属可怪也。即便就逄丑父一事，董、何的态度竟如此大相径庭，然何休犹不欲论董子之非，盖为尊者讳也，故其欲以胡毋生《条例》而规矩《公羊》，令归正路，亦在不言之中矣。

四　结语

何休之学，除为当时郑玄、服虔所攻驳外，亦颇遭后人讥评。盖其《解诂》多引谶纬，计有《书纬》一条、《礼纬》五条、《乐纬》两条、《易纬》两条、《春秋纬》四十四条、《孝经纬》四条，共五十八条。其中，尤以哀公十四年“西狩获麟”一条，可谓援引谶说之最。清陈澧乃据此以何休为《公羊》之罪人，曰：

> 西狩获麟，《公羊》但云：“记异也。”但云：“孰狩之？薪采者也。”但云：“孔子反袂拭面，涕沾袍，曰：吾道穷矣。”何注则云：“薪采者，庶人燃火之意。此赤帝将代周居其位。……”又云：“得麟之后，天下血书鲁端门。”云云。信乎《公羊》之罪

人矣。①

廖平则讥何休以此欲谄媚时君也，曰：

> 盖何君囿于风气，移于俗染，既以献媚时君，并欲求合时尚，坐此之故，见黜庙堂，非不幸也。②

至于皮锡瑞，则颇能体谅何休以图谶解经之苦衷，曰：

> 汉经学所以盛，正以圣经为汉制作，故得人主尊崇。此儒者欲行其道之苦衷，实圣经通行万世之公理。……据疏，是后汉尚谶记，不引谶记，人不尊经。而《左氏》增窜传文，《公羊》家但存其说于注，则《公羊》有引谶之罪，视《左氏》家当未减矣。③

盖汉光武以图谶取天下，其后诸帝莫不尊信之。贾逵条奏《左氏》长义，又以《左氏》牵合谶记，"借此以求道通"，遂贵显于时，章帝甚至以严、颜诸高才生受教于贾逵。可见，图谶与后汉政治实有莫大关系。邵公有惩于此，遂引图谶以解经，实出于"儒者欲行其道之苦衷"④。且两汉所立官学，与人主之好尚有莫大关系，自古及今，莫不皆然。何休思欲振兴《公羊》，其苦心可表天鉴，又何讥焉！

本文为"2021中国·衡水董仲舒与儒家思想国际研讨会暨中华孔子学会董仲舒研究委员会学术年会"提交的论文。

曾　亦（1969－），男，湖南新化人，同济大学哲学系教授，博士生导师。

---

① 陈澧：《东塾读书记》，卷一〇。

② 廖平：《何氏公羊解诂三十论》，载李耀仙编：《廖平选集》下册，第166页。

③ 皮锡瑞：《经学历史》，第81页。

④ 张广庆以为，昔者李育以范升折陈元，"不据理体"，乃作《难左氏义》四十一事。建初中，章帝集诸儒论五经同异，李育舍谶记，唯据理体以难贾逵。然贾逵终以附会图谶，致"《公羊》可夺，《左氏》可兴"。是以邵公悲之久，遂踵贾逵之智，亦以图谶解经矣。（参见张广庆：《从〈春秋公羊解诂〉论何休对贾逵之反击》，《经学研究论丛》第三辑，第182页）

从奉天法古到以夷变夏[①]

——近世今文学对公羊学改制说的继承与潜易

曾海龙

传统儒家政治学说的首要目标，在于建构与维护“大一统”的政教秩序。在这种秩序体系中，上自诸侯、大夫，下至士庶，皆当奉天子之正朔，而一统于天子。这项秩序建构，应早于殷周发端，至《春秋》撮其大要，最终在汉代由董仲舒等人完成。改制与“大一统”，是董仲舒《春秋》学的两条基本线索。在董仲舒这里，改制必以“大一统”为基础，亦以巩固“大一统”为目的。故董仲舒言改制，必有尊王与尊君之内涵。又因其改制以“奉天法古”为旨，故不仅尊时王，且尊先王与“二王后”，进而“通三统”。董仲舒的“大一统”理论，奠定了其后两千年中国政教秩序的观念基础。清末康有为以公羊学托古改制，特别重视公羊学中的改制之说。但康有为改制，确与旧公羊学家之改制有根本不同之处。苏舆视康有为改制为破坏名教之罪首，批评其“倡平等，堕纲常；伸民权，无君上也”[②]。这实际上是说，康有为只有改制，而无“法古”，更无尊王与尊君。康有为在面对“几千年未有之变局”时，欲进行根本性的制度变革，故其改制绝非只是传

① 基金项目：本文为国家社会科学基金后一般项目“儒学的现代性建构研究”（项目编号：20FZXB068）阶段性成果。

② 苏舆：《翼教丛编》序，《苏舆集》，湖南人民出版社，2008 年。

统公羊学的“文质再复”与“新民耳目”。无论是“通三统”还是“文质再复”，都无法让康有为有足够的资源来解决其面临的问题，故其虽托孔子改制，实则行“以夷变夏”之事。后来蒙文通、熊十力等人以《春秋》倡导“革命”来实现以“均平”“天下为公”为目标的大同太平世，亦是“以夷变夏”。以康有为、蒙文通、熊十力等为代表的今文学家[①]对公羊学改制之说的继承与潜易，既可见公羊学的文明史意义，亦可见传统到现代的转换依然面临诸多的挑战与问题。

一、奉天而尊王——董仲舒的大一统思想

董仲舒有言：“《春秋》大一统者，天地之常经，古今之通义也。”（《汉书·董仲舒传》）“大一统”之说，《公羊传》有明文。隐元年，春，王正月。《公羊传》云：

> 元年者何？君之始年也。春者何？岁之始也。王者孰谓？谓文王也。曷为先言王而后言正月？王正月也。何言乎王正月？大一统也。

《说文》云：“统者，纪也。”段玉裁云“引申为凡纲纪之称”。“大一统”，意为张大王者之纲纪，而一统于天子。故“大一统”之核心，就在于尊天子或尊王。在公羊家看来，《春秋》“大一统”的具体内容有二：一是强调奉周王室之正朔，二是要求奉周天子之政令。若有诸侯、大夫无视周天子权威，《春秋》就以书法的形式加以谴责，如“恒无王”之类。按《公羊传》“存三正”义，除“不辞”的情形，皆当于正月、二月或三月前书“王”。所谓“恒无王”，即在鲁桓公之

---

① 大体而言，近世今文学与旧今文学的差异在于：旧今文学笃守“奉天法古”，以文明论夷夏，视“天下”国家为理所当然的文明秩序；近世今文学则立足古今中西的视角，认可发端于西方文明的现代国家理念，并在“几年前未有之大变局”中寻求建立现代民族国家。就此而言，廖平、康有为、蒙文通等人是近世今文学家，而笃守旧公羊学理路的苏舆等人依然可被视作旧今文学家。需要说明的是，熊十力虽是以哲学理论见长的现代新儒家，其经学思想也并没有产生很大的影响，但就熊十力经学论述的理路、资源及其欲达成的政治与社会理想而言，亦可将其视作继廖平、康有为之后的近世今文学人物。

正月、二月或三月前不加“王”字，以谴责鲁桓公无视天子。恒元年，郑伯以璧假许田。《公羊传》云：

> 其言以璧假之何？易之也。易之则其言假之何？为公也。曷为为公？有天子存，则诸侯不得专地也。许田者何？鲁朝宿之邑也。诸侯时朝乎天子，天子之郊，诸侯皆有朝宿之邑焉。此鲁朝宿之邑也，则曷为谓之许田？讳取周田也。

朝宿之邑本为天子地，是周天子赐给诸侯国国君朝觐时的临时住所。鲁桓公却因朝宿邑远离鲁国，而私自将其与靠近鲁国的郑汤沐邑交换。此种做法，是《春秋》所批评的诸侯大夫专地行为。所谓“专地”，就是未经天子同意而私自交换或转移土地。这当然是违背《春秋》“大一统”原则的。

“专地”只是《公羊传》所批评的专擅行为中的一种。《公羊传》除谴责“专地”外，对诸侯、大夫“专封”“专讨”等行为亦予以谴责。譬如，齐桓公城邢、城楚丘，是为“专封”；楚庄王诛陈夏征舒，是为“专讨”。专擅之甚者，则“专废置君”。文十四年，晋人纳接菑于邾娄，弗克纳。《公羊传》云：

> 纳者何？入辞也。其言弗克纳何？大其弗克纳也。何大乎其弗克纳？晋郤缺帅师，革车八百乘，以纳接菑与邾娄，力沛若有余，而纳之。邾娄人言曰：“接菑，晋出也。貜且，齐出也。子以其指，则接菑也四，貜且也六。子以大国压之，则未知齐、晋孰有之也，贵则皆贵矣。虽然，貜且也长。”郤缺曰：“非吾力不能纳也，实义不尔克也。”引师而去之，故君子大其弗克纳也。此晋郤缺也，其称人何？贬。曷为贬？不与大夫专废置君也。曷为不与？实与，而文不与。文曷为不与？大夫之义，不得专废置君也。

晋郤缺纳接菑于邾娄，从常理而言是循义而行，但公羊家却认为其有“专废置君”之嫌。《公羊传》出于“大一统”的考虑，而贬郤缺为人，是“实与而文不与”。可见，《公羊传》乃以尊天子为“大一统”的第一要义。就此而言，《公羊传》发“大一统”之说，其最直接的用意在于尊王、尊君、尊天子。所谓“大一统”，即天下一统于天子也，其他人不得专擅。

应该说，类似王权一统“大一统”观念，在先秦就已经存在。《诗经·小雅》有言：“普天之下，莫非王土。率土之滨，莫非王臣。”似可见此一观念的周以前已经发端。因而，《春秋》倡“大一统”而尊王，不过循古义而已。至董仲舒，则以“奉天”为尊王、尊君、尊天子的前提，大大拓展了“大一统”的内涵。董仲舒首次明确将《公羊传》中的“元年春”与“王正月”结合起来，由此，“奉天”成为尊王的前提条件。《繁露·玉英》云：

> 是故《春秋》之道，以元之深正天之端，以天之端正王之化，以王之化正诸侯之即位，以诸侯之即位正竟内之治，五者俱正而化大行。

按此，“大一统”包括元年、春、王、正月、公即位。后来何休将此总结为“五始”：元为天地之始、春为岁之始、王为人道之始、正月为政教之始、公即位为一国之始。以“元”正“春”，以“春”正“王”，以“正月”正“诸侯之即位”。“王”与“诸侯之即位”，为人间政治秩序，而为“元”和“春”所规定。“可见，董仲舒对《公羊传》‘大一统’说实有所发展，即强调以天规范人间的政治秩序，王者上承天道，依天时而施政，而诸侯以下则各自遵守王政，如此构成一个依循天道的政治体制。”① 以董仲舒为代表的公羊学家推崇

---

① 曾亦、郭晓东：《春秋公羊学史》，华东师范大学出版社，2017 年，第 238 页。余治平以“元年春，王正月”为中心阐明了董仲舒“五始”的时间政治建构及道义价值。他认为，公羊家提倡改制，“元年春，王正月”寓意新王即位当更元建始，以示禀受天命、王权合法、一统于君。重新纪年，赋予其“天地之始”“岁之始”“人道之始”“政教之始”“一国之始”之义，倾注以王道正义的价值理念，传递“天下更始”“咸与维新”信息。从“天端”“王政”，到“诸侯即位”“境内之治”，隐藏的是王道逻辑。《春秋》“王鲁”“据鲁”，假托鲁国为王道理想，符号意义甚大。建“文王之正”，不过是作为道义之王而非实指。孔子编《春秋》，发明一套时间政治，把王道正义的主张渗透到年、月、日、季节此类时间刻度中去，注入仁义规定和礼法价值，因而使中国古代的纪元制度具有意识形态管理功能与钳制作用。时间系于君之下，王者即位则当敬授人时，以便天下民众有所适从并听命于君。而君则系于天之下，必须听命于天。君臣之间、君天之间皆有秩序要求，尊王、尊天之义尽显。（余治平：《“五始”的时间政治建构与道义价值诠释——以“元年春，王正月”为中心》，《同济大学学报》2021 年第 4 期）

“大一统”，实际上是以天道秩序对实现王权一统的理论证明，成为王权论证自身合法性的基石。何休《解诂》对此言之甚明：

> 《春秋》以元之端，正天之端；以天之端，正王之政；以王之政，正诸侯之即位；以诸侯之即位，正竟内之治。诸侯不上奉王之政，则不得即位，故先言正月，而后言即位。政不由王出，则不得为政，故先言王，而后言正月也。王者不承天以制号令，则无法，故先言春，而后言王。天不正其元，则不能成其化，故先言元，而后言春。五者同日并见，相须成体，乃天人之大本，万物之所系，不可不察也。

依此，董仲舒所言的“大一统”，必须与“建五始”相结合。亦即是说，现实政治秩序与王权合法性必须建立在天的规范中。“换言之，唯有以‘天’正‘王’，《春秋》‘大一统’才与现实政治中的‘统一’区别开来。因此，‘大一统’实以建立王道政治为理想，而王道之根据则为天道。”[①] 就此而言，董仲舒以天道制约王者的意思甚为明了。《繁露·玉杯》云：

> 《春秋》之法，以人随君，以君随天。曰：缘民臣之心，不可一日无君。一日不可无君，而犹三年称子者，为君心之未尝立也。此非以仁随君耶？孝子之心，三年不当。三年不当而踰年即位则，与天数俱始终也。此非以君随天耶？故屈民而伸君，屈君而伸天，《春秋》之大义也。

“屈民而伸君，屈君而伸天”，是就先君之子不能如人子一样为先君服三年之丧而言。盖因嗣君要考虑到自己的政治责任而必须屈从于天数。天子虽尊，然犹当随天，“与天数俱始终也”。嗣君要依天道而施教化，就必须在一定程度上压抑自己的亲亲之情而循天之道。亲亲之情者，仁也，尚须屈于天，何况君王种种不合礼义的观念与行为，自当更受天道约束。尊王必“奉天”。故所谓“大一统”，名为一统于

① 曾亦、郭晓东：《春秋公羊学史》，第239页。

天子，实乃一统于天也①。

董仲舒将天道融入“大一统”之说，不过因“奉天”而尊王、尊君，“屈君而伸天”，其根本义旨在“奉天”。《繁露·顺命篇》云：“曰天子受命于天，诸侯受命于天子，子受命于父，臣妾受命于君，妻受命于夫。诸所受命者，其尊皆天也。”君王自当循天道而行，受天道约束，非如此无以为君王。此种主张必不为时君时王所喜，易惹及身之祸。史记董仲舒倡“天人感应”，好阴阳之术，以灾异论辽东高庙灾，几下狱死，至是不敢复言灾异。盖因董仲舒欲假灾异之迹为“天象”儆戒人君之故。《繁露·为人者天》云：“一国受命于君，君命顺，则民有顺命；君命逆，则民有逆命。”《繁露·王道》云：“五帝三皇之治天下，不敢有君民之新。”《繁露·仁义》法云：“独身者，虽立天子、诸侯之位，一夫之人耳，无臣民之用矣。如此者，莫之亡而自亡也。”《繁露·尧舜汤武》云：“且天之生民，非为王也，而天立王以为民也。故其德足以安乐民者，天予之；其恶足以贼害民者，天夺之。”皆可见董仲舒以天道约束天子之意。司马迁颇受董仲舒影响，亦欲以天束君，至祸及己身。董仲舒之后，儒家特别是公羊学家多言尊君，以君为天，少及“屈君而伸天”，盖多缘避祸容身之虑。

董仲舒的“大一统”学说缘“奉天”而尊王，“奉天”是王权政治合法性的根源。“大一统”乃一统于天子。盖因天子受命于天而代表天，并按照天道来统治天下。在天子之下是百官和百姓，百官从天子那里获得治理百姓的权力。这就构成了天、天子、百官、百姓四个

---

① 荀子亦有“从道不从君”（荀子《臣道》）之说。东方朔认为，荀子的此一主张有其特定的隶属于君臣相处之道的脉络：一方面着眼于为人臣说法而言，君有过谋过事，将危国家陨社稷，故为人臣者当以道自守，以道正君；另一方面目的在造就“明主”“明君”，防止“暗主”“暗君”。应当说，“从道不从君”原本是一个充满想象力的命题，历代儒者恪守“道高于君”“德尊于势”的主张，并借此对君主提出道义规约，支撑起特有的政治批评平台。（东方朔：《荀子的“从道不从君”析论》，《复旦学报》2021年第5期）“奉天”而尊王，与“从道不从君”，皆代表儒家以天、天道、道高于君王、制约君王的观念。君王不循天道行悖逆之事，乃如《孟子》所云之“独夫”。

等级系统。天子不是固定不变的，而是会随着天命的改变而发生变化。能否成为天子，不在于是否继前人而王，而在于是否有来自承受天命，循天道。如果君王能够按照天道来治理天下、造福万民，那么他就会享有天命，否则就会失去天的支持而丧失天命，失去天下。当君王不循天道又不听灾异的警戒并采取补救措施，那么天命就会转移，重新授予能够正确理解天道并按照天道行动的人。这就为改朝换代、新王即位改制提供了根据与合法性。

总的来看，董仲舒通过对《公羊传》中“大一统”概念的诠释，将天作为政治秩序的合理性根据。这一方面维护了“大一统”的王权；另一方面也为改朝换代、新王即位改制奠定了理论依据。“大一统”之说，乃一统于天子，进而一统于天。“奉天”而统，乃有“大一统”，因此，缘“奉天”而尊王。不仅尊王源于“奉天”，新王、改制等诸义，亦皆由“奉天”而来。

二、改制与通三统——以《春秋》当新王

在董仲舒，《春秋》“大一统”有“尊王”与“奉天”二义，而以“奉天”为本，“屈君而伸天”。王者不循天道，天必以新王代之。以此而言，“以《春秋》当新王”乃是自然而然之事。盖因周室衰微天道不彰，新王代之而必改制，故而公羊家多视《春秋》为孔子改制之书。而新王改制，又以黜周为前提。就对周王室的态度而言，公羊家们可分为“新周”与“亲周”两种。一般认为，“新周”乃欲黜周作新王也，“亲周”则不过改周文之弊而亦尊周王室与周制。

先谈“新周”。公羊家“新周”之说，见于《公羊传》与何休《解诂》者主要有：

庄二十七年，杞伯来朝。《解诂》：杞，夏后，不称公者，《春秋》黜杞，新周而故宋，以《春秋》当新王。

宣十六年，成周宣榭灾。《传》：新周也。《解诂》：新周，故分别有灾，不与宋同也。《孔子》以《春秋》新王，上黜杞，下新周而故宋。因天灾中与之乐器，示周不复兴，故系宣榭于成

周，使若国文，黜而新之，从为王者后记灾也。

其中，宣十六年之《解诂》是何休对《公羊》"通三统"说最明确与最经典的表述之一。陈立《公羊义疏》指出，何休之"注为全书发其例也"[①]，显见陈立以"通三统"说为《公羊》及何氏《解诂》的最核心义旨。陈立又引刘逢禄《释例》之文以证己说，且下一按语曰："其言以《春秋》当新王之意至为明显。"[②] 此表明陈立同意刘逢禄对何休的解读，且引为同调。可见，在公羊家看来，"新周"不过因周不复兴，故黜周而新之也。"新周"实乃黜周，曰"新周"，乃因黜之而为"王者之后"。"成周宣榭灾"，是为王者之后记灾。为王者之后记灾，既是当新王之意，又是"通三统"之具体体现。"新周"即黜周，黜先王而为王者之后记灾。"新周"而黜周，即是"通三统"。

《春秋》黜周，即"以《春秋》当新王"。《公羊传》有托始之例。隐二年，无骇帅师入极。《传》曰："疾始灭也。始灭昉于此乎？前此也。前此则曷为始乎此？托始焉尔。曷为托始焉尔？《春秋》之始也。"《解诂》云："《春秋》托王者始起所当诛也。"九月，纪履緰来逆女。《传》曰："讥始不亲迎也。始不亲迎，昉于此乎？前此矣。前此则曷为始乎此？托始焉尔。曷为托始焉尔。《春秋》之始也。"《解诂》云："《春秋》正夫妇之始也。夫妇正则父子亲，父子亲则君臣和，君臣和则天下治。故夫妇者，人道之始，王道之端。"故此，《春秋》之"始"不一定是历史上的时间之"始"，其重"始"，不过借此以明王法而已。至于所涉事实之真伪，并非最为重要的考虑。托始之例，尤明《春秋》假借之文法，亦可见孔子不过借鲁史记以明王法，足见"以《春秋》当新王"之义。而"新周，故宋，以《春秋》当新王"，实乃黜周也。此所谓"三统"者，乃殷（宋）之统、周之统、新王之统也。新者，更新，改新。新周，即改周制。故者，远也，宋与新朝之间有周故而远。因此，由"通三统"之义解"新周"，黜周

① 陈立：《公羊义疏》卷四九，中华书局，2017 年，第 1884 页。

② 陈立：《公羊义疏》卷四九，第 1884 页。

之义甚明。

新王必改制，“新周”必“当新王”。何休“新周，故宋，以《春秋》当新王”，《公羊传》无明文，而其义亦可求诸传文。哀公十四年，春，西狩获麟。《传》云：

> 君子曷为《春秋》？拨乱世，反之正，莫近《春秋》，则未知其为是与？其诸君子乐尧、舜之道与？未不亦乐乎尧、舜之知君子也。制《春秋》以之义俟后圣，以君子之为，亦有乐乎此也。

“制《春秋》之义俟后圣”，即后人谓孔子“为万世制法”之义，亦即“《春秋》当新王”之说。孟子谓《春秋》乃“天子之事”，又有知我、罪我之说，皆是“以《春秋》当新王”。而“当新王”必“新周”，故何休《解诂》发“新周”之说，亦合于《传》。

不仅“新周”可由“通三统”而发，“亲周”之义，亦可由“通三统”而发。董仲舒《三代改制质文篇》有“亲周”与“亲赤统”“亲黑统”之文。据此，卢文昭以为，“新周”当做“亲周”。司马迁《史记·孔子世家》亦云：“乃因史记作《春秋》，上自隐公，下迄哀公十四年，十二公。据鲁、亲周、故殷，运之三代，约其文辞而指博。”据此，司马迁亦作“亲周”也。后来，司马贞《索隐》云：“时虽周微，而亲周者，以见天下之有宗主也。”盖孔子为鲁人，据鲁史记而书，故于周为亲，进而宗周，则绝无黜周王鲁之义①。

何休以“新周，故宋，以《春秋》当新王”为通三统，又有改制之义。孔子有德无位，故公羊家又不得不造黜周、王鲁之说，借此而行黜陟当世大人之事，故《春秋》多“非常异义可怪之论”。何休发此义，书法颇为曲折，其涉僭妄，且不见于传文，故为后人所诟病。晋王接谓“黜周王鲁，大义乖硋”（《晋书·王接传》）。苏轼、陈振孙

① 张厚齐认为，“亲周”之义主要有三：一、周正建子，《春秋》亦然。其时天子微，周王不颁朔，或诸侯自行其正，唯鲁于周为最亲，奉周历尤谨，此亲周也。二、《春秋》颇尊周王，或辟吴、楚之僭号，或讳晋文之召王，或文不与诸侯之专封专讨，或贬诸侯之违逆王命，亦亲周也。三、《春秋》不书外灾，而书“成周宣榭灾”者，内周也，亦亲周义也。（参见张厚齐：《〈春秋〉王鲁说研究》，台北：花木兰文化出版社，2010年，第26—32页）

亦因此以何休为《公羊》罪人①。又，苏舆谓何休实异于董仲舒，谓董仲舒“引《春秋》‘杞子’，乃借以证与礼之意”，非欲黜周也。盖因改制乃王者之事，孔子欲改制，则有僭妄之嫌，后世盖因此批评何休。

“亲周”虽颇合尊君、尊王之义，却与新王改制之义又相违逆，盖因改制乃新王之事也。然而，董仲舒虽无“新周”之语，却有黜周之文。《三代改制质文》有云：

> 《春秋》上黜夏，夏存周，以《春秋》当新王。《春秋》当新王者何？曰：王者之法，必正号，绌王谓之帝，封其后以小国，使奉祀之。……《春秋》作新王之事，变周之制，当正黑统，而殷周为王者之后，绌夏，改号禹谓之帝禹，录其后以小国。故曰：绌夏、存周，以《春秋》当新王。

董仲舒“黜夏、存周，以《春秋》当新王”，与何休“黜杞，新周，故宋，以《春秋》当新王”之辞虽有别，却皆以“当新王”为目的。按通三统“存二王后”之意，“黜夏”“黜杞”不过因夏时远而黜之，“故宋”“存周”亦不过因殷、周时近而存之。“存周”亦以周为故而已。《繁露》中亦多有“《春秋》当新王”与“改制”之义。《俞序篇》云：“吾因行事，加吾王心焉。假其位号以正人伦，因其成败以明顺逆，故其所善则恒文行之而遂，其所恶则乱国行之终以败。”《玉杯篇》云：“是故孔子立新王之道，明其贵志以反和，见其号诚以伪灭。”《三代改制质文篇》云：“故《春秋》应天作新王之世，时正黑统。……《春秋》上绌夏，下存周，以《春秋》当新王。”

又，春秋“内鲁”“王鲁”“据鲁”，即有黜周之义。如以周为正，则王者无外，无有“内鲁”之辞、“王鲁”之说，非如此即有僭越悖逆之意。如孔子之《春秋》“内鲁”“王鲁”“据鲁”，其又无僭越悖逆

---

① 参见陈澧：《东塾读书记》卷一〇，商务印书馆，1936 年。

的之意，则黜周就为必然[1]。《春秋》“贬天子，退诸侯，讨大夫”，于周天子及各诸侯，无有许以王道者。其许齐桓晋文之功而为之讳，不过因王道不可复见，不得已而许霸道。《公羊传》隐公元年，春王正月。孙复《春秋尊王发微》释云：“孔子之作《春秋》也，以天下无王而作也，……《春秋》自隐公而始者，天下无复有王也。”盖其时天子、诸侯、大夫皆无道，故无有王焉。“内鲁”“王鲁”“据鲁”，不过据内而言王道，据鲁而言王义。

孔子“以《春秋》当新王”，乃因周王室无道而不得不黜周。且不独黜周，至于上古五帝、三皇，亦各有所黜，而极于四十六民。有评曰：“观乎后世‘存二王后’之典，则每当新朝建立，必有黜前朝之事。今以《春秋》当新王，自当黜周，又何疑焉！”[2] 据此，董仲舒“亲周”之义，不过继周为近而亲之。故“新周”与“亲周”，并不矛盾。“新周”重在黜周改制，“亲周”则不过在时间上近于周对周有所取法而已。“新周”必改制，改制又须“通三统”。而以“通三统”之意视之，“亲周”亦不过取法周之制度以备用而已。

司马迁学于董仲舒，亦申“《春秋》当新王”之义。《史记·十二诸侯年表序》云：“是以孔子明王道……以制义法，王道备，人事浃。”《孔子世家》云：“贬损之义，后有王者举而开之。《春秋》之义行，则天下乱臣贼子惧焉。”《太史公自序》云：“是非二百四十二年之中，以为天下仪表，贬天子，退诸侯，讨大夫，以达王事而已矣。”又引壶遂语云：“孔子作《春秋》，垂空文以断礼义，当一王之法。”《儒林传序》云：“故因史记作《春秋》，以当王法。其辞微而指博。”

---

① 《春秋》所载之期，周王室与鲁国皆微而危焉，周室失势失道，鲁国内外交困，都已失王者气象。因此，《春秋》“王鲁”不过“据鲁”而已。“据鲁”，乃据鲁史而显王义而已，并非以鲁为王也。

② 参见曾亦、郭晓东：《春秋公羊学史》，第321页。

其后两汉数百年间，“以《春秋》当新王”之说，殆成共识[1]。

既“以《春秋》当新王”，则“绌夏，新周，故宋”，实为一义，夏、殷、周，皆应黜之而又备为新王取法而已。“新周”即是黜周，黜、新、故，皆为黜，因时之远近而辞有异焉，与公羊学三世异辞之书法，有相同之意涵。如此，“亲周”而“新周”，则“亲周”必不以周为宗主，而是黜周当新王耳。因周为前朝，故在时间上为近而“亲”故。

孔子以《春秋》当新王，为万世制法，“奉天”而为也。“奉天法古”，“天”者，天道也。“古”者，先王之法，亦天道也。故公羊家言改制，因“奉天法古”而必“通三统”。这就意味着，《春秋》尊王，不仅尊时王，亦尊先王。“天不变道亦不变”，《春秋》改制，不过改正朔、易服色、制礼义之类。盖因“天不变道亦不变”，改制并没有涉及根本性的制度变革，大致以下两个层次：一是新王受命改制，具体内容多体现为徙居处、更称号、易服色等，其目的在于“顺天志而明自显”，表明其政治合法性乃受命于天。此种改制的目的在于“新民耳目”而已，并不涉及实质性的制度变革。二是救衰补弊，

---

① 《淮南子·主术训》云：“孔子……专行教道，以成素王，事亦鲜矣。《春秋》二百四十二年，亡国五十二，弑君三十六，采善钼丑，以成王道，论亦博矣。”《泛论训》云：“殷变夏，周变殷，《春秋》变周。”《说苑·君道篇》云：“孔子曰：‘夏道不亡，商德不作；商道不亡，周德不作；周道不亡，《春秋》不作。’《春秋》作而君子知周道亡也。”《论衡·超奇篇》云：“孔子作《春秋》以示王意。然则孔子之《春秋》，素王之业也；诸子将传书，素相之事也。观《春秋》以见王意，读诸子以睹相指。”《论衡·问孔篇》云：“孔子曰：‘凤鸟不至，河不出图，吾已矣夫。’夫子自伤不王也。已王，致太平；太平则凤鸟至，河出图矣。今不得王，故瑞应不至，悲心自伤，故曰‘吾已矣夫’。”《论衡·对作篇》云：“孔子作《春秋》，周民弊也。故采求毫末之善，贬瀐芥之恶，拨乱世，反诸正。人事浃，王道备，所以检柙靡薄之俗者，悉其密致。夫防决不备，有水溢之害；网解不结，有兽失之患。是故周道不弊，则民不文薄；民不文薄，《春秋》不作。”《论衡·定贤篇》云：“孔子不王，作《春秋》以明意。按《春秋》虚文业，以知孔子能王之德。孔子圣人也。……孔子不王，素王之业在于《春秋》。”汉人诸如此类意见，不胜枚举。

亦文质再复之改制①。夏尚忠，殷尚质，周尚文，其道不同，所以救弊也。故继之而王者，必因旧制有所损益，此所以有“三教”，又有“三统”。故董仲舒与公羊言改制，必“奉天”而“法古”，既尊新王又尊先王。至近世康有为变旧公羊家之说，改制遂有变革根本制度之义，对君王与天子态度也与传统公羊家有根本性的不同。

三、素王与改制——《春秋》之微言

素谓《公羊春秋》有“非常怪异之论”，此与公羊家区分《春秋》之大义与微言有关。

《春秋》经记定公元年：“元年，春，王。”是年有春、有王、无正月，无公即位。何以无正月？孔子之微辞也。《公羊传》云：“定、哀多微辞，主人习其读而问其传，则未知己之有罪焉尔。”《解诂》曰：“得为微辞者，实为昭公出奔，国当绝，定公不得继体奉正，故无正月。如似即位在正月之后，是以无正月然，故得谓之微辞。”微辞，即隐晦、婉转之言。一般认为，《春秋》以微辞见大义，微词亦

① 段熙仲指出：“改制盖有二义：其一以新民之耳目，以明受命，所谓‘所以神其事’也；其一则承前代之敝而不可不有以救之，此则文质之说也。因三统改制，于是有三教之说。”（段熙仲：《春秋公羊学讲疏》，南京师范大学出版社，2002 年，第 461 页）高瑞杰认为，公羊学改正朔通贱治世与乱世。禹以上为治世，其改正朔为顺承天命，更侧重象征性意义；三王以降为乱世，其治皆有偏弊，于是产生三教与文质之判，使三正递嬗不仅有“变易民心”“显扬天志”等象征义，亦有实质性变革义。黑、白、赤三统与忠、敬、文三教相结合，使得每一统皆匹配相应政教制度，以救前代之失，并周而复始。由此而言，董仲舒三统论思想实可兼象征义与实质义两重意涵。（高瑞杰：《汉代三统论之演进——从董仲舒到何休》，《哲学分析》2021 年第 3 期）二者皆以文质更替为实质性制度变革之义。然而，无论是“文质再复”之改制还是文质兼备之改制，皆为救前朝之弊。因此类改制都以连接先王或“通三统”为其政治合法性的依归，因而与近世康有为等人的“以夷变夏”之改制有根本性的差别。质家亲亲，文家尊尊。近世今文学所言之改制与革命，乃倡导民权、平等，既无亲亲之念，亦无尊尊之义。毋宁说，近世今文学所欲建构的现代政治秩序是与传统儒家所坚持的政教体系是背反的。因此，与近世今文学所言的改制与革命相比，旧公羊学的改制确无有变革根本性制度之义。

表大义也。（《春秋繁露·楚庄王》）

“微言”与“大义”之分，首见于古文家①。至于其内涵，至清一代方得明确。皮锡瑞《春秋通论》云：

《春秋》有大义，有微言。所谓大义者，诛讨乱贼以戒后世是也；所谓微言者，改立法制以致太平始也。

皮锡瑞又认为，惟《公羊》兼传大义、微言，《穀梁》不传微言，但传大义，《左氏》并不传义。后世对何谓孔子之微言颇多争议，“素王改制”说是其一②。此说因康有为据以为维新变法之依据对近世产生了巨大影响。康有为分殊《春秋》之微言与大义，是为其变法改制寻求历史的合法性。盖因康有为的改制之说与旧公羊家不同，又不得不讬于孔子而变旧说，故而以孔子之微言为其变法改制之根据。康有为认为，《春秋》实有三部：“一不修之《春秋》也，只有史文及齐桓、晋文之事，而无义焉，此鲁史之原文也。一孔子已修之《春秋》也，因其文而笔削之，因文以见义焉，此大义之《春秋》也，《公》《穀》多传之。一代数之《春秋》也，但以其文为微言大义之记号，而与时事绝无关，此微言之《春秋》也，公羊家董、何所传为多，而失绝者盖不知凡几矣。”③

康有为以鲁之史记为“不修之春秋”，以《公羊》《穀梁》为“大义之《春秋》”。而“微言之《春秋》”既不见于鲁之史记，亦不见于《公羊》《穀梁》等《春秋》经传也。在康有为看来，经、传文本所体现出来的“大义”固然是孔子之道，但经、传非能体现孔子之道的全部，甚至不能体现孔子思想中最重要的部分。孔子所欲表达的根本主张，因讳尊隆恩、容身避祸之故，又或因陈义过高而无法为人们所接受，就只能通过“口说”的形式传承下来，此乃孔子《春秋》之“微

① 刘歆《移太常博士书》云：“父子没而微言绝，七十子终而大义乖。”其后，《汉书·艺文志》亦云：“昔仲尼没而微言绝，七十子丧而大义乖。”盖用刘歆之说。

② 参见曾亦、郭晓东：《春秋公羊学史》，第121—125页。

③ 康有为：《春秋笔削大义微言考》卷一，《康有为全集》第6集，中国人民大学出版社，2007年，第13页。

言”。康有为说：“《春秋》之微言，非师师口说之传，不可得而知也。”① 又说：“《春秋》之义，不在经文，而在口说。”② 此种通过“口说”而流传之《春秋》，是为“微言之《春秋》”。

康有为认为，“若《春秋》所以可尊者，则在微言矣”③。也就是说，“微言之《春秋》”是《春秋》最为重要的部分。而此部分通过“口说”而相传之《春秋》，首先由董仲舒着于文本。康有为说：

> 董生更以孔子作新王，变周制，以殷、周为王者之后。大言炎炎，直着宗旨。孔门微言口说，于是大着。孔子为改制教主，赖董生大明。④

康有为以孔子改制为公理，其所以尊《春秋》，乃因据其可言改制。其曰：“孔子受命制作，以变衰周之蔽，改定新王之制，以垂后世，空言无征，故托之《春秋》。故《春秋》一书，专明改制。”⑤ 而康有为改制之说，可溯于董仲舒⑥。其曰：“《春秋》专为改制而作，然何邵公虽存此说，亦难征信，幸有董子之说，发明此义。”⑦ 在康有为看来，董仲舒之于《春秋》的重要性，就在于其传“微言之《春秋》”。而“微言”之首要，就在于改制。董仲舒关于“改制”之说，颇见于《春秋繁露》。“王者必改制。”（《楚庄王》）“新王必改制。”

---

① 康有为：《春秋董氏学》卷一，《康有为全集》第 2 集，第 309 页。

② 康有为：《春秋董氏学》卷四，《康有为全集》第 2 集，第 356 页。

③ 康有为：《春秋笔削大义微言考》卷一，《康有为全集》第 6 集，第 13 页。

④ 康有为：《孔子改制考》卷八，《康有为全集》第 3 集，第 103 页。

⑤ 康有为：《春秋董氏学》卷五，《康有为全集》第 2 集，第 365 页。

⑥ 苏舆注《春秋繁露》，试图将董仲舒之改制与康有为之改制区别开来。康有为将其改制之说溯源于董仲舒，苏舆欲破其说，乃通过申明《春秋繁露》中“改制”之本义，以驳正康有为“改制”之说。曾亦、郭晓东《春秋公羊学史》综苏舆“改制”之内容有二：一是指《春秋》为“立义”之书，而非“改制”之书。“义”作为一种思想或学说，可由儒生所立；而作为国家制度之“制”，则非“王者”不能轻议，因此，“改制属于王者”。因此，康有为不能擅行改制，即便圣如孔子，有德而无为，亦不得改制也。二是以董仲舒“改制”之“制”并非国家根本制度，而不过是仪式性的“正朔、服色”之类的“天子大礼”，以新民耳目，表明自己的受命于天的政治合法性。（参见曾亦、郭晓东：《春秋公羊学史》，第 1457—1469 页）

⑦ 康有为：《春秋董氏学》卷五，《康有为全集》，第 2 集，第 365 页。

(《楚庄王》)“是故大改制于初，所以明天命也。”(《楚庄王》)“有非力之所能致而自致者，西狩获麟，受命之符是也。然后托乎《春秋》正不正之间，而明改制之义。”(《符瑞》)

公羊家言改制，素有二义：三正与三教。其说皆源于董仲舒。三正是指时王之制，新朝建立，皆行改正朔、易服色之事，用以变易民心。三教则唯圣人能当知，非孔子、周公等圣人不能行。《春秋》曰“王正月”，《公羊传》云：“王者孰谓？谓文王也。”王者，通常依史书体例当指时王，因此《公羊传》之说已属怪异。至东晋王愆期，遂以文王为孔子，徐彦《疏》成公十年“孔子为后王”语或本于此。然苏舆认为，“立义可讬王，正朔易服色不可讬王也”。盖因苏舆未承认董仲舒有素王改制之说。

“素王”一词始见于《庄子·天道》：

> 夫虚静恬淡，寂漠无为者，万物之本也。明此以南乡，尧之为君也；明此以北面，舜之为臣也。以此处上，帝王天子之德也；以此处下，玄圣素王之道也。

郭象注云：“有其道，天下所归；而无其爵者，所谓素王自贵也。”后世说“素王”者，多据此。孔子为素王之说，盖由《公羊传》哀公十四年“西狩获麟”而来，然而其义则必因改制与《春秋》当新王之义而彰之。汉人既以《春秋》当一代王法，则孔子当为王矣；然孔子有德无位，则又不过素王而已①。后世公羊学家非议素王之说，

---

① 康有为以“长素”自号，盖自以变法比之于孔子改制，又欲以其文当新王也。其在位时短，在野时长，故号“长素”。

盖因《传》无素王之明文，且讳孔子因此说而有僭越之嫌而已①。

《汉书·董仲舒传》载《贤良对策》语云：“孔子作《春秋》，先正王，而系以往事，见素王之文焉。”又云：“故《春秋》受命所先制者，改正朔、易服色，所以应天也。”《春秋繁露·符瑞》有云：“有非力之所能致而自至者，西狩获麟，受命之符是也。然后托乎《春秋》正不正之间，而明改制之义。”而《三代改制质文》历陈殷、周受命而王之事，又继之以《春秋》，则《春秋》之为王，其受命无异于殷、周之新王。据此，则孔子改制，实乃新王改制。盖因孔子无俗王之位而欲行改制之事，故称素王耳。西狩获麟，乃受命之符，亦新王将起之兆。然“凤鸟不至，河不出图”，不得其位，而有“吾已矣夫”之叹，孔子终以素王自居耳。

考孔子之言行，不可谓其无素王之志。孔子过宋，自谓：“天生德于予，恒魋其如予何？”（《论语·述而》）厄于困，自言：“文王既没，文不在兹乎？天将丧斯文也，后死者不得于斯文也；天之未丧斯文也，匡人其如予何？”（《论语·子罕》）孟子述孔子云：“世道衰微，邪说暴行有作，臣弑其君者有之，子弑其父者有之。孔子惧，作《春秋》。《春秋》者，天子之事也。”可见，孔子作《春秋》既已行王者

---

① 疑孔子自号素王之说者甚众。杜预《左传集解序》谓汉人以孔子为素王、左丘明为素臣。如《论语谶》云：“子夏曰：‘仲尼为素王，颜渊为司徒。’”孔颖达《左传正义》云：《孔子家语》称齐大时子余叹美孔子，言云“天其素王之乎！”素，空也。言无位而空王之也。彼子余美孔子之深，原上天之意，故为此言耳，非是孔子自号为素王。先儒盖因此而谬，遂言《春秋》立素王之法。皮锡瑞虽主公羊，然亦谓此说有自蹈乱臣贼子之嫌疑。《春秋通论》云：“《春秋》有素王之义，本为改制而设，后人疑孔子不应称王，不知素王本属《春秋》，而不属孔子，疑孔子不应改制，不知孔子无改制之权，而不妨为改制之言。所谓改制者，犹今人之言变法耳。……自周秦诸子，以及近之船山、亭林、梨洲、桴亭诸公皆然。亭林《日知录》明云：‘立言不为一时。’船山《黄书》《噩梦》，读者未尝疑其僭妄，何独于孔子《春秋》，反以僭妄疑之？”廖平之说与皮锡瑞颇同。《公羊解诂十论》云：“素王本义，非谓孔子为王。素，孔也。素王，空托此王义耳。《论语》曰：‘如有用我者，其为东周乎。’又曰：‘其或继周者，虽百世可知。’今之所谓‘素’，即此‘如有’‘其或’之义。设此法以待其人，不谓孔子自为王，谓设孔王以制法而已。”

之实，盖因其有王者之志焉[①]。

汉人亦多视孔子为素王。《论衡·超奇篇》云："孔子作《春秋》以示王意。然则孔子之《春秋》，素王之业也；诸子将传书，素相之事也。观《春秋》以见王意，读诸子以睹相指。"《问孔篇》云："孔子曰：'凤鸟不至，河不出图，吾已矣夫。'夫子自伤不王也。己王，致太平；太平则凤鸟至，河出图矣。今不得王，故瑞应不至，悲心自伤，故曰'吾已矣夫'。"《定贤篇》云："孔子不王，作《春秋》以明意。按《春秋》虚文业，以知孔子能王之德。孔子圣人也。……孔子不王，素王之业在于《春秋》。"贾逵《春秋》序云："孔子览史记，就是非之说，立素王之法。"郑玄《六艺论》云："孔子既西狩获麟，自号素王，为后世受命之君，制明王之法。"……可见，"素王"之说，实不限于公羊家。

康有为欲以"素王"之说证明改制之合法性，以为其变法维新张本。他说："孔子为制法之王，所谓素王也。"[②] 又说："孔子改制，以《春秋》继周，故立素王之制也。"[③] 盖孔子因改制而为素王也。在康有为看来，既然孔子为"制法之王"，则其在事实上就有了"王"的地位，故称"素王"。康有为以"长素"自号，乃比于孔子自命为素王而行改制之事。

承认孔子自为素王改制之事，就意味着王道与政权的分离，或曰道统与政统的对立。正因为周王室不循天道，孔子乃以素王自命，"以《春秋》当新王"，行"贬天子、退诸侯、讨大夫"之事。在这种视角之下，尊王不过是奉天命尊王道而已。至于时王，其奉天命循天道则尊之，其违逆天命不行王道则黜之。尊先王或"通三统"亦不过尊先王之道，以备新王取法而已。故而，素王之说意味着王道与道统对君王权力的强力制衡与约束，也为新王改制提供了理论依据。晚清

---

① 有学者指出，孟子亦有素王之志焉。盖因儒者以素王自比，实属平常。参见曾亦、郭晓东：《春秋公羊学史》，第329页。

② 康有为：《孔子改制考》卷八，《康有为全集》第3集，第102页。

③ 康有为：《孔子改制考》卷八，《康有为全集》第3集，第231页。

康有为等人以孔子为素王且康有为以素王自况，盖因素王必改制而行王者之事也。在面对“几千年未有之大变局”时，因此种主张可为变法维新张本，故必为人所取。

四、天变道亦变——从法古改制到托古改制

公羊家之新王，兼有改制与“通三统”二义。改制亦“奉天法古”。在董仲舒那里，《春秋》之根本要义在于确立秩序而非改变秩序，故其以《春秋》为“礼义之宗”。礼的功能就在通过建立一套制度安顿社会秩序——其中最重要的就在于尊君、尊王。因此《春秋》为“礼义之宗”，最为重要的就在辨明上下等级关系，此可谓《春秋》之根本大义。在此种视角中，人间秩序中处于最高地位的，就是天子。尊王或尊君是政治生活与社会秩序中必须遵循的根本原则，悖乱逆反君王乃滔天大罪。苏舆对董仲舒颇为维护，他说：“《春秋》立义甚多，尤以辨上下为亟。”“贵贱之差明则得，否则失，故因得失之所从圣，而知天地尊卑之义。”① 皆发董仲舒之说。

苏舆强调上下尊卑之义，实际上是为了驳斥康有为、梁启超鼓吹的“平等”“民权”等诸观念，维护《春秋》作为“礼义之宗”的正教。在苏舆看来，公羊学尊王或尊君是十分正常也是十分必要的。苏舆曰：“防臣下逼上专恣之渐也，诛细恶以止乱，《春秋》之义，即制礼之义。”② 因此，苏舆主张：“尊卑如其能，大小当其分，则人绝缴幸之思，士弭奔竞之习，事无不举，才无不成。”③ 苏舆所发，实乃传统公羊家之共识。尊王或尊君，实乃传统中国之普世价值，除了少数极端的“无君”思想外，两千多年来少有疑义者。

晚清以降，随着西方的入侵，民权思想日渐兴起，康、梁等人亦对君主专制政治进行了反思和批评。相比于传统的尊王、尊君思想，

---

① 苏舆：《春秋繁露义证》，中华书局，1992年，第143页。

② 苏舆：《春秋繁露义证》，第117页。

③ 苏舆：《春秋繁露义证》，第238页。

康、梁等人的倡说无疑更有说服力。实际上，君主专制带来的种种弊端一直存在于传统的政治生活中。因此，苏舆等人也不得不回应康有为等人的问题。苏舆以为，就限制君权而言，《春秋》与董仲舒的思想中，也有不少相关的理论资源。首先，董仲舒本有“屈君而伸天”之说[①]。其次，《春秋》中亦有“重民”“贵民”的思想[②]。

而实际上，“屈君”或限制君权之说，在晚清以前，皆不为主流。相反，“尊王”或“尊君”才是传统的主流。在公羊学而言亦如此。公羊家之改制，绝非限制王权，实乃尊新王。又因其不涉及根本性的制度变革，故有“统三统”“存二王后”之说，乃至有尊先王之意。至晚清西方思想民权思想侵入，且与儒家本有的三纲五常观念格格不入，改制遂有改变根本制度之义。然囿于传统的“奉天法古”观念甚固，则改制不能凭空而发，亦不能在明面上凭西方观念设计新制度，于是托古改制就成了合乎情理的选择。于是我们看到，康有为改制的具体内容多是西方现代政治制度，其目标是要将古老的中国建设成为一个现代国家，而其改制的理据则要追溯到公羊学尤其是孔子。因此，视孔子为素王并谓其有改制之事，实乃自然而然。

“托古”改制与“法古”改制显然是有根本性差异的。“托”乃名义上如此而实际上是另一事，而“法”则是师法之义。因此，“托古”改制只是以“古”之名义进行改制而已，具体来说，即是以孔子的名义进行改制。改制的内容在“古”与孔子那里未必有。而“法古”则

---

① 苏舆亦说：“君权无限，故圣人申天以屈君。”（《春秋繁露义证》，第 498 页）“置‘春’于‘王’之上，亦《春秋》以天屈君之旨。”而据《春秋繁露》文本，却并无限制君权之义。《春秋繁露·玉杯》云：“《春秋》之法，以仁随君，以君随天。曰：缘臣民之心，不可一日无君，而犹三年称子者，为君心之未尝立也。此非以人随君耶？孝子之心，三年不当。三年不当而逾年即位者，与天数俱始终也。此非以君随天耶？故屈民而伸君，屈君而伸天，《春秋》之大义也。”苏舆之说，是为了正面回应康、梁等人的问题。

② 苏舆认为，《春秋》中既有“尊王”之义，又有“重民”之说。譬如：“敬贤重民，《春秋》之大义也。”（《春秋繁露义证》，第 47 页）“《春秋》之讥多矣，本在重民。”（《春秋繁露义证》，第 162 页）“《春秋》重民。《竹林篇》云：‘战攻侵伐，必一、二书，伤其害所重也。’”（《春秋繁露义证》，第 145 页）

是要师法先王的根本性制度不动摇，所改者，无非正朔、服色和具体的礼仪而已。“天不变道亦不变”，改朝换代不过是“天”用以“新民耳目”而已，并不涉及“天道”的变化，因而亦不涉及根本性的制度变革。譬如，“三纲五常”即是“天道”。无论是否改朝换代，此“三纲五常”不变，则不会涉及根本性的制度变革。

晚清时期西方从观念到器物都对传统中国的天下图景形成了根本性的冲击。传统“天不变道亦不变”的天下图景逐渐被打破。换言之，“天”已经变了，原有的“道”不再适用新的天下，故而不得不寻求新的“天道”。具体来说，平等、民权诸说的传播要求批判君主专制并限制君权，“三纲五常”不再成为人们信仰的不可变的“天道”，尊王或尊君也丧失了天然的合法性。在此种情形中，根本性的制度变革就不可避免。而为了削弱变法可能面对的旧势力与旧观念的阻力，减少新旧势力与观念可能产生的冲突，“讬古”改制就成了合乎情理的选择。将改制的源头追溯到圣人孔子那里，学习西方进而改制阻力就要小得多。而这种改制，实乃改变“天道”之改制，与传统公羊学家倡导的改制有天壤之隔。

晚清以来今文学对董仲舒等人改制说的潜易，也体现在蒙文通对旧公羊学的批评中。蒙文通认为，孔子反对的正是旧的统治者和旧势力，反对“天下为家”，而致力于以“革命”实现“天下为公”。就此而言，旧公羊学就背叛了孔子思想中最精微的内容。蒙文通说：

> 董仲舒却变汤、武“革命”为三代“改制”。“易姓受命”是禅让的学说，但董仲舒何以又要说“继体守文之君”（即世及之君）“不害圣人之受命”，同时又把今文学主张的井田变为限田呢？实际上，儒家最高的理想与专制君主不兼容的精微部分，阿世者流一齐打了折而与君权妥协了，今文学从此也就变质了。①

蒙文通不仅认为旧公羊学背叛了孔子思想的真精神，对康有为以公羊学倡变法改制也颇为不满。他说：

① 蒙文通：《孔子与今文学》，《蒙文通全集》第一卷，巴蜀书社，2015年，第316页。

> 清末康有为专讲《公羊》，尊崇董仲舒，也不是今文学的全面，所以他结果只能言变法，却不能从礼家研究一大王法的具体制度，就是这个道理，从学术上看，他只能算是董仲舒派的今文学而已。①

平心而论，康有为的改制虽不以“革命”为手段，但其改制的具体内容实际上已经完全颠覆了旧公羊学“奉天法古”与“通三统”之义。盖因晚清以来以康有为、梁启超主张的“托古”改制与传统公羊学的“法古”改制有了根本性的区别，因而遭到来自各方的批评。蒙文通因为康有为主张变法维新而将其看作“董仲舒派的今文学”，是因为他视康有为继承了董仲舒的改制之名，而忽略了两者改制内涵的根本差异——就建立现代国家的最终目标而言，康有为与“革命”者并无根本不同。苏舆等人试图从阐发董仲舒的学理上瓦解动摇康有为“改制”的理论依据，就可见康有为“改制”之说并不符合传统公羊学的“改制”之义。

另一方面，章太炎等古文家对康有为“改制”之说更是嗤之以鼻。盖因康有为乃欲以孔子之名行改变“天道”之实，其实质乃是“以夷变夏”，并不能为主张革命全盘推翻传统者所认同。后来熊十力认为“均平”乃六经之旨，将“革命”被视为是实现“均平”的手段，不过欲弥合晚清以来今文学与古文学、改良派与革命派之间的裂痕。其实质不过是从康、梁等人“托古”改制，转变为“托古”革命。二者所“托”者，皆孔子与《春秋》。而从“托古”改制转向“托古”革命，实出于同一逻辑。二者与旧公羊学的“法古”改制，皆有根本性的差异。

因康有为改制“托古”而不“法古”，故旧公羊家所主张的“通三统”历史维度全无。至熊十力，又提供了一套完全不同传统公羊学家对于“通三统”的理解，而赋予“法古”以新的内涵。熊十力云：

> 以《春秋》当新王，案统之为言，宗也，一也。言其统一天

① 蒙文通：《孔子与今文学》，《蒙文通全集》第一卷，第317页。

下之众志，而为天下所共宗也。统以三，《春秋》当新王，一也。仲尼祖述尧、舜，宪章文、武，周之道为《春秋》所直接，故亲周，二也。宋者商后，商、汤承尧舜之道，而传至周。以逮《春秋》，故亲周而不得不上及商。是以故宋，三也。……三统原是一统，一者仁也。《春秋》始于元，元即仁。虽随时改制，而皆本仁以为治。……《春秋》当新王，即以仁道统天下也。由《春秋》而上溯周之文、武，亦以仁道统天下也。又上推宋之先王成汤，亦以仁道统天下也。故《春秋》以仁垂统，而又推其统之所承，于是而亲周，而故宋。明《春秋》之统，绍于周先王，周之统又绍于宋先王，依次相承，假说三统。①

元者，仁也，始也。三统原是仁统。如此，则三统不过表示元义与始义，“通三统”亦是指以仁道统天下。《春秋》之统，乃循天道之序，其绍于周先王，周之统亦绍于宋先王，依次相承，而非仅指二王，乃因二王时近，故以三统目之罢了。在熊十力看来，三统即是仁统，于历史之具体展开而言，实可有无数统。孔子“祖述尧舜，宪章文武”（《中庸》），即此也。而依儒家仁之本意，仁统即是生生不息，新新而不守其故。依此，“新周”比“亲周”更合“通三统”之意②。如视三统为仁统，则改制不过是复归仁统而已。就仁统而言，并不必然涉及“三统”或先王之道之具体内涵，改制不过赓续“三统”之基本精神。“通三统”“存二王后”亦不过继承先王之德，其具体内容则可根据情势而变。

在熊十力这里，因“通三统”的内涵被义理化，故而改制的具体内容就可被泛化。康有为以西方的民权、民主为改制的基本内容，也是此一理路。而熊十力不仅将改制的内容代之以社会主义、共产主

① 熊十力：《读经示要》，《熊十力全集》第三卷，第1049页。

② 熊十力又以为，《大学》“在亲民”一句，应为“在新民”。其云：“夫作新民者，本乎同体。不待言亲，而亲在其中矣。若由亲民，再说向新其，便费推演。”（《读经示要》，《熊十力全集》第三卷，第642页）此“新”与“亲”之关系，亦可解“新周”与“亲周”。

义，更是将改制视为革命。革命的目标就是实现“天下为公”的大同理想。他以《易》“终之以群龙无首”来描述太平大同世界的政教秩序。他说：

群龙所以象众阳也。阳之所象又极多，其于人也，则为君子之象。《春秋》太平世，人人有士君子之行，是为众阳，是为群龙。无首者，至治之隆，无种界，无国界，人各自由，人皆平等，无有操政柄以临于众庶之上者，故云无首。①

“群龙无首”，亦是康有为在《大同书》中所描述的理想世界图景。熊十力虽对康有为颇多批评，然其三世进化的社会发展观无疑受到了康有为的深刻影响，这可从其三世的名称及三世进化的主张可以看出。他说：

三世治法，其略有可言者。据乱世，治起衰乱之世，人民之智、慧、力未进也。其时，天下不可无主。及民品渐高，（即智、德、力三者俱日进。）将进至升平世。则君主制度，虽犹不废，然已改定其职位，仅为百官之长，而失去其至尊无上之意义。其权力即受节制，而不得恣意横行于上。至升平之治愈进，则国之主权，全操于民众。而君主但拥虚位，虽尊宠之至极，而只如偶像，为群众所具瞻而已。及进太平，则君位殆全废，而任公共事业者，一由乎选举，此君权蜕变之大略也。②

因熊十力的革命之说与康有为的改制之说一样，缺少历史的维度，故其三世进化之论与其所论“三统”之义一样，亦缺少具体的“法古”意涵。他说：

《春秋》立三世义，与《易》之《鼎》《革》二卦，互相发明。革，去故也。鼎，取新也。《系词传》曰：“变动不居。”此虽言天化，（天谓宇宙本体。天化者，犹云本体之流行。）而人治实准之，三世义者，明治道贵随时去故取新，度制久而适于群变，……故宜随时变易，以有功也。……《易》曰：日新知谓盛

① 熊十力：《读经示要》，《熊十力全集》第三卷，第618页。

② 熊十力：《读经示要》，《熊十力全集》第三卷，第1044页。

德。富有之谓大业。乘时兴变，故德业富有日新而无穷也。三世者，通万世无穷之变，而酌其大齐。假说三世，实不可泥执三世之言，而谓万古只此三变。①

熊十力与康有为皆以孔子为素王。则孔子改制，乃为万世制法，亦为今世制法。而康有为与熊十力所论的此种制法，实无具体的历史内涵可言。与康有为一样，熊十力试图从对儒家经典尤其是《春秋》的阐发中建构现代政治理论，以为其政治主张张目。熊十力虽不承认其经学思想受到康有为的影响，然其以《春秋》为今世制法之义，实与康有为"托古"改制之义同焉。康有为坚持以改良构建中国现代政治，熊十力则主张以革命实现自由、民主与平等政治的目标。又因熊十力之政治思想论述以其新唯识论为根柢，故对《春秋》大义微言之阐发与康有为有诸多不同。

小　结

以董仲舒为代表的公羊家，无论是尊王，还是改制，皆是"奉天"而行。故其尊王乃缘于"奉天"，不仅尊时王，亦尊先王，乃至尊二王之后。其改制必"通三统"，即所谓"奉天法古"而改制。由"奉天法古"而言改制，则改制不过是改正朔、易服色或文质再复之类，并不涉及根本性的制度变革。此即"天不变道亦不变"之谓。此种主张有着坚守文明传统的意味。亦即是说，无论是以何种手段改朝换代，"法古"都是必选项。

至近世面对"几千年未有之大变局"，康有为等人以公羊学倡改制以建立现代国家，则有变革根本制度之义。盖因天下国家的传统无法应对这种变局。以伸张民权为原则的现代国家无以尊王，更无以尊先王。故其改制，不能"通三统"，亦无法言"奉天法古"，不过是"以夷变夏"而已，可谓天变道亦变也。至蒙文通、熊十力视孔子倡

① 熊十力：《读经示要》，《熊十力全集》第三卷，第1040－1041页。

革命之说，以“天下为公”的大同世为孔子的根本主张，则完全颠覆公羊家之旧说，而绝无“奉天法古”之义。康有为、蒙文通、熊十力等人的立场与主张反映了儒家传统在面对现代性课题时的困局。“法古”已经无法提供应对时局的思想与制度资源，“以夷变夏”就成了合乎情理的选择。

总之，近世今文学对改制之义的阐发，实与董仲舒等公羊学家不同，可谓名义上继承公羊家改制之说，实际上却潜易其内涵。从传统公羊家的“法古”改制到近世今文学家的“托古”改制，本质上是从“奉天法古”到“以夷变夏”，这种变化体现了公羊学自身的理论张力与阐释空间。就“托古”改制而言，体现了公羊学有坚守自身文明传统的立场。而就“以夷变夏”为具体内涵的改制而言，又体现了儒家传统的现代性困局。

本文为“2021 中国・衡水董仲舒与儒家思想国际研讨会暨中华孔子学会董仲舒研究委员会学术年会”提交的论文。

曾海龙（1981—），男，湖南邵阳人，哲学博士，上海大学哲学系讲师。

董仲舒伦理、法律思想研究

董仲舒与《孝经》

舒大刚

《孝经》是儒家教孝经典，自来受到人们的重视，但是在疑古之风盛行的宋代和近代，《孝经》的成书时代和撰著作者，却倍受怀疑。朱熹曰："《孝经》疑非圣人之言。"① 又："《孝经》独篇首六七章为本经，其后乃传文，然皆齐鲁间陋儒纂取《左氏》诸书之语为之，至有全然不成文理处。"②

后世学人多附和之，或认为是"汉儒作"，或认为是"西汉末年成书"。宋黄震："愚按，《孝经》视《论语》虽有衍文，其每章引《诗》为断，虽与刘向《说苑》《新序》《列女传》文法相类。而孝为百行之本，孔门发明孝之为义，自是万世学者所当拳拳服膺。他皆文义之细，而不容不考，至晦庵疏剔了然矣。"③ 意其为西汉末年刘向所作。明吴廷翰谓："《孝经》一书，多非孔子之言，出于汉儒附会无疑。"④ 清姚际恒亦曰："是书来历出于汉儒。不惟非孔子作，并非周

① 黎靖德：《朱子语类》卷八二，中华书局，1986 年，第 2142 页。

② 朱熹：《晦庵集》卷八四《跋程沙随帖》，引自朱杰人等主编《朱子全书》，上海古籍出版社、安徽教育出版社，2002 年，第 3961 页。

③ 黄震：《黄氏日钞》卷一《孝经》，引自（清）黄宗羲《宋元学案》四，商务印书馆，1934 年，第 34 页。

④ 吴廷翰著，容肇祖点校：《吴廷翰集·椟记卷上·孝经》，中华书局，1984 年，第 155 页

秦之言也。"[1] 黄云眉又曰："然则此书之为汉人伪托，灼然可知。"[2]

近世蒋伯潜《诸子通考》更为之申说曰：

> 西汉诸帝特崇孝道，……《太史公自叙》引其父谈临卒之言曰："且夫孝，始于事亲，中于事君，终于立身，扬名于后世，以显父母，此孝之大者。"此与《孝经》首章之言完全相同。《春秋繁露》曰："父授之，子受之，天之道也。"故曰"夫孝天之经也"，此之谓也。又曰："孝子之行取诸土。"……此谓"孝者地之义也"，此直似《孝经》"夫孝天之经也，地之义也"句之注释。但董仲舒亦未尝明言"孝为天经地义"之言见于《孝经》也。盖此时孝之提倡已盛，此类言论已多，故司马谈、董仲舒云然，作《孝经》者乃采集之，非《史记》及《春秋繁露》引《孝经》也。则《孝经》之作，当在汉武帝之后矣"[3]。

蒋先生说司马谈、董仲舒分别引用类似《孝经》文句，不是先有《孝经》此说为二氏所引，而是汉世制作《孝经》者引用了司马谈和董仲舒的话，还特别指出"董仲舒未尝明言'孝为天以地义'之言见于《孝经》也"。蒋氏又据朱熹说《孝经》有与《左传》雷同的句式，而"（朱说）《左传》自张禹传之后，始渐行于世。则《孝经》者盖其时之人所为"，认为："据此，则《孝经》之作，直在西汉末世矣。"果真如此吗？以下拟就董仲舒在多处引用《孝经》语句的情况，做一探讨，以明确到底《孝经》、仲舒孰先孰后的问题。

董仲舒（约前179—约前104）是西汉最重要的哲学家、今文经学大师。广川（今河北枣强东）人。少年时专治《春秋》，景帝时为博士，潜心钻研孔子学说。曾任江都、胶西两王国相。武帝时，应贤良对策，以"天人三策"获得武汉赏识，从此步入西汉政坛高层。建议"诸不在六艺之科、孔子之术者，皆绝其道，勿使并进"。这就是

---

① 姚际恒：《古今伪书考》，朴社，1933年，第12页。

② 黄云眉：《古今伪书考补证》，金陵大学中国文化研究所，1932年，第65—66页。

③ 蒋伯潜：《诸子通考》下编《诸子著述考》，岳麓书社，2010年，第277页。

著名的“罢黜百家，表彰六经”，为汉武帝所采纳，开启了两千余年社会尊儒重教的正统局面。著有《春秋繁露》《春秋决狱》等，其文章后人辑为《董子文集》。清人王仁俊将其有关《孝经》的言论辑为《孝经董氏义》一卷（见《玉函山房辑佚书续编》）。

首先，看看董仲舒在《春秋繁露》中，确有两处明确称引《孝经》。一是《尧舜不擅移汤武不专杀》：

> 《孝经》之语曰：“事父孝，故事天明。”事天与父同礼也。今父有以重予子，子不敢擅予他人，云云。①

此段所引《孝经》语见于《感应章》。不过，苏舆注《春秋繁露》以为：“此篇非董子文。”其理由乃是此篇大讲“汤武革命”，与《史记·儒林列传》载汉景帝后“学者无言汤武受命”之说不符。怀疑“即辕固生与黄生争论语，后人误采入《繁露》”者。其实，《史记》所言乃景帝时事，仲舒著书乃武帝时；景帝时黄老思想居于统治地位，故无敢言“革命”者；武帝之时，儒学独尊，汤武乃圣人，其“革命”思想正是齐学的特色，董子何得不言？退一步讲，即或此篇为“辕固与黄生”之论，时代更比董仲舒早，益见《孝经》传世之早。

《春秋繁露》另一处明引《孝经》是《五行对》中答河间献王问：

> 河间献王问温城董君曰：“《孝经》曰：‘夫孝，天之经，地之义。’何谓也?”对曰：“天有五行，木、火、土、金、水是也。木生火，火生土，土生金金生水；水为冬，金为秋，土为季夏，火为夏；木为春，春主生，夏主长，季夏主养，秋主收，冬主藏。藏，冬之所成也。是故父之所生，其子长之；父之所长，其子养之；父之所养，其子成之。诸父所为，其子皆奉承而续行之，不敢不致如父之意，尽为人之道也。故五行者，五行也。由此观之，父授之，子受之，乃天之道也。故曰：‘夫孝者，天之经也。’此之谓也。”王曰：“善哉！天经既闻得之矣，愿闻地之

① 董仲舒：《春秋繁露》，引自周琼编《春秋繁露·尧舜不擅移汤武不专杀第二十五》，远方出版社，2005年，第59页。

义。”对曰：“地出云为雨，起气为风。风雨者，地之所为。地不敢有其功名，必上之于天。命若从天气者，故曰天风天雨也。其曰地风地雨也，勤劳在地。名一归于天，非至有义，其孰能行此？故下事上，如地事天也。可谓大忠矣。土者，火之子也。五行莫贵于土。土之于四时无所命者，不与火分功名。木名春，火名夏，金名秋，水名冬。忠臣之义，孝子之行，取之土。上者五行，最贵者也。其义不可以加矣。五声莫贵于宫，五味莫美于甘，五色莫贵于黄，此谓‘孝者地之义’也。”王曰：“善哉！”①

河间献王所问《孝经》曰“夫孝，天之经，地之义”，见于《孝经·三才章》。献王问“孝”是“天经地义”的依据是什么？董仲舒运用“五行”相生理论予以解答。“天有五行：木、火、土、金、水也”，五行是顺相生、间相克，生者为父，被生者为子。犹之四时，木为春，火为夏，土为季夏，金为秋，水为冬。凡五行之运，被生者都要顺应生者而成就之，就像春夏秋冬四时必然按顺序运行一样，儿子也必须听从父亲的，完成父亲的事业和遗志，这是天道五行已经规定好了的，这就是“夫孝天之经也”。那么，为什么又说“孝”是“地之义”呢？董子从天地（阴阳）尊卑的理论出发，以为阳尊阴卑，天尊地卑；天施地成，犹父令子行；以下事上，犹大地事天，有劳归地，有功归天，这是“忠臣之义、孝子之行”，所以说孝是“地之义”。如果说，《孝经》的“夫孝，天之经，地之义，民之行”，还只是一个简单的命题的话，董仲舒在此就对这一命题进行了理论性的论证，使这一命题具有了时代特征，也具有了哲学意味。

以上两篇，原文明明引用“《孝经》曰”提起，根本不是蒋先生所说“但董仲舒亦未尝明言‘孝为天经地义’之言见于《孝经》也”，这种罔顾事实的说法，不能成立。

其次，不仅《春秋繁露》中有董仲舒两次明引《孝经》的例证，他还在其他篇章中多次暗引《孝经》，虽然未明确提及《孝经》篇名，

① 董仲舒：《春秋繁露》，引自周琼编《春秋繁露·五行对第三十八》，第87页。

但其文句却完全（或基本）是《孝经》的，至于其内容则肯定是《孝经》的思想或对《孝经》的发挥。

如《春秋繁露·为人者天》：“故曰：‘非道不行，非法不言。’”① 苏舆注：“语见《孝经》。”按即《卿大夫章》语，原文作“非法不言，非道不行”，文字全同，唯顺序有异。

同篇又有：“传曰：‘政有三端：父子不亲，则致其爱慈；大臣不和，则敬顺其礼；百姓不安，则力其孝弟。孝弟者，所以安百姓也；……故曰：‘先之以博爱，教以仁也。’”② 《孝经·三才章》有“先之以博爱而民莫遗其亲，陈之以德义而民兴行”。董子所引虽然只有“先之以博爱”半句，但此节专讲“孝悌”教化，自然所引非《孝经》莫属矣。

同篇又有：“难得者，君子不贵，教以义也。‘虽天子，必有尊也，教以孝也；必有先也，教以弟也。’”③ 苏舆注：“《孝经》：‘故虽天子，必有尊也，言有父也；必有先也，言有兄也。’”按即《感应章》文。

同篇又有：“传曰：‘天生之，地载之，圣人教之。’……故君民者，贵孝弟而好礼义，重仁廉而轻财利，躬亲职此于上，而万民听生善于下矣。故曰：‘先王见教之可以化民也。’此之谓也。”④ 苏舆注：“语见《孝经》。”按即《三才章》文。

同篇又有：“故曰：‘行意可乐，容止可观。’此之谓也。”⑤ 苏舆注：“二句见《孝经》。”按即《圣治章》文。此节诸本在《五行对》

---

① 董仲舒：《春秋繁露》，引自周琼编《春秋繁露·为人者天第四十一》，第 88 页。

② 董仲舒：《春秋繁露》，引自周琼编《春秋繁露·为人者天第四十一》，第 88 页。

③ 董仲舒：《春秋繁露》，引自周琼编《春秋繁露·为人者天第四十一》，第 88 页。

④ 董仲舒：《春秋繁露》，引自周琼编《春秋繁露·为人者天第四十一》，第 89 页。

⑤ 董仲舒：《春秋繁露》，引自周琼编《春秋繁露·为人者天第四十一》，第 88 页。

篇末，兹从张惠言、苏舆所校移于此篇。“行意可乐，容止可观”是对《孝经》“言思可道，行思可乐，德义可尊，作事可法，容止可观，进退可度”原文的缩略。

又第六十八《四祭》：“尝者……蒸者……此天之经也，地之义也。孝子、孝妇，缘天之时，因地之利”[①] 云云。按，“天之经，地之义”已见前，即《三才章》文。“缘天之时，因地之利”，用《庶人章》文：“用天之道，因地之利，谨身节用，以养父母，此庶人之孝也。”

至于第十九篇《立元神》[②] 论三本，虽然没有引用《孝经》语言，却是地道的“孝道”阐释，即使视为《孝经传》也不过分：

何谓本？曰：天、地、人，万物之本也。天生之，地养之，人成之。天生之以孝悌，地养之以衣食，人成之以礼乐。三者相为手足，合以成体，不可一无也。

无孝悌，则亡其所以生；无衣食，则亡其所以养；无礼乐，则亡其所以成也。三者皆亡，则民如麋鹿，各从其欲，家自为俗，父不能使子，君不能使臣，虽有城郭，名曰虚邑。如此者，其君枕块而僵，莫之危而自危，莫之丧而自亡，是谓自然之罚。自然之罚至，裹袭石室，分障险阻，犹不能逃之也。

明主贤君，必于其信，是故肃慎三本，郊祀致敬，共事祖祢，举显孝悌，表异孝行，所以奉天本也；秉耒躬耕，采桑亲蚕，垦草殖谷，开辟以足衣食，所以奉地本也；立辟雍庠序，修孝悌敬让，明以教化，感以礼乐，所以奉人本也。三者皆奉，则民如子弟，不敢自专；邦如父母，不待恩而爱，不须严而使。虽野居露宿，厚于宫室。如是者，其君安枕而卧，莫之助而自强，莫之绥而自安，是谓自然之赏。自然之赏至，虽退让委国而去，百姓襁负其子，随而君之，君亦不得离也。

---

① 董仲舒：《春秋繁露》，引自周琼编《春秋繁露·四祭第六十八》，第127页。

② 董仲舒：《春秋繁露》，引自周琼编《春秋繁露·立元神第十九》，第43—44页。

> 故以德为国者，甘于饴蜜，固于胶漆。是以圣贤勉而崇本，而不敢失也。

这里，董子将“孝悌”视为“天之所生”，实即《孝经》“夫孝天之经”之义；将“孝悌”与“衣食”“礼乐”同列“万物之本”，“孝悌”是人伦的，是人与动物的根本区别；“衣食”是物质的，是人赖以生存的物质基础；“礼乐”是制度的，是维系人类社会正常运转的法律保证。董子认为“三者相为手足”，“不可一无”。以为：“三者皆亡，民如麋鹿”；“三者皆奉，民如子弟”。他主张教导人民要明此三事，举孝悌以“奉天本”，勤劳作以“奉地本”，明教化以“奉人本”。这与《孝经》“夫孝，天之经，地之义，民之行”“夫孝，德之本，教之所由生” “天地之性人为贵，人之行莫大于孝”，具有异曲同工之妙。

除了在《春秋繁露》引用《孝经》，董仲舒还在元光元年（前134）的对策中引用《孝经》原句：“故孔子曰：‘天地之性人为贵。’明于天性，知自贵于物。”师古曰：“《孝经》载孔子之言也。”（《汉书》卷五六《董仲舒传》）

综上所述，董子既在《春秋繁露》中两次明举《孝经》文句，又多次暗引《孝经》思想，还处处对“孝悌”思想进行阐释和提倡。可见他不仅对“孝道”作了哲学的阐明，而且对“孝道”的可行性、可能性和必要性进行了创造性的发挥，是“孝”学理论的具体应用者和提倡者。特别是他在对策中明确说“孔子曰‘天地之性人为贵’”，其非明于《孝经》不能至此精熟也。如果说陆贾是汉代引述《孝经》第一人的话，董仲舒就是汉代对《孝经》重要概念进行“现代解释”的第一人；如果说陆贾对《孝经》尚是“暗中引用、明加阐发”的话，那么董仲舒则是在自己著作中明确称举《孝经》之名，并且用“阴阳五行”哲学将“孝道”推尊为“天经地义”的德行。

可见，《孝经》一书必然早于仲舒产生，故仲舒才会将其奉若神明，详加阐释。因此，说《孝经》系齐鲁间陋儒所作，成于西汉后期，是非常不可靠的。清儒丁晏《孝经征文》广泛采集《吕氏春秋》、陆贾《新语》、董仲舒《繁露》、司马迁《史记》等先秦、两汉文献之引用《孝经》的资料，来证明《孝经》早出，其做法是可取的，其结论也是可信的。

本文为“2021中国·衡水董仲舒与儒家思想国际研讨会暨中华孔子学会董仲舒研究委员会学术年会”提交的论文。

舒大刚（1959—），重庆秀山人，历史学博士。现为四川大学教授、博士生导师，国际儒学研究院院长、中华文化研究院执行院长、古籍整理研究所所长。兼国际儒学联合会副会长、中华孔子学会副会长、尼山世界儒学中心学术委员。目前从事《儒藏》暨《巴蜀全书》编纂，致力于研究中国儒学、历史文献学、巴蜀文献学。

论董仲舒的《孝经》学

刘增光

董仲舒为西汉最有影响之大儒，班固《汉书·五行志》评价其“治《公羊春秋》，始推阴阳，为儒者宗”，而《汉书》本传篇末载推尊《左传》的刘歆评价董仲舒“仲舒遭汉承秦灭学之后，《六经》离析，下帷发愤，潜心大业，令后学者有所统壹，为群儒首”。至东汉王充虽批判董仲舒天人感应论，但《论衡·超奇》仍谓“文王之文在孔子，孔子之文在仲舒”。近人李源澄谓：“周末以来，政治学术皆有由分而合之趋势，政治上产生汉武帝，学术上产生董仲舒。董仲舒之学术，实与武帝之政统相应，武帝完成大一统之政统，仲舒……造成‘天不变，道亦不变’之学统，在思想上影响之大，与武帝之在政治上相等。”[①] 就董仲舒建立西汉之学统而言，足见其思想在两汉之世的深刻影响。据此就《孝经》学之发展而言，董仲舒并未注解过《孝经》，但是《春秋繁露》中却可以看到董仲舒屡屡援引《孝经》。不夸张地说，在《春秋》之外，《孝经》俨然成了董仲舒思想理论建构借以展开的重要文本。以至于清人王仁俊在《玉函山房辑佚书续编》中将董仲舒有关《孝经》之说辑为《孝经董氏义》，发明董仲舒之《孝经》学。清末章太炎、曹元弼，以及民国时署名“世界不孝子”的

① 李源澄：《西汉思想之发展》，载《李源澄著作集》第二册，林庆彰、蒋秋华主编，台北：“中央研究院”中国文哲研究所，2008年，第469页。

《孝经救世》等均注意到了董仲舒《孝经》论说的精彩。更值得称道的是，清初康熙时人张叙撰述《孝经精义》，认为《孝经》“是故孔子以是传之曾子，曾子以是传之子思，子思以是传之孟子，孟子后，愚不知其谁传焉。董子述之天人策，盖得其传与”①。一改宋明理学家对董仲舒的评价，从道统论的层面肯定了董仲舒思想的传道地位。总体说来，董仲舒《孝经》论述的影响极为深广，在很多方面奠立了两汉《孝经》论述的基本主题和格调，欲究明汉代以降《孝经》学之发展，必然不能置董仲舒而不言。

一、尧舜之道与家天下的调和

董仲舒《尧舜不擅移汤武不专杀第二十五》② 一文堪称汉代儒者讨论政治最经典的文字，但以往对这段话的分析并未十分透彻，为了论述分析的方便，以下将此文分列三段：

> 尧舜何缘而得擅移天下哉？《孝经》之语曰：“事父孝，故事天明。”事天与父同礼也。今父有以重予子，子不敢擅予他人，人心皆然；则王者亦天之子也，天以天下予尧舜，尧舜受命于天而王天下，犹子安敢擅以所重受于天者予他人也，天有不予尧舜渐夺之故，明为子道，则尧舜之不私传天下而擅移位也，无所疑也。
>
> 儒者以汤武为至圣大贤也，以为全道究义尽美者，故列之尧舜，谓之圣王，如法则之；今足下以汤武为不义，然则足下之所谓义者，何世之王也？曰：弗知。弗知者，以天下王为无义者耶？其有义者而足下不知耶？则答之以神农。应之曰：神农之为天子，与天地俱起乎？将有所伐乎？神农有所伐，可；汤武有所伐，独不可，何也？且天之生民，非为王也；而天立王，以为民也。故其德足以安乐民者，天予之，其恶足以贼害民者，天夺

① 张叙：《孝经精义》，载《续修四库全书》第152册经部，上海古籍出版社，2002年，第369页。

② 苏舆：《春秋繁露义证》，中华书局，1992年，第219－221页。

之。诗云："殷士肤敏，祼将于京，侯服于周，天命靡常。"言天之无常予，无常夺也。故封泰山之上，禅梁父之下，易姓而王，德如尧舜者，七十二人，王者，天之所予也，其所伐，皆天之所夺也，今唯以汤武之伐桀纣为不义，则七十二王亦有伐也，推足下之说，将以七十二王为皆不义也。故夏无道而殷伐之，殷无道而周伐之，周无道而秦伐之，秦无道而汉伐之，有道伐无道，此天理也，所从来久矣，宁能至汤武而然耶！

夫非汤武之伐桀纣者，亦将非秦之伐周，汉之伐秦，非徒不知天理，又不明人礼，礼，子为父隐恶，今使伐人者，而信不义，当为国讳之，岂宜如诽谤者，此所谓一言而再过者也。君也者，掌令者也，令行而禁止也，今桀纣令天下而不行，禁天下而不止，安在其能臣天下也！果不能臣天下，何谓汤武弑？

这篇文字仍是在谈论汤武革命的问题。从汉初黄生与辕固生在汉景帝面前谈论汤武是革命还是放伐开始，对这一论题的关心可谓贯彻始终，至少在汉武帝独尊儒术之前皆是如此。司马迁《史记·儒林传》在记载二人争论的最后不忘加上一句："是后学者莫敢明受命放杀者。"① 正说明了此一问题之重要，应该说，这一问题直到董仲舒才予以解决。董仲舒的这一论述显系受到孟子影响。《孟子·万章上》载：

万章曰："尧以天下与舜，有诸？"孟子曰："否。天子不能以天下与人。""然则舜有天下也，孰与之？"曰："天与之。""天与之者，谆谆然命之乎？"曰："否。天不言，以行与事示之而已矣。"曰："以行与事示之者，如之何？"曰："天子能荐人于天，不能使天与之天下。诸侯能荐人于天子，不能使天子与之诸侯。大夫能荐人于诸侯，不能使诸侯与之大夫。昔者，尧荐舜于天而天受之，暴之于民而民受之。故曰：天不言，以行与事示之而已矣。""曰：敢问荐之于天而天受之，暴之于民而民受之，如何？"

---

① 司马迁：《史记·儒林传》。黄开国指出，在汉景帝之后，儒者们并非完全不谈受命放杀，如董仲舒的《天人三策》以及齐诗的"五际"说。见《公羊学发展史》，人民出版社，2013年，第139—140页。

曰："使之主祭，而百神享之，是天受之；使之主事而事治，百姓安之，是民受之也。天与之，人与之，故曰天子不能以天下与人。舜相尧二十有八载，非人之所能为也，天也。尧崩，三年之丧毕，舜避尧之子于南河之南，天下诸侯朝觐者，不之尧之子而之舜；讼狱者，不之尧之子而之舜；讴歌者，不讴歌尧之子而讴歌舜，故曰天也。夫然后之中国，践天子位焉。而居尧之宫，逼尧之子，是篡也，非天与也。《太誓》曰：'天视自我民视，天听自我民听。'此之谓也。"

董仲舒以尧舜并未擅移天下作为概括，可谓十分精当。这就意味着，尧舜政权的转移并非个体之间的私相授受，而是"天人之际"的天与民共同选择的结果，是公天下。换言之，公天下并不是表面上的禅让传贤而已，更是天意的体现，后者才是根本，前者仅是表象。同样，在董仲舒看来，夏商周三代之政权转移虽然并非以禅让的形式，而是以讨伐的形式，汉之代秦亦如此。但是，他认为这仅仅是表面的不同，因为"有道伐无道，此天理也"，天理即是"天之生民，非为王也；而天立王，以为民也。故其德足以安乐民者，天予之，其恶足以贼害民者，天夺之。"也即是说，不论是尧舜禅让还是汤武征诛，都是天理，是正义，并非篡逆①。这也意味着，夏、商、周每一代也是公天下，并非家天下。且董仲舒的论述有着其超越前儒之处，"神农之为天子，与天地俱起乎？将有所伐乎？"这句话意味着任何一个统治天下的天子都存在着政治合法性的问题，因为从根源上来说，作为"百神之大君"（《郊语》）的"天"才是真正的主宰者，除却天之外，任何人包括天子在内都不可能是与天地俱生，故而也就不可能拥有根源或根本的合法性，此合法性也可称为形而上的合法性，类似西方哲人所言"自然正义"。

在此意义上，禅让或征诛便都是第二层级的问题，政权以禅让还是征诛形式转移均不是最本源的问题。"故其德足以安乐民者，天予

---

① 黄开国分析董仲舒的三统说，认为他"刻意回避了历史的兴替是否需要革命的问题"。见黄开国：《公羊学发展史》，第178页。

之，其恶足以贼害民者，天夺之。”禅让或征诛，是天之予夺的方式，正因为“天之无常予，无常夺”，所以禅让或征诛就有了根源上的必然性或曰合法性，符合自然正义。进而言之，神农亦有伐，七十二王亦有伐，此是由历史经验而来的合法性，历史经验已经表明了征诛的合法性，汤武放伐并非偶然发生的单个事件，此可称为“历史正义”。

而且，退一步讲，即使不是天理，那些非议汤武伐桀纣，非议秦之伐周、汉之伐秦的人，也是“不明人礼”，因为按照礼仪，子当为父隐恶，故即使汤武有伐人之恶，确实是不义之举，为臣子者亦当为国讳之，这是孔子之教与《春秋》之义，而不应一而再、再而三地谈论和非议。若如此，那就是不明天理亦不守人礼。此是就现实政治与礼制而言，故可称为现实正义。

此可见，董仲舒的讨论逻辑十分严密，同时在天理自然、历史经验和现实政制中的君臣之礼三个方面，反驳了对于汉代秦而兴政治合法性的质疑，认为汉朝亦是承受天之命。反观孟子的论述，“使之主祭，而百神享之，是天受之；使之主事而事治，百姓安之，是民受之也。天与之，人与之”，可以说仅涉及两个方面，一是天理自然，二是百姓之公意。这样说来，董仲舒的论述中看似并不包含百姓之公意的成分，其实不然，因为董仲舒也对《尚书》所言“天生民，立之君，立之师”表示认可，故他说：“天之生民，非为王也；而天立王，以为民也。”但是，在董仲舒这里，天志其实已经代表了民意。同样，也可以说，“民意”被“天志”遮盖了。尤其是当董仲舒说：“屈民而伸君，屈君而伸天”时，就更是弱化了“民意”的权威性。在这一点上，必须指出的是，孟子“得乎丘民，而为天子”论述中对民意的强调在董仲舒这里已然隐藏了，民和君有了等级之分。这当然会让我们想到董仲舒性三品的人性论以及他以“民”为“瞑”的说法①。这都无疑从人性论上在百姓与“（圣）王”之间划出了等级。董仲舒在《符瑞第十六》中强调孔子作《春秋》，“明改制之义，一统乎天子”，

① 《春秋繁露义证》，第286页。

其尊王思想是非常明确的，这就与孟子的汤武革命说不同，故有学者言："革命说主张人人皆有推翻暴君的政治权利，改制说则承认君主一人的特权，将社会变革的政治权利教给在位的君主，……这就取消了卑者、不在位者改变现实的权利，这是一种明显为君主集权作论证的理论，也是董仲舒改制说的要义所在，它为君主专制的长治久安提供了最有价值的经学理论。"①

回到正题，董仲舒之论代表了汉儒对于尧舜之道与汉道的调和。这一调和，也可以说是对"汉家尧后"的证明。就经典文献而言，董仲舒的这一证明是以《春秋》和《孝经》为主要根据。依《春秋》，王为"天王"，董仲舒以"天子"为顺承天意或天志、天心的天之子。故他引《孝经》谓："'事父孝，故事天明。'事天与父同礼也。今父有以重予子，子不敢擅予他人，人心皆然；则王者亦天之子也，天以天下予尧舜，尧舜受命于天而王天下。"②《深察名号》篇亦谓："受命之君，天意之所予也。故号为天子者，宜视天为父，事天以孝道也。"③ 这其实意味着，尧舜禅让、汤武征诛、汉代秦兴，都是"天与子"的表现。因为王者都是天之子，故所谓的传贤与传子都是"天与子"，也就皆为公天下，而非私天下或家天下。公羊学的"通三统说"则是进一步从理论上为传子非家天下做了侧翼论证。正如《白虎通》所言："王者所以存二王之后何也？所以尊先王，通天下之三统也。明天下非一家之有，谨敬谦让之至也。"④

孟子说："使其主祭，而百神享之。"此为本《尚书·尧典》的记载引申之。董仲舒"事天与父同礼"之说，当是按照《孝经·圣治章》"周公郊祀后稷以配天，宗祀文王于明堂以配上帝"而引申之。在此意义上，董仲舒所说"孝"就不仅仅是事亲之孝，而更是事天之孝。若为事亲之孝则会落在"家""家天下"的格局上，而当孝被提

① 黄开国：《公羊学发展史》，第168页。

② 《春秋繁露义证》，第219页。

③ 《春秋繁露义证》，第286页。

④ 陈立：《白虎通疏证》，中华书局，1994年，第366页。

升至“事天”的层面上，那么自然就成了公天下、顺天命的格局。董仲舒赋予原本更具道德色彩的《孝经》以鲜明的政治化内容。

在论述政权转移合法性之外，董仲舒还对政权初建后是否改制做了解释，而其解释也离不开“孝”与“天志”。在董仲舒的论述中，公羊家所言“改正朔，易服色”，皆是顺应“天志”。董仲舒在《楚庄王第一》[①] 中说：

> 今所谓新王必改制者，非改其道，非变其理，受命于天，易姓更王，非继前王而王也，若一因前制，修故业，而无有所改，是与继前王而王者无以别。受命之君，天之所大显也；事父者承意，事君者仪志，事天亦然；今天大显已，物袭所代，而率与同，则不显不明非天志，故必徒居处，更称号，改正朔，易服色者，无他焉，不敢不顺天志，而明自显也。若夫大纲，人伦道理，政治教化，习俗文义尽如故，亦何改哉！故王者有改制之名，无易道之实。孔子曰：“无为而治者，其舜乎！”言其主尧之道而已，此非不易之效与！

正如他认为禅让与征诛皆合于天理天志一样，新王必改制亦是顺承天志的体现。故曰：“事父者承意，事君者仪志，事天亦然”[②]。但是并无易道之实，归根言之，人是无法改易天道的。在此，董仲舒对《论语》中孔子称赞尧舜的无为而治给予了自己的解释，“无为而治”的含义是指尧、舜等圣王皆尊奉天道而治天下，法天而行。董仲舒在《对策》中也注意到孔子对舜韶乐和武王武乐的不同评价，他认为这是“帝王之条贯同，然而劳逸异者，所遇之时异也”[③]。尧舜之垂拱无为和文武之日昃不暇食在本质上并无区别，均是遵循天道。

---

① 《汉书·董仲舒传》中也记载董仲舒对策：“孔子曰：无为而治者，其舜乎？改正朔，易服色，以顺天命而已。其余尽循尧道，更何为哉！”

② 此处“顺天志”之说，近人李源澄谓董仲舒取墨家以为说。然而此亦显非纯然墨家之说，孔子已言“夫孝者，善继人之志，善述人之事也”（《中庸》）。李源澄之说见氏著：《西汉思想之发展》，载《李源澄著作集》第二册，林庆彰、蒋秋华主编，台北：“中央研究院”中国文哲研究所，2008年，第470页。

③ 《汉书·董仲舒传》。

二、“为人者天”

《春秋繁露》中的《为人者天》① 一篇共五段话，但每段话末尾皆引《孝经》之文以作结，故此篇堪称解释《孝经》的传文，显得非常特别，也集中表达了董仲舒的孝治思想。先录其文如下，稍加按语，以便做进一步申释：

为生不能为人，为人者天也，人之为人本于天，天亦人之曾祖父也，此人之所以乃上类天也。人之形体，化天数而成；人之血气，化天志而仁；人之德行，化天理而义；人之好恶，化天之暖清；人之喜怒，化天之寒暑；人之受命，化天之四时；人生有喜怒哀乐之答，春秋冬夏之类也。喜，春之答也，怒，秋之答也，乐，夏之答也，哀，冬之答也，天之副在乎人，人之情性有由天者矣，故曰受，由天之号也。为人主也，道莫明省身之天，如天出之也，使其出也，答天之出四时，而必忠其受也，则尧舜之治无以加，是可生可杀而不可使为乱，故曰：“非道不行，非法不言。”（按：此为《孝经·卿大夫章》文）此之谓也。②

传曰：唯天子受命于天，天下受命于天子，一国则受命于

---

① 《春秋繁露义证》，第318—320页。

② 李源澄认为：“西汉儒者，贾谊、董仲舒、司马迁之徒，往往称引六艺及孔子撰述，皆不及《孝经》。故知《孝经》作于孔子之说，不可信据。”见氏著：《孝经出于阴阳家说》，载《李源澄著作集》第2册，第889页。清末以来疑古之风流行，论者率多认为《孝经》为汉人伪作，李氏似亦受此影响。然观本节之论，即可知此说多存疑窦。董仲舒称引《孝经》之语，言“故曰”，显然即是将其放在经典权威的意义上。另外，贾谊《新书·大政》言：“事君之道，不过于事父，故不肖者之事父也，不可以事君。事长之道，不过于事兄，故不肖者之事兄也，不可以事长；……慈民之道，不过于爱其子，故不肖者之爱其子，不可以慈民；居官之道，不过于居家，故不肖者之居家也，不可以居官。夫道者，行之于父，则行之于君也；行之于兄，则行之于长矣；……行之于子，则行之于民矣；行之于家，则行之于官矣。”此段文字显系本于《孝经》“君子之事亲孝，故忠可移于君。事兄悌，故顺可移于长。居家理，故治可移于官。是以行成于内，而名立于后世矣。”《新书》所佚之《问孝》一篇很可能与《孝经》关系更为密切。

君。君命顺，则民有顺命；君命逆，则民有逆命；故曰："一人有庆，兆民赖之。"[①]（按：《孝经·天子章》末所引《诗》文）此之谓也。

传曰：政有三端：父子不亲，则致其爱慈；大臣不和，则敬顺其礼；百姓不安，则力其孝弟。孝弟者，所以安百姓也，力者，勉行之，身以化之。天地之数，不能独以寒暑成岁，必有春夏秋冬；圣人之道，不能独以威势成政，必有教化。故曰：先之以博爱，教以仁也；（按：《孝经·三才章》文）难得者，君子不贵，教以义也；（按：《孝经·圣治章》文）虽天子必有尊也，教以孝也；必有先也，教以弟也。（按：《孝经·感应章》文）此威势之不足独恃，而教化之功不大乎！

传曰：天生之，地载之，圣人教之。君者，民之心也，民者，君之体也；心之所好，体必安之；君之所好，民必从之。故君民者，贵孝弟而好礼义，重仁廉而轻财利，躬亲职此于上而万民听，生善于下矣。故曰："先王见教之可以化民也。"（按：《孝经·三才章》文）此之谓也。

衣服容貌者，所以说目也，声音应对者，所以说耳也，好恶去就者，所以说心也。故君子衣服中而容貌恭，则目说矣；言理应对逊，则耳说矣；好仁厚而恶浅薄，就善人而远僻鄙，则心说矣。故曰："行思可乐，容止可观。"（按：《孝经·圣治章》文）此之谓也。

第一段话陈说天为人之祖的道理，申发出人类天、天副人的天人相符思想，这正是上节所论事天与事父同礼的理论基础。苏舆认为北宋张载《西铭》"乾父坤母"之说即是本于此[②]。其实《礼记·祭义》

---

① 清人有以《孝经》"一人有庆，兆民赖之"诗句属下章《诸侯章》连读者，如张叙《孝经精义》和汪师韩《孝经约义》均如此认为，观董仲舒之说及东汉郑玄之说可知，清人的这一移改《孝经》的做法是很欠妥当的。

② 《春秋繁露义证》，第318页。

中即有“天之所生，地之所养，无人为大”[1] 之说。正因为人之血气、性情、好恶、德行皆是受命于天，故人之行为即当遵循天道。人知一己之身出于天，则为人君之道即“莫明省身之天”。其引《孝经》之语意义在此，“身之天”一词尤其能发明《孝经》“天地之性人为贵”的精义。但需要指出的是，“非道不行，非法不言”所指本是“非先王之法言不敢道，非先王之德行不敢行”，并非直接指涉天道，因此董仲舒的解释就相当于指出，先王之法言和德行本即是遵循了天道。另外，这段文字其实也是对《孝经·圣治章》“天地之性人为贵”的解释，因为依董仲舒之意，身并不仅仅是属于自己的，也是属于作为人之祖的天，所谓“身之天，如天出之也”，也即是说，人之身出于天，为人者天。而这也正与《汉书·董仲舒传》中所在董仲舒言相符：“人受命于天，固超然异于群生，入有父子兄弟之亲，出有君臣上下之谊，会聚相遇，则有耆老长幼之施，粲然有文以相接，欢然有恩以相爱，此人之所以贵也。生五谷以食之，桑麻以衣之，六畜以养之，服牛乘马，圈豹槛虎，是其得天之灵，贵于物也。故孔子曰：天地之性人为贵。”这段话的语式结构与《为人者天》如出一辙。另外，这段话也涉及董仲舒对“忠”的理解，为人主者“必忠其所受”，也就意味着君主应忠于天。

此下之第二、第三和第四段话的内容，一言以蔽之即是君主为政，要注重教化、德化，而不可依赖刑法威势，正如天道既有寒暑，又有春秋一样。他将致其爱慈、敬顺其礼、力其孝弟视为政治的三个主要内容，而不提刑罚。因而《孝经·五刑章》并不为其所取。可以看到第三、第四两段话的内容基本就是对应于《孝经·三才章》所述：“先王见教之可以化民也，是故先之以博爱，而民莫遗其亲，陈之于德义，而民兴行。先之以敬让，而民不争；导之以礼乐，而民和睦；示之以好恶，而民知禁。”

最后一段话所言者为君子之言行举止，但君子实即为君者，《孝

---

① 《礼记正义》，第1335页。

经》原文谓："不爱其亲而爱他人者，谓之悖德；不敬其亲而敬他人者，谓之悖礼。以顺则逆，民无则焉。不在于善，而皆在于凶德，虽得之，君子不贵也。君子则不然，言思可道，行思可乐，德义可尊，作事可法，容止可观，进退可度，以临其民。是以其民畏而爱之，则而象之。故能成其德教，而行其政令。《诗》云：淑人君子，其仪不忒。"此处之"君子"显系君主。可以看到，这段话所说似乎正是对第一段话"为人主者，道莫明省身之天"的解释。

总而言之，《为人者天》一篇表现的是董仲舒的德政思想，其中包含了对于君主修身以治人的要求，体现的是德主刑辅的思想。具体来说，董仲舒尤其强调君主要"爱人"、要博爱，对儒家的仁政思想做了新的发展。《春秋繁露·五行相胜》中即有"仁者爱人，义者尊老"[①] 的说法。《为人者天》援引《孝经》"先之以博爱"的说法，正与仁者爱人之说相应。那么孔子所作《春秋》的主旨又是什么呢？董仲舒的回答也是"爱人"。《竹林第三》中说："《春秋》爱人。"[②] 正如《为人者天》主张君主不可依威势，《竹林》中亦言"《春秋》之所恶者，不任德而任力"[③]。又：《必仁且智第三十》："故仁者所以爱人类也。"[④] "何谓仁？仁者恻怛爱人。"[⑤] 《春秋繁露·仁义法第二十九》[⑥] 具体解释《春秋》爱人之旨，这意味着《春秋》是孔子仁学思想灌注的作品。孔子曰仁，孟子扩之以仁义，故董仲舒之说仁义，正是对于孔孟的发展。他说："《春秋》之所治，人与我也；所以治人与我者，仁与义也；以仁安人，以义正我……仁之于人，义之于我者，不可不察也，众人不察，乃反以仁自裕，而以义设人，诡其处而逆其理，鲜不乱矣。""春秋之所治，人与我也"所处理的也正是孔子所言"己欲立而立人，己欲达而达人"的忠恕之道问题。"《春秋》为仁义

① 《春秋繁露义证》，第 367 页。
② 《春秋繁露义证》，第 49 页。
③ 《春秋繁露义证》，第 48 页。
④ 《春秋繁露义证》，第 257 页。
⑤ 《春秋繁露义证》，第 258 页。
⑥ 《春秋繁露义证》，第 249 页。

法，仁之法在爱人，不在爱我；义之法在正我，不在正人；我不自正，虽能正人，弗予为义；人不被其爱，虽厚自爱，不予为仁。”这就意味着，只有爱人才是真正的爱，仅仅爱己不是爱。王者正是要爱天下人，仁及四夷。“王者爱及四夷，霸者爱及诸侯，安者爱及封内，危者爱及旁侧，亡者爱及独身，独身者，虽立天子诸侯之位，一夫之人耳，无臣民之用矣，如此者，莫之亡而自亡也。”独身之爱是自寻危亡之爱。爱及四夷的王者就是圣人，他称这种爱为“博爱”，故他说：“循三纲五纪，通八端之理，忠信而博爱，敦厚而好礼，乃可谓善，此圣人之善也。”[①] 可以推测，董仲舒以“爱人”为《春秋》之法，在很大程度上是受了《孝经》的影响，同时也正是对《春秋》与《孝经》相表里说的一种发明。

在汉儒对于秦亡的反思中，仁义不施成了非常普遍的结论。秦朝之以严刑峻法暴政治国遭到了汉儒的批判，董仲舒也对刑法之治做了反思。既然不能以法家所言法、术、势维持君主的权威，那么应当如何维持呢？答案是仁义。这正表现出，汉儒在对秦政的反思中，对政治权威的塑造有了更加清晰的意识，直接转向儒家的仁政思想以吸取资源。威来源于仁爱，正因此，君主作为天子，就应当仁爱天下人。且“仁爱”也正是天志。《王道通三第四十四》中言：“仁之美者在于天。天，仁也，天覆育万物，既化而生之，有养而成之，事功无已，终而复始，凡举归之以奉人，察于天之意，无穷极之仁也。人之受命于天也，取仁于天而仁也，是故人之受命天之尊，父兄子弟之亲，有忠信慈惠之心，有礼义廉让之行，有是非逆顺之治，文理灿然而厚，知广大有而博，唯人道为可以参天。天常以爱利为意，以养长为事，春秋冬夏皆其用也；王者亦常以爱利天下为意，以安乐一世为事，好恶喜怒而备用也。”[②] 王者爱利天下正是顺应天命天志。

在此意义上，董仲舒对儒家仁说或仁学的发展可分为三个方面：第一，他以生长化育释仁，这可以说是宋明儒以生言仁的先导。当

---

① 《春秋繁露义证》，第 304 页。
② 《春秋繁露义证》，第 329 页。

然，孔子说："天何言哉，四时行焉，百物生焉"（《论语》）当是最早的源头。第二，他重申了仁爱之他人向度，因为不论是孔子所说"己欲仁而仁至矣""为仁由己，而由人乎哉"，还是孟子仁义内在的"四端"说以及"仁义礼智非由外铄我也"的"固有"说，都强调了仁与己身的相关性，就仁德的践履而言，仅仅强调己身有仁心是远远不够的，因为仁是要见之于行的。汉儒强调"仁，从人从二"，正是看到了仁是在社会关系中体现出来的。董仲舒吸收了孔孟的这一维度，如《必仁且智第三十》中说："何谓仁？仁者，憯怛爱人，谨翕不争，好恶敦伦，无伤恶之心，无隐忌之志，无嫉妒之气，无感愁之欲，无险诐之事，无辟违之行，故其心舒，其志平，其气和，其欲节，其事易，其行道，故能平易和理而无争也，如此者，谓之仁。"[①] 其中既强调了仁者之心志，也强调了仁者之行事，正是人我兼顾。第三，董仲舒以仁为天志，通过人副天数来论证人性中的善恶、仁贪，这就为儒家的仁爱思想确立了形而上的根据。

有学者谓董仲舒的仁爱思想"扬弃爱亲中心主义，把仁人之爱向更多的人群延伸"[②]。这一论述有其道理，但并非全然合理，正如上文所言，董仲舒以博爱解释仁是受《孝经》影响，《孝经·天子章》言："子曰：爱亲者，不敢恶于人；敬亲者，不敢慢于人。爱敬尽于事亲，而德教加于百姓，刑于四海。盖天子之孝也。《甫刑》云：'一人有庆，兆民赖之。'"《三才章》言："先王见教之可以化民也，是故先之以博爱，而民莫遗其亲。陈之以德义，而民兴行。""爱亲者，不敢恶于人"，所以要"先之以博爱"。也就是说，爱亲和博爱是统一的。此为董仲舒仁说的重要内容。

---

① 《春秋繁露义证》，第257页。

② 余治平：《董仲舒仁义学新释》，载《董仲舒研究文库》第一辑，巴蜀书社，2013年，第149页。

三、“五行者，五行也”：孝的形上化与移孝作忠

除却《为人者天》外，《春秋繁露》中的《五行对》一篇也可以视作《孝经》之传。这篇文字显示出，董仲舒对儒家的五常观念的论述是以五行学说为基础。民国大儒宋育仁曾言：“董子《繁露》发明‘地之义’特深微，心知其意，而汉初注家未起，惜其未诠注本经。”[①] 指出董仲舒所论重在《孝经·三才章》的“地之义”，其《五行对》[②] 文曰：

> 河间献王问温城董君曰：“《孝经》曰：‘夫孝，天之经，地之义。’何谓也？”对曰：“天有五行：木、火、土、金、水是也。木生火，火生土，土生金、金生水。水为冬，金为秋，土为季夏，火为夏，木为春。春主生，夏主长，季夏主养，秋主收，冬主藏，藏，冬之所成也。是故父之所生，其子长之；父之所长，其子养之；父之所养，其子成之。诸父所为，其子皆奉承而续行之，不敢不致如父之意，尽为人之道也。故五行者，五行也。由此观之，父授之，子受之，乃天之道也。故曰：‘夫孝者，天之经也。’此之谓也。”王曰：“善哉！天经既得闻之矣，愿闻地之义。”对曰：“地出云为雨，起气为风，风雨者，地之所为，地不敢有其功名，必上之于天，命若从天气者，故曰天风天雨也，莫曰地风地雨也；勤劳在地，名一归于天，非至有义，其庸能行此；故下事上，如地事天也，可谓大忠矣。土者，火之子也，五行莫贵于土，土之于四时，无所命者，不与火分功名；木名春，火名夏，金名秋，水名冬，忠臣之义，孝子之行取之土；土者，五行最贵者也，其义不可以加矣。五声莫贵于宫，五味莫美于甘，五色莫盛于黄，此谓‘孝者，地之义也’。”王曰：“善哉！”

① 宋育仁：《孝经义发微》，载《宋育仁文集》第13册，董凌锋选编，国家图书馆出版社，2016年，第101页。

② 《春秋繁露义证》，第315页。

这段话所包含的首要命题是：孝是天理、天行、天道、天经。天有五行，孝就是五行相生之理，正如，父生子、子养父一样。故天之五行就是人之五行，这就以五行相生的道理解释了《孝经》的“天之经”。而关于“地之义”，他的解释则是下事上、地事天，但《孝经》本文中天经和地义是并列的，并不包含董仲舒解释之意。之所以如此解释，正是为了将“下事上”的忠德包含进去。这相当于将“孝经”变成了“忠经”，其中包含了浓厚的尊君观念，尤其是考虑到这段文字是对河间献王的回答。严格说来，地不能等同于“土”，但在董仲舒这里，则着力强调地德就是土德，“忠臣之义，孝子之行取之土；土者，五行最贵者也，其义不可以加矣”。《孝经》言：“圣人之德无以加于孝”，董仲舒之说本此。但他又自行添加了“忠”德。这样的说法在汉代并不鲜见，如刘向《说苑·臣术第二》中载：“子贡问孔子曰：‘赐为人下，而未知所以为人下之道也?’孔子曰：‘为人下者，其犹土乎！种之则五谷生焉，掘之则甘泉出焉，草木植焉，禽兽育焉，生人立焉，死人入焉，多其功而不言，为人下者，其犹土乎！’”为人下之道犹土，正是董仲舒忠臣之义取之土的意思。依此，《孝经》所说“夫孝，天之经，地之义”就变成了忠孝俱为天经地义。而且，不难体会到，在这一论证中，当董仲舒将“地”等同于“土”[①] 时，就已经降低了“地”相对于“天”的位置，而仅仅成为天之五行的一行[②]。虽言天经地义，但是“天”更像是五行之德、忠孝之德的订立者，而地则是施行者。惟言“五行莫过于土”或土旺四季可以稍稍提高其位置。《五行之义》[③] 中亦有土为五行之主的论述：

> 天有五行：一曰木，二曰火，三曰土，四曰金，五曰水。木，五行之始也，水，五行之终也，土，五行之中也，此其天次

---

① 《白虎通》卷四《五行》显然较董仲舒更进一步，认为“地，土之别名也”，见《白虎通疏证》，第168页。

② 后来的儒者正是在这一点上发生纷繁复杂的争论。在祭祀五行之神和天地二者上的冲突矛盾。

③ 《春秋繁露义证》，第321页。

之序也。木生火，火生土，土生金，金生水，水生木，此其父子也。木居左，金居右，火居前，水居后，土居中央，此其父子之序，相受而布。是故木受水而火受木，土受火，金受土，水受金也。诸授之者，皆其父也；受之者，皆其子也；常因其父，以使其子，天之道也。是故木已生而火养之，金已死而水藏之，火乐木而养以阳，水克金而丧以阴，土之事火竭其忠。故五行者，乃孝子忠臣之行也。五行之为言也，犹五行欤？是故以得辞也。圣人知之，故多其爱而少严，厚养生而谨送终，就天之制也。以子而迎成养，如火之乐木也；丧父，如水之克金也；事君，若土之敬天也；可谓有行人矣。五行之随，各如其序；五行之官，各致其能。是故木居东方而主春气，火居南方而主夏气，金居西方而主秋气，水居北方而主冬气；是故木主生而金主杀，火主暑而水主寒，使人必以其序，官人必以其能，天之数也。土居中央，为之天润，土者，天之股肱也，其德茂美，不可名以一时之事，故五行而四时者，土兼之也，金木水火虽各职，不因土，方不立，若酸咸辛苦之不因甘肥不能成味也。甘者，五味之本也，土者，五行之主也，五行之主土气也，犹五味之有甘肥也，不得不成。是故圣人之行，莫贵于忠，土德之谓也。人官之大者，不名所职，相其是矣；天官之大者，不名所生，土是矣。

这段话完全将五行的相生关系视作父授子、子受父的相生关系。五行就指涉了孝子忠臣的五种行为：养之、藏之、养以阳、丧以阴、竭其忠。《孝经》说："其教不肃而成，其政不严而治。"在董仲舒看来，之所以"多其爱而少严"，正是因为教与政皆是遵循了天道，是五行生克之道的体现。正如他在回答河间献王时从论孝转及论忠，此处亦是循着移孝作忠的思路，故后半段内容主要落在臣子之忠上说，但董仲舒不是泛泛说所有臣民之忠，而是特别落实在官之大者——"相"上说，土为天官，相为人官，正如土为五行之主一样，相为人官之大者，一人之下，万人之上。结合两篇文字来看，"五行者，乃孝子忠臣之行也。""是故圣人之行，莫贵于忠，土德之谓也。"董仲舒虽然是在以五行解释《孝经》"夫孝，天之经，地之义"，但他解释的重心实则是在“地之义”，也即五行中的“土”。地事天就是臣事君、子事父。由此，子尽孝于父即是臣竭忠于君。既然《孝经》说：“至哉，孝之大也。”“圣人之德，无以加于孝”，同理，自然可以说“忠之义不可以加矣”“圣人之行莫贵于忠”，这样一来，先秦儒家设想中的圣王也就变成了“圣相”，圣人只能是做臣，汉儒已默认或默然接受德与位之相分离。五行之主是土，人行的中心则归本于忠孝，犹如《孝经》开首所言“夫孝，德之本，教之所由生也”。根据董仲舒的思路，他对《孝经》所言“父子之道天性，君臣之义也”做了连贯的理解，意即：父子之道既是天性，也是君臣之义。概括言之，忠、孝皆是天性，皆是天经地义、五行授受的天道。

显然，在五行体系中是不能以天地分别对应阳和阴来论说的。而在阴阳系统中，则可谓地卑于天，正如《易传》所言：“天尊地卑，乾坤定矣。”这一点，在《阳尊阴卑》篇[①]中就表露无遗：

> 诸在上者皆为其下阳，诸在下者皆为其上阴，阴犹沉也，何名何有？皆并一于阳，昌力而辞功。故出云起雨，必令从之下，命之曰天雨，不敢有其所出，上善而下恶。恶者受之，善者不受，土若地，义之至也。是故《春秋》君不名恶，臣不名善，善皆归于君，恶皆归于臣。臣之义比于地，故为人臣者，视地之事天也；为人子者，视土之事火也，虽居中央，亦岁七十二日之王[②]，傅于火，以调和养长，然而弗名者，皆并功于火，火得以盛，不敢与父分功，美孝之至也。是故孝子之行，忠臣之义，皆法于地也，地事天也，犹下之事上也，地，天之合也，物无合会之义。是故推天地之精，铉阴阳之类，以别顺逆之理，安所加以不在？

下事上、地事天的说法再次出现。但这段话已经不在五行系统中来论证君臣关系，而是在阴阳系统中。地为天之合，即是《孝经》：“君臣之义也。”君臣以义合。《五行之义》中也说：“土者，天之股肱也。”

① 《春秋繁露义证》，第325页。

② 《白虎通》：“木王所以七十二日何……”云云，正本于此。

臣子为君主之股肱。但是，在董仲舒以五行论述天经地义的框架中，君臣之义和父子之义是相同的。他正是通过这种论证弥合父子之亲和君臣之义二者间的差别。这段话中说“《春秋》君不名恶，臣不名善，善皆归于君，恶皆归于臣”。正对应于《五行对》中所说：“勤劳在地，名一归于天”“土者，火之子……不与火分功名”。董仲舒的这一说法，并非毫无根据，在汉人的著述中也并不鲜见。纬书、东汉的官方制典《白虎通》均采纳其说，如《春秋元命苞》言：“土无位而道在，故大一不兴化，人主不任部职。地出云起雨，以合从天下，勤劳出于地，功名归于天。”此说很可能系本于董子。《白虎通》亦是如此①。就经典文本根据来说，董仲舒“名一归于天”、善归于君，恶归于臣的“大忠”思想有着《春秋》学的论据，而另外则很可能与《礼记》有关。《坊记》② 言：

> 子云：“善则称人，过则称己，则民不争。善则称人，过则称己，则怨益亡。《诗》云：‘尔卜尔筮，履无咎言。’”子云：“善则称君，过则称己，则民作忠。《君陈》曰：‘尔有嘉谋喜猷，入告尔君于内，女乃顺之于外。’曰：‘此谋此猷，惟我君之德，于乎是惟良显哉！’子云：“善则称亲，过则称己，则民作孝。《大誓》曰：‘予克纣，非予武，惟朕文考无罪。纣克予，非朕文考有罪，惟予小子无良。’”

在《坊记》的语境中，孔子是在谈论礼仪中人我彼此关系的相互性，由此细绎出君臣关系、亲子关系，但他强调的是“为己者”之道德主动性，并未将君主的权威绝对化，认为君主不会错。故第三句话所引《大誓》即为武王自认有罪之语。也就是说，这三句话是一个整体，不可分别抽出断章取义来理解。且孔子极为强调的是这样做的教化意义。在此意义上说，君主自身能做到“善则称人，过则称己”，对于天下民众来说，无疑有着更广泛深刻的教化意义。对此，结合

① 见《白虎通疏证》，第168页。《白虎通》中又说：“土味所以甘何？中央者，中和也，故甘，犹五味以甘为主”，此亦是本于董仲舒，见第171页。

② 《礼记正义》，北京大学出版社，1999年，第1407页。

《礼记·祭义》之说即可明了，后者谓："昔者圣人建阴阳天地之情，立以为《易》，易抱龟南面，天子卷冕北面，虽有明知之心，必进断其志焉，示不敢专，以尊天也。善则称人，过则称己，教不伐以尊贤也。"[①] 此即明确说明，天子亦应"尊天"，以向天表明自己并不敢自专己志，强调了君主本身的敬慎戒惧之心。且天子本人也是应"善则称人，过则称己"。这样做，有"尊贤"的教化意义。

而唯一可以做绝对化原则看待的是一种特殊情况，《礼记·曲礼》言：

> 大夫士去国逾竟，为坛位乡国而哭。素衣、素裳、素冠，彻缘、鞮屦、素幂，乘髦马，不蚤鬋，不祭食，不说人以无罪，妇人不当御，三月而复服。

这段话是就臣子去国而言，有其特殊语境。孔颖达《正义》即指出："不说人以无罪者，善则称君，过则称己。今虽放逐，犹不得乡人自说道己无罪而君恶，故见放退也。"[②] 遗憾的是，虽然汉儒将《坊记》这段文字视为理解事君之道的典范文本，但却是将《坊记》中的第二句话单独抽出，以论证臣忠于君。董仲舒就说："是臣子之不为君父受罪，罪不臣子莫大焉。"[③] 他们忽视了其中的"善则称人，过则称己"正是儒家忠恕之道、反求诸己精神的一种体现。而在汉儒三纲的观念中，《坊记》这一说法的具体语境被抽离掉了，变成了父为子纲、君为臣纲，故董仲舒强调"阴兼于阳"，"子之功兼于父"。

同样可以看到的是，西汉前期的《韩诗外传》卷三[④]与《说苑·君道》都记载了这样一段话：

> 当舜之时，有苗不服，其不服者，衡山在南，岐山在北，左洞庭之波，右彭泽之水，由此险也。以其不服，禹请伐之，而舜不许，曰："吾喻教犹未竭也。"久喻教，而有苗民请服。天下闻

---

① 《礼记正义》，第 1343 页。
② 《礼记正义》，第 116 页。
③ 《春秋繁露义证》，第 279 页。
④ 《韩诗外传集释》，中华书局，2009 年，第 108 页。

之，皆薄禹之义，而美舜之德。诗曰："载色载笑，匪怒伊教。"舜之谓也。问曰："然则禹之德不及舜乎？"曰："非然也。禹之所以请伐者，欲彰舜之德也。故善则称君，过则称己，臣下之义也。假使禹为君，舜为臣，亦如此而已矣。夫禹可谓达乎为人臣之大体也。"

《白虎通》卷四《五行》中亦以阴阳论君臣，说：

善称君、过称己何法？法阴阳共叙共生，阳名生，阴名煞。臣有功归于君何法？法归明于日也。①

事实上，通过公羊学对于《春秋》微言大义的发挥，"为尊者讳"就成了孔子本人之意，并将其与《论语》中的相关文本结合起来。《白虎通·谏诤篇》中就说臣子谏诤君上当隐恶扬美："所以为君隐恶何？君至尊，故设辅弼、置谏官，本不当有遗失。故《论语》曰：'陈司败问昭公知礼乎？孔子曰：知礼。'此为君隐也。……诸侯臣对天子，亦为隐乎？然。本诸侯之臣，今来者，为聘问天子无恙，非为告君之恶来也。故《孝经》曰：'将顺其美，匡救其恶，故上下治，能相亲也。'"② 郑玄注《孝经·事君章》"君子之事上也，进思尽忠，退思补过，将顺其美，匡救其恶"正是本《坊记》此文，说："善则称君……过则称己。"③ 但郑玄强调：匡正君主之行为是非常重要的。虽然依董仲舒之意，天子要顺承天，天子顺承天即是忠，即是孝。天是百神之大君，人君法天即是忠于君。但以天抑君这一维度仍然显得太弱。

《立元神第十九》一篇体现出了董仲舒以孝为本、以孝治天下的思想，而亦是本于对《孝经·三才章》"夫孝，天之经，地之义，民之行"的理解。其文曰：

君人者，国之元，发言动作，万物之枢机，枢机之发，荣辱之端也，失之豪厘，驷不及追。故为人君者，谨本详始，敬小慎

① 《白虎通疏证》，第195页。

② 《白虎通疏证》，第239页。

③ 陈铁凡：《孝经郑注校证》，第214、215页。

微……君人者，国之本也，夫为国，其化莫大于崇本，崇本则君化若神，不崇本则君无以兼人，无以兼人，虽峻刑重诛，而民不从，是所谓驱国而弃之者也，患庸甚焉！何谓本？曰：天地人，万物之本也，天生之，地养之，人成之；天生之以孝悌，地养之以衣食，人成之以礼乐，三者相为手足，合以成体，不可一无也；无孝悌，则亡其所以生；无衣食，则亡其所以养；无礼乐，则亡其所以成也。三者皆亡，则民如麋鹿，各从其欲，家自为俗，父不能使子，君不能使臣，虽有城郭，名曰虚邑。如此，其君河块而僵，莫之危而自危，莫之丧而自亡，是谓自然之罚，自然之罚至，裹袭石室，分障险阻，犹不能逃之也。

明主贤君，必于其信，是故肃慎三本，郊祀致敬，共事祖祢，举显孝悌，表异孝行，所以奉天本也；秉耒躬耕，采桑亲蚕，垦草殖谷，开辟以足衣食，所以奉地本也；立辟廱庠序，修孝悌敬让，明以教化，感以礼乐，所以奉人本也；三者皆奉，则民如子弟，不敢自专，邦如父母，不待恩而爱，不须严而使，虽野居露宿，厚于宫室，如是者，其君安河而卧，莫之助而自强，莫之绥而自安，是谓自然之赏。自然之赏至，虽退让委国而去，百姓襁负其子，随而君之，君亦不得离也，故以德为国者，甘于饴蜜，固于胶漆，是以圣贤勉而崇本，而不敢失也。

此处以天、地、人三才为万物之本，但他所言作为本的“人”主要是指君而言，故谓“无礼乐，则亡其所以成”，君主正是制作礼乐者。但不论是天生、地养、人成，三者皆可贯之以“孝”。故他在论述肃慎三本时所述皆是本《孝经》言孝之义，奉天本是《孝经·圣治章》所言郊祀配天以祖配祭，奉地本则是脱胎于《孝经·庶人章》“用天之道，分地之利，谨身节用，以养父母”，奉人本则涉及《孝经》多章内容，如《三才章》“先之以敬让，而民不争；导之以礼乐，而民和睦”，《圣治章》“圣人之教不肃而成，其政不严而治，其所因者本也”，《广要道章》“教民亲爱，莫善于孝。教民礼顺，莫善于悌。移风易俗，莫善于乐。安上治民，莫善于礼”，等等。而所言“自然之灾”“自然之赏”与《春秋》灾异说有关，也同样与《孝经·孝治章》

所言“天下和平，灾害不生，祸乱不作”相应。难怪有学者会认为此篇文字“即使视为《孝经传》也不过分”[①]。董仲舒实则是以公羊学的义理理解《孝经》，《春秋》开首言“元年春，王正月”，《春秋繁露·玉英》解释说“谓一元者，大始也……《春秋》变一谓之元，元犹原也。……元者为万物之本，而人之元在焉”。《王道》篇亦言：“《春秋》何贵乎元而言之？元者，始也，言本正也；道，王道也；王者，人之始也[②]。王正，则元气和顺，风雨时，景星见，黄龙下；王不正，则上变天，贼气并见。”制作礼乐的王是人道政教之始，所谓“国之元”，故“王正”、王之崇本即至关紧要，这就是对君主本身的严格要求。就《春秋》与《孝经》之关联而言，董仲舒将《春秋》的“一元”演绎为了天地人“三本”，后世公羊学的《春秋》“五始”说正是在此三本说基础上的进一步演化。因此《立元神》不仅可视为《孝经》之传，也同样是《春秋》之传。《春秋》贵元，而《孝经》重本，董仲舒概之以“崇本”“谨本详始”，将《春秋》以“元”为始与《孝经》“夫孝，德之本”，“其所因者本也”相结合，充分阐发了治国以孝为本的理念。其阐发也正与西汉政治有关，汉制使天下诵《孝经》，而正如清人苏舆所指出的，董仲舒言“举显孝悌，表异孝行”正是西汉表彰孝悌力田制度的体现[③]。

而不得不指出的一点是，董仲舒的这一“君本”说，未免会使得孔孟以来的仁民、民本思想变得黯淡不彰。虽然他曾偶尔谈到人君“必忠其所受”——君主忠于天，但在其五行理论中又完全不提这一点。以他为代表的汉儒如此拔高“忠”德的地位，在很大程度上正违背了《孝经》[④]。《孝经》本以“中于事君”为孝之一节。“终于立身”

---

① 舒大刚：《中国孝经学史》，福建人民出版社，2013年，第97页。

② 此后，何休《公羊传解诂》解释“王”为“人道之始”。见《春秋公羊传注疏》，第10页。

③ 苏舆：《春秋繁露义证》，第169页。

④ 故有学者以董仲舒为例，指出：“儒家孝论在秦汉时代已经面目全非。”见曾振宇：《以天论孝：董仲舒孝论发微》，载《山东教育学院学报》2010年第2期，第7页。

“立身行道”才是孝的最高境界。《孝经》固然有忠、孝并提之言，如《士章》：“以孝事君则忠。”《广扬名章》：“君子之事亲孝故忠可移于君。”但这正显示出：孝可以包含忠，孝才是最本源的，不宜将忠提升到孝的高度。《孝经》仅言：“圣人之德，无以加于孝”，从未说忠是圣人之所贵。且根据《孝经·士章》“资于事父以事母而爱同，资于事父以事君而敬同，故母取其爱，君取其敬，兼之者父也”之说，事君之忠仅仅是资取事父之敬。故君臣关系与父子关系显然不能等同。“以孝事君则忠”的意思是说，人之入仕事君，是出于安亲孝亲之心，是为了安亲养亲，若是为了贪荣富贵，则非忠。只有在此意义上才能说孝是“德之本”。董仲舒、《白虎通》之说以五行理论贯通忠、孝，此点问题不大，但是将忠与孝等同，父子关系与君臣关系等同，则隐含很大问题，流弊无穷；据阴阳理论而以尊卑解君臣，将臣事君之敬绝对化，这也忽视了父子关系不仅有敬还有爱，也忽视了君臣以义合、不合则去的道理。而从根本上说，《孝经》言治天下的明王本身必须率先行孝，“先之以博爱”“先之以敬让”等，故君臣关系、父子关系的爱敬都是相互的，并非仅要求下对上的爱敬。董仲舒对“忠”的提升，对阳尊阴卑、君善臣恶的强调，犹如天平偏向了一端，虽然在某种程度上为孝奠立了天人之际的宇宙论根据，但却同时也在一定程度上遮蔽了孝的真义。而且在对忠的论述中强调君尊臣卑，实则无形中取消了革命、放伐的合理性。当然，换个角度看，则可说董仲舒之论包含了维护汉朝政治稳定的因素。

本文为“2021 中国·衡水董仲舒与儒家思想国际研讨会暨中华孔子学会董仲舒研究委员会学术年会”提交的论文。

刘增光（1984— ），男，山西襄汾人，中国人民大学哲学院副教授，哲学博士，主要从事宋明理学、《孝经》学和近现代中国哲学研究。

董子对忠及相关范畴的论述

张思齐

忠是一个重要的伦理范畴。围绕忠这一范畴，董仲舒在《春秋繁露》做了大量的论述。围绕“忠”这一范畴，董仲舒也论述了一些相关的范畴。围绕忠这一范畴，董仲舒还提出了一些重要的命题。

所谓伦理，质而言之，就是人与人之间的关系。对于伦理，梁漱溟先生在许多场合做过明晰的表述。《梁漱溟问答录》第十一章《著述不辍与重登讲坛》，记载梁漱溟先生的原话曰：“近代西洋文化所推崇的物质文明之发展，就其全人类活动的一个组成部分而言，它又是受到中国传统文化的启发和影响的。中国的‘四大发明’就启发了欧洲人，使得他们很快超过了中国。由此而追溯传统文化的渊源，她的人对人的特色，表现在以伦理为本位，重心在父慈子孝、社会和谐上。所谓社会和谐，是指一个人的道德规范或行为准则，首先要考虑到他的家庭及社会之上下左右，并为之尽心尽责，而不是把个人利益放在主宰一切的地位。”[1](P211)梁漱溟还在其他的场合多次表达过类似的看法。追溯其源，梁漱溟在其《中国文化要义》一书中言此最早。尤重伦理，这是中国文化与世界上其他民族的文化之间的突出区别。中国古代社会最基本的特征之一就是特别重视伦理。这从亲属的称谓中就可以看出来。在西方，亲属的称谓甚为笼统。以英文为例，uncle，可以指伯伯、叔叔、舅舅、姑父、姨父，即生父以外的父辈的亲人；aunt，可以指伯母、叔母、舅母、姑母、姨母，即生母以外的母辈亲人。又如，cousin，可以指堂兄、堂弟、表兄、表弟、堂姐、堂妹、表姐、表妹，即亲兄弟姐妹以外的同辈亲人。再如，哥哥和弟弟都用同一个词 brother 来表达，姐姐和妹妹都用同一个词 sister 来表现。这些都是甚为笼统的表现，如要加以区别，则需要添加附加词用绕弯子的办法来达意。而且，即使添加了附加词，仍然笼统，比如，father-in-law（直译：法律上的父亲），既指岳父，也可指公公，还可指舅舅。然而，在中文的亲属称谓系统里，一切的亲属关系皆由近及远，表达得清楚明白。中文的亲属称谓系统，典型地说明了自古以来中国就是一个伦理社会。董仲舒《春秋繁露》论及“忠”的地方很多。

> 由法论之，则丑父欺而不中权，忠而不中义，以为不然，复察《春秋》。[2](p42)

以上出自《竹林第三》。逢丑父是齐顷公的卫士，他的长相与齐顷公相似，他的衣服与齐顷公的相同。鲁成公二年（前 589），亦即齐顷公十年，齐国出兵伐晋盟国鲁和卫。晋、鲁、卫联军反击，战于鞍（今山东济南西北）。鞍之战，齐军大败，逢丑父假扮成齐顷公，从而解救了齐顷公，而自己则被俘杀。董子认为，逢丑父的行为属于欺诈而非权变，显示了忠心但不属于正义。为了认识什么是真正的忠，还需要再读《春秋》。孔子著《春秋》，以彰显正统。既然为正统，那么就须合乎伦理。董子提出了一个命题：忠须中义。

> 教以爱，使以忠，敬长老，亲亲而尊尊，不夺民时，使民不过岁三日。[2](p68)

以上出自《王道第六》。董子认为，好的君主用仁爱教育民众，以忠诚的心去用人，尊敬长辈和老人，以对待亲人应有的态度去对待亲人，以对待尊者应有的态度去对待尊者。不抢占民众正当经营的时间，一年的徭役不超过三天。这段话的伦理色彩甚浓。董子提出了一个命题：使民以忠。

> 使其出也，答天之出四时，而必忠其受也，则尧舜之治无以加。[2](p224)

以上出自《为人者天第四十一》。在《为人者天第四十一》篇的开端，董子就说：“人之为人本于天，天亦人之曾祖父也。”[2](p223) 曾祖父，这是一个形象生动的比喻。所谓曾祖父，并非从严格的辈分上说，而是就本质而言之。人的属性来自于天，就像后代的身上留有祖先的痕迹一样。这与基督宗教所言类似。圣经旧约《创世纪》1：27：“上帝按照自己的形象造人，乃是按照他的形象造男造女。”[3](p1) 透过神学的面纱，《圣经》所言，仍然是强调自然哲学对人的支配。再看篇名，可知“为人者天”，其含义是：使人为者乃天。将这句话化简，即：天使人为。这也是一个命题，它突出了天对人的主宰作用。天是主宰者（the Dominator）。董子还认为，假如国家的治理与上天的四季相对应，那么君主必定能忠于他所接受的来自上天的禀赋，从而把治国理政的各种事情做好。其实，尧舜治理国家也不过如此。董子提出了一个命题：[君] 必忠其受。与这个命题相对应的则是隐含于字里行间的另一个命题：[民] 自忠其受。由此而观之，各种伦理的法则均来源于自然法（the natural law）。在这里，“天”是自然法的代称。

土之事火竭其忠。[2](p227)

是故圣人之行，莫贵于忠，土德之谓也。[2](p229)

以上两条均出自《五行之义第四十二》。土之事火竭其忠。这句话不好懂。于是，有人认为，“火”字当作“天”字，是苏本误作“火”了，而他本皆作“天”。其实，董子是从五行的变化来讲的。土事奉火以竭其忠心，这句话并没有错，这句话本身讲得通。木生火，摩擦起火。火生土，烈火燃烧，产生灰烬，灰烬即尘土。土生金，金属藏于土中，仿佛由土地所生出来。然而，金属的获得并不容易，需要将土的各种成分诸如煤炭、石灰石，与土的另一种成分即矿石，混合在一起而加以烧炼，才能得到少量的金属。设若土有感知，那么“土事奉火”简直就是一个痛苦万分的过程，惟有竭尽忠心方可完成这一过程。五行变化的主体，不是别的，而都是人。人要经过锻炼才能成长，而“锻炼”的原初含义就是放在烈火中烧炼。《圣经后典·三童歌》：“这三个少年，哈拿尼雅、沙米利和亚撒利雅，迈步在火焰中，转着圈子行走，唱诗歌颂上帝，赞美他是主。”[4](p252) 《三童歌》

是希腊文本《但以理书》的三个补篇之一，插在《但以理书》第三章的23—24节之间。三童，即三位信仰坚定的青年。暴君尼布甲尼撒将他们投入火窑中，意欲烧死他们。然而，他们却奇迹般地活了下来，最终成为圣人。《三童歌》有助于我们理解董子的话语。真正的圣人，其品质莫贵于忠心，而土的性质就是这样的。在煅烧的过程中，土里的杂质烧掉了，灿灿的金子留存了下来。

是故古之人，物而书文，心止于一中者，谓之忠；持二中者，谓之患；患，人之中不一者也，不一者，故患之所由生也，是故君子贱二而贵一。[2](p255)

以上出自《天道无二第五十一》。在这里，董子通过拆字的方法，对“忠”字做了生动的诠释。“忠”字的上边只有一个“中”字，而“患”的上面是两个重叠的“中”字。董子用这个例子来说明，人要“忠心不二”这一道理。拆字作解，道出人生的哲理，这是一种古老的文字游戏，也为越南当代无产阶级革命家胡志明熟练地运用。胡志明（1890—1969）《拆字》诗：“囚人出去或为国，患过头时始见忠。人有忧愁优点大，笼开竹闩出真龙。”[5](p150) 1942年8月，为了与中共中央取得联系，以推动越南抗击法西斯的斗争，胡志明再次来到中国。不幸的是，当他来到广西的时候，被误作汉奸而遭受逮捕，随即就进了国民党的监狱，直到第二年9月才获释。胡志明在狱中写下了《拆字》诗。将“囚”字中的“人”字取出来，换成“或”字，就是“國”字。将“優”字的单人旁分开，就剩下“憂”字。这就是理解这首诗的关键。“全诗也展现了胡志明深厚的汉学功底和睿智的创新意识——字形与寓意、时政与言志融为一体，天衣无缝，实在是一种难得的创新。”[6](p156)胡志明把自己比作一条龙，这条龙要突破囚笼，出去为国效劳，为民服务，为全世界的反法西斯斗争贡献力量。在《天道无二第五十一》篇中，董子提出了一个命题：君子贱二贵一。

南方者火也，本朝司马尚智，进贤圣之士，上知天文，其形兆未见，其萌芽未生，昭然独见存亡之机，得失之要，治乱之源，豫禁未然之前，执矩而长，至忠厚仁，辅翼其君，周公是也。[2](p272)

至忠厚信，以事其君。[2](p274)

以上两条均出自《五行相生第五十八》。在以上这两段话中，董子从五行相生的原理出发，强调了忠的重要性。其一，忠是仁的基础。对忠这一伦理品质加以培养，必然发展到仁的地步。仁，这正是儒家学说的核心。厚，动词，重视、推崇。忠心的人值得托付。其二，忠是信的基础。对忠这一伦理品质加以培养，必然发展到信的地步。信，这是儒家提倡的一种高尚品质。守信的人值得托付。对于君主来说，唯有忠信的人，才值得将大事要事托付给他们。对于臣子来说，具备了忠信这两种品质，才有资格去遂行君主托付的事业。在《五行相生第五十八》篇中，董子提出了两个命题。其一，至忠者必厚仁。其二，至忠者必厚信。

故下事上，如地事天也，可谓大忠矣。[2](p222页)

大忠，出自《五行对第三十八》。忠有各种层级，有假忠，有愚忠，这些都不是真正的忠。有小忠，这还不够。仅有小忠者，难于担当大任。董子提倡大忠。大忠，就是忠于民族，忠于人民，忠于国家，忠于君上，有血性，有灵魂，有担当。唯其如此，方有作为。

董子从正面论述了“忠”之后，又从反面加以辨析。《立元神第十九》：“察其好恶，以参忠佞。”[2](p118)在这里，忠佞，构成一对成对偶状态分布的范畴。佞，本义才能，尤指语言方面的才能，口才好，能说会道。佞，引申为花言巧语、阿谀奉承。生活经验告诉我们：凡忠，都不佞；凡佞，都不忠。《立元神第十九》篇论述君王之术。明君要深入臣下的内心，体量其情志，观察其喜恶，尤其要辨别其忠佞，了解其履历，并在现实工作中考察他们。《竹林第三》：“君子以天施之在人者听之，则丑父弗忠也。[2](p42)弗忠，不忠。天施之在人者，即一个人的天赋、天资、才能。英文名词gift，来源于古代斯堪的纳维亚语，它与动词give（给予、施予）为亲缘词，这有助于我们理解“天施之在人者”。秉性由上天施之于人。一个人的秉性究竟如何呢？这是君子识人的标准。由此而观之，则逄丑父是一个不忠的人，尽管他丢了自己的性命而救活其君主。《精华第五》：“故有危而不专救，谓之不忠；无危而擅生事，是卑君也。”[2](p61)这里举了一个辨别忠佞的例子。君主有危险而不主动去解救，这是不忠。君主无危险而故意“搞事”“逞表现”，这实际上是轻视君主。《身之养重于义第三十一》：“此非其自为计不忠也，则其知之所不能明也。”[2](p189)那些喜欢“搞事”“逞表现”的人，之所以不忠，并非因为他们不聪明。他们谋取私利的时候要尽各种聪明。他们的问题在于智慧不达。他们没有明白一个基本的道理：见利忘义就是不忠。

忠与人格相结合，就是忠臣。在中国古代文化里忠臣历来受到歌颂，董子多次论及忠臣，这是很自然的事情。

> 且《春秋》之义，臣有恶，擅名美。故忠臣不显谏，欲其由君出也。[2](p37)

以上出自《竹林第三》。按照《春秋》著者的看法，为自己博取美名，这是不少臣子的一种突出的缺点。高明的忠臣，并不公开进谏。他们懂得，如何让主意出自君主的口中。忠臣与明君分别处于下与上这两个不同的位置之上。在实际的生活中，忠臣不一定都能够遇到明君。何况明君，毕竟也是人，也有七情六欲，也有脾气暴躁的时候，甚至也有失察的时候。那么，忠臣应该怎样与君主相处呢？忠臣有许多优秀的品质，其中的重要的一条就是“不显谏”。一个忠臣，遇到君主有不恰当的言行举措，就不要在公开的场合向他提意见，更不要与他顶撞，而要在一个适当的时机，寻找一个适当的场合，委婉地向他表达自己的意见。因为显谏，杜甫被治罪。《杜诗详注》卷二五《奉谢口敕放三司推问状》：“右臣甫，智识浅昧，向所论事，涉近激讦，违忤圣旨，既下有司，具已举劾，甘从自弃，就戮为幸。”[7](p873)至德二载（757），杜甫四十六岁。这年夏天，杜甫至凤翔谒肃宗。五月十六日，杜甫任左拾遗。此官虽不大，毕竟为近臣，杜甫亦志得意满。是月，房绾罢相，杜甫上疏抗救，廷争忤旨，触怒了唐肃宗，于是肃宗下诏三司推问。幸而，宰相张镐出面，杜甫才得救。六月，房绾贬邠州刺史，杜甫贬华州司功参军。《唐诗纪事》卷三四韩愈《次蓝关示侄孙湘》诗：“一封朝奏九重天，夕贬潮阳路八千。欲为圣明除弊事，岂将衰朽计残年？云横秦岭家何在？雪拥蓝关马不前。知汝远来应有意，好收吾骨瘴江边。”[8](p523)诗题又作《左迁至蓝关示侄孙湘》，第二句“潮阳”又作“潮州”。元和十四年（819）正月，韩愈上《论佛骨表》，指斥佛教不君不父，乃夷狄之法，不足为用，并具体到反对宪宗派人到凤翔法门寺迎佛骨入京。这是显谏。早已官至知制诰、太子右庶子的韩愈，马上被放逐到广东的潮州去做刺史。在封建社会里，因显谏而遭打击的忠臣还有不少，杜甫和韩愈是两个突出的例子。君主独揽大权，臣子不宜显谏。这是董仲舒对忠臣的告诫。董仲舒是淳儒。董仲舒宅心仁厚。

观乎鲁隐、祭仲、叔武、孔父、荀息、仇牧、吴季子、公子目夷，知忠臣之效。[2](p81)

以上出自《王道第六》。鲁隐公、祭仲、叔武、孔父、荀息、仇牧、吴季子、公子目夷，这八人都是历史上著名的忠臣。观察他们的行为，就知道忠臣如何效忠了。在这篇文章的前部，董子概略地叙述了其中七人的事迹：“鲁隐之代桓立，祭仲之出忽立突，仇牧、孔父、荀息之死节，公子目夷不与楚国，此皆执权存国，行正世之义，守惓惓之心，《春秋》嘉气义焉。故皆见之，复正之谓也。……吴季子之让国，明亲亲之恩也。”[2](p77) 叔武的事迹，载于《公羊传》僖公二十八年。这些忠臣最突出的特点是执行权变以保存国家，纠正世俗而奉行正道。鲁隐公遵父命而被立为国君，但是他在时机成熟的时候让国于鲁桓公，因为这样合乎礼制。所谓让国，就是将国家的最高权力主动交由延续正统的人士去执掌。叔武在国家危难时不出逃，事态平息后他坚持让国于哥哥卫成公，尽管他后来惨遭杀害。由此而观之，忠臣的出现是中国古代史上的一个较为普遍的现象，故而忠臣的事迹成为历代正史书写的内容之一。忠臣之所以值得关注，那是因为他们的形象具有历史哲学的内涵。忠诚形象的历史哲学内涵在于：它具体地表明了一个人怎样行动才能够有益于社会，有益于民族，有益于国家。从表象看，忠臣服务的对象是国君。从本质看，忠臣服务的对象是国家。正是一代又一代的忠臣们那高尚的形象，激励着民族进步。正是一代又一代的忠臣们那可歌可泣的行为，推动了社会的进步和民族的振兴。

圣主贤君尚乐受忠臣之谏，而况受天谴也。[2](p187)

在《春秋繁露》中有一段文字："其大略之类……而况受天谴也。"以上引文则为这段文字的最后两句。在上海古籍出版社影印《二十二子》（上海古籍出版社，1986年）里，《春秋繁露》列为《必仁且知第三十》篇中的最后一段。张立文主编《儒学精华》（北京出版社，1996年）上册影印木刻本《董子春秋繁露》，同。苏舆撰、钟哲点校《春秋繁露义证》（中华书局，1992年），同。曾振宇、傅永聚注《春秋繁露新注》（商务印书馆，2010年），亦同。张世亮、钟兆鹏、周桂钿译注《春秋繁露》（中华书局，2012年）列为《二端第十五》篇的最后一段。圣主贤君都乐于接受忠臣的进谏。天谴，犹言天罚，上天的责罚。在这里，天被看作人格神，故而能够对帝王进行责罚。天谴，与西方古老信仰中的神谕（oracle）相似，它是上天发出的警告。既然如此，那么就更需要慎重地对待了。董子将"忠臣之谏"与"天谴"对举，从而提升了前者的高度。这无异于降低了以"天子"自居的帝王之地位，迫使高高在上的帝王接受忠臣之谏。

> 火者，司马也。司马为谗，反言易辞，以谮愬人，内离骨肉之亲，外疏忠臣，贤圣旋亡，谗邪日昌，鲁上大夫季孙是也。[2](p277)

以上出自《五行相胜第五十九》。这段话针对季孙氏而发，尤其谴责季平子。季平子（？—前505），即季孙如意，为鲁国上卿，姬姓，季氏，谥平，故称季平子。季孙氏是鲁国权势显赫的大家族。季文子生季武子，季武子生季悼子，季悼子生季平子。季文子、季武子、季平子这三代人都专擅鲁国之政。其中，以季平子为最猖獗，他摄行君位近十年。《周礼》设立各种官职，皆取法自然，将官职分为天、地、春、夏、秋、冬，一共六个大类。每一个大类中的官职，亦取法自然，用大自然中各种事物的属性来概括某一官职的大致特征。这反映了人类早期的认知方式。《夏官司马第四》："惟王建国，辨方正位，体国经野，设官分职，以为民极。乃立夏官司马。使帅其属。而掌邦政，以佐王平邦国。"[9](p74)司马为主管军事的官员。称为司马的官员共有五级。一、大司马，一名，其品级为卿，主持全国六军的工作。二、小司马，两名，其品级为中大夫。三、军司马，四名，其品级为下大夫。四、舆司马，八名，其品级为上士。五、行司马，十六名，其品级为中士。小司马、军司马、舆司马、行司马，各有具体的管辖范围。《艺文类聚》卷四七引韦昭《辩释名》曰：“大司马、司马，武也，大总武事也。大司马掌军。古者兵车一车四马，故以马名官。”[10](p833)马是人类驯化较早的动物，以其善于奔袭而用于军事。司马，本来的含义是管理马匹，后来演变成官名。《艺文类聚》卷四七引《齐职官仪》曰：“颛顼以司马主火，尧命羲叔为司马，夏官也。”[10](p834)火，在时间上对应于夏季，因而司马属于夏官。司马一职，执掌兵权，常在战火中遂行其职司。“武器”，其另一说法就是“军火”。军事与火的关系是很密切的。君不见，战马穿火海，战车冲火阵，军旗如火红，烽火传号令，战火纷飞，军令火急。回看季平子，他做派强横。季平子比以火为喻、执掌兵权的司马还厉害。他喜欢诽谤，常捏造事实，又离散骨肉亲人，还疏远耿耿忠臣。这样一来，贤臣就越来越少了，奸人就逐渐多了起来。在鲁国的历史上，最坏的臣子就数季平子了。这就是季平子，他的曾祖父坏，他的祖父更坏，他本人最坏。由此而观之，凡是疏远忠臣者，必是坏的当权者。

> 如人君惑于谗邪，内离骨肉，外疏忠臣，至杀世子，诛杀不辜，逐忠臣，以妾为妻，弃法令，妇妾为政，赐予不当，则民病血，壅肿，目不明。[2](p282)

以上出自《五行顺逆第六十》，在这段话中“忠臣”一语两见。这里揭示了忠臣遭遇不幸的根源。忠臣，本应得到善待，享受超乎一般臣子的待遇。忠臣，本应予以重用，让他们在重要的岗位上发挥作用。然而，在现实社会中，忠臣遭遇不幸的例子甚多。这主要是因为君主为谗言邪说迷惑所致。一旦君主惑于谗邪，那么他就会做出种种荒唐残暴的事情来。忠臣受到疏远，社会的上层结构必定会发生变动。忠臣遭到驱逐，人民大众必定蒙受苦难。

> 卑其位，所以事天也。上其气，所以养阳也。暴其形，所以为忠也。著其情，所以为信也。受其死，所以藏终也。献其生，所以助明也。成其事，所以助化也。归其功，所以致义也。[2](p346)

以上出自《天地之行第七十八》。董子立说，以天喻君，以地喻臣。这里讲的是为臣之道：臣子应当向大地学习，扎根于大地，从大地寻找行动的指南。大地降低自己的位置，是为了服事上天。大地向上吐气，是为了滋养阳气。大地暴露自己的形状，是为了敞开一片忠心。所以，一旦国家需要，忠臣要挺身而出。大地显明自己的情感，是为了表示诚信。大地上的不少草木到了冬天会死掉，那是为了收藏终结，以待来年萌发。大地奉献生命，是为了帮助萌发。所以，一旦国家需要，忠臣要勇于赴死，视死如归。大地完成事情，是为了有助于教化。千百年来，忠臣的榜样教育和激励一代又一代人民。大地归还功劳于上天而不居功，因为这就是公义。公义使得忠臣胸襟坦荡，大义凛然。

委身致命，事无专制，所以为忠也。[2](p346)

以上出自《天地之行第七十八》。这里讲忠臣的行为方式。从历史上看，一生来就安心做奸臣者毕竟不多。奸臣大多是意志薄弱，私欲夹杂，随波逐流，逐渐堕落，演变而成。多数人，至少是年轻人，还是希望成为一名忠臣的。既要作为忠臣，那么如何彰显忠心呢？主要有两条。一是对上。忠臣对于君主，要努力做到以身事君而敢于舍弃自己的生命，即当下所谓勇于“挡子弹”。一是对下，忠臣对于民众，要善于走群众路线，遇事同群众商量，不独断专行。做到了这两条，忠心便自然得到彰显。毛泽东《论联合政府》：“……向人民负责和向党的领导机关负责的一致性；这些就是我们的出发点。”[11](p996)毛泽东善于向中国传统文化学习，他熟悉诸子百家，他深刻地理解董仲舒。我们在学习《春秋繁露》的时候，不妨对照学习毛泽东著作，此实乃一大乐事。今天我们重温毛泽东的论述，令人倍感亲切。

是故地明其理，为万物母。臣明其职，为一国宰。母不可以不信，宰不可以不忠。母不信，则草木伤其根；宰不忠，则奸臣危其君。根伤则亡其枝叶，君危则亡其国。[2](p347)

以上出自《天地之行第七十八》，在这段话中“忠臣”一语，两见。在这一段话中，董子亦以地喻臣，其论述的方式颇有道家的味道。大地深明天尊地卑的道理，故而大地能够为万物的母亲。臣子应该明白自己的职责，那就是治理国家。母亲必须诚信，官员必须忠心。如果作为母亲的大地而不讲诚信，那么草木的根系就会受到损伤。如果作为官员而缺少忠心，奸臣就会乘机作乱而危及君主。根系受损伤，草木的枝叶就会凋零。君主遭危难，国家就会灭亡。董子用通俗的语言，以生动的比喻，讲述了治国理政的深奥道理。

> 臣不忠，而君灭亡，若形体妄动，而心为之丧。是故君臣之礼，若心之与体；心不可以不坚，君不可以不贤；体不可以不顺，臣不可以不忠。[2](p348)

以上出自《天地之行第七十八》，在这段话中“忠臣”一语，又两见。大凡在中国历史上做出过贡献的人物，无不具有忠这一伦理品质，故而忠可谓中国民族英杰的本色。此种本色的产生乃是因为我们民族的先辈具有尽忠报国、尽忠为民、尽忠为天下的初心。由此可知，在董子的政治哲学中，“忠臣”处于重要的地位。这是因为，在封建社会里，君主因世袭而来，只要不发生改朝换代的重大历史变革，一般说来民众无法选择由谁来做君主。忠臣就不同了，忠臣可以培养，民众有可能拥有忠臣。更换君主，非常困难。更换臣子，相对容易。在这一段话里，董子采用人体作为比喻来论述治国理政之要。臣不忠而君主灭亡，这就好比身体的各部分长期运作失调就会导致心脏功能丧失一样。这样看来，君臣之间必须遵循礼节，因为理解的本质其实就是法度而礼节集中地体现了法度，这就好比心脏与身体的其他部分一样，它们都按照规律运转。心脏必须结实，君主必须贤明。身体必须运行顺畅，臣子必须忠心耿耿。董子再次用通俗的语言，以生动的比喻，讲述了治国理政的深奥道理。

在以上的论述中，董仲舒以臣为本位而论述其政治哲学，也就是如何做一个忠臣的问题。在以下的论述中，董仲舒以忠为本位来论述其政治哲学，也就是如何尽忠的问题。

> 诛求无已，天下空虚，群臣畏恐，莫敢尽忠，纣愈自贤。[2](p71)

以上出自《王道第六》。既然忠臣必须尽忠，那么就产生了一个问题：什么是尽忠呢？董子没有给出定义式的解释，他举了商代的例子来说明什么叫尽忠。商纣王贪求无厌，以至于天下府库空虚。国家财政困难，群臣感到恐惧。在这种情况下，很难有哪一位臣子敢于竭尽忠心。由于没有人提意见，商纣王更加自以为是，竟然认为自己贤明。由此可知，在正常情况下，臣子向君主提意见并非了不起，很难说是尽忠。在困难的境况中，臣子向君主提出批评，这才是尽忠。《周易·象传上》：“含章可贞，以时发也。或从王事，置广达也。”[12](p17)这是配列于《坤》卦六三爻的《小象传》语，意即蕴含阳刚的章美，可以守持正固。显然，忠臣应该根据时机发挥作用。那么，尽忠的本质是什么呢？从表面看，尽忠是臣下对君上的行为。质而言之，尽忠是臣子对国家负责任，为民众输肝胆，为民族谋长远。

值得注意的是，“忠”往往与“信”结合在一起。“忠信”作为一个复合范畴而表达更为丰富的内涵。

> 号为大夫者，宜厚其忠信，敦其礼义，使善大于匹夫之义，足以化也。[2](p207)

以上出自《深察名号第三十五》。号，本义呼号。人是有灵魂的存在体，人向天地大声呼叫，在呼叫中明白自己在天地间的位置。因此，号，其转义为名号、名称。既然被民众称为大夫，那么大夫就应该做到名副其实。大夫要怎样做才算名副其实呢？那就是重视忠信，推崇礼义。大夫是职官名，在周代官员分为卿、大夫、士三等，每一等又分为上、中、下三级。“大夫”与“小民”相对。大，尊称。小，卑称。在古代汉语的词汇中，只有“大夫”，没有“小夫”。大夫，没有同义词。小民，其同义词较多，有小人、细人、细民、平民、平头、平头百姓等。这是因为，芸芸众生多，洋洋大夫少。同义词的多寡，本身就显示了尊卑。大夫的道德标准应该比普通的民众高，这样才能够教化全体民众。董子的这一主张至今仍具有现实意义。这是上级指导下级干部的一道法则。

> 循三纲五纪，通八端之理，忠信而博爱，敦厚而好礼，乃可谓善，此圣人之善也。是故孔子曰：“善人，吾不得而见之，得见有常者斯可矣。”[2](p215)

以上亦出自《深察名号第三十五》。三纲，即君臣、父子、夫妇之间的关系。三纲是指导人际关系的大原则。五纪，又叫五常，即仁、义、礼、智、信。五纪，或曰五常，是指导人际关系的具体要求。八端，即八项。三纲和五常，加起来一共八项。“忠信”，其中的“信”，为五纪中的一纪，或八端中的一端。在五纪和八端中，均无“忠”。这是为什么呢？这是因为“忠”是更高的要求。对于普通民众来说，能做到忠固然好，在一般情况下，民众能做到信就可以了。对于大夫，理当有更高的道德准绳，大夫须做到既信又忠，即忠信。忠信兼善，这是不容易的，孔子称之为圣人之善。孔子说，他尚未见到过善人，能见到持之以恒的人就算不错了。

其羞浅末华虚而贵敦厚忠信也，欲合诸天之默然不言而功德积成也。[2](p240)

以上出自《天容第四十五》。其，在这里指圣人。“浅末华虚”与“敦厚忠信”是两类相反的品质。前者是负面的品质，圣人以之为羞愧；后者是正面的品质，圣人以之为珍贵。圣人的目标是与上天齐平。上天昭然明白却一言不发。那么，圣人该怎么办呢？圣人应该久久为功，积累功德，自然地达到与上天齐平的道德高度。忠信不仅致善于君主，忠信还有益于忠信者本人。忠信者是秉持忠信的主体，而这一主体之成长在于道德之增进。《文言》释《乾》卦九三爻曰：“子曰：君子进德修业。忠信，所以进德也。修辞立其诚，所以居业也。”[12](p78)忠信所以进德，这是《乾卦》的《文言传》中的一句话。忠信是进德的原因。大夫忠诚信实，就能不断增进美德。

人之受命于天也，取仁于天而仁也，是故人之受命天之尊，父兄子弟之亲，有忠信慈惠之心，有礼义廉让之行，有是非逆顺之治，文理灿然而厚，知广大有而博，唯人道为可以参天。[2](p235)

以上出自《王道通第四十四》，这里统论忠信慈惠。忠信慈惠，这是对忠信的拓展，将忠、信、慈、惠四种美德合而为一。忠，这是下对上的真爱。信，这是已对人的诚实。慈，这是上对下的关爱。惠，这是已对人的关爱。无论是对上，对下，抑或是对他人，这些道德行为的主体都是自己，而做好自己的首要条件是信。圣经新约《希伯来书》11：1—2写道：“信就是所望之事的实底，是未见之事的确据。古人在这信上得到了美好的证据。”[3](p300)信，就是认定所望之事一定实现。信，说得通俗一些是信实，为人讲究诚信，办事讲究实在。信，从终极目标而言则是信仰。在伟大的事业尚未实现的时候，相信它一定能够实现。为了伟大的事业得到实现，而不惜牺牲自己的一切。在忠信慈惠四者之中，忠信是主要的。在忠信二者之中，信是主要的。由此而观之，忠信的本质就是信仰。任何事业，如果不信其真、信其正、信其伟大，那么则断然难于对其忠。

观乎漏言，知忠道之绝。[2](p81)

以上出自《王道第六》。这两句话的意思是说，从晋灵公如何泄露阳处父的话，就明了忠道是怎么断绝的了。《春秋胡氏传》文公六年："公羊子曰：'晋杀其大夫阳处父。则狐射姑曷为出奔？射姑杀也。射姑杀。则其称国以杀何？君漏言也。'《易》曰：'不出户庭，无咎。'何谓也？子曰：'乱之所生，则言语以为阶。君不密则失臣，臣不密则失身，几事不密则害成，是以君子慎密而不出也。"[13](p221)晋灵公（？—前607），晋国的国君，名夷皋，前620—前607在位，是一位骄奢淫逸暴君。阳处父，晋臣，官至太傅，居卿位，又称阳子、阳氏、处父、大傅阳子。《春秋胡氏传》以最简洁的方式，讲清楚了晋灵公泄露机密而导致忠臣阳处父被杀一事之原委。胡安国还指出，无论是君主，还是臣子，都必须严守机密的道理。不当的言语是祸乱的阶梯。君主不遵守保密原则就会失去良臣。臣子不遵守保密原则就会招惹杀身之祸。几微的事情不保密，就会导致失败。总之，不遵守保密制度最终导致忠道的丧失。何谓忠道？所谓忠道，就是关于如何尽忠的一整套学说和行为范式的总称，它具有方法论的意义，那就是在信仰的指导下为国为民尽忠；它具有很强的可操作性，那就是在实际工作中践行忠道。忠道，将忠上升到了道的范畴。忠道，既是方法论，又是本体论。就方法论而言，良臣要善于运用有关忠的一系列范式。就本体论而言，良臣要与忠相结合，与忠融合为一体。忠道虽然是一个在古代形成的范畴，然而在我们奋起建设社会主义现代化强国的当今时代忠道依然没有过时。忠诚的共产主义战士要在信仰的指导下为国为民尽忠，在建设中国特色社会主义的具体实践中努力践行忠道。

参考文献：

[1] 汪东林．梁漱溟问答录［M］．长沙：湖南人民出版社，1988．

[2] 曾振宇、傅永聚注．春秋繁露新注［M］．北京：商务印书馆，2010．

[3] 新旧约全书［M］．北京：中国基督教两会，1982．

[4] 张久宣译．圣经后典［M］．北京：商务印书馆，1987．

[5] Ho Chi Minh，*Nhat Ky Trong Tu*，Ha Noi：NXB Van Hoa，1960．

[6]（越）胡志明著，（越）黎春德评注，梁远、祝彦修译．胡志明汉字诗全集［M］．南京：江苏人民出版社，2017．

[7]（唐）杜甫撰，（清）仇兆鳌详注．杜诗详注［M］．上海：上海古籍出版社，1992．

[8]（宋）计有功撰．唐诗纪事［M］．上海：上海古籍出版社，1987．

[9] 陈戍国点校．周礼/仪礼/礼记［M］．长沙：岳麓书社，1989．

[10]（唐）欧阳询撰，汪绍楹校．艺文类聚［M］，上册．上海：上海古籍出版社，1999．

[11] 中共中央毛泽东选集出版委员会编．毛泽东选集（一卷本）［M］．北京：人民出版社，1967．

[12] 苏勇点校．易经［M］．北京：北京大学出版社，1989．

[13]（宋）胡安国著，钱伟彊点校．春秋胡氏传［M］．杭州：浙江古籍出版社，2010．

本文为国际儒联第七届“国学与大学德育”研讨会提交的论文。

张思齐（1950－），男，重庆南川人，武汉大学文学院教授，博士生导师，文学博士。

董仲舒君子观的理论建构及价值归向

王闻文

引 言

君子这一理念是中国思想史上一个核心的范畴，无论是儒家还是道家①，抑或是墨家②等都曾对这一范畴做过论述，并从不同的角度对其加以阐发。当前学术界研究君子思想的论著可以说是殊采可观，取得了重要的成果。但就董仲舒的君子思想来看，对其研究仍不足，很少有专门研究这一思想的论著。学者们多从董氏的天人观和政治论着手来研究其思想，对他的君子思想研究尚不够重视，但君子之于董仲舒又是一个极为重要的概念，是与其天人之说、政治之论、修养之法紧密联系的一个范畴，并且这也是他在继承先秦儒学（君子之学）

① 如《庄子》所定义的君子，“故乐通物，非圣人也；有亲，非仁也；天时，非贤也；利害不通，非君子也；行名失己，非士也；亡身不真，非役人也。”即是认为君子应该懂得利害关系。“且君子之交淡若水，小人之交甘若醴；君子淡以亲，小人甘以绝。彼无故以合者，则无故以离。”参见刘文典：《庄子补正》，中华书局，2015年，第186—187、555—556页。

② “是故君子自难而易彼，众人自易而难彼，君子进不败其志，内究其情，虽杂庸民，终无怨心，彼有自信者也。”“君子之道也，贫则见廉，富则见义，生则见爱，死则见哀。四行者不可虚假，反之身者也。藏于心者，无以竭爱。”参见孙诒让：《墨子闲诂》，中华书局，2001年，第2、9页。

基础上又一推进，丰富了儒家君子人格的内涵。特别是他通过养气以致君子的做法，是实现儒道汇通的另一条路向，对儒家哲学的发展有着推进作用。而我们只了解了董仲舒的君子观，才能更为全面地了解其哲学，以及儒家对君子看法的转变问题。

一、君子之内涵及其历史演变

寻绎中国古典文献，就可以从中发现大量有关“君子”的论述。如果对其加以分析，就可以知道“君子”这一范畴，其内涵是有一个不断演变的过程。先前之用“君子”之义，多指“君之子”，非是我们当下所使用的意思。许慎在《说文解字》中对“君”的释义为：“尊也。从尹。发号，故从口。”① 即是说所谓“君”是指地位尊贵，发号施令的人，一般认为是君主。此义可以在《仪礼》中找到佐证，其亦认为“君，至尊也”②，也是从“地位”的角度来解释的。而“子”是“象形。凡子之属皆从子”③。《史记·律书》训之为“子者，滋也。言万物滋于下也”④，也是从物之生的角度来说，可以理解为子嗣。

不过，“君”和“子”之前多为分用，而之所以连用是和“从殷到周时期继统法的变迁”⑤ 有关，当时帝位传承并没有特别严格，但是后来嫡长子继承制度的确立，使得只有妻之长子才能成为皇位的继承者，所以为了区分皇子之别，就将“君”之“子”分为尊贵的“君子”，即皇位继承者，与一般的“诸子”，即其他皇子。这样一来，继承皇位的“君子”“其独有的身份及与之俱来的地位与权力也被慢慢

---

① 王平、李建廷编著：《说文解字》，上海书店，2016 年，第 31 页。

② 彭林译注：《仪礼·丧服》，中华书局，2012 年，第 357 页。

③ 王平、李建廷编著：《说文解字》，上海书店，2016 年，第 388 页。

④ 司马迁：《史记》，中华书局，1982 年，第 1244 页。

⑤ 邓田田：《从〈尚书〉到〈论语〉——儒家“君子”范畴的转变与固定》，《伦理学研究》2020 年第 4 期。

确定起来”①。那么就可得知，所谓“君子”者，即是指地位显赫的继承皇位之人，后演变为地位尊贵、有权有势者。如《尚书·无逸》中所说：“周公曰：‘呜呼！君子所其无逸！先知稼穑之艰难乃逸，则知小人之依。’”② 也就是说君子是指那些生活优越，锦衣玉食的人，其与“小人”，即普通百姓相对之人。

随着时代的发展及儒家学说兴起，君子的内涵同样发生了转变。其由“位”主导义嬗变为以“德”为主导，这一变化从《周易》发声，及至孔子而成为显要。《周易》在《乾》卦中论及君子时说：“君子终日乾乾，夕惕若厉，无咎。”③ 此处的君子不再是之前的那种地位尊贵者，而是从其所具有的德性一面来说，即认为那些为人谦逊，品格高尚的人是君子。可以说这打破了中国思想上原“君子”义的垄断内涵，更多地从德性的角度来阐释，实现了君子内涵的界定标准由“位”到“德”的转变，这一变化到孔子那里更加明显，并且自此以后以德性论君子成为后儒使用这一概念的主流。

孔子作为儒家学派的代表人物，其也很注重对君子内涵的阐释，并且把君子人格作为其教导弟子的内容之一，在他与弟子的交谈中，曾多次对“君子”进行过阐释，并对其内涵有过诸多赋义，如：

> 司马牛问君子。子曰：“君子不忧不惧。”曰：“不忧不惧，斯谓之君子已乎？”子曰：“内省不疚，夫何忧何惧？”④
>
> 子路问君子。子曰：“修己以敬。”曰：“如斯而已乎？”曰：“修己以安人。”曰：“如斯而已乎？”曰：“修己以安百姓。修己以安百姓，尧舜其犹病诸！”⑤

孔子所对君子的定义主要就其德性来说，即君子要修身，端正自

---

① 邓田田：《从〈尚书〉到〈论语〉——儒家“君子”范畴的转变与固定》，《伦理学研究》2020年第4期。

② 孔安国传，孔颖达疏：《十三经注疏·尚书正义》，上海古籍出版社，2007年，第628页。

③ 朱熹：《周易本义》，中华书局，2018年，第31页。

④ 朱熹：《四书章句集注》，中华书局，2020年，第134—135页。

⑤ 朱熹：《四书章句集注》，中华书局，2020年，第160页。

己的德性，做到不忧不惧。在正己的基础上君子更应该做到可以达济天下，能够安顿天下，为百姓谋福。这其实所反映的就是儒家的“内圣外王”之道。不仅如此，孔子进一步对君子应该具有的品德做了大量的阐发。

“子曰：‘君子惠而不费，劳而不怨，欲而不贪，泰而不骄，威而不猛。’”①

子曰：“君子成人之美，不成人之恶。小人反是。”②

子曰：“君子坦荡荡，小人长戚戚。”③

孔子曰：“君子有三畏：畏天命，畏大人，畏圣人之言。小人不知天命而不畏也，狎大人，侮圣人之言。”④

孔子曰：“君子有九思：视思明，听思聪，色思温，貌思恭，言思忠，事思敬，疑思问，忿思难，见得思义。”⑤

君子不以绀緅饰。红紫不以为亵服。当暑，袗絺绤，必表而出之。缁衣羔裘，素衣麑裘，黄衣狐裘。亵裘长。短右袂。必有寝衣，长一身有半。⑥

如上，孔子从衣食住行、视听眼动等方面详细地论述了君子的内涵，并且在其论述中常将君子和小人做对比，以此来突出君子的德性之高。可以说，孔子对君子的阐释是及其翔实的，涉及生活的方方面面，其德性之广也涵括诸多内容。但稍加审视，就会发现孔子所论君子，德性是贯穿其中的，改变了之前以“位”定义君子的做法。正如胡适所说：“孔子指出一种理想的模范，作为个人及社会的标准，使人‘拟之而后言，仪之而后动’。他平日所说‘君子’便是人生品行的标准。”⑦ 即是将品性视为君子最为重要的标准，而不是地位。

① 朱熹：《四书章句集注》，中华书局，2020 年，第 195 页。

② 朱熹：《四书章句集注》，中华书局，2020 年，第 138 页。

③ 朱熹：《四书章句集注》，中华书局，2020 年，第 102 页。

④ 朱熹：《四书章句集注》，中华书局，2020 年，第 173－174 页。

⑤ 朱熹：《四书章句集注》，中华书局，2020 年，第 194 页。

⑥ 朱熹：《四书章句集注》，中华书局，2020 年，第 119 页。

⑦ 胡适：《中国哲学史大纲》，东方出版社，1996 年，第 114 页。

不过，据前人研究，《论语》中，“君子”出现过一百零七次，其中还是有四次是用作“地位”讲的，但总的来看，德性才是最重要的。① 即使是从“地位”的意思来用，其仍然是为了突出君子所具德性，换言之，仍是强调君子应该先具有高尚之德，然后可以获取一定社会地位，这就同萧公权所说的有些类似，即是说“‘君子’这个词的原意是一个有地位的人应当培养他的美德，然而，孔子试图强调的是，一个人培养美德是为了获取社会地位”，不过细究孔子思想，其言君子意在强调对德性的修养而非地位的追求。

正是因为孔子对君子内涵所做的新的定义，其扭转了以地位定义君子的趋向，影响了后来诸儒使用君子的做法，并且使君子这一概念成为儒家思想的一个核心范畴，也奠定了儒家对君子人格追求的总基调。

二、董仲舒君子观的内涵

在对董仲舒哲学进行研究的时候，一定绕不开他对天的阐发问题。就学界普遍的看法来说，一般认为董仲舒之“天”，是一种神秘之天，多言谶纬，甚至可以说是一种迷信之学，以至于很多人批评他，认为他把先秦所去掉的神秘之天又恢复了，在哲学史上乃是一种倒退。但如果详细考究其天人关系，就会发现或许并非如此。其实，他同样是在高扬人的地位，而非扬天。至于他对天人的看法如何，今且不论。不过不可否认的是，他的很多思想都是沿着天人来说，如君子概念。同样，这也是中国古代哲学论述的一种范式，即是说在阐发伦理、政治等哲学思想的时候，都会从天的角度出发，力求先解决宇宙论问题，之后再下贯到人间。

就人之命来说，依董仲舒之意，乃是天之所授。不仅如此，人世间的一切行为都可以追溯到上天，特别是他在论述为政的方法上，更

① 邓田田：《从〈尚书〉到〈论语〉——儒家“君子”范畴的转变与固定》，《伦理学研究》2020 年第 4 期。

是大论如何法天而行。董仲舒在天人的关系上，有一个具体的说法，即“人副天数”[1]，他认为人的一切都和天类似，天所具有的东西人都具有，并且他又从血缘关系的角度来说明人之生的问题，在他看来：

> 为生不能为人，为人者天也。人之人本于天，天亦人之曾祖父也。人之形体，化天数而成；人之血气，化天志而仁；人之德行，化天理而义。人之好恶，化天之暖清；人之喜怒，化天之寒暑；人之受命，化天之四时。人生有喜怒哀乐之答，春秋冬夏之类也。[2]

即是说人由天所给出，人的形体情感都是相类于天的，那么根据其赋予天的内涵，就可以知道人的内涵也是如此，这也是他之所以如此论证这一关系的原因。

既然人之命来源于天，那么人命所具之性也是如此，其性中所含之质也应该由天所施，“天之生人也，使人生义与利。利以养其体，义以养其心。心不得义不能乐，体不得利不能安。义者心之养也，利者体之养也。体莫贵于心，故养莫重于义，义之养生人大于利。”[3]即在董仲舒看来，天之生人之初就赋予了人特定的品性，在他看来即是“仁”和“利”。接着他对这一对概念做了解释，所谓“利”不仅仅是我们所理解的功力，董仲舒更是从“利”本身来说，即他所说的“利”主要在于养我们的形体，因为形体不能得到善养，则无法进行其他事情，因此这也是很重要的。而所谓“义”者，就是董子一贯所主张的，也就是儒家所提倡的“仁义”，在他看来，养心需要以“义”，换言之，作为君子当以“义”为先，而不是一味追求利益。并

---

① 即“天地之符，阴阳之副，常设于身，身犹天也，数与之相参，故命与之相连也。天以终岁之数，成人之身，故小节三百六十六，副日数也；大节十二分，副月数也；内有五藏，副五行数也；外有四肢，副四时数也；乍视乍瞑，副昼夜也；乍刚乍柔，副冬夏也；乍哀乍乐，副阴阳也；心有计虑，副度数也；行有伦理，副天地也。”苏舆：《春秋繁露义证》，中华书局，2019年，第316—317页。

② 苏舆：《春秋繁露义证》，中华书局，2019年，第281页。

③ 苏舆：《春秋繁露义证》，中华书局，2019年，第232页。

且在二者之间，他又进一步强调了养义重于养利，仍是突出“义”的重要性。义之所以如此重要，在于其特定的伦理价值，在这一点上，董仲舒和孟子一样，把一个人所具有的仁义等德性作为区别人与禽兽的条件，“天之为人性命，使行仁义而羞可耻，非若鸟兽然，苟为生，苟为利而已”[①]。如果人只是为利，那么就不足以为人。

董仲舒从人都应该具有的德性这一观点出发，认为作为君子更应该具有仁义之德。可以说在董仲舒的思想中，他是极为重视义利之辩的，并且他从儒家的立场出发，更是高倡义为利本，以义为先的观点，如他所言：“仁人者正其道不谋其利，修其理不急其功，致无为而习俗大化，可谓仁圣矣。”[②] 他从道、理与利、功的角度出发，来说明具有仁德的人在这两对范畴中应该趋向于后者而非前者，而他所说的道与理即是儒家一贯所主张的仁义礼义诸道德。为了更好地说明义于人性的关系，他又从人性的角度深阐这一理论，在他看来“凡人之性，莫不善义，然而不能义者，利败之也”[③]。依其意，人天生就好义，这不单是圣人的教化，而是天然如此，人生来就具有的品性。如果不遵守这一禀性，那就违反了天性。董仲舒从人性论的角度论述这一问题，更加深化了义于人的重要性。而他这些主要是为了论述君子之德所做的铺垫，其意还是为了说明君子之德应该是什么样的。

在董仲舒看来，既然义是人都所具有的，那么作为在某种程度上高于普通人的君子、圣人更应该以义为本，所以在阐述完人性向义说后，紧接着他就提出君子于义应该如何的问题，“故君子终日言不及利，欲以勿言愧之而已，愧之以塞其源也。夫处位动风化者，徒言利之名尔，犹恶之，况求利乎?”[④] 依董意，君子不仅自己应该做到每天不言及利，而且对于那些言利与逐利的人也是深恶痛绝的，所以君子更应该明确义利之间的关系，做到守义去利。基于对义的重视，董

① 苏舆:《春秋繁露义证》，中华书局，2019年，第53页。
② 苏舆:《春秋繁露义证》，中华书局，2019年，第236页。
③ 苏舆:《春秋繁露义证》，中华书局，2019年，第64页。
④ 苏舆:《春秋繁露义证》，中华书局，2019年，第64页。

仲舒又强调君子也应该做到不为利害义，“君子笃于礼，薄于利”[①]。作为君子重要的是要笃信与行礼，遵守儒家圣人的教导，应看淡利益。

董仲舒从君子应该具有仁和义出发，又从政治的角度论述君子应该如何为政的问题。并且在董仲舒的思想中也是很重视君子为政的，他曾言君子是应作为君主选才的一类，“人之材固有四选，如天之时固有四变也。圣人为一选，君子为一选，善人为一选，正人为一选，由此而下者，不足选也”[②]。即是说君子和圣人、善人、正人是治理国家的备选之才。那么在为政方面。君子应该如何做呢？如前所述，董仲舒认为君子要仁要义，更重要的是要能践行仁义。所以在谈及如何从政的问题上，他同样贯彻儒家的仁义学说，认为君子应该以仁义来从事，“听讼折狱，可无审耶！故折狱而是也，理益明，教益行。折狱而非也，暗理迷众，与教相妨。教，政之本也。狱，政之末也。其事异域，其用一也，不可不以相顺，故君子重之也。”[③] 董仲舒在治理国家问题上虽然主张教狱同施，但是他认为二者之间是有本末的。教化为本，讼狱为末，即是要注重对百姓的教化，而不是上来就实施刑法，这也是和他的圣人教化说相关。而教化所体现的就是儒家仁义之道，因为君子不忍以刑法惩戒百姓，所以须先对其教以仁义诸德，这种行为本身就体现了君子之仁。

除了教化说，董仲舒认为作为君子也应该心怀天下与重视朝纲，“君子修国曰：此将率为也哉。是以君子以天下为忧也，患乃至于弑君三十六，亡国五十二，细恶不绝之所致也。辞已喻矣，故曰：立义以明尊卑之分，强干弱枝以明大小之职；别嫌疑之行，以明正世之义；采摭托意，以矫失礼”[④]。这里，董仲舒便把君子的内涵扩大了，不再是独善其身的仁者，而是达济天下之士，应当为天下而忧。至于

① 苏舆：《春秋繁露义证》，中华书局，2019年，第108页。
② 苏舆：《春秋繁露义证》，中华书局，2019年，第190页。
③ 苏舆：《春秋繁露义证》，中华书局，2019年，第82页。
④ 苏舆：《春秋繁露义证》，中华书局，2019年，第124页。

国朝，那么就要注重国之礼法。总的来说，董仲舒论为政之君子，更多的是从天下和国家的角度来说的。

除了认为君子应该具有仁义之德，董仲舒又基于此阐发了“让”的理论，“今让者《春秋》之所贵。虽然见人相食，惊人相爨，救之忘其让，君子之道有贵于让者也。故说《春秋》者，无以平定之常义，疑变故之大则，义几可谕矣”①。即他认为君子应该不与人相争，能够做到以礼相让，当然“让”所体现的同样是“仁”，这一点董仲舒有详细的说明，他认为爱人为仁，即是说能够为别人着想是仁，仁是对他者来说的；而义是对己来说的，“仁谓往，义谓来，仁大远，义大近。爱在人谓之仁，义在我谓之义。仁主人，义主我也。故曰仁者人也，义者我也，此之谓也。君子求仁义之别，以纪人我之间，然后辨乎内外之分，而著于顺逆之处也。是故内治反理以正身，据礼以劝福。外治推恩以广施，宽制以容众”②。董仲舒在这详细地区分了仁和义及其面对的对象。他通过区别仁和义的不同其实要说明的就是君子在对人与对己方面应该具有不同的态度，并且这也可以说是儒家所注重的德性修养，即作为君子，不仅要“独善其身”，亦要“达济天下”。从小的方面来说，就是要对他人施之以仁爱，从大的方面来说就是要以仁爱治国，对待百姓。

关于“让”的品质，董仲舒在个人之让的基础上又阐发了政治之让，他通过古代存君的例子说明君子所贵的方面：

> 逄丑父杀其身以生其君，何以不得谓知权？丑父欺晋，祭仲许宋，俱枉正以存其君。然而丑父之所为，难于祭仲，祭仲见贤而丑父犹见非，何也？曰：是非难别者在此。此其嫌疑相似而不同理者，不可不察。夫去位而避兄弟者，君子之所甚贵；获虏逃遁者，君子之所甚贱。祭仲措其君于人所甚贵以生其君，故《春秋》以为知权而贤之。丑父措其君于人所甚贱以生其君，《春秋》

① 苏舆：《春秋繁露义证》，中华书局，2019年，第48页。
② 苏舆：《春秋繁露义证》，中华书局，2019年，第224页。

以为不知权而简之。[①]

虽然是在说丑父和祭仲在对待存君问题上采取的不同措施而招致的不同评价，当然这种评价是和我们所认为的有所不同，不过董仲舒借此要阐释的同样涉及君子之让的问题，即是在他看来，在面对权位之争的时候，君子应该抛弃对权位的追求，而是要注重仁义和亲情，不能因为外在之位而伤了内在之德，所以君子在这方面是不可不慎的。

董仲舒亦从大义方面探讨了君子的品性，“如此，虽陷其身，尚有廉名。尝此之时，死贤于生。故君子生以辱，不如死以荣，正是之谓也”[②]。在面对生死与向义的选择问题上，董仲舒指出作为君子理应以义为先，不能为了苟生就抛却对仁义的追求，而是反之，应该“不避外难”[③]，敢于坚守仁义之道。

可以说董仲舒所认为君子应该有的品质大体上和儒家所一贯认为的类似，或者可以说就是沿着先秦儒家的观点，不过董仲舒相较于前人，更多地从政治方面论述了君子应该具有的内容，这一点和他的政治哲学有关，也是构成其整个思想重要的一方面。

董仲舒在论述了君子所应具有的德性之后，他为了更好地彰显君子的品质，便做了一个比喻，即把君子比为玉，通过玉的特质来说明君子的品质：

> “玉至清而不蔽其恶，内有瑕积，必见之于外，故君子不隐其短。不知则问，不能则学，取之玉也。”他认为玉至清，可透见其内在，即使玉中含有杂质亦可以清楚视之，不会掩盖其瑕疵，那么君子亦然，君子内外兼修，不会特意隐藏自己之恶，为人当谦逊好学。接着他对君子的德性做了一连串的概括“君子比之玉，玉润而不污，是仁而至清洁也；廉而不杀，是义而不害

① 苏舆：《春秋繁露义证》，中华书局，2019年，第51—52页。
② 苏舆：《春秋繁露义证》，中华书局，2019年，第54页。
③ 苏舆：《春秋繁露义证》，中华书局，2019年，第72页。

也；坚而不坚，过而不濡”①。

即在他看来，君子温润如玉，内外清明；廉洁向仁而不害义；虽质坚而不过人，美则如玉，质则先玉也。他通过把君子与玉进行比较，旨在突出君子的高尚德性，以此来激励诸生学做君子。

三、中和养气以成君子

如上所述，无论是先秦诸儒，抑或是董仲舒都极为重视君子之品质。那么如何成为君子，就涉及儒家的修养论问题。关于如何修养的问题，各家也有着不同的看法，儒家多注重从内在方面来论述如何修养以成君子的。在这一问题上，董仲舒除了承续先秦诸儒的修养方法外，他更注重从“养气”的角度来谈论。所谓“养气”，在董仲舒思想中主要有两层内涵：其一是注重对君子形体的保养，其二则是对君子之性的涵养，二者共同构成了董子君子养气论的内容。

在养气保形方面，董仲舒主要是继承了道家哲学的相关内容。道家对“气”这一概念是极为重视的，甚至可以作为与“道”平齐的一个范畴。因为在道家，特别是庄子，是把气视为人所以为生的一个先决条件，“人之生，气之聚也，聚则为生，散则为死”②。庄子从生死的角度来论证气的重要性，他认为人之所以活着是因为气的聚集，反之，如果气消散了，那么人的生命也就结束了，并且他认为天下万物其实都是可以归结为“气”的，即其所谓“通天下一气耳”③。他又详细地论述了气与人形体的关系，“察其始而本无生，非徒无生也，而本无形，非徒无形也，而本无气。杂乎芒芴之间，变而有气，气变而有形，形变而有生”④。也即是在气为人生的基础上进一步说明气如何化为人的形体的，在他看来人的形体同样是由气的变化所形成

---

① 苏舆：《春秋繁露义证》，中华书局，2019年，第373－374页。

② 刘文典：《庄子补正》，中华书局，2015年，第593页。

③ 刘文典：《庄子补正》，中华书局，2015年，第594页。

④ 刘文典：《庄子补正》，中华书局，2015年，第499页。

的。既然人是由气的聚集而生，人的形体由气变而成，那么如果要想更好地活着，就需要养气。庄子曾以至人何以“潜行不窒，蹈火不热，行乎万物之上而不栗”① 的例子来阐释其养气说。庄子的养气一方面在于守，即“纯气之守”②，“未尝敢以耗气也，必齐以静心”③，也就是不要耗气；另一方面是通过抛去外事的纷扰，通过心斋与坐完的手段达到聚气的目的，以达到“壹其性，养其气，合其德，以通乎物之所造”④ 的目的。

董仲舒也是沿着这个路数来谈君子如何通过养气以保形体。在他看来气是天之所化，其精无比：

气之精至于是，故天地之化，春气生而百物皆出，夏气养而百物皆长，秋气杀而百物皆死，冬气收而百物皆藏。是故惟天地之气而精，出入无形，而物莫不应，实之至也。君子法乎其所贵”⑤。

董仲舒通过气在四季的不同功效来说明气的珍贵性，认为春夏秋冬之四季的物事都是由气所成的，那么人作为其中之一事，同样受气之所养，所以董仲舒就从这方面说明，气对人形体的作用。如何保养其气以养其体，董仲舒亦从天人共联的角度出发加以论证，“气者，天与人所同有也，非人所能蓄也，故可节而不可止也。节之而顺，止之而乱。人生于天，而取化于天。喜气取诸春，乐气取诸夏，怒气取诸秋，哀气取诸冬，四气之心也”⑥。他认为气是天人所共有，因此，正确的养气方法是节而不是止，因为节制其气就会得顺，而一味止气则会造成打乱，其实这一点就颇像荀子对欲望的导顺。所以最后他得出一个养生的结论，即“故养生之大者，乃在爱气。气从神而成，神从意而出。心之所之谓意，意劳者神扰，神扰者气少，气少者难久

① 刘文典：《庄子补正》，中华书局，2015 年，第 513 页。
② 刘文典：《庄子补正》，中华书局，2015 年，第 514 页。
③ 刘文典：《庄子补正》，中华书局，2015 年，第 534 页。
④ 刘文典：《庄子补正》，中华书局，2015 年，第 515 页。
⑤ 苏舆：《春秋繁露义证》，中华书局，2019 年，第 395 页。
⑥ 苏舆：《春秋繁露义证》，中华书局，2019 年，第 292 页。

矣。故君子闲欲止恶以平意，平意以静神，静神以养气”①。即是说我们应当爱惜己气，注重对气的养护。

至于养气的功效，董仲舒和庄子有相似的地方，即是为了保生，换言之即为了达到长生的目的，“鹤之所以寿者，无宛气于中，猿之所以寿者，好引其末，是故气四越。天气常下施于地，是故道者亦引气于足；天之气常动而不滞，是故道者亦不宛气。苟不治，虽满不虚。是故君子养而和之，节而法之，去其群泰，取其众和”②。他以仙鹤和猿猴长生为例，来论证气之于命的重要性。依其意，仙鹤和猿猴都因为顺其气，养其气才能如此长寿，那么于人而言，同样生效，即是说人亦应养其气。除了上述中所提到的要节气外，董仲舒又提出了一个新的养气方法，即要“和气”，而所谓“和气”就是不要用气过度，同样也不要节气过甚，保持在一种中和状态。他又通过举例具体阐释了何为“中和”：

> 公孙之养气曰：“裹藏泰实则气不通，泰虚则气不足，热胜则气，寒胜则气，泰劳则气不入，泰佚则气宛至，怒则气高，喜则气散，忧则气狂，惧则气慑。凡此十者，缺之害也，而皆生于不中和。故君子怒则反中而自说以和，喜则反中而收之以正，忧则反中而舒之以意，惧则反中而实之以精。”夫中和之不可不反如此”③。

在他看来，无论是实、虚、热、寒、劳、佚，还是怒、喜、优、惧都会造成气之不和，对人都会有不好的影响。如果稍加审视，就会发现董仲舒所说的这些都是就人的形体之感、情性之感而言的，在他看来，一个人如果不能是性形处于一种平和的状态，就会产生诸多弊处。这一点很像道家或中医所说的要使万物阴阳平衡才会和谐。董仲舒正是取于此点，说明君子应该使自己处于中和的状态。他曾有一段从天的功用角度出发来阐释他所说的几种概念的作用：“顺天之道，

① 苏舆：《春秋繁露义证》，中华书局，2019 年，第 401 页。
② 苏舆：《春秋繁露义证》，中华书局，2019 年，第 398 页。
③ 苏舆：《春秋繁露义证》，中华书局，2019 年，第 397 页。

节者天之制也，阳者天之宽也，阴者天之急也，中者天之用也，和者天之功也。举天地之道，而美于和，是故物生，皆贵气而迎养之。”①这些功效最终都要归结于“气”，以中和美之，以养气成之。而在他看来气也要归于心，“凡气从心。心，气之君也，何为而气不随也。是以天下之道者，皆言内心其本也。故仁人之所以多寿者，外无贪而内清净，心和平而不失中正，取天地之美以养其身，是其且多且治”②。他把心视为气的主宰者，而养气是为了修心，修心又可以善性，如此才可达到长生的效果。

而在养气修性问题上，董仲舒主要吸收与发展了孟子的“浩然之气”说。孟子在于弟子讨论如何不动心的问题上，通过与告子论气的比较引出其养气说：

曰：“我知言，我善养吾浩然之气。”

“敢问何谓浩然之气?”

曰：“难言也。其为气也，至大至刚，以直养而无害，则塞于天地之闲。其为气也，配义与道；无是，馁也。是集义所生者，非义袭而取之也。行有不慊于心，则馁矣。我故曰，告子未尝知义，以其外之也。必有事焉而勿正，心勿忘，勿助长也。”③

孟子所说的“浩然之气”是一种至大至刚，遍布天地之间的正气，并且他从儒家道德伦理的角度出发，赋予了气以义与道，这样一来气不单是一种使人或者物质之气，从而具有了使人之所以为人的德性内涵。这一点同样为董仲舒所继承，他在对何以为君子的问题上，主要就是从儒家所倡导的仁义出发，认为君子应该具有这些品性。不过在具体论述气所具有的德性内涵之前，董仲舒仍是照着他的天人说先阐明气的来源问题，而且在阐明气之所源的问题上，他也是为了后续言气与仁义之关系所做的铺垫。

董仲舒认为人受天之施气，其本为善，无所谓恶，但如果具体到

① 苏舆：《春秋繁露义证》，中华书局，2019年，第396页。

② 苏舆：《春秋繁露义证》，中华书局，2019年，第398页。

③ 朱熹：《四书章句集注》，中华书局，2020年，第232—233页。

实际中就会有恶的可能，其言曰：“人之受气苟无恶者，心何哉？吾以心之名，得人之诚。人之诚，有贪有仁。仁贪之气，两在于身。身之名，取诸天。天两有阴阳之施，身亦两有贪仁之性。”① 即是说在我们生活中，人是具有仁、贪两种气的，这是和天之阴阳相对。因此他就特别注重修身养性与教化说，如果从大的方面来说，这同样属于养气的范围，不过是另外一种说法，即于内修身为了保气，于外圣人教化，亦是为了养性，养性最终也是归于养气，所以董仲舒在这方面的主张可谓是殊途同归。

董仲舒在教化方面，主要继承了荀子有关圣人制礼法的内容，荀子曾言“先王恶其乱也，故制礼义以分之，以养人之欲，给人之求。使欲必不穷乎物，物必不屈于欲。两者相持而长，是礼之所起也”②，荀子之意，即是说百姓需要圣人之教化。董仲舒亦言圣人之于教化人，在他看来“圣人所欲说，在于说仁义而理之”，③ 即是说，圣人所教无非是仁义而已矣，那么人在接受圣人之化后，就需要修仁义。而在内在修养方面，董仲舒从《春秋》之所治出发，阐述了如何正已与治人的问题：

> 所以治人与我者，仁与义也。以仁安人，以义正我，故仁之为言人也，义之为言我也，言名以别矣。仁之于人，义之与我者，河不察也。④

> 仁之法在爱人，不在爱我。义之法在正我，不在正人。我不自正，虽能正人，弗予为义。人不被其爱，虽厚自爱，不予为仁。⑤

他通过辨别仁与义的区别，说明了自我当如何修身的问题。在他看来，我们修身一方面需要正已，如何正已呢？即是要讲义，以义来匡正

① 苏舆：《春秋繁露义证》，中华书局，2019 年，第 259—261 页。
② 王先谦：《荀子集解》，中华书局，1988 年，152 页。
③ 苏舆：《春秋繁露义证》，中华书局，2019 年，第 130 页。
④ 苏舆：《春秋繁露义证》，中华书局，2019 年，第 219 页。
⑤ 苏舆：《春秋繁露义证》，中华书局，2019 年，第 220 页。

自己的行为；另一方面是向外的，即治人，或可以理解为与人相处，需要以仁相接，这一条看似是对外的，其实同样是讲自我的。因为只有把仁内化于己心，与人相处时，才能由衷地以仁待之。因此，在董仲舒看来，我们修身需要讲仁义。而讲仁义则是为了达到中和状态，只要达到了中和状态，气自然也就恒顺了，人也就自然得以长寿了。

所以，董仲舒在如何才能成为君子及君子当如何行的问题上，主要是从养气的角度出发点，并且他所谓的养气，又不同于一般的养气，或者说其言说的范围更广，内涵也更丰富，而这些是为了使气达到中和的状态，“起之不至于和之所不能生，养长之不至于和之所不能成。成于和，生必和也；始于中，止必中也。中者，天地之所终始也；而和者，天地之所生成也。夫德莫大于和，而道莫正于中。中者，天地之美达理也，圣人之所保守也”①。在他看来“中和状态”是很重要的，无论是人之生、长，还是为事之开始、结束，都要遵循“中”的法则。可以说，“中”贯穿于人乃至万物的始终。而“中”的最终指向便是长生。

总之，董仲舒在如何成为君子的问题上，更加注重对其“气”的保养，认为君子养气，一方面是养正气，这和他所认为的君子所应该具有的品质有关，通过养气的方式以存仁义；另外从外在来说，君子只有保养形体才能致以长寿，而长寿虽然看似和君子没有必然的联系，但是如果从他对君子的论述中，就可以发现，他人认为君子虽然要注重个人之修养，但君子也应该去达济天下，那么如果要更好地为事，就应该养形体。当然，董仲舒所论的养形体还是包涵着君子应该从自己的外在仪容仪貌上着手，这一点在孔子的思想中亦很重视，如在《乡党》篇中，他对君子的衣食住行所做的论述。所以，董仲舒亦从这个方面阐释了君子养形的重要性。

---

① 苏舆：《春秋繁露义证》，中华书局，2019 年，第 394 页。

四、结语

董仲舒在继承先秦君子论的基础上，阐发了他对君子的看法。一方面他同样认为作为君子需要具有儒家一贯倡导的仁义礼智诸道德；与此同时，他又结合政治来论，认为君子当心怀天下，为天下谋太平。在如何成为君子的问题上，他主要基于仁义之德，注重从内外方面加以修养，而修养的方法就在于养气。在董子，其养气的内涵比我们通常所说的内涵要宽泛得多，不仅是对气的直接保养上，同样关联着践行仁义等活动。而养气是为了使之达到中和的状态，其最终目的则是为了要达到长生的目的。所以，我们可以看出，董仲舒对于君子的旨趣，不单单在于仁义，而是如同道家一样要追求长生。

本文为国际儒联第七届“国学与大学德育”研讨会提交的论文。

王闻文（1996—），男，河南周口人，山东大学儒学高等研究院在读硕士，受聘于黄河文化与二程理学研究中心。

天人视域下的董仲舒君子观

张诗琪　何善蒙

一、引言

在中国传统的早期文化中，“君子”一词作为特定阶层的专用表达，多用来指称贵族、执政者，后经先秦儒家的诠释，“君子”被赋予更多的道德内涵，如孔子以“智、仁、勇”三种道德品格概述君子，孟子以“四端”说描述君子应具备的道德规范。

董仲舒以先秦儒家“君子”思想为本，整合借鉴先秦诸子思想，首倡“五常”说，即君子应具备“仁、义、礼、智、信”五种道德品格。董仲舒的君子观念独具特色之处，在于其根据汉代的社会情况，融会以儒道法等诸子百家思想，以其独特的天道哲学为理论基调，在君子理论的建构过程中融入天人感应、人副天数等观念。韦政通认为：“董仲舒的思想体系，是以当时流行的阴阳五行学说，作为基本的架构，建立一个以天为中心，以天人感应为其特色的天人关系论，然后根据这套理论，对先秦儒家的人性、伦理、政治等问题，重新加以解释，并赋予新义。”①

通观董仲舒的君子观念，在内容、形式等方面都展示了自身鲜明

① 韦政通：《董仲舒》，台北：东大图书股份有限公司，1984年，第65页。

的特点，构建的理想君子人格的完整体系，对汉唐乃至后世都产生了深刻的影响。董仲舒的“君子”学说有其独到之处，学界对此问题已有相关研究，但尚有更一步研究之空间[①]。董仲舒论述的“君子”思想正是在其天人关系视域中进行的，本文在论述董仲舒从伦理方面阐释君子的同时，探讨君子思想与政治生活的关系，力图对董仲舒理想中的“君子”人格做一系统的分析。

二、君子法天道以修德性

“天”在董仲舒的思想体系中地位十分重要，“天”被赋予了多层含义，包括自然之天、道德之天、神圣之天等诸多方面，其中道德之天处于核心地位。董仲舒通过推崇道德之天，希望君子效法天道，以天道为准则规范自己的言行。先秦儒家多以“德”谈论君子，在孔子看来，君子具有“智、仁、勇”三种道德品格：“君子道者三，我无能焉：仁者不忧，知者不惑，勇者不惧。”（《论语·宪问》）君子应当具备种种优秀品格，但君子之德性亦非先天具有，而是需要后天的修养。董仲舒从“仁在爱人，义在正我”“礼尊于身”“必仁且智”等方面，论说了君子不断提高自身的道德修养的径路。

（一）“仁在爱人，义在正我”

仁义思想在儒家学说中处于核心地位，孔子十分重视君子的仁义和礼仪，曾提出：“君子义以为质，礼以行之，孙以出之，信以成之。君子哉！”（《论语·灵公》）在孔子学说中，仁与义并不是并立的二德，而只是一事。[②]“仁”是孔子所提出的最高的道德原则，“樊迟问仁，子曰：‘爱人。’”（《论语·颜渊》）爱人就成为孔子论述仁的第一层含义，同时，孔子之仁包括五个具体的条目：“子张问仁于孔子。

---

① 如白立强和金周昌主要从道德的角度，围绕着君子之于利、礼、仁义、诚敬、德、养生六个维度分析了《春秋繁露》中的君子人格及其当代价值。参见白立强、金周昌：《〈春秋繁露〉中的君子人格及其当代价值》，《衡水学院学报》2018年第5期。

② 张岱年：《中国哲学大纲》，中国社会科学出版社，1982年，第262页。

孔子曰：‘能行五者于天下为仁矣。’‘请问之。’曰：‘恭、宽、信、敏、惠。恭则不侮，宽则得众，信则人任焉，敏则有功，惠则足以使人。’”（《论语·阳货》）孔子论仁的第二层含义则是“克己复礼”：“颜渊问仁，子曰：‘克己复礼为仁。一日克己复礼，天下归仁焉。为仁由己，而由人乎哉?’颜渊曰：‘请问其目。’子曰：‘非礼勿视，非礼勿听，非礼勿言，非礼勿动。’”（《论语·颜渊》）即能够克制自己的非分之欲，也是实现仁的途径。而孔子所论述的义，也是道德原则之义①，如：“君子之于天下也，无适也，无莫也，义之与比。”（《论语·里仁》），主张君子处事要以义为准则，“义”即泛指道德原则。

至孟子时期，孟子对孔子“仁”的思想进行了继承，进而将仁义相连并举。“仁，人之安宅也。义，人之正路也。旷安宅而弗居，舍正路而不由，哀哉!”（《孟子·离娄上》）“仁，人心也；义，人路也。舍其路而弗由，放其心而不知求，哀哉!”（《孟子·告子上》）孟子以“安宅”和“人心”来描述“仁”，以“正路”和“人路”来描述“义”，可见在孟子那里，“仁”偏重内在精神，“义”则为外在表现。孟子之“仁”始于恻隐之心，“恻隐之心，仁之端也”。（《孟子·公孙丑上》）。孟子认为“仁”就是这种恻隐之心的扩充和发展，而“义”则是羞恶之心的发展，“羞恶之心，义之端也”（《孟子·公孙丑上》）。

董仲舒对孔孟思想中的仁义观念进行了继承并将其视为君子德性的重要方面。在董仲舒看来，“人”是天地万物中最为精贵的，只有“人”才能受命于天，施行仁义：“天地之精所以生物者，莫贵于人。人受命乎天也，故超然有以倚。物疢疾莫能为仁义，唯人独能为仁义。”（《春秋繁露·人副天数》）在此基础上，董仲舒对孔孟仁义观念进行了吸纳，又赋予其新的内含，探讨了君子所应具备的仁义品德。董仲舒在“五常”观念之中尤为关注“仁”与“义”，他将其解释为“仁在爱人，义在正我”。董仲舒对“仁”做出了明确表述：“何谓仁?仁者，憯怛爱人，谨翕不争，好恶敦伦，无伤恶之心，无隐忌之志，

① 张岱年：《儒家“仁义”观念的演变》，《衡阳师专学报（社会科学）》1987年第2期。

无嫉妒之气，无感愁之欲，无险诐之事，无辟违之，故其心舒，其志平，其气和，其欲节，其事易，其行道，故能平易和理而无争也，如此者，谓之仁。”（《春秋繁露·必仁且智》）董仲舒的“仁”就是“爱人”，是道德原则发出于外，对他人的爱，只有“爱人”才可以称之为“仁”。而董仲舒的义则是“正我”，是道德原则在我身上的体现，用来匡正自我，他指出：“义者，谓宜在我者，宜在我者，而后可以称义，故言义者，合我与宜以为一言，以此操之，义之为言我也”。（《春秋繁露·仁义法》）从人、我之别的对象层面对仁义做出划分之后，董仲舒随即提出君子所具备的仁义美德：“君子攻其恶，不攻人之恶。不攻人之恶，非仁之宽与！自攻其恶，非义之全与！”（《春秋繁露·仁义法》）君子攻击自己的过错，这是义的全面，不攻击别人的过错，这就是仁的宽容。“君子求仁义之别，以纪人我之间，然后辨乎内外之分，而着于顺逆之处也，是故内治反理以正身，据礼以劝福，外治推恩以广施，宽制以容众。”（《春秋繁露·仁义法》）是故君子能寻求到仁义的差别，认识到别人与自我之间的关系，进而能够对内做事返归义理以便匡正自身，对外做事能推广恩德并扩展广大。

（二）“礼尊于身”

董仲舒重视“礼”，在他看来“礼”的重要性甚至超出身家性命：“《春秋》尊礼而重信，信重于地，礼尊于身。”（《春秋繁露·楚庄王》）礼于君子人格修养之重要性，董仲舒从言行、服饰、祭祀等多方面进行了论述。

君子于礼在于其内心存敬。董仲舒认为，“礼之所重者，在其志，志敬而节具，则君子予之知礼”（《春秋繁露·玉杯》）。君子以礼来约束自身的言行规范，孔子曾有所论及：“君子博学于文，约之以礼，亦可以弗畔矣夫。”（《论语·雍也》）“约之以礼”的具体条目则为“非礼勿视，非礼勿听，非礼勿动”（《论语·颜渊》）。董仲舒对于这一思想进行了继承发挥，提出：“故君子非礼而不言，非礼而不动；好色而无礼则流，饮食而无礼则争，流争则乱。夫礼，体情而防乱者也，民之情不能制其欲，使之度礼，目视正色，耳听正声，口食正味，身行正道，非夺之情也，所以安其情也。”（《春秋繁露·天道施》）君子应该要不合乎礼节的话就不去说，不合乎礼节的事就不去做，以礼作为自身行为的规范。由此观之，董仲舒提倡的君子之礼与孔子提出的君子之礼有异曲同工之妙，儒家理想的君子人格形象，正是以“礼”为道德规范。

君子重礼，不仅注重个体内在的修养，也重视对于外在典章制度的遵循。早在西周时期，已出现了较为完备的舆服制度，对于服饰之礼的奉行，也是君子人格涵养的必然要求。服饰对于君子来说，首先是对于道德的培养，正如《礼记·中庸》所言：“齐明盛服，非礼不动，所以修身也。”[①] 君子修养自己的美德，就要洁净心灵，服饰端庄，不符合礼仪的事情坚决不去做。冠冕对于君子人格有着特殊的意义，冠作为贵族成年男子的重要服饰，在本该戴冠的场合不戴冠，常会被看作是一种非礼的行为。昔有子路正冠而死，提出：“君子死而冠不免”，冠对于君子来说不仅仅是一顶帽子，更是屹立不倒的君子人格。又如《孔子家语·致思》中所述：“君子不可以不学，其容不可以不饰”[②]，将修饰外表与学习知识相提并举，足以看出服饰对于君子修德的重要作用。董仲舒亦对君子容貌及服饰的重要性做出论述，在他看来：“故君子衣服中而容貌恭，则目说矣；言理应对逊，则耳说矣；好仁厚而恶浅薄，就善人而远僻鄙，则心说矣。”（《春秋繁露·为人者天》）一个有道德的君子，穿衣适度而容貌恭敬，于是看到他的人眼睛就会感到快乐。与此同时，董仲舒格外看重服饰与礼制的关系，礼乐中的容服模仿天象，具有威严的外貌，君子可以用服饰表达自己的心志，从而获得别人的尊敬，免收狎侮，不仅如此，有威严的服饰也可以使居心不良之人不敢造次，如：“君子显之于服，而勇武者消其志于貌也矣”“是以君子所服为上矣，故望之俨然者，亦已至矣，岂可不察乎?”（《春秋繁露·服制像》）

祭祀历来是儒家礼仪活动的重要内容，祭礼对于培养君子的诚敬精神有重要作用。儒家认为：“凡治人之道，莫急于礼。礼有五经，

---

① 《礼记正义》，《十三经注疏》，北京大学出版社，1999 年，第 1443 页。

② 王肃编：《孔子家语》，中州古籍出版社，1991 年，第 35 页。

莫重于祭。”（《礼记·祭统》）儒家祭祀活动源远流长，儒家的祭祀与君子行道德教化紧密联系，如《礼记·祭统》云：“尽其道，端其义，而教生焉。是故君子之事君也，必身行之，所不安于上，则不以使下；所恶于下，则不以事上。非诸人，行诸己，非教之道也。”董仲舒同样看到了祭祀之礼对于成就君子人格的意义，他提出：“故君子未尝不食新，新天赐至，必先荐之，乃敢食之，尊天敬宗庙之心也，尊天，美义也，敬宗庙，大礼也，圣人之所谨也，不多而欲洁清，不贪数而欲恭敬。君子之祭也，躬亲之，致其中心之诚，尽敬洁之道，以接至尊，故鬼享之，享之如此，乃可谓之能祭。”（《春秋繁露·祭义》）君子对于祭祀一定是亲自参加的，将刚成熟的食物进献给上天和祖先，然后自己才敢享用，充分体现了君子内心的诚意。因为蔬菜、五谷此类食物都是上天所赐，祭祀时进献是表示君子对上天赐物的感谢。君子竭尽尊敬与纯洁的道义，以礼来迎接最尊敬的神灵，所以神灵才会来享用。

（三）“必仁且智”

“智”作为儒家重要德目。《中庸》将智与仁、勇并称为“三达德”。其后，孟子将“仁、义、礼、智”四德并举。董仲舒明确提出了“夫仁、谊（义）、礼、知（智）、信五常之道”（《汉书·董仲舒传》）。儒家极为重视仁智双修，一个理想的君子形象，必然是仁智的统一体。何谓“智”？孔子以“知人”论“知”，孟子则认为“是非之心”为智之端，并说：“是非之心，智也。”（《孟子·告子上》）荀子对“智”进行了分类：“有圣人之知者，有士君子之知者，有小人之知者，有役夫之知者。”（《荀子·性恶》）圣人、士君子、小人、役夫所具之“智”在荀子看来是完全不同的：“多言则文而类，终日议其所以，言之千举万变，其统类一也，是圣人之知也。少言则径而省，论而法，若佚之以绳，是士君子之知也。”（《荀子·性恶》）士君子的智慧，就是言语少，简洁直接，有条例有章法，就好像用绳墨量过一样。及至董仲舒，他提出：“何谓之智？先言而后当。”（《春秋繁露·必仁且智》）在董仲舒处，“智”集中表现为对于事情存在发展变化的预判性。他说：“智者见祸福远，其知利害蚤，物动而知其化，事兴而知其归，见始而知其终，言之而无敢哗，立之而不可废，取之而不可舍，前后不相悖，终始有类，思之而有复，及之而不可厌。”（《春秋繁露·必仁且智》）这里反映了智者有先见之明，能提前预知祸福，事情一开始运动就知道他如何变化，事情一发生就知道它的所归，由开始就知道它的结局。

将仁智并举，在先秦至秦汉的文献中亦多有论述。如《管子·枢言》提出：“既仁且智，是谓成人”，以同时具备“仁”与“智”两种品德作为“成人”的标志，此处“成人”并非一般意义上的世俗之人，而是具备理想人格的圣人君子。在《论语》一书，孔子曾多次提到仁智：“仁者安仁，知者利仁”（《论语·里仁》）；“樊迟问知，子曰：‘务民之义，敬鬼神而远之，可谓知矣。’问仁，曰：‘仁者先难而后获，可谓仁矣。”（《论语·庸也》）孟子将“仁”与“智”看作成圣的关键：“学不厌，智也；教不倦，仁也。仁且智，夫子既圣矣。”（《孟子·公孙丑上》）董仲舒论述了“仁”和“智”作为人的两种必不可少的品质，“仁”可以使人平和，“智”可以使人克服困难。董仲舒提道：“莫近于仁，莫急于智”“仁而不智，则爱而不别也；智而不仁，则知而不为也”（《春秋繁露·必仁且智》）。对于人来说，没有比仁更重要，没有比智更迫切的了。缺乏仁义却有勇气、力量、才能，就像发狂的人又拿到锋利的兵器一样；不智却能诡辩，就如同已经迷失方向的人还要骑快马一样。有仁无智，就会只知爱却不能区别是非；有智无仁，就会心知善恶却不愿去做。因此，君子要将“仁”与“智”结合起来，做到“必仁且智”。

由上可知，董仲舒理想中的“君子”形象，重德而尊礼，他们时时勤勉，立足于仁、义、礼、智等良好的道德品德，向内返归义理、对外推广恩德。而君子之所以能拥有良好的道德，其根源在于天为人之所本，人之形体来自天，人之德行由天理变化。他说：“为人者天也。人之人本于天，天亦人之曾祖父也，此人之所以乃上类天也。人之形体，化天数而成；人之血气，化天志而仁；人之德行，化天理而义；人之好恶，化天之暖清；人之喜怒，化天之寒暑；人之受命，化天之四时；人生有喜怒哀乐之答，春秋冬夏之类也。喜，春之答也，怒，秋之答也，乐，夏之答也，哀，冬之答也。天之副在乎人。”（《春秋繁露·为人者天》）“天”与“人”因此就有了血缘上的关系，故董仲舒所论的君子人格形象是不断化天道为人道，不断自我成就的。

三、君子承天意而施仁政

董仲舒构建“道德之天”这一理论前提，不仅仅是在于论述君子效法天道以成就自我的德性，更在于引出君子对道德之天体现的仁政理念进行践行。“天常以爱利为意，以养长为事，春秋冬夏皆其用。”（《春秋繁露·王道通三》）天以仁爱和有利于他人为其立意，君子也当“以爱利天下为意，以安乐一世为事”（《春秋繁露·王道通三》）。儒家常讲“内圣外王”，圣人、贤人、君子等作为儒家理想的道德人格，被看作是构建理想社会的前提，“善人多，则朝廷正而天下治矣”①。君子除了通过“慎独”以要求自身，也要“成己成物”，在教化民众、参与政治生活中起表率作用。君王也可以通过教化万民、使百姓知礼义道德，而步入君子之列。董仲舒从“君子言而世为天下则”、君子所重在于“志”、君子“教民以义”、经权与刑德等方面论述了君子在国家的政治生活中发挥的作用。

（一）“君子言而世为天下则”

先秦时期的诸子百家，虽学说相异，但大都涉及对理想化的“圣人”的描述，如：子曰：“圣人，吾不得而见之矣；得见君子者，斯可矣。”（《论语·述而》）孔子认为现实世界难以见到“圣人”，他以培养“君子”为使命，亦只敢以“君子”自比；“天之道，利而不害；圣人之道，为而不争。”（《老子》第八十一章）老子理想中的圣人，是凡事可为，而不去争；“事在四方，要在中央；圣人执要，四方来效。”（《韩非子·物权》）韩非子提出的圣人也指圣明的君主，君主独掌大权，四方的官员都来效力。“圣人”观念虽屡屡被提及，但却无

① 周敦颐：《周敦颐集》，中华书局，2009 年，第 20 页。

人敢自称为圣人，尤其是经历诸子百家的“造圣运动”后，“圣人”人格变得更加高不可攀。不同于“圣人”境界的难以企及，“君子”境界显然更容易为普通民众仿效。关于“何为君子”，孔子与子路曾有过一段对话：“子路问君子。子曰：‘修己以敬。’曰：‘如斯而已乎？’曰：‘修己以安人。’曰：‘如斯而已乎？’曰：‘修己以安百姓。修己以安百姓，尧舜其犹病诸。’”（《论语·宪问》）由此可见，孔子眼中的君子，是经修己、安人、安百姓步步递进的，最终还要将君子之德落实在政治生活中。而君子行政，首要前提就是为百姓树立榜样：“故君子尊德性而道问学，致广大而尽精微，极高明而道中庸。”（《礼记·中庸》）正是因为君子尊崇道德修养、追求学问知识，达到广博境界后又注重钻研细微知识，因此可以成为百姓效仿的榜样：“是故君子动而世为天下道，行而世为天下法，言而世为天下则。”（《礼记·中庸》）

董仲舒区分了“圣人”与“君子”之别：“人之材固有四选，如天之时固有四变也；圣人为一选，君子为一选，善人为一选，正人为一选，由此而下者，不足选也；四选之中，各有节也；是故天选四堤，十二而人变尽矣；尽人之变，合之天，唯圣人者能之，所以立王事也。”（《春秋繁露·官制象天》）董仲舒以自己的人副天数说为前提，提出官制也要与天之数相符合，官员材质高低成为选官的重要依据。董仲舒根据天的四时划分出选官时要依据人的四种材质，即圣人、君子、善人、正人，提出只有圣人才能效法天道、实现天人合一。圣人和君子因其材质不同，所能选择的官制亦存在差别，“是故三公之位，圣人之选也，三卿之位，君子之选也”（《春秋繁露·官制象天》）。圣人不同于一般人之处在于其身份由上天赋予，其所言所行皆符合天道，根据天道来为社会制定规则制度和伦理纲常，君子则负责实施圣人制定的准则，并以此教化民众，为民众发挥榜样作用。如同大地卑下自己的地位以侍奉上天，君子为人臣亦仿效大地，“受命宣恩，辅成君子，所以助化也；功成事就，归德于上，所以致义也”（《春秋繁露·天地之行》）。君子辅佐君王成就大业，是为了帮助完成教化，将德行归于君王，是用来表示符合道义。

传统儒家亦知能达到“圣贤”境界的人毕竟还是少数，他们寄希望于通过君子模范的设立，培养更多的社会大众成为具有“圣贤”品质的君子。君子的作用正是确立了一种政治标准，民众以“君子”作为一种评价工具来判断“何事该做”“何事不该做”，君子人格就具有了政治上的导向意义，约束和规范社会大众的言行举止，进而提升整个社会的道德品质。

（二）君子重“志”

董仲舒认为君子为政应当重“志”，不仅仅在于规范为政者的外在言行和内在道德，同时也在施德教、养民志方面同样发挥着重要的作用。董仲舒所论之“志”，实质上是对孔子“为政以德”思想的继承与发展，他对孔子的“德”进行了深化，以是否有“志”作为判断外在之德与内在之德的依据，即无“志”之德是外在的、并不能持久，只有有“志”之德方是发自人的内心、永恒存在。

于为政者而言，董仲舒以“贵志”作为评判君主道德真伪的标准。通过鲁文公“丧取”一事，他表达了自己对缺乏道德意志的为政者的贬责。在《春秋繁露·玉杯》中，开篇即是“《春秋》讥文公以丧取”，鲁文公迎娶齐国之女，办理婚事时已过丧期，看似没有违背礼法，然而《春秋》却讽刺鲁文公在丧期举办婚礼，董仲舒对此回答说是因为办理婚事必须有聘礼，而文公下聘礼的时间在丧期，故称之为丧娶。董仲舒对鲁文公一事进行了严厉谴责：“今全无悼远之志，反思念取事，是《春秋》之所甚疾也”（《春秋繁露·玉杯》），并由此而论：“缘此以论礼，礼之所重者，在其志，志敬而节具，则君子予之知礼；志和而音雅，则君子予之知乐；志哀而居约，则君子予之知丧。故曰非虚加之，重志之谓也。”（《春秋繁露·玉杯》）对于君子来说，“礼缘于志”，君子所重之志，是内心存敬而细节完备，是体现个人道德意志的表现。可见，在董仲舒看来，鲁文公“丧取”表面上虽不违礼法，但却不符合君子内心的道德规范，此举对于君子甚至为政者都是不可取的。

于普通民众而言，董仲舒提出君子施德教、养民志。以“德”教化民众作为践行君子人格的重要途径，早在先秦时期就有不少思想家对此进行了论述：如孔子的“道之以德，齐之以礼”（《论语·为政》)，再如孟子的“善政，不如善教之得民也。善政，民畏之；善教，民爱之。善政，得民财；善教，得民心”(《孟子·尽心上》)。董仲舒提出：“君子知在位者不能以恶服人也，是故简六艺以赡养之。诗书序其志，礼乐纯其美，易春秋明其知，六学皆大，而各有所长。诗道志，故长于质；礼制节，故长于文；乐咏德，故长于风；书着功，故长于事；易本天地，故长于数；春秋正是非，故长于治人；能兼得其所长，而不能遍举其详也。”(《春秋繁露·玉杯》)君子通过六种经典涵养民心、教民知礼，以《诗》和《书》使人心有序、《礼》和《乐》使人行为纯美、《易》和《春秋》使人发明智慧，以此培养民众的道德品格、实现对民众的教化。董仲舒正是在继承了孔孟德教的基础上，赋予其新的内涵，实现了“德”与“志”的结合。

（三）君子“教民以义”

“义利”问题在古代中国流传已久，不少思想家都曾对此进行论说。孔子一生“罕言利”，因为在孔子看来，“义”与“利”是绝对对立的，“君子喻于义，小人喻于利”(《论语·里仁》)。对“义利之辨”做出系统论述的，则当属孟子了，在《孟子·梁惠王上》中：孟子见梁惠王，王曰：“叟不远千里而来，亦将有以利吾国乎?”孟子对曰：“王何必曰利，亦有仁义而已矣。”在孟子推崇的“王道政治”之下，他相信君主皆有“不忍人之心”，但被“利”遮蔽了，而无法实行“不忍人之政”，故他时时以仁义规劝君主，希望君主施仁政于民。但孟子同样注意到了“义”对于民众的重要性，他主张：“谨庠序之教，申之以孝悌之义。”(《孟子·梁惠王上》)如此一来，则国家上至君主、下至百姓，人人皆得以受到“义”的感召，“利”自然就不能充塞人心了。不同于孔孟的重“义”轻“利”，荀子重“义”但并未否定“利”，他提出：“义与利者，人之所两有也。”(《荀子·大略》)在荀子看来，人人都有逐利的本性，虽然不能实现去利存义，但应该做到先义而后利。张岱年先生评价道：“中国古代伦理学说可以分为道义论与功利论两大派别。道义论肯定道德价值高于实际利益，功利论强调道德价值不能脱离实际利益。道义论以孔子、孟子、董仲舒、宋明理学为代表；功利论以墨子、李觏和陈亮、叶适为代表。”[①] 董仲舒作为“道义论”的代表，一向以“义不谋利”为人熟知，在论说君子为政方面，更是强调“教民以义”。

董仲舒认为，义对人的重要性远远大于利，徒有利而不知义的人不能自存于世。君子有义务宣扬义，用“义”来教化百姓。在《汉书·董仲舒传》中，他提出：“夫仁人者，正其谊不谋其利，明其道不计其功”，表达了自己的“义利”观念。在《春秋繁露·身之养重于义》中，董仲舒从“义”“利”之别着手，论述了“教民以义”的重要性，开篇即：“天之生人也，使人生义与利。利以养其体，义以养其心。心不得义不能乐，体不得利不能安。义者心之养也，利者体之养也。体莫贵于心，故养莫重于义，义之养生人大于利。”随后他列举原宪、曾子、闵子骞等一类人说明有义无利之人，虽贫贱却能因好义而感到快乐；而另有一类人，虽有财利却无义，这样的人即使非常富有，也会遭受羞辱酿成大恶。因此董仲舒得出结论：“吾以此实义之养生人，大于利而厚于财也。”（《春秋繁露·身之养重于义》）但是百姓不能知晓这个道理而常常违背它，都忘记了义而去为财利殒命，抛弃正道走向邪路，结果不仅残害自身，更会殃及全家。在董仲舒看来，这种情况如果不是百姓自身考虑没有尽心，就是他们的智慧欠缺而不明白，因为人们对事物的认识，小的容易了解，而那些大的则难以看清。如今虽然义比利对人更重要，但不要责怪百姓都奔向利而不奔向义，因为他们被不熟悉的事物所遮蔽。因此就需要君子以“义”来教化民众，“难得者，君子不贵，教以义也”，君子轻“利”，不看重昂贵的东西，而是以礼义来教导民众，以便使百姓明白他们所不熟悉的“义”，这样百姓就不会走上犯罪的道路。

（四）经权与刑德

儒家经权思想是指面临的选择，涉及守经与权变两种观念。“经”的本意为丝织物上纵向的线，是固定不变的准则；而“权”的本意则

---

① 张岱年：《中国伦理思想研究》，上海人民出版社，1989年，第26页。

为秤锤，指用来称物时、需要不断移动用来使秤保持平衡的金属锤，引申为处事时要灵活变通、因时制宜。儒家经权思想起源于孔子，其后又经过孟子等人的发展。“可与共学，未可与适道；可与适道，未可与立；可与立，未可与权。”（《论语·子罕》）孟子在继承孔子“经权”思想的基础上，又对此进行了发挥，他一方面承认守经的重要性，另一方面又极其重视行权。如孟子与淳于髡的一段对话：“淳于髡曰：‘男女授受不亲，礼与?’孟子曰：‘礼也。’曰：‘嫂溺则援之以手乎?’曰：‘嫂溺不援，是豺狼也。男女授受不亲，礼也；嫂溺援之以手者，权也。’”（《孟子·离娄上》）在面对男女之礼与践行仁义之道二者中，孟子灵活变通、选择了更为重要的仁义。

至董仲舒时期，为适应封建社会向大一统帝国转型的时代需要，董仲舒以天道阴阳论“经权”，并将其与“刑德”相结合，论说了君子在面对“经权”问题时做出的选择。先秦儒家的经权思想对董仲舒产生了重要的影响，董仲舒在此基础上又融入了自己的学说特色。董仲舒通过《公羊春秋传》中逄丑父和祭仲的事例阐述了自己的经权思想：“逄丑父杀其身以生其君，何以不得谓知权？丑父欺晋，祭仲许宋，俱枉正以存其君，然而丑父之所为，难于祭仲，祭仲见贤，而丑父犹见非，何也?”曰：“是非难别者在此，此其嫌疑相似，而不同理者，不可不察。夫去位而避兄弟者，君子之所甚贵；获虏逃遁者，君子之所甚贱。”（《春秋繁露·竹林》）董仲舒认为逄丑父不懂得“权”，因为他以一种君子认为极其卑贱的方式救了自己的国君，使得自己的国君受辱；而祭仲采取的方式就极为可贵，既保全了国君颜面又保全了国家，这才是真正的懂得“权”。

同时，董仲舒将“经权”思想应用于自己的天人感应学说中：“阳为德，阴为刑，刑反德而顺于德，亦权之类也……是故天以阴为权，以阳为经。天以阴为权，以阳为经。阳出而南，阴出而北。经用于盛，权用于末。以此见天之显经隐权、前德而后刑也。”（《春秋繁露·阳尊阴卑》）董仲舒将天道阴阳与政事之刑、德联系起来，人在一般情况下都要取法“阳”“德”“经”，只有在少数极端情况下才可以采用“阴”“刑”“权”的方式。“天之近阳而远阴，大德而小刑也。”（《春秋繁露·阳尊阴卑》）因此，君子在为政过程中要遵从天道的“任德不任刑”，以教化之事为本、刑狱之事为末：“教，政之本也，狱，政之末也，其事异域，其用一也，不可不以相顺，故君子重之也。”（《春秋繁露·精华》）不仅如此，董仲舒提出，君子在辅佐君主以“刑德”治理国家之时，关键之处在于“天人之道兼举”，将天道的法则和人道的法则综合运用，正确处理“守经”与“权变”二者的关系，在施行德政和任用刑法之中找到适中之处。

由此观之，董仲舒所论君子的为政观念，深受先秦儒家思想的影响，君子心忧天下、以“德”治国，凸显了儒家的政治关怀。同时，董仲舒引入自己独具特色的天人观念，以道德之天作为推行儒家“仁政”的重要手段，君子得以在下学上达中成己成人，最终实现道德与政治的完美融合。

四、结语

有关“君子”人格的讨论从先秦开始，经过孔子、孟子、荀子等人的阐释，先秦儒家建构起了较为完善的君子之学，发展至汉代董仲舒时期，他对前人思想进行了整合，系统论述了君子在修德与为政两方面应发挥的作用。“董氏把儒家人文精神与阴阳家天道精神相掺合，也可以说是在‘天人相应’的带有神秘色彩的阴阳家的思想骨骼里，灌输进去儒家仁义礼智的血液，这是董氏对儒家的大贡献，也是他赢得‘汉代孔子’的尊荣的理由。”① 不同于先秦儒家从心性论着手谈道德修养与政治理念，董仲舒论说自己思想的前提在于构建了一个“天”的观念，将儒家的伦理道德与天联系起来，人道法天，以天的神圣性来促使君子修养德性、施行仁政。有关于修德，是君子对于自身的完善，表现为一种永恒的道德追求，正如《周易》所说的“天行健，君子以自强不息”（《周易·乾卦》）和“地势坤，君子以厚德载物”（《周

① 金耀基：《中国民本思想史》，台北：商务印书馆，1993年，第105页。

易·坤卦》)，君子当不断进取，从仁、义、礼、智、信等多方面规范自我。而在论述君子与政治生活的关系方面，董仲舒尤为关注君子在社会道德建构中的榜样作用，“君子”境界并不像“圣贤”境界那样难以企及，“君子”的境界是大多数人努力就可以达到的，为推动理想社会的建构提供了一种参考标准，同时，君子以自身为榜样，培养人内心的道德意志、以“义”来教化百姓，主张施行仁政、使百姓知晓“何事该做”“何事不该做”，上下和乐，则理想社会不远矣。董仲舒的“君子”思想上承先秦诸子，创造性继承并实践了先秦儒家的“内圣外王”之道，实现了伦理及政治的统一，对后世产生了深远的影响。

参考文献：

[1] 董仲舒. 春秋繁露 [M]. 上海：上海古籍出版社，1989.
[2] 杨伯峻. 论语译注 [M]. 北京：中华书局，1980.
[3] 杨伯峻. 孟子译注 [M]. 北京：中华书局，2005.
[4] 方勇，李波. 荀子 [M]. 上海：上海交通大学出版社，2011.
[5] 杨天宇. 礼记译注 [M]. 上海：上海古籍出版社，2004.
[6] 邓橙. 董仲舒义利观之探析 [D]. 湖北大学，2012.
[7] 孟维. 董仲舒的仁义观 [D]. 山东师范大学，2011.
[8] 张树志. 董仲舒伦理政治思想研究 [D]. 扬州大学，2003.
[9] 王静. 儒家祭祀的伦理研究 [D]. 西北师范大学，2020.
[10] 周贝利. 董仲舒的经权伦理思想探微 [D]. 山东师范大学，2011.
[11] 季桂起. 从《玉杯》看儒家政治伦理思想与《春秋》记史原则 [J]. 德州学院学报，2018，34 (03)：17-21.
[12] 藏明. 论董仲舒对五德终始说之继承与发展 [J]. 德州学院学报，2018，34 (03)：45-68.

本文为“2021 中国·衡水董仲舒与儒家思想国际研讨会暨中华孔子学会董仲舒研究委员会学术年会”提交的论文。

张诗琪 (1997—)，女，山东菏泽人，浙江大学哲学系在读研究生。

何善蒙 (1977-)，男，浙江天台人，浙江大学哲学系教授，博士生导师，哲学博士。

义不谋利：作为最高政治伦理
——董仲舒与儒家“义利之辨”的正本清源

黄玉顺

董仲舒的名言“正其义不谋其利，明其道不计其功”（《汉书·董仲舒传》，以下引文不再注明）① 成为儒家“义利之辨”的经典性表述，朱熹将它郑重其事地列入《白鹿洞书院揭示》（即教规）[1]3587。然而近代以来，此语颇遭诟病，被认为不利于经济发展，有碍于现代化。其实这是对董仲舒思想的误解，并不符合他的原意，也不符合孔子“义利之辨”思想的本意。本文为董仲舒“义不谋利”命题一辨，进而对儒家“义利之辨”思想加以正本清源，意在阐明：正确理解的“义利之辨”不仅是儒家的最高政治伦理原则，而且依然适用于现代性的社会。本文无意于全面评论董仲舒的整个思想体系（其中确有一些应予批判的内容）②，仅专论其“义利之辨”思想③。这是因为：这

① 班固：《汉书》，中华书局，1962年。原文“义”作“谊”，今改，下同。《董仲舒传》所有“谊”均读为“义”，如“渐民以仁，摩民以谊”“夫仁谊礼知信五常之道”“万民皆安仁乐谊”“故民晓于礼谊而耻犯其上”“此亦教化之渐而仁谊之流”“布德施仁以厚之，设谊立礼以导之”“知仁谊，然后重礼节”“将欲兴仁谊之休德”“仲舒以礼谊匡正”等，无一例外。

② 关于董仲舒的思想整体，参见黄玉顺《董仲舒思想系统的结构性还原——〈天人三策〉的政治哲学解读》（《四川大学学报》2020年第5期，第39—50页）。

③ 鉴于《春秋繁露》的作者迄今并无定论，本文仅就《汉书·董仲舒传》所载《天人三策》而论。

个问题不仅对于儒家来说意义特别重大，正如朱熹所说“义利之说，乃儒者第一义”[1]1082，而且对于一般政治哲学、当代社会现实来说也都具有重大意义。

一、义与利的主体分辨

人们对董仲舒“义不谋利”思想的误解，根本上是由于忽视了他对于“义”与“利”分别归属的两种不同主体所进行的严格分辨。董仲舒讲“义利之辨”，首先基于这种主体分辨：“义”是特别针对君主、贵族和官吏等政治权力主体以及政治精英而言；而“利”则是针对民众而言。这就是说，“义不谋利”并不是对民众的要求，而只是对权力主体以及政治精英的要求。

首先要注意的是：董仲舒提出“夫仁人者，正其义不谋其利，明其道不计其功”，乃是对江都王而言的。事实上，董仲舒讲“义”与“利”的对立，总是基于两种主体的对置，即“君”与“民”或“官”与“民”的对置。这种对置在他的论述中比比皆是。

（一）民众与君王的主体分辨与对置

董仲舒将民众与君王作为对置的两种主体，讨论两者之间的关系。他说：

> 《诗》云：“宜民宜人，受禄于天。”为政而宜于民者，固当受禄于天，……延及群生也。
>
> 古以大治，……吏亡（无）奸邪，民亡（无）盗贼，囹圄空虚。
>
> 尧受命，以天下为忧，……万民皆安仁乐义，各得其宜。
>
> 尧、舜行德，则民仁寿；桀、纣行暴，则民鄙夭。
>
> 及至后世，淫佚衰微，不能统理群生，诸侯背畔，残贼良民以争壤土，废德教而任刑罚。
>
> 至于殷纣，逆天暴物，杀戮贤知，残贼百姓，……天下秏乱，万民不安，故天下去殷而从周。
>
> 纣尚在上，尊卑昏乱，百姓散亡。

> 自古以来，未尝有以乱济乱、大败天下之民如秦者也。
>
> 今陛下贵为天子，……然而天地未应而美祥莫至者，何也？凡以教化不立而万民不正也。

显然，董仲舒将民众的德行与福祉等一切都归因于君王的善否。因此，他批评汉武帝："今陛下并有天下，……然而功不加于百姓者，殆王心未加焉。"这无异于说，汉武帝作为君王，还没有尽心，即没有尽到对百姓的责任和义务。

（二）民众与官吏的主体分辨与对置

董仲舒不仅将民众与君王作为对置的两种主体，而且将民众与官吏作为对置的两种主体，即官吏与君王同属于一个权力主体群体，而与民众相对置。例如，他说：

> 文王……师用贤圣，……受施兆民，天下归之。
>
> 至秦则不然，……又好用憯酷之吏，赋敛亡度，竭民财力，百姓散亡，不得从耕织之业，群盗并起。
>
> 古者修教训之官，务以德善化民；民已大化之后，天下常亡（无）一人之狱矣。今世废而不修，亡（无）以化民，民以故弃行义而死财利，是以犯法而罪多，一岁之狱以万千数。
>
> 今废先王德教之官，而独任执法之吏治民，毋乃任刑之意与！孔子曰："不教而诛谓之虐。"
>
> 今吏既亡（无）教训于下，……暴虐百姓，与奸为市，贫穷孤弱，冤苦失职。……是以阴阳错缪，氛气充塞，群生寡遂，黎民未济，皆长吏不明，使至于此也。
>
> 身宠而载高位，家温而食厚禄，因乘富贵之资力，以与民争利于下，民安能如之哉！……富者奢侈羡溢，贫者穷急愁苦。穷急愁苦而上不救，则民不乐生；民不乐生，尚不避死，安能避罪！

这里，董仲舒是以理想化的古代官吏来反衬现实官吏的贪鄙给民众带来的苦难，最终仍然归因于君王，这是对包括君主与官吏在内的整个权力群体的批判。

我们由此不难理解，董仲舒所说的"正其义不谋其利"，其所

“正”的对象首先是君王与官吏。他说：

> 为人君者，正心以正朝廷，正朝廷以正百官，正百官以正万民，正万民以正四方。……是以阴阳调而风雨时，群生和而万民殖，五谷孰而草木茂，天地之间被润泽而大丰美，四海之内闻盛德而皆徕臣，诸福之物，可致之祥，莫不毕至，而王道终矣。

这里，董仲舒给出了“正其义”的对象序列：人君→百官→万民。这使人想起孔子的话：“政者，正也。子帅以正，孰敢不正？”[2]2504“其身正，不令而行；其身不正，虽令不从。”“不能正其身，如正人何！”[2]2507孟子也讲，所谓“正人心”[3]2715，首先是“格君心之非”，即“君仁莫不仁，君义莫不义，君正莫不正，一正君而国定矣”[3]2723，“其身正，而天下归之”[3]2719。董仲舒乃指出：“尔好义，则民乡（向）仁而俗善；尔好利，则民好邪而俗败。”

最重要的是，董仲舒指出：君主与官吏“正其义”所应有的宗旨，恰恰是要让民众能够“谋其利”，即“群生和而万民殖，五谷孰而草木茂，天地之间被润泽而大丰美”“诸福之物，可致之祥，莫不毕至”。由此可见，“义”与“利”的对置，所对应的正是权力主体与民众的对置。

这样的两种主体之间的分辨与对置，之所以具有现代性的意义，在于它与现代“政治国家—市民社会”结构之间具有同构性[4—6]。

二、义与利的归属分辨

在上述主体分辨的基础上，董仲舒对“义”与“利”的归属加以明确划界，即：“义”是权力的本质特征，即“正其义”是权力主体的政治伦理义务①；而“利”则是民众的本质特征，即“谋其利”是民众的生存发展权利。

---

① 从社会正义论的角度看，汉语“义”与西语“justice”之间具有语义对应性。参见黄玉顺《中国正义论纲要》（《四川大学学报（哲学社会科学版）》2009 年第 5 期，第 32—42 页）。

（一）分予：义利之辨的天理

董仲舒不仅讲政治权力主体的“义不谋利”，而且将这种“义利之辨”提升到“天理”的高度。宋代程颢声称：“吾学虽有所受，‘天理’二字却是自家体贴出来。”[7]但事实上，董仲舒早已谈“天理”或“天之理”。当然，与程颢不同，董仲舒并不是将“天理”视为形上的本体本身，而是视为本体之“天”的意志的体现。这里涉及儒家两种不同的超越观念，即孔孟及董仲舒的神圣的“外在超越”与程颢及整个宋明理学的“内在超越”，笔者已撰文加以讨论，兹不赘述[8—9]。

董仲舒首先指出，现实政治之所以不善，是因为违背了“天之理”：“臣窃有怪者。夫古之天下亦今之天下，今之天下亦古之天下，共是天下，古以大治。……以古准今，壹何不相逮之远也！安所缪盭而陵夷若是？意者有所失于古之道与？有所诡于天之理与？”紧接着，他揭示了这个“天理”的内涵：

> 夫天亦有所分予：予之齿者去其角，傅其翼者两其足，是所受大者不得取小也。古之所予禄者，不食于力，不动于末，是亦受大者不得取小，与天同意者也。夫已受大，又取小，天不能足，而况人乎！此民之所以嚣嚣苦不足也。身宠而载高位，家温而食厚禄，因乘富贵之资力，以与民争利于下，民安能如之哉！……故受禄之家，食禄而已，不与民争业，然后利可均布，而民可家足。此上天之理，而亦太古之道，天子之所宜法以为制，大夫之所当循以为行也。

这里的关键词，即“分予”。“天理”给出的这种“分予”，基本内涵如下：

1. 首先是主体之“分”（fēn，划分），即：一方是君主、贵族和官吏等“受禄之家”，如他所提到的“天子”“大夫”等；另一方则是“民”，诸如农工商等。

2. 然后随之各有其“所予”之“分”（fèn，本分），即：一方是“受禄之家，食禄而已”，不得“与民争业”“与民争利”；另一方则是民众“如之”，即如其本分而行之，诸如“食于力”（指务农）、“动于末”（指经商），等等。否则，权力之家“已受大，又取小”，“众其奴婢，多其牛羊，广其田宅，博其产业，畜其积委，务此而亡（无）已，以迫蹴民；民日削月朘，寖以大穷”。

3. 这种“分予”乃是“上天之理”：“所受大者，不得取小。”这里，董仲舒是为其政治伦理提供一个形上的根据。按此“分予”的本分，官“食禄”、民“乐业”，各得其宜，才能“与天同意”。

董仲舒关于“义利之辨”的这番纲领性的论述，乃是在汉武帝再三“逼问”之下，才在其《天人三策》的最后部分加以阐述的，乃是具有结论性的陈述。他将这个理念提升到“天理”的高度，称之为“天之理”或“上天之理”，实际上是将其确定为权力主体应当恪守的政治伦理的最高原则。

（二）谋利：民众的天然权利

关于儒家的“义利之辨”，包括董仲舒的“义不谋利”思想，必须明确的一点是：谋利乃是民众的天然权利。“义不谋利”的要求并非针对民众，而是针对权力主体。董仲舒指出：

> 夫皇皇求财利、常恐乏匮者，庶人之意也。
>
> 夫万民之从利也，如水之走下。

这里“水之走下”的说法，使人想起孟子关于人性的论述：“人性之善也，犹水之就下也。人无有不善，水无有不下。今夫水，搏而跃之，可使过颡，激而行之，可使在山，是岂水之性哉？其势则然也。人之可使为不善，其性亦犹是也。”[3]2748

当然，董仲舒并不是说“万民之从利，如水之走下”就是人性之“善”。他说：

> 命者天之令也，性者生之质也，情者人之欲也。或夭或寿，或仁或鄙，陶冶而成之，不能粹美，有治乱之所生，故不齐也。……故尧、舜行德，则民仁寿；桀、纣行暴，则民鄙夭。
>
> 天令之谓命，命非圣人不行；质朴之谓性，性非教化不成；人欲之谓情，情非度制不节。是故王者上谨于承天意，以顺命也；下务明教化民，以成性也。

由此可见，董仲舒的人性论并非先验论、先天论，而是由先天的“质朴”与后天的是否“教化”合成的，最终的“成性”是“治乱之所生”。这类似于王夫之的观点：“性日生而日成。”[11]

不仅如此，在董仲舒看来，民众诸如务农、经商之类的“谋利”，其实也是“受命于天”的“天地之性”，因而也是“可贵”的。他说：

> 人受命于天，固超然异于群生。……生五谷以食之，桑麻以衣之，六畜以养之，服牛乘马，圈豹槛虎，是其得天之灵，贵于物也。故孔子曰：“天地之性人为贵。”

当然，这并不是说民众可以只讲“利”、不讲“义”，而只是说：对于民众来说，“谋利”尽管不是“正义”的充分条件，却是必要条件。所以，董仲舒说：

> 夫万民之从利也，如水之走下，不以教化堤防之，不能止也。……古之王者明于此，是故南面而治天下，莫不以教化为大务，立大学以教于国，设庠序以化于邑，渐民以仁，摩民以义，节民以礼。

但是，无论如何教化，也不能悖逆民众的“情性”，不能禁止民众“谋利”，而只能因势利导。这正是对孔子“因民之所利而利之”思想的继承与发展。刘宝楠《论语正义》曾引焦循《雕菰楼文集》转述孔子的思想“因民之所利而利之”“此教必本于富，趋而之善”，也是这个意思[11]154—155。

关于“因民之所利而利之”，邢昺解释道：“民居五土，所利不同：山者利其禽兽，渚者利其渔盐，中原利其五谷。人君因其所利，使各居其所安，不易其利，则是惠爱利民在政，且不费于财也。”[2]2535刘宝楠引此语，并按云：“《左氏传》云：‘上思利民，忠也。’‘利民在政’者，政在养民，故当顺民之性，使之各遂其生。”[11]767

关于“此教必本于富，趋而之善”，原文为：“子适卫，冉有仆。子曰：‘庶矣哉！’冉有曰：‘既庶矣，又何加焉？’曰：‘富之。’曰：‘既富矣，又何加焉？’曰：‘教之。’”[2]2507刘宝楠《论语正义》引刘向《说苑·建本篇》：“子贡问为政。孔子曰：‘富之。既富，乃教之也。’”[11]529又引《孟子·梁惠王上》：“明君制民之产，必使仰足以事父母，俯足以畜妻子，乐岁终身饱，凶年免于死亡，然后趋而之善，故民之从之也轻。”[3]2672又引《荀子·大略》：“不富无以养民情，不教无以理民性。故家五亩宅，百亩田，务其业而勿夺其时，所以富之也；立大学，设庠序，修六礼，明十教，所以道之也。《诗》曰：‘饮之食之，教之诲之。’王事具矣。”[12]

无论是董仲舒讲“天地之性”“受命于天”，还是荀子讲“养民情”“理民性”，刘宝楠讲“顺民之性”，都是将民众“谋利”归于天性，是天然的权利。因此，“义不谋利”的政治伦理原则不适用于民众，而仅仅适用于权力主体。

（三）义不谋利：权力主体的最高政治伦理原则

按照董仲舒所揭示的“分予”的“天理”，天子、贵族及官吏等权力主体的政治伦理原则就是“义不谋利”、不得“与民争利”。这是他们的本分、义务，即“若居君子之位，当君子之行”。董仲舒举了正反两个方面的例子。

1. 正面的例子

> 武王行大义，平残贼，周公作礼乐以文之，至于成康之隆，囹圄空虚四十余年，此亦教化之渐而仁义之流。
>
> 公仪子相鲁，之其家，见织帛，怒而出其妻；食于舍，而茹葵，愠而拔其葵。曰：“吾已食禄，又夺园夫、红女利乎！”古之贤人君子、在列位者皆如是，是故下高其行而从其教，民化其廉而不贪鄙。

他总结道：“圣人法天而立道，亦溥爱而亡（无）私，布德施仁以厚之，设义立礼以导之。”“《诗》云：‘宜民宜人，受禄于天。’为政而宜于民者，固当受禄于天。夫仁义礼知信五常之道，王者所当修饬也。五者修饬，故受天之祐，而享鬼神之灵，德施于方外，延及群生也。”

董仲舒本人亦如此，“凡相两国。……及去位归居，终不问家产业，以修学著书为事”。这不禁令人想起孔子的话：“君子固穷，小人穷斯滥矣。”邢昺解释道：“子路以为，君子学，则禄在其中，不当有穷困。今乃穷困，故愠怒而见，问于夫子曰：‘君子岂亦如常人有穷困邪?’子曰……‘君子固亦有穷困时，但不如小人穷则滥溢为非。’”[2]2515关于“固穷”，朱熹《论语集注》兼存两种解释：一种与邢咼同，意为“固有穷时”；一种是程子说，意为“固守其穷”[13]161。在笔者看来，后者更符合孔子及董仲舒的思想，也就是“义不谋利”之意。

2. 反面的例子

及至周室之衰，其卿大夫缓于义而急于利，亡（无）推让之风而有争田之讼。

秦继其后，独不能改，又益甚之。……弃捐礼义而恶闻之，其心欲尽灭先王之道，而颛为自恣苟简之治，故立为天子十四岁而国破亡矣。

至秦……趣（趋）利无耻，……赋敛亡（无）度，竭民财力，百姓散亡，不得从耕织之业，群盗并起。

及至后世，淫佚衰微，不能统理群生，诸侯背畔，残贼良民以争壤土，废德教而任刑罚。……此灾异所缘而起也。

董仲舒总结道：“尔好义，则民乡（向）仁而俗善；尔好利，则民好邪而俗败。”“《易》曰：‘负且乘，致寇至。’乘车者，君子之位也；负担者，小人之事也。此言居君子之位而为庶人之行者，其患祸必至也。”

这种政治伦理原则的现代性意义，在于它与现代政府的非生产性、非产业性是一致的，即绝不能“与民争业”“与民争利”。

三、儒家“义利之辨”的正本清源

人们对董仲舒“义不谋利”命题的误解，不是没来由的。事实上，孔子之后，儒家内部就已经开始出现这种误解，从而偏离了孔子的思想。因此，董仲舒的“义不谋利”思想，实在有正本清源之功。

（一）儒家“义利之辨”的变异

早在孟子那里，儒家“义利之辨”就已经开始发生变异与偏离。《孟子》一书，开宗明义就讲义利之辨，大致还是符合孔子本意的：

孟子见梁惠王。王曰：“叟不远千里而来，亦将有以利吾国乎?”孟子对曰：“王何必曰‘利’? 亦有仁义而已矣。王曰‘何以利吾国'，大夫曰'何以利吾家'，士庶人曰'何以利吾身'，上下交征利，而国危矣。万乘之国，弑其君者必千乘之家；千乘之国，弑其君者必百乘之家。……未有仁而遗其亲者也，未有义而后其君者也。王亦曰'仁义'而已矣，何必曰'利'？"[3]2665

朱熹指出："此言求利之害，以明上文'何必曰利'之意也。""此言仁义未尝不利，以明上文'亦有仁义而已'之意也。"这就是说，孟子实际上仍然是诉诸利害的。朱熹又引程子之说："君子未尝不欲利，但专以利为心则有害。惟仁义则不求利而未尝不利也。"[13]201然而他总结道："此章言仁义根于人心之固有，天理之公也；利心生于物我之相形，人欲之私也。循天理，则不求利而自无不利；殉人欲，则求利未得而害已随之。"[13]202这里应注意的是：朱熹置换了义利之辨的主体，即把特定性的、作为权力主体的"王"置换成了普遍性的、包括民众在内的"人"，这样一来，民众同样应当"何必曰利"。其实，孟子乃是针对梁惠王即君主而言，并不是对民众而言，本意是说：君王应当以义为利；仁义之外，无利可言。

当然，朱熹这样的主体泛化的做法是有来历的，孟子本人已有这种倾向。在上述对话中，他已经将"庶人"与"王""大夫""士"相提并论，一律要求他们"仁义而已，何必曰利"，即已缺乏"义利之辨"的主体分辨。又如：

宋牼将之楚，孟子遇于石丘，曰："先生将何之？"曰："吾闻秦楚构兵，我将见楚王，说而罢之；楚王不悦，我将见秦王，说而罢之。二王，我将有所遇焉。"曰："轲也请无问其详，愿闻其指，说之将何如？"曰："我将言其不利也。"曰："先生之志则大矣，先生之号则不可。先生以利说秦楚之王，秦楚之王悦于利，以罢三军之师，是三军之士乐罢而悦于利也。为人臣者怀利以事其君，为人子者怀利以事其父，为人弟者怀利以事其兄，是君臣、父子、兄弟终去仁义，怀利以相接，然而不亡者，未之有也。先生以仁义说秦楚之王，秦楚之王悦于仁义，而罢三军之师，是三军之士乐罢而悦于仁义也。为人臣者怀仁义以事其君，为人子者怀仁义以事其父，为人弟者怀仁义以事其兄，是君臣、父子、兄弟去利，怀仁义以相接也，然而不王者，未之有也。何必曰利？”[3]2756

本来，宋牼所游说的对象是君王，因此，孟子批评他不应该以“利”为名号，这是正确的。但孟子将这种政治伦理的主体加以泛化，推及君臣、父子、兄弟等所有人，这就不对了。我们这里不是说父子、兄弟之间应当“怀利以相接”，而是说“何必曰利”这样的特别针对权力主体的政治伦理并不适用于民众。且不说“利”与“义”之间并不总是互相冲突的，这样要求所有人都不能言利，实际上往往成为权力主体借以压制民众正当利益追求的口实，乃至戴震所说的“以理杀人”[14]。然而“义利之辨”的这种变异在后来的儒学中愈演愈烈，“义不谋利”这种对权力主体的要求竟变成了对民众的普遍要求。

（二）孔子“义利之辨”的还原

事实上，孔子当初提出义利之辨的政治伦理，便有其清晰的主体划界：

君子喻于义，小人喻于利。[2]2472

这里所谓“君子”与“小人”并不是道德人格概念，而是身份地位概念：“君子”指“士”以上的贵族、官吏乃至君主①，“小人”指“士”以下的民众。

汉语“君子”概念，伴随着中国社会的第一次大转型即“周秦之变”而发生了转变：由指社会地位而转为指道德人格。古代《诗》《书》所谓“君子”皆指社会地位而言。《今文尚书》4 次提到“君子”，皆指国君：《酒诰》“庶士有正越庶伯君子，其尔典听朕教”[15]206、《召诰》“敢以王之雠民百君子，越友民，保受王威命明德”[15]213、《无逸》“君子所其无逸”[15]221、《秦誓》“惟截截善谝言，俾君子易辞”[15]256。孔颖达对《诗经》的解释，《国风·关雎》“君子好

① 按照孟子的看法，不仅公卿大夫，天子也是一种“人爵”而已：“天子一位，公一位，侯一位，伯一位，子、男同一位，凡五等也。”（《孟子·万章下》，见《十三经注疏·孟子注疏》，第 2741 页）

述”[16]273指天子，《国风·汝坟》“未见君子”[16]282指大夫，《鲁颂·有駜》“君子有谷”[16]610指国君僖公。特别是《国风·大东》“君子所履，小人所视”，将“君子”与“小人”对举，孔颖达明确指出：“此言君子、小人，在位与民庶相对。”[16]460直到春秋时期，这种用法仍然存在，例如《左传》襄公九年说：“君子劳心，小人劳力，先王之制也。”[17]甚至战国时期依然如此，例如《孟子·尽心下》“说大人，则藐之”，赵岐注：“大人，谓当时之尊贵者也。”[3]2779蒙培元先生也指出：“这里所谓‘大人’，不是人格上的大人，而是统治者。”[18]

在《论语》中，“君子”与“小人”有时指社会地位，有时则指道德人格，或者两种用法兼有。具体到“君子喻于义，小人喻于利”这句话，“君子”乃特指作为政治权力主体的卿大夫，刘宝楠《论语正义》指出：

> 包氏慎言《温故录》：“《大雅·瞻卬》：‘如贾三倍，君子是识。’《笺》云：‘贾物而有三倍之利者，小人所宜知也。君子知之，非其宜也。孔子曰：“君子喻于义，小人喻于利。”’”按：如郑氏说，则《论语》此章，盖为卿大夫之专利者而发，君子、小人以位言。[11]154

刘宝楠接着指出：“皇侃《义疏》，与郑《笺》意同。”再接着便引证了董仲舒《天人三策》的“义不谋利”之说；接着又引焦循之说：

> “无恒产而有恒心者，惟士为能”，“君子喻于义”也；“若民则无恒产，因无恒心”，“小人喻于利”也。惟小人喻于利，则治小人者必“因民之所利而利之”。……此教必本于富，趋而之善，“必使仰足以事父母，俯足以畜妻子”。儒者知义利之辨，而舍利不言，可以守己，而不可以治天下之小人。小人利而后可义，君子以利天下为义。[11]154—155

焦循之说，皆据孔孟：“恒产”“必使仰足以事父母，俯足以畜妻子”出自《孟子·梁惠王上》[3]2672；“因民之所利而利之”出自《论语·尧曰》[2]2535；“此教必本于富，趋而之善”出自《论语·子路》孔子论“庶、富、教”[2]2507，上文已有讨论。

总之，“君子喻于义，小人喻于利”确实是孔子对两种不同主体的义务与权利的划分，即“喻于义”是政治权力的责任与义务，而“喻于利”则是民众的天性与权利。这正是董仲舒要求权力主体“义不谋利”的经典依据。

综上所述，董仲舒的“正其义不谋其利，明其道不计其功”常被误解为对社会全体成员的普遍的道德要求，而事实上它是特别针对权力主体与政治精英阶层的特定的政治伦理。“义”与“利”之间的对立，基于两种主体——“君”与“民”或“官”与“民”之间的对置。这样的对置意味着：谋利乃是民众的天然权利，而权力谋利则是不义；为民谋利乃是权力的最高正义，而权力的最大不义则是与民争利。因此，“义不谋利”作为儒家“义利之辨”的一种鲜明表达，乃是孔子所确立而董仲舒所坚持的一条最高政治伦理原则。

参考文献：

[1] 朱熹. 朱子全书：第二十四册 [M]. 上海：上海古籍出版社，2002.

[2] 何晏，邢昺. 论语注疏 [M]. 影印版. 北京：中华书局，1980.

[3] 赵岐，孙奭. 孟子注疏 [M]. 影印版. 北京：中华书局，1980.

[4] 戴维·米勒，韦农·波格丹诺. 布莱克维尔政治学百科全书 [M]. 邓正来，编译. 北京：中国政法大学出版社，1992：125-126.

[5] 谢晓东. “社会儒学”何以可能 [J]. 哲学动态，2010 (10)：63-67.

[6] 黄玉顺. 社会儒学与生活儒学之关系——与谢晓东教授商榷 [J]. 学术界，2018 (5)：95-106.

[7] 程颢，程颐. 二程集 [M]. 北京：中华书局，1981：424.

[8] 黄玉顺. 中国哲学“内在超越”的两个教条——关于人本主义的反思 [J]. 学术界，2020 (2)：68-76.

[9] 黄玉顺. 董仲舒思想系统的结构性还原——《天人三策》的政治哲学解读 [J]. 四川大学学报（哲学社会科学版），2020 (5)：39-50.

[10] 王夫之. 船山全书：第2册 [M]. 长沙：岳麓书社，1988：299.

[11] 刘宝楠. 论语正义 [M]. 北京：中华书局，1990.

［12］王先谦. 荀子集解［M］. 北京：中华书局，1988：498－499.

［13］朱熹. 四书章句集注［M］. 北京：中华书局，1983.

［14］戴震. 戴震集［M］. 上海：上海古籍出版社，1980：188.

［15］孔颖达. 尚书正义［M］. 影印版. 北京：中华书局，1980.

［16］毛亨，郑玄，孔颖达. 毛诗正义［M］. 影印版. 北京：中华书局，1980.

［17］杜预，孔颖达. 春秋左传正义［M］. 影印版. 北京：中华书局，1980：1943.

［18］蒙培元. 蒙培元讲孟子［M］. 北京：北京大学出版社，2006：209.

原载于《衡水学院学报》2020 年第 3 期。

黄玉顺（1957－），男，四川成都人，山东大学儒学高等研究院教授，博士生导师。

从“天人”合一到“天仁”合一①

——董仲舒仁学一议

向世陵

董仲舒是儒学史上天人合一论的重要代表，他所提出的“天不变，道亦不变”论曾长期被视为维护古代社会制度的教条。但是，天与儒家的核心范畴“仁”是何关系，董仲舒之前的诸子论说，对此虽已进行了一定的思考，但总体上还处于萌发的阶段，董仲舒是首先将本源性的天与儒家仁学直接关联并为之进行系统论证的哲学家。

一、董仲舒之前的天仁关系

董仲舒之前，儒家对于天与仁之间的关系，一般多属于间接性的思考。“仁”的观念，不论是作为情感、德性还是境界，主要是在“人”的视域下被理解和运用的。孔子答“樊迟问仁”的“爱人”，孟子概括的“仁者爱人”，以及《礼记·中庸》讲述的“仁者人也”等，都是对这一情形的典型概括。

但是，“仁”与“人”之间的关联，并不能直接过渡到“天”。作为仁学奠定者的孔子，并不以为仁的情感需要植根于一个天命或天道

① 基金项目：本文为国家社科基金重大项目“中国仁学发展史”（项目编号：19ZDA024）阶段性成果。

的渊源。在《论语·阳货》篇中，孔子与宰我关于君子是否当守“三年之丧”的争论，可以给我们以启发：

> 宰我问：“三年之丧，期已久矣。君子三年不为礼，礼必坏；三年不为乐，乐必崩。旧谷既没，新谷既升，钻燧改火，期可已矣。”子曰：“食夫稻，衣夫锦，于女安乎？”曰：“安。”“女安，则为之！夫君子之居丧，食旨不甘，闻乐不乐，居处不安，故不为也。今女安，则为之！”宰我出。子曰：“予之不仁也！子生三年，然后免于父母之怀。夫三年之丧，天下之通丧也。予也有三年之爱于其父母乎！”

从双方这里争辩的实际看，孔子主张实行“三年之丧”，出发点是人之亲情，守丧“三年”是基于父母子女之“情”而立的，非此不能表达子女对父母的真切思念和悲痛。所以，在孔子心中，“仁”的基点就是人的亲情，它集中体现了仁的“爱”的情感。宰我既然不愿意为父母尽孝而守丧三年，背离了曾有“三年之爱于其父母”的亲情，所以孔子给出的评价便是“不仁”。

可是，在宰我一方，他所以要坚持自己守丧一年的主张，在于他不是从人情而是从天道运行的规律出发的。不论是新谷替代旧谷，还是钻燧轮流改火，天道运行、四时更替都是一年一易。“天地则已易矣，四时则已变矣，其在天地之中者莫不更始焉，以是象之也。”（《礼记·三年问》）天道自然循环就是一年，一年一更始；人道仿效依循天道，为父母守丧一年就是恰当的，更不用说君子三年不为礼乐而导致的礼乐的崩坏了。

但宰我的立场在孔子并不能得到认同。孔子尽管“畏天命”（《论语·季氏》），强调“天生德于予”（《论语·述而》），但这并不等于天与人就完全一致，人道、人情应当有自己独立的价值。既然宰我幼年也享受了父母的三年之爱，就应该以三年之丧来回报父母，而这与天道运行的规律并不直接关联。即在仁学的层面，孔子实际上是持天、仁相分论的。

孔子坚守仁爱的人道立场无疑有自己的理由。“仁”作为人的情感世界和道德价值的集中体现，的确只是属人的产物，它与天道的周年运行并不发生关联。人道的“心安”与天道的“无情”是对立的关系。这在后来荀子，更提出了典型的“天行有常，不为尧存，不为桀亡”的“天人之分”（《荀子·天论》）说。但是，人毕竟生活于天地之中，人之德性在孔子亦是来源于天命；即便人的情感，也离不开在天地寒暑变迁中生息繁育的人的物质生命。考虑到这一现实，就有必要在天人或天仁之间，找到一条可以衔接和过渡的路径。事实上，接续回答孔子“三年问”的战国时期的儒者，在认识上已前进了一步，他们对之提出了“加隆焉尔也，焉使倍之，故再期也”（《礼记·三年问》）的消解天人扞格的新解释。即所以要守丧三年，是基于人情而在天道周年运行的基础上“加隆”，以敦厚推重仁爱自身的价值，于是倍加了守丧之年限。从而，基于人道的三年（满两周年）与依循天道的一年（周年）之间的冲突终得以化解。

但是，《礼记》对天人矛盾的消解，说到底还只是一种取巧的解释。天道与人情、仁爱究竟是何关系，还需要有进一步的理论发明。先秦时期直接考量天与仁关系的，其实不是儒家而是道家，最典型的语句，就是《老子·五章》的“天地不仁，以万物为刍狗；圣人不仁，以百姓为刍狗”。天地生长发育万物是一种客观的自然过程，天地不以生养为意，万物亦无所谢答，每一物的生存价值，就体现在它当用就用，用毕自然被遗弃，并无任何仁爱恩德存在于其间。天地如此，道家的圣人也是如此。圣人效法天地引导百姓，非有心施恩于万民，百姓万民依循其禀性各取所用，其间同样不存在仁爱的情感。

圣人与天道在老子是合一的，所以“不仁”成了天与人的共性。但老子所以以“不仁”作为天人的共性，在于“仁”本为大道离散之后消极的后果，是有为而非无为，是以“人”意（私意）去干扰天地自然的常道。就此而言，孔子基于亲情区分开人道与天道，为的是维护仁爱情感的自身价值；老子基于“不仁”合一天道与人道，目的则在否定有违于天道自然的仁爱的价值。在后者，“则天地固有常矣，日月固有明矣，星辰固有列矣，禽兽固有群矣，树木固有立矣”。这与宰我立足于天道运行规律而质疑不合时宜的三年之丧，所遵循的实际是同一的思路和原则。而且，老子判定，“夫子（孔子）亦放德而行，遁道而趋，已至矣”——这符合孔子对天人关联的认可和对天意的敬畏，那么，既然孔子自己也仿效和依循“道德”，就不再应该“偈偈乎揭仁义”，其讲仁爱或兼爱就完全是“乱人之性”了①。

那么，儒家仁学要发展，就必须要回应老庄从反方面提出的质疑或曰启示：这就是倡导仁爱离不开对天道运行规律和“人之性”问题的认识。与庄子同时的孟子，对此已有了自己的思考。在《孟子》书中，随处可见对人性问题的讨论，人心中所具仁义礼智“四德”即是性体存在的证明。仁德不再与天道相分离，“夫仁，天之尊爵也”（《孟子·公孙丑上》）。在仁学史上，直接且正面地将天与仁联系在一起，是从孟子发端的。孟子以“尊爵”之称突出宣示了仁的价值和地位，但天道和仁德之间具体如何过渡，则没有提供进一步的解说，毕竟“六合之外”的问题不是孟子关注的重点。但是，天人一致的信念和思考，的确有助于仁学理论的发展，时人对此已逐渐形成共识。在实际的理论进路上，这表现为诸子合力对此课题进行解答，以为仁爱提供宇宙论的根源。这一方面的努力，明显地表现在战国时期成书的《易传》上。

《易传》作为儒道各家学者共同贡献的成果，其中不少篇目涉及天与仁的关系。《说卦传》以为，圣人作《易》为了“顺”性命之理，确立起了天道阴阳、地道柔刚和人道仁义的“三才”。如此天地人“三才”虽然是并立的关系，但天道（含地道）的阴阳柔刚与人道的仁义实际已发生关联，因为他们都整合在“六画而成卦”的一卦的卦体之中。当然，它们之间还是并列而非融合的关系。

---

① 参见《庄子·天道》所述孔与老的“仁义”之辨：孔子曰：“要在仁义。”老聃曰：“请问，仁义，人之性邪?”孔子曰：“然。君子不仁则不成，不义则不生。仁义，真人之性也，又将奚为矣?”老聃曰：“请问，何谓仁义?”孔子曰：“中心物恺，兼爱无私，此仁义之情也。”老聃曰：“意，几乎后言！夫兼爱，不亦迂乎！无私焉，乃私也。夫子若欲使天下无失其牧乎？则天地固有常矣，日月固有明矣，星辰固有列矣，禽兽固有群矣，树木固有立矣。夫子亦放德而行，遁道而趋，已至矣；又何偈偈乎揭仁义，若击鼓而求亡子焉？意，夫子乱人之性也！”郭庆藩撰，王孝鱼点校：《庄子集释》，中华书局，1961年，第478—479页。

《文言传》相对前进了一步，它提出了“元者，善之长”和“君子体仁足以长人”之说。“元”作为众善即元亨利贞“四德”之长，可以“统天”，天与仁在正面意义上关联起来。在这里，君子以此仁为体则足以“长人”，而君子以仁德长养人又是由乾元（天道）开始的。《文言传》还提出了“夫大人者，与天地合其德”的著名“天人合德”说，此天之“德”可以融会在“四德”的界域中并因之与“仁”联系在一起。从而，圣人的诸般德性和制作既都与天德相符，其长人化民统属于“仁”之中就可以理解了。

同时，《周易》复卦《彖辞》有“复其见天地之心乎”的赞叹，这个“天地之心”就是初六阳爻。一阳于众阴之下复生，体现了天地（生生）的本性，这也就是“仁”，所以，复卦六二《象辞》谓“休复之吉，以下仁也”。“复”能休美而吉，正在于和煦阳气的复生正是仁的爱意的形象展现。所以，六二要下到初九之仁，亲仁善邻而关爱他人，从而体现出“复”的美好①。那么，从“复（生）”的角度看，天地之心已开始发挥出支撑仁爱的一定宇宙论效力。

可以说，从《论语》《孟子》到《易传》，其所敷陈的天与仁的关联思考，为董仲舒系统性地以天意释仁打下了基本的铺垫。

二、董仲舒的“天意之仁”

汉代流行“天人感应”论，董仲舒是一位主要的代表。董仲舒强调天人感应，既是理论的创设，也是现实的需要，后者即在借天意制约君权，体现了明显的爱民导向，仁学精神也在此体现出来。

董仲舒释“仁”，从天之仁开始，人之仁是由天之仁赠予的结果。他说：

> 仁之美者在于天。天，仁也。天覆育万物，既化而生之，有养而成之，事功无已，终而复始，凡举归之以奉人。察于天之

① 参见王弼：《周易注》，楼宇烈：《王弼集校释》，中华书局，1980年，第337页。

意，无穷极之仁也。[1]

仁所以美好，实在于天之美好。天之美好，就体现在天生育、抚养和成就万物上。天生育抚养万物，在《老子》已有，天地阴阳和气生物。但《老子》的生养，在体现“生而不有，为而不恃，长而不宰”的“玄德”（《老子·十章》），突出的是无为和自然；董仲舒却相反，他强调的是天有意识的作为。天生养万物不止不息，劳苦功高，但天却把它所做的一切举归于人，天之仁也就成为人之仁。而且，如果认真去考察天之意，就会发现此乃无穷无尽的仁德！

董仲舒将《老子》的无为整个倒转为有为，天地的“不仁”被根本到转为天地之仁。但是，《老子》的天人一致却得到完全继承，而且还大大推进，天之仁直接成了人之仁。这一转换之所以可能，根据就在董仲舒的“人副天数”：“人之形体，化天数而成；人之血气，化天志而仁；人之德行，化天理而义。”[2] 人之仁的存在和价值，不仅体现在精神的层面，它也随着天数、天志和天理的降而在人，固化为人的形体、血气和德行，仁已内化为人的现实生命。

本来，天覆育化生万物，只是天道流行的自然过程，无关乎价值。因此，《老子》对天道运行规律的概括，是具有真理性的知识。董仲舒以“仁”来概括天意，实际是把人世间的仁义忠信之德，抬高到了天“尊”的地位，从而增强了仁德的威严。至于天本身的权威性，在董仲舒的时代是不需要论证的，天就是当然和绝对。要在社会推行仁爱，借助于天的权威就既必要也迫切。

有鉴于此，董仲舒强调，人世的仁德都是摘取和仿效天意而来。他说：

人之受命于天也，取仁于天而仁也，是故人之受命天之尊，父兄子弟之亲，有忠信慈惠之心，有礼义廉让之行，有是非逆顺

① 董仲舒：《春秋繁露·王道通三》，苏舆撰，钟哲点校：《春秋繁露义证》，中华书局，1992年，第329页。

② 董仲舒：《春秋繁露·为人者天》，苏舆撰，钟哲点校：《春秋繁露义证》，第318页。

之治，文理灿然而厚，知广大有而博，唯人道为可以参天。[1]

人既是天的副本，自然就要受命于天。但人之受命并非被动地等待天的赐予，而是主动地索取，以成就人世之仁。这从天索取来之仁，包括有父子兄弟的亲情、忠孝慈惠的爱心、礼义廉让的品行、社会秩序的规范治理等整个人世间的情感、德性和价值。孔子当年斥责宰我"不仁"时相对无力的窘境，在董仲舒这里已不再存在。因为此时的人道仁爱，本来就是基于天道变化而来，上天成了推行仁爱的内在驱力。因此，人便能够凭借其广大博厚的文理智慧，与天相参。

可以说，对天人之际的思考，在董仲舒理论的核心，就凝聚在一个"仁"字上。当然，能够承担起与天相参的责任的"人"，不是普通的庶人，而是王者："天常以爱利为意，以养长为事，春秋冬夏皆其用也；王者亦常以爱利天下为意，以安乐一世为事，好恶喜怒而备用也。"[2]"爱利天下"，可以解释为王者承接天意而爱民利物，长养百姓，这本身属于儒家仁学的内涵，尤其是在孟子阐发他的王道仁政学说之后更是如此。但董仲舒相较孟子，更强调王者的责任，提醒王之好恶喜怒，源自天之春夏秋冬：天运适时则岁月美善，王者喜怒哀乐之发，需要像寒暖暑清一样适时地变化。尽管天也有寒暑"恶岁"，但基本点在"天常以爱利为意"，"常爱"是常数，是根本，是天人之际的主题。所以，王者治国，应当坚守仁义，因此才能走向"与美岁同数"的"治世"。这可谓本质层面的"人理之副天道"[3]。

在董仲舒，天是为民以立王的，而不是相反："天之生民，非为王也，而天立王以为民也。故其德足以安乐民者，天予之；其恶足以

① 董仲舒：《春秋繁露·王道通三》，苏舆撰，钟哲点校：《春秋繁露义证》，第329—330页。

② 董仲舒：《春秋繁露·王道通三》，苏舆撰，钟哲点校：《春秋繁露义证》，第330页。

③ 董仲舒：《春秋繁露·王道通三》，苏舆撰，钟哲点校：《春秋繁露义证》，第330页。

贼害民者，天夺之。”[①] 天既是仁德的化身，仁德的基点就在爱民，如果不能使民安乐，则王本身的设立便失去了意义，害民者受到天的抛弃，也就成为必然。天人的一致，是天道和人道的一致，是宇宙论和道德论的一致。当然，天是爱民也是爱君王的，天所以会出现灾异和惩戒，就既是在维护天的权威，也是上天珍爱君王不得已而施行的手段，“以此见天意之仁，而不欲陷人也”[②]。这里，也可以帮助我们从反面去体会天意的“无穷极之仁”，即为了使民安乐和珍爱君王，天真的是“穷极”了一切手段去铺陈其仁德。

三、“仁者，爱人之名也”

“仁者爱人”的命题一经孟子概括，后来成了儒家释“仁”的基本见解。“爱”无疑是人的情感，但此情感能得以持续和深化，又离不开理性的支持。情感的深化，可以有内化和外化两个面向，内化即为爱的情感寻找人性的根源，在孟子即我固有之的仁义礼智，也即所谓“天爵”，在后来这被发展为仁性爱情说；外化仍按孟子，则由爱的情感衍生推广和落实为君王的爱民政治即所谓“仁政”，最终表现为亲亲一仁民一爱物的博爱仁说。一句话以蔽之，“仁者，爱人之名也”[③]。

从“爱人”的“名”来看，由于“我”也是“人”，“爱人”在逻辑上就应当包括“爱我”。但在董仲舒，“人”特指“他人”而不包含自我，“仁”是“爱人”而非“爱我”之“名”。这是符合孔子“爱人”是爱他人的基本蕴含及其价值指向的。进而，董仲舒对此仁爱，从内在人性的剖析和外在仁德的推广两个方面向前推进。

---

① 董仲舒：《春秋繁露·尧舜不擅移汤武不专杀》，苏舆撰，钟哲点校：《春秋繁露义证》，第220页。

② 董仲舒：《春秋繁露·必仁且智》，苏舆撰，钟哲点校：《春秋繁露义证》，第259页。

③ 董仲舒：《春秋繁露·仁义法》，苏舆撰，钟哲点校：《春秋繁露义证》，第251页。

首先，从内在面看，重在对人性贪仁两面的剖析。董仲舒的人性说，后被通称为“性三品”。但严格地说，性只有“一品”即“中民之性”，因为上之圣人之性和下之斗筲之性都不可以名性。“名性者，中民之性”[①] 也。那么，作为仁善根据的人性，也就只能是中民之性。他分析说：

> 人之诚，有贪有仁，仁贪之气，两在于身。身之名，取诸天。天两有阴阳之施，身亦两有贪仁之性。天有阴阳禁，身有情欲栣，与天道一也。[②]

贪仁二气构成为人的事实存在（诚）。天施阴阳二气，人成身遂有贪仁两性，这是人身“受气”而形成的必然。但不论天还是人，又都有自己的价值追求。在天是禁阴而不使干阳，在人就是禁御情欲而不使伤善，从而使潜在的仁性终成就为现实的善德。

同时，天性属于潜在，故为内；人事则是现实，故为外。人身“取诸天”，实际又具有双重的意义：一是被动意义的“人副天数”，人是天的副本，这是“天所为之内”；另一则是主动意义的人继天成事“而成于外”：“天之所为，有所至而止，止之内谓之天性，止之外谓人事，事在性外，而性不得不成德。”[③] 由此内外看，董仲舒并不把一切都归之于天，人世的价值，仁善的意义终究还是靠人自己去造就。

他又说：

> 性有善端，动之爱父母，善于禽兽，则谓之善。此孟子之善。循三纲五纪，通八端之理，忠信而博爱，敦厚而好礼，乃可谓善。此圣人之善也。是故孔子曰：“善人吾不得而见之，得见有常者斯可矣。”由是观之，圣人之所谓善，未易当也，非善于

---

① 董仲舒：《春秋繁露·实性》，苏舆撰，钟哲点校：《春秋繁露义证》，第312页。

② 董仲舒：《春秋繁露·深察名号》，苏舆撰，钟哲点校：《春秋繁露义证》，第294页。

③ 董仲舒：《春秋繁露·深察名号》，苏舆撰，钟哲点校：《春秋繁露义证》，第297页。

禽兽则谓之善也。使动其端善于禽兽则可谓之善，善奚为弗见也？[①]

孟子善言人禽之辨，人高于禽兽在于有仁义，似乎对人之为人的本质有较深刻的揭示。但在董仲舒看来远不充分。因为，人若基于自身的品性而超越于禽兽，那禽兽也可以基于自身的品性而超越于草木；圣人还可以自身的品性超越于常人[②]！因此，人不能因为善于禽兽就称名为“善”，就如同禽兽不能因为比草木聪明就称名为“智”一样。所以，基于人性论基础的孟子之善是不周全的。

董仲舒所揭示的问题非常值得人们思考，即思考仁的价值和善的德性，需要有量的尺度在其中，善是相对性的范畴，仁其实也一样。孔子所以称未见有善人或仁人[③]，就在于孔子不是从人禽之辨、而是从人自身之辨去着眼的，是“人道之善”而非孟子之善。所以善才是“未易当”的[④]。“不教之民，莫能当善。”董仲舒反问道：“使动其端善于禽兽则可谓之善，善奚为弗见也？”如果认定善端发动而优于禽兽就可谓之善的话，孔子就不会认为他没有见过善人了！因此，在“善于禽兽”意义上的“人性善”作为一般命题，其实是不成立的。

其次，从外在面看，重在仁德的普遍推广或博爱的实现。在董仲舒，孟子之善只应当放在善之发端或曰“善质”的意义上去看才有意义。因为它揭示的，是人之善端发动而呈现出的对父母的亲亲之爱情

---

① 董仲舒：《春秋繁露·深察名号》，苏舆撰，钟哲点校：《春秋繁露义证》，第303—304页。

② 余治平说：“孟子将人与动物比较，原则是‘就低不就高’，‘下质于禽兽之所为’，所得出的结论当然是‘性已善’。而董仲舒却积极把凡人往高处送，要求‘就高不就低’，‘上质于圣人之所为’，所鼓吁与主张的是‘性未善’。”见《唯天为大：见基于信念本体的董仲舒哲学研究》，商务印书馆，2003年，第176页。

③ 善人与仁人在孔子的语汇中，大致属于同一的范畴。参考《论语·尧曰》篇“周有大赉，善人是富。虽有周亲，不如仁人”等言说。

④ 对于如何判断“仁人”，董仲舒提出了一个经典的鉴别标准：“正其道不谋其利，修其理不急其功。”即绝不能以功利为先务。所以，他决然否定胶西王（江都王）“越有三仁”之说，而认定“越本无一仁，而安得三仁”！见《春秋繁露·对胶西王越大夫不得为仁》，苏舆撰，钟哲点校：《春秋繁露义证》，第268页。

感。在此之后，民在受教的情况下，“循三纲五纪，通八端之理，忠信而博爱，敦厚而好礼，乃可谓善”。在儒家的名言系统中，性与善与仁的联系，是在圣人的仁德教化下才真正得以打通的，所谓“先之以博爱，教以仁也”[①]。博爱固然缘起于爱亲之情，但在境界和程度上又高于爱亲之情。重要的其实不在于潜在的善性，而在于现实的善行。董仲舒作为儒家王道政治及其治国理想规范化的关键性人物，将三纲五纪和八端之理都融入进了善的德行，以期民众能“忠信而博爱，敦厚而好礼”，这也是他推崇圣人之善的真实目的所在。同时，董仲舒从《孝经》而来倡导“博爱”，因为只有博爱才能最充分地展现仁的情感和境界。

可以说，“博爱”充分扩展了“仁者爱人”的蕴含，这在董仲舒的一个典型表现，就是他提出统治者爱人当“以仁厚远”和“远之为大”。“厚远”观念从孟子“推恩”而来，“推恩者，远之为大，为仁者自然为美”[②]。春秋时期，宋楚两国大夫华元和子反私下会面结盟而休兵止战，后人有不同的评价。董仲舒从孟子的不忍人之心出发，肯定子反“为其有惨怛之恩，不忍饿一国之民，使之相食”[③]，故其立场和决策具有正当性。人的爱心和仁德的推广是出于自然的情感，故应当跨越诸侯与诸侯、人与人之间的界限，以普遍的人道关爱即“远”为王者治理天下的优先选项：“故王者爱及四夷，霸者爱及诸侯，安者爱及封内，危者爱及旁侧，亡者爱及独身，独身者，虽立天子诸侯之位，一夫之人耳，无臣民之用矣，如此者，莫之亡而自亡也。”[④] 爱及“独身”并非是真正的爱身，因为它背弃了“仁者爱人”

---

① 董仲舒：《春秋繁露·为人者天》，苏舆撰，钟哲点校：《春秋繁露义证》，第319页。

② 董仲舒：《春秋繁露·竹林》，苏舆撰，钟哲点校：《春秋繁露义证》，第52页。

③ 董仲舒：《春秋繁露·竹林》，苏舆撰，钟哲点校：《春秋繁露义证》，第52页。

④ 董仲舒：《春秋繁露·仁义法》，苏舆撰，钟哲点校：《春秋繁露义证》，第252页。

的基本精神，最终只能被人民所抛弃[①]。因而，对国家的统治者来说，爱及天下而保有万民，才是真正的自得和自好。董仲舒如此讲法，既是立足于思想家的远见，阐明越是普遍之爱，越能保统一国家长远的道理；同时也在于通过他所高擎的“仁义法”对统治者进行规劝。

在这里，“以仁厚远”的“远”在董仲舒，不仅是一种空间距离的扩展，也是一种时间先知的远见。他以为：“夫救蚤而先之，则害无由起，而天下无害矣。然则观物之动，而先觉其萌，绝乱塞害于将然而未形之时，《春秋》之志也，其明至矣。”[②] 先觉其萌，绝乱害于未形之时，是有远见的王者应该具备的智慧，这是孔子修《春秋》所要特别彰明的心志。董仲舒论仁，注重爱的情感与智慧辨识的统一。“故仁者所以爱人类也，智者所以除其害也。”[③]“仁”是爱“人”这个类的，这是董仲舒普遍仁爱观或曰博爱的典型反映。但仁爱的施行也当考虑是非曲直、秉持兴利除害的原则，而这就是智慧的预见和指导作用了。所谓“故救害而先知之，明也。公之所恤远，而《春秋》美之，详其美恤远之意，则天地之间然后快其仁矣”[④]，空间与时间之“远”，由于智慧的作用又统一了起来。

不过，如果将董仲舒“是以知明先，以仁厚远”[⑤] 的主张继续向

---

① 张立文先生说：“董仲舒主张仁爱要厚远，而把爱的远近、亲疏分成五个等次：‘王者爱及四夷，霸者爱及诸侯，安者爱及封内，危者爱及旁侧，亡者爱及独身。’（《春秋繁露·必仁且智》）施爱于不同空间范围内的人，所产生的效应也不一样。梁亡和秦亡都是爱及独身而不爱人的效应。”见《中国哲学范畴发展史（人道篇）》，中国人民大学出版社，1995 年，第 71 页。

② 董仲舒：《春秋繁露·仁义法》，苏舆撰，钟哲点校：《春秋繁露义证》，第 252 页。

③ 董仲舒：《春秋繁露·必仁且智》，苏舆撰，钟哲点校：《春秋繁露义证》，第 257 页。

④ 董仲舒：《春秋繁露·仁义法》，苏舆撰，钟哲点校：《春秋繁露义证》，第 252 页。

⑤ 董仲舒：《春秋繁露·仁义法》，苏舆撰，钟哲点校：《春秋繁露义证》，第 252 页。

外推，则爱及四夷、爱及百姓又不够了。从孟子到董仲舒，都强调重民和爱民，但仅仅如此，还不能算是仁的完全实现："质于爱民，以下至于鸟兽昆虫莫不爱。不爱，奚足谓仁？"① 仅仅"爱民"还不能算是"仁"，需要将"爱"扩展到"鸟兽昆虫"等自然万物。即人不是"善于禽兽"，而是"爱禽兽"，才真正可谓之善，谓之仁。"推恩"就不应当止于人，还应当及于物：

> 恩及草木，则树木华美而朱草生；恩及鳞虫，则鱼大为，鳣鲸不见，群龙下。……恩及于火，则火顺人而甘露降；恩及羽虫，则飞鸟大为，黄鹄出见，凤凰翔。……恩及于土，则五谷成而嘉禾兴；恩及倮虫，则百姓亲附，城郭充实，贤圣皆迁，仙人降。②

天人感应在这里固然是一个基本的架构，但统治者行仁和推恩也是核心的内容。而且，如果"恩及倮虫"，兼及于鸟兽昆虫，结果自然是"百姓亲附，城郭充实"，爱物与爱民统一了起来。

因此，讲善行和仁德，就需要从狭隘局限的人性扩展到宽阔广大的物性和物类，扩展到整个天地。可以说，这是将孔子的"泛爱众"和孟子的"仁民爱物"做了更彻底的推广。在此天地人一体的意义上，仁与天打通，就不仅仅是提高了仁德的权威性，同时，也能够利用至尊至大的上天，帮助落实博爱或仁德的普遍性。

参考文献：

[1] 董仲舒. 春秋繁露［M］. 苏舆撰，钟哲点校. 春秋繁露义证［M］. 北京：中华书局，1992.

[2] 郑玄注，孔颖达疏，李学勤主编. 十三经注疏·礼记正义［M］. 北京：北京大学出版社，1999.

[3] 王弼. 老子注，周易注. 楼宇烈. 王弼集校释［M］. 北京：中华

① 董仲舒：《春秋繁露·仁义法第二十九》，苏舆撰，钟哲点校：《春秋繁露义证》，第251页。

② 董仲舒：《春秋繁露·五行顺逆》，卷苏舆撰，钟哲点校：《春秋繁露义证》，第371—375页。

书局，1980.

［4］朱熹. 四书章句集注［M］. 北京：中华书局，1983.

［5］郭庆藩撰，王孝鱼点校. 庄子集释［M］. 北京：中华书局，1961.

［6］张立文. 中国哲学范畴发展史（人道篇）［M］. 北京：中国人民大学出版社，1995.

［7］余治平. 唯天为大：见基于信念本体的董仲舒哲学研究［M］. 北京：商务印书馆，2003.

原载于《衡水学院学报》2022 年第 5 期。

本文为“2021 中国·衡水董仲舒与儒家思想国际研讨会暨中华孔子学会董仲舒研究委员会学术年会”提交的论文。

向世陵（1955—），男，四川仁寿人，中国人民大学国学院教授，博士生导师，哲学博士。

仁义之道与《春秋》精神

——从孔孟到董仲舒

孔德立

如果用一个字概括儒学的内涵，用“仁”字应该异义。如果用两个字，那就是“仁义”最合适了。程子曰：“仲尼只说一个仁字，孟子开口便说仁义”①，从仁到仁义的思想演变，正是儒家之道的形成时期。因孔子之于仁，孟子之于仁义的贡献，儒家之道又被称为孔孟之道。关于仁或仁义的阐释，学界研究成果丰硕，本文不在专门讨论，而是从思想史的角度，着力探讨孔孟的仁义之道与《春秋》精神的关系，以及董仲舒《仁义法》对于早期儒学发展的贡献。

一、孔子为什么作《春秋》

孔子与六经的关系是儒学研究的重要内容。一般认为，《诗》、《书》、礼、乐、《春秋》、《周易》是孔子整理的。这样说没有大的问题，但是如果从历史维度来分析，这种说法容易遮蔽孔子与春秋贵族文化之间的关系。这个问题实际上牵涉孔子与儒学思想的来源。

笔者以为，“六经”可分为三组：第一组，诗书礼乐；第二组，《春秋》；第三组，《周易》。关于孔子与《周易》，另文论述，本文重

---

① 朱熹：《四书章句集注》，中华书局，2011 年，第 186 页。

点讨论孔子为什么要引入《春秋》进入儒家的经典系统。

孔子时代，贵族封建体制解体。春秋霸政时期是诸夏贵族最辉煌的时代，他们以霸政凝聚起春秋诸夏的聚合，向北，抵御住了匈奴的南下；向南，挡住了楚国入主中原。这看似上演了齐桓晋文与天下诸侯争锋的战争剧，但实质上，是在天下无道的形势下，“礼乐征伐自诸侯出”的责任与担当。

春秋霸政时期，霸主得到天子的册封才具有合法性，代行天子的礼乐征伐大权，才师出有名。因此，齐桓晋文的尊王攘夷是合法的。孔子对于齐桓公的霸政是认可的。“桓公九合诸侯，不以兵车，管仲之力也。”（《论语·宪问》）春秋时期，“国之大事，在祀与戎”（《左传·成公十三年》）。祭祀与战争是贵族的责任。无论祭祀还是战争，都有礼仪规范。宋襄公在泓之战中体现出来的“君子不鼓成列，不擒二毛”的贵族风范，是不以成败论英雄的道义担当。宋襄公宁愿输掉战争，也不愿失去贵族的礼仪，战争之规矩，以致自己受重伤，不久身死。读懂春秋贵族的精神，才能读懂孔子所说的“朝闻道，夕死可矣”（《论语·里仁》），“杀身成仁”（《论语·卫灵公》）的深刻意涵。

春秋贵族的教养与儒家的精神追求一以贯之。那么，春秋贵族的教养来自什么？周代学在王官，只有贵族可以接受教育。贵族学习的内容就是诗书礼乐。而这些富含人道精神的知识体系，正是儒家精神的源头。

“孔子以诗书礼乐教，弟子盖三千焉。”（《史记·孔子世家》）三千弟子所学的正是诗书礼乐。孔子教导儿子孔鲤学诗学礼，也是对儿子进行的诗书礼乐教育。从《论语》中亦可见，孔子教学生的主要内容均来自诗书礼乐。《论语》里没有提到《春秋》。孔子与《春秋》的关系是孟子最早提到的。

孟子曰：“王者之迹熄而诗亡，诗亡然后《春秋》作。晋之《乘》，楚之《梼杌》，鲁之《春秋》，一也。其事则齐桓、晋文，其文则史。孔子曰：‘其义则丘窃取之矣。’”（《孟子·离娄下》）孔子作《春秋》承接贵族赋诗时代。贵族赋诗的时代，是贵族礼乐秩序井然的时代。贵族宴饮会盟皆要赋诗，如果不能赋诗，也就不符合贵族的教养规范，就会被耻笑。齐国大夫庆封出使鲁国，因不懂礼而失仪，鲁国人赋《相鼠》讥讽他。礼乐秩序本由贵族教养来支撑，如果没有教养，礼乐秩序就倒掉了，社会秩序也就乱了，乱了秩序，天下也就无道了。

天下失序，有的人趁机捞取利益，争权夺位；有的任人宰割，默默忍受，忍受不了，就会反抗。孔子思考的是，如何重整秩序？建立新秩序需要有依据，有价值支撑。孔子建立的新秩序的依据就是《春秋》，价值支撑就是仁义。

孔子所取的齐桓晋文之义，正是齐桓晋文霸政时期高扬的仁义大旗体现的担当精神，与凝聚诸夏抵御蛮夷入侵的责任。王权衰落之后，齐桓晋文的霸权并不是个人权力的膨胀，而是维护华夏礼乐的新秩序。《春秋》作为鲁国编年体史书，孔子加以修整，作为凸显儒家价值观的史书教程，具有深刻的理论意义与现实意义。作为后世伦理与政治秩序的《春秋》经典，孔子在其中彰显了鲜明的价值取向与社会责任。朱熹曰："春秋之时，五霸迭兴，而桓文为盛。……尹氏曰：'言孔子作《春秋》，亦以史之文载当时之事也，而其义则定天下之邪正，为百王之大法。'……而孔子之事莫大于春秋，故特言之。"① 朱熹认为，这种取史文之义的做法，可以以史为鉴，以史明志。朱熹认为，《春秋》为百王大法。修《春秋》一事，对于孔子来说，是极为重要的事情。

如果孔子教学生诗书礼乐，那么，修《春秋》作为"百王大法"，更具有价值意义，具有道路规划与制度设计的意义。曲阜孔庙的明代成化碑所记，孔子"为万古伦常立极"，此之谓也。

孔子对于整理文献与传承文化具有充分的自信，但是，对于修《春秋》，却有所戒惧，"春秋，天子之事也。是故孔子曰：'知我者其惟春秋乎！罪我者其惟春秋乎！'"（《孟子·滕文公下》）整治天下秩序是天子的责任，但孔子时代，天子王权已经衰落，霸权崛起，随之

① 朱熹：《四书章句集注》，第275页。

导致政权“多米诺骨牌式”的倒掉，直至天下大乱。孔子无天子之位，又做了天子之事，岂不有“知我罪我”之叹！可能正是由于这个担心，孔子对于修《春秋》之事，才显得小心翼翼。“因史记作春秋，以当王法，其辞微而指博，后世学者多录焉。”（《史记·儒林列传》）孔子对于《春秋》文本与史实不做大的改动，而是以“辞微而指博”的手法，寄予《春秋》“微言大义”。虽然只是个别字词的调整，但是尊王攘夷、褒贬善恶，已经蕴含其中。孔子的努力受到学生子夏的赞叹，“笔则笔，削则削，子夏之徒不能赞一辞”（《史记·孔子世家》）。

孔子因鲁国史记而作《春秋》，“以当王法”，是想以《春秋》发挥大法之效。回到本问题的开头，《春秋》进入孔子视野，应晚于诗书礼乐，如果说孔子以诗书礼乐的贵族文化教弟子们禀赋人道教养，那么，孔子修《春秋》是为后世立法，特别是为后世之君立法。就此而言，六经之中的诗书礼乐与《春秋》的功用不同，所针对的教化对象亦不同，应该区别来看。

二、孔孟的仁义之道与《春秋》精神

《春秋》首先凸显的是王道精神。如，“鲁隐公元年春王正月”，无论天下乱到什么地步，春秋时代还有周王，天下历法正朔依然按照“王”来延续，《春秋》开篇的“王正月”就是其鲜明的特征。

《春秋》以整治王道秩序平治天下。“《春秋》之道，以元之深，正天之端，以天之端，正王之政，以王之政，正诸侯之即位，以诸侯之即位，正境内之治。”（《春秋繁露·玉英》）因此，孔子尊周王，以重现王道。我们对比一下鲁僖公二十八年《春秋》经传的记载，《春秋》经：“冬，公会晋侯、齐侯、宋公、蔡侯、郑伯、陈子、莒子、邾人、秦人于温。天王狩于河阳。”① 《左传》：“是会也，晋侯召王，以诸侯见，且使王狩。仲尼曰：‘以臣召君，不可以训。’故书曰：

① 《春秋左传正义》（十三经注疏），北京大学出版社，2000年，第507—508页。

‘天王狩于河阳。’言非其地也。”[1] 王的权威立住了，诸侯之位也正了。这正是董仲舒所言“境内之治”。

作为诸侯，晋侯怎么能召周王？事实上，周王确实也去了。但是，《春秋》就不能直接记，要改一下表述，就成了“天王狩于河阳”。这就是“为尊者讳”的“春秋笔法”。

相比齐桓来说，孔子对晋文的评价就差点意思了。“晋文公谲而不正，齐桓公正而不谲。”（《论语·宪问》）朱熹注：“谲，诡也。二公皆诸侯盟主，攘夷狄以尊周室者也。虽其以力假仁，心皆不正，然桓公伐楚，仗义执言，不由诡道，犹为彼善于此。文公则伐卫以致楚，而阴谋以取胜，其谲甚矣。二君他事亦多类此，故夫子言此以发其隐。”[2]

同样作为霸主，齐桓公相比晋文公是知礼尊礼的。《左传·僖公九年》：“夏，会于葵丘，寻盟，且修好，禮也。王使宰孔赐齐侯胙，曰：‘天子有事于文武，使孔赐伯舅胙。’齐侯将下拜。孔曰：‘且有后命。天子使孔曰：“以伯舅耋老，加劳，赐一级，无下拜”’。对曰：‘天威不违颜咫尺，小白余敢贪天子之命，无下拜！恐陨越于下，以遗天子羞。敢不下拜！’下拜，登受。”[3] 周天子派宰孔赐齐桓公胙，并说可以不下台领受，但是齐桓公还是下拜。在“尊王攘夷”旗帜下，齐桓晋文虽然都是尊王攘夷，但是对于贵族精神的坚守，已经不同了。孔子对他们的不同评价，正彰显出《春秋》的另外一种精神——仁义之道。

如果说尊王攘夷是《春秋》的明线，是王者之道，那么，仁义之道就是《春秋》的暗线，是仁义人道。

孔子认为，贵族不尊礼不守礼带来的危险，会引发连锁反应。《论语·八佾》篇，孔子批评季氏“八佾舞于庭”，“是可忍孰不可忍”，认为这种僭越天子之礼的做法都做得出来，下一步就敢弑父弑

① 《春秋左传正义》（十三经注疏），第525－526页。

② 朱熹：《四书章句集注》，第143－144页。

③ 《春秋左传正义》（十三经注疏），第409－410页。

君了。对于“三家者以雍徹”，孔子愤怒地说，《雍》诗怎么能出自三家的庙堂。鲁国三桓大夫僭越礼乐，事实上迅速导致了下级对上级规矩的破坏，季氏的家臣阳虎作乱就是明证。

礼乐一旦坏了规矩，就是坏了世道人心，孔子发出了“人而不仁，如礼何？人而不仁，如乐何”的感叹（《论语·八佾》）！外在看似贵族僭越礼制，实质上是贵族内心缺乏尊礼的精神。

当“礼乐征伐自大夫出”降至“陪臣执国命”的时候，一向作为诸侯尊礼表率的鲁国，也陷入了礼坏乐崩的危局。贵族之所以是贵族，其标识是礼的教养。如果没有了内心的自觉，礼坏就成为必然，随之而来的就是贵族之位的丧失与贵族阶层的瓦解。

面对贵族普遍的破坏礼乐的行为，孔子找到了一个支撑礼的内在基石——仁。孔子创造性地突破了血缘界限，把仁从亲亲的家庭领域引入到社会领域，提出了“仁者爱人。”樊迟问仁，子曰：“爱人”。《中庸》讲“仁者爱人”。爱人是仁的特征。孝悌是爱人，但是孝悌之爱是局限于家庭内部的血缘之爱。普通人可以这样做，但是为政者必须要突破，要把这种爱施于和自己没有血缘关系的人，如此才是仁。

孔子创造性地把仁与贵族君子联系在一起，论述以仁裕身是君子的标识。“君子去仁，恶乎成名，君子无终食之间违仁，造次必于是，颠沛必于是。”（《论语·里仁》）君子无时无刻都要以仁的标准要求自己，没有了仁，也就不再是君子。仁的要求是很高的，但是孔子说，只要有志求仁，仁是可以求到的。“仁远乎哉？我欲仁，斯仁至矣。”（《论语·述而》）以此劝导人们不要放弃。仁从血缘的亲亲走向社会领域，就意味着突破自私自利。因此，作为君子的仁德表现，一定是利他的，一定是保民的。这正是孔子称赞管仲的原因。

孔子以仁许人，是很吝啬的。但是对于管仲，发出了“如其仁，如其仁”的感叹，其原因就是管仲相桓公，保护了华夏的安定，在华夏文化面对蛮夷的压力的时候延续了下来。管仲之仁得以实现，也取决于桓公之正。孔子评价“齐桓公正而不谲”，正是君子坦荡荡的表现。行大道谓之正，行大道必有仁的支撑，是义的表现。

孔子讲，“见义不为，无勇也”（《论语·学而》）。见义勇为是美德。义者，宜也，符合道理的事情就是该做的事情，符合时机的时候出手，也是义。义指做事要正，时机要准，因时因事，是为适宜，是为义。“君子喻于义，小人喻于利。”“不义而富且贵”，“见利思义”。仁是根本，义是显现。不该取而取，不该得而得，均是不义，不义说到底还是不仁的表现。

到了孟子这里，仁义就连称了。当孟子面对梁惠王期待如何获利时，答曰：“王何必曰利，亦有仁义而已矣。”（《孟子·梁惠王上》）孟子仁义并举，这既来自战国时期社会形势的变化，又来自墨子与墨家对儒家批评的回应。

孔子主要劝导学以为君子，修身以仁，不主张学生出仕。甚至当鲁哀公与季康子请孔子推荐学生出来做事，孔子说，只有一个好学生——颜回，但是死了。到了战国时代，战争的惨烈与民生的艰难大大刺激了孟子，儒家坚守的隐而不显的修身原则，到了孟子时代，被转为彰显仁者要以行动担当天下大义。

孟子更多地讲“行天下大义”，这显示了士君子承担天下责任的担当。孟子把士君子的责任从修身、齐家、治国的层面，提升到了平天下，并且发出了“当今之世，如欲平治天下，舍我其谁”的豪言壮语！孟子时代，天下统一的趋势已经出现。孟子在与滕文公对话时，提出了天下大势走向统一的走向。而孟子坚信，只有仁者才可以完成这个天下大义。

孟子劝导梁惠王不要讲利，而是讲仁义。孟子所讲的义来自仁的支撑，没有仁支撑的义，就成为寡情少恩的冰冷的名词。孟子提出仁政的主张，是行义的方案，仁政才是大义。仁政不是统治者关注自己的利益，而是保护民生。孟子不厌其烦地论述仁政，既是自己行天下大义的表现，也是劝导为政者行天下大义的举动。相对于孔子来说，孟子执着于行动的特征更加明显。孔子更多地期待个人的觉醒，讲“为仁由己”，孟子强调要“由仁义行”。义只有行，才能把仁转化为社会实践。孟子强调，不能把“由仁义行”说成“行仁义”。“由仁义行”，根底是仁，展现为义。“行仁义”，是把仁义都当作路，当作表现，不免有作秀之嫌。在孟子看来，仁是安宅，义是正路。仁是基础，义是行仁之路。“仁者，人也，合而言之，道也。”所以，我们称孔孟之道为仁义之道。

孟子在论述四端说的时候，只论述了恻隐之心发生的原因，对人为什么会有羞恶之心、辞让之心、是非之心都没有论述。我们推测，孟子认为没有必要论述。仁优先于其他诸德。只要有恻隐之心，涵养了仁德，其他三心与三德皆具备了。

孟子对于齐桓晋文的评价与孔子相比，发生了变化。比如，孟子“不道齐桓晋文之事”，认为“春秋无义战”。那么，这是否说明孟子与孔子对春秋精神的认识发生了变化了呢？其实，孟子与孔子一样，都是和平主义者。孟子不希望战争，但是统治者的私欲却继续膨胀。战争的最大受害者是百姓，因此，孟子从保护民生的角度，提出仁政的主张，劝导为政者要保民。只有保民，才能实现王天下的目标。不保民，视民生灾难而不顾，“狗彘食人食而不知检，野有饿殍而不知发”（《孟子·梁惠王上》），而是一味征战，那结果只能是缘木求鱼，甚至比缘木求鱼还坏。缘木求鱼虽不得鱼，但是最多瞎忙半天，但是穷兵黩武的结果最后是自寻死路。当梁惠王、齐宣王向孟子寻求如何争霸的时候，孟子认为，王的努力方向错了，应该先行仁政，自行可达王道，而不是以齐桓晋文为榜样，去争霸。孟子对春秋争霸战争的否定，并不是对春秋精神的否定，而是迫于战国形势之需对历史的重新诠释。因为，王道仍然是孟子的追求，仁义是其根基。

从孟子对孔子修《春秋》的评价来看，孟子是完全赞同孔子的做法的，完全赞同春秋精神。不但如此，孟子对于仁义价值与仁政方案的论述，更加丰富了春秋精神的内涵，即作为可以担当社会责任的君王，仁义之道是立国行天下大义之本。孟子设想的天下归一之后的王道政治，是“老吾老以及人之老，幼吾幼以及人之幼，天下可运于掌上”（《孟子·梁惠王上》）的治理效果，是由仁义行的仁政展现。孟子提出，“格君心之非”（《孟子·离娄上》），如果君心不符合仁义，就要去劝说，使他去掉“非”，保留“是”。这为后世儒者的职责与定位确立了方向。孟子以仁义价值捍卫王道，是《春秋》精神的丰富者与践行者。

三、董仲舒的《春秋》精神与仁义法

董仲舒作为汉代春秋学的大家，在大一统的王权时代，有了实现《春秋》王道与仁义的社会条件。

统一的时代，王道荡荡，尊卑内外、高下贵贱首先是要彰显出来的。“《春秋》义之大者也。得一端而博达之；观其是非，可以得其正法；视其温辞，可以知塞怨。是故于外，道而不显；于内，讳而不隐。于尊亦然，于贤亦然，此其别内外、差贤不肖而等尊卑也。”（《春秋繁露·楚庄王》）春秋别内外、差贤不肖而等尊卑，是礼的制度，其依据的核心价值正是仁义。因此，董仲舒彰显的《春秋》精神必然要以仁义为理论基础。

《春秋繁露·仁义法》开篇：“春秋之所治，人与我也；所以治人与我者，仁与义也。”点出了《春秋》与仁义的内在关系。社会秩序之礼的目的是治，治的前提是别等级贵贱。别的依据是仁与义。社会治理无非是“治人”与“治于人”。治人者是我，人就是被治。“治”与“被治”看起来是政治关系，实际上是我与他人的关系，是己人关系。要想治理得好，首先在于治理之人行人道。人道的内核是仁义。而其要义是对自己要严格，对他人要包容。此之所谓“以仁安人，以义正我”。“仁之法在爱人，不在爱我；义之法在正我，不在正人；我不自正，虽能正人，弗予为义；人不被其爱，虽厚自爱，不予为仁。”董仲舒指出，仁爱是爱他人，义是正自己。这是对于孔孟以来仁义之道的概括与总结描述。

长期以来，学术界对于“仁者爱人”有不同的理解。仁者爱的人是否包括自己？或许有人会说，哪有不爱自己的，不爱自己还能爱别人吗？仁爱是由内而外，由近及远，不断向外扩大的有等差的爱。这个说法看起来没有问题，但是，孔孟与董仲舒所言的仁爱有特别的出发点，有特定的言说对象。孔子的特定对象是君子，孟子的特定对象是诸侯，董仲舒的特定对象是天子。他们所言的特定对象有一个普通的共同点，都是为政者。作为修己治人与安邦定国的学说，儒家一定是把为政者作为严格要求的对象。

作为为政者，应该成为仁者，所爱的人是爱百姓，不是爱自己。无论是孔子对子张讲，仁者要做到“恭宽信敏惠”，还是孟子劝说君主要行“仁政”，都是要求为政者要先做到爱百姓。按照孟子的讲法，百姓如果得不到恒产，就会“放辟邪侈”，做出邪恶的事情，做出邪恶的事情，就违法了；违法就会被抓，这看起来合法，但是孟子说，这并不符合仁政的要求。仁政考虑的问题是让百姓有恒产，不去做违法的事情。所以，孟子劝说梁惠王，王道必须行仁政，行仁政必须反本，反本就是制民之产，保护民生。保民就是仁义之道，仁义之道就是王道之始。

在孟子与梁惠王的对话中，孟子对于梁惠王自我夸耀的鸿雁麋鹿、台池鸟兽是不屑的。当梁惠王向孟子显摆这些所谓“乐”的时候，孟子以文王与民偕乐的例子来回应。孟子并不是要绝对摒弃为政者的利益，而是要求民之父母一定要以民为出发点，以民生为要。在保证民生的前提下，君主的利益也自然得到了保障，君主的王道政治也得以实现。从这个角度来说，孟子的仁政是利民的，对于君主的要求是控制性的。董仲舒所讲的义在于正我，仁在于爱他人，正是基于孟子的以上论述，实现了无缝衔接。既然如此，君主有“非”，就要“格”，臣如果认为君没有恻隐之心，就是“贼其君”。孟子以仁政作为王道的基础，董仲舒以人道作为王道的前提，“《春秋》论十二世之事，人道浃而王道备”（《春秋繁露·玉杯》）其义一也。

董仲舒认为：“君子求仁义之别，以纪人我之间，然后辨乎内外之分，而着于顺逆之处”，才可以“内治反理以正身，据礼以劝福，外治推恩以广施，宽制以容众”，并引“孔子教冉子曰：治民者，先富之而后加教。语樊迟曰：治身者，先难后获”，来申明“治身之与治民所先后者不同”。“春秋刺上之过，而矜下之苦”正是标举的“以仁治人，义治我”的道理，这也是“躬自厚而薄责于外”的道理（《春秋繁露·仁义法》）。

董仲舒思想中的人道、王道之上，还有一个天道。“屈民而申君，屈君而申天”（《春秋繁露·玉杯》），“凡灾异之本，尽生于国家之失，国家之失乃始萌芽，而天出灾害以谴告之；谴告之，而不知变，乃见怪异以惊骇之；惊骇之，尚不知畏恐，其殃咎乃至。以此见天意之仁，而不欲陷人也。”（《春秋繁露·仁且智》）天道护佑人道，天道通过灾异对君主以遣告。只有君主“畏天之威”，心存敬畏戒惧，民事才不敢怠慢。因此，董仲舒的天道实则是人道的另外一种表达方式。

王道是理想，是目标，行人道是基础，是现实。作为王道基础的人道，践行的主体是君，不是民。就此而论，董仲舒的仁义法是为君之法，君行人道之法。“故仁之为言人也，义之为言我也，言名以别矣。仁之于人，义之于我者，不可不察也，众人不察，乃反以仁自裕，而以义设人，诡其处而逆其理，鲜不乱矣。是故人莫欲乱，而大抵常乱，凡以闇于人我之分，而不省仁义之所在也。”（《春秋繁露·仁义法》）人君应懂得仁与义分别针对的言说对象。如果搞不清楚，“反以仁自裕，而以义设人”，就把仁义搞错位了。我们今天讲“宽以待人，严于律己”，就是对他人要宽厚，对自己要求要严格，正是董仲舒所言的仁义之法。仁义法对于君主如此，对于致力于君子道的普通人，何尝不是如此。孔子讲“修己安人”，己与人相对，仁者爱人，而不是己。董仲舒的仁义法正与孔子的讲法一以贯之。

王充尝论曰：“文王之王在孔子，孔子之文在仲舒。”（《论衡·超奇》）如果说孔子接续文王的礼乐传统，开创了儒学传统，那么，董仲舒则进一步，赓续孔子之道，以《春秋》学为体系，统合了人道与王道，并以天道辅人道。对于儒学的核心价值——仁，董仲舒追溯至孔子之仁、孟子之仁义，以仁义法作为实现王道的人道基础。董仲舒把仁义之道寄予《春秋》精神，上承早期儒学，为汉代儒学发展与社会治理提供了理论基础，完善了中国传统思想中的天道、人道与王道三者统一的理论模式。这奠定了董仲舒在中国思想史上的重要地位。

参考文献：

［1］司马迁．史记．北京：中华书局，2011.

［2］杜预注，孔颖达疏，李学勤主编．十三经注疏·春秋经传正义．北京：北京大学出版社，2000.

［3］董仲舒．春秋繁露．周桂钿解读．中华传统文化百部经典·春秋繁露．北京：国家图书馆出版社，2019.

［4］朱熹．四书章句集注．北京：中华书局，2011.

本文为“2021 中国·衡水董仲舒与儒家思想国际研讨会暨中华孔子学会董仲舒研究委员会学术年会”提交论文。

孔德立（1974—），男，山东曲阜人，首都师范大学哲学系教授，尼山世界儒学中心孟子研究院特聘专家、山东省泰山学者，研究方向为早期儒学与中国儒学史。

董仲舒仁爱思想再议[①]

李记芬

对于仁的内涵，儒家向来有从“爱人”角度解释的传统。比如在《论语·颜渊篇》，樊迟问仁，孔子以爱人回答。而孟子在《离娄下》直接指明“仁者爱人”。与孟子不同，荀子在“仁者爱人”的主张中进一步补充道，“仁者自爱”（《荀子·子道》）。荀子的这种主张将“爱人”从自爱的角度进行了深化。但之后，董仲舒却在《春秋繁露·仁义法》中，直接提出“仁之法在爱人，不在爱我”。从而与荀子的主张形成了不一致，甚至对立的看法。那么该如何理解董仲舒的这一主张以及其有怎样的现代价值，便是本文着重解决的问题。

一、仁者自爱

“自爱”概念由荀子在《子道》中明确提出，并以之为规定“仁”的最主要的内涵。荀子借孔子最喜欢的弟子颜渊之口进行了论述，具体如下：

> 子路入。子曰：“由，知者若何？仁者若何?”子路对曰：“知者使人知己，仁者使人爱己。”子曰：“可谓士矣。”子贡入。

① 基金项目：本文系2019年度国家社科基金重大项目“中国仁学发展史（多卷本)”（项目批准号：19ZDA024）阶段性成果。

> 子曰：“赐，知者若何？仁者若何?”子贡对曰：“知者知人，仁者爱人。”子曰：“可谓士君子矣。”颜渊入。子曰：“回，知者若何？仁者若何?”颜渊对曰：“知者自知，仁者自爱。”子曰：“可谓明君子矣。”

在这则记载里，“仁者自爱”是颜渊对孔子“仁者若何”的回答，与子贡“仁者使人爱己”和子路“仁者爱人”的回答形成对比。子路、子贡和颜渊在孔门四科十哲中，分别对应“政事”“言语”和“德行”。如果子路“仁者使人爱己”重在表达政事中仁者所达到的状态——人人爱、人人归顺于仁者，那么子贡“仁者爱人”则是重在展现言语中仁者的状态是爱人。使人人爱己，归顺于己，关键在于己能爱人。在这种爱人的理解中，重在表达，人会表达对别人的爱，也就是爱人的行为。而相应的，颜渊“仁者自爱”重在表达德行中仁者所达到的状态——自爱。这种自爱，是与爱人的行为相对应的内在心性的关注。人有善的行为，关键在于心有所思。

在这里，荀子借以德行著称的颜渊之口，表达了仁者的最高德行状态，就是自爱。这一“自爱”是相对于“爱人”来说，只有做到自爱，才能达成子贡所讲的爱人而有的“士君子”状态，进而如子路所讲的使人爱已的“士”境况。

对于这种自爱，学者多从德行主体或道德价值的角度进行阐发。比如，向世陵从自我实现的价值方面对荀子“仁者自爱”进行了解释：

> 从仁者爱人到自爱，作为战国晚期儒家典籍中揭橥的新的思想，说明思想家对自我人格完善的期待有了更高的要求。如此一种极高道德素质映衬下的自爱，对自己做到了真正的充分理解，从爱已、爱人到自爱，作为仁者的情怀和内含，在不断丰富之中。事实上，一个对自己并不真正了解和尊重的人，也不可能真正了解和尊重他人。如此的道德要求深深地契合仁爱的规范和人

格评价。①

不论是德行主体的揭示，还是道德价值的追求，都可以在“自我人格完善”中得到彰显。只有首先真正做到爱己，才能更好地去爱人。但是对于这种自我人格完善的解释，仍旧还有不尽清楚之处。从自我了解和自我尊重的角度来说，似乎更多的是与“知”的观念相联系，也就是“知者自知”，进而“知者知人”。当然自知与自爱是紧密相连的，但从爱人的角度来说，自爱与爱人的不同还欠缺进一步的解释。

“自爱”，也可与儒家的另一重要概念“为己”相联系。孔子指出，“古之学者为己，今之学者为人”（《论语·宪问》），而荀子本人更是对“为己”之学给予了进一步肯定，指出“君子之学，以美其身”，强调学的目的是将所学浸润于己之身心，“入乎耳，箸乎心，布乎四体，形乎动静”（《荀子·劝学》）。如果“为己”关注的是对自己德行的内在性的一面，不仅有口耳之说与闻，而且心有所好；那么与之类似，“自爱”则是强调“爱人”不是口头的表达、理论的宣扬，而是切切实实落实于自己的行为中去的。如果能全身心地去爱人，具体表现在日常的行为举止中，这才是爱人的更为深层的要求：即身心整全地爱人。

从身心整全地去爱人的角度看，荀子自爱还是围绕“爱人”话题展开，只不过对于爱的主体有了更进一步地要求，即是应该如何爱人的问题。如果从“人人爱己”到“爱人才能爱己”突出的是人己关注重心的转变：为政的重心是使人爱己，但对于为政者自身的要求便是能爱人，强调了对为政者自身能力的进一步重视。那么从“爱人”到“自爱”也仍然还是对为政者自身的要求：为政者应该具有爱人的能力，且这种能力不是一种外在形式的展现，不是为了外在名利的追求，而是为政者自身能身心全部地去践行，不仅身有此行为的外在展现，也有内在心之所好、心之所可。简言之，人（为政者）不是表面地爱人，而是发自内心地爱人。

---

① 向世陵：《爱人与自爱——仁爱内涵的不同侧面》，《儒学评论》（第十三辑），社会科学文献出版社，2019，第109页。

当从心有所好的角度去看的时候，也体现了荀子在爱人思想中的学的重视。爱人，并不是人生来就会、生来就自然知道如何做的事情。爱人，仍旧是需要人去学习、去不断练习、并最终体之于身，使身心对此皆有所好，也就是德操定。“能定能应”，能够以此种行为方式去对一切人、一切民，那么最终，为政者便能得民之好，得民心而归之于己，从而成就天地之大功业。

综上所述，当从学以爱人的角度去看的时候，“自爱”体现的是人如何习得爱人能力的问题。即，人自己应当身心皆参与到爱人中去，才能最终做到爱人，进一步得人所爱、为民所归。如此一来，自爱在荀子还没有涉及爱己问题，不是对自己应当如何对待、要不要爱己的问题。话题的中心应当还是围绕爱人。

虽然自爱在荀子的理论中还不涉及“爱己”问题，但却绕不开如何对待自己的问题。比如其对“知者自知”问题的分析，显然涉及对己心之所思的反省、省察；同理，“仁者自爱”也涉及对己之爱的情感的分析、省察。即使不从爱人情感而从感官情欲的角度来解“爱”，荀子似乎也不否认人对自己的情欲应当有所肯定。换言之，对于爱的对象，荀子似乎并不否认人也应当爱己。

对于自爱的解释，从爱的主体方面来解释“自爱”之“自”，而非从爱的对象来解释，也许更符合荀子的原意，但后者也许并不为荀子所反对。因为荀子在成人之学中，是不否认成己问题讨论的，且他认为成己与成人是统一的；具体到爱上来说，爱己与爱人也是统一的，在爱人的认识中，也自然有对爱己的进一步反思。向世陵“从爱己、爱人到自爱，作为仁者的情怀和内含，在不断丰富之中”对荀子仁者自爱的认识，也确实是有道理的。

但如果从爱的对象来解释“自爱”的时候，就会面临一个问题：即从“爱人”到“自爱”的解释思路，会有一个理论重心的转变。也就是说，在爱的对象上，爱己与爱人之间，爱己变得更为重要。如此一来，从爱的行为上来说，其对象为什么会有己人的区分？这一转变是否太过重视对己之爱，而与爱人的思想背离太远？

这种担忧不是没有道理的。如果按着“自爱”或者“爱己”的方向去理解“仁者爱人”思想，难免会有自我中心的倾向。对于这一倾向，可以从当代美德伦理学同样面临的批评中得到更好的展现。很多学者，比如黄勇，认为儒家仁爱伦理也可以看作是一种美德伦理。但美德伦理在当代却面对一个重要的问题，即自我中心倾向的批评[①]。一个真正具有美德的人，如果是关心他人的话，那么应该关心的是他人的美德的获得，还是他人的其他外在东西，比如外在利益、名誉的获得？即使一个具有美德的人对他人的美德是有关心的了，能否就说，这个人不是自爱的了[②]？联系前面对于荀子“爱人”与“自爱”问题的分析，第一个问题涉及的是“爱人”层面的问题。而第二个问题，与“自爱”的问题密切相关。且在第二层面，问题更为集中：不论对于关心的对象是哪个层面的关心，从“爱己”的根本目的或根本出发点上来说，似乎都很难说一个“自爱”的人不是自我中心的人。同理，我们也可以以此思路去反观荀子的“自爱”或“爱己”思想：即使自爱的结果中包含对他人之爱，那么是否我们还能说，为政者就不是自我中心者了？

从自我中心倾向的批评中，可以把“爱己”思想面临的问题更好地彰显出来：为政者爱己，为什么就会爱人？即使为政者能爱人，但如果其目的还是爱己，那这种爱是否还能说具有纯粹的伦理道德意义？显然，爱人与爱己之间的调和问题，已经成了“仁者爱人”思想发展中进一步需要解决的问题。对此，董仲舒“仁之法在爱人”思想的提出，便可以看作是出于这一理论自觉。

---

① 黄勇：《成人：在成己与成物之间》，《哲学分析》，2011 年 10 月第 2 卷第 5 期，第 23 页。

② 一个只关心他人的美德而不关心自己的美德的人，在美德伦理学这里似乎是不成立的。因为后者对于真正美德的人的定义就是以关心自己的美德为前提的。类似地，以他人的美德关心为先、为主，似乎也不符合美德伦理学对一个真正有美德的人的定义。因为关心他人的美德不代表自己对自己的美德已经有所关心，即不一定就是一个真正有美德的人。

二、“仁之法在爱人，不在爱我”

在荀子之后，董仲舒对自爱提出了不同的看法。“仁之法在爱人，不在爱我”，并对“自爱”的观点进行了批评：

人不被其爱，虽厚自爱，不予为仁。昔者晋灵公杀膳宰以淑饮食，弹大夫以娱其意，非不厚自爱也，然而不得为淑人者，不爱人也。质于爱民，以下至于鸟兽昆虫莫不爱。不爱，奚足谓仁？仁者，爱人之名也。（《春秋繁露·仁义法》）

这里的自爱与爱人相对而言，爱人是指向己之外的他人乃至万物：“言实心爱民，不遗庶物，盖圣人之仁博矣。始于自爱，推于爱人，极于爱物，此《春秋》之志也。”[①] 也就是说，董仲舒认为“爱人”与“自爱”涉及的是爱的行为对象范围问题。在爱的对象问题上，仁爱的最终指向是人，而非己。如果只是做到了自爱，那也不能看作是仁。从己的方面来说，不论是在饮食的身体欲求，还是娱乐的心意欲求，这两者的满足都不能算作是真正的仁爱。只有在满足他人和万物的欲求的意义上而言，才是真正的仁爱。

如果说荀子对孔孟“仁者爱人”的主张提出的补足是，爱人的关键是能做到自爱，强调一个人行为的身心完全参与；而董仲舒则从行为的对象范围角度，对“自爱”的缺陷或局限性给出了进一步的说明。

是以知明先，以仁厚远。故王者爱及四夷，霸者爱及诸侯，安者爱及封内，危者爱及旁侧，亡者爱及独身。独身者，虽立天子诸侯之位，一夫之人耳，无臣民之用矣。如此者，莫之亡而自亡也。（《春秋繁露·仁义法》）

与知不同，仁最主要的特征是厚远，也就是能博爱人。如果只是爱及独身，即使是身心完整地去践行，但也还是有问题的。也就是说，如

① 苏舆撰：《春秋繁露义证》，中华书局，1992，第251页。

果以一个人全身心地去追求来标举仁，在董仲舒看来也仍然是有问题的。问题在于，在自我身心的全部参与中，少了对他人的关注。如果少了对他人的关爱，那么别人也就不会爱己，而“无臣民之用”，那么最终的结果便是统治的消亡。正是在这一意义上，董仲舒指出：“仁者，爱人之名也”，而不是“仁者，自爱之名也。”（《春秋繁露·仁义法》）

不论是“仁者自爱”，还是“仁者，爱人之名”，都与儒家仁爱之德的理解密切相关。两者，都是仁的不同层面的彰显。即使荀子主张自爱，但仍旧是在爱人的前提下去主张要身心整全地参与和落实。但董仲舒的担忧是，如果过于强调人的身心整全参与，而忽视爱人的核心，那么就会带来对仁的核心所在的理解有误的问题，最终无益于治，也就是会带来乱的问题。这彰显了董仲舒的仁爱主张的首要关注点，也就是政治选择。如向世陵所说，“到董仲舒制定他的‘仁义法’，着眼点已有明显变化，他的重心已经转移到为统一国家的治理提供对策，所以‘爱人’而非‘自爱’才是仁者或统治者急需的选择”①。

但是“仁者，爱人之名”的主张，毕竟与“仁者自爱”的理论重心是不同的。如何看待这一理论重心的转变？具体体现了董仲舒怎样的理论担忧？

从当代美德伦理面临的自我中心倾向的批评上看，可以更好地呈现董仲舒关于“自爱”问题理论推进。首先，自爱问题也涉及爱的内容方面。董仲舒不论是从“饮食”还是从“娱其意”的角度来说，都对这种外在层面的自爱给予了批评②。也就是说，仁爱不论是从爱己还是爱人的角度来说，都不应当从外在财富和名声的角度来说。

---

① 向世陵：《爱人与自爱——仁爱内涵的不同侧面》，《儒学评论》（第十三辑），第115页。

② 比如，荀子主张自爱的一个重要理由就是，只有全身心地参与，使己之身心同时得到滋润，而非仅仅口耳之学。也就是说，爱人之仁，目标不是为了向别人炫耀，不是为了获得外在的财富或声誉等，而是为了使“德润身”。

其次，自爱也涉及先后顺序问题。董仲舒“以仁厚远”的主张，明确反对自爱。因为后者只是爱及独身，也就是以自为先，且仅限于己。这种“以仁自裕”而不裕及他人的做法只会导致危乱（《春秋繁露·仁义法》）。

最后，自爱问题也涉及关心的目的问题。以仁厚远，最终目的是使民归顺于己而得治，也就是使民爱己。

董仲舒反对自爱，而主张仁者爱人，似乎可以避免上面提到的前两个问题，也就是关爱的内容和关爱的先后顺序问题。从关爱的内容和关爱的先后顺序上，董仲舒对于自爱的主张进行了反驳，体现了他对“爱己”理论背后所面临的困境的警觉或者反思。

但是对于最后一个层面，关心的最终目的，董仲舒的“仁者爱人”似乎还是很难进行反驳。因为尽管他主张爱人、进而还有爱物的主张，但在这种主张中，最终目的还是为王权政治治理提供依据。换言之，爱人的目的，仍旧还是使人爱己、使民归顺于己。因为尽管仁之法在爱人，但爱人的最终目的，或者这一行动的源泉还是因为他对自己的关心。也就是说，仁者爱人的最终目的还是得从己上谈，即使人归顺于己，从这一个角度上讲，仁者最终关心的还是自己，比如己之美德或者权利、政治统治地位的获得。尽管他会关爱他人，但这种关爱不是最终目的，甚至爱人会成为爱己的工具或必须途径。

综合以上分析，董仲舒发对爱己、爱我思想，而主张爱人，其中蕴含着对于爱的对象、爱的内容和关爱顺序的思考、反省，体现了对自我中心倾向的理论警觉。但其爱人的主张仍旧没有超出荀子“自爱”主张中的最终目的：使人爱己的政治诉求。因而，不论是荀子，还是董仲舒，也都面临一个与西方美德伦理学同样的理论困境：在关爱或关心他人上，有一个目的上的不对称的问题。

三、一个新的可能回应思路：人己之分

董仲舒反对自爱而主张爱人的仁学，某种程度上体现了其对自我中心倾向或利己主义倾向的思想的警觉，也体现了其协调爱人与自爱

主张的理论自觉。但在理论的进一步推进中，董仲舒也将爱人与爱己的不协调从深层次进一步推进：如果爱人的最终诉求仍难以摆脱使人（民）顺于己，那自我中心倾向的批评就仍旧很难解决。

历来对于这种深层次的自我中心倾向的批评，多从爱人与爱己的统一方面去进行解释。比如，黄勇就从利己与利人的统一上去解释。有德者可以同时是完全“利己”的和完全“利他”的①。按照这个思路，类似的，仁者不仅是关爱他人，而且对他人的关爱与对自己的关爱是同时进行的，并不是存在一个先后问题。如此一来，即使是从终极目的上来说，也就不存在关爱的不对称问题了。爱人与爱己，不仅不是两件事，而且本就是一件事，是完全重合的：爱人中，是有爱己的要求的；爱己中，也是有爱人的要求的。离开爱己，很难谈爱人的问题；离开爱人，也很难谈爱己的问题。

从人己的相互融合方面去谈关爱的对象与顺序问题，确实可以在某种程度上缓解爱人与爱己的理论紧张关系。但在具体的践行中，仍然存在一个问题：当谈爱己的时候，现实的情形往往是爱己与爱人的背离而非两者的合一。换言之，爱己的理论实践中，往往很难进一步推出爱人的诉求。正是在这一意义上，董仲舒认为，仁者之爱，根本不能从己上谈，必须要对人我进行分别。

与将人我进行弥合的理论不同，董仲舒坚持的是人我分别的立场，可以为我们回答当代美德伦理学面临的自我中心倾向的批评提供另外一个思路。

放到仁爱问题上来说，不论是仁者爱人的主张，还是仁者自爱的主张，从爱的对象范围上来说，爱人与自爱的对立也就是人己的对立。对此董仲舒明确说道：

> 凡以暗于人我之分，而不省仁义之所在也。是故《春秋》为仁义法，仁之法在爱人，不在爱我；义之法在正我，不在正人。我不自正，虽能正人，弗予为义。人不被其爱，虽厚自爱，不予

① 黄勇：《当代美德伦理——古代儒家的贡献》，东方出版中心，2019年，第126页。

为仁。①

对于有仁德的人来说，首先关心的是他人，即爱与己相对的他人，而不是自己。没有爱人的自爱，是不能称之为仁的。从这个意义上来说，利己与利他并不是完全重合的，而是二选一："仁之法在爱人。"同样的，对于有义德的人，首先关心的是自己，即自己有没有正。如果自己没有正，而却去正别人了，那么这种人也不能真正称为有义德的人。董仲舒甚至认为，如果只是正我而没有正人，那这个人也可以被称为有义德的人。比如"潞子之于诸侯，无所能正，《春秋》予之有义，其身正也。故曰：义在正我，不在正人，此其法也"②。在此，利己与利他也不是完全重合的，而是二选一："义之法在正我。"

从人我之分的角度上看，无论是爱己还是爱人，两者总是有相互对立而难有同时并进的可能。董仲舒坚持分别立场：

君子求仁义之别，以纪人我之间，然后辨乎内外之分，而著于顺逆之处也。是故内治反理以正身，据礼以劝福。外治推恩以广施，宽制以容众。（《春秋繁露·仁义法》）

从人我有别的角度来说，采取的具体行为方式也就应当有不同。从人我之别的角度，董仲舒对治人与治己的原则也给予了不同的规定：前者为仁之爱，后者为义之正。这种分别的思路也同样适用于仁之爱的原则自身。爱人从宽泛意义上来说，应当既包括爱己也包括爱与己相对的他人。董仲舒认为不应当把己与他人混为一谈，相应地爱己与爱他人也是有区别的。在承认这一区别的前提下，董仲舒才进一步有了爱他人才是仁爱的核心和根本原则的认识。

但是需要注意的一点是，即使董仲舒强调人己分别，但人己分别之治的最后目的却并非是只落在人或己的一方。比如，人己分别中带来的是先后问题，但先后不是最重要的，而是先后最终达成的状态却

① 钟肇鹏（主编）：《春秋繁露校释》（校补本），河北人民出版社，2005年，第562页。

② 钟肇鹏（主编）：《春秋繁露校释》（校补本），河北人民出版社，2005年，第570页。

是一致的：

> 孔子谓冉子曰："治民者先富之，而后加教。"语樊迟曰："治身者，先难后获。"以此之谓治身之与治民，所先后者不同焉矣。《诗》曰："饮之食之，教之诲之。"先饮食而后教诲，谓治人也。又曰："坎坎伐辐，彼君子兮，不素餐兮。"先其事，后其食，谓治身也。(《春秋繁露·仁义法》)

虽然对于民之治与对己身之治的内容的先后顺序不同，但最终达成的状态却是一样的，即是既富且教。达成方式虽然不同，但最后的目的却是一样的。类似的，放到对民之治也就是爱的角度上说，无论是先爱己还是先爱人，无论是爱己的内容与爱人的内容如何不同，在董仲舒看来，这些都不是最重要的，最重要的是，在这种分别中，最后达成一致的状态：即己与人的最幸福、最完满的状态。

四、结论

自荀子在先秦提出仁者自爱的主张，爱人与自爱的关系如何，便成为一个理论上需要去进一步进行回应的问题，而董仲舒"仁之名在爱人，不在自爱"的主张，便可以看作是这一理论自觉的体现。董仲舒对自爱的排斥，可以很好地展现其对利己主义倾向的理论警觉，而其对自爱的批评与对利己主义的批评有其相似性，也可以为当代美德伦理去回应自我中心倾向提供一个不同的视角，这也显示了董仲舒仁爱思想的现当代价值的一面，值得进一步去挖掘和研究。

本文为"2021 中国·衡水董仲舒与儒家思想国际研讨会暨中华孔子学会董仲舒研究委员会学术年会"提交的论文。

李记芬（1987—），女，山东临沂人，中国人民大学哲学院讲师，哲学博士。

董仲舒德福思想的内在体系建构

桑东辉

作为汉代大儒，董仲舒的思想体大思精，是一个有着内在严密逻辑性的综合系统。在董仲舒的思想体系中，本体论、认识论、人性论、修养论、实践论等有机结合，相互联系。在董仲舒的思想体系中，德福思想作为其庞大思想体系的有机组成部分，在其内部又成一子系统。概言之，就董仲舒的德福思想而言，由天道观、义利观、荣辱观、仁智观等构成一个内在有机的系统，即天道观构成其德福思想的理论元点，义利观则是其德福思想的道德指向，荣辱观发挥其德福思想的社评制衡作用，仁智观体现了其德福思想的实践理性。

一、天道观：董仲舒德福思想的理论元点

在中国思想史上，董仲舒是非常重视天道的。在他看来，“天者，百神之大君也”[1]298。世间万物都是天所创造的，所谓“天者，群物之祖也”[2]2515。“天地者，万物之本、先祖之所出也。”[1]194董仲舒继承发展了先秦时期的天道观和阴阳五行思想，创造性地提出了神秘主义的天道观。在董仲舒看来，天人之间是有感应的，天道是人道的依据，是人类社会合理性的来源。所谓人副天数，人就是天的摹本，人类社会也必须按照天道来构建。而且，在董仲舒看来，天道是永恒的，所谓“天不变，道亦不变”[2]2519。面对社会的发展，人们只能在

天道的范畴内进行变革，即“王者有改制之名，无易道之实”[1]13。对董仲舒而言，天是统摄一切的终极依据或价值根源。对天的神秘信仰占据着董仲舒思想世界的最根本和核心地位[3]。

应该说，天道观是董仲舒思想体系的理论元点，举凡政治、经济、文化等思想都是建构在天道观的理论基石上的。正如有学者所指出的，董仲舒的伦理学说以“天”为出发点。[4]同样，董仲舒的德福思想也是建立在天道观的理论基础之上。在董仲舒看来，天道是福善祸淫的。那么天道所高扬的是什么，那就是“施”。董仲舒继承了《易传》的“天地之大德曰生”的观念，认为天道是长养万物的，而天地长养万物集中体现在“施”和“化”上，进而强调“施”“化”的天地之道在人类社会中则表现为“义”，所谓“天德施，地德化，人德义”[1]265。所谓的福则是对天道的“施”、人道的“义”的一种报应，即“施无不报，天之数也”[1]5。这种天道观体现在人类社会的德福问题上，则表现为重义守德者得“自然之赏”，反之弃义背德者遭“自然之罚”。具体而言，人君如果能“肃慎三本”，则“君安枕而卧，莫之助而自强，莫之绥而自安，是谓自然之赏”。[1]119何谓“三本”，即“郊祀致敬，共事祖祢，举显孝悌，表异孝行”[1]119的奉天本、“秉耒躬耕，采桑亲蚕，垦草殖谷，开辟以足衣食”[1]119的奉地本、“立辟廱庠序，修孝悌敬让，明以教化，感以礼乐”[1]119的奉人本。反之，“无孝悌，则亡其所以生；无衣食，则亡其所以养；无礼乐，则亡其所以成也。三者皆亡，则民如麋鹿，各从其欲，家自为俗。父不能使子，君不能使臣，虽有城郭，名曰虚邑。如此，其君枕块而僵，莫之危而自危，莫之丧而自亡，是谓自然之罚。”[1]119概言之，天道是人道的遵循，也是人类祸福的根本，所谓“天之所弃，天下弗祐”[1]194。

在董仲舒的话语体系中，除了“自然之赏”和“自然之罚”外，还有“天福”“天殃”之说。董仲舒对于《诗经》中“唯此文王，小心翼翼，昭事上帝，允怀多福”的解释是“多福者，非谓人也，事功也，谓天之所福也”。[1]298反之，“不畏敬天，其殃来至闇”，是为“天殃”[1]297。“天殃”还对应“主罚”，“不谨事主，其祸来至显”是为“主罚”[1]297。在董仲舒看来，“天殃与主罚所以别者，闇与显耳”[1]297。

其实，二者区别也在于殃来自天，罚来自人。总之，“吉凶祸福、利不利之所从生，无有奇怪，非人所意，如是者乎”[1]297。尽管福祸是上天所降，人主所出，但从根本上讲，祸福无门，惟人自召，比如文王多福在于其小心翼翼，昭事上帝；而受天殃者则因不畏敬天，遭人罚者因不谋事主。对此，徐复观指出：董仲舒思想的立足点，“已然是人而不是天”。说到底，“祸福是由己先起之，即是祸福由人自己负责”[5]。

董仲舒还将阴阳五行的思想引入到天道祸福观念中，在他看来，“阳贵而阴贱，天之制也”[1]244。而君、父、夫都属于贵的阳之属，因此，人道秩序在于“王道之三纲”。推而广之，在于“三纲五常”。董仲舒的天道阴阳观目的是建立起等级社会的尊卑贵贱秩序，并将祸福与顺逆紧密联系在一起。“是故推天地之精，运阴阳之类，以别顺逆之理，安所加以不在？在上下，在大小，在强弱，在贤不肖，在善恶，恶之属尽为阴，善之属尽为阳。阳为德，阴为刑。”[1]233 也就是说，知上下顺逆是为善，是为守德；反之，则为恶，必遭刑杀。

在董仲舒的思维中，天是有意志的，因此，对于人类社会的统治者违背道德的行为，上天会发出警告，这也就是所谓的上天谴告说。其曰：“臣谨案《春秋》之中，视前世已行之事，以观天人相与之际，甚可畏也。国家将有失道之败，而天乃先出灾害以谴告之，不知自省，又出怪异以警惧之，尚不知变，而伤败乃至。”[2]2498 董仲舒的“天谴告说”表明“天心 仁爱人君而扼止暴乱残毒的意志”[6]。面对上天的“谴告”，董仲舒运用五行生克理论，又提出了“变救”思想。在《春秋繁露·五行变救》中，董仲舒认为通过“五行变救”可以转祸为福。所谓“五行变至，当救之以德，施之天下，则咎除”。[1]290 这里我们仅撷取“火变”一例来说明之，“火有变，冬温夏寒，此王者不明，善者不赏，恶者不绌，不肖在位，贤者伏匿，则寒暑失序，而民疾疫。救之者，举贤良，赏有功，封有德”[1]290。

董仲舒的天道观中包含有深刻的辩证思维，这也体现在德福思想方面。一方面，董仲舒承认世界万物是对立的，如“凡物必有合。合必有上，必有下，必有左，必有右，必有前，必有后，必有表，必有里，有美必有恶，有顺必有逆，有喜必有怒，有寒必有暑，有昼必有夜，此皆其合也。阴者，阳之合；妻者，夫之合；子者，父之合；臣者，君之合。物莫无合，而合各相阴阳。”[1]260也就是说，祸福也是一种合，有福必有祸这也是人类社会的必然。另一方面，董仲舒又强调世间万物是统一的，对立是要服从于统一秩序的。所谓“天之常道，相反之物也，不得两起，故谓之一”[1]254。他用古人创制文字的意图来说明统一重于对立的道理，即“古之人物而书文，心止于一中者，谓之忠；持二中者，谓之患。患，人之中不一者也，不一者，故患之所由生也，是故君子贱二而贵一”[1]255。概言之，董仲舒追求的是一种对立统一的中和境界。“中者，天地之所终始也，而和者，天地之所生成也。夫德莫大于和，而道莫正于中。”[1]333“能以中和理天下者，其德大盛；能以中和养其身者，其寿极命。”[1]334通过中和观念，董仲舒将“有福必有祸”的对立，有机地统一到道德境界中。所谓“道莫正于中”“德莫大于和”，中和境界实际就是一种道德境界。

二、义利观：董仲舒德福思想的道德指向

董仲舒的义利观是与天道观紧密联系在一起的。前面我们引述过《春秋繁露·人副天数》的“天德施，地德化，人德义”。实际上，在《春秋繁露·天道施》中也强调“天道施，地道化，人道义”[1]358。从这两则表述可见，义是来自于天道的，虽然义在范畴上归属于人道，但本质上是天之道在人类社会的体现。不仅义是天道的体现，利也是讲求阴阳的天道在人身上的体现，所谓“天之生人也，使人生义与利。利以养其体，义以养其心。心不得义不能乐，体不得利不能安。义者心之养也，利者体之养也。体莫贵于心，故养莫重于义。义之养生人大于利”[1]188。究其本质，罗国杰先生认为董仲舒的义利观是以“义”为最“贵”的。只有做到了“义”，也就是说遵守道德规范，涵养封建道德所要求的品质，就算物质生活条件较差，处于贫穷的境遇，也仍然能安于现状。说到底，“董仲舒所强调的重义原则完全是为巩固当时的社会制度服务的”[7]。

董仲舒还从正反两方面，详细阐述重义、重利的不同取向以及与富贵贫贱祸福的关系。所谓“大有义而甚无利，虽贫与贱，尚荣其行，以自好而乐生，原宪、曾、闵之属是也”[1]188；反之，“甚有利而大无义，虽甚富，则羞辱大，恶恶深，祸患重，非立死其罪者，即旋伤殃忧尔，莫能以乐生而终其身，刑戮夭折之民是也”[1]188。董仲舒的结论就是“夫人有义者，虽贫能自乐也；而大无义者，虽富莫能自存．吾以此实义之养生人，大于利而厚于财也”[1]188。现实生活中，“民不能知，而常反之，皆忘义而殉利，去理而走邪，以贼其身而祸其家。此非其自为计不忠也，则其知之所不能明也”。[1]189

众所周知，董仲舒是重义轻利的，所谓“正其谊不谋其利，明其道不计其功”[2]2524“正其道不谋其利，修其理不急其功”[1]192。上述两处记载虽然文字略有出入，导致意思上也有差别，但总的看，董仲舒是主张“不谋其利”的。显然，义（也作谊，亦作道）是董仲舒所高扬的。但我们知道董仲舒的思想充满了辩证法，他并不是要否定利，甚至认为义和利都是上天赐予人类的，二者缺一不可，所谓“利以养其体，义以养其心”。但就义和利二者对应的心和体的关系而言，显然义是首要的，利是其次的。“不谋其利”只是强调主观上不以追求利为目的，但不排斥利的存在和获取。某种程度上说，做到义、遵守道，利自然会来。也就是说，义与利是本与末的关系。以义为本，则得福。因为义代表的是道，是正。在董仲舒眼里，《诗经》的“嗟尔君子，毋恒安息，静共尔位，好是正直，神之听之，介尔景福”，其核心义理就在于“正直者，得福也；不正者，不得福”[1]332。不仅不正者不得福，而且以利为本，必然本末倒置，还会招致祸端，所谓“利者，盗之本也，妄者，乱之始也”[1]358。

在人性论问题上，董仲舒虽然持性三品说，但他某种程度上也认同孟子所谓人皆有四端之心的说法，认为义就是人性中所固有的，所谓“凡人之性，莫不善义”[1]49。之所以会出现“不能义者”，董仲舒将其归结为“利败之也”[1]50。因此，董仲舒强调要重义轻利，以此来拔本塞源。他告诫人们说：“君子终日言不及利，欲以勿言愧之而已，愧之以塞其源也。夫处位动风化者，徒言利之名尔，犹恶之，况求利乎！”[1]50

作为儒学思想家，董仲舒的义利观也必然落在纲常伦理上，落在儒家礼教上。一方面，董仲舒提倡守伦秉正的“义”，所谓“大小不踰等，贵贱如其伦，义之正也”[1]59；另一方面，针对“受乱之始，动盗之本”[1]358的“利”和“妄”，董仲舒提出以“礼”来加以对治，所谓“故君子非礼而不言，非礼而不动。好色而无礼则流，饮食而无礼则争，流争则乱。夫礼，体情而防乱者也。民之情不能制其欲，使之度礼。目视正色，耳听正声，口食正味，身行正道，非夺之情也，所以安其情也”[1]358。在董仲舒看来，“以礼义为道则文德”，有此文德则可达致“众强弗能入，蜩蜕浊秽之中，含得命施之理，与万物颉徙而不自失”的“圣人之心”[1]359的境界。进而，董仲舒描摹了一个由天道到“义”再到“礼”的逻辑轨迹，所谓“不顺天道，谓之不义。察天人之分，观道命之异，可以知礼之说矣”[1]360。而礼在于正名，正名则体现了义，“万物载名而生，圣人因其象而命之。然而可易也，皆有义从也，故正名以名义也”[1]360。在这里，董仲舒继承了先秦儒家的正名思想，并以义来调适名，实现了对儒家正名思想的创新发展。义成为统摄礼制、名器的总阀门，是避祸得福、近荣远辱的根本。

三、荣辱观：董仲舒德福思想的社评制衡

前面部分，我们提到了“以礼义为道则文德”，提到了义对于荣辱、祸福的重要道德导向作用。显然，董仲舒在荣辱观也与其义利观一致，高扬文德，并也将这种德福荣辱观归之于天道。如在谈到服制的时候，董仲舒肯定了“天地之生万物也以养人，故其可适者，以养身体；其可威者，以为容服，礼之所为兴也”。[1]106但董仲舒在文与武、德与威之间，董仲舒更倾向于前者，所谓“文德为贵，而威武为下，此天下之所以永全也”[1]106。这种荣辱观深刻影响了人们对服制的喜好，也将服制与荣辱等社会形象和评价紧密结合在一起。

董仲舒的荣辱观是建立在天道正义基础之上的，他高扬的是盛德

和正道。“桀，天下之残贼也；汤，天下之盛德也。天下除残贼而得盛德大善者，再，是重阳也，故汤有旱之名。皆适遭之变，非禹汤之过。毋以适遭之变，疑平生之常，则所守不失，则正道益明。”[1]258 因为商汤乃“天下之盛德”，故而虽遇大旱而非其过，且“所守不失”“正道益明”。反之，夏桀则是“天下之残贼”，在历史上遗臭万年。

鉴于天人感应、阴阳五行之说，董仲舒认为同类事物必然相感相动，彼此影响。所谓“美事召美类，恶事召恶类，类之相应而起也”[1]269，比如“帝王之将兴也，其美祥亦先见；其将亡也，妖孽亦先见。物故以类相召也”[1]269。基于此，董仲舒奉劝君王要亲贤臣、远小人，以保证自己的行为符合道义伦理，维护江山社稷永保不坠。

与义利观一样，董仲舒的荣辱观也主要表现在伦理纲常和道德层面上。“立义以明尊卑之分；强干弱枝，以明大小之职；别嫌疑之行，以明正世之义；采摭托意，以矫失礼；善无小而不举，恶无小而不去，以纯其美；别贤不肖，以明其尊；亲近以来远，因其国而容天下，名伦等物，不失其理，公心以是非，赏善诛恶，而王泽洽。始于除患，正一而万物备”[1]95—96。概言之，只有遵守礼义，明贵贱，辨尊卑，既不失礼，也不失理，才能为善去恶，赏善诛恶，安邦除患，避灾远祸。

董仲舒认为要近荣远辱，就应时刻保持戒慎和敬畏之心。如针对《春秋》记载鲁国国君在晋国受辱时所采用的“春秋笔法”，董仲舒指出：“公如晋而大辱，《春秋》为之讳，而言有疾。由此观之，所行从不足恃，所事者不可不慎，此亦存亡荣辱之要也。”[1]92 董仲舒认为戒慎乃存亡荣辱的要津。之所以春秋时期出现“弑君三十六，亡国五十二”的悖乱，皆因“细恶不绝之所致也”[1]73。董仲舒不仅强调戒慎，更重视敬畏。对于孔子的“畏天命，畏大人，畏圣人之言”的“三畏”观，董仲舒充分认识到“过有深浅薄厚，而灾有简甚，不可不察”[1]310 的道理，指出“专诛绝者，其唯天乎！臣杀君，子杀父，三十有余，诸其贱者则损。以此观之，可畏者，其唯天命、大人乎！亡国五十有余，皆不事畏者也，况不畏大人，大人专诛之，君之灭者，何日之有哉！鲁宣违圣人之言，变古易常，而灾立至，圣人之言可不慎！此三畏者，异指而同致，故圣人同之，俱言其可畏也”[1]310—311 自古以来，戒慎和敬畏就是远灾避祸、远耻避辱的不二法门。董仲舒从天道、阴阳、人道等方面又加以详细阐述，丰富了德福思想中的戒慎和敬畏内涵。

董仲舒德福思想的荣辱观还建立在对人的性和情的客观深刻认识上，他一方面肯定“大富则骄，大贫则忧，忧则为盗，骄则为暴，此众人之情也”[1]162，另一方面又指出“凡百乱之源，皆出嫌疑纤微，以渐寖稍长至于大”[1]164，因此，他主张要“章其疑者，别其微者，绝其纤者，不得嫌，以蚤防之”[1]164。具体而言，就是设置度制、礼节等“堤防”，来防范人性中的好逸恶劳、恃强凌弱等弊端，以此来达致“贵贱有等，衣服有制，朝廷有位，乡党有序，则民有所让而不敢争”[1]164的社会和谐。通过防微杜渐，来避灾远祸。

在董仲舒看来，君王是引导社会荣辱评价的核心，所谓“君人者，国之元，发言动作，万物之枢机。枢机之发，荣辱之端也。失之豪厘，驷不及追”。[1]118 基于此，董仲舒对君王提出具体要求，即“为人君者，谨本详始，敬小慎微，志如死灰，形如委衣，安精养神，寂寞无为，休形无见影，揜声无出响，虚心下士，观来察往，谋于众贤，考求众人，得其心，遍见其情，察其好恶，以参忠佞，考其往行，验之于今，计其蓄积，受于先贤，释其雠怨，视其所争，差其党族，所依为臬，据位治人”[1]118。只有率先做到了见微知著，防患未然，君王才能保证长治久安，不会遭到篡弑和颠覆。在《春秋繁露·王道》中，董仲舒举了大量历史实例，来说明“未有去人君之权，能制其势者也；未有贵贱无差，能全其位者也；故君子慎之”[1]81 的道理。作为君王，必须见于纤毫之变，而加以应对，以此来维护等级秩序，维护君主权威。这不仅是君王统治国家的枢机和关键，更是决定政权稳定与否、个人存亡荣辱的发端和征兆。

董仲舒对社会荣辱评价问题能够辩证看待，而不是僵化地、片面地划分荣辱鸿沟。在他看来，不仅“恶无故自来，君子不耻”[1]6，而且“君子不耻其困，而耻其所以穷”[1]6—7。值得注意的是，董仲舒还将戒慎、敬畏、荣辱与智慧关联起来，他把“义不讪上，智不危身。

故远者以义讳，近者以智畏。畏与义兼，则世逾近而言逾谨矣”视为“用则天下平，不用则安其身”的“《春秋》之道”。[1]9

四、仁智观：董仲舒德福思想的实践理性

说到智慧，在董仲舒的语境中，智（即知）是与仁紧密相连的，而且仁和智也是董仲舒指导人社会实践以修德致福的圭臬。

在《春秋繁露·必仁且智》中，董仲舒开宗明义指出：“莫近于仁，莫急于智。”[1]183 在董仲舒看来，“不仁而有勇力材能，则狂而操利兵也”；“不智而辩慧狷给，则迷而乘良马也”[1]183。如果一个人不仁不智却有才能，则“适足以大其非，而甚其恶耳”。[1] 183。什么是仁？董仲舒认为“憯怛爱人，谨翕不争，好恶敦伦，无伤恶之心，无隐忌之志，无嫉妒之气，无感愁之欲，无险诐之事，无辟违之行”[1]184 是为仁。仁人必然“其心舒，其志平，其气和，其欲节，其事易，其行道，故能平易和理而无争也”[1]184。至于什么是智，董仲舒主张“先言而后当”[1]185 是为智，具体而言，“凡人欲舍行为，皆以其智先规而后为之。其规是者，其所为得其所事，当其行，遂其名，荣其身”[1]185。能做到智，必然如汤武那样“利而无患，福及子孙，德加万民”[1]185；反之，“其规非者，其所为不得其所事，不当其行，不遂其名”，则必然“辱害及其身，绝世无复，残类灭宗亡国”[1]185。因此，董仲舒在仁与智二者之间，一再强调和凸显智，所谓“莫急于智”。“智者见祸福远，其知利害蚤”[1]185。显然，董仲舒继承了贾谊的“深知祸福谓之知”[8] 的观点，把智与预见性结合起来，以此避祸得福。

作为儒学思想巨擘，董仲舒的《春秋繁露》中多有对仁的高扬。就像在《必仁且智》中将仁与智联系起来一样，在《仁义法》中，又将仁与义联系在一起。其曰：“仁者，人也，义者，我也。”[1]180 “所以治人与我者，仁与义也；以仁安人，以义正我。”[1]176 “仁之法在爱人，不在爱我；义之法在正我，不在正人。”[1]176 董仲舒之所以强调仁义区别，表面看是“纪人我之间”“辨乎内外之分”“著于顺逆之

处”[1]180，其最终落脚点则在于“内治反理以正身，据礼以劝福，外治推恩以广施，宽制以容众”。[1]180金春峰认为，在这里董仲舒“强烈地表现出孔孟强调道德的主体精神的特点”[9]。而道德主体精神凸显的就是个体通过道德修养而达致正身劝福的现实目的。

与义利观、德福观一样，董仲舒的仁道观也来自天道。《春秋繁露·俞序》曰：“仁，天心。”[1]113《春秋繁露·王道通三》亦曰：“仁之美者在于天。”[1]235其依据是天具有“覆育万物”“化而生之”“养而成之”的“无穷极之仁”，[1]235所以受命于天的人也有“父兄子弟之亲”“忠信慈惠之心”“礼义廉让之行”“是非逆顺之治”[1]236等仁义道德。

仁作为一种道德表现在方方面面，比如待人宽容则为仁恕，所谓“功及子孙，光辉百世，圣人之德，莫美于恕”[1]113。仁恕能为人换来光耀门楣、彪炳千秋的荣耀。再比如，仁体现在爱人上，所谓爱人者人恒爱之。在儒家民本主义语境中，爱人主要体现为爱民，是一种以统治者为主体的政治道德。“王者，民之所往；君者，不失其群者也”[1]86，君王如果能做到爱民，则“能使万民往之，而得天下之群者，无敌于天下”。反之，则“独居不同群，遭难莫之救”，“诈尽力竭，祸大及身”，最终必然招致败亡[1]86。董仲舒还引用子夏的观点，进一步重申“《春秋》重人，诸讥皆本此。或奢侈使人愤怨，或暴虐贼害人，终皆祸及身”[1]113的道理。概言之，“《春秋》之法，凶年不修旧，意在无苦民尔；苦民尚恶之，况伤民乎！伤民尚痛之，况杀民乎！故曰：凶年修旧则讥，造邑则讳。是害民之小者，恶之小也；害民之大者，恶之大也。今战伐之于民，其为害几何！”[1]33

正如前文所述，董仲舒的仁是与智密切联系的，所谓“爱人之大者”[1]113的“仁”，“莫大于思患而豫防之”[1]113的“智”。只有防患于未然，做到“怨人不可迩，敌国不可狎，攘窃之国不可使久亲”[1]113，才能保境安民，“为民除患”[1]113。智主要体现在见微知著，防微杜渐，所谓“其知利害蚤，物动而知其化，事兴而知其归，见始而知其终，言之而无敢哗，立之而不可废，取之而不可舍，前后不相悖，终始有类，思之而有复，及之而不可厌”[1]185。在《春秋繁露·二端》中，董仲舒指出要重视“小大微著之分”，“夫览求微细于无端之处，诚知小之将为大也，微之将为著也”[1]108。在“吉凶未形”[1]108之时，先见其征而预防之。所谓“贵微重始、慎终推效”[1]109就是在乱象未萌和初发之时，察其“悖乱之征”[1]108，而预先采取“修身审己”[1]109、发明善心等措施，使“小者不得大，微者不得著”[1]108。

《春秋》中因不智而得祸遭灾的反面例子很多。在《春秋繁露·王道》中，董仲舒列举了吴王夫差、晋灵公、晋献公、楚平王、晋厉公、陈侯佗、宋闵公、虞公等事例，说明专断无礼、暴虐残酷、骄奢淫逸、嫉妒狭隘、贪得无厌等均为不智的行为，必然遭致“宗庙破毁，社稷不祀，身死不葬”[1]80的悲惨下场。进而通过“观乎蒲社，知骄溢之罚；观乎许田，知诸侯不得专封；观乎齐桓、晋文、宋襄、楚庄，知任贤奉上之功；观乎鲁隐、祭仲、叔武、孔父、荀息、仇牧、吴季子、公子目夷，知忠臣之效；观乎楚公子比，知臣子之道，效死之义；观乎潞子，知无辅自诅之败；观乎公在楚，知臣子之恩；观乎漏言，知忠道之绝；观乎献六羽，知上下之差；观乎宋伯姬，知贞妇之信；观乎吴王夫差，知强凌弱之报，观乎晋南太公，知逆理近色之过；观乎楚昭王之伐蔡，知无义之反；观乎晋厉之妄杀无罪，知行暴之报；观乎陈佗、宋闵，知妒淫之祸；观乎虞公、梁亡，知贪财枉法之穷；观乎楚灵，知苦民之壤；观乎鲁庄之起台，知骄奢淫泆之失；观乎卫侯朔，知不即召之罪；观乎执凡伯，知犯上之法；观乎晋郤缺之伐邾娄，知臣下作福之诛；观乎公子翚，知臣窥君之意；观乎世卿，知移权之败”[1]81等正反两方面例子，说明知史明智、避灾远祸的道理。在董仲舒看来，“明作哲，哲者，知也。王者明，则贤者进，不肖者退，天下知善而劝之，知恶而耻之矣。”[1]293作为统治者，就要聪明睿智，知人善用，所谓“任贤臣者，国家之兴也”，如“知之不能任”，则“大者以死亡，小者以乱危”[1]66。

此外，除了天道观、义利观、荣辱观、仁智观等，更化观、经权观、常变观等也从方法论层面，为董仲舒的德福思想注入了内在张力。如说到常变观和经权观，董仲舒一方面提出“《春秋》之道，固有常有变，变用于变，常用于常，各止其科，非相妨也”[1]37“《春秋》有经礼，有变礼”[1]50；另一方面主张权变也要在符合常理和道德的范围之内，所谓“权虽反经，亦必在可以然之域。不在可以然之域，故虽死亡，终弗为也”[1]54。也就是说，“行权虽然违背常道，但其最终目的和结果应是符合道义的，这样的行为才叫做‘权’”[10]。董仲舒的经权常变思想往往与德福荣辱等思想紧密联系。他曾以逄丑父以诡术权诈从战场上搭救齐顷公为例，说明权变的基本准则，所谓“丑父欺而不中权，忠而不中义”[1]42，其行为根本算不上权。在董仲舒看来，逄丑父当时在战场上应该对齐顷公说：“君慢侮而怒诸侯，是失礼大矣。今被大辱而弗能死，是无耻也而复重罪。请俱死，无辱宗庙，无羞社稷。”[1]42如果能做到这点，“虽陷其身，尚有廉名。当此之时，死贤于生。故君子生以辱，不如死以荣，正是之谓也”[1]42。同样，齐顷公也应该像曾子所谓的“辱若可避，避之而已。及其不可避，君子视死如归”[1]42。董仲舒通过批评齐顷公和逄丑父违背“经常”原则的“权变”行为，进一步说明了经权、常变与荣辱祸福的关系，所谓“善善恶恶，好荣憎辱，非人能自生，此天施之在人者也……天施之在人者，使人有廉耻。有廉耻者，不生于大辱”。[1]42同样，更化观也与德福思想紧密相连。董仲舒用发展眼光指出，不论是琴瑟不调还是为政不行，都提示统治者该更化了。董仲舒反对“当更化而不更化”[2]2505的故步自封，主张与时俱进，“更化则可善治，善治则灾害日去，福禄日来”[2]2505。董仲舒反对僵化固执，认为如果不根据社会发展而及时更化，则无法实现善治，并因此而造成灾害，远离福禄。只有根据时代变化，及时进行更化，才能实现善治，祛除灾害，迎来福禄。

总而言之，董仲舒的德福思想是一个完整的有机整体，是在天人感应的天道本体论基础上内在自洽的道德报应体系。在董仲舒看来，遵守三纲秩序，践行仁、义、礼、智、信等五常道德，必然会得到福报。这种福报对于统治集团而言，就是长治久安，江山永固。对于广大社会个体成员而言，就是远离刑戮、灾荒，实现自身和家族的发展。董仲舒希望通过宣扬修德致福，使人们敬畏天道和阴阳，重视灾异谴告，遵守等级尊卑秩序，缓和阶级矛盾和冲突，实现社会和谐。

参考文献：

［1］曾振宇、傅永聚注. 春秋繁露新注［M］. 北京：商务印书馆，2010.

［2］汉书［M］. 北京：中华书局，1962.

［3］参见林存光主编. 中国政治思想通史（秦汉卷）［M］. 北京：中国人民大学出版社，2014 ：173.

［4］参见沈善洪、王凤贤. 中国伦理思想史（上）［M］. 北京：人民出版社，2002：392.

［5］参见徐复观. 两汉思想史（第二卷）［M］. 上海：华东师范大学出版社，2001：242.

［6］陈少峰. 中国伦理学史（上册）［M］. 北京：北京大学出版社，1996：158.

［7］参见罗国杰. 传统伦理与现代社会（增订本）［M］. 北京：中国人民大学出版社，2018：305.

［8］贾谊集［M］. 上海：上海人民出版社，1976：138.

［9］金春峰. 汉代思想史［M］. 北京：中国社会科学出版社，1987：196.

［10］刘文英. 中国哲学史（上卷）［M］. 天津：南开大学出版社，2002：263.

原载于《衡水学院学报》2022 年第 2 期。

桑东辉（1968—）男，黑龙江哈尔滨人，黑龙江大学哲学学院客座教授，哲学博士。

董仲舒依《春秋》“大义”对儒家“义”的发挥

宋冬梅

皮锡瑞在《经学家法讲义》中称：“董子传《公羊》，《春秋繁露》所载，皆言经义，且皆与《公羊传》合。是董子之于经学，尤为专门名家。”①

董仲舒以研究《春秋公羊传》著名而成为汉代“儒者宗”。儒者，博学于六艺之文。作为儒者宗，董仲舒一方面以传述六经而“祖述尧舜，宪章文武”，接续文化道统；另一方面以《春秋》“假经设义”，与时偕行，顺时就势，对经典进行时代性诠释，同时注入新的文化理想。

董仲舒解《春秋》，重视“义”范畴，而且重视总结、汇集、解构和创新前贤的思想精髓。作为儒者，董仲舒论“义”，固然与儒家六经、《论语》《孟子》《荀子》等有着思想渊源关系，但他更强调“义出于经”，从其学术背景看，其“义”思想主要本于《春秋》，秉承《公羊传》理路。本文梳理董仲舒论“义”的三个方面，以求教于方家。现分述如下：

---

① 皮锡瑞：《经学家法讲义》，湖南思贤书局，1907年，第11页。

一、以《春秋》“大义”维护“大一统”：“立义定尊卑之序”，“立义以明尊卑之分”

孔子作《春秋》，《春秋》寓“尊王”大义，《公羊传》则由《春秋》“尊王”推出“大一统”，至董仲舒又进一步发挥：“《春秋》大一统者，天地之常经，古今之通谊也。”①

董仲舒发挥《春秋》“大义”，首先用于维护集权“大一统”。《春秋繁露·正贯》第十一（以下引用仅书篇名）曰：

> 《春秋》，大义之所本耶？六者之科，六者之旨之谓也。然后援天端，布流物，而贯通其理，则事散其辞矣。故志得失之所从生，而后差贵贱之所始矣。论罪源深浅，定法诛，然后绝属之分别也。立义定尊卑之序，而后君臣之职明矣。载天下之贤方，表谦义之所在，则见复正焉耳。②

《盟会要》第十，也论述：《春秋》“立义以明尊卑之分，强干弱枝以明大小之职；别嫌疑之行，以明正世之义；采摭讬意，以矫失礼”③。这些都是从《春秋》中发掘出来的“大一统”之义，核心是“强干弱枝以明大小之职”。其“立义定尊卑之序”，“立义以明尊卑之分”，都具有以礼义区分上下等级之分，区分君臣、君民之义的规定。

就君臣、父子之义而言，《玉杯》第二曰：“父不父则子不子，君不君则臣不臣”④，此说与《论语·颜渊》篇中孔子讲的“君君，臣臣；父父，子子”的观点是一致的，即承认君臣、君民各司其职且相互对待的关系。但在《玉杯》第二又说：“屈民而伸君，屈君而伸天，《春秋》之大义也。”这一由《春秋》而来的“屈民伸君”的君民之

---

① 班固撰，颜师古注：《汉书》卷五六《董仲舒传》，中华书局，1962 年，第 2523 页。

② 苏舆撰，钟哲点校：《春秋繁露义证》，中华书局，1992 年，第 143 页。

③ 苏舆撰，钟哲点校：《春秋繁露义证》，第 143 页。

④ 苏舆撰，钟哲点校：《春秋繁露义证》，第 34 页。

义，是董仲舒的发明。“屈民而伸君”，客观上讲民的地位本是屈，君的地位本是伸，对此若任其自然，不加礼义约束，或者用人为的措施，再加刑法刑罚之类，使客观的“民屈君伸”进一步强化，其结果可能导致国家覆灭，历史上秦亡是一例证。从汉初至董仲舒之世的社会共识可知，此间思想家主张以“仁义礼义治民”思想，其仁、义、礼无不包括“抑君而伸民”的内容，所以董仲舒发挥《春秋》“大义”之君民观念，先秦儒家爱民、伸民的传统明显地流露其中。《春秋繁露考证》谓《春秋繁露》：“此书之大旨在乎仁义，仁义在乎阴阳。”①即是本于此而立论。

从汉初七十余年思想界对礼义作用认识的背景看，董仲舒的“君民之义”殆与贾谊的礼观念有思想渊源关系。贾谊认为，君民关系就政治的权势而言是君尊民卑，也可说是民屈而君伸；就最终的社会力量而言，则是民强而君弱。礼的作用，就是守尊卑之经，别强弱之称，即维持君尊民卑、民强君弱二者关系的平衡。社会无尊卑之序，固然不行；但实际政治中往往是“尊卑之经”过度，破坏了“强弱之称”，“强”者的利益被忽视，因此需用礼义来调节。贾谊依“礼”道出了儒家礼义的根本作用，也说出了礼义为什么要“抑君伸民”的最终根据。

董仲舒“屈民而伸君，屈君而伸天”的“君民之义”，与贾谊的君民思想有一贯性，是贾谊主张的具体化。“屈民而伸君”可以说是“守尊卑之经”；“屈君而伸天”可以说是守“强弱之称”。董仲舒提出，《春秋》大一统是“天经地义”，这里的“天”与贾谊的“礼义”作用是一样，都是维护君尊民卑、民强君弱二者关系的平衡。但董仲舒的“天”和当时人们思想中的“天”是一种对人有巨大威慑力的存在，礼义则逊色于这种力量。另外，董仲舒的“天”把“民强君弱”这一个理论存在变成了思想中的现实存在。《尧舜不擅移、汤武不专杀》第二十五曰：

① 苏舆撰，钟哲点校：《春秋繁露义证》附录二《春秋繁露考证》，第506页。

天之生民，非为王也，而天立王以为民也。故其德足以安乐民者，天予之；其恶足以贼害民者，天夺之。①

董仲舒在这里引述了“天从民欲”的古训，在经历了强秦速亡不久的西汉前期的君主看来，这句话不是迂腐之论，而是有很强的现实警示力。经此转换，董仲舒一句“屈君而伸天”，就以一种准宗教的形式把“民强君弱”理念变成了一种可感知的存在，昭示在人主面前。若此论有现实可资鉴，那么“屈民而伸君，屈君而伸天”这一君民关系的“大义”，其中“屈民”是虚悬的，“屈君”才是“天”之初衷。董仲舒把贾谊“礼义者，守尊卑之经，强弱之称者也”的理论具体化，是为了突出“抑君爱民”的基本原则。历史上的统治者及后世俗儒治国，恰恰把董氏的这一君民关系的“大义”倒过来，将“屈民”“屈君”虚实变换，是否有悖于“天经地义”以及儒者初衷?

董仲舒发挥“大一统”精神，以阴阳喻君臣之义，君为阳，臣为阴。阳尊阴卑，故而君尊臣卑。这是战国秦汉流行的观点，但董仲舒对它做了新的解释。《精华》第五曰：

难者曰：“大旱雩祭而请雨。大水鸣鼓而攻社，天地之所为，阴阳之所起也。或请焉，或怒焉者何?”曰：“大旱者，阳灭阴也。阳灭阴者，尊厌卑也，固其义也。虽大甚，拜请之而已，敢有加也。大水者，阴灭阳也。阴灭阳者，卑胜尊也。日食亦然，皆下犯上，以贱伤贵者，逆节也，故鸣鼓而攻之，朱丝而胁之，为其不义也。此亦《春秋》之不畏强御也。故变天地之位，正阴阳之序，直行其道而不忘其难，义之至也。是故胁严社而不为不敬灵，出天王而不为不尊上，辞父之命而不为不承亲，绝母之属不为孝慈，义矣夫!②

此论，从处理旱、涝不同术而论及“以义断阴阳”，以至于君臣、父子关系。董仲舒将尊卑、贵贱与价值判断连在一起，由之而推出君绝对尊于臣的“君臣之义”，这是他的“君臣之义”的一个特点。如

① 苏舆撰，钟哲点校：《春秋繁露义证》，第220页。
② 苏舆撰，钟哲点校：《春秋繁露义证》，第85—87页。

《阳尊阴卑》第四十三曰："《春秋》君不名恶，臣不名善；善皆归于君，恶皆归于臣，臣之义。"此"臣之义"及其"三纲"说，都可说是董仲舒上述的阳灭阴，尊厌卑为"义在君臣、父子之伦"的具体化。这和孔子的伦理，尤其是君臣之义乃相互对待的观点相径庭，但也与孔子的君臣之义有相通处。

董仲舒认为卑胜尊为"不义"，对"不义"者，如水灾，要"怒焉"，"鸣鼓而攻之"。尊厌卑"为义"，对"为义"，如旱灾，因其尊压卑"大甚"，故要"拜请"，尊之一方回归于尊者之正位，使尊卑各得其位，而且要敢于要求尊者这样做，"敢有加也"，即是此意。这就是"《春秋》之不畏强御"。由是而论，义就不是专门维护尊者，如君、父一方权利的人伦规范，而是保护尊卑双方"各守其位"的原则，"直行其道"以"正阴阳之序"，而且要"不忘其难"以"正"之，方可为"义之至也"。同时，以义正人之难，莫难于以义正君。具体的，"出天王而不为不尊上，辞父之命而不为不承亲"，就是"不忘其难"以义正君正父之例。这样一来，处于卑下之位的臣子，当君、父行为悖义时，又以不服从君父为义。这又回到了孔子的"从义不从君"的原则，这也是董仲舒"君臣之义"的基本内容。

现举《左传》中的例子，帮助我们理解董仲舒的"君臣之义"之"从义不从君"原则。《左传》成公二年记录的齐晋鞌之战，齐君将被晋将郤克虏获时，齐逄丑父伪装齐君，使齐君得以逃脱。当时人们认为逄丑父代君受难赴死是节义之臣。董仲舒却认为逄丑父事君不义，认为逄丑父此举是"邪道，虽能成之，《春秋》不爱"。《竹林》第三曰：

> 《春秋》以为人之不知义而疑也，故示之以义。曰国灭君死之，正也。正也者，正于天之为人性命也。天之为人性命，使行仁义而羞可耻，非若鸟兽然，苟为生，苟为利而已。是故《春秋》推天施而顺人理，以至尊为不可以加于至辱大羞，故获者绝之。以至辱为亦不可以加于至尊大位，故虽失位弗君也。已反国复在位矣，而《春秋》犹有不君之辞，况其溷然方获而虏邪。其于义也，非君定矣。若非君，则丑父何权矣。故欺三军为大罪于

晋，其免倾公为辱宗庙于齐，是以虽难而《春秋》不爱。丑父大义，宜言于顷公曰："君慢侮而怒诸侯，是失礼大矣。今被大辱而弗能死，是无耻也而复重罪。请俱死，无辱宗庙，无羞社稷。"如此，虽陷其身，尚有廉名。当此之时，死贤于生。故君子生以辱，不如死以荣，正是之谓也。由法论之，则丑父欺而不中权，忠而不中义，以为不然？复察《春秋》。①

君子以天施之在人者听之，则丑父弗忠也。天之施在人者，使人有廉耻。有廉耻者，不生于大辱。大辱莫甚于去南面之位而束获为虏也。曾子曰："辱若可避，避之而已。及其不可避，君子视死如归。"②

董仲舒依据《春秋》而发的这段大义之论，涉及"君臣之义"有三：一是，为君之义，包括国灭君死之为义；君遭大辱，如"束获为虏"者，不死为不义。于义而言，遭大辱之君，就不复是君了；其不死为不义，复位为君更是不义。二是，为臣之义，要匡扶君谨守君之正位，知荣辱，有廉耻，当君遭受"去南面之位而束获为虏"的大辱时，要谏君，请君与自己一道赴死，以"无辱宗庙，无辱社稷"，无辱人君之位。三是，以"为臣之义"论，逢丑父代君赴死，其行为"不中权""不中义"，亦"弗忠也"。从这三点通观，可知董仲舒的君尊臣卑的君臣之义，竭忠事君的为臣之义，其要旨都是强调要"从义不从君"。在君权较弱的春秋战国时期，"以义事君"尚属不易，在大一统专制皇权横决天下的汉武帝时代，"从义不从君"更不啻是冒死犯难。因此，董仲舒据《春秋》而立的为君之义，特别强调"君君"，君要像君。臣之义则以名节、视死如归为至要。明乎此而可推知，如《竹林》第五曰，"《春秋》之不畏强御"，"出天王而不为不尊上"，把"正阴阳之序，直行其道，而不忘其难"，视为"义之至也"，也就是义的最高境界，是君臣之义中的名节，体现了儒家意欲"纳君权于仁义轨道"的儒者精神。

① 苏舆撰，钟哲点校：《春秋繁露义证》，第61—62页。

② 苏舆撰，钟哲点校：《春秋繁露义证》，第63页。

由此可知，董仲舒的君臣之义，其尊君内涵较孔孟君臣之义更现实、更浓烈，这体现了当时《春秋》“大一统”“强干弱枝”的社会要求，同时仍固守先秦儒家“从义不从君”的传统。

二、以《春秋》“大义”论“仁义之法”：“以仁安人，以义正我”

董仲舒阐发《春秋》“大义”最透彻且最有创造性的，当推《仁义法》。《仁义法》第二十九，开篇曰：

> 《春秋》之所治，人与我也。所以治人与我者，仁与义也。以仁安人，以义正我，故仁之为言人也，义之为言我也，言名以别矣。①

“言名以别”，分别说，仁从人从二，义（義）从善从我，故从字形可推知，仁是言人的，义是言我的。先秦儒家谈仁义，《论语》中仁义分说，未见做一个词用；《孟子》多仁义并用，而且仁义可作一个词用；其后仁义两字分说、合说并行通用。无论分合，但都未把仁义的对象、作用做严格区分。先秦以来，对二者做严格区分的是董仲舒。他认为这种区分，非常重要，而众人对此却全然不察，由之引发出无穷弊害。董仲舒将仁义区分来讲，首先强调仁在爱人、不在爱我，这是符合儒家思想的，他说：“人不被其爱，虽厚自爱，不予为仁”，即只爱自己，不爱别人，任何儒家都不会承认他是仁者。其次强调“义在正我”，也有训诂上的根据。《释名》曰：“義，宜也。裁制事物，使各宜也。”裁制事物，即正事物，使事事物物各有规矩，各具其本质。在治理民众方面，训义为正，《礼记·乐记》曰：“仁以爱之，义以正之，如此则民治行矣。”墨子也讲：“义者，正也。”另外，训义为我，从字形上说，古体“義”中下有“我”字。《说文解字》将义字列在“我”部；还有，义和我，古音都读作“俄”，可以

① 苏舆撰，钟哲点校：《春秋繁露义证》，第249页。

相通，训诂之旨，本于声音。义，训为我，实为达诂。总之，从汉字训诂上说，董仲舒训义为正、为我、为宜，“义者，谓宜在我者”，“言义者，合我与宜以为一言”，“义之为言，我也”，“以义正我”，“义者，我也”，“义之法，在正我”等等，都是有根据的。《仁义法》第二十九曰：

仁之于人，义之于我者，不可不察也。众人不察，乃反以仁自裕，而以义设人。诡其处而逆其理，鲜不乱矣。是故人莫欲乱，而大抵常乱。凡以闇于人我之分，而不省仁义之所在也。是故《春秋》为仁义法。仁之法在爱人，不在爱我。义之法在正我，不在正人。我不自正，虽能正人，弗予为义。人不被其爱，虽厚自爱，不予为仁。①

董仲舒论“仁义法”，是对孔子仁义观念流行以来其社会实际效果，特别是其异化现象的概括。高尚的道德观念，落实到现实社会中，有可能会发生不同程度的变形，甚至会变成残酷的现实。董仲舒认为，在当时社会仁义之所以会走向其反面，关键在人们，“以仁自裕，而以义设人”。“以仁自裕”者，必然使人打着爱人的幌子，爱已而不爱人，以至于损人利己；“以义设人”者，则是以义正人、责人，义也就成了一些人，尤其是统治者、特殊阶层盘剥百姓的武器，控制下层民众的理论武器和精神枷锁。如众人不察，而倒行逆施，“诡其处而逆其理”，“闇于人我之分”，那么这就背离《春秋》的“仁义”精神。《仁义法》第二十九曰：

义云者，非谓正人，谓正我。虽有乱世枉上，莫不欲正人。奚谓义？②

董仲舒举例楚灵王讨伐陈蔡两国之贼，齐桓公囚禁陈国袁涛涂，阖庐正楚蔡之难。他们的行为，都是以义“正人”，“义”发挥了正人的作用。然而《春秋》不予，不得为义者，我不正也。这里的《春秋》是指《春秋公羊传》之意，现以齐桓公执袁涛涂为例，来看董仲

① 苏舆撰，钟哲点校：《春秋繁露义证》，第250—251页。

② 苏舆撰，钟哲点校：《春秋繁露义证》，第253页。

舒所言的“我不正”。

《公羊传》僖公四年所记，齐桓公与楚屈完会盟后，打算经陈国回师返齐。陈国袁涛涂看到齐军军纪不整，齐军经过陈国必有骚扰，于是建议齐桓公沿滨海而归。桓公从其言，结果齐军陷于沛泽之中，于是桓公囚禁袁涛涂。《公羊》认为，袁涛涂为自己国家利益说话，本无罪。齐桓公不检讨军纪，“不正我”，却以义正袁涛涂，谓其有罪。这就是“身不正也”，却以义正人的现实例子。而以义正我的例子，则有“潞子之于诸侯，无所能正，《春秋》予之有义，其身正也”[①]，此例史称赤狄潞国君主潞子，去离夷狄之俗，欲归中国之义，晋人伐潞，“中国不救”，致使不当亡者而亡矣。《公羊传》宣公十五年记载这件事，并评价：“潞子之为善也，躬足以亡尔，虽然，君子不可不记也。”（《春秋公羊传·宣公十五年》）“躬足”，即躬身行义。

董仲舒援引正反两方面的事例，在于说明“义”之所在，“义之所正”。潞子躬身行义，以义正已，而非施之诸侯，虽亡，但“其正身”，《春秋》仍“予之有义”。而齐桓公不躬身行义，不以义检讨自已、不以义正已，却用义来正人。这就是“身不正”，“不得为义”。此类行为即为“我无之而求诸人，我有之而诽诸人”的典型，意思是我自已不知义不行义，却要求人行义；我急于求利，却责备人求利，别人自然不能接受，这违背了忠恕之道，人情常理。从孔子的“忠恕之道”，到董仲舒的“以义正我”，之所以都强调义需躬行、从正已始，固然有情理层面的根据，但更有义存身处的伦理道德要求。不以义正我，义则不存于我身；以义正人，人又不能接受，故义亦不存于人身。人、已之身皆不存义，义之根本处，何以落脚？这是“以仁安人，以义正我”理论上的关键处。

《仁义法》不仅强调要“以义正我”，而且还提出了“以义正我”的路径与方法。《仁义法》第二十九曰：

> 义者，谓宜在我者。宜在我者，而后可以称义。故言义者，

---

① 苏舆撰，钟哲点校：《春秋繁露义证》，第253页。

合我与宜，以为一言。以此操之，义之为言我也。故曰有为而得义者，谓之自得；有为而失义者，谓之自失。人好义者，谓之自好；人不好义者，谓之不自好。以此参之，义，我也，明矣。①

在这里，为行义者提供了一个确切的理论依据。《中庸》曰："义者，宜也。"《说文》"义"字条曰："义，已之威仪也，从我从羊。"董仲舒由"义，从我"，推出，义者我也，并与"义者，宜也"之"宜"相合，谓"宜在我者"谓之义。这样，"义"自其主体、作用范围言是"我"，自其内涵言则是"宜"，即适宜合理。故义，就是兼括"我"与"宜"二者，或者说"我"与"宜"在这里实乃异名同谓，皆是指称"义"。所以董仲舒论"义"，一方面继承了儒家传统的"义者，宜也"旧训，一方面又大大缩小了"义"的作用对象与范围。具体地说，就是把其前的"人之宜"变为"宜在我者"。"宜在我者"，使"义"的作用范围变得明确具体，即躬身行义，自己的行为合义，义就存之于我身，义就无需外人授予，可以也应该靠"有为""自好"而"自得"。反之，不为则不自得，不加身。"有为"而"自得"的方法，就是"内治反理以正身"。《仁义法》第二十九曰：

义与仁殊。仁谓往，义谓来，仁大远，义大近。爱在人谓之仁，义在我谓之义。仁主人，义主我也。故曰仁者人也，义者我也，此之谓也。君子求仁义之别，以纪人我之间，然后辨乎内外之分，而著于逆顺之处也。是故内治反理以正身，据礼以劝福。外治推恩以广施，宽制以容众。孔子谓冉子曰："治民者先富之，而后加教。"语樊迟曰："治身者，先难后获。"以此之谓治身之与治民，所先后者不同焉矣。《诗》曰："饮之食之，教之诲之。"先饮食而后教诲，谓治人也。又曰："坎坎伐辐，彼君子兮，不素餐兮。"先其事，后其食，谓治身也。《春秋》刺上之过，而矜下之苦，小恶在外弗举，在我书而诽之。凡此六者，以仁治人。义治我，躬自厚而薄责于外，此之谓也。且《论》已见之，而人

① 苏舆撰，钟哲点校：《春秋繁露义证》，第253—254页。

不察，曰君子攻其恶，不攻人之恶。不攻人之恶，非仁之宽与？自攻其恶，非义之全与？此谓之仁造人，义造我。何以异乎？故自称其恶谓之情，称人之恶谓之贼；求诸己谓之厚，求诸人谓之薄；自责以备谓之明。责人以备谓之惑。①

董仲舒从“义与仁殊”入手，凸现“以义正我”的要旨在于“内治反理以正身”。这里讲以理正身的“内治”包括两方面：一是在治身与治人时，要严以责己，宽以待人，董仲舒在这里引孔子和《诗经》之语，都是说明这个道理。治民要先富后教，先解决温饱问题而后教化，这就是“外治推恩以广施，宽制以容众”，就是仁；治身要先难后获，先事后利，这就是“内治反理以正身”，就是义。二是要“自攻其恶”。董仲舒说，《论语》“君子攻其恶”，即君子批判自己的过错，这就是“内治”，亦是“义之全”。又说，《春秋》之义在是小恶在“外”不举，在“我”而书且讳之，“我”指鲁国，“外”指其他诸侯国。《春秋》记事，于鲁国，小恶必书，其他国家，大恶始笔。董仲舒引用这两则材料，意在说明“以义正我”，就要“自攻其恶”，之所以要“自攻其恶”，一是只有正我，方可正人；二是只有以义“自攻其恶”，加之严己宽人，方可使义存活于己身，用他自己的话说，就是“义造我”，用义塑造一个全新的我。

董仲舒把“义者，宜也”，“谊人所宜也”，转变为“义者，谓宜在我者”，“义在我谓之义”。这一义观念的更新转换，不仅使义的对象、范围及其行义的路径等更为明确具体，对义观念的发展更具有方法论意义。即从理论上澄清了义在正人、正我方面所存在的认识混乱，传统的“义者，宜也”，对仁义之异和义作用的对象与范围未作严格的人、我区分，这也在客观上为一些人以义正人、以行义之名而遂其私提供了理论上的说辞。

董仲舒继承了先秦儒家，尤其是孔子孟子“正义”的思想。孔子提出：“政者，正也。子帅以正，孰敢不正？”（《论语·颜渊》）“其身

① 苏舆撰，钟哲点校：《春秋繁露义证》，第254—256页。

正，不令而行；其身不正，虽令不从。”（《论语·子路》）“不能正其身，如正人何?”（《论语·子路》）“上好礼，则民莫敢不敬；上好义，则民莫敢不服；上好信，则民莫敢不用情。”（《论语·子路》）孟子也说：“君仁，莫不仁；君义，莫不义；君正，莫不正。一正君而国定矣。”（《孟子·离娄上》）儒家一直是把统治者的自身正而好义的修养当作教化百姓的先决条件。特别是，董仲舒对义范畴的“义者，谓宜在我者”，“义在我谓之义”的再定义，对其后义观念的发展，尤其是对理学义观念的发展有着不可忽视的作用和影响。

三、以《春秋》“大义”论“义利之辩”：“利以养其体，义以养其心”，“正其谊不谋其利，明其道不计其功”

董仲舒的义利观，概括地说有两点：一是义利作用之“两养”，二是义利之辩之“正其谊不谋其利，明其道不计其功”。

首先，关于义利作用之“两养”的述论，《身之养重于义》第三十一曰：

> 天之生人也，使人生义与利。利以养其体，义以养其心。心不得义不能乐，体不得利不能安。义者心之养也，利者体之养也。体莫贵于心，故养莫重于义，义之养生人大于利。①

董仲舒分析了心、体、义、利之间的区别和联系，心、体构成一个完整的“人”，人不能没有心、也不能没有体，而“义以养其心”“利以养其体”，“心不得义不能乐，体不得利不能安”。义、利都是人所必需的，但二者又需权衡，因为“心”贵于“体”，所以“养心”之“义”就要贵于“养体”之“利”。

儒家自孔子开始，就已认识到义、利皆为人所有，《荀子·大略》更明确地说：“义与利者，人之所两有也。虽尧舜不能去民之欲利，

① 苏舆撰，钟哲点校：《春秋繁露义证》，第263页。

然而能使其欲利不克其好义也。虽桀纣亦不能去民之好义，然而能使其好义不胜其欲利也。”同时儒家又认为，义高于利。董仲舒上述义利“两养”的观点，就是对先秦儒家义利思想的强调和复述，但他为“义高于利”观点所提供的根据，则有自己的特点。《身之养重于义》第三十一曰：

> 奚以知之？今人大有义而甚无利，虽贫与贱，尚荣其行，以自好而乐生，原宪、曾、闵之属是也。人甚有利而大无义，虽甚富，则羞辱大恶。恶深，祸患重，非立死其罪者，即旋伤殃忧尔，莫能以乐生而终其身，刑戮夭折之民是也。夫人有义者，虽贫能自乐也。而大无义者，虽富莫能自存。吾以此实义之养生人，大于利而厚于财也。①

在这里，董仲舒“义重于利”的第一个根据，其核心是有义者“虽贫能自乐也”，“大无义者，虽富莫能自存”。由是推之，义利相比，义之所以更重要，就在唯有明义，才能有利。无义者，轻者“虽富莫能自存”，重者“非立死其罪者，即旋伤殃忧尔”，终逃不脱“刑戮夭折之民”的下场。因此，“忘义而殉利，去理而走邪”者，结果必是“贼其身而祸其家”。所以“义重于利”，其目的非但不是贱利，而恰是为取利避害，为了安人安民和守住财富的大利。因此，这里的“义”没有独立于利的自身的终极价值，故其“义之养生人大于利”的义利观是功利主义的。

“义重于利”的第二个根据是，利小，人易知；义大，人难明。董仲舒举例说，若把枣与金一同放在婴儿面前，婴儿必取枣而不取金。以一斤金与价值千万之珍珠，示野人，野人必弃珠而取金。之所以会出现这种舍大取小，舍贵取贱的现象，原因就在“物之于人，小者易知，其于大者难见也”。“今利之于人小而义之于人大者，无怪民之皆趋利而不趋义也，固其所闇也。”这里把民趋利而不趋义，归结为“固其所闇也”，即不明晓义的久而大的价值。这与孔子“君子喻

---

① 苏舆撰，钟哲点校：《春秋繁露义证》，第263—264页。

于义，小人喻于利”思想相近。但是，其所不同的是，孔子的“喻”于义或“喻”于利之别主要着眼道德水平之高下，而董仲舒则把它主要归结为人的认识和眼光。董仲舒的这一判断是有见地的，社会常识告诉我们，利于人的当下价值，显而易见；而义，尤其是义利不能得兼时，义于人的当下价值则很少，甚至是负面的。义大于利的价值，往往要在事后乃至很长时间方能显现，故一事当前能见到义大于利的价值，要有较深远的眼光方能及于此。因此，董仲舒说，利义于人的价值是“利之于人小而义之于人大”，并说“小者易知”，“大者难见”。而其谓义的价值大而难见，是导致人趋利不趋义的关键所在，这一判断亦有经验和根据。如许多人，只见到利对于人的价值，故一味求利，甚至见利忘义，积久必祸其身，以至于子孙，终而导致灾祸殃身。这种悲剧现象很普遍，人们把这种行为称之为目光短浅，也就是看不到义的大而久的价值。据是而论，导致人们见利忘义确实有认识方面的原因，当然也有道德缺失的原因。因此，董仲舒从认识层面探索人趋利而不趋义的原因，是从心胸和见识填补孔子“君子喻于义，小人喻于利”方面的不足。必须指出的是，董仲舒以“利小人易知、义大人难见”为据，谓“义之养生人大于利”。这一论断，不是纯粹道德判断，而是功利性评价，因为义难知难明，物以稀为贵、难为贵，故义的价值大于利。

其次，董仲舒提出的“正其谊不谋其利，明其道不计其功”①，许多学者认为董仲舒是重义而否定功利，其实不然；汉初至武帝时期，是一个充满着建功立业精神的时代，董仲舒也是一个强调事功，希望有所作为的人，另外他也强调“利”的作用。《王道通三》第四十四云：“天常以爱利为意，以养长为事，春秋冬夏皆其用也。王者亦常以爱利天下为意，以安乐一世为事，好恶喜怒而备用也。”②《汉书·董仲舒传》云：“夫仁人者，正其谊不谋其利，明其道不计其功，

① 班固撰，颜师古注：《汉书》卷五六《董仲舒传》，第2524页。

② 苏舆撰，钟哲点校：《春秋繁露义证》，第330页。

是以仲尼之门，五尺之童羞称五伯，为其先诈力而后仁谊也。”① 其意不是反对事功，不是反对谋利，而是呼吁当时的统治者以及正人君子都要“以义正我”，谨守尊卑之序，不能与民争利。《汉书·董仲舒传·天人三策》云：

> 夫天亦有所分予，予之齿者去其角，傅其翼者两其足，是所受大者不得取小也。古之所予禄者，不食于力，不动于末，是亦受大者不得取小，与天同意者也。夫已受大，又取小，天不能足，而况人乎！此民之所以嚣嚣苦不足也。身宠而载高位，家温而食厚禄，因乘富贵之资力，以与民争利于下，民安能如之哉！②
>
> 受禄之家，食禄而已，不与民争业，然后利可均布，而民可家足。此上天之理，而亦太古之道，天子之所宜法以为制，大夫之所当循以为行也。③

董仲舒主张把居官食禄，不与民争业，作为国家法制和士大夫基本行为准则。这种法制、准则当然合乎仁义之道，若用伦理道德语言来表述，即是“夫仁人者，正其谊不谋其利，明其道不计其功”。这里的“正其义”之“正”“义”的内涵，当以《仁义法》“以义正我”，“义之法在正我”之“正”“义”更为确切。故“仁人者”“正其义”，仅限于仁人者以义正其自身。至于仁人者治民，则要依“仁之法在爱人”，故要“外治推恩以广施，宽制以容众”，一句话，就是要以利民富民为先，为民谋利为首务。还需指出的是，“正其谊不谋其利，明其道不计其功”，这两句话所说的主体是“仁人者”，不涉及食“力”“末”之小人，而“受禄之家”则包括在内。“受禄之家”“正其义”的内容很多，但就财利而言，“食禄而已”则是其最基本的要求。把这一正面要求，变为禁止性的规定，就是“不食于力，不动于末”，“不与民争业”，更不允许“乘富贵之资力，以与民争利于下”。一言以蔽之，就是“不谋其利”。

---

① 班固撰，颜师古注：《汉书》卷五六《董仲舒传》，第2524页.
② 班固撰，颜师古注：《汉书》卷五六《董仲舒传》，第2520页。
③ 班固撰，颜师古注：《汉书》卷五六《董仲舒传》，第2521页。

总之，董仲舒讲的“正其谊不谋其利，明其道不计其功”，不是两事对举，而是“以义正我”的两种说法，即“正其谊”是正面规定，“不谋其利”是禁止性的规定；“明其道不计其功”，同理。《汉书·董仲舒传》中所引用的公仪子的事例可资证：

> 公仪子相鲁，之其家见织帛，怒而出其妻，食于舍而茹葵，愠而拔其葵，曰：“吾已食禄，又夺园夫红女利乎?”古之贤人君子在列位者皆如是。是故下高其行而从其教，民化其廉而不贪鄙。①
>
> 《易》曰：“负且乘，致寇至。”乘车者君子之位也，负担者小人之事也，此言居君子之位而为庶人之行者，患祸必至也。若居君子之位，当君子之行，则舍公仪休之相鲁，亡可为者矣。②

公仪休为鲁国相，回家见其妻织帛，怒而休其妻，吃饭时发现所吃的菜是自家种的，于是一生气就把园中的菜拔除。一般说来，丈夫为官，妻子在家织帛种菜，自食其力，以供家用，无可非议。公仪子却大为不然。其理由是，我有俸禄，一家人就应以我的俸禄为生，全家取利求财也当以我的俸禄为限。如在俸禄之外，再去谋利，如织布、种菜，就是抢夺农夫织女从业的饭碗。公仪休“已食禄”，是“正其谊”；其妻种菜织帛是“谋其利”；公仪休休妻拔葵，是“不谋其利”，即是“正其谊不谋其利”的例证。公仪休是董仲舒“正其谊不谋其利，明其道不计其功”君子形象的典型。公仪休，“以义正我”塑造出的这位廉政君子及其身上所闪耀的正义精神，当今仍是中华民族优秀传统文化极为宝贵的精神财富。

本文为“2021中国·衡水董仲舒与儒家思想国际研讨会暨中华孔子学会董仲舒研究委员会学术年会”提交的论文。

宋冬梅（1968—），女，山东曲阜人，尼山世界儒学研究中心·孔子研究院研究员，主要研究方向为中国儒学史与儒家义理等。

---

① 班固撰，颜师古注：《汉书》卷五六《董仲舒传》，第2521页。

② 班固撰，颜师古注：《汉书》卷五六《董仲舒传》，第2521页。

当代伦理视域中的主体价值抉择

——以董仲舒《春秋繁露》的“同类相动”与“仁—义—利”结构为论

王涵青

在儒家哲学范域中，向来不乏对于主体价值抉择的思考，其中的核心观点，即是从孔孟以来奠定的“仁—义—利”结构之论述。但在儒学发展史中的主流，是孟子到宋明儒的公义与私利、天理与人欲之别，先秦与宋明两端，为当代学者发展儒学理论的重要资源，相对于此，汉代宇宙论式的儒学体系，则容易被忽视。然近年来，对汉代儒学的关注逐步增长，其中董仲舒《春秋繁露》中关于“同类相动”的宇宙生发律则与“仁—义—利”结构的思考，当然亦可成为讨论主体价值抉择问题的资源。本文便以此为基础，对当代伦理视域中的主体价值抉择问题，进行开展。

一、以“同类相动”与“仁—义—利”结构为题材的几个理论困难

进入正面论述之前，对目前透过《春秋繁露》“同类相动”与“仁、义、利”等概念论述伦理学相关议题，在义理使用上可能需要面对的挑战，以及对“主体价值抉择”作为一当代伦理学议题，从儒家哲学视角切入与西方当代伦理学视域交融的可能性思考，需要先进

行一些理论困难的厘析。

首先，宇宙论式的儒学体系于当今科学世界观的思路下，有其理论限制。以董仲舒透过天人感应建构的宇宙图式来看，以“元”与“天”为基本预设而由“气”扩展为“阴阳、四时、五行”，再透过“同类相动”为运动生发历程之律则构成的宇宙论结构，虽然确立了人之主体在其中的特殊地位，“天德施，地德化，人得义。……人之绝于物而参天地”（《春秋繁露·人副天数》），“天地人，万物之本也。天生之，地养之，人成之”（《春秋繁露·立元神》）[①]，但就现代人而言，对于存有的根源性问题的探讨，势必难以透过“元”或“天”的概念与以解释，另外对于整体存在界运动生发历程之律则的归因，“同类相动”亦存在思考上会有“异类比附”的不科学性之质疑[②]，此些问题之分析笔者于“同类相动”为主题的文章中已有开展[③]，本文不再重复，但要提出一使用儒学宇宙论结构关联当代伦理学议题的讨论时必须思考的基本问题，也就是如何的看待以形上实体（譬如“元/天”）作为存有论之根源，亦为主体价值（仁义）之根源的问题。

次者，在董仲舒的“仁—义—利”结构中，又或者回到董仲舒的话语对象上，可明确知道在上位者（统治阶层）是整个理论体系中天人关系的关键，也是实践的主体。实则，先秦至汉代的儒家理论，其话语对象为最高的在上位者以及权力结构中的统治阶层，如董仲舒言：“天高其位而下其施，故为人主者，法天之行，……故为人主者，以无为为道，以不私为宝。……为人臣者法地之道，暴其形，出其情以示人。”（《春秋繁露·离合根》）“君人者，国之元，发言动作，万物之枢机，枢机之发，荣辱之端也，失之豪厘，驷不及追。”（《春秋繁露·立元神》）统治阶层是在操作上能够“见端知本”“可节而不可

① 本文《春秋繁露》之原典引用以苏舆《春秋繁露义证》为依据，后续引用直接于引文后标明篇名，不再另行注释。苏舆：《春秋繁露义证》，中华书局，1992年。

② 刘国民：《董仲舒的经学诠释及天的哲学》，中国社会科学出版社，2007年，第276—277页。

③ 王涵青：《环境伦理脉络中的天人关系与生活智慧——以〈春秋繁露〉中之“同类相动”为核心》，《衡水学院学报》，2019年6月第21卷第3期。

止、当义而出”“类其进退”的执行者，也就是政策的订定者与抉择的执行者，因此“天志仁，其道也义。为人主者，予夺生杀，各当其义”（《春秋繁露·天地阴阳》），仁义作为主体的核心价值与基础性的道德原则，在《春秋繁露》的原始脉络中，是以在上位者为思考核心的，因此，讨论当代伦理学上的主体价值抉择问题时，如何看待在上位者（统治阶层）在此理论结构中的重要意义，以及如何将其对比于现代的社会结构处理此角色的理论意义，亦为必须确定的问题。

再次，在《仁义法》“仁之于人，义之与我”“以仁安人，以义正我”的主张中，仁义的根源在天，仁义的实践是统治阶层从自我修养到国家治理的外推，徐复观认为董仲舒对《春秋》仁义之旨的发挥极具启发意义且未离先秦儒家本义，而《仁义法》的理论更明确的是针对着一般知识分子，尤其是针对着统治集团而说的①；黄玉顺也提到，儒家的义利之辨回到根本的主体面向上，正应如董仲舒“正其谊（义）不谋其利”之说，“义”应为权力的本质特征，因此“正其义”是对权力主体设定的政治伦理义务，“利”则是民众的本质特征，是人民生存发展的权利②。循此，承前问题，如何将此对着统治阶层论述的仁义主张，将主体换置成每一个普遍的人，此种换置在孟子以及受其影响的宋明理学家当然已不成问题，但我们若要透过董仲舒的理论资源进行当代伦理学上的发展时，则必须对此问题有所厘定。

此外，《仁义法》中“以仁安人，以义正我”的主张，在“仁—义—利”结构的相关课题上，当代学者又有许多不同观点，如余治平认为董仲舒一反先秦以来通常认定的“仁内义外”的主张，此“义外”是指出义为仁之落实，是仁涉及经验世界之后，具体化的仁之原则规范③。但回到孟告关于仁义的论辩，“仁义内在”才是孟子对治

① 徐复观：《两汉思想史（卷二）》，华东师范大学出版社，2001年，第226-227页。

② 黄玉顺：《义不谋利：作为最高政治伦理——董仲舒与儒家“义利之辨”的正本清源》，《衡水学院学报》2021年6月第23卷第3期，第27页。

③ 余治平：《唯天为大——建基于信念本体的董仲舒哲学研究》，商务印书馆，2003年，第291页。

告子“仁内义外”之说的澄清，“仁，人心也；义，人路也”（《论语·告子上》）道德规范（义）虽然是一个抽象概念，但其具体的发生必然有外在经验世界的对象，因此道德规范（义）必然涉及主体展现出来的外在行为，但对“义内”之强调，指的则是义作为主体的自律原则必然需要透过主体道德自觉（仁）而展开，进而产生对外在具体事件的道德判断与行动。“居仁由义”是人之价值主体活动的基本预设，如金春峰认为，董仲舒“以仁安人，以义正我”中对“义在正我，不在正人”的陈述，正是对孟子“义，人路也”的发挥①。透过当代学者的种种论述可见，“义”作为核心的道德原则与规范，其内外之分该如何斟订，对于使用董仲舒的“仁—义—利”结构在主体价值抉择问题上进行探究时，可发挥什么作用，亦为有待思考的问题。

最后，在上述各种待厘析问题中，更根基性层面，还可提炼出关于当代伦理学发展中儒家伦理之定位与功用的思考。仁义概念是儒家伦理建构的核心，然而董仲舒极具特色的仁义观，以及同类相动的宇宙生发律则落实于主体上之工夫操作，相较于先秦与宋明儒者，鲜少受当代儒家伦理关注，其原因可能即在于前述的一些义理上难以避免的问题，因此，本文即试图以此为题材，对当代伦理视域中的主体价值抉择，进行探究。

二、“同类相动”与“仁—义—利”结构话语对象转换的文本基础

在董仲舒的“仁—义—利”结构中，宇宙论式的存有根源作为其基础，且以权力结构中的统治阶层为工夫论与政治哲学层面的实际执行者，那么，如何将此结构对比于现代的社会结构，重新理解此架构的理论意义？

回到董仲舒《春秋繁露》自身脉络上看，仁之根源为天，人之类

① 金春峰：《汉代思想史》，中国社会科学出版社，1987年，第196页。

于天而人性亦类于天，“天两有阴阳之施，身亦两有贪仁之性”“善出性中，而性未可全为善也”，“今万民之性，有其质而未能觉，譬如瞑者待觉，教之然后善”，“民受未能善之性与天，而退受成性之教于王”（《春秋繁露·深察名号》）。唐君毅分析董仲舒的人性论时指出，董仲舒论人性之脉络在于成就政教之目的，“欲立政教，即必须肯定此政教之必要，与政教之可行。此即似必须言无政教之人性之不足，又似必须谓人性之有承受政教之可能者，只为一原始之朴质”①。朴质之性属于绝大多数的老百姓，是可以名性的“中民之性”，董仲舒确实将人分了层次，“善过性，圣人过善”（《春秋繁露·深察名号》）、“圣人之性不可以名性，斗筲之性又不可以名性，名性者，中民之性”（《春秋繁露·实性》）。这种区分在《论语·阳货》“唯上知与下愚不移”中已见痕迹，在汉代则逐渐形成“性三品”的人性论，董仲舒已有似如性三品的区别，其对最高在上位者的期待，也就是最高理想人格“圣人”的设定，然圣人与斗筲之人都是绝对少数，因此，待教而为善的朴质之性指涉的是大多数的一般人，透过在上位者的教化使得其性逐渐将善由潜能往实现彰显。因此，在《仁义法》中的“以仁安人，以义正我”之论，也是对权力结构中的统治阶层，尤其最高在上位者的要求，前述提到黄玉顺论董仲舒的义利关系时亦指出，义利之辨其实有着统治阶层（权力主体）与民众两种主体之别，与唐君毅一样，明确点出了仁义作为主体价值抉择的核心价值观与基础道德原则，其设定的对象为统治阶层，且有其成就政教之目的。再看“唯上知与下愚不移”这句话，若以宋明儒的诠释径路，则会有如《四书章句集注》引程子言：“人性本善，有不可移者何也？语其性则皆善也，与其才则有下愚之不移。所谓下愚有二焉：自暴自弃也。”② 此种性善论中心的标准诠释。然而，孟子—宋明理学系统与汉代宇宙论系统的人性论观点与“仁—义—利”结构是否如此决然二分？唐君毅亦曾

① 唐君毅：《中国哲学原论·原性篇》，中国社会科学出版社，2005 年，第 75 页。

② 朱熹：《四书章句集注》，中华书局，2012 年，第 177 页。

指出，在董仲舒的理论中，圣人与中民之性实则没有绝对的区别，因此，普遍的关于人如何成就一道德的生活的问题[①]，仍为董仲舒的思考范域，孟子“人之所以异于禽兽者”的人禽之辨，在天地气化同类相动的宇宙论模式下，透过“物疢疾莫能为仁义，唯人独能为仁义”“物旁折取天之阴阳以生活耳，而人乃烂然有文理”（《春秋繁露·人副天数》）、“人之形体，化天数而成；人之血气，化天志而仁；人之德行，化天理而义。……为人主也，道莫明省身之天，如天出之也”（《春秋繁露·为人者天》）。等说法而有定论，礼乐教化人文化成的理想世界，是统治阶层谨慎严肃地循着“同类相动”的宇宙律则处理政事，引导众人成就性之善而逐步构成，如牟宗三言《中庸》《易传》的是“宇宙秩序即是道德秩序”[②]，虽然牟宗三本人区别了董仲舒与《中庸》《易传》，不以董仲舒为儒，但“同类相动”作为宇宙生成感应系统中的宇宙生发律则，落实于主体身上，确实亦成为主体（尤其是在上位者）的工夫实践律则，而众人（中民）之性因此预设着其人格有着可在在上位者的操作下被教化且可完善（美）的潜能，仁义作为核心的道德观与道德原则，亦不仅属于权力结构中的统治阶层，而是绝大多数人可以实践的。

三、当代儒家伦理视角—以“角色伦理”“制度伦理”“责任伦理”为论

厘清了董仲舒“同类相动”与“仁—义—利”结构的文本脉络在话语对象上有可转换的基础，接着我们尝试透过“角色伦理”“制度伦理”“责任伦理”几个当代伦理学议题，进行辨析。

“角色伦理”的观点来自安乐哲对早期儒家的研究，其基源问题在于对西方原教旨性个人主义的反省，透过儒家提供的一种基于关系

---

① 唐君毅：《中国哲学原论·原性篇》，第75页。

② 牟宗三：《中国哲学十九讲》，《牟宗三先生全集》卷二九，台北：联经出版社，2003年，第76、82页。

性的、具备各种角色的仁德的人生观，回应西方以“原理”（超越的）与“德行”（个体的）为根基的道德体系所带来的危机①，“角色”不仅是个体在社会结构中的位置，而是一个主体不断完成，动态的生成过程②。当代学者已对安乐哲之主张有各种评论，郭齐勇与李兰兰指出以角色伦理来评价儒家伦理，容易忽视超越于角色之外的内圣外王之“道”，消解了儒家伦理对超越性的追求，陷入相对主义与特殊主义一端，忽视儒家对终极性与普遍性的追求③，确实显现了仅以早期儒家为主要材料进行儒家角色伦理建构之不足，此种建构往往也让角色伦理陷入如涂可国所言，从角色伦理出发带来的“轻视权利、义务本位、忽视个性、讲究等级、注重名分”等负面因素④。若将安乐哲描绘的儒家角色伦理内涵对应于董仲舒之论，则可发现，董仲舒将统治阶层透过以仁义为核心价值与道德原则为基础所执行的国家治理与百姓教化，根基于天的绝对性与神圣性，正是对先秦以来社会结构的反思，以此限定了权力的滥用⑤，明确了上位者的“角色”职份。另外，以安乐哲对“义”的诠释为例，“义”被理解为“成就人关系之最恰宜”“反映人的最恰当判断”“是一种人所成就的恰宜感，它使人能够根据一定情势的特别性，采取恰当的行为方式”⑥。因此安乐哲不将“义”视为抽象的道德原则，因为它必须透过实际情境动态的显现为一种“恰宜感”，然而，“义者，宜也”实质上作为一原则性定义，强调的是行为主体在任何关系的实际情境中应该要做出适宜的判断，亦即是说，角色伦理与规范伦理实际上没有非此即彼的冲突，回

① 安乐哲：《儒家角色伦理学：一套特色伦理学词汇》，山东人民出版社，2017年，第1-2页。

② 郭齐勇、李兰兰：《安乐哲“儒家角色伦理”学说评析》，《哲学研究》2015年第1期，第42—43页。

③ 郭齐勇、李兰兰：《安乐哲“儒家角色伦理”学说评析》，第47页。

④ 涂可国：《儒家社会角色责任思想探赜》，《周易研究》2019年第4期，总第156期，第—105页。

⑤ 余治平：《唯天为大——建基于信念本体的董仲舒哲学研究》，商务印书馆，2003年，第291—295页。

⑥ 安乐哲：《儒家角色伦理学：一套特色伦理学词汇》，第221—224页。

到董仲舒《仁义法》中的“仁—义”关系上，董仲舒将仁义“视为一组主体思考与处理自我与他人的不同对象的不同原则，因此对治自己时必须‘以义正我’，对治他者时必须‘以仁安人’……‘以义正我’的展现是首先思考自身抉择与行为的合宜适当，而非他者。”[①] 此种规范落实在统治阶层，确实可消除亲亲之差所带来的问题。再加入黄玉顺“制度伦理”的观点，其将儒家伦理的内涵区分为行为正义与制度正义，“行为正义”指行为符合既有制度规范，因而行为是正当的，这就如同在教化过程中透过礼乐法制等具体原则与规范引导人民，“制度正义”则指“制度规范符合某种更为普遍的正义原则”，也就是让“义”先于“礼”[②]，以“义”制“礼”，在此思路下，黄玉顺认为董仲舒在义利关系上的阐发，可以“义不谋利”为最高的政治伦理原则，是针对权力结构中的统治阶层而制定的。然而透过前面对董仲舒的文本分析可知，以义利分属统治阶层与人民，或许某程度还原了儒家义利之辨的原貌，有其理据，但不可否认的是，即使如董仲舒，在人性论的内涵上必然有着从自然质朴之性往善发展之设定，“利以养其体，义以养其心。……体莫贵于心，故养莫重于义，义之养生人大于利”（《春秋繁露·身之养重于义》）。这也是为何如黄玉顺自己承认的，从孟子以来对义利之辨的主体分辨已有变异与偏离，孟子对梁惠王言的“何必曰利”，到了朱熹，更是将主体换置为普遍性包括百姓在内的“人”[③]，而回到每一个主体（人）身上，“以仁安人，以义正我”，甚至“义不谋利”，实则均为可被视为具有规范意义的伦理原则。

如此，再回到《春秋繁露》中无法避免的“关系”与“权力位阶”来看主体价值抉择的问题，透过“角色”与“制度”两种伦理学

---

① 王涵青：《从孟子与董仲舒的“仁－义－利”结构论道德实践的主体价值抉择》，《衡水学院学报》2020年10月第22卷第5期，第63页。

② 黄玉顺：《中国正义论的形成——周孔孟荀的制度伦理学传统》，东方出版社，2015年，第19—21页。

③ 黄玉顺：《义不谋利：作为最高政治伦理——董仲舒与儒家“义利之辨”的正本清源》，第29—30页。

视角的辨析，实则可进一步整合为对于“责任”的思考，使其落实于当代社会之中。

如董仲舒之设定，人是唯一具有“参天”能力者，人之参天对现代社会的意义在于“一方面可表述每一个人类主体其透过此‘同类相动’的宇宙律则而展现之生活方式与内涵，另一方面可表述整个体制如何透过制度与规范的建置与执行而产生符合节律的国家社会之发展”①。人类与其他物种的差别即在于被赋予了“参天”的责任，要求主体从自身外推于他者，由正己（义以正我）到爱物（仁以爱人），此正如冯达文所言：“中国儒学讲天地宇宙塑造我们承担责任，包括维护人类族群的发展，守护自然正常变迁的责任。我们的价值也恰恰就是在使得族群获得正常发展，使得大自然获得正常变迁中实现的。”② 因此在现代社会中，实则可以将董仲舒不否认的对人性之为善的可能性，以及每个主体都具备的“仁—义”结构扩大，对着统治阶层论述的仁义主张，其主体的设定确实可以转换视角而为中民（每一个普遍的人），此换置不只是将董仲舒变成孟子或宋明理学家，而是将董仲舒透过同类相动的宇宙论式的天人关系，将此种极具特色的责任内涵（见端知本、当义而出、类其进退）的要求放在每个主体身上。

另外，再透过角色与责任的结合，使我们理解，在不同角色与位置上的主体，在行为的实践过程中，根据其身份，确实有着不同责任，涂可国指出，过去许多学者容易以英国的法史学家梅因的说法认为社会的进步是一个“从身份到契约”的运动，进而强调现代社会透过契约决定权利与义务的优点，在此脉络下因此区分传统社会强调责任本位而现代社会强调权利本位之别，更甚者则否定了传统身份制社会存在责任伦理，然而，责任伦理既可由契约，亦可由身份决定③，

---

① 王涵青：《环境伦理脉络中的天人关系与生活智慧——以〈春秋繁露〉中之“同类相动”为核心》，第 23 页。

② 冯达文：《重评中国古典哲学的宇宙论》，《孔学堂》2015 年第 4 期，第 77 页。

③ 涂可国：《儒家社会角色责任思想探赜》，第 99 页。

正如董仲舒赋予在上位者的责任意识，我们看到其对圣人的期许，“圣人之道，不能独以威势成政，必有教化”，“天生之，地载之，圣人教之。君者，民之心也；民者，君之体也”（《春秋繁露·为人者天》）；“故圣人之治国也，因天地之性情，孔穷之所利，以立尊卑之制，以等贵贱之差。……故圣人之制民，使之有欲，不得过节；使之敦朴，不得无欲。无欲有欲，各得以足，而君道得矣”（《春秋繁露·保位权》）。无论古今，掌握权力的决策者要彰显的是民心之所向，人民才是构成权力结构中的统治阶层合理存在的要素，在现代社会中，所谓的“尊卑之制、贵贱差等”当然与封建时期有绝对的差异，阶级的流动早已具备合理性与开放性，但一个社会中存有着不同的角色与位置，存在着不同阶级，因此相应着不同的身份与其因有的责任，则是要被肯定的。另外，苏舆在《春秋繁露义证》中评析上述圣人制民的“有欲无欲”之说时云：“欲者，圣人所不能无，但有节以制之。由是推己所欲以达人立人，推己所不欲以毋加于人。本书此数语最精。”[①] 此与董仲舒对“仁—义—利”结构的设置正相呼应，稳定体制（社会）的结构，调节每个角色与位置的基本欲求，进而教民为善，使得仁义同样能彰显于每一个行为主体，而其基础，正是“以仁安人，以义正我”的实践原则。董仲舒将“义”先放置在对主体自身的省察身上，外推是透过省察自己的“所欲与所不欲”为起点，仁义的内外之分，在此其实是操作对象与先后的区别，“内治反理以正身/外治推恩以广施”“先饮食而后教诲，谓治人也/先其事，后其食，谓治身也”（《春秋繁露·仁义法》）。此处对政策制定者（统治阶级）的规范，一方面在责任伦理上就个人欲望给予了严格限制，强化其养民教民之责任意识，另一方面就制度伦理上要求上位者透过省察主体自身的欲与不欲作为政策制定与落实于人民的基准，且应该顺民之基本欲求，进而再达到“义之养生人大于利”的理想。因此，仁义作为核心的道德价值与规范，在董仲舒的“仁—义—利”结构上，实则与孟

① 苏舆：《春秋繁露义证》，第171页。

子在仁义关系上的厘定，有共同之处，即是设定了“仁义内在”为道德主体的实践基础，“仁”作为核心价值是要外推的，这是董仲舒所谓的“外治推恩以广施”，此“外”非“仁”在价值主体之外，而是主体实践与落实“仁”的对象在外而不在自私自爱的自我关怀，“仁”在本质上当然是内在于主体自身的，有其存有论的根基，而为主体价值抉择的核心动力，另外，“义内”亦不是反对通常言“义外”所谓的“义”必然涉及外在的情境、外在对象、某种关系等，而有待主体之贞定，并对外落实，其是强调主体的道德原则与判断是主体的自律原则，而非对他人的他律原则，在此思路下董仲舒的仁义内外之别，实则是“纪人我之间，然后辨乎内外之分”（《春秋繁露·仁义法》）的道德实践之关系与对象之区别，是对主体进行道德实践更细致的规范。

因此，透过角色伦理、制度伦理、责任伦理几个当代伦理学在探讨儒家伦理时常见的观点，对应于董仲舒的“仁—义—利”结构与以同类相动为宇宙论系统之感应原则的义理内涵，使得主体的价值抉择问题，在角色与制度的区别与规范上，确定了各自的范畴，且又透过“以仁安人，以义正我”的实践原则，强化了责任伦理的规范。

四、视域的扩大：董仲舒论主体价值抉择与当代儒家伦理的发展

前一段透过当代儒学于“角色伦理”“制度伦理”“责任伦理”几个观点，讨论董仲舒“同类相动”“仁—义—利”结构与主体价值抉择的问题，然而，谈及当代儒家伦理时尚有一论域，即儒家伦理与西方伦理的视域交融，更明确地说，各种西方主流伦理学，如义务论、目的论（功利主义）、美德伦理学与儒家伦理的会通，此种会通之始，是从探讨儒家伦理可以是什么样的西方伦理学理论为起始。不过，此些论述所使用的儒家义理内涵，往往以先秦与宋明为核心，极少涉及汉代如董仲舒等思想家，这与过往我们对于儒家思想的重视本来即以先秦与宋明为主有关，而此偏重的发生实则即如本文第一节所析论，

从董仲舒之论讨论当代伦理存在着的不可避免的理论困难。只是，当我们以当代伦理学的视角将董仲舒的主张适妥地放置，使其对当代伦理在实际的操作上（价值抉择主体的“角色”与“责任”，主体的价值观与道德原则的内在理路）产生作用后，或许亦可尝试进一步思考，董仲舒的伦理思想，与此些伦理学理论，能有怎么样的视域交融？

西方伦理学理论与儒家伦理的交会在学术发展史的脉络上已呈现出多元纷杂的面貌，本文难以进行详尽的学术史分疏，扼要而言，与儒家伦理的理论交会，主要为以康德为代表的义务论伦理学，以及为反思批判规范伦理而复苏的美德伦理学，目的论（功利主义）与儒家伦理在质性上较缺乏直接联结，此外，近年尚有透过道德发展理论而建构的“后习俗责任伦理”，亦与儒家伦理的议题有所交会。

将儒家伦理与西方伦理学进行比较研究，最具代表性的首推牟宗三对康德义务论与儒家伦理的研究，牟宗三并非将儒家义理对应进入康德哲学中，而是透过中国哲学的资源，反思批判康德哲学，进而建构一套道德的形上学体系，其个人的方法论意识是明确的。黄勇是当代学界以美德伦理对应儒家伦理的重要代表，实际上其关心的亦非儒家伦理是不是一种美德伦理的问题，黄勇在理论建构上所尝试的，是透过儒家的观点去发掘美德伦理学的理论缺陷、帮助美德伦理回应各方质疑、处理美德伦理自身的内涵问题①，因此其核心关怀实为当代美德伦理复苏中的理论发展。此外，对于儒家伦理是义务论还是美德伦理学的争论，甚至 virtue ethic 之翻应使用“美德”抑或“德行”“德性”能更符合儒家伦理内涵的争议，始终是当代学界非常关注的议题，但已非本文重心，因此不再多论。然而，是否只能在义务论或美德伦理学中择其一？这种选择的思维其实已陷入了西方伦理学自身思路的困境，刘余莉因此提出，美德伦理与义务论（规范伦理）习惯

---

① 黄勇：《当代美德伦理——古代儒家的贡献》，《四川大学学报》（哲学社会科学版），2018 年第 6 期总第 219 期。《美德伦理学：从宋明儒的观点看》，《四川大学学报》（哲学社会科学版），2020 年第 5 期总第 230 期。

性的对峙，其实忽略了在同一道德学说中，规则与美德之统一的可能性，而此种可能性，在儒家伦理中透过“仁”与“礼”的统一，确实是可行的[①]；陈来虽然以《儒学美德论》为书名，但也认为儒家伦理虽具备所有美德伦理的优点，美德伦理为儒家伦理的重要部分，但并不能将儒家伦理归类为美德伦理，以先秦哲学为例，以主体还是以行为为中心是相结合的，“心行不二”是古典儒家的基本立场，因此我们根本不需关切在美德还是规则（譬如义务论）中二择一，儒家实际上兼具此两种面向[②]。除此之外，林远泽提出儒家是一种尝试“结合正义与关怀的后习俗责任伦理学”，其不执意文本解读上的过度谨慎，尝试进行一种关于儒学未来可以是什么的探索，在此方法论意识下，林远泽认为无论从义务论、效益论、德行伦理学等理论（着重道德原则推理的道德认知判断或传统习俗的新亚里士多德主义），都不如从当代为说明道德教育之基础而在心理学领域中提出的道德发展理论，更能衡定儒家伦理的特殊性格[③]；譬如以《论语》“克己复礼为仁”为径路，进行道德发展理论的思考，即可给出如此的理解：“从习俗到后习俗层次的过渡中，实践理性如何能发挥作用，以使我们能证成文化进化的推动，系属于我们如何能从‘周朝礼制’的批判性转化，过渡到‘道德礼义’之内在道德性的建立，再到现实社会整合的‘礼治国家’状态。”[④] 如此，《论语》中的最高概念范畴——仁，即为能统一道德自主性与社会整合之规范约束性的实践理性基础，道德与法政的关系因此而有内在于主体性之中的共同根源，而无须被区别开[⑤]。林远泽的研究，实际上是对后习俗责任伦理与儒家伦理并进的

① 刘余莉：《儒家伦理学：规则与美德的统一》，中国社会科学出版社，2011年，第297页。

② 陈来：《儒学美德论》，生活·读书·新知三联书店，2019年，第284－291页。

③ 林远泽：《儒家后习俗责任伦理学的理念》，台北：联经出版社，2017年，第16－47页。

④ 林远泽：《儒家后习俗责任伦理学的理念》，第275页。

⑤ 林远泽：《儒家后习俗责任伦理学的理念》，第245页。

理论推展。

经过以上的梳理，再回到本文第一节提的几个董仲舒的理论在当代伦理视域中讨论主体价值抉择必须面对的几个理论困难来看。

首先关于主体价值之根源的问题，确实如牟宗三所言董仲舒先建构了宇宙论再讲道德有其困难（牟宗三以“metaphysical ethics”称之）①，也就是将存在根源死锁，主体在此宇宙图式结构之中难有伸展空间。然而，透过“同类相动”的宇宙生成变化感应系统，不难发现行为主体作为整体存在界的一员，其自身言动与万物是“以类相召”且“以类相损益”的，整体存在界如何得以正常变迁的职责落实到了人类主体身上，因此董仲舒的主体虽然不见得是康德所谓的道德理性的自我立法，其存有论上的根源也并非如康德将上帝存在搁置为形上学预设，而是有着一套透过类归方式建构的完整宇宙生成感应系统，在此系统中人的存在位阶有着重要意味，因此人类主体被赋予了重要的责任意识。再从林远泽所提出的道德发展理论来看，人类文明之推进，实则就是人类如何从观察与类归出宇宙生发律则并推导至人生道德法则的过程中，意识到主体于世界（社会）中的角色位置，在自我认同中道德意识与责任的逐渐发展，因此以仁为核心价值，无论在《论语》还是董仲舒的系统中，都能成为统一道德自主性与社会整合之规范约束性的实践理性基础。当然，从后习俗责任伦理的发展观之内涵看，董仲舒的理论或许难以推展到最后所谓的“结合正义与关怀的后习俗责任伦理学”，但仍然在此发展过程中产生贡献且具有意义。

次者，在进行价值抉择的主体自身上，如何看待权力结构中的统治阶层与中民（一般民众）的“角色”与“责任”？就“仁—义—利”结构于主体之贯彻上，本文第二、三章已进行了分析，其中有几个观点可以确定：第一，在权力结构中存在着不同的权力阶层，也就是不同的位阶，而此不同位阶（身份）的行为主体基于其身份，乘载了不同的道德责任，权力越大责任越大；第二，“仁—义—利”结构在董仲

---

① 牟宗三：《中国哲学十九讲》，第 76 页。

舒的文本中虽主要是针对统治阶层而论，但一般人并非在人性上不具备成为能实践仁义之人的可能性，性待教而为善，而透过教化使人民均能为善，使人人均能以义养心甚过以利养身，是儒家（包括董仲舒）不变的理想；第三，“以仁安人，以义正我”成为无论就统治阶层还是一般民众，面临实际伦理情境时，主体彰显其品格且做出适宜的伦理抉择与行动的具有强势规范意义的伦理原则。总体而言，如陈来等当代学者所言，我想成为一个什么样的人以及我应该做出什么样正确的行动，不该是非此即彼的选项，在儒家的思路上，成为一个君子（圣人），且透过各种外在制度教化以及内在心性锻炼的工夫操作，使主体于各种情境中均能展现合于义的决断与行动，规则与美德的统一，确实在儒家伦理的内涵中且在董仲舒的相关论述中展现出来。

最后，此处所谓规则与美德的统一，是否能将规则归属于义务论伦理学，就董仲舒的理论而言是否定的，董仲舒对于道德主体的价值体现，确实更容易从美德伦理学的观点去掌握。但要强调的是，不应该忽略董仲舒透过“同类相动”与“仁—义—利”结构的讨论，对主体价值抉择在道德规范与原则层面所有的理论贡献，如果从历程性的人生发展与情境伦理的观点出发，在《孟子》“嫂溺援之以手”的例子上强调经权之别时，可能会产生儒家没有固定道德原则的权变观点，本文最末再提出一则董仲舒对经权之别，其云：“阳为德，阴为刑。刑反德而顺于德，亦权之类也。虽曰权，皆在权成。是故阳行于顺，阴行于逆。……是故天以阴为权，以阳为经。阳出而南，阴出而北。经用于盛，权用于末。以此见天之显经隐权，前德而后刑也。”（《春秋繁露·阳尊阴卑》）此文“虽曰权，皆在权成”一句意义不明，苏舆疑当作“虽曰权，皆以经成”[①]，这虽然是从统治阶层的治理上来分疏经权之别，以德为经而以阴为刑，且以刑为权，只是权虽看似与德相反，在治理上属于不同手段，但刑（权）之制定与执行是为了德（经）的落实，不能将刑视为治理的首要方法，整体存在界的生发

① 苏舆：《春秋繁露义证》，第319页。

结构在阴阳关系上是阳尊阴卑，因此经权关系上亦是“显经隐权”，治理上德与刑的关系亦是“前德后刑”。回到仁义作为核心价值与根基性的道德原则。其实也就是主体价值抉择之“经”，“义”作为一抽象的根基性的道德原则，是为主体生命历程性的发展与不同情境的道德抉择中的基础与根基，而在不同角色（位置）与情境中产生不同的次道德原则，譬如黄玉顺在透过董仲舒的义利之辨中找出的“义不谋利”原则，这也不就是安乐哲在角色伦理中所谓的人所成就的洽宜感。由此可见，以儒家观点切入主体价值抉择的思考，对于道德规范与原则的讨论，着实有着充分的题材。

五、结论

董仲舒的“仁—义—利”结构，“同类相动”的宇宙生发律则及其落实于主体上之实践，相较于先秦与宋明儒者，鲜少受当代儒家伦理论域关注，然而透过文本的梳理，即可发现其理论就发展价值抉择主体的“角色”与“责任”意识等面向，主体的价值观与道德原则的内在理路梳理上，均能产生作用。就主体实践过程中的道德原则层面，《春秋繁露》亦提供了许多可供当代伦理甚至不同专业伦理的伦理思辨原则，譬如“义不谋利”确实合适于政务官体制作为治理上的道德原则，以“同类相动”为起点延伸出的“可节而不可止、当义而出、类其进退”等原则，在环境伦理的范域中有极大发挥空间。而其与当代伦理学的视域交融，亦可加入当代儒家伦理的讨论与发展，贡献其理论资源。

本文为“2021中国·衡水董仲舒与儒家思想国际研讨会暨中华孔子学会董仲舒研究委员会学术年会”提交的论文。

王涵青（1978—），女，兰州大学哲学社会学院副教授，哲学博士，硕士生导师。主要研究方向为，宋明清儒学、中国哲学方法论问题、伦理学。

莫贵于人：董仲舒天人之学中的人贵思想

曾 力

“天”在董仲舒的学问中占有极其重要的地位，是其学问的开端与构建的核心。“天”是董子一切学问的流出源头，学术界已经普遍达成董仲舒的学问为“天学”的基本共识。但若只看到源头的发端处，是无法正确把握董仲舒的学问，要理解其学问应该叩其两端——若开端是“天”，则末端则为“人”，正如其所说：“起于天，至于人而毕”[①]，其学问所论也正是由“天”而出、由“人”而成，其学问亦是关于“人”的学问。有学者直言董仲舒的哲学就是“人”的哲学，如王永祥认为：“宇宙论形式上是‘天的哲学’，而实质上是‘人的哲学’。”[②] 董仲舒的学问实质便是“人是天的目的”，说“人的哲学”有一定道理。由此可见，董仲舒的学问往精确了说，应为“天人之学”，即“天人之际，合而为一”[③]，可谓：论天，不论人，不备；论人，不论天，不明。“天”与“人”是圆融的、和合的。“子夏言

---

① 《天地阴阳第八十一》，苏舆：《春秋繁露义证》，中华书局，1992 年，第 465 页。以下所引《春秋繁露》原文内容，皆出于此书，故不详细列出书名，只列篇名、页码。

② 王永祥：《研究汉代大儒的新视角：董仲舒自然观》，海天出版社，2014 年，第 39 页。

③ 《深察名号第三十五》，第 288 页。

《春秋》重人"[①]，董仲舒学问以《春秋》为沿袭，亦重人，认为："天地之精所以生物者，莫贵于人。"[②] 人是贵于其他万物的，《孝经》说："天地之性人为贵"[③]，刑昺疏："性，生也。言天地之所生，唯人最贵也。"[④] "尊贵"不仅仅指的是人在万物中地位之高，更是指的人的重要作用——"唯人独能为仁义"[⑤]，只有人才有仁义道德；"唯人能独偶天地"[⑥] ——只有人才能和天地之数相匹配。"人"是"天"的产物，"天"的诸多性质与特征皆可体现于"人"，而"人"就是"天（地）"精神的彰显，"人"就是"天"的形象传递与意志表达。天与人不能割裂，"人"在董仲舒的学问中必须享有与"天"同样的重视。

一、天、人之义探析

人与天互为裨益、互相影响、互相成就，要想弄清楚"人"为什么贵，就必须弄清楚董仲舒思想体系中的"天""人"之含义。

（一）天之含义

有关董仲舒思想中"天"之含义，历来有多种解说与争议。主要集中于以下几种观点：1. 自然之天。与地、人相对的天，这是基础的"天"，是物质性的天。持这种观点的代表人物为冯友兰——"董仲舒所谓之天，虽有智力、意志，但却非人格之上帝，故此谓之为自然也。"[⑦] 2. 道德之天。"天"具有道德伦理，能给予人类仁义礼智等道德品质，将道德源头回溯于天，从而道德具有权威性。如任继愈先生说："董仲舒认为天的根本特征就是德，以德为本，而德的根本

---

① 《俞序第十七》，第 162 页。
② 《人副天数第五十六》，第 354 页。
③ 李隆基注，邢昺疏：《孝经》，上海古籍出版社，2014 年，第 43 页。
④ 李隆基注，邢昺疏：《孝经》，上海古籍出版社，2014 年，第 44 页。
⑤ 《人副天数第五十六》，第 354 页。
⑥ 《人副天数第五十六》，第 354 页。
⑦ 冯友兰：《中国哲学史》（下册），华东师范大学出版社，2015 年，第 11 页。

观念就是作为封建道德最高概念的'仁'。"[①] 3. 至上神之天。"天"具有意志，能够生养、惩恶扬善，主宰世间万物。如于守奎就说："董仲舒所谓的'天'是主宰宇宙万物的神。"[②] 值得注意的是，关于董仲舒所论之"天"是什么样的"神"的问题分歧明显——"天"是否具有超自然的力量而具有宗教的人格性？徐复观先生持有保留的态度，只是说："我相信会董氏常常会有宗教神的影像，往来于他的心目之中。但他的天的实体是气，……把气当做人格神来看待，是非常困难的事。"[③] 而王永祥直接认为董仲舒的"天"不具有人格性更不用说具有宗教性，它只是一个"自然神"，"董仲舒的'天'神虽与西方的上帝之神有相似的一面，即具有至上神性；但它本身却与自然合一，即具有自然物质性……董仲舒的天神，与西方的上帝之身有着很大的不同，它更接近于欧洲哲学史上的自然神论与泛神论……而就其自然神化这一点来看，应该说才是真正的和名副其实的自然神论"[④]。王永祥立足于董仲舒寄借于"天"的自然性，论证董仲舒的"天"和宗教性的"人格神"之天不同，但他又说："董仲舒在讲到'天'的'神'性之时，极少说它具有超自然性，而侧重于说明它的神秘难知性"[⑤]，他的论述之中前后具有矛盾——首先，"极少"并不是不说，若是说了，便说明认同了"超自然性"；第二，以"神秘性"替代解释"超自然性"并不妥当，"不见其形"与"不闻其声"是为"难知"，但这只是说"天"难以被把握、被认知，说的是它的认知性，而不是它的作用性。故而，王永祥论证并不严密。但王永祥坚持董仲舒的"天"之神性具有自然性，是较为准确的。

---

① 任继愈主编：《中国哲学史》（第2册），中国社会科学出版社，2007年，第72页。

② 于守奎：《两汉哲学新探》，四川人民出版社，1988年，第119页。

③ 徐复观：《两汉思想史》（第2册），九州出版社，2014年，第370页。

④ 王永祥：《研究汉代大儒的新视角：董仲舒自然观》，海天出版社，2014年，第42—43页。

⑤ 王永祥：《研究汉代大儒的新视角：董仲舒自然观》，海天出版社，2014年，第44页。

综合以上观点，我们可以看到，董仲舒的“天”具有综合性质。“天”是自然界的实体，即与地相对的“天空”，如：“其在天而象天者，莫大日月，继天地之光明，莫不照也。星莫大于大辰，北斗常星。部星三百，卫星三千。大火二十六星，伐十三星，半斗星，二十八宿。多者宿二十八九。”① 便是指天文、自然意义上的“天”，包含日月星辰，属于自然万物的一种；道德性是“天”最突出的特征，如：“仁之美者在于天。天，仁也。天覆育万物，既化而生之，有养而成之，事功无已，终而复始，凡举归之以奉人。察于天之意，无穷极之仁也。”② 天具有德性，仁是其德性的核心。天的道德与人类社会的道德人伦建构密切相关，德性之天给予了道德以普遍性与崇高性；至上神之天指的是有神性的天，董仲舒明确说：“天者，百神之大君也。”③ 天直接统领着万神，是诸神的君宰，亦是人类社会的主宰，具有绝对的权威性。除了这三种性质的天之外，天还具有无所不包性与本原性。“无所不包性”即指“天有十端”④ 之“天”，这种天没有特殊的指向，只是一无所不包的宇宙，是董仲舒宇宙图式的奠基；“本原性”即指天是万物的本原，即：“天地者，万物之本，先祖之所出也。”⑤ 天是人与万物的祖先，表达了天与人能够共通的先天条件，这种本原性为董仲舒“天人合一”核心思想构建的基础大厦，正因为人的本原是天，所以人无论是在物理意义上，还是情感意义上都具有了与天相通的可能性。故而，董仲舒所论“天”，有五种：自然之天、道德之天、至上神之天、无所不包之天、本原之天。

董仲舒论天的复杂性，体现了天在其哲学思想中的本原地位，在天丰富的内涵之中，道德之天占有重要的地位，是天人关系中最普遍

---

① 《奉本第三十四》，第 276—277 页。

② 《王道通三第四十四》，第 239 页。

③ 《郊语第六十五》，第 398 页。

④ 即：“天有十端，十端而止已。天为一端，地为一端，阴为一端，阳为一端，火为一端，金为一端，木为一端，水为一端，土为一端，人为一端，凡十端而毕，天之数也。”见《官制象天第二十四》，第 216—217 页。

⑤ 《观德第三十三》，第 269 页。

的一种，目的是以天的道德彰显人的道德，给予人之道德以本原性的说明。

（二）人之含义

进而明确董仲舒所论“人”的所指。邓红明确指出：“董仲舒也以‘人’为‘天’的十端构造之一端，但是这个‘人’，针对儒家的传统说法，不是作为个体之‘人’，也不是指人类整体，而认为是代表人类社会统治的‘君主’‘王’之特殊体。”① 另外，张钧莉亦指出：“当董仲舒谈天人合一、天人相应时，他所谓的‘人’常常并不是指人类，而单指人主、君王。”② 两位学者都指出董仲舒所论的“人”为特指的“君王”即“天子”，重在指出“人”（君王）对天的依附、与天的紧密关系，是天人关系中的直接对象甚至是唯一对象，凸出了董仲舒哲学的政治性，体现了其哲学为汉代帝国塑造意识形态的特征。但汪高鑫认为：“董仲舒所说的‘人’，主要是封建帝王，虽然他所谓的‘天志’乃为一种‘民志’，然而这个‘民’在董仲舒的学说中只是一个由天而生、被君而治的被动群体”③，虽然汪高鑫亦指出“天子”为“人”的主要指向，但他指出了“民”即普通的人亦如人所指之义向。看到了“天”与“民”的关系，涉及政治的服务对象，统治者与被统治者不能分论之，否则政治便只是有头却无尾。董仲舒的哲学充满了政治的关怀，故而，《春秋繁露》中所论的“人”首要为“君王”，如：“人之得天得众者，莫如受命之天子。”④ 君王是天之子，是人极，能与天产生直接关系，为人世现实的最高统治者代天理物；但作为普遍群体的“民”，与“天”之间只是中间多了一层“天子”的沟通联系，作为被统治的末端，亦不能被忽略，故而董仲舒讲：“人不被其爱，虽自厚爱，不予为仁。”⑤ 便是指统治者自身

① 邓红：《董仲舒思想研究》，台北：文津出版社，2008 年，第 82 页。

② 张钧莉：《中华文化思想中“天”的混同与“人”的失落——董仲舒天人合一说析评》，《中原华语文学报》2009 年第 4 期，第 25 页。

③ 汪高鑫：《董仲舒与汉代历史思想研究》，商务印书馆，2012 年，第 73 页。

④ 《奉本第三十四》，第 278 页。

⑤ 《仁义法第二十九》，第 251 页。

以外的民，认为仁的对象为民，充分体现了民的重要性，只有爱民，君王之爱人才能称之为人。

在天人关系之中，董仲舒所论之“人”，首要是“君王”，再是普遍的“民”。明确了“天”“人”所指，便能理解董仲舒论天人关系的理由，即在坚持尊“天”的根本上，以天道为人道的根据、以人道论述天道。在天与人的关系中，人才是天的目的，不及人，天便无所依归，人之贵显露无遗。

二、人贵与天合一

董仲舒主张“天人合一”，“人”是“天”的成象、能够履行“天”的意志。“人”能成为“天”的表达，有着沟通的前提，这种沟通与传达便是“感应”。

张岱年先生指出：“中国哲学之天人关系论中所谓天人合一，有二意义：一天人相通，二天人相类。……天人相类，则是汉代董仲舒的思想。”①“天人相类”已明确为董仲舒思想，那么“相类”者何？董仲舒将“类”者概括为“人副天数”，即：

> 人有三百六十节，偶天之数也；形体骨肉，偶地之厚也；上有耳目聪明，日月之象也；体有空窍理脉，川谷之象也；心有哀乐喜怒，神气之类也。观人之礼一，何高物之甚，而类于天也。②
>
> 天以终岁之数成人之身，故小节三百六十六，副日数也。大节十二分，副月数也。内有五脏，副五行数也。外有四肢，副四时数也。乍视乍瞑，副昼夜也。乍刚乍柔，副冬夏也。乍哀乍乐，副阴阳也，心有计虑，副度数也。行有伦理，副天地也。……于其可数也，副数；不可数者，副类；皆当同而副天，

① 张岱年：《张岱年全集》（第二卷），河北人民出版社，1996年，第202页。

② 《人副天数第五十六》，第354—355页。

一也。[①]

“副，判也”[②]，“判，分也”[③]，段玉裁注解曰：“副之则一物成二，因仍谓之副，因之凡分而合者皆谓之副”[④]，由此可见，能“副”则始为“一”，在“分”的过程中又能有所沿袭，能有所同、所相似者，则能谓“副”，又因为保留了相似的成分，所以又能合。《春秋繁露新注》一书中将“副数”“副类”分别解释为：“以数来比符”[⑤]“以类来比符”[⑥]，以“比”解释较为贴切，“比者，密也”[⑦]，“人”与“天”关系密切，则能够相匹、相称，此种匹配不是单向的，而是双向的互动。以此种可比附的思维，将天道形象化、具体化，将人道神圣化、权威化。天道不言借助人道彰显，天、人之间存在能相互沟通的基础。

由上所述，“相类”的重要表现为“天”与“人”的物理相符，“天人相类”为天人沟通的基础，进而能由相类发展为相通。按前文所引，张岱年先生明确指出“天人相类”为董仲舒的思想，没有提到“天人合一”的另一层次——“天人相通”。依照董仲舒的论述，“天人合一”思想中有着明确的“天人相通”的指向，如：“故曰王者配天，谓其道。天有四时，王有四政，四政若四時，通类也，天人所同有也。”[⑧]董仲舒言“天人相类”是为了更好地论证“天人相通”，“天人相类”应该看作是“天人相通”的重要条件。如何“通”？《周易》有云：“寂然不动，感而遂通天下之故”[⑨]，孔颖达疏：“有感必

① 《人副天数第五十六》，第356—357页。

② 许慎：《说文解字》，中华书局，2016年，第86页。

③ 许慎：《说文解字》，第86页。

④ 许慎撰，段玉裁注：《说文解字注》，上海古籍出版社，1981年，第179页。

⑤ 曾振宇、傅永聚：《春秋繁露新注》，商务印书馆，2010年，第168页。

⑥ 曾振宇、傅永聚：《春秋繁露新注》，商务印书馆，2010年，第168页。

⑦ 许慎：《说文解字》，中华书局，2016年，第166页。

⑧ 《四时之副第五十五》，第353页。

⑨ 王弼、韩康伯注，孔颖达疏：《周易正义》，中国致公出版社，2009年，第271页。

应，万事皆通，是‘感而遂通天下之故’也。”[①] “通”的前提是能“感”且能有“应”，有感应必能通达。故而，“天人相通”的重要前提就是“天人感应”。

“‘天人感应’说的主要内容，主要是指上天（帝）有意志、有感觉，能够对人间的现实政治，作出积极的反映，有赏善罚恶之功能。”[②] 董仲舒论“天人感应”的终极目的是“屈君而伸天”，用“天”的权威来限制君主的行为，通过赏善罚恶使其行为有所制约而得当。“赏善罚恶”指向“天人感应”中的“灾异”，君王治理国家必须应天，若君王有失道之败，天必会以灾害谴告、怪异警告，反之，若君王遵守天道而尽人道，则会风调雨顺、受天保佑。

感应是相通的前提，天与人的感应是在性情方面的感应，天之威严与和顺以性情感应为基础，但相通是本质上的德性相通。董仲舒努力将天与儒家的理念一体化，主张“仁义制度之数，尽取于天”[③]，仁义礼智为天的德性，人的纲常、品质皆要与天通，才能化天理而行。德性相通是天人相通的至上处，无论是形体、性情的相通皆是为精神、德性的相通提供条件。

经过董仲舒的“相类”的创说、加以“感应”的双重发展，“天人合一”理论更加完备，即：天人相类——天人感应——天人相通，三个层次层层相扣，缺一不可。“人的使命和责任就在于把天之则主动地援引到现世生活中来，或者在本已生存的细微实践中积极地去体会、领悟天道的伟大，从而实现与天、与神（‘无限’）的协调统一。”[④] 故而“天人合一”不能缺失“人”的主动性，“合”是双方意愿，而“人”的主动在意愿中处于主导地位，人能感受天的存在，愿意将自身融入于“天”来贯彻“天道”，“人”是天地的中心，在于人

① 王弼、韩康伯注，孔颖达疏：《周易正义》，第 272 页。

② 黄朴民：《董仲舒与新儒学》，台北：文津出版社，1992 年，第 101 页。

③ 《基义第五十三》，第 351 页。

④ 余治平：《唯天为大：建基于信念本体的董仲舒哲学研究》，商务印书馆，2003 年，第 220—221 页。

能主动地去知道、领悟、履行天之则，人的主体性充分体现。天道恒常地客观存在，人道与天道相合使天道进一步实在化，人类社会获得稳定与恒定的指引规范，人类能够主动地、有选择地按照客观的天道参与政治、祭祀生活，主动把握内在的理序，进而和外在的秩序通达为一。

毋庸置疑，在天人关系中，“天”置于“人”更高地位，“天”始终是“人”的权威，而在“相类”“感应”的过程中，“天”是作为万物之本的“始作俑者”，只有人才能够获得众多天的特性，“人”之于“天”展示了充分的能动性，是其他万物所不具备的优越性。因此，只有在天人关系中，才能更好地把握人之贵。

三、人贵有仁心

人与天合一的重要体现在于德性的相通。“仁，人心也”[①]，钱穆先生解释说：“然人道必本于人心，故孟子又曰：‘仁，人心也。’本于此心而有此道。……发于仁心，乃有仁道。而此心实为人性所固有。”[②] 孟子以内在心性言仁，心具有明显的道德属性，仁道发端于仁心，若不放失仁心，仁道则须臾不离。人类不同于万物的最根本特征就在于有道德，而道德根植于“心”，与人的心性密切相关。何善蒙指出：“董仲舒对于心的阐释，主要继承的就是儒家（尤其是孟子一系）以道德来言心的思路，所坚持的基本立场，就是儒家的道德立场，是站在心具有道德教化意义的角度来强调人心之功能的”[③]，董仲舒重视“心”的道德属性与功能，将“仁”与“心”相联，以“心”的道德属性凸出其思想中“天”的本质特征，认为：“仁，天心”[④]，“仁”是天的意志，以天道论仁，赋予了仁之道德的绝对权威

① 朱熹：《四书章句集注》，中华书局，2011 年，第 312 页。

② 钱穆：《论语新解》，生活·读书·新知三联书店，2018 年，第 6 页。

③ 何善蒙：《〈春秋繁露论〉“心”》，《衡水学院学报》2020 年第 3 期，第 40 页。

④ 《俞序第十七》，第 161 页。

性。天人相通，“天”的本质为仁，作为天之所生的人之心的本质亦为“仁”，人心就有了明显的道德属性，故而，人有仁心。董仲舒不和孟子一样直接谈内在心性，而是在其天人哲学的体系架构中，以天人相通的理论，从天论及人，不与孟子一般从内在心性论及天。故而，董仲舒将仁心的来源看作天，高高在上的天，将仁爱万物的使命交付于人，人成了天意的执行者，仁心发用便是仁义的开端。

董仲舒如传统儒家一般主张人应该有道德，但也清楚人人不可皆为尧舜，这与其主张的人性论密切相关。董仲舒的“人性论”不同于孟子的“性善论”也不同于荀子的“性恶论”，而是在调和二者之上建立的“性未善论”。董仲舒对“性”与“善”做了严格的区分——“故性比于禾，善比于米。米出禾中，而禾未可全为米也。善出性中，而性未可全为善也”[①] 把“性”比作“禾”，把“善”比作“米”，性是自然出生的本然状态，是“质”，还不是“善”，“善”如“米”，必须经过后天的培养才能成。“性未善论”思想的根源在于董仲舒对人性的三分，即：“圣人之性”“中人之性”“斗宵之性”。“圣人之性”是天生为善，是能直接受导于天的，但“圣人”几乎没有；而“斗宵之性”则是无法改变的下愚之性，这一部分也较少；只有“中人之性”才是最普遍的人性，大多数人的性都是需要后天的教化才能为“善”，即“性待教而为善”[②]，“未善”指的是中人的“性”。

虽然董仲舒指出人性要通过教化才能为善，但人性能善的根本原因在于有“善质”，“善质”不是“善”，“质”表示一种“善性”的发展的可能性，善质不可能直接转化为现实的、完全的善，只是为成善提供了基础。董仲舒肯定了“善质”对人性成善、成仁的先天基础性作用，亦强调了“人事（教化）”的人为的后天作用。董仲舒对于“善质”并没有做过多的解释，只是说：“性有善端，心有善质”[③]，“善质”根于心。“善质”可以看作“仁心”的必然，是“仁心”发用

① 《深察名号第三十五》，第 297 页。
② 《深察名号第三十五》，第 300 页。
③ 《深察名号第三十五》，第 303 页。

为“善”的根本资质。从“善质”转化为“善”，需要心的努力。

董仲舒指出：“天两有阴阳之施，身亦两有贪仁之性。天两有阴阳之施，身亦两有贪仁之性。天有阴阳禁，身有情欲栣，与天道一也。”① 人取于天，天有阴阳，人亦有阴阳，在人性上的阴阳两面，即贪与仁，“贪”实为“恶”，仁实为“善”，贪、仁之对立，实为善恶之对立。冯友兰先生认为：“贪即情之表现；仁即性之表现也。”② 冯友兰此说便是在狭义上论性，将性当作善之仁，董仲舒说过：“情亦性也。”③ 情只是性的一面，并不与性决然对立。自然之性含有性质与情质。一切人性之恶取诸天道，无法避免，善恶皆为天之所生。虽然，天赋人以恶但人能去之，去恶从善便是心的作用。董仲舒直言：“栣众恶于内，弗使发于外者，心也。”④ 心能够通过“栣”的作用使人性中的恶不发于外。对于“栣”字的解释存在不同的看法，苏舆认为：“然则栣即禁也。”⑤ 同时，苏舆引《淮南子·诠言训》注：“栣，柔弱也。”⑥ 无论是将“栣”解释为限制或是弱化，皆能表示心具有道德的能动作用，能选择善、去除恶。此种心只能是仁心，只有仁心才能禁恶于内，以制恶来推动善质转向善。

董仲舒以“质”来说明成善的潜在的可能性，向善或者不善只是系于后天的引导。注重的是人性可以向“善”的转变与实现，看重的是一种趋向“善”的可能。劳思光先生指出：“心性之善恶问题本身亦由自觉根源问题变为材质问题”⑦，“善质”可作为性得以发生改变的材质基础，仁心中善质的存在为人实现道德自觉提供了可能。心有善质，“质”不仅为本质更是一种资质，仁心有能促使人性道德的资

① 《深察名号第三十五》，第 294 页。

② 冯友兰：《中国哲学史》（下册），华东大学出版社，2015 年，第 15 页。

③ 《深察名号第三十五》，第 298 页。

④ 《深察名号第三十五》，第 293 页。

⑤ 苏舆：《春秋繁露义证》，中华书局，1992 年，第 293 页。

⑥ 苏舆：《春秋繁露义证》，第 293 页。

⑦ 劳思光：《新编中国哲学史》（第二册），生活·读书·新知三联出版社，2019 年，第 38 页。

质，董仲舒以“心之名得人之诚”[①]，性有善端，性之善端要成为善，离不开仁心之善质的作用。

人有仁心，仁心中善质的存在，使人成德、成善成为可能。人性之贵在于仁心之贵，此种仁心包含的趋向善、成善的潜质为其他万物所不拥有，故而，只有人才能有道德。

四、人贵有志

仁心的拥有，使人能有够向善，有成为道德主体的可能，而在人们做出道德的行为之前，必然有一意念的先发，这便是主体的“志”，在道德行为中极为重要。董仲舒明确说道：“《春秋》之论事，莫重于志。”[②] 春秋重“人”，“人”的主体性最直接的体现就在于有“志”。何谓“志”？“志，指思想意向、动机、念头。”[③] “志”的性质如何？志为质，“质”与“文”相对，“质”为基础、首要，无“质”不以言“文”。“文”是形式、修饰、装饰、繁琐，“质”是本质、质朴、简约，说明是一种最纯粹的表达，具有原初性。“志”表现为一种内向性，而这种内向性集中表现志的情感性。志的情感性便是诚与伪，“见其好诚以灭伪”[④]，诚为质，为本然之状态；伪即人为，为文，是经过人为思虑后的状态。以“质”辨“志”，根本上是辨“人心”诚与伪。人心之诚在于原初的意识向善，而非通过后来一些人为的思虑形成，应是出于自然而然。

宋儒陈淳言：“心趋向那里去，期料要恁地，决然必欲得之，便是志。”[⑤] “志”与“心”有着根本的联系。无论将“志”视为“思想意向”“动机”还是“念头”，皆是心之所动，可谓“心”动则“志”

---

① 《深察名号第三十五》，第 294 页。

② 《玉杯篇第二》，第 25 页。

③ 周桂钿：《秦汉思想研究肆·董学探微》，福建教育出版社，2015 年，第 221 页。

④ 《玉杯篇第二》，第 30 页。

⑤ 陈淳：《北溪字义》，中华书局，1983 年，第 16 页。

动，“志”明即见“心”。董仲舒明《春秋》之义，提倡原志论罪，即“必本其事而原其志”[①]。“原”为“推究”，推究是往初始处，在志的形成时、在心的发动时形成判断，故而“志邪者不待成，首恶者罪特重，本直者论其轻”[②]，认为：思想动机不正的人，不要等做成那件不善的事情，就得惩办；如果一个人虽然犯了错误，但如果做事情的动机是好的，那么就得酌情减轻罪行。董仲舒将心志看作道德的源头，以人的道德动机来判定人的道德行为，正是重志的核心体现。

董仲舒重视本有的、最初始的想法、动机，如王阳明说：“一念发动处，便即是行了”[③]，王阳明所论“念”，即是动机、想法，同“志”一样，皆为行为的起始处，都可以被视为是一种潜在的“行”。董仲舒以志论道德的有无，若志向于道德便即是道德的。此种重志、辨志的方法，对人们抑恶扬善有着充分的引导作用，即是希望人们在行为之前便树立一个善的动机，禁恶以已然之前。

徐复观先生言：“真正决定一个人的行为的，是他的念虑初萌之处，即今日一般所说的‘动机’，亦即中国古人所说的‘志’”[④]，志的本质在于动机，在于主体行为产生刹那间的瞬的心念。前文所讲，人贵于其他万物在于有心，心为道德心，有道德的心就能有道德的动机，有道德的动机就能有道德的行为——志决定行。所以，人能行道德的重要驱使就在于有“志”，“志”是行为之伊始。“善志”的萌发才是善行的开始，“善志”给予道德行为于原始的“善”的起点支撑。正如孔子讲：“仁远乎哉？我欲仁，斯仁至矣。”[⑤] 正是因为人有自由意志，才能对行善、行恶做出初始的抉择，善的行为与不善之行为全在人一志之间。

需要注意的是，在天人合一的思想架构下，天志是人志的终极根

---

① 《精华篇第五》，第92页。
② 《精华篇第五》，第92页。
③ 王阳明撰，邓艾民注：《传习录注疏》，上海古籍出版社，2015年，第198页。
④ 徐复观：《中国思想史论集》，九州出版社，2014年，第11页。
⑤ 朱熹：《四书章句集注》，中华书局，2011年，第96页。

据——“天志仁，其道也义。”① 天的意志为仁，其道路或者方法为“义”，前文已经说过，仁是人心，那么，义亦是人路②。“天不言，使人发其意”③，天志的实施者、承受者为“人”，人志必然向仁为义。仁、义是一切动机评判的最高参照物，所以动机善的人违法只要是为仁、行义也能免罪；动机恶的人就算不犯罪也必须加以诛杀。“善志”与“恶志”皆不能离开“仁义”加以评判，符合“仁义”即为善；反之，为恶。

天的根本意志是爱人、生物，天道必定要对应人事，人道的秩序以天的秩序为基础。天志规定人志，对人志的树立具有导向性，人志亦有了权威性与合法性；人志是天志的彰显，天的意志靠人来实现，如“事父者承意，事君者仪志，事天亦然”④。孝子赡养父亲应该顺从父亲的心意，忠臣效力君主应该遵从君主的心意，那么人侍奉上天也应该顺从天的意志。行为的动机要以对天的孝顺与忠诚为考量，践行天之仁志。正是因为人有志，能进行道德抉择，能够体察天意，天之志才能得以不断下贯，对现实社会产生指导。若人无志，则无法履行天志，无法求仁行义。

由于人志所具有的道德动机，使得天的道德意志能得以真正落实。唯有人能够选择道德的行为来践行天的意志，天志的客观化与具体化必须依托于人，天志须臾不离人类社会，天的价值实现集中体现为人类的价值实现，“人”的可贵得以进一步显现。

五、人贵于能长万物

董仲舒谈人有仁义之志，是为了突出人拥有进行道德行为的动机

---

① 《天地阴阳第八十一》，第467页。

② 正如孟子所讲：“义，人路也。”见朱熹：《四书章句集注》，中华书局，2011年，第312页。

③ 《深察名号第三十五》，第285页。

④ 《楚庄王第一》，第18页。

与能力，动机转变成仁义行为不仅体现于上对天的负责，更是体现在下对物的爱护上。董仲舒明确表达人的可贵在于“人，下长万物，上参天地”[①]。参天就是承于天、合于天，能够体悟天道，而人之可贵处更体现于长万物。“长”有培育、成就之义，人作为万物之长，具有培育万物的作用。董仲舒说长万物，首先是指自然意义上的培育万物，如“生五谷以食之，桑麻以衣之，六畜以养之”[②]，同时也是人文道德意义上关怀万物。儒家讲成己、成物，成己为道德主体的人完善自身，成物是在自身道德完善后对外在世界的关怀。人文意义上的长物也就是成物。

成己、成物涉及人、我关系，董仲舒的思想中，人、我关系的体现在于仁义之别——“所以治人与我者，仁与义也。以仁安人，以义正我，故仁之为言人也，义之为言我也”[③]，董仲舒讲仁凸出对待他人，仁在于爱“我”之外的人，若不能爱人则不能称为仁。孟子讲：“亲亲而仁民，仁民而爱物。”[④] 明确了仁能由近及远的扩充性，仁需由血缘亲爱的范围扩展至更为广大的人群。董仲舒亦明确指出：“质于爱民，以下至于鸟兽昆虫莫不爱。不爱，奚足谓仁?”[⑤] 仁爱要从仁民扩充到鸟兽昆虫，将仁之情感推广到自然万物，是为了促进人更深层次的仁爱自觉。深层次的仁爱自觉是一种物、我为一的自觉，正如黄玉顺所说：“完整地理解的儒家‘仁爱’应该是：通过差等之爱的路径，实现一体之仁的目的；一体之仁其实是对差等之爱的超越，这种超越的方式就是‘推扩’。”[⑥] 儒家的仁爱必须超越血缘亲亲的束缚，实现万物一体之仁，仁及万物，在仁之中无物我之别。

爱物才能长物，出于对万物的仁爱之情方能像对待自己的父母兄

---

① 《天地阴阳第八十一》，第466页。

② 班固：《汉书》（第3册），中华书局，2012年，第2188页。

③ 《仁义法第二十九》，第249页。

④ 朱熹：《四书章句集注》，中华书局，2011年，第340页。

⑤ 《仁义法第二十九》，第251页。

⑥ 黄玉顺：《荀子：孔子之后最彻底的儒家——论荀子的仁爱观念及社会正义观念》，《社会科学家》2015年第4期，第19页。

弟那般培育它、爱护它。董仲舒强调仁爱要推扩至万物，实质上有一前提的存在，即人能知。知，即“智”，知道怎样才是爱物。仁爱不是没有明确对象的，是有针对性的，在长物、爱物的过程中应该有所智。因而，董仲舒讲：

> 何谓之智？先言而后当。凡人欲舍行为，皆以其智先规而后为之。其规是者，其所为得，其所事当，其行遂，其名荣，其身故利而无患，福及子孙，德加万民，汤武是也。其规非者，其所为不得，其所事不当，其行不遂，其名辱，害及其身，绝世无复，残类灭宗亡国是也。故曰莫急于智。智者见祸福远，其知利害蚤，物动而知其化，事同而知其归，见始而知其母，言之而无敢哗，立之而不可废，取之而不可舍，前后不相悖，终始有类，思之而有复，及之而不可厌。其言寡而足，约而喻，简而达，省而具，少而不可益，多而不可损。其动中伦，其言当务。如是者谓之智。①

我们可以看出“智”能有所“规”，“规”即规导，其标准是“其动中伦，其言当务”，即智所强调的是对伦理与实情的认识。“智”是在行仁时的判断，这种判断既在行为之前亦在行为之中，对仁起着指导作用。正如余治平所说：“离开智的仁，是盲目的，必然导致无差等的滥爱；离开仁的智，就失去了路线保证，必然要犯方向性的错误。仁如果要实现爱人的根本目的，就得让智为其清理出一个明确的基础。”② 智是人的判断能力，是人辨别是非的能力，有智才能对仁爱对象有所区分。董仲舒讲必仁且知，是为了让人不违背伦理、不违背规律，这种规律不仅仅是人与人之间的相处之道，更是对自然规律有一清醒的认识。

董仲舒对于自然规律的认识集中体现于他对阴阳、五行规律的看重。阴阳、五行与自然密切相关。“阴”“阳”按照字源本指地理方位

---

① 《必仁且知第三十》，第 258—259 页。

② 余治平：《仁义诠释的一条独特进路——以董仲舒仁义学说为中心》，《孔子学刊》第三辑，2012 年，第 220 页。

与自然现象，“阴”即“水之南，山之北”①、“阳”即“山南曰阳”②；“五行”按《尚书·洪范》记载：“一曰水，二曰火，三曰木，四曰金，五曰土。水曰润下，火曰炎上，木曰曲直，金曰从革，土爰稼穑。润下作咸，炎上作苦，曲直作酸，从革作辛，稼穑作甘。”③ 五行直接取材于自然界，通过自然现象展示五行之间的相互作用。可见阴阳、五行不仅发源于自然，更是作用于自然。董仲舒讲：

> 春秋之中，阴阳之气俱相并也。中春以生，中秋以杀。由此见之，天之所起其气积，天之所废其气随。故至春少阳东出就木，与之俱生，至夏太阳南出就火，与之俱暖。④

可见五行、阴阳的运行与天之四时密切相关。“不与阴阳俱往来，谓之不时。”⑤ 阴阳之气必然要合四时相应。董仲舒重“时”，明确表达：“时亦为义，喜怒以类合，其理一也。故义不义者，时之合类也，而喜怒乃寒暑之别气也。”⑥ 董仲舒将“时”上升到“义”的层面，义在中国古代哲学中最普遍的解释便是“适宜”，顺天之自然规律，与自然规律相适宜，遵循自然极为重要，居仁由义，在仁爱万物层面，董仲舒尤为强调对自然规律的把握，尊重规律即是达到仁的义。同时，董仲舒认为不同的季节有不同的爱物规律——“春生夏长，百物以同；秋杀冬收，百物以藏。”⑦ 春夏秋冬四季当有不同的爱物之方法，若违背了规律则不能长万物。“时则岁美，不时则岁恶。”顺时则能风调雨顺、五谷丰登，违时则会灾害屡至、万物萧条。可见，仁民到爱物的扩充离不开智对客观规律的把握，人类不能将自我的价值置于自然规律之上，要将自身的生命融入万物的生命之中，树立万物与人的共同体意识。

---

① 许慎：《说文解字》，中华书局，2016年，第306页。
② 许慎撰，段玉裁注：《说文解字注》，上海古籍出版社，1981年，第731页。
③ 屈万里注译：《尚书今注今译》，台北：台湾商务印书馆，1977年，第76页。
④ 《阴阳终始第四十八》，第340页。
⑤ 《循天之道第七十七》，第451页。
⑥ 《天容第四十五》，第334页。
⑦ 《人副天数第五十六》，第354页。

董仲舒通过顺天时将爱物上升到“义”的伦理层面，是进一步将长物、爱物看作人事的后果。如董仲舒讲：

> 王者与臣无礼，貌不肃敬，则木不曲直，而夏多暴风。风者，木之气也，其音角也，故应之以暴风。王者言不从，则金不从革，而秋多霹雳。霹雳者，金气也，其音商也，故应之以霹雳。王者视不明，则火不炎上，而秋多电。电者，火气也，其阴徵也，故应之以电。王者听不聪，则水不润下，而春夏多暴雨。①

前文讲“顺时”，是从自然规律本身来讲，而在此处，董仲舒将四时的紊乱看作是人政失道结果。君王行政若不遵守君臣之礼、不能虚心纳谏、不能明辨是非、不能明察秋毫，就会引起五行的紊乱从而引起自然现象的反常。董仲舒以人事的失败来阐明对自然万物的伤害。在天人之学的架构中，人道不能与天道相忤逆，“凡灾异之本，尽生于国家之失”②。若君王为政德性有亏，必然会引起灾异，灾异的本质在于阴阳失调、五行相乱，灾异是对君王的警告与告诫。董仲舒认为：“世乱而民乖，志僻而气逆，则天地之化伤，气生灾害起。”③ 当阴阳之气不正而失衡时，灾害即升。灾害多见于水旱之灾，如《汉书》中记载：“阴阳之理各应其感，阴变则静者动，阳蔽则明者暗，水旱之灾随类而至。”④ 阴阳失衡，水旱之灾即至。受灾害的影响，五谷不熟、草木不生。可见，君王若政行有亏，违背仁义之道、不勤政、爱民，天就会惩恶罚善。在仁民到爱物的扩充意义上来看，君王不爱民则无法爱物，民不聊生与万物无生密切相关。若想爱物、长物，则必然不能使灾异迭生，灾异迭生阻碍了万物之长。

董仲舒将仁爱万物上升到人道层面，更加凸显了人的长物作用，同时，用更深层次的仁义影响，对君王提出了更为严苛的道德要求。

---

① 《五行五事第六十四》，第387—388页。

② 《必仁且知第三十》，第259页。

③ 《天地阴阳第八十一》，第466页。

④ 许嘉璐主编：《汉书》（第三册），汉语大词典出版社，2004年，第1640页。

君王对万物的生长有着切实的责任，长物系于君王的德性。更加说明了只有有德之君才能代天爱民与理物。

可见，仁民与爱物当为一体之仁，长物是人的重要职责，君王要恪守道德、以仁义为宗旨，才能爱及万物。物由人长，以显人之贵。

六、人贵能保天命

董仲舒讲君王仁民、长物，本质上是一种仁政的理想追求，行仁政便是在行天之所命，为了获得天命的支持。何谓天命？“东周以前，在神权尚未褪去的经籍记载中，它指的是最高宗教性权威的旨意，偏用于政治上，作为政权承受与转移的最高决策根源，诚‘天命’，……在尚德思想兴起后，常是以‘德’为根据。……‘天命’论的是王朝政权的转移。”[①] “天命”指的是王朝政权的合法性的根据，如“文王受天命而王天下”[②]，文王能够称王于天下，取代商朝的统治，就是因为受到天命的安排，是天的旨意。天命的最终落实处在人。

天命的接受对象为君王，“天令之谓命，命非圣人不行。……是故，王者上谨于承天意以顺命也……”[③]，君王负责代天行使天命，是天在人类社会的代理人，是天命的授受者。天子接受了天命，那么如何维护天命呢？前文说到，天心为仁，天能够将自身的意志传达给天子，天子以仁爱之心为政，秉承天的意志，将天的仁爱传达给众民与万物。君王为民父母，应该下对民负责，保民爱物；同时，上对天忠诚，不辜负天对其的寄托。因而，君王作为天与民中间的核心枢纽，唯有上“敬天”，下“保民”，才能兼顾首尾两端，成就天命。君王是天命的传达者与执行者，传达与施行的对象皆为民。

天命系于民，“天命的本质是民心，民心借助于上天这一外在超

---

① 陈丽桂：《天命与时命》，《哲学与文化》2011年第11期，第59—60页。

② 《郊祭第六十七》，第405页。

③ 班固：《汉书》（第三册），中华书局，2012年，第2188页。

越性的外壳，才更显得具有神圣性、绝对性”[①]。“民心即天命”的实质符合历史事实、拥有历史依据，如《孟子》记载：“箪食壶浆，以迎王师”[②]，文王虽举兵兴伐，但百姓们却用箪盛饭、用壶盛汤来欢迎他们，可见民心对文王之师的归附，文王获得天命实则获得是民心的支持。

文王能以义伐不义，战胜纣王，其政权受到民心的拥戴便是合法、正当的。天命必须有民心的认可与拥戴，才能具有正当性，才能称得上为合法转移。得天命是得天下的权威化表达，而民心是天命的实质性标准，得民心便能得天下。民心是天命的客观现实化，因此，民心能充当评判君王是否能善承天命的标准。民是天命的评判者与维护者。

获得天命只是取得政权合法性的第一步，君王进而要能安天命。君王置于天、民之间，起着沟通天、民的作用。只有君民一心，天命才能有常。君民一心要求天子以“仁”施政，上不辜负“天”的嘱托，将天心的本质加以内化，转化为主体的道德责任，下不失作为天之子的职责。君王以己心度民心，想人民之所想，将仁爱施加地深远，爱民如爱己，君王才能获得民的深度认可，君王才能获得最现实的支持，政权才能够获得根本性的牢固。若得天下之后，就“坏宫室以为污池，民无所安息；弃田以为园囿，使民不得衣食”[③]，那只能是如桀、纣般的独夫、民贼！君王行仁政彰显天意于民，让民深知“且天之生民，非为王也；而天立王，以为民也”[④]。民才是天的终极关照，君王的设置是为了天能将爱民之心现实地传达给自己的子民。君王要修养自身德性，以仁心、义行为标准，不辜负天之所命、不违背天之所意，才会获得“天”的稳定支持，否则，“天”便会以灾谴

---

① 曾振宇：《民心即天命：董仲舒政治哲学的内在逻辑与人文关怀》，《哲学与文化》2017 年第 12 期，第 120 页。

② 方勇译注：《孟子》，中华书局，2015 年，第 36 页。

③ 方勇译注：《孟子》，中华书局，2015 年，第 120 页。

④ 《尧舜不擅移、汤武不专杀第二十五》，第 220 页。

告、以异警告，灾异的出现实则是在显示天命的动摇。“故其德足以安乐民者，天予之，其恶足以贼害民者，天夺之。”① 君王要想稳固政权合法性的“天命”，必须对民负责。民是天意给予或剥夺的实质标准，君心之善必须将民心的支持视为衡量的标准，安天命即安民命，长久地以民之义利视为己任。

“在董仲舒的政治哲学中，形成了‘民—君—天’一体的框架体系。”② 若讲政权的合法性的下达，三者固然为一体，且“天”为起点、“君”为中间的联系人、“民”是下端的获得者与授受者。“天心”即“仁心”，君王以仁爱民、以仁政治民，是对“天”之生意、仁意的印证，“君”与“民”是“天命”共同的体现者，在君、民一心的推动下，通过君和民自身的努力，从而捍卫天命。

董仲舒的哲学搭建起了“天—君—人”一体的哲学体系，以人事言天道，重视人事的发生，重视人的作用，将天命的显现与转移、保有看作是君、民的努力。“天命”指向“人”的福祉与安定，人是“天”的归要，天的最终目的就是成就人、造福人。

“桀纣之失天下也，失其民也；失其民者，失其心也。得天下有道：得其民，斯得天下矣；得其民有道：得其心，斯得民矣”③，若不想陷入桀纣的历史循环，君王必须上敬天、下保民，以尊天为起点、以爱民为终点，承天之仁志行王之仁政，天命才能恒久。君主内不能忤逆天心，外不能违背民意，若无仁义，不行仁政，天命无所下达，天命亦不会被给予。天道之仁只有切实落实到人道之仁，才具有恒常的意义。天命在人，人贵在能保天命。

七、结语

董仲舒哲学中，天诚然具有至高无上的权威，但我们必须看到人

---

① 《尧舜不擅移、汤武不专杀第二十五》，第 220 页。

② 张桂超：《董仲舒王道政治析论》，《山西师大学报》（社会科学版）2020 年第 4 期，第 97 页。

③ 方勇译注：《孟子》，中华书局，2015 年，第 136 页。

在其思想体系中的重要地位，“善言天者必有征于人”①，不论人，天命始终是高悬的，对人间并不能实现真正的指导，人才是天的最终指向。董仲舒高扬天道给予人道以本源性依据，但天道始终是爱人、利人的，人道才是天道的落实，若蔽于天而不知人，只会将人道陷入神性的天道之中，使人成为天的附庸。人是天意的执行者，以独有的道德认知，将天之仁义精神推广至现世生活，同时对天负责、对万物负责，唯有人能行仁义，能保天命，以此成就理想的道德社会。意识到人的可贵，认识到人在现实社会的主导作用，将天道切实转化为人道，将仁义贯行于政治生活，才是董仲舒哲学的深意。

参考文献：

［1］赖炎元注译. 春秋繁露今注今译［M］. 台北：台湾商务印书馆，1984.

［2］王江武，高瑞杰. 董仲舒“灾异”说之确立［J］. 云南大学学报（社会科学版），2016，15（2）.

［3］黄孔融，王国聘. 论董仲舒的生态哲学思想［J］. 西北农林科技大学学报（社会科学版），2009，9（1）.

本文为“2021中国·衡水董仲舒与儒家思想国际研讨会暨中华孔子学会董仲舒研究委员会学术年会”提交的论文。

曾力（1996—），男，湖北宜昌人，山东大学儒学高等研究院在读博士。

① 班固：《汉书》，中华书局，2012年，第2187页。

董仲舒的义利观及其对当代大学生品德养成的启示①

白晨昭

关于义利的争辩、讨论缘来已久，对社会影响深远。在许慎《说文解字》中，义的解释为："义，己之威仪也，从我从羊。"② 义，音仪，仪为义的本字，义一般解为宜，韩愈在《原道》中将之解读为"行而宜之之谓义"，这里的义即是指人的言行举止须合乎伦理道德的基本要求和社会发展的一般规律。同时，许慎将利释为："利，銛也。从刀和，然后利，从和省。易利者，义之和也。"③ 利就指向了利益、功利。从先秦儒家所倡的义利观到宋明理学家们提出的理欲观，传统义利观在不断衍化，特别是在汉武帝"罢黜百家，独尊儒术"后，儒家以"重义轻利"为表征的义利观又有了新发展。这一时期，董仲舒结合当时社会的发展状况，对先秦儒家义利观的基本内涵做出了新的时代化诠释，在传统义利观发展过程中有重要意义。着眼于新时代，大学生们无疑肩负着推动时代发展的重任，当然，当代大学生能否担

① 基金项目：本文为宜宾市哲学社会科学研究基地——基层廉洁建设研究中心项目（JLJY202109）阶段性成果。

② 许慎撰，段玉裁注：《说文解字注》，上海古籍出版社，1981 年，第 1112－1113 页。

③ 许慎撰，段玉裁注：《说文解字注》，第 338 页。

负起促成社会进步、推动民族复兴的艰巨使命，不仅要关注其学习成绩、学业水平如何，更要考评其以品德为核心的综合素质是怎么样的。可以说，义利问题事关人生的目的和意义，关系着人们的行为选择和社会的根本价值导向，故而对董仲舒的义利观，仍有探究必要。

一、董仲舒义利观的双重建构

董仲舒提出了以“天人感应”为主要特征的神学目的论，对于天十分尊崇，认为天具有自然物质性、人伦情感性、神秘难知性等多重特性，他的义利观也是在以天为最高依据的前提下逐渐构建起来的。董仲舒义利观包含两个方面的内容： 是在论述社会生活与道德培育的关系时，坚持义利两养；二是处理个体与群体的利益关系时，强调以义节利。在对义利关系的认知上，董仲舒的义利观既有轻重之分，又有先后之别。

（一）义利两养：“利以养其体，义以养其心”

秦汉时期的思想家，特别是儒家学者在对义利关系进行探讨时，总是习惯将义利关系和对天人关系的认知联系在一起的，董仲舒思想中则尤甚。他以“天人感应”思想为理论根基，将好义、求利视为人之本性，且归因于天。董仲舒义利观中的“义”，就是围绕追求天道展开的，而天道又要通过人道来呈现与实现，义就是以人道配天道的正当行为方式。对义利问题的思考有其政治功用和道德价值，一方面，个人可以借此培养善性，修养自身、陶冶情操；另一方面，统治阶层也可以在尚义思想的熏陶下力行仁政、廉洁奉公。

对于义利关系，《荀子·大略》中有过论述，即：“义与利者，人之所两有也。”[①] 这里强调义和利皆为人之本性，为人所固有。董仲舒的义利观与《荀子》一书中的论述有相似之处，他曾言：“天之生人也，使之生义与利。利以养其体，义以养其心。心不得义不能乐，

① 王先谦撰，沈啸寰、王星贤点校：《荀子集解》，中华书局，1988年，第502页。

体不得利不能安。”[①] 人所具有的义利之心是上天赋予的，各有其功用，自然也是每个人都不可或缺的，且二者相互联系。若没有义，人们内心不得乐，倘若不讲利，则人之体不能安，故而董仲舒主张的是既求义也求利，即所谓“义利两养”的观点。他把利归为天意使然，既然天地所生万物都是用来养人的，追求利自然就是人之常情，注重、追求物质利益就是上天赋予人的本性，这一特性不能被忽视或者抹除掉，所以他也说：“天常以爱利为意，以养长为事。”[②]

在坚持义利并举这一基本原则的同时，董仲舒还强调要做到“以仁安人，以义正我”[③]，这一观点与其思想中的儒学底色相符，也是对仁与义关系的进一步论述。在《春秋繁露》中，对于“义”字极为关注，共出现了两百余次，且大多数与“仁”相关。董仲舒义利观的一大特色就是他引入了仁的观念，并对仁义进行了区分：“仁之法在爱人，不在爱我。义之法在正我，不在正人。我不自正，虽能正人，弗予为义。”[④] 对于仁与义的追求都要在规范、纠正、限制中实现，正人之前要先正我，使自己的言行举止合乎义的规范，再以此规范为标准对待他人，故而在仁义关系上义先于人，在我与他人的关系上要先关注自己内在修养。可以说，此句正是继承了孔子“修己以安人”的思想，认为在用道德原则规范约束他人行为之前，首先应该以仁义为道德规范，不断审视、反省自身的思想和行为，以此严格要求自己的言行。

（二）以义节利：“正其道不谋其利，修其理不急其功”

当然，义利两养是董仲舒对义利并存所做的事实陈述，并不能完全代表其义利观的核心思想。他对义利有所分别：“天之为人性命，使行仁义而羞可耻，非若鸟兽然，苟为生，苟为利而已。”[⑤] 人与鸟

---

① 苏舆撰、钟哲点校：《春秋繁露义证·身之养重于义》，中华书局，1992 年，第 263 页。

② 苏舆撰、钟哲点校：《春秋繁露义证·王道通三》，第 330 页。

③ 苏舆撰、钟哲点校：《春秋繁露义证·仁义法》，第 249 页。

④ 苏舆撰、钟哲点校：《春秋繁露义证·仁义法》，第 250—251 页。

⑤ 苏舆撰、钟哲点校：《春秋繁露义证·竹林》，第 61 页。

兽最大的不同就在于人能行仁义、有羞恶之心。同时，他以“体”与“心”为探究中心来论证义和利之间的区别：“义者心之养也，利者体之养也。体莫贵于心，故养莫重于义。义之养生人大于利矣。”① 对于义和利的关系，自有先后高低之分，且董仲舒认为人的精神需求是远远高于物质需求的。如前文所言，董仲舒认为每一个生命个体都有“养其体”的本能与天性，不须人来引导，而“养其心”之事，则为人所独有，要以义养心，使人们精神愉悦。由此，董仲舒对义利关系进行了更深入的思考。

在《对胶西王越大夫不得为仁》篇中，董仲舒提出了著名的一句论述：“仁人者正其道不谋其利，修其理不急其功。”② 当然，这句话在班固《汉书·董仲舒传》中记载为“夫仁人者，正其谊不谋其利，明其道不计其功”③。对比这两句，句式相似，然句意则大不相同。两句话中“不谋其利”之“利”，应是指个人的私利，也就是说，董仲舒认为仁人不应只看到个人私利，利有公利和私利之分，其义利观看到的是更高层面的义和利。此二者的差异主要在对“不计其功”与“不急其功”的理解上，“不计其功”表达的含义绝对、而且不加考虑，“不急其功”则有轻重缓急。董仲舒断定，义“大于利而厚于财也”④，利对人来说是眼前的，而义则是长远的。他认为诸如尧舜等圣王“非一日而显也，盖有渐以致之矣”⑤，即要获得成功必须从长远考虑，日积月累、循序渐进才能厚积薄发，也就是他所说的“不急其功”。不要急于求成，如果急功，追求立竿见影的效果，就可能欲速则不达，这是缺乏远虑的表现，会败坏风气，给社会带来危害。

“不急其功”是对义和利的先后顺序做了说明，董仲舒讲：“凡人之性，莫不善义，然而不能义者，利败之也。故君子终日言不及利，

① 苏舆撰、钟哲点校：《春秋繁露义证·身之养重于义》，第 263 页。

② 苏舆撰、钟哲点校：《春秋繁露义证·对胶西王越大夫不得为仁》，第 268 页。

③ 班固撰，颜师古注：《汉书·董仲舒传》，中华书局，2013 年，第 2524 页。

④ 苏舆撰、钟哲点校：《春秋繁露义证·身之养重于义》，第 264 页。

⑤ 班固撰，颜师古注：《汉书·董仲舒传》，第 2517 页。

欲以勿言愧之而已，愧之以塞其源也。夫处位动风化者，徒言利之名尔，犹恶之，况求利乎?”[①] 先秦儒家重义的义利观，是更广泛意义上的以人道配天道，人性体现天性的问题。董仲舒指出人的天性是追求仁义的，这里贬斥了过度贪图利益而不肯行义者，是其义利观中轻利的体现。他主张以义节利，认为义比利更可贵，当面临义利两难选择时，要以“义”来端正自我，不过分计较个人得失，应该使自己追求私利的欲望服从社会道德和天下之利。做任何事情首先考虑道义，真正做到“义”，才可以保证国家的长治久安，使国家更富强。

宋代理学家经常征引“正其谊不谋其利，明其道不计其功”一句，谊即义也，他们突出道义与功利间的矛盾，在此基础上不断探讨义利关系。以此句话来解释，“不计其功”更多是对统治者的道德要求，也可以说是对汉武帝“外事四夷，内兴功利，役费并兴，而民去本”[②] 的批评，这也一定意义上起到了缓解统治者对人民剥削的作用，对社会发展有积极意义。

董仲舒在其义利观中，强调仁与义之别，并在此基础上明确了仁与义作为社会生活基本原则的应用范围，提出以义正己和施仁于民的主张。他说：“君子求仁义之别，以纪人我之间，然后辨乎内外之分，而著于顺逆之处也。”[③] 也就是说，君子当寻求仁和义的差别，仁者在爱人，而义者在正我，由此要做到的是以义治身和以仁治人。综观董仲舒义利观，我们可以明确看出，他的基本原则是重义轻利，但并不是不谈利，其义利观认定义与利是同一事物不同重要性的两个方面，承认了人们求利的合理性，适当地肯定了利的地位，主张在义的指导和制约下追求合理的利。董仲舒认为追求利益是人之常情，必须一定程度地满足人们的物质利益，保障百姓追求合乎道义情况下的利的权利，只有注重百姓的基本利益，才能使他们忠于君王，天下才能得以太平。

---

① 苏舆撰、钟哲点校：《春秋繁露义证·玉英》，第 73 页。

② 班固撰，颜师古注：《汉书·食货志》，第 1137 页。

③ 苏舆撰、钟哲点校：《春秋繁露义证·仁义法》，第 254 页。

董仲舒义利观的出场有其历史原因，既为维持统治秩序服务，又关注了民生。在政治上，是为了谏言君主正确认识义和利的关系问题，奉行仁义之政，以实现政权稳固、人民安乐；在经济上，则是因汉武帝时期上层官吏与平民百姓之间贫富分化严重，随之而起的趋利忘义思想，带来的是社会难以安定，自然须重申义利之间的辩证统一关系。董仲舒义利观的提出，一定意义上缓和了上层统治者与底层民众之间的矛盾，利于社会秩序的稳定。

二、对当代大学生品德养成的启示

以上分析表明，董仲舒义利观倾向于道德层面的认知，并未过多谈及实践工夫。而在当代社会多重因素的影响下，大学生的义利观更加多元复杂，尤其是面对纷杂网络信息的不断刺激和干扰，大学生的义利观不可避免地带有一定盲目性和偏激性。同时，受社会主义市场经济等因素影响，当代大学生们对义和利的理解更为理性与现实。当代大学生对利的态度更具有现实性，喜欢采用量化的方式，他们理解的义更多是自身获得“利”的合理范围或底线。笔者认为当代大学生对义利的理解可以吸收董仲舒义利观中的合理因素，进而在现实层面加深对义、利内涵及其关系的理解。

（一）有助于克服大学生义利观中的不良倾向

应该关注到，义利问题在政治统治、经济发展、文化繁荣和社会建设中皆有着重要的导向作用，直接关系到人的行为选择。大学生阅历尚浅，思想观念不成熟，其义利观的形成不免受到各种因素的共同影响。对董仲舒的义利观展开深入研究，有助于帮助当代大学生克服其义利观中的不良倾向。

第一，克服利己主义倾向。以近年来高校教育的总体现象看，部分大学生更强调个人利益如何得到保障，在义利选择上倾向于功利、实用，在学习生活中处理各种问题和事件时，更多是从是否符合个人利益的角度权衡利弊、思考得失，从而可能缺乏维护国家、社会等群体性长远利益的意识。倾向于利己主义的大学生，在权利和义务的处理上，单纯讲自我权利而推卸责任。他们以自我为中心，所有判断标准都看自己的得失。在学习和工作中，他们会先看回报如何，集体或者公益活动都是根据个人好恶去参加，对于集体的荣誉和利益漠不关心。同时，这类学生多以追求享乐为自己的生活动力，注重追求个人的自由解放，容易忽视集体准则的约束，对文化知识的积累及个人能力的提高等采取漠然的态度，甚至出现了重利轻义、先利后义、贪利忘义、自私自利、损人利己、趋名逐利等错误价值倾向。董仲舒义利观中“爱利天下为意”体现的是公共利益，在当前充分肯定社会公利的重要性，是发挥董仲舒义利观中从注重个人得失转化到为民兴利的思想，既有助于克服只关注自身而不重群体的利己主义，也与当今社会着眼于社会整体利益的思想倾向相通。

第二，克服拜金主义和功利主义倾向。大学生虽然身处学校，还未真正走向社会，然而大学生的义利观不可避免地受社会多重客观因素的影响。在当今中国社会的变革转型时期，“新旧体制、思想文化、道德观念等不时交锋擦出火花，社会价值与自我价值、传统价值与西方价值成为整个社会关注、争议的话题，倾向个人利益的功利观念很容易深入人心，在一定程度上动摇了传统的重义轻利、义利并举的价值观念”①，拜金主义和功利主义的不良思想开始冒头。在学习中，部分学生在选择专业时急功近利，不讲个人特长和爱好，只顾挑选热门专业，只求学习成绩上的高分而不求知识的积累，各种弄虚作假、考试作弊手段层出不穷，诚信意识严重缺失。在进行人际交往时，过分对金钱和财物青睐，使得人际关系金钱化，这类学生更多的交往目的趋向功利化，出现了以自我为中心，以金钱、地位来拉近彼此之间的距离，择友标准物质化，这使得大学生人格残缺，导致了他们人生目标的歪曲。董仲舒“不急其功”的思想，提倡稳扎稳打，反对急功近利，且其义利观提倡的是先义而后利，义而后取之，这一思想倡导有助于当代大学生正确辨析义利关系，在认知上克服拜金主义和功利

① 吕增艳：《当代大学生正确义利观形成的影响因素及其培育策略》，《东北师大学报（哲学社会科学版）》2017 年第 2 期，第 153 页。

主义倾向。

（二）有助于推动大学生培育正确义利观

当代社会在总体上强调义利并举，即在追求物质利益的同时注重遵守社会基本规则、明确社会群体道义，正确处理个人利益与集体利益的关系。我们要在对董仲舒义利观研究的基础上，把以其为代表的传统尚义取利的价值倾向、修己安人的休养方式渗透在当代大学生的文化和素质教育之中，增强大学生对中华民族优秀传统文化的认知度与自信心，激励大学生追求个人品德、精神境界的提升。

其一，在价值观培育上，倡导义利并重、义利统一。“义利并重”是指在社会主义市场经济条件下，随着价值取向多元化，催生出了各类义利观，故而借鉴董仲舒义利观可以更好地对大学生义利观进行培养，引导学生们正确认知义和利的关系。随着社会的发展，“价值选择的多元多变、价值判断的分歧争议、价值评价标准的模糊不清，都令大学生们在面对义利问题做判断、作选择时充满困惑迷惘与无所适从”①。反观董仲舒的义利观，他是在吸收先秦儒家仁义思想的基础上，指出义是天理内化到人心中的，故而应该从自身做起。董仲舒指出义是自律的表现，而仁则表现为他律，要求我们施爱于人，宽爱他人、严格自律，这有助于人与人之间建立和谐友善的关系。可以说，义与利是促成人及社会群体发展进步的两个基本要素，将董仲舒的义利观融入现代文明，符合社会主义的道德规范，具有价值导向作用。

其二，在利益观培育上，推动个人、社会和国家利益三者间的有机统一。在社会主义市场经济的发展过程中，我们当然要承认人们追求自身利益的合理性，但是仍然应该坚守义的原则，以达到抑制物欲过分膨胀的目的。我们所说的新时代义利观，就是要寻求个人、社会和国家利益之间共存的最佳方位，在维护国家、社会共同利益的同时，确保个人利益不受损害。董仲舒的义利观，是对如何处理个人利益与群体利益关系的强大指引，对于抵制目前人际交往中盛行的物质

① 吕增艳：《当代大学生正确义利观形成的影响因素及其培育策略》，第153页。

主义、拜金主义意义重大，特别是董仲舒强调仁与义之间密切关联，这可以促使人们认识到在交往过程中不应只追求物质利益，而是应该更加重视对亲情、友情、爱情等人类共通情感的追求。大学生义利观培养，要在充分肯定个人合理物质追求的同时，要加强大学生爱国主义、集体主义教育，以国家利益、集体利益为重，实现社会利益关系的和谐统一。

其三，在道德观培育上，坚持理想道德人格的养成。关于义和利的思考，涉及的是如何达成德性和成人的路向，谋利则先明其道，这也关乎一种理想人格的设定和建构。当代大学生规范性义利观的养成，需要在借鉴董仲舒义利思想基础之上，以实践为活动准则，强化大学生的社会主义义利思想，帮助大学生树立科学的义利取向。应该明确，“利己”本身并非什么不良思维，公民自身用正当途径、手段维护其合法权益是社会发展的需要，也是社会鼓励大家去做的，但利己应该在一定的范围内，即必须遵循道德标准和法律规范，也就是要符合“道义”要求。同时，应该认识到人的社会属性，要在以人为本的基础上，把大学生作为受义利教育的主体，统筹大学生个体与他人、集体与社会的多层面利益关系，帮助大学生树立正确的义利取向，引导当代大学生摒弃以自我为中心的观念。在处理义利问题时不仅看到自身所得，还要在义的原则指引下懂得付出，做到权利和义务的和谐统一，并兼顾集体利益，使当代大学生们成为有原则、讲情理、明道义的人。

三、结语

利是人生存发展所必需的物质资料，义是人在处理群体关系以及人与物关系的道德准则，二者于人生存发展都极为重要。董仲舒的义利观，根源于先秦诸子所提出的义利思想，产生于西汉盛时的社会历史中，对利益与道义的关系问题有其独到见解，并对两宋和明清时期的思想观念、社会发展等产生了重要影响。在新时代重新认知并诠释董仲舒的义利观，是非常重要且及时的思想发掘与价值溯源，这对于新时代义利观的形成与发展具有重大的引领作用和推动意义。特别是年龄小、阅历浅的大学生，其在长期学习中积累提高的科学文化知识和能力素质能否得到充分发挥，主要取决于大学生内在的思想道德素质是什么样的。在这样的情况下，我们应当时刻关注大学生义利观念和价值取向的形成与转变，认识到义利观念对学生行为具有重要的导向作用。以董仲舒义利观中义利并重和其显德、遵道、趋义的思想倾向为参照，可以使我们更积极主动地应对当代大学生在义利问题上的一些不当行为，进而促使正确义利观融入大学生的学习生活中，成为他们内化于心的道德品格和价值理念，并在具体实践过程中将这些观念、理论外化于行。

参考文献：

[1] 王永祥．董仲舒评传［M］．南京：南京大学出版社，1995.

[2] 苏舆撰、钟哲点校．春秋繁露义证［M］．北京：中华书局，1992.

[3] 班固撰，颜师古注．汉书·董仲舒传［M］．北京：中华书局，2013.

[4] 黄朴民．董仲舒与新儒学［M］．台北：文津出版社，1992.

[5] 邓红．董仲舒思想研究［M］．台北：文津出版社，2008.

[6] 梁绍辉．论董仲舒义利观的合理因素［J］．求索，1988（1）：79－85.

[7] 李宗桂．董仲舒义利观揭旨［J］．齐齐哈尔师范学院学报，1991（4）：16－19.

[8] 王俊梅．董仲舒义利观辨析［J］．衡水师专学报，2003（3）：13－15.

[9] 唐赤蓉．董仲舒的两种义利观［J］．中华文化论坛，2004（3）：97－101.

[10] 何丽野．从语境看董仲舒义利观的一段公案［J］．哲学研究，2011（2）：53－59.

[11] 吕增艳．当代大学生正确义利观形成的影响因素及其培育策略［J］．东北师大学报（哲学社会科学版），2017（2）：151－155.

[12] 孙泊．先秦儒家义利观的思想实质与时代构建［J］．南通大学学

报（社会科学版），2018（2）：26－31.

本文为第七届“国学与大学德育”研讨会提交的论文。

白晨昭（1995—），男，陕西西安人，四川轻化工大学马克思主义学院教师。

天人之学视野中董仲舒人性论的内在理路[①]

王 博

与人性论在中国哲学史叙述中受到的极大关注相一致，董仲舒人性论在董学研究中也是经久不衰的理论热点，近四十年的研究成就斐然[②]。总体来说，董仲舒的人性论更多被置于中国人性论发展史中进行定位，从而被看作是对孟子人性论和荀子人性论的调和或折衷，只是中国人性论发展的一个“必要”的逻辑环节。事实上，董仲舒的确对孟、荀均有批评，但只是在讨论自己的人性论时附带提及，并未特意将孟、荀作为立论的靶向。而且，董仲舒对人性论的关注程度远远不及孟、荀，在他的整个学术体系中并不具有根本性地位。因此，董仲舒的人性论更应该被置入董学的整个体系而非从人性论的发展历史或逻辑环节中才能得到恰当理解。当然，只要我们能够在董学大体中为人性论找到恰当位置，也能进一步看清董仲舒人性论在整个人性论发展历程中的独特性。董仲舒学术的根本旨趣即以其系统的天人之学

① 基金项目：本文为国家社科基金项目“‘天人三策’与汉代政治哲学研究”（19CZX020）阶段性成果。

② 从20世纪80年代陈玉森先生首先对“性三品说”质疑开始，到90年代廖其发先生与黄开国先生反复论辩，再到21世纪初以来曾振宇先生和刘国民等先生相继推出新说，尤其是近几年，黄开国先生、周炽成先生、任蜜林先生等以权威刊物《哲学研究》为主阵地所掀起的新一轮辩难，既反映出学界对董仲舒人性论的强烈关注，也表明对这一问题的认识仍然处在一个逐步深化的进程之中。

构建大一统政治环境下长治久安的圣王之道，这一点已获得较为公允的认肯。那么，人性论在董学中究竟处于一个什么位置？或者说，董仲舒对人性理论的探讨在实现董学根本旨趣中扮演的角色为何？

一、天人之学中的人性论

董仲舒天人之学的理论模型完整展现于其“十天端”① 的独特构造。十天端的第一端是天，最后一端是人，横亘于天人之间的，则是阴阳和五行。董仲舒说：“是故明阴阳、入出、实虚之处，所以观天之志。辨五行之本末顺逆、小大广狭，所以观天道也。”（《春秋繁露·天地阴阳》）阴阳和五行共同构成了天的运行之道，对阴阳五行之理的认识和把握同时也就意味着知天，因此天不仅可知，也是理性的。“与孟子‘尽心知性’以‘知天’大为不同，董仲舒仍然遵循了稷下以来尤其是荀子的理性态度，将‘天’首先作为外在于人之心性的客观之物，承认天有着自己的运行方式”；“当荀子将学者的理性发挥到极致时，天的自然性意涵得到了完全贯彻，不仅其道德性意涵丧失殆尽，天最初所具的神圣性也被彻底剥落。在此思路下，‘天人相分’成了必然的理论结果。”② 因此，从天人之学的角度来看，董仲舒与孟、荀的学术差异首先是体现在天和人的关系上。孟子追求的是

---

① 在可作为董仲舒天人学说总纲领的《春秋繁露·天地阴阳》中，他开篇即言：“天、地、阴、阳、木、火、土、金、水，九，与人而十者，天之数毕也”；又在《春秋繁露·官制象天》中说：“天有十端，十端而止已。天为一端，地为一端，阴为一端，阳为一端，火为一端，金为一端，木为一端，水为一端，土为一端，人为一端，凡十端而毕，天之数也。”本文《春秋繁露》引文皆据苏舆：《春秋繁露义证》，中华书局，1992年。对“十天端”的具体理解可参看王博：《天人之学的自然哲学根基——“十天端”架构中的董仲舒阴阳五行学说》，《衡水学院学报》2018年第2期，第22—24页。

② 王博：《天人之学的自然哲学根基——“十天端”架构中的董仲舒阴阳五行学说》，第22页。

孔子所罕言的“性与天道”[①] 的合一，荀子强调天和人没有关系，“唯圣人不求知天”（《荀子·天论》）[②]，董仲舒却一定要坚持“夫王者不可以不知天”（《春秋繁露·天地阴阳》），天人可以实现合一。

在传承已久的天人合一观念中，唯圣人（人主）有资格实现与天的合一。刘泽华先生认为，“直到近代以前，天王合一始终是天人合一的中心”[③]。在董仲舒之前的天人合一观念中，无论是周初“以德配天”式的天人合一，还是稷下学者所强调的圣人依时而立政的天人合一，其着眼点皆是就圣人与天的合一而言。我们在此处将圣人与人主并列，乃为突出这两个概念的相与共生，即唯人主有资格与天合一，与天合一的人主即为圣人或者王者。董仲舒天人之学中“人”的首要含义是“圣人（人主）”，董仲舒说：

> 为人主者，予夺生杀，各当其义，若四时；列官置吏，必以其能，若五行；好仁恶戾，任德远刑，若阴阳。此之谓能配天。天者其道长万物，而王者长人。人主之大，天地之参也；好恶之分，阴阳之理也；喜怒之发，寒暑之比也；官职之事，五行之义也。以此长天地之间，荡四海之内，殽阴阳之气，与天地相杂。是故人言：既曰王者参天地矣，苟参天地，则是化矣，岂独天地之精哉。王者亦参而殽之，治则以正气殽天地之化，乱则以邪气殽天地之化，同者相益，异者相损，天[④]之数也，无可疑者也。（《春秋繁露·天地阴阳》）

在董仲舒看来，人世治乱与天地相殽化。所谓天人合一，本质上就是人主与天地相参，因为能够与天地相参且“功过神明”[⑤] 的人唯

---

① 子贡曰：“夫子之文章，可得而闻也；夫子之言性与天道，不可得而闻也。”（《论语·公冶长》）本文《论语》引文皆据朱熹：《四书章句集注》，中华书局，1983年。

② 本文《荀子》引文皆据王先谦：《荀子集解》，中华书局，1988年。

③ 刘泽华：《天人合一与王权主义》，《天津社会科学》1996年第4期，第83页。

④ 苏舆认为此“天”字为脱误，甚是。苏舆：《春秋繁露义证》，第468页。

⑤ 在《春秋繁露·天地阴阳》中，董仲舒说：“是故治世之德，润草木，泽流四海，功过神明。”

有圣人（人主）。事实上，追求天人合一的思想家共享的前提是，圣人（人主）在政治生活中的主导作用决定了唯圣人（人主）有资格与天合一。但董仲舒最为特别的地方在于，他为圣人（人主）的独尊提供了人性论上的证明。董仲舒并没有像先前热衷探讨人性善恶的理论家那样，从理念推导或从经验观察，而是先将人性论限定在“君子”与“小人”相分视野下的“万民之性”，以正名学说从圣人立名之本意讨论了“民”“性”等概念的实质内涵[①]，从而推导出“生之谓性”和“性未善”，又用阴阳学说给出了天道层面的有力支持。因为人性未善，圣人及其所立礼乐教化才有存在之必要。仍然参之以正名学说，“王道通三”从字源学上也证明了王道就是究通天、地、人之道。在此基础上，方能最终得出董仲舒天人之学的根本旨归，那就是礼乐兴而教化行的圣王之道。

二、万民之性与民、性之正名

人性论乃是为圣人之独尊与圣人立教化之必要所进行的证明，以万民之性为考察起点。孔子罕言“性与天道”，但在后儒特别是孟、荀那里，人性论成为阐述其道德学说与政治见解的前提性学说。我们也看到，无论汉以前的学者将人性论推进到多么深入的程度，武帝仍然说“性命之情，或夭或寿，或仁或鄙，习闻其号，未烛厥理”（《汉书·董仲舒传》）。虽说武帝策问这个问题可能更希望学者能为自己的

---

① 强中华先生和王冬先生皆注意到了“正名”在董仲舒人性论中的重要意义，详参强中华：《正名·时间·人性论——董仲舒人性论的逻辑层次及理论困境》，《孔子研究》2012年第2期，第4－11页；王冬：《从正名论推出人性论：董仲舒人性论新探》，《衡水学院学报》2016年第5期，第40－44页。

长生成仙提供理论支持[①]，但无论如何，现实中性命之情的夭寿仁鄙不一仍然是人们必须面对之实情。董仲舒如是回应武帝的策问：

> 臣闻命者天之令也，性者生之质也，情者人之欲也。或夭或寿，或仁或鄙，陶冶而成之，不能粹美，有治乱之所在，故不齐也。孔子曰："君子之德风，小人之德草，草上之风必偃。"故尧、舜行德则民仁寿，桀、纣行暴则民鄙夭……"绥之斯倈，动之斯和"，此之谓也。(《汉书·董仲舒传》)

我们暂且不去管在董仲舒之前对"命""性""情"已有的诸多细致分梳和论辩。虽然董仲舒对"命""性""情"做了区分，但终于还是与武帝一样，视它们同为夭寿仁鄙不一，且将这种不一共同归结于人世之"治乱"。需要"陶冶"才能成其"粹美"的情性（董仲舒对"命""性""情"的合称）与人世之有治有乱一样，不可能齐一。董仲舒并未过多论述，而是引孔子之言，说明小人（万民）的德性取决于在上之君子（人主）。君子有德则民德随化；君子无德则民德暴戾。因此尧舜行德则其民仁寿；桀纣行暴则其民鄙夭。我们看到，其实董仲舒将武帝的问题偷换了概念。武帝所问实际上是包括所有人在内的情性，而董仲舒将之变成了万民也就是普通人的情性，因此他才能将问题转换到勉励人君行德上去。也就是说，在君子与小人相分的前提下，董仲舒将对人性的讨论限定在了万民的范围内，且讨论万民之性的目标是要指向人主之行政，这是"天人三策"中董仲舒对"情性"问题的原则性回答，也是我们理解董仲舒人性论的起点。在董仲舒的文本中，"人"和"人主"这两个概念通常是混用的，董仲舒自己并未做过多分疏。同样的，"人主"与"君子"在这里也是混用的，董仲舒并不会觉得有何不妥。尽管我们今天可以将君子视作整个统治阶

---

① 正如汲黯清醒指出的："陛下（武帝）内多欲而外施仁义，奈何欲效唐、虞之治乎！"（《史记·汲郑列传》）汲黯所言的"内多欲"实有所指。在《史记·封禅书》基础上所成的《史记·孝武本纪》记述的多是武帝求仙问鬼神之事，当武帝听说了黄帝成仙的故事后动情地感慨道："吾诚得如黄帝，吾视去妻子如脱躧耳。"可见相比于上古治世，长生成仙的上古圣王更让武帝钦羡。

层或者可以为民师帅之道德完人，或者再进一步对君子进行道德品级上的详细划分，但在董仲舒自己的论说中，并不存在这样的细致分疏。正如董仲舒在论证“君子之德风”时，所举正面及反面例证皆为人主。

正是将人性论限定在了万民之性的范围内，独尊的圣人（人主）才有资格立其教化。圣人（人主）首先与万民相对，构成了教化和被教化者。教化者之性纯善无恶，乃圣人之性，是其施行教化之前提。被教化者“性未善”，有被教化之必要。依据教化之结果，可被教化者所具之性即“中民之性”，不可被教化者所具之性为“斗筲之性”。“性三品”说正是就此意义而言。为了论证作为被教化者的万民之“性未善”，董仲舒利用其独特的正名学说，对“民”和“性”这些概念进行了根源性的解说。

在《春秋繁露》中，除《玉杯》《竹林》《玉英》等篇对人性有零散探讨外，唯《深察名号》《实性》篇有系统的人性论，但也是作为“正名”问题的附带性论述。正是在对正名的探讨中，人性论获得了恰当的安置。

如果要对孔子作《春秋》之旨给出一个孔子式的回答，则“君君臣臣父父子子”之“正名”最为恰当。董仲舒将此旨与《春秋》大一为元论[①]相结合，说“《春秋》大元，故谨于正名”（《春秋繁露·深察名号》）。为何正名如此重要？董仲舒说：

> 治天下之端，在审辨大。辨大之端，在深察名号……是非之正，取之逆顺，逆顺之正，取之名号，名号之正，取之天地，天地为名号之大义也……名则圣人所发天意，不可不深观也。（《春

---

① “《春秋》大一为元论”是董仲舒《春秋》学的核心关切，是他为了限制大一统下无可约束的皇权对《春秋》公羊学的“大一统论”所做的独特改构。董仲舒说“《春秋》何贵乎元而言之？元者，始也。言本正也。道，王道也。王者，人之始也。”《春秋繁露·王道》又说：“是故《春秋》之道，以元之深正天之端，以天之端正王之政，以王之政正诸侯之位。五者俱正而化大行。”《春秋繁露·二端》体现的正是他反复申说的“《春秋》大一为元”之义。参王博：《从董仲舒〈春秋〉学的三大面相看学术与政治的深度紧张》，《鹅湖月刊》2018年第12期，第32—34页。

秋繁露·深察名号》）

孔子以“正名”乃为政之首务①，董仲舒亦以其为治天下之端始。孔子的“正名”实际上是要以人伦政治关系中君臣父子之名包含的伦理要求来促使处在人伦关系中的每个人自正其名②，而董仲舒却要上推到圣人定名之始，以定名为圣人代天行道的起点。因此，从每个事物之名皆可逆推出其所内含的天意，进而以与天意之相合作为正名的基本方法。在此原则指导下，董仲舒进而深论了天子、诸侯、大夫、士、民五种名号所蕴涵的天意：

> 受命之君，天意之所予也。故号为天子者，宜视天如父，事天以孝道也。号为诸侯者，宜谨视所候奉之天子也。号为大夫者，宜厚其忠信，敦其礼义，使善大于匹夫之义，足以化也。士者，事也；民者，瞑也。士不及化，可使守事从上而已。五号自赞，各有分……无有不皆中天意者。物莫不有凡号，号莫不有散名，如是。是故事各顺于名，名各顺于天。天人之际，合而为一。同而通理，动而相益，顺而相受，谓之德道。（《春秋繁露·天地阴阳》）

我们看到，虽则董仲舒为“天子”“诸侯”“大夫”“士”四种名

---

① 孔子论“正名”详见于《论语·子路》，原文如下：子路曰：“卫君待子而为政，子将奚先？”子曰：“必也正名乎！”子路曰：“有是哉，子之迂也！奚其正？”子曰：“野哉由也！君子于其所不知，盖阙如也。名不正，则言不顺；言不顺，则事不成；事不成，则礼乐不兴；礼乐不兴，则刑罚不中；刑法不中，则民无所措手足。故君子名之必可言也，言之必可行也。君子于其言，无所苟而已矣。”

② 齐景公问政于孔子。孔子对曰：“君君，臣臣，父父，子子。”公曰：“善哉！信如君不君，臣不臣，父不父，子不子，虽有粟，吾得而食诸？”（《论语·颜渊》）齐景公失政于大夫陈氏，又多内嬖，而不立太子，其君臣父子伦常名分已颇为混乱，夫子告之以“君君，臣臣，父父，子子”，近可视为治齐政之首务，更当视作“为政”之首务。“君、臣、父、子”为对某种人伦所定之“名”，某人获得此“名”即意味其应当承担此“名”所蕴含之一切人道纲常，故朱熹于此注为：“此人道之大经，政事之根本也。”（见朱熹：《四书章句集注》，第136页）在孔子看来，每一人伦之“名”唯有实现其所蕴含之一切“人道纲常”，方可真正以其“名”“名”之，如齐景公为君，则应当谨守君道，失政于大夫便失此道，不可称其为君，其自言“君不君”即是此意。正名也就意味着每个人皆守其分位，自正其名。

号所阐发出的天意不一样，他们的具体职责也不一致，但目标却是一致的，四者的共同点是与“民”相对。因为这四者都是治民者，是“君子”。民因其冥顽不明受治于君子，君子统于天子，天子合于天。这里所说的“天人之际，合而为一”是董仲舒最接近“天人合一”的提法，但民因为其名所含的天意，并没有与天合一的资格。虽则除天子外的其他君子也没有资格与天合一，但他们的共同职责都是辅助天子与天合一。所以，董仲舒在此处实际上是将“诸侯”“大夫”“士”统合于“天子”。正因如此，董仲舒在重点阐述了天子当与天合一的主旨后，转而在万民之性的意义上论证“性”之名所含的天意究竟为何：

> 今世暗于性，言之者不同，胡不试反性之名。性之名非生与？如其生之自然之资谓之性。性者质也。诘性之质于善之名，能中之与？既不能中矣，而尚谓之质善，何哉？性之名不得离质。离质如毛，则非性已，不可不察也。《春秋》辨物之理，以正其名……圣人之谨于正名如此……栣众恶于内，弗使得发于外者，心也。故心之为名栣也。人之受气苟无恶者，心何栣哉？吾以心之名，得人之诚。人之诚，有贪有仁。仁贪之气，两在于身。（《春秋繁露·深察名号》）

在董仲舒看来，世人之所以对“性”有不同的认知且皆暗昧于性的本质，是由于没能回到“性”的立名之初对其进行正名。圣人创造的“性”这个字，是由“生”和“心”两部分构成，因此必须从生和心两方面来理解性的本义。所谓“生之自然之资谓之性”，是从“生”这一方面来检讨“性”的本质，即性就是一个人出生时的自然资质，所以董仲舒说“性者质也”①。“诘性之质于善之名，能中之与？”实际上针对的是以孟子为代表的性善论。既然董仲舒认为性就是质，则

---

① 参苏舆，苏氏并言“宋儒所谓气质之性本此”，周炽成先生和黄开国先生的争论即源于对此的不同理解。见苏舆：《春秋繁露义证》，第292页；周炽成：《董仲舒对荀子性朴论的继承与拓展》，《哲学研究》2013年第9期，第53—58页；黄开国：《董仲舒的人性论是性朴论吗?》，《哲学研究》2014年第5期，第34—38页。

说性善就意味着“质善”。但是，“善”之名却与“质”之名相冲突，因为人的生之自然之质仁鄙不一，不能谓之善，说性善其实已经脱离了性之本义。从质的角度而言，性有善有恶。人之所以不易表现出恶质，乃是因为心能够将其禁制①于内。心之名的本义就是“禁制”。如果人初生时所禀赋的天地之气不包含恶的成分，那心就失去了存在的理由。只有进一步对心之名加以分析，才能够得到人性的实情②。人性有贪有仁，贪仁皆为人身所禀赋。从“以生论性”这个角度而言，董仲舒的论述其实与告子生之谓性（见《孟子·告子上》）的论证方式差别不大，但董仲舒更为高明的地方在于，他同时也“以心论性”，承认了性虽然未善，但有成善的可能，而且进一步为现实中“仁贪之气，两在于身”这一人性的实情寻求到了天道依据。

三、“性未善”之天道依据

在对“性”进行正民后，董仲舒接着以阴阳学说作为天道依据来论证“性未善”之理，他说：

> 身之名，取诸天。天两有阴阳之施，身亦两有贪仁之性。天有阴阳禁，身有情欲栣，与天道一也。是以阴之行不得干春夏，而月之魄常厌于日光。乍全乍伤，天之禁阴如此，安得不损其欲而辍其情以应天。天所禁而身禁之，故曰身犹天也。禁天所禁，非禁天也。必知天性③不乘于教，终不能栣。察实以为名，无教之时，性何遽若是。（《春秋繁露·深察名号》）

说“身之名，取之天”其实意味着人之身乃为天地所生化，人之贪仁之性正好与天之阴阳相副。天不仅以阴阳之道施化万物，且表现出尚阳而禁阴的特性。因此，人以心来禁制其贪鄙的情欲也是与天相副。但是，万民既然冥顽不明，不可能依靠自身的自觉来禁制情欲，

---

① 苏舆释“栣”为“禁御”，见苏舆：《春秋繁露义证》，第293页。
② 苏舆释“诚”为“实”，见苏舆：《春秋繁露义证》，第294页。
③ 苏舆认为此“天”字为脱误，甚是。苏舆：《春秋繁露义证》，第468页。

而必待圣人立教化加以引导，因为从根本上说：

民之号，取之瞑也。使性而已善，则何故以瞑为号？以者言，弗扶将，则颠陷猖狂，安能善？性有似目，目卧幽而瞑，待觉而后见。当其未觉，可谓有见质，而不可谓见。今万民之性，有其质而未能觉，譬如瞑者待觉，教之然后善。当其未觉，可谓有善质，而不可说服力善，与目之瞑而觉，一概之比也……性而瞑之未觉，天所为也。效天所为，为之起号，故谓之民。民之为言，固犹瞑也，随其名号以入其理，则得之矣。是正名号者于天地，天地之所生，谓之性情。性情相与为一瞑。情亦性也。谓性已善，奈其情何？故圣人莫谓性善，累其名也。身之有性情也，若天之有阴阳也。言人之质而无其情，犹言天之阳而无其阴也。（《春秋繁露·深察名号》）

在董仲舒看来，圣人以“民”来作为万民的名号，因为民的本义为“瞑”。《说文》曰：“瞑，翕目也，从目、冥，冥亦声。”[①]《说文》释翕为起，段注认为：“《释诂》《毛传》皆云：翕、合也。许云起也者、但言合则不见起。言起而合在其中矣。翕从合者、鸟将起必敛翼也。”[②] 也就是说，瞑的意思为合目或者闭目，进一步说，“民”意指昏睡未醒之人。万民之性就像眼睛一样，在觉醒前处于闭合状态。正如昏睡之人有觉醒的可能，万民之性也包含了善质在内，但在没有受到圣人教化前不能说万民之性就是善的，因为天地所生之人性同时包含了性和情。如果说性已善，人生而即有的贪鄙的情欲又将被置于何处？因此圣人绝不会说性善，因为从“性”之“名”而言，人之生两有贪仁之情性，正如天两有阴阳。董仲舒举例说：

故性比于禾，善比于米。米出禾中，而禾未可全为米也。善出性中，而性未可全为善也。善与米，人之所继天而成于外，非在天所为之内也。天之所为，有所至而止。止之内谓之天性，止之外谓之人事。事在性外，而性不得不成德。穷论者，无时受

---

① 段玉裁：《说文解字注》，上海古籍出版社，1981年，第134页。

② 段玉裁：《说文解字注》，第139页。

> 也。名性，不以上，不以下，以其中名之。性如茧如卵。卵待覆而成谁，茧待缫而为丝，性待教而为善。此之谓真天。（《春秋繁露·深察名号》）

董仲舒的禾米之喻及茧丝之喻极为形象地说明了，万民之性包含了善质，但须待教化才能成其善。我们也要指出，董仲舒虽是针对万民而论性，但实际上排除了一部分极为冥顽不灵之民在外，因为这些人即便是教化也不能成其善。正如有的禾从根本上就是坏的，故而无法出米，所以圣人“名性，不以上，不以下，以其中名之”。所谓“上”，就是圣人；所谓“中”，就是可通过圣人的教化成其善之万民；所谓“下”，就是必待刑戮之顽民。当然，必待刑戮之顽民也是通过教之后才能加以确认。因此，这里所表达出的“性三品”说是以教化为立论的核心。人首先被区分为教化者和被教化者，依据教化的结果，被教化者又被区分为可被教化者和不可被教化者，而作为教化者的圣人以其本然之善获得教化万民之资格：

> 天生民性有善质，而未能善，于是为之立王以善之，此天意也。民受未能善之性于天，而退受成性之教于王。王承天意，以成民之性为任者也。今案其真质，而谓民性已善者，是失天意而去王任也。万民之性苟已善，则王者受命尚何任也？……正朝夕者视北辰，正嫌疑者视圣人。圣人以为无王之世，不教之民，莫能当善。善之难当如此，而谓万民之性皆能当之，过矣。质于禽兽之性，则万民之性善矣；质于人道之善，则民性弗及也。万民之性善于禽兽者许之，圣人之所谓善者弗许。吾质之命性者异孟子。孟子下质于禽兽之所为，故曰性已善；吾上质于圣人之所为，故谓性未善。（《春秋繁露·深察名号》）

董仲舒特举孟子的人性论作为批判对象。孟子以为人人皆有善质、皆能成善，因此人性善。但董仲舒认为说性善即意味着性已善，若此就使得圣人立教化失去了依据。正是由于民性未善，天才要为万民立王者以成其善。从根本上说，孟子是将人性与禽兽相比，所以说性已善，而董仲舒是将万民之性与圣人本然之善相比，所以说性未善。正因为性有善质却未善，圣人发天意而立教化才有依据。孟子性论的反对者荀子以“性恶”为圣人制礼作乐立教化之根据，但与董仲舒的根本性区别就在于，荀子的圣人只是禁人作恶，而董仲舒的圣人是要成人之善。因为圣人立性之名既然出自天意，天意为仁为义，圣人以其仁义成民之善即是与天相副①，天人合一。

四、王道通三与天人合一

董仲舒从性未善之义推出圣人必承天意以立教化，由此所成之王道则是人性论的理论旨归。董仲舒进一步依据正名理论对王道究通天、地、人之道的天人合一之旨进行了深入阐发。理解了这一点，也能进一步理解为何董仲舒要以与圣人（人主）相对的万民之性为考察起点。我们知道，董仲舒论证性未善的基本方式乃由性之名逆推圣人立名之义，因为“《春秋》大元，故谨于正名”。与《春秋》“大元贵始”论的关切相一致，在同一篇文献中，董仲舒关注的核心也仍然在由“君”之名逆推人君所担负之重任：

> 深察君号之大意，其中亦有五科：元科、原科、权科、温科、群科。合此五科，以一言谓之君。君者元也，君者原也。君者权也，君者温也，君者群也。是故君意不比于元，则动而失本；动而失本，则所为不立；所为不立，则不效于原，不效于原，则自委舍；自委舍，则化不行。用权于变，则失中适之宜；失中适之宜，则道不平，德不温；道不平，德不温，则众不亲安；众不亲安，则离散不群；离散不群，则不全于君。（《春秋繁露·深察名号》）

我们看到，圣人在立下“君”这个名号的时候，就是根据天意所要求于人君的职责来定的。“君”内在包含了“元”“原”“权”“温”

① 在董仲舒的天人之学中，天和人永远是共生的概念，他从不会只言天而不下落于人，也不会单谈人而不上推于天。让董仲舒可以做到这点的，正是他独有的“天人相副”学说。关于天人相副学说的详细内涵，可参王博：《董仲舒天人相副说新阐：从人副天数到天人感应》，《东吴哲学学报》第39期，第23—48页。

“群”这五重内涵，而且每一层内涵皆成为后面所有内涵能够成立的前提。因此，“元”是“君”最为前提性的内涵。董仲舒说：“君人者，国之元，发言动作，万物之枢机。枢机之发，荣辱之端也。”（《春秋繁露·立元神》）又说：“君人者，国之本也。”（《春秋繁露·立元神》）皆是推扬人君对于国家之本始意义和首要性。《春秋》大元而贵始，作为国之元的人君亦当以谨始为务。因为人君的一举一动牵涉万民的安宁与否，也决定了其能否统领万民而使群睦，而“群”本来就是君之名的内在要求。由“元”到“群”，人君若能以圣人立名之义来督责自己努力行政从而群睦万民，也才可以称“王”。所以董仲舒在“深察君号”之前，就以“深察王号”为人君立下了终极目标：

> 深察王号之大意，其中有五科：皇科、方科、匡科、黄科、往科。合此五科，以一言谓之王。王者皇也，王者方也，王者匡也，王者黄也，王者往也。是故王意不普大而皇，则道不能正直而方；道不能正直而方，则德不能匡运周遍；德不能匡运周遍，则美不能黄；美不能黄，则四方不能往；四方不能往，则不全于王。故曰：天覆无外，地载兼爱，风行令而一其威，雨布施而均其德。王术之谓也。（《春秋繁露·深察名号》）

“王术”即“王道”，王道代表人君治国理民所能达到的最高成就。圣人以“王”作为群睦万民的人君之名号，因为“王”内在包含了“皇”“方”“匡”“黄”“往”五重内涵。与“君号”相同，“王号”的五重内涵也是逐步向后推扩。由普大而皇的王意开始，最终实现万民自四方来归，终成王道。对万民而言，施化万民之王道犹如天覆地载风行雨施之天道，则唯王者可与天相配，实现天人合一。王者与天相配之义不仅由圣人立名之意可以推出，从造字之初即已蕴含其中：

> 古之造文者，三画而连其中，谓之王。三画者，天地与人也。而连其中者，通其道也。取天地与人之中以为贯而参通之，非王者孰能当是……文理灿然而厚，知广大有而博，惟人道可以参天。（《春秋繁露·王道通三》）

从“王”这个字来看，是以一竖连通三横之中。三横代表天、地、人，上为天，下为地，中为人。所谓“天地与人之中”，即是天、地与人之道，此三道为何重要？因为“天地人，万物之本也”（《春秋繁露·立元神》）。能够贯通天地人之道的，唯有王者，所以说“王道通三”，通三也就意味王者与天地相参。正所谓“天道施，地道化，人道义”（《春秋繁露·天道施》），天地以其施化万物显其仁爱，王者亦以仁爱万民与天地相配：

> 天常以爱利为意，以养长为事，春秋冬夏皆其用也。王者亦常以爱利天下为意，以安乐一世为事，好恶喜怒而备用也……是故治世与美岁同数，乱世与恶岁同数，以此见人理之副天道也。天有寒有暑，夫喜怒哀乐之发，与清暖寒暑，其实一贯也……人生于天，而取化于天……明王正喜以当春，正怒以当秋，正乐以当夏，正哀以当冬。上下法此，以取天之道……生溉其乐以养，死溉其哀以藏，为人子者也。故四时之比，父子之道，天地之志，君臣之义也。（《春秋繁露·王道通三》）

这里所论融合了董仲舒天人之学的所有重要内涵。在前面的论述中，之所以我们将“圣人”与“人主”并存，乃是为了保留天人未合一状态和天人已然合一状态下的“人”之特征。唯人主有资格与天合一，但只有与天合一的人主才能算圣人，也就是这里所说的王者。当然，前面我们也会间或提到王者，但并未对圣人和王者进行细致的区分，因为在董仲舒的文本中，这两个概念都是交替在使用，圣人必然是王者，王者同时也必然是圣人。我们看到，董仲舒在此以极为考究的用词为我们展现了天人合一中的“人”所具有的不同面向。董仲舒说“人生于天，而取化于天”，这里的“人”可包括所有人，意即所有人都为天地所化生。但天地对人的化生与天地对万物的化生同样，只能看作是一种自然意义上的宇宙生成论，因为化生万物的天地以四时寒暑为其首要特征。与此相副，所有人皆有喜怒哀乐。正因如此，人世可治可乱，依然与天相副。承当治世之责的人为人主，又因人主也有喜怒哀乐，若人主能合理地发其喜怒哀乐则世治，反之则世乱。王者正是以其治世之功实现与天合一之人，而治世之法则可称为王道。董仲舒在回答武帝对先王之道的疑惑时说“道者，所由适于治之路也，仁义礼乐皆其具也”（《春秋繁露·玉杯》）；又说“正者，王之所为也。其意曰，上承天之所为，而下以正其所为，正王道之端云耳”（《汉书·董仲舒传》）。因为“道，王道也”（《春秋繁露·王道》），又因“王者，人之始也”（《春秋繁露·王道》），董仲舒才会将“明王正喜以当春，正怒以当秋，正乐以当夏，正哀以当冬”当作人主与天合一的首务。也因此，《春秋》学者董仲舒才说“《春秋》之法，以人随君，以君随天”（《春秋繁露·玉杯》），又说“故屈民而伸君，屈君而伸天，《春秋》之大义也”（《春秋繁露·玉杯》）。

在人君与天的合一所成的王道政治下，仁义施礼乐兴而教化行，正是董仲舒所汲汲追求的大治之世，故董仲舒说“《春秋》论十二世之事，人事浃而王道备”（《春秋繁露·玉杯》），又说“《春秋》为仁义法”（《春秋繁露·仁义法》）。董仲舒正是从四时相继的天道循环中推出了君臣父子之义，正所谓“君臣、父子、夫妇之义，皆取诸阴阳之道”（《春秋繁露·基义》）。董仲舒从王道通三中合理得出了“王道三纲可求于天”（《春秋繁露·基义》）的结论。“三纲”之说始自董仲舒，虽然他并未如《礼纬·含文嘉》那样将“三纲”明确为“君为臣纲，父为子纲，夫为妻纲”[①]，但他以三纲为王道，且以作为天道的阴阳之理为三纲的理论基础。那么，在阳尊阴卑的基本理路下，我们还是能够顺利导出《礼纬·含文嘉》的结论。在此，我们不必站在今人的立场上苛责董仲舒的这种有悖于平等观念的所谓“阶级论调”，而应该看到，在古代以秩序为核心追求的政治学说中，为礼制找到最坚实理据的学者当首推董仲舒。无论董仲舒的王道理想是否可行，比起学者们所擅长的种种居高临下式的道德批判，董仲舒少了很多狂妄，更显得睿智和理性。也因此，从属于董仲舒天人之学的人性论在整个人性论发展史上极为特出，剥离天人之学的语境对其进行高低优劣之评判亦不适当。

---

① 原文为：“三纲谓君为臣纲，父为子纲，夫为妻纲，敬诸父兄，六纪道行。”见赵在翰辑：《七纬》，中华书局，2012年，第269页。

本文为“2021 中国·衡水董仲舒与儒家思想国际研讨会暨中华孔子学会董仲舒研究委员会学术年会”提交的论文。

王博（1987—），男，陕西宝鸡人，空军军医大学基础医学院副教授，哲学博士。

《春秋繁露》中的“权变”观念及其元伦理学分析

周灏　卫立冬

权变，也称为权道，是汉代公羊学大师董仲舒的代表作《春秋繁露》中的一个重要观念。在董仲舒的思想体系中，所谓“权（变）”，是与“经（常）”相对举的，即《春秋繁露·玉英》所言：“《春秋》有经礼，有变礼。……明乎经变之事，然后知轻重之分，可与适权矣。”从政治伦理的角度看，如果说“经”代表了王道之三纲，是站在君主本位上发言的，那么“权变”的核心就在于臣子拥有判断是非的自主性。以往研究《春秋繁露》的文献虽已蔚为大观，但有关“权变”的探讨还较为单薄①，这也在一定程度上影响了后世对于董学作为政治儒学的内在品质的把握和评价。本文试图考察《春秋繁露》中的“权变”观念，在此基础上，从元伦理学（*meta-ethics*）的视角，透视其伦理取向，希望为该问题的研究别开生面。

---

① 搜索相关文献，以“权变”为主题的研究成果寥寥无几，胪列如下：韦政通《董仲舒的伦理思想》之第三小节“义、利与经、权”，载韦政通《董仲舒》（台湾东大图书公司，1986年），第134－140页。黄朴民：《试论董仲舒的“经权”“平衡”观》，载《烟台大学学报（哲学社会科学版）》1990年第3期。张端穗《董仲舒〈春秋繁露〉中经权观念之内涵及其意义》，载《东海学报》第38卷（1997年）。

一、权变的定义

《春秋繁露》中有关权变的章节共有四处。首见于《竹林》篇：

> 司马子反为君使，废君命，与敌情，从其所请，与宋平，是内专政，而外擅名也。专政则轻君，擅名则不臣，而《春秋》大之，奚由哉？曰：为其有惨怛之恩，不忍饿一国之民，使之相食。推恩者远之为大，为仁者自然为美。今子反出已之心，矜宋之民，无计其闲，故大之也。

子反是春秋时期楚国的公子。楚庄王伐宋，子反统率右军，包围宋城，由于楚军仅剩七天的粮食，庄王派遣他进城窥探敌情，宋国派华元与之相见，华元坦承告诉他城内已经到吃人肉、烧人骨的地步，而子反亦坦承楚军剩粮不多，于是与宋国和谈，撤兵回国。这样“专政擅名”的行为，却被《春秋》赞赏。董仲舒认为，子反出于本能的同情心怜悯宋国的人民，因此没有考虑到会遭人怀疑是“专政擅名”。但是论者仍然以“《春秋》之义，臣有恶擅名美”，即子反的行为明显掠夺了君王的美好名声相诘难，董仲舒对此回应道：

> 《春秋》之道，固有常有变，变用于变，常用于常，各止其科，非相妨也。今诸子所称，皆天下之常，雷同之义也；子反之行，一曲之变，独修之意也。夫目惊而体失其容，心惊而事有所忘，人之情也；通于惊之情者，取其一美，不尽其失。……今子反往视宋，闻人相食，大惊而哀之，不意之至于此也，是以心骇目动，而违常礼。礼者，庶于仁，文质而成体者也。今使人相食，大失其仁，安着其礼？方救其质，奚恤其文？故曰：“当仁不让。”此之谓也。《春秋》之辞，有所谓贱者，有贱乎贱者，夫有贱乎贱者，则亦有贵乎贵者矣。今让者，《春秋》之所贵，虽然，见人相食，惊人相爨，救之忘其让，君子之道，有贵于让者也，故说《春秋》者，无以平定之常义，疑变故之大，则义几可谕矣。（《春秋繁露·竹林》）

这段文字涉及权变的定义以及何谓臣道的实践。由于《春秋》十分重视正名下的君臣之分，所以子反的行为引发了争议。在臣道上，《春秋》称许的是“忠臣不显谏，欲其由君出也”，而子反的行为完全违背了“卿不忧诸侯，政不在大夫”的《春秋》大义，却又被称道，不免让人有所疑惑。董仲舒的解释是：“《春秋》之道，固有常有变，变用于变，常用于常，各止其科，非相妨也。”重点在“各止其科”，面对特殊的情境，依《春秋》的本意，臣子的确有比固守臣道更为重要的行为准则，那就是“当仁不让”，司马子反的例子，“行仁”比“让”即恪守一般状况下的臣道更为重要。周桂钿指出，司马子反的行为之所以值得称许，是因为董仲舒“把仁爱的原则看得高于君和政。只要确实符合仁爱原则，专政、轻君，都无不可。不但不应贬抑，而且还要赞扬”[1]279。《春秋繁露》赞扬臣子依更高的行为准则（仁）来进行权变，可见否定了君臣间的“绝对”关系。

二、权变的目的和范围

至于权变的目的与范围，逄丑父与祭仲的例子有更清楚的说明。《竹林》篇：

> 逄丑父杀其身以生其君，何以不得谓知权？丑父欺晋，祭仲许宋，俱枉正以存其君，然而丑父之所为，难于祭仲，祭仲见贤，而丑父犹见非，何也？

鲁成公二年（前589）春，齐顷公率军伐鲁、征卫，相继取胜，志得意满之下，对前来聘问的晋、鲁两国使者态度倨傲，两国深感受辱，便集结曹、卫两国，大败齐国。当时，顷公被晋国军队所包围，由于逄丑父面貌与顷公相似，于是扮成顷公，让顷公逃脱，逄丑父却被晋军捕杀。祭仲，则是春秋郑国的卿相，郑庄公死，公子忽继位，祭仲在路过宋国时被扣留，要挟他驱除公子忽而拥立公子突，祭仲为了保全国君的生命，遂答应宋人的要求，于是公子突回郑国，公子忽出奔到卫国。他们两人都是违背正道去保全君主性命，却得到《春秋》截然不同的评价。对此，董仲舒的看法是：

> 是非难别者在此，此其嫌疑相似，而不同理者，不可不察。

夫去位而避兄弟者，君子之所甚贵；获虏逃遁者，君子之所甚贱。祭仲措其君于人所甚贵，以生其君，故《春秋》以为知权而贤之；丑父措其君于人所甚贱，以生其君，《春秋》以为不知权而简之。其俱枉正以存君，相似也，其使君荣之，与使君辱，不同理。故凡人之有为也，前枉而后义者，谓之中权，虽不能成，《春秋》善之。……夫冒大辱以生，其情无乐，故贤人不为也，而众人疑焉，《春秋》以为人之不知义而疑也，故示之以义，曰："国灭，君死之，正也。"正也者，正于天之为人性命也，天之为人性命，使行仁义而可羞耻，非若鸟兽然，苟为生，苟为利而已。……今善善恶恶，好荣憎辱，非人能自生，此天施之在人者也，君子以天施之在人者听之，则丑父弗忠也，天施之在人者，使人有廉耻，有廉耻者，不生于大辱，大辱莫甚于去南面之位。而束获为虏也。曾子曰："辱若可避，避之而已；及其不可避，君子视死如归。"谓如顷公者也。(《春秋繁露·竹林》)

"杀身成仁，舍生取义"本为儒家赞扬的美德，《春秋繁露》反复措意者亦在于此。逄丑父与祭仲虽然在表面上皆"俱枉正以存其君"，然祭仲"措其君于人所甚贵，以生其君"，丑父"措其君于人所甚贱，以生其君"，一贵一贱之差，使祭仲博得"知权"的美名，而丑父则被批为"不知权"。臣子应当重视宗庙是否受辱，更甚于君主在肉体上生命的延续，因为"君子生以辱，不如死以荣，正是之谓也"。可见，臣子的责任是保证正道得以施行与宗庙不受辱，而非仅仅保存君主的性命。丑父之过，在于他不识臣子真正的义务为何①。

《春秋繁露》中第三处明确提及权变观念的文字见于《玉英》篇，内容是就君主继承原则与例外范围来讨论经权关系。《公羊传》隐公

① 《春秋繁露》对于宗庙延续的重视并非偶然，《玉英》中也提到纪侯的例子："齐将复雠，纪侯自知力不加，而志距之，故谓其弟曰：'我宗庙之主，不可以不死也，如以酅往，服罪于齐，请以立五庙，使我先君岁时有所依归。'率一国之众，以卫九世之主，襄公逐之不去，求之弗予，上下同心，而俱死之，故谓之大去。《春秋》贤死义且得众心也，故为讳灭，以为之讳，见其贤之也，以其贤之也，见其中仁义也。"由此可知，臣子最高的义务在于延续宗庙。

元年："立嫡以长不以贤。"这是君位继承的常经。不过在特殊情况下，非嫡长子的其他人也可以继承君位，《春秋》也接纳他。这个例外就是在"可以然之域"。董仲舒所认定的"可以然之域"是同姓贵族，即诸侯的父子兄弟[2]7—8。董仲舒因此为权道的行使范围做了一个明确的界定：

> 夫权虽反经，亦必在可以然之域。不在可以然之域，故虽死亡，终弗为也。故诸侯父子兄弟不宜立而立者，《春秋》视其国与宜立之君无以异也，此皆在可以然之域也。……故诸侯在不可以然之域者，谓之大德，大德无逾闲者，谓正经；诸侯在可以然之域者，谓之小德，小德出入可也。权谲也，尚归之以奉巨经耳。故《春秋》之道，博而要，详而反一也。（《春秋繁露·玉英》）

并举出公子目夷、祭仲、荀息与曼姑四人的例子加以说明：

> 公子目夷复其君，终不与国；祭仲已与，后改之；晋荀息死而不听，卫曼姑拒而弗内，此四臣事异而同心，其义一也。目夷之弗与，重宗庙；祭仲与之，亦重宗庙；荀息死之，贵先君之命；曼姑拒之，亦贵先君之命也。事虽相反，所为同，俱为重宗庙，贵先帝之命耳。难者曰："公子目夷、祭仲之所为者，皆存之事君，善之可矣。荀息曼姑非有此事也，而所欲恃者皆不宜立者，何以得载乎义。"曰："《春秋》之法，君立不宜立，不书；大夫立，则书。书之者，弗予大夫之得立不宜立者也；不书，予君之得立之也。君之立不宜立者，非也；既立之，大夫奉之，是也；荀息曼姑之所得为义也。"（《春秋繁露·玉英》）

这段文字不但划出权变的范围界线，即所谓"可以然之域"，而且清楚表明权变仅仅为一种手段，其最终目的仍然是"尚归之以奉巨经耳"。所以当我们判断臣子的权变行为时，也应当视其目的为何，如果他的目的是被《春秋》所认可的，例如"重宗庙"或是"贵先君之命"，则应当予以赞扬。董仲舒在此所欲表明的规则是：关于君主继承问题，人臣不能置喙。如果大夫僭越、拥立诸侯，《春秋》就要加以记载，表示贬义；但是如果是君王本人违反了继承原则，立了不应立的人，《春秋》就不予记载。《春秋》不予记载表示最终还是赞成君王有立世子之权。这也是合乎义的举动。因此荀息和石曼姑都同享行权之名，他们都是奉行先君命令拥立了本来不应即位的人为君王，但这位即位之君仍是先君的父子兄弟，仍在“可以然之域”，所以他们都可称为“行权”[2]10—11。

三、权变的精神

最后一个但也是最富争议性的行权的例子，就是仇牧与孔父。《王道》篇：

> 鲁隐公之代桓立，祭仲之出忽立突，仇牧、孔父、荀息之死节，公子目夷之不与楚国，此皆执权存国，行正世之义，守惓惓之心，《春秋》嘉其义焉，故皆见之，复正之谓也。

仇牧的事迹见于《公羊传》庄公十二年（前682），宋国大夫南宫长万曾被鲁庄公俘虏而后获释，因而在宋闵公前极力赞扬庄公之德。宋闵公讥讽他曾是庄公的俘虏，所以才会力捧庄公。宋万一怒之下，就扭断了闵公的脖子。这时“仇牧闻君弑，趋而至，遇之于门，手剑而叱之。万臂摋仇牧，碎其首，齿着乎门阖。仇牧可谓不畏强御矣”。宋万虽然孔武有力，仇牧却毫不畏惧，虽然惨遭杀害，但仍然被董仲舒许为“执权存国”。孔父的事迹见于桓公二年（前710），宋华父督将弑殇公，但他知道只要孔父还活着，他的心愿就不可能达成。因此他先攻孔父家。殇公知道孔父一死，他自己生命也不保，因此亲自去营救孔父，结果两人同遭宋督所杀[2]13。

为何并称这三人“死节”？一种说法是：因为孔父、仇牧与荀息都是在乱党弑君行动中遭到牵连而死。董仲舒认为荀息的行为与石曼姑的行为一致，是“贵先君之命”而行权。现在《公羊传》又将仇牧、孔父与荀息并列，董仲舒称呼他们三人“死节”，因此仇牧、孔父的行为也就是行权了[2]15。然而事实上不需要经过这么繁复的过程，只要清楚理解“权”的精神，我们一样可以理解董仲舒的本意。“玉英”仅记载“孔父正色而立于朝，人莫过而致难乎其君”，而对宋闵公一事则有详细说明：

宋闵公矜妇人而心妒，与大夫万博。万誉鲁庄公曰："天下诸侯宜为君者，唯鲁侯尔。"闵公妒其言，曰：此虏也，尔虏焉故。鲁侯之美恶乎？至万怒，搏闵公，绝脰。此以与臣博之过也。古者人君立于阴，大夫立于阳，所以别位，明贵贱。今与臣相对而博，置妇人在侧，此君臣无别也。故使万称他国，卑闵公之意，闵公藉万而身与之博，下君自置。有辱之妇人之房，俱而矜妇人，独得杀死之道也。《春秋传》曰："大夫不适君。"远此逼也。

董仲舒对于闵公一事的解释至为重要。闵公之死，导因于他不识"正名"，即所谓君君臣臣，违反了"人君立于阴，大夫立于阳，所以别位，明贵贱"这项原则。人必自重而后人重之，当君主忘记他自己的身份而失节，臣子就不再有义务尊敬他。至于孔父，则是死守臣道，求仁得仁。

董仲舒要表达的重点是，无论君臣都要确实理解他们这个角色所赋予的责任与规范，君臣各有其伦理需要遵守，不得违背，否则严重的会遭到杀身之祸（如闵公），但是假如遵守规范会带来不幸的后果——纵使是如孔父与仇牧一样牺牲性命，也在所不辞。也就是说，董仲舒真正在意的是君臣能否各自承担责任、履行义务。死节只是结果，董仲舒赞扬的并非死节，而是臣子能够认清在各种状况下他们的责任义务，这才是行权最重要的精神。

四、"权变"的伦理取向

整理了《春秋繁露》中关于"权变"的章节之后，本文接下来要探讨其伦理学性质。对这一概念，韦政通理解为"后果论"[3]，而张端穗则论证为"义务论"[2]5。笔者认为，造成分歧的主要原因在于他们各自使用语词的意涵不同，甚至对基本概念缺少必要的界定。根据元伦理学的原则，只有对伦理学所使用的语言加以分析和定义，才能使伦理学的讨论更为精确[4]。在此，笔者以亚里士多德的目的论

（*teleological theory*）与康德代表的义务论（*deontological theory*）作为对比，以此来判断“权变”的伦理取向。

作为目的论者，亚里士多德假定，我们天生就会追寻美好的生活，并且是出于天性的渴求，所以找出美好生活的成分，也就等于断定我们应当追寻何种目的。他认为所谓美好的生活，是在值得践行的事情上有卓越的表现。相应的，他的观点也被称为至善论（*perfectionism*）[5]。目的论式的论证使得亚里士多德相信每种东西具有它自身的最终原因，并且倾向于实现这个目标①。人类也不例外，一个人借着成为一个好的选择者和行动者而成为善的。这不仅仅关系到选择和从事正确的行动，更关系到以正确的方式选择和行动。在有德性的人身上，欲望和判断达成了共识，他们的选择和行动因此免于冲突和痛苦。同时，由于德性是有关选择的一种特质，深思熟虑地从事有德性的行为，最终可以培养一种能够和谐且愉快地选择行为的特质，而因此依德而行。对人而言，善是符合德性的活动，所谓目的论，其核心观念即在于如何恰当地实现其本性，而人的自然功能在于运用其自然的认知官能，其中最重要的是理性的官能。所以，人类的幸福是符合理性的活动[6]。

康德则由完全不同的途径来探讨伦理问题。康德认为道德原则是满足普遍法则的形式判准的令言，而形式判准是纯粹理性的标记，所以，道德是源自理性的法则，而法则是我们以理性存有者身份来颁给我们自己的，也是我们互相肯定对方的理性本性时，规范我们行为的法则②。道德价值最终由行为者意向的本质决定，而后者反过来又由普遍格律（*general maxim*）或主观原理（*subjective principle*）决定。一个“绝对命令”（*categorical imperative*）就是单纯从纯粹理性的判断方法来直接说出应该做什么；它之所以是绝对的，乃因这种判

---

① 戚国雄：《西方哲学与“中国哲学”之建构》，见佛光人文社会学院、武汉大学2002年联合主办的第一届西方哲学百年学术研讨会《论文集》，第394页。

② 戚国雄：《西方哲学与“中国哲学”之建构》，见佛光人文社会学院、武汉大学2002年联合主办的第一届西方哲学百年学术研讨会《论文集》，第394页。

断方法所命令的不依感觉的情形而定，并且它总是带着否认的价值（*overriding value*）。而当我们服从绝对命令时，我们遵循我们自己的法则并由此自律，这一点正如梯利十分恰当地指出的："道德规律表现人的最内在的自我，道德规律是他的命令，是每一个有理性的人的命令。人要求遵守道德规律，也就是他的自律。"[7] 根据康德，自律是道德的最高而唯一的原则，因为"道德律仅仅表达了纯粹实践理性的自律"[8]，自律就是以纯粹理性为意志的唯一动机。

可见，所谓目的论，是将道德上的是非、义务等终极判准视为其所招致的非道德价值，并诉诸所产生之善的数量与恶的数量上的差额。因此，对一个目的论者来说，道德性质、行为价值或者人的品性特征，都是依据它们所产生或企图产生的比较上的非道德价值[9]36。如前所述，亚里士多德是至善论者，所以对他而言，幸福绝非单纯地等于快乐或愉悦，而是我们要理解人类目的后，找出值得践行之事，并试图在这些美德的追求上有卓越的表现。与之相反，义务论则主张，除了用行为的善或恶的后果来决定行为是不是对的或义务的以外，行为自身的某些特性，而不是行为所招致而来的价值，也可以使一个行为或一条规则成为对的或是义务的。所以一个义务论者会主张，就算某项行为或规则并没有促进个人、社会或世界的最大可能的善大于恶之差额的产生，该行为或规则仍然可能成为道德上对的行为或对的规则，或成为道德上的义务行为或规则。行为或规则只要与某些其他的事实有关，或者单单由于行为或规则自身的本性，就可以说它是对的或是义务的[9]38。所以只要行为是遵循"绝对命令"式的命令，无论后果为何，该行为都拥有道德价值。

通过解释目的论与义务论的差异，我们看到，以目的论观点出发，应该追求的目的为何，这个问题的答案会决定对错原则；而按照目的论，正当行为的一般性研究从属于善的一般性研究①。那么，《春秋繁露》中关于臣子行权的讨论，究竟应当归于哪种类型的伦

① 戚国雄：《西方哲学与"中国哲学"之建构》，见佛光人文社会学院、武汉大学2002年联合主办的第一届西方哲学百年学术研讨会《论文集》，第395页。

理学?

一个较为简单的判准是：这些臣子之所以行权，是因为行权这一行动得以通过绝对命令式的检验，还是由于行权本身是符合人类目的的一种美德？如果从司马子反、逄丑父与祭仲各自被称赞知权或被责备为不知权的例子来加以分析，很明显的，在《春秋繁露》中，评价臣子的行为有一个更高的准则，就是关于人类目的的一种理解。司马子反的行为实际上是侵犯了君主的权力，这理应是严明君臣大义的《春秋》最无法忍受的行为，但是却被许为知权，董仲舒对此使用"各止其科"来说明子反行为的价值。子反处于特殊的情境下，迫使他不得不去反思作为一个人，"仁"这样的美德对他究竟有没有意义？这里涉及判断力的问题。其次，就义务论者而言，"专政擅名"绝对难以被证为臣子的义务，原因有二："专政擅名"无法被普遍化；由于不考虑结果，司马子反"专政"所带来的好处（推恩行仁）可以说没有任何价值。

逄丑父与祭仲的例子更为清楚地说明行权应当属于目的论式的伦理学推论。如果没有一个关于人类目的的价值排序（荣辱重于生死），则丑父与祭仲的行为根本是无法区分其价值高低。然而，将君主大位让给同宗兄弟，不但符合"让"的美德，而且符合宗法继承原则，所以"夫去位而避兄弟者，君子之所甚贵"；而"获虏逃遁者，君子之所甚贱"，所以纵使"丑父措其君于人所甚贱，以生其君"，也会得到完全不同的评价"其俱枉正以存君，相似也，其使君荣之，与使君辱，不同理"。就行为本身来说，两者都是"俱枉正以存其君"，就义务论而言，两者仅有可能同为正当或同为不当，但是在目的论的价值体系下，两者的差异昭然若揭，也唯有透过目的论式伦理学才能理解董仲舒对这则史实所下的价值判断所谓何来。

重视臣子的义务而忘却生死，对于这项美德的追寻同样反映在仇牧与孔父的例子上。延续生命并不是人类所要追求的最高目的，仇牧与孔父之所以被称知权，就是他们在对于人生的目的与各种不同层级价值的追求上有着清晰的认识。倘若缺乏判断力，不但无法计算各种行为造成的善恶差额，更严重的是会误解人类真实的目的，而目的又会决定行为的对错原则。同理，透过目的论层级式价值观的排列，公子目夷、荀息与石曼姑三人的行权也可以被我们理解其价值何在。“重宗庙”与“贵先君之命”在他们各自的例子中各是行为的最高准则。无论是宗庙或先君，都代表一种客观的制度。作为臣子，他的身份要求他在君主继承的问题上不得有自己主观的意见，因为如果不遵循这条原则，将会导致臣子乱政，整个统治秩序荡然无存。

五、权变观念的性质

从政治伦理的角度看，权变观念最重要的意义体现在君臣关系的界定上。韦政通认为，董仲舒“承袭了法家的君术”，使得君主“不但享有至高无上的地位，而且代表绝对的价值标准”[3]140。余英时也持类似的看法，他提出董仲舒不仅反复论证“尊君卑臣”之义，甚至将“尊君卑臣”的原则推广到其他社会关系方面，于是就产生了著名的“三纲”之说，并得出结论，“由此可见，董仲舒所以要建立的尊卑顺逆的绝对秩序根本上是儒学法家化的结果”[10]。

然而，经过对《春秋繁露》中的权变观念的梳理和解析之后，我们可以发现它绝非一部提倡绝对君臣关系的著作，因为权变理论本身标明了对高尚价值的追求。例如，董仲舒认为“辱生”不如“荣死”，不以苟且偷生为善，而以“辱不可避，君子视死如归”为荣，不以生存为最高原则，而以仁义为更高标准[1]288，由此可见，臣子与君的关系绝非唯命是从，而是“从道不从君”；同样，“书曰：‘厥辟去厥祇。’事亲亦然，皆忠孝之极也，非至贤安能如是。父不父则子不子，君不君则臣不臣耳”（《春秋繁露·玉杯》），这显然继承了先秦儒家“君君臣臣父父子子”（《论语·颜渊》）的基本精神，而与法家所倡导的君主“独制于天下而无所制”（《史记·李斯列传》）架构下的君臣关系是截然不同的。综上，笔者认为，就元伦理学意义上的性质而言，“权变”的概念应属目的论而不是义务论。

参考文献：

[1] 周桂钿. 董学探微 [M]. 北京：北京师范大学出版社，1981.

[2] 张端穗. 董仲舒《春秋繁露》中经权观念之内涵及其意义 [J]. 东海学报，1997，38：1—17.

[3] 韦政通. 董仲舒 [M]. 台北：东大图书公司，1986.

[4] 林火旺. 伦理学入门 [M]. 上海：上海古籍出版社，2005：20.

[5] 斯蒂芬·达沃尔. 美德伦理学导论 [J]. 邵显侠，译. 江海学刊，2006 (5)：23—25.

[6] 亚里士多德. 尼各马可伦理学 [M]. 廖申白，译. 北京：商务印书馆，2004：1094a.

[7] 梯利. 西方哲学史 [M]. 增补修订版. 伍德，增补. 葛力，译. 北京：商务印书馆，1995：464.

[8] 康德. 实践理性批判 [M]. 邓晓芒，译. 杨祖陶，校. 北京：人民出版社，2003：43.

[9] William K. Frankena. Ethics (2nd edition) [M]. N. J.: Prentice-Hall，1973.

[10] 余英时. 中国思想传统的现代诠释 [M]. 南京：江苏人民出版社，1995：95—96.

原载于《衡水学院学报》2020 年第 3 期。

周　灏（1979—），男，江苏徐州人，河南大学马克思主义学院讲师，政治学博士。

卫立冬（1968—），男，河北衡水人，衡水学院董子学院教授。

董仲舒“春秋决狱”与法律儒家化

——以“误伤己父”案为例

罗秋霞

一、前言

“春秋决狱”是中国传统法制特有的法律形式，董仲舒首开“春秋决狱”之风，且最负盛名。自汉武帝“罢黜百家，独尊儒术”以来，儒家思想大行其道，很多儒生出任法吏，在审判活动中，除了根据法令审判外，他们还可以直接引用儒家的五部经典（即《诗》《书》《易》《礼》《春秋》）特别是《公羊春秋》这部书中宣扬的伦理原则和事例作为分析案情、认定犯罪的依据，并按经义的精神解释和适用法律，并逐渐形成“春秋决狱”的风气。

据《后汉书·应劭传》记载，董仲舒作“春秋决狱”二百三十二事，由于历史久远，史料不尽完整，现存案例仅剩六例。但也正因如此，这些为数不多的案例对于董仲舒“春秋决狱”的研究才显得更加弥足珍贵。现存的六个案例，都跟人伦道德相关，“误伤己父”案是父子伦理的典型案例，孝文化是中华传统文化的重要内容，在古代，“不孝”被作为一种罪写入法律，其中“殴父”是“不孝罪”的一项内容。历朝历代都有对于“殴父”的法律规定，比起法律文本的考究，法律的适用过程或许更值得探讨。而对于历史上的某些法律适用行为进行探讨时，就不得不关注那些具体案件发生的社会环境，解决这些纠纷的思路、依据。

董仲舒“春秋决狱”和“法律儒家化”都是研究中国古代法制思想史不可逃避的重要话题。“法律儒家化”是瞿同祖提出的一个概念，1948 年，瞿同祖在《中国法律之儒家化》一文中正式提出“法律儒家化”的命题，他认为“法律儒家化”发端于汉而正式发展于魏晋，并将法律儒家化界定为：“所谓法律儒家化表面上为明刑弼教，骨子里则为以礼入法，怎样将礼的精神和内容窜入法家所拟定的法律里的问题。”[①] 自瞿同祖提出后，法律儒家化以其精练、形象对中国法律史学的研究产生很大影响，迅速成为中国法律史学的核心命题之一。但是对于“法律儒家化”这一概念也存在很多质疑的声音，这些质疑对法律儒家化的合理性提出了挑战。如何理解“法律儒家化”，牵涉整个中国法律史知识体系的合理性问题。

“春秋决狱”有什么适用特点？董仲舒的“春秋决狱”与法律儒家化之间有何关联？董仲舒“春秋决狱”对中国传统法制有什么影响？这些问题即为本文探讨的主要问题。

二、何为“误伤己父”案？

董仲舒撰写的《春秋决狱》一书早已不传于世，只是仍有零星的案例被保留了下来。存的案例散见于《通典》《艺文类聚》《白氏六贴事类集》《太平御览》《玉函山房辑佚书》及《汉魏遗书钞》等书中。董仲舒“春秋决狱”的现存的六则案例包括误伤己父案、弃儿殴父案（加仗所生案）、藏匿养子案（拾儿旁道案）、私为人妻案、违命纵麑案（大夫纵麑案）、盗窃武库案（窃武库兵案），虽不同学者对案例的命名有可能存在差异，但实指相同。“误伤己父”案是董仲舒春秋决狱“原心定罪”的一个代表案例，充分彰显了董仲舒“春秋决狱”的

---

① 瞿同祖：《中国法律与中国社会》，中华书局，1981 年，第 329 页。

特征。此案见于《太平御览》卷六四〇，现摘录如下：

> 甲父乙与丙争言相斗，丙以佩刀刺乙，甲即以杖击丙，误伤乙。甲当何论？
>
> 或曰："殴父也，当枭首。"
>
> 议曰："臣愚以父子至亲也，闻其斗，莫不有怵怅之心，扶杖而救之，非所以欲诟父也。《春秋》之义，许止父病，进药于其父而卒，君子原心，赦而不诛。甲非律所谓殴父也，不当坐。"①

此案的基本情节：甲乙为父子关系，乙为甲父；乙与丙发生争执和打斗，丙拿佩刀刺杀乙，甲见状为帮助乙拿起棍子去击打丙，但却误伤到乙。

此案的主要争议：有的人说甲殴打自己的父亲，按照法律应该受枭首之刑。但是董仲舒认为，父子之间是非常亲密的，儿子听说父亲和别人打斗，都会感到担忧，因此甲拿着棍子是救自己的父亲，而不是想侮辱和伤害自己的父亲。接着，董仲舒引用了《春秋》中记载的许世子止事例加以论证，许止的父亲病重，但是他的父亲喝了他熬的药却死了，在《春秋》中，本于他敬孝的原心，予以赦免，并没有对他施以刑罚。以此类比，董仲舒认为甲的行为并不算是殴打自己的父亲，也不应该受到处罚。

三、"误伤己父"案分析

"误伤己父"案的核心问题是如何对甲进行定罪量刑。儿子主观上为救父，但客观上却造成殴父的事实，到底可否定"不孝罪"？又该如何处置？依据如何？儒家伦理与当时的司法存在着一定程度的张力与冲突。在父权统治的封建中国，流行"忠孝一体""家国同构"的观念，封建君主十分重视"孝"，希望从家庭开始，培养百姓对上

① 李昉：《太平御览》（卷六四〇），河北教育出版社，1994 年，第六册第 42 页。

的自觉服从的意识，最终移孝作忠，这也是“不孝”入罪的重要原因。孝观念自产生之时起，就随着时代的发展而变迁，相应刑法意义上的“不孝罪”也会随之有所变化，法吏对具体案件的判决也不尽相同。

（一）秦朝之“不孝罪”

秦是一个尚法的时代，法家思想在这里得到实践。秦代对“不孝罪”的处罚相当严厉，可以处以死刑，也可以处以断足或终身流放，或黥城旦舂，这与《孝经》“五刑之属三千，而罪莫大于不孝”的记载是一致的。秦国虽然严惩危及父家长权威的不孝行为，但由于排斥教化，过分强调功利和刑法惩治，反而使得人们亲情淡漠，社会风俗缺乏人情味。

“殴大父母黥为城旦舂，今殴高大父母，可（何）论？比大父母。”[①]殴父母罪行的量刑在《秦简》中没有记载，但殴大父母的量刑应该是以殴父母为基础的，则对殴祖父母、父母的不孝行为给予黥城旦舂的处罚是可以合理推导的。

定罪：甲殴父之客观事实成立，按秦律构成“不孝罪”。

量刑：“城旦舂”。

（二）汉初之“不孝罪”

汉初法律对“不孝罪”的处罚原则，量刑最重的是死刑，汉律基本沿袭秦律的内容。不同之处在于，西汉政府自建立之初就确立了“以孝治天下”的原则，使孝道政治化、实践化，并与儒家礼教结合实现了孝道的纲常化，其结果是不孝行为的范围扩大，许多违反儒家礼教的行为都归入“不孝”之中，最主要体现在服丧期间的违礼行为都作为不孝受到惩处，不孝罪的范围比秦代扩大了许多。

汉《二年律令·贼律》规定：“子贼杀伤父母，奴婢贼杀伤主、主父母妻子，皆枭其首市。”“子牧杀父母，欧詈泰父母，父母、假大

① 睡虎地秦墓竹简整理小组：《睡虎地秦墓竹简》，文物出版社，1990 年，第 111 页。

母、主母、后母，及父母告子不孝，皆弃于市。”[①] 当时“不孝”之界定，则不问父母是否因为他的行为受伤，或者伤的程度轻重，只要有伤的行为成立并构成“不孝罪”[②]。同时也不分故意伤害或者误伤，法律上并没有误伤作何治罪之明文，所以即使是无心之失而误伤父母，也一律看作“不孝罪”。

定罪：甲殴父之客观事实成立，按汉律构成“不孝罪”。

量刑：“枭首”“弃于市”。

（三）董仲舒“春秋决狱”之“误伤己父”

西汉后期，汉武帝采用了董仲舒“罢黜百家，独尊儒术”的主张，随着儒家思想正统地位确立，儒家伦理与司法实践关系越来越密切。法学家沈家本据史籍所载资料考证出汉代律令凡四十五种，足证汉代律令繁杂无比[③]。律令如此繁杂，法吏、儒臣对于律典的把握有限，判例的定准也无法确切和全面掌握。这也是“春秋决狱”成为一种司法实践方式的重要原因，这一时期对“不孝罪”的判定和处罚也不可避免地受到了影响。

在该案中，甲误杖父亲乙，殴父行为符合“不孝罪”的构成要件。除此以外，董仲舒在该案例的审判中，还注意到以下几方面，从而影响了判决结果。

1. 董仲舒注重该案的具体情景——“本其事”。“父子至亲也，闻其斗，莫不有怵怅之心，扶杖而救之，非所以欲诟父也”，正是因为看到父亲与他人争斗，儿子出于维护父亲做出了殴打行为，结果因为认识偏差而误伤父亲。交代了前因（维护父亲）后果（误伤父亲），还原案例情景可知甲的行为属于“误伤”。

2. 对儿子的主观心理状态的判断——“原其志”。根据案件事

① 彭浩、陈伟、（日）工藤元男：《二年律令与奏谳书：张家山二四七号汉墓出土法律文献释读》，上海古籍出版社，2007年，第103－104页。

② 注释：唐律，殴者斩，原未分别有伤无伤；清律，凡预殴者，不分首从皆斩，不论有伤、无伤与伤之轻重也。

③ 沈家本：《历代刑法考·汉律摭遗》，中华书局，1985年，第1365－1782页。

实，将行为人的行为放置在一个社会一般人的角度考量。即对于一个社会一般人，看到自己的父亲与他人斗殴，参与斗殴帮助父亲，击中他人属于疏忽大意的过失。

3. 辅助以案例法。《春秋》记载，许止为父亲进药，父亲因此死亡，一年后许止也伤悲过世，故而许止并无谋害父亲的主观心理。这一结论的得出也是考虑到他之后的行为。基于以上两点，董仲舒已经将甲的行为与一般意义上的“不孝罪”区别开来，然而在汉律上对于此类“误伤”的孝行该如何处置并无明文规定，因此沿用《春秋》的微言大义。甲的行为和许止同，应类比处理。

定罪：甲殴父的行为是事实，但不具备犯罪动机，不构成“不孝罪”。

量刑：“赦而不诛”。

以上三种不同的判决结果，实际上体现了秦汉时期儒法之间的价值差异。秦朝法家独占鳌头，秦律乃是法家精神之绝对体现，而汉承秦制，汉朝初期所制定之法律实则沿袭秦律之绝对法家精神。法家认为“亲亲”“尊尊”“私善”为法之不可忍，法律面前，无论是谁、无论什么情况，违反法律之规定就应处“重刑”以达到“以刑去刑”之目的。而儒家的一切学说都是建立在“分别”之上的，儒家的理想社会就是一个贵贱、亲疏、长幼有分寸的社会，因此五伦构成了儒家精神之核心，儒家想通过以德化人的方式实现善治，人无恶之动机，则法律制裁并无存在之必要，“无讼”乃是社会治理之理想状态。

但是董仲舒所处的汉代，体现法家精神之汉律已然存在是无法改变的客观事实，这与汉武帝“罢黜百家，独尊儒术”之间难免会形成冲突，即作为正统的儒家思想如何在法律领域实现其“正统”之实质？董仲舒的回答则是将彰显儒家经义之《春秋》予以“法典”宝座。

四、董仲舒以《春秋》制法

中国古代儒家经典众多，以“四书五经”为代表，那么，董仲舒想在法律领域实现儒家思想的“正统”，为何唯独选中了《春秋》呢？

其一，《春秋》易于增添新意。《春秋》本为鲁国国史，其记事语言及其简练，几乎一件事一句话，正是因为《春秋》语言简练，使得其意涵晦涩、模糊，这十分有利于后人在《春秋》中融入新意。所以后来出现了很多对《春秋》进行解释、补充的作品，又以《左传》《公羊传》《穀梁传》“春秋三传”为代表。董仲舒自幼研习《春秋》，在《公羊传》上造诣颇深，按照傅伟勋先生的创造解释学来说，董仲舒在《春秋》基础上进行了大幅度的“创谓”，即增加了很多体现自己思想的解释，董仲舒所讲之《春秋》不再是单纯的历史著作，而变成了董仲舒“为我所用”的工具。

其二，《春秋》具有权威性。在《孟子·滕文公下》中记载：“世衰道微，邪说暴行有（又）作，臣弑其君者有之，子弑其父者有之。孔子惧，作《春秋》。”由此可见，孔子作《春秋》是因为当时社会伦常大乱，天子已经不能扬善罚恶了，故孔子作《春秋》替天子行事，重新整顿价值标准。孔子作《春秋》是为了代天子行赏罚，《春秋》能够给治理国家带来启发，教国君避免灾祸、安定天下；基于《春秋》之如此功用，董仲舒认为历朝历代的天子都应当遵循“春秋大义”，这就为饱含“春秋大义”的《公羊传》受到朝廷重视奠定了基础，《春秋》的权威性为在司法领域援用《公羊传》取得了一定的合理性。

其三，《春秋》蕴含“为后世立法”之意。《春秋》应天作新王之事，君受命于天，天既然已经选择了新王，新王就必须做出改变以使全民耳目一新，否则就是有违天意，这为董仲舒主张“改制”提供了支撑。在《春秋繁露·楚庄王》记载：“则不显不明，非天志，故必徙居处，更称号，改正朔，易服色者，无他焉，不敢不顺天志，而明自显也。”董仲舒认为建立新的朝代，就必须有新的气象，君王建立新朝，必须迁都、更改国号、换掉朝服的颜色以及有一套与新王相应的符号；这与董仲舒更化汉律的目的十分切合。

在汉律已定的情况下，董仲舒将体现儒家精神的《春秋》法典化，当时《春秋》的地位和作用好比当今中国社会的宪法，为万法宗，如此说来，董仲舒在法律领域的儒家“正统”目标已经达到了。董仲舒将《春秋》之经义作为判断是非、善恶的准则运用到法律实践之中，则造就了“春秋决狱”之独特司法方式。

五、从董仲舒“春秋决狱”看法律儒家化

在《中国法律与中国社会》一书中，瞿同祖主要从汉儒对以刑辅教的认同、儒家精神对汉代法律实践的影响等角度论述“以礼入法”的现象①。在《中国法律之儒家化》中，瞿同祖已经明确提出汉代存在法律儒家化的现象，比如少部分法律的立法、儒家注释法律的发展、法律应受礼支配的风气及经义决狱等。瞿同祖尤为重视其中的经义决狱现象。那么，首发于汉代董仲舒的“春秋决狱”又是如何体现法律儒家化的呢?

（一）亲亲尊尊的司法原则

董仲舒作为一代儒宗，始终坚持奉儒家思想为正统，其价值体系是系承儒家仁义道德思想，在他的审判过程中也无不体现着儒家的礼教和道德理念，敢于追寻超越法律法内涵的仁义价值。“亲亲尊尊”是西周时期礼治的核心内容，也是“春秋决狱”判定是非对错的根本标准。“亲亲”以孝为核心，体现父慈子孝、男尊女卑的宗室伦理道德原则；“尊尊”是以忠为核心的等级原则，宗旨在于维护国家的统治。自西周以后，“亲亲尊尊”成为儒家伦理道德的重要内容，从孔子、孟子、荀子，再到董仲舒“尊尊亲亲”的理念不断强化。比如本文提到的“误伤己父”案，董仲舒在审判过程中就十分看中作为儿子的甲的“原心”，因其“原心”为孝，做到了孝敬父母的儒家伦理道德要求，即使其行为一定程度上确实满足了秦律所规定的“不孝罪”的构成要件，但是董仲舒也能够不向“恶法”屈服，而是始终坚持以儒家“亲亲尊尊”之经义作为判案标准，长期如此判案，必然会使得

---

① 瞿同祖：《中国法律与中国社会》，中华书局，1981年，第330－334页。

法律越来越体现儒家思想内涵。

（二）德主刑辅、先教后刑的法制主张

董仲舒总结秦朝二世而亡的教训，认识到刑罚过重只会使犯错者越来越多，造成社会动乱。因此继承并发挥了儒家德治思想，并融合了法家的法治理论提出“德主刑辅”的主张。《论语》中记载的孔子论德与刑：“道之以政，齐之以刑，民免而无耻。道之以德，齐之以礼，有耻且格。”① 董仲舒也主张“德治”为主，“法治”为辅，先德后法；并且还用阴阳学说进行了论证：“故刑者德之辅，阴者阳之辅，阴者阳之助，阳者岁之主也。”② 董仲舒在“春秋决狱”的过程中，也始终坚持道德教化为主，重德轻刑。董仲舒重视道德教化的作用也和其“性三品”说紧密相关，他认为人性可分为“三品”：“圣人之性”“中民之性”“斗筲之性”。他提出：“圣人之性，不可以名性。斗筲之性，又不可以名性。名性者，中民之性。”中民之性是最具有代表性的人性，既可以为善，亦可以为恶，所以应该用“德”来扶植其“仁”质而使之为善，同时用“刑”来防止和惩戒其“贪”质而使之不为恶，但应以教化为主。董仲舒在先秦儒家德主刑辅的思想基础上，加以发展的“阳德阴刑”的德主刑辅理论，是儒家法律思想的核心。

（三）仁爱的伦理法精神

西汉前期仍沿袭秦代“轻罪重判”“繁法严诛”的法律和刑事政策。董仲舒认为，如果循秦法不改，势必行不通，所以，必须改弦易辙。董仲舒利用他渊博的儒学知识和声誉、地位，从《春秋》中寻找理论武器，借助“圣人”之名，“经典”之言，否定、修改与经义相悖的法律。例如在“误伤己父”案中，就以“君子原心赦而不诛”为理由，改变了汉官吏“殴父”处死的判决，平反了冤狱。据史载，他用类似的手法判定疑狱两百余件，救活了不少人命，也为处理同类案件树立了范例，对后世司法活动也产生了重大影响。比如 1981 年

① 杨伯峻：《论语译注》，中华书局，1980 年，第 12 页。
② 董仲舒著，凌曙注：《春秋繁露·天辩在人》，中华书局，1975 年，第 412 页。

9月甘肃省武威县出土的尊崇高年的《王仗诏书令》中规定：凡欺凌由君主授予王仗的高年老人，不分官民，一律依例判处弃市。但如过误伤父，非出于本心，按“原心定罪”之原则，则可比照董仲舒引经义决狱的成例减轻处罚，而不再依律枭首示众①。这在当时在劳动人民作为刑罚的主要对象的时代，董仲舒“春秋决狱”轻免刑罚，无疑彰显出来一种爱民、贵民的仁爱思想。

董仲舒“春秋决狱”赋予了儒家伦理道德以法律的意义，一方面强调法律之功用在于维护伦理道德，另一方面将违反伦理的行为视为违法；在“春秋决狱”的司法实践中，礼与刑巧妙地结合了起来，并融合在儒家的德治之中，是儒法精神合流的典型表现，为后续法律儒家化的发展奠基了基础，开启了中国古代近两千年的法律儒家化的过程，在“春秋决狱”司法实践中形成的一些司法制度和原则对中国古代法律的发展起到了重要作用。

六、结语

儒家精神与法家精神有很大的差异，儒家主张建立一个尊卑、贵贱、长幼有“分”的社会，而进行社会治理的方式是礼，对人民进行管理的方式是道德教化。而法家思想主张以赏罚治理国家，赏以劝善，罚以止奸，法可以达到“以刑去刑”的目的，使天下人不为恶。儒法两家之精神存在很大差异，但是儒家从来不绝对地排斥法律，自孔子以来，所有的儒者几乎都不否认法律的存在，这使得法律儒家化成为可能。而董仲舒的“春秋决狱”，将儒家的伦理精神作为司法审判之具体准则，一方面注重案件的客观事实，另一方面又看重行为人的主观动机，坚持“原心定罪”的原则，使得法律儒家化得以开始。“春秋决狱”的司法方式自董仲舒后，长期存在于中国古代法律实践当中，对中国法律的发展产生了重大影响。

---

① 田涛、郭成伟：《龙筋凤髓判》，中国政法大学出版社，1996年，第189页。

董仲舒“春秋决狱”在汉律繁杂的情况下，以案例法的形式对法律之遗漏进行补充；以“本其事原其志”之司法原则取代法吏客观归罪的做法；以儒家之“宽恕”思想纠正汉律之“严苛”，不难发现董仲舒以儒家经义改造法律的良苦用心。不可否认的是，道德比法律更具有价值性，道德处于法律的上位阶，不论是西汉时期的“法律儒家化”还是当代术语所讲的“法律道德化”，实质都象征着人类文明的进步。

本文为第七届“国学与大学德育”研讨会提交的论文。

罗秋霞（1998—），女，贵州铜仁人，中国政法大学硕士马克思主义学院在读硕士。

论董仲舒法的精神

任建华　郭付军

今天我们讲的“法”，在中国古代与刑、律具有相同的含义，近代以来，称之为法律。古代“礼”的范畴比“法”更广泛，内容更丰富，很多礼制具有法律效力，需要强制执行，也属于法制的一部分。所以，在中国古代，“礼”“法”关系十分紧密，我们很难从礼的内容中分割出柔性约束的道德部分和强制约束的法制部分。对礼、法、刑、律的这种认识是我们分析董仲舒法的精神和价值的立论前提。作为西汉哲学家、思想家、经学大师，他的法治思想和实践对中国社会影响深远，今做简要分析。

一、法之大源自天

按照我们马克思主义的理论，法源自于人们的经济关系和阶级关系，国家为调整人与人的社会关系，才制定了法律。在董仲舒的认知和理论中，天是人类社会的主宰，作为天的代言人，天子法天立道，他的意志就是天的意志，“君无戏言”，天子的思想、语言、行为当然也就具有法的效力，以此来规范和调解人的行为，实现有效的社会治理。这就是董仲舒“源自天、出自君”立法原则。

（一）法的根源：天

在董仲舒的语境系统中，“天”的含义是复杂的，“天”既生成万物、包涵万物，同时也主宰万物，具有至高无上的地位，也有具体丰富的内涵。

关于天与万物的关系，他说：“天者，万物之祖，万物非天不生。”[①] 又说：“天者，群物之祖也，故徧覆包函而无所殊，建日月风雨以合之，经阴阳寒暑以成之。”[②] 明显的是生成与被生成、包涵与被包涵的关系，“天”是万事万物的本源，包括人在内的一切事物都是“天”产生的，“天地者，万物之本，先祖之所出也”[③]。但这儿说的天仅有自然属性，还不具备精神意志。

进而他说，天主宰万物。他在《郊语》一文中说：“天者，百神之大君也。”在《郊义》中说：“天者，百神之大君也。事天不备，虽百神犹无益也。”这儿的天是一个高高在上的主宰之天，能够赏善罚恶，主宰宇宙。所以，帝王在每年的祭祀活动中，首先要祭祀上天，然后再祭祀其他神灵和列祖列宗。如果不祭祀上天，只祭祀其他神灵和列祖列宗，将不会得到上天的佑护。这儿的天具有神性的意义，是统摄百神的最高神，是一切自然神灵中的至上神，天所具备的神性与自然属性之间是可以相互贯通。

董仲舒并不强调天的属性和含义，他更多是从人们的自然认知角度，来阐释天给人们生活带来的实践意义和价值。作为有意志、有精神的天是依赖自然的天（即通过阴阳、四时、五行的运行）来呈现自己并发挥作用的，也就是说“天”的意志力量和主宰作用是与客观规律、自然现象相合一的，人们需要通过解读自然现象来理解“天”的意志和愿望。这是帝王法天道、为国家立法的合法性基础。

---

① 《春秋繁露·顺命》。

② 《天人三策》。

③ 《春秋繁露·观德》。

（二）立法主体：圣人

作为天的代言人，圣人需要“法天奉本，执端要以统天下”①。圣人有为社会建立法制身份的职责，也只有圣人才能够效法天道而成就德性、制定制度和传达天意，因为圣人聪敏睿智、至德至善，就能力和品行来说，是“人之端”的佼佼者，是“天之端”的接续者，这就为“圣者法天”找到了合理的依据，也赋予“圣者法天”建构制度的权威性。圣人所言所为，具有法律效力，是判断是非的依据，正所谓“正朝夕者视北辰，正嫌疑者视圣人”②。

圣人天性质善。董仲舒既不赞同孟子的性善说，亦否定荀子的性恶说，他说：“圣人之性，不可以名性，斗筲之性，又不可以名性，名性者，中民之性。”③ 上等的“圣人之性”先天就是善的，“循三纲五纪，通八端之理，忠信而博爱，敦厚而好礼”④，不需教育；下等的“斗筲之性”，本质蠢恶，经过教育，也难以转化为善；中民是大多数，需要教育，所以董仲舒指出：“王承天意，以成民之性为任者也。”⑤ 认为君王承接天命，教育人民养成善德。这是他从人性论的角度来论证了阶级统治的合理性，广大民众要服从于帝王制定的法律制度和礼制规范。

圣人聪明睿智。董仲舒认为，圣人因为一出生就得天之精气较多，拥有非常人可与之比拟醇厚德行，加上后天努力，到达了一种大德无上的境界，具有过人的聪明才智，主要表现在知道天命的成败，于“众人之情”中见祸乱之端，闻“其声”而能判别其中的“清浊曲直”等方面。董仲舒说“天道各以其类动，非圣人孰能明之”⑥。圣人能够洞察社会问题的根源，他说“圣者则于众人之情，见乱之所从

① 《春秋繁露·三代改制质文》。
② 《春秋繁露·实性》。
③ 《春秋繁露·实性》。
④ 《春秋繁露·深察名号》。
⑤ 《春秋繁露·深察名号》。
⑥ 《春秋繁露·三代改制质文》。

生"①，发现祸乱产生的端倪。董仲舒对圣人所做的这一番描述，其根本目的在于给国君治国的方法和手段赋予了权威和神圣的光环。

圣人为民兴利。圣人天生质善的本性和聪明才智的天赋，最后落脚于消除天下的祸乱、兼利天下万民的社会实践。他说："圣人事明义以照耀其所暗，故民不陷"②，认为圣人能够阐明并使人民了解义的道理而不去犯罪，当人民不去犯罪时也就消除了天下的祸患。圣人在为天下万民着想时，不单只从消除祸患出发，同时还为他们积极谋取利益。"兴利"与"除害"实则为兼利天下万民的一体两面，董仲舒在论述中有时会合二为一，"故圣人之为天下兴利也，其犹春气之生草也，各因其生小大而量其多少，其为天下除害也，若川读之写于海也，各随其势倾侧而制于南北"③。

（三）立法方式：天人感应

董仲舒认为，圣人是通过"天人感应"来理解天的意志的。"天人感应"主要表现在人类社会的治乱兴衰与天道运行之间的关系方面。具体来说，人类社会的治乱兴衰状况会影响到天的道运行；反过来，天也会通过灾异或祥瑞现象来体现对人间社会治理情况的评判和指导。具体的途径是他的"二端论""天谴论"和"福瑞论"。

"二端论"是董仲舒天人感应的应用起点。二端指事物发展的起始和成形、萌芽和长成两个阶段的状态，即小与大、微与著两种端绪。他特别提出要善于在事物的起始阶段就能看到发展趋势和将来的长成状态，这就是我们常说的见微知著、明察秋毫，及早采取措施，或扶持助其发展，或打击令其灭亡，这是他在《天人三策》中向汉武帝倡导的"浸微浸灭浸明浸昌之道"，即渐渐灭亡和渐渐昌盛的道理。

对于失道之政，则以"天谴"予以感应。他说，天地之间的万物，有异于寻常变化的，叫作怪异，小一些的叫作灾祸。灾祸经常是先发生，而怪异就随之而来了。灾祸，是上天的谴告责罚；怪异，是

① 《春秋繁露·度制》。
② 《春秋繁露·身之养重于义》。
③ 《春秋繁露·考功名》。

上天的威力震慑。上天谴责而还不知道悔改，那么就用威力震慑来使其畏惧。

对于得道之政，上天则以“天瑞”感应。如果君行正道、政通人和，上天就会降下福瑞气象来褒奖人君，“元气和顺，风雨时，景星见，黄龙下”，“天为之下甘露，朱草生，醴泉出，风雨时，嘉禾兴，凤凰麒麟游于郊”，这就是“德恩之报，奉先之应也”①。实际上，有些现象并不真正存在，好事之人为迎合帝王的虚荣心编造出来的；有些现象则是特殊物种或某种作物的变种，因为帝王的需要将其神秘化了。

作为帝王要“省天谴而畏天威”②，时刻自省，心存敬畏，不可造次行事。人君应当经常地“内以自省，宜有惩于心；外以观其事，宜有验于国”③。时刻检视自己的行为言词，经常查看民情冷暖，来调整政策措施，确保顺天意而应民情。说到底，在社会治理、世事兴衰过程中，是圣人在起作用，圣人的能动性和意识力量决定着社会的发展变革。所以，圣人的语言、行为、法令都是必须遵守的国家法律。

自古至今，“天”都是中国社会高高悬起的一把司法利剑。古代，人必须服从天的意志，人之行依法，法之外有天。当政者不能机械地依据法律条文来对社会进行治理，因为法条不能包涵全部的社会行为，依法量刑时，还要考虑是否符合天理。这也是董仲舒春秋决狱的哲学基础。现实中，天就是帝王就是圣人，号称天子，代天行事，他们借天这个神圣的力量来推行自己的意志，来保障自己行为的合法性，在实现效社会治理的同时，也损害了民众利益。

在今天，我们奉行以人民为中心的治国理念，人民的利益是我们立法、执法的根本依据。坚决打击以法律为借口，损害人民利益的法条主义行为。习近平主席强调“头上三尺有神明”，人民的利益就是

---

① 《春秋繁露·王道》。
② 《春秋繁露·二端》。
③ 《春秋繁露·二端》。

我们心头之神，就是我们今天的法律之天。

二、法之神形成于地

孟德斯鸠《论法的精神》第三卷以巨量的篇幅论述了气候、土壤等地理环境与法治的关系。不同的地理条件产生了不同民族的性格情感和生活方式，形成了不同的文化特质，因而出现了不同的法治文化。一般来说，从事商业和航海业的民族比从事耕种土地的民族更需要法律；而从事农业的民族就比从事畜牧业的民族更需要法律；从事畜牧业的民族比从事狩猎的民族更需要法律。中国周边相对封闭的地理环境，让中国人产生了天地之中的理念。在社会治理上，更多地强调内控制度的作用，追求域内和谐状态；中原地区温带季风性气候造成水资源多寡不均、旱涝交替现象，让中国人更多地强调集体协作的作用，来共同应对旱涝灾荒、治理水患，因而产生了集权体制的国家模式。

（一）董仲舒理论的地域特征

董仲舒的阴阳五行论具有显明的时代特征和地域痕迹，这是他生活的地理气候环境给他的启示，也是他思维的局限性所在。

他的基础理论——阴阳论和五行论，带有十分典型的温带大陆季风性气候的影子，这是“比物连类”思维方式的直接结果。他生活的年代，地理知识是有限的。他从山东河北交界的广川地区成长起来，以“贤良文学之士”被荐举，迁到长安为官生活，一直没离开中原温带地区。他以这样的生活视角观察寒来暑往、阴阳消长，来思考归纳天地宇宙的运行规律。春天，由南到北，天气逐渐炎热，他认为是阳气在由南向北移动；秋天，由北到南，天气逐渐寒冷，他认为是阴气在由北向南移动。所以，他的理论基础通篇没有离开四季更替、东西南北的中原地区地理和气候规律。常年生活在赤道和南北寒带地域的人很难看懂他的论述。

董仲舒的阴阳学说，阐释了任何事物都有既对立又统一的两个方面，来源于与地理有关的相对属性，如天和地、日和月、昼和夜、水和旱、燥和湿等。阴阳的基本特性“阳气暖而阴气寒”①，是中国大陆季风性气候四季更替与天气变化的直观反映。以此为基础，进而推导出“阳气予而阴气夺，阳气仁而阴气戾，阳气宽而阴气急，阳气爱而阴气恶，阳气生而阴气杀”② 的特性，是春生、夏长、秋收、冬藏的自然规律在社会生活和人类思想中的间接体现。

董仲舒的五行论与中国地理的五个方位和季节相对应，他说“木居东方而主春气，火居南方而主夏气，金居西方而主秋气，水居北方而主冬气”“土居中央，为之天润”③，很明显是根据了一部分中国大陆气候的特点：东边多海风，南方暑热，中部黄河长江一带温湿，西部地带干燥少雨，北部地区寒冷，其中五方之配五气，于是才有东方生风、南方生热、中央生湿、西方生燥、北方生寒的五行相配。进而对应于司农、司马、司营、司徒、司寇五种官职机构、帝王的“貌、言、视、听、思”五种行为修养，以及五色、五味、五脏等人的器官和感知，并以“比相生而间相胜”的规律进行阐释，构成了董仲舒认知哲学的理论基础。

（二）政治一统的地理决定论

维护大一统国家体制，是董仲舒思想的最高司法追求，与中国的地理环境有着十分密切的关系。

董仲舒说：“三统之变，近夷、遐方无有，生煞者独中国。”④ 三统循环变革，较近的夷狄、较远的国家都不存在，只有中原国家才有这样的体制传承。因为“三统五端，化四方之本也，天始废始施，地必待中，是故三代必居中国，法天奉本，执端要以统天下”⑤。三统、五端（五端也叫五始，指《春秋》纪事的方法：以元年、春、王、正月、公即位五事开始）这种损益更革的制度安排，是教化四方最根本

① 《春秋繁露·阳尊阴卑》。
② 《春秋繁露·阳尊阴卑》。
③ 《春秋繁露·五行之义》。
④ 《春秋繁露·三代改制质文》。
⑤ 《春秋繁露·三代改制质文》。

的政治措施和文化要素。他说，上天要废除旧的而实行新的，一定选在天地的中央部位，才有化育四方、安定天下的地利条件，因此夏商周三代都定都在中原地区，都奉行最根本的治理方法，把握五始的要点来统理天下。这是董仲舒以当时的社会观念和对中原所处地理环境的观察得出的主观认识，也是公羊家“夷夏之辨”的思想在“三统说”中的体现。

客观地说，中原地区生产力发达，特别是灌溉农业，收获相对稳定，对人群生存的保障能力强，有较充足的物质条件供养专职文化创造者，文明程度高于周边高山、草原、荒漠族群，对周边族群有较强的吸引力。当时地理知识还是“天圆地方”的直观认知，还没有现代的地球概念，加之中原地处一个较为封闭的地理位置，东有大海，西有青藏高原和荒漠，北有西伯利亚高寒区，南有南海和热带高温区，自然地被看作是最适合人类生存居住的天地之中，这是中国传统的宇宙观。

中国位居天地中央，天地中心在中原，中原的核心在河南登封，这里就成为中国早期王朝建都之地和文化荟萃的中心。据记载：周公营建东都洛阳时，修建天文台，用来“测土深，正日景，以求地中”①。通过立土圭测日影，来度量天地之中，观察四时季节变化，逐步总结出二十四节气，服务于人类生产生活。经测定，他认为阳城（今登封东南告成镇）为“天下之中”。于是，他就在这里立圭表测日影。周公到阳城测日影的真正原因，是西周的首都镐京，地处偏僻，交通不便，而阳城地处中原，物产丰富，文化发达，周公想迁都中原。都城是国之重地，关系着朝中权贵的切身利益，不可轻易变动。在天命观盛行的时代，迁都必须说出一些神秘的道理，周代统治者就做出了阳城位于“天地之中”的舆论。

周边的高山、草原、荒漠族群多数徙居不定，一个族群在一个区域建立的政权历史不长，经常被其他族群取代，没有稳定性和延续

① 《周礼·地官·大司徒》。

性，也自然不能产生历史哲学。三统之说是中国文化的产物，也是人类发展到一定文明程度、一定历史阶段的结果，即“生煞者独中国”①，绝不可能孕育于蛰伏在华夏周边、时刻觊觎中原文明成果的夷狄部族，也绝不可能生发于更为遥远的荒蛮人群。

董仲舒看到，华夏中国成就、积累了夏、商、周三个朝代、一千多年的文明成果，这既是一种特定地缘政治的产物，又是人类历史发展的一种必然结果，有着“法天奉本，执端要以统天下，朝诸侯也”② 的治理优势。新王朝坐镇中原，改正朔、易服色，执掌治理天下之机要枢密，能够使一切夷狄部族和远方蒙昧之人归化天朝，创造出“万国衣冠拜冕旒”的政治局面，“天子纯统色衣，诸侯统衣缠缘纽，大夫士以冠，参近夷以绥，遐方各衣其服而朝，所以明乎天统之义也”③。

（三）德主刑辅的气候示范性

“德主刑辅”是董仲舒司法、行政理论和实践的指导思想。从他的文章内容来看，这种理论的来源既有总结历史经验的因素，也有对自然气候观察的概括，其根源是中国季风性气候四季变化给董仲舒带来的哲学启发。

董仲舒通过观察阴阳天道运行，从理论上认证了德主刑辅的原则性要求。在观察四季更替、冷暖变化的过程中，董仲舒进行了理性思考，他说：“天地之常，一阴一阳。”④ 认为宇宙间有两大势力，一为阳，一为阴，他们的运行造成了季节的变化和万物的荣枯。依据阴阳二气在作物成长中的不同作用，他得出了“阳德阴刑”“阳尊阴卑”的结论。他说：“阳，天之德，阴，天之刑也，阳气暖而阴气寒，阳气予而阴气夺，阳气仁而阴气决，阳气宽而阴气急，阳气爱而阴气恶，阳气生而阴气杀。是故阳常居实位而行于盛，阴常居空位而行于

① 《春秋繁露·三代改制质文》。
② 《春秋繁露·三代改制质文》。
③ 《春秋繁露·三代改制质文》。
④ 《春秋繁露·阴阳义》。

末，天之好仁而近，恶决之变而远，大德而小刑之意也。”① 董仲反复强调阴阳、德刑之间的主次关系，并应用于社会政治和伦理关系中。

董仲舒认为，只有通过“德治”才能实现天下“大治”。在他看来，施行“德治”，仁政教化大行于天下，违法犯罪的行为就没有了；没有违法犯罪，就不用刑罚，于是天下太平，这就是“大治之道”。他心中的理想社会是：“囹圄空虚，画衣裳而民不犯”②，“成康不式，四十余年天下不犯，囹圄空虚”③。处罚轻微，若有违法仅在衣服上做点记号（画衣裳），而无违法之人。特别是周成王和周康王时期，放弃刑法四十多年，天下也没有犯法的，监狱空荡无人。原因就是“国之所以为国者，德也”，“为人君者，固守其德以附其民”④。

他在强调阳气的主导作用时，也看到阴气的辅助作用。“刑反德而顺于德，亦权之类也，虽曰权，皆在权成。”⑤ 纯任德政不可能治理好国家，仁政如果没有刑罚的补充和支持，也不可能成功：“天之志，常置阴空处，稍取之以为助，故刑者，德之辅；阴者，阳之助也。阳者，岁之主也。”德教之与刑罚犹此也。故“圣人多其爱而少其严，厚其德而简其刑，以此配天”。治理国家应该像一年有春夏秋冬一样，随着形势的变化，灵活采用庆赏刑罚之策。

董仲舒在先秦儒家仁德治国思想基础上，加以改造和发展的“阳德阴刑”的德主刑辅理论，是历代统治阶级维护其统治的思想武器，影响深远。但由于这种理论包含有重教化、省刑罚、反对统治者滥用刑罚来压制人民等内容，它在历史上曾经起过一定的积极作用，也是当今我们正在实施的依法治国和以德治国历史经验。

---

① 《春秋繁露·阳尊阴卑》。

② 《春秋繁露·王道》。

③ 《天人三策》。

④ 《春秋繁露·保权位》。

⑤ 《春秋繁露·阳尊阴卑》。

三、法之宽见之于礼

礼是我国文化现象的一大特点，是在维护宗法血缘关系和宗法等级制度的过程中形成的伦理观念的社会表现，涵盖了政治、经济、文化和社会生活的方方面面，为历代圣君贤臣作为安邦定国、励精图治的主要手段。礼与法，表面似有矛盾，但二者同源，犹如车之两轮、鸟之两翼，都以维护统治者利益和和谐稳定社会秩序为最终目的。因此，中国古代一直将“礼”视为积极主动的规范，禁恶于未然；而将“刑”视为消极的处罚，惩恶于已然。凡“礼”所禁止的行为，必为“刑”所不容，法合于礼，礼入于法，最终导致礼法二者的融合。

董仲舒不但从思想上重视礼的社会作用，而且身体力行，以“礼尊于身”的道德操守和行为观念严格遵守，《汉书·董仲舒传》称，他“进退容止，非礼不行”，为世人所尊重。在担任江都王相时，“事易王。易王，帝兄，素骄，好勇。仲舒以礼谊匡正，王敬重焉”①。修身治政，皆以礼为先，正儒者本色，值得表而出之。

（一）礼的本质

礼法同源，反映的是人与人之间的社会关系，核心是以仁义为主的价值观念和等级秩序在社会生活中的表现方式。

董仲舒从“质”与“文”的关系中，阐述了礼的本质内容。质是礼蕴涵的内容，文是礼的表现形式。他说“礼之所重者，在其志，志敬而节具，则君子予之知礼”②。礼所重视的，或说礼所追求的重点内容是行礼者的主体意志，以内心的恭敬态度和仪式细节上的全面无遗去行礼，这样才能够称为“知礼”，即是“质文两备，然后其礼成”③。符合“礼”的社会状态是他心目中最高的治理追求。文质兼备自然是最理想的目标，但“文质彬彬”的状态确实不容易做到，如

---

① 《汉书·董仲舒传》。

② 《春秋繁露·玉杯》。

③ 《春秋繁露·玉杯》。

果在“文质”之间做一选择的话，董仲舒选择了后者，他说“俱不能备，而偏行之，宁有质而无文”①。只偏向于质或者只偏向于文，都不符合礼之为礼的名号规定。但如果质、文二者难以齐备，那么宁愿要质，可以放弃文，因为这样虽然达不到礼的全部要求，但肯定要比只取法于文好一些。

董仲舒也继承孔子“人而不仁，如礼何”的思想观念，把仁看作是礼的内在实际，把礼看作是仁的实现形式，并以五行理论进行论述。董仲舒把五行之水与礼相对：“北方者水，执法司寇也，司寇尚礼”②；把五行之木与“仁”相对：“东方者木，农之本，司农尚仁”③，又用“水生木”的关系比附礼对于仁的促进作用。董仲舒强调，礼法可以保证仁德的实现。如果社会的制度健全，执法者能够公平、正义地执行礼法，百姓就会安居乐业，“死者不恨，生者不怨”④，那么各行各业的人都会尽职尽责，社会就会安定富强，人们才会更好地实现仁德。

进而，他以五行论阐释了礼与义的关系。他把五行之金与义相对，五行之水与礼相对，“北方者水，执法司寇也，司寇尚礼”⑤，用“金生水”比附义对于礼的促进，说明义是制定礼的原则。董仲舒把孔子作为尚礼的榜样，孔子做鲁国司寇时，能够做到“至清廉平，赂遗不受，请谒不听，据法听讼，无有所阿”⑥，就是由于“据义行法”，以义作为执法行政的最高原则。

（二）礼的作用

《礼记》记载，“定亲疏、决嫌疑、别同异、明是非”，集中表达了礼的社会价值和功用。在中国社会，自古至今，从国家治理到社会和谐、个人修养，都离不开礼的教化和规范功效。

---

① 《春秋繁露·玉杯》。
② 《春秋繁露·五行相生》。
③ 《春秋繁露·五行相生》。
④ 《春秋繁露·五行五事》。
⑤ 《春秋繁露·五行相生》。
⑥ 《春秋繁露·五行相生》。

对个人的教化功能："体情而防乱者也。"[①] 董仲舒从他的人性论角度分析了人的性情特点，他说"人之诚有贪有仁，仁贪之气两在于身"[②]，这是人的自然生成，也是天道在人身体的表现。如何抑制人的恶性发展，董仲舒说"民之情，不能制其欲，使之度礼"[③]。以礼来矫正人们的行为，弘扬善行，这就是礼的教化功能。保证人性向善向好的方法就是严格礼制，做到"目视正色，耳听正声，口食正味，身行正道"[④]，这样做的目的，"非夺之情也，所以安其情也"[⑤]。在礼的规束和劝导下，做到"非礼而不言，非礼而不动"[⑥]，就能达到"纯知轻思则虑达，节欲顺行则伦得，以谏争僴静为宅，以礼义为道则文德"[⑦] 的美好状态，这是理想的教化结果。然而，只有圣人才能做到"至诚遗物而不与变，躬宽无争而不以与俗推，众强弗能入，蜩蜕浊秽之中，含得命施之理，与万物迁徙而不自失"[⑧]，这是常人做不到的。

对社会的约束功能："礼尊于身。"在他的认知中，礼代表了共同的价值观念，为了维护这种价值观念，可以牺牲生命。他多次提到并非常推崇"宋伯姬疑礼而死于火"[⑨] 的壮行义举。从记载看，伯姬是完全可以逃出去的，只是因为夜晚保姆、傅母不在身边，所以才拒不下堂。保姆，是负责贵妇人平时衣食住行的，保姆不在，穿戴就成了问题；傅母，是负责贵妇人平日礼仪妇德的，傅母不在，能不能出去自己决定不了。就这样，伯姬竟自葬于火海，以生命彰举了礼的价值，可谓"礼尊于身"的最好注解。历代史家以伯姬为贤德烈女加以

---

① 《春秋繁露·天道施》。
② 《春秋繁露·深察名号》。
③ 《春秋繁露·天道施》。
④ 《春秋繁露·天道施》。
⑤ 《春秋繁露·天道施》。
⑥ 《春秋繁露·天道施》。
⑦ 《春秋繁露·天道施》。
⑧ 《春秋繁露·天道施》。
⑨ 《春秋繁露·楚庄王》。

记载，并把她的贞节作为妇女的行为准则。现在看来，机械地遵守礼教，置生命于不顾的做法，不能提倡，且要坚决反对，因为这不是关乎国家、民族命运的大是大非，不值得牺牲生命。但礼对社会行为的约束作用，保障社会和谐有序的价值是要维护的。各种礼仪都有其特有的精神价值，董仲舒总结为“礼者，继天地，体阴阳，而慎主客，序尊卑、贵贱、大小之位，而差外内、远近、新故之级者也”①。通过礼可以规范人的行为和调节人与人的关系，从而达到社会的和谐。

对国家的治理功能：“众堤防之类也。”对于礼的社会治理功能，董仲舒有一段经典的阐述：“圣人之道，众堤防之类也，谓之度制，谓之礼节，故贵贱有等，衣服有制，朝廷有位，乡党有序，则民有所让而不敢争，所以一之也。”② 这段话集中概括了礼对社会成员的定位、规范和调解作用，达到让而不争，统一有序的结果。礼的制定首先是为了划分社会等级，让每个人都有一个特定的社会位置，这是社会治理的先决条件。其中亲亲、尊尊是两个基本原则。在亲亲尊尊的基础上，由内而外，由近而远，形成了人的社会关系结构，被称之为维护封建等级秩序。通过这种以等级为基础的礼制约束，就在社会上建立起了一道道“堤防”，要求人人循道而行，不越礼违制，一个和谐有序的社会体制便建立起来了。

（三）礼的内容

礼内容非常丰富，《周礼》总结为吉、凶、军、宾、嘉五个种类。董仲舒非常重视的有以下几种礼制。

郊天之祭。在各种祭祀礼仪中，排在首位的是郊祭，董仲舒说“所闻古者天子之礼，莫重于郊”③。他讲天人感应，特别强调要敬重“天”。天子在南郊祭天活动叫“郊祭”或“郊”。董仲舒认为天子应该非常重视“郊”，将郊放在极其重要的位置上。人民挨饿，不能取消郊祭；国有大丧，也不能停止郊祭；百神祭祀之前，都要先到南郊

---

① 《春秋繁露·奉本》。
② 《春秋繁露·度制》。
③ 《春秋繁露·郊事》。

祭天。在目前流传下来有限的文稿中，有《郊语》《郊义》《郊祭》《郊祀》《郊事对》几篇专论郊祀的重要性和意义。

四时之祭。《春秋繁露》记载："王者岁一祭天于郊，四祭于宗庙，宗庙因于四时之易。"① 四祭是祭祀祖宗的礼仪，是一年共祭祀四次。四祭之名分别为"春曰祠，夏曰礿，秋曰尝，冬曰蒸"。祭祀的供物，"正月始食韭"，"四月食麦"，"七月尝黍翟"，"十月进初稻"，这些祭品都是四个季节最先成熟的作物，源于天时地利之所生。董仲舒还要求重视祭祀，必须诚心诚意，"致其中心之诚"，必须非常尊敬，非常诚实，不可有欺天瞒祖的行为。

大雩之祭。祈雨一事，自古盛行。董仲舒说"大雩者何？旱祭也"②。指的是祈雨的雩祭之礼，是中国古代求雨的祭祀，也是一种古老的传统民俗文化。雩祭之礼，天子、诸侯都有，天子雩于天，称为"大雩"。古代中国以农业为主，雨水不仅决定农业生产的命脉，也直接关系到国库收入与王朝稳定，所以，祈求风调雨顺、旱年祷风求雨一直受到上自国君、下至平民的极高重视。有求雨也有止雨，《春秋繁露》记述了公元前134年（即汉武帝元光元年）董仲舒组织的一次止雨活动，还获得了成功。

服制礼仪。关于衣服的功能作用，董仲舒做了比较详细的阐释。他说："天地之生万物也以养人，故其可食者以养身体，其可威者以为容服，礼之所为兴也。"③ 在实现礼制的过程中，衣服是各种道具中地位和作用非常重要的一种。董仲舒在《度制》一文中，指出了衣服的基本功用："凡衣裳之生也，为盖形暖身也。"董仲舒说："然而染五采、饰文章者，非以为益肌肤血气之情也，将以贵贵尊贤，而明别上下之伦，使教亟行，使化易成，为治为之也。"④ 说明衣服是国家推行教化、实现有效社会治理的一种工具。现代有人专门起了个名

① 《春秋繁露·郊义》。
② 《春秋繁露·精华》。
③ 《春秋繁露·服制》。
④ 《春秋繁露·度制》。

词，这叫服装政治学。

四、法之用求之于心

“独尊儒术”之后，儒学逐步成为汉朝官学，儒家学说成为国家的主流意识形态，也成了司法活动的指导思想，以董仲舒代表的各级官吏开始了引经入法、引礼入法的过程，原心定罪是其中的核心思想原则。要求执法者在司法审判及定罪量刑时，不但要考察犯罪行为所造成的社会危害，还以犯罪动机、主观恶性作为定罪科刑的重要尺度。

（一）无讼的追求价值

教化功能是我国司法的优良传统，有人说是我国古代司法的精髓，至今未变。《大学》作为封建时代中国各级教育的通用教材，谆谆教导广大士子：“子曰：‘听讼，吾犹人也。必也，使无讼乎？’无情者不得尽其辞，大畏民志。”通过司法案件的道德精神启迪使犯罪人受到感化，并教育其他社会成员，达到人心向善的目的，这是中国法治的一大优势。董仲舒更是这种思想的倡导者、实践者和推动者。

董仲舒说：“折狱而是也，理益明，教益行；折狱而非也，闇理迷众，与教相妨。”① 断案准确、公正，就能弘扬儒家的伦理道德观念，能教育人民，否则就不能起到德教的作用。这与他“德主刑辅”的行政原则是一致的，把审理案件作为实施教化的一种手段，司法断狱务必与实施教化相一致，就能扩大司法作用，增加社会价值。

董仲舒继承了“无讼”的和谐治世理想，他仰慕先圣先贤的治理成果：“周公作礼乐以文之，至于成康之隆，囹圄空虚四十余年，此亦教化之渐而仁谊之流，非独伤肌肤之效也。”② 把无讼作为全社会共同努力的方向，维护礼教、弘扬道德的德治理念，在这种意识形态主导之下的政治，无讼、息讼自然也系于官员的政绩。他坚决反对

---

① 《春秋繁露·精华》。
② 《春秋繁露·精华》。

“殷人执五刑以督奸，伤肌肤以惩恶”[①] 治理模式，把周朝的“设两观，乘大路，朱干玉戚，八佾陈于庭，而颂声兴”[②] 作为最好的行政措施，追求“上下和睦，习俗美盛，不令而行，不禁而止，吏亡奸邪，民亡盗贼，囹圄空虚”[③] 的理想社会。

这一思想成为中国法治文化的主流，为了劝民息讼，在中国传统社会里，从皇帝到各级官员、乡绅族领，无不倡导止讼之利，宣讲诉讼之害。比如清朝，从顺治、康熙开始，各种圣训常常以息讼是求，并要求县官亲自下乡宣讲，不仅皇帝和各级官吏极尽宣传教化，文人也同样力倡息讼止争，在强大的倡导舆论影响下，作为古代社会政治基层的乡规民约、家族仪规等也常常将“息讼”“止讼”列为其中重要内容。

（二）重志的审理思想

董仲舒继承《春秋》“重志”的思想，他说：“《春秋》之论事，莫重于志。”[④] 在具体案件审理过程中，要做到“本其事而原其志。志邪者不待成，首恶者罪特重，本直者其论轻”[⑤]。概括起来，董仲舒所倡导的审理原则是：断狱定罪要从犯罪事实出发，但主要的不是看事实，而是追究犯罪动机和犯罪原因及罪犯的心理状态。凡心术不正，主观为恶，有犯罪动机，即使犯罪未遂，或犯的是小罪，也要加以惩罚和重罚。共同犯罪中的组织者、领导者，即首恶分子，更要加重惩治。相反，如果所犯者动机、目的合乎道德人情，只属于过失，虽然违法也可以免于处罚或减轻处罚，甚至犯大罪的也可以宽宥。

一是“必本其事而原其志”。事，指犯罪事实。原，即寻找、考察犯罪者的目的、动机原因。志，为心之所向，有趋向、期许之意。这里指犯罪的目的动机。这句话的意思是，审理案件应当以犯罪事实

① 《汉书·董仲舒传》。
② 《天人三策》。
③ 《天人三策》。
④ 《春秋繁露·玉杯》。
⑤ 《春秋繁露·精华》。

为根据，考察犯罪者行为时的心志，也就是现代刑法学所说的犯罪动机。判断犯罪动机善恶的标准，当然是儒家伦理道德观念。在董仲舒传世案件中，“误伤己父案”比较典型的案例：

> 甲父乙与丙争言相斗，丙以佩刀刺乙，甲即以杖击丙，误伤乙，甲当何论？或曰：“殴父也，当枭首。”论曰：“臣愚以父子至亲也，闻其斗，莫不有怵怅之心，扶杖而救之，非所以欲诟父也。《春秋》之义，许止父病，进药于其父而卒，君子原心，赦而不诛。甲非律所谓殴父，不当坐。”①

此案中，儿子见父亲被他人殴打，当他人以刀来刺杀父亲时，儿子为救父亲，拿起拐杖来打他人，却反伤了父亲。有的人认为，儿子打伤父亲，应该判处杀头罪。董仲舒却以为，儿子本意是救父，所以，根本算不上犯罪。这与赵盾无弑君之心、许子无弑父之志皆赦而不诛的判决是相同的，都体现了董仲舒对决狱主观动机的重视，儿子出于保护父亲的主观愿望，伤害了父亲，也不应以伤害罪论处，而是该判处无罪。

二是“志邪者不待成”。志邪，心术不正，即与儒家的伦理道德相悖。这句话的意思是说，一个人动机不纯正，即使尚未作为，或仅有实施犯罪的预谋和准备，或犯罪未遂，也要受到惩罚。如果存心反对、破坏封建社会秩序，即使行为的结果与儒家的伦理道德的要求相一致，也要惩罚。此种行为如果是针对君主，更加要惩治，董仲舒“盗窃武库案”也说明了这个问题：

甲为武库卒，盗强弩弦一，时与弩异处，当何罪？论曰：“兵所居，比司马，阑入者髡，重武备，责精兵也。弩蘗、机郭、弦轴异处，盗之不至，盗武库兵陈（阵也）。”论曰：“大车无輗，小车无軏，何以行之？甲盗武库兵，当弃市乎？”仲舒曰：“虽与弩异处，不得弦不可谓弩；矢射不中，与无矢同，不入与无镞同。律曰：此边鄙兵所藏，直百钱者，当坐弃市。”②

---

① 《太平御览》卷六四〇。

② 《白氏六贴事类集》卷二八。

本案中司法者有不同的裁决意见，有人认为应处“髡”刑，即从轻处以徒刑。也有人认为该行为危害后果严重，应处以“弃市”死刑。但董仲舒认为，其虽已得弦，但是若无弦则弩不成其弩。该行为人乃看守兵库者，明知武库禁地，是关系到国家存亡，人民生命财产安全的要害之地，其重要性好比皇帝上朝理事的朝廷重地，作为武库卒，应明知其行为的严重后果，犹私自偷盗弩弦，虽不成立“盗武库兵”罪，仍应依“边鄙所，减值百万钱者，当坐弃市”之律论处。这实际上是“志邪者，不等成”思想的集中体现。

三是“首恶者罪特重”。即从重惩罚共同犯罪中的首犯。这也是公羊学派的一贯张，有所谓“《春秋》之义，诛首恶而已”。按中国古代法律规定共犯中的首恶，主要指造意者，也就是提出犯罪意图的人。所谓“首恶者罪特重”，也是强调打击“邪志”者。由于现存资料所限，我们目前还没有发现董仲舒本人严惩首恶的案例。从重处罚共同犯罪中的“首恶”，也就是强调打击首要分子而避免多杀滥杀。

四是“本直者其论轻”。行为人的目的、动机纯正，即是违犯法律，也可以“赦而不诛”，或减轻刑罚。董仲舒曾举例说，春秋时期，许悼公生病，其子许止进药。结果许悼公因吃错药而死。董仲舒评论道：“《春秋》之义，许止父病，进药于其父而卒。君子原心，赦而不诛。”①

（三）深远的历史影响

董仲舒的原心定罪理论继承和发扬了古老法律传统。综合考察犯罪动机、主观恶性，作为定罪科刑的主要尺度，作为一种法律观念，原心定罪的历史可谓源远流长，符合人心正道，符合古今事理。

在我国司法文化的源头《尚书·舜典》中有“告灾肆赦，怙终贼刑”的记载。据孔颖达疏，告灾指因过失误致危害；肆赦，即缓刑赦免。怙终，指故意坚持犯罪；贼刑，轻者判刑，重者处死。可见，刑罚的轻重与主观心理状态呈现出明确的对应关系。

---

① 《太平御览》。

董仲舒吸取秦代教训，纠秦之弊，在司法实践中更加强调客观以外的因素，以矫枉过正的做法，起到了纠法家之极端的作用。“原心定罪”赋予了裁断者以自由裁量权，这深深渗透了儒家思想所倡导的中华传统道德，也与西方世界的自由心证的证据制度有某些层面的相似，为法官当时断案提供了一种全新的思路，它将情与法相结合，强调司法要彰显人情，这一司法审判原则促进了我国传统的司法审判理论有了长足的发展，从行为者主客观两个方面去考量，经过深思熟虑方能定罪量刑，在司法实践中，以符合人情的理念来分析经义和事实，尽量寻找经义与法律传统的最佳结合点，这包含了追求法律与道德，法律与人情相统一的司法和谐的价值理念。

随着法律儒家化的进程，为国法与人情的结合开辟了道路，中国古代人情是以深厚的血缘伦理亲情为基础的，董仲舒的“三纲五常”伦理法原则使得“原情定罪”同样也进入了汉律的实施之中，成为人情决狱、亲情决狱、礼义决狱的司法实践，在当时对于断案决狱的合理性有一定帮助，在一定程度上缩小了传统刑罚株连的范围，使很多人免遭牢狱之灾也拯救了不少人的性命，是中国古代刑法理论的一大进步。

但董仲舒把“心”“志”作为认定罪责的重要根据，在司法实践中有走向偏颇倾向。撇开犯罪行为所侵犯的客体和行为结果，也难以认定犯罪者“心”“志”的善恶。仅以犯罪者主观动机作为认定犯罪的根据，不问既遂或未遂，不考虑危害结果的轻重，甚至“放事诛意”，必然导致“诛心”“诛意”的惩罚思想。这就为专断残酷之吏任意诛杀提供了借口。

五、法之决依之于经

“引经决狱”，即以儒家经义作为断狱指导思想。具体要求司法官吏在审理案件过程中，用儒家经义作为分析案情、认定犯罪的根据，并按经义的精神解释和实施法律。所谓“经义”，即儒家经典阐述的具体思想、观点。汉代“引经决狱”常引用的儒家经典有《诗》《书》

《易》《礼》《春秋》等五经。五经之中以《春秋》经为主，因此，“引经决狱”又称作“春秋决狱”。董仲舒对春秋决狱的倡导和实施功不可没。

（一）推动了春秋决狱实施

在成熟的法律条文产生之前，人们依据习惯法、前代的先例以及圣人的经义作为判断是非和审判案件的依据，是社会发展的常态。汉以前以及汉初，虽有“经义决狱”之事，但一般仅为儒者个人所用个别案例。武帝时期，在儒学独尊的情况下，经董仲舒等人的提倡，得到当时最高统治者的支持，这种断狱方式则广为流行，对于以后整个封建时代的司法，特别是立法起到重要作用。

经书的崇高地位。孔子及《春秋公羊传》在董仲舒的认识中，居有至高无上的地位，这是他倡导推行春秋决狱的前提。董仲舒的思想主要集中在《春秋繁露》一书中。“春秋”即孔子编写的《春秋》一书，是汉朝五经之一。“繁露”有三个含义：古代帝王贵族冕旒上所悬的玉串、露水、植物落葵的名称。在这儿，“繁露”二字与《春秋》经书结合相称，指的是冕旒上所悬玉串。《春秋繁露》书名意为“帝王治国之术”。从内容来看，董仲舒把《春秋》一书的内容神圣化了，奉为至全至美至高至上的神谕。《春秋》一书在董仲舒心目中，从根本上讲就是万能的，是“教化之源流”，是“古今之通谊”，是至高无上的“圣经”。经过他的引申，《春秋》变成了具体法律原则的最高本源。因此之故，用之决狱，解决法律实践中和理论上的疑难问题，属天经地义，顺理成章的事，不能有丝毫怀疑。应该看到，作为“春秋公羊派”的汉代最高学术权威和实践权威的代表者之一，董仲舒对《春秋》一书的发挥，在经过后汉何休的进一步阐释后，可能早就已经偏离其自身的实际内容了，但也更加适合了当时的社会需要，更增加了依经决狱的必要性和正当性。

推动了儒学独尊。西汉时，董仲舒在《春秋》经学方面，具有较高的学术地位。《汉书·董仲舒传》记载：“仲舒遭汉承秦灭学之后，《六经》离析，下帷发愤，潜心大业，令后学者有所统一，为群儒首。”从董仲舒的思想内容看，他真正把先秦诸子的学说综合起来，形成了为大众和帝王接受的新儒学理论体系。着眼于巩固中央集权，解决诸侯与中央矛盾、土地集中等社会问题，完善社会治理，对儒学进行了神学化的改造。他的天人感应论，使伦理道德神学化了；他的君权神授说，为君主专制的合理性，提供了神学的论证。董仲舒建造的神学化的儒学体系，却积极配合了统治阶级的政治需要，进而抬高了儒学的地位。

依经决狱的实践。董仲舒是汉代“春秋决狱”的积极倡导者、重要实践者和大力推动者。在其倡导、实践和推动之下，“春秋决狱”逐渐被上层统治者采纳，被各级司法官吏接受，自上而下推广开，再自下而上被认可，在历史上产生的影响越来越大，以至于成为中华法律史上独特的历史现象，绵延流长。《汉书·董仲舒》记载：“仲舒在家，朝廷如有大议，使使者及廷尉张汤就某家而问之，其对皆有明法。”《汉书·艺文志》记载：“《公羊董仲舒治狱》十六篇。”这一名称无可怀疑地表明董仲舒治狱的理论根据是《春秋公羊》学。《后汉书·应劭传》记载：“胶东相董仲舒老病致仕，朝廷每有大议，数遣廷尉张汤亲至陋巷，问其得失，于是作《春秋决狱》二百三十二事。动以经对，言之详矣。”这 232 个案例的《春秋决狱》，与《汉书·艺文志》的《公羊董仲舒治狱》十六篇，应是同一内容。

（二）基本的司法原则导向

“引经决狱”，重在“引经”。要求审理具体案件时，能够找出儒家具体法律观点作为定罪量刑的理论依据。然而先秦儒家具体论述法律的观点很少。于是“引经决狱”者就只能以儒家基本政治思想为指导，从经义中演绎出所需要的法律观点来。在这过程中，就逐渐形成了一系列符合儒家思想的具体法律观点，这些观点不仅是“引经决狱”的依据，而且影响着以后历朝历代的立法司法活动，有些观点，甚至直接为立法吸收，变成为法律条文。其主要思想原则是维护中央集权的政治秩序和社会伦理关系，实现有效的社会治理。

保障中央集权的政治体制。《春秋》治狱在汉代的现实运用中，贯穿着一个基本精神，就是维护中央王朝及皇帝的绝对权威，这也是汉代《春秋》治狱的政治目的所在，这在相关案例的判决中表现尤其明显。如在治淮南王之狱时，胶西王议其罪时，依据《公羊传》的“臣毋将，将而诛”，主张对淮南王处以极刑，并对参与者一律从严惩处，以致被判死刑的就达到数万人之多，所谓“坐而死者数万人”。而严厉惩处的目的是为了“使天下明知臣子之道，毋敢复有邪僻背畔之意”①，也就是让天下的臣子都自觉地忠诚于君主，不敢有对西汉王朝三心二意。“君亲无将，将则诛焉”“大夫不得专”“以功覆过”，这些司法原则，都在维护君主集权中起了基础性保障作用。

推行仁政德治的教化手段。董仲舒比较详尽地论证了礼法关系和德刑关系，反复强调了“德主刑辅”“大德而小刑”的法律思想，看到了礼和刑相互呼应、互为表里的关系，即“礼之所去，刑之所取，失礼则入刑，相为表里者也”②，把法治作为推行仁政德治的教化手段。实践中，“恕及妇孺”“恶恶止其身”“养父重于生父”这些司法案例，表明董仲舒法治的主要目的是维护社会稳定，为政权厚植社会基础。

维护亲亲尊尊的人伦关系。亲亲尊尊是社会伦理关系中最核心的部分，也是社会秩序稳定的基石，必须以法律的形式加以维护，因而形成了一些高度认同并通行于世的司法原则。“亲亲得相首匿”“为父报仇”“大义灭亲”等原则的实践应用，是以法律的手段来维护道德规范，保证社会有序运转。

（三）实践中的利好与弊端

董仲舒开创的《春秋》治狱，很快就形成了西汉司法实践的原心定罪、论心定罪判案原则，形成了依据《春秋公羊传》经文经义断狱的风气，反映了社会的需要和时代的期盼。“《春秋》之义，原心定罪”“圣王断狱，必先原心定罪”“故《春秋》之治狱，论心定罪。志善而违于法者免，志恶而合于法者诛”③ 等记载，在《汉书》中随文可见。经常向董仲舒请教治狱的张汤，“决大狱，欲傅古义，乃请博

① 《汉书·淮南王刘安传》。

② 《汉书·陈宠传》。

③ 《春秋繁露·精华》。

士弟子治《尚书》《春秋》，补廷尉史，平亭疑法”[①]，并因此得到丞相公孙弘的极力称赞。翟方进“兼通文法吏事，以儒雅缘饬法律”，而被“号为通明相”[②]。所谓儒雅缘饬法律，主要指以《春秋公羊》学的治狱观念来文饰刑法，给严酷的刑法以温情儒雅的外表。《汉书》与其他史书所记载的这些事实，是对董仲舒《春秋》治狱在汉代所起作用的如实写照。

“春秋决狱”弥补了成文法的不足，是判例法灵活运用的一种形式。因为人的理性具有不周延性，所以立法者不可能穷尽所有社会现象而使成文法滴水不漏。同时法律的使命是调整社会关系，而社会关系则处于不断发展之中。法律的本性决定了它不能朝令夕改，因此，成文法常常落后于社会生活。对于成文法的这种局限，现代法治国家常常将自然正义原则政策、风俗习惯等不成文规范作为它的补充。儒家思想积极全面地影响中国古代法制开始于引经决狱，它为儒家思想渗透并介入司法体制找到了一种具体的方式。以儒家思想解释现有的法律和作为定罪量刑的依据开始，又促进了儒家许多具体法律观点的形成，以后的王朝将这些法律观点融入法典当中，实现了儒家思想与司法体制的完美融合。所以，董仲舒及西汉政府积极推行引经决狱，不仅达到了使当时的法律和司法活动为儒家政治思想路线服务的目的，而且对儒家思想影响整个封建时代的法律起了重要作用。

汉代官吏运用这一精神于政治案例的判决时，董仲舒《春秋》治狱所带有的温和性就完全消失了。以“原心定罪”为原则的《春秋》治狱，在西汉的现实政治中变为刑法的惨况。从法制的规范性和严格性的形式意义上分析，汉代的引经决狱无疑是针对封建法制的破坏。它破坏了国家制定的成文法的权威性。汉代儒家学者引经决狱，将儒家经义置于国家的成文法律之上，必然使法家思想刚刚建立起来的“事决于法”的法制理念遭到破坏，这种藐视法律的破坏作用对于中华法系的法制理念影响至深。它破坏了案件的审理规则，即从适用具

① 《史记酷吏·列传》。
② 《汉书·翟方进传》。

有明确性和规范性的国家法律到适用具有原则性和模糊性的儒家经义，为司法人员的主观臆断和枉法裁判打开了方便之门。它破坏了法律的平等原则。先秦时代法家确定的“刑无等级”的平等法律观，被充满着尊卑等级、封建特权、宗法伦理等等一系列等级原则所取代。

总的来看，“春秋决狱”以儒家思想作为法律上定罪量刑的依据，在融合了儒家、法家等诸多思想主张，确立了中国古代法律儒家化的标志的同时，也因为其判案的主观性强，司法官员经常以自己的个人好恶任意定罪，扩大了法律的随意性和任意性，背离了法律的公正性、正义性的要求。

六、法之魂传之于今

董仲舒的法学思想和实践产生于特定的历史时期，有着鲜明时代烙印，但其中以民为本、礼法结合、明德慎刑、无讼是求等思想观念和精神灵魂，今天仍然有其现实意义。

（一）以民为本发展为主权在民的宪政基础

董仲舒从他的天命观念出发，仰望星空去寻找法的根源，但在法律的实施和行政的运行中，他又回到了社会的基础——民众当中。

在正确认识君民关系中实施礼法制度。他以名实理论对“君”“王”进行了解读，“王者，民之所往；君者，不失其群者也”①。所谓王，就是人民归往的意思；所谓君，就是不会失去他的群众的意愿。因此，能够使万千民众归向，并得到天下群众拥护的人，天下就没人能和他抗衡了。如果相反，“赋敛无度，以夺民财；多发徭役，以夺民时；作事无极，以夺民力”。“君大奢侈过度失礼，民叛矣。其民叛，其君穷矣”②。得不到民众的人，也得不到政权。

依靠民众实施有效的国家治理。董仲舒很强调人民在国家治理中

① 《春秋繁露·灭国篇上》。

② 《春秋繁露·五行相胜》。

的根本性作用。他说："夫为国，其化莫大于崇本。"[①] 治理国家的政策教化没有比崇尚根本更重要的了。什么是根本呢？他说"天、地、人，万物之本也"[②]。遵循天道规律，注重地力耕织，以礼乐教化安抚百姓，这样政权就会稳固长久。相反，如果不这样做，君王就会处于没人威胁而自己处于危险境地，没有人要消灭他却自己灭亡了。

礼法政策的制度要维护民众的利益。董仲舒从"天立王，以为民"的观点出发，进一步提出了一系列具体的德治思想。"以民为本"的思想被历史推崇，超越了"君权神授"的禁锢，将人民视为社稷的根本。到唐朝提出"水能载舟，亦能覆舟"治国理念，明清时发展为"天下为主，君为客"进步思想，今天我们把"一切权力属于人民"庄严地写进了《宪法》，成为我国民主宪政的坚实基础。

（二）礼法并重发展为依法治国和以德治国

在宗族和血亲社会观念中发展起来的"礼"成了社会运行的重要规则。春秋决狱则把礼法紧密地融合在了一起，成为法治实践的基本遵循，今天则发展为依法治国与以德治国的紧密结合，并行不悖，相得益彰。

法律体现着国家对其成员在政治、经济、社会等各个领域的行为的要求，体现着维护社会稳定、保护人民生命财产安全、保障国家安全的要求。从维护社会的秩序、保障社会的稳定来说，法律具有不可或缺的重要作用。改革开放以来，为了适应社会主义市场经济发展的要求，我们十分重视运用法律的手段来规范人们的行为，并把依法治国确立为治理国家的基本方略。因为，没有完备的法律体系，就不可能保证社会主义市场经济的顺利发展。

从维护和保障社会的稳定来说，法律和道德有着同样重要的作用。它们相互联系、相互补充。道德规范和法律规范应该相互结合，共同发挥作用。有了良好的道德素质，人们就能自觉地扶正祛邪，扬善惩恶，有利于形成追求高尚、激励先进的良好的社会风气，从而保

① 《春秋繁露·立元神》。

② 《春秋繁露·立元神》。

证社会主义市场经济的健康发展，促进整个民族素质的提高。

（三）无讼慎刑发展为包容和谐的社会建设

董仲舒追求“囹圄空虚”的无讼社会，这种理想是植根于中国文化土壤中共同的美好愿望。中国社会是一个因血缘及地缘上的密切关系而结成的“熟人社会”“亲情社会”，重视人际关系的讲信修睦，人们形成了“以诉讼为耻，以无讼为德”的观念。这种主张在刑事政策上表现为反对苛政、滥刑、重罚，主张恤刑慎杀，德主刑辅，这是一种“慎刑”的理念。就像宋代包拯所认为的：“治平之世，明盛之君，必务德泽，罕用刑法。”[①]“无讼”与“慎刑”的观念提倡通过协商和解来解决刑事纠纷，以保持人际关系的和谐。今天，司法的宗旨仍然是定分止争，化解矛盾，为社会提供法治保障。古代的“无讼”观念以及古人为此理想所做的努力对我们今天社会的法制建设有积极的借鉴意义。

2018年博鳌论坛，国家主席习近平强调，致力于建设一个包容的世界，营造共同和谐的氛围。这是对中华优秀传统文化理想的弘扬和发展。中国古代思想家都在追求秩序，并为秩序的实现提供了理论基础。儒家倡导“礼之用，和为贵”，法家主张“以刑去刑”，借助暴力手段构建和谐的世界，墨家的“尚同”思想是对和谐秩序的追求与赞美，董仲舒继承了他们的思想，在天人合一的思想下，追求“中和”的社会理想。在和谐理念的影响下，无讼成为中国传统法律文化的基本价值追求，深深影响着中国古代的法制实践。民间调解作为追求和谐无讼的纠纷解决方式，在中国传统社会倍受推崇。一直到今天，民众还是认可和谐无讼理念，至今仍然基本倾向于先考虑调解，期盼某种和解，真正迫不得已才会告上法庭。这是中国广义的传统法律制度的基本延续的最好证明。

董仲舒继认为，违法犯罪被认为是未受到教化或教化不彻底所致，应当再次对其进行教化，而不是一味苛求刑罚制裁，只有这样才

① 《包拯集》。

能达到“治平”之效。当今中国社会的社会矛盾、道德的危机、信仰的危机不是仅靠法律就能解决的，因为司法不是一台自动售货机，把写好的状子和诉讼费放进去，就会自动送出判决，而是有人的理性、情感和价值判断，在维护法律神圣至上的权威同时，注重发挥道德教育的功能，才能实现法治的目标。

中国法治思想源远流长，有着悠久的历史传承和丰厚的文化积累。在董仲舒之后的司法制度构建中，法律始终没离开儒家思想的影响，使得法律逐渐儒家化，这也是我国古代法制的一个重要特征。董仲舒提出“春秋决狱”直接开启了中华法律儒家化的道路，它将道德伦理融入法律领域，使得道德与法律共同作用，直接服务于皇家集团的专治统治。之后历代王朝都以此为样本，在倡导“德治天下”的原则下，完善法律制度体系，对中国两千多年的法制的构建和发展产生了深远的影响。本文对董仲舒思想的法制精神进行整理阐释，以期为中华优秀传统文化创新性转化创造性发展尽微薄之力，为今天的司法建设添一抔文化之壤。知识积累欠缺太多，文中表达多有谬误和不当，以俟方家指正。

本文为“2021 中国·衡水董仲舒与儒家思想国际研讨会暨中华孔子学会董仲舒研究委员会学术年会”提交的论文。

任建华（1974—），男，山东禹城人，德州董子研究院教师，法学博士。

郭付军（1970—），男，山东济南人，德州董子研究院副院长。

董学文本与董学史研究

董仲舒《春秋繁露·治水五行篇》研究[①]

邓 红

引 子

《春秋繁露》中有一篇《治水五行第六十一》篇，文章不长，全文如下：

> 日冬至，七十二日木用事，其气燥浊而青。七十二日火用事，其气惨阳而赤。七十二日土用事，其气湿浊而黄。七十二日金用事，其气惨淡而白。七十二日水用事，其气清寒而黑。七十二日复得木。木用事，则行柔惠，挺群禁。至于立春，出轻击，去稽留，除桎梏，开门阖，存幼孤，矜寡独，无伐木。火用事，则正封疆，循田畴。至于立夏，举贤良，封有德，赏有功，出使四方，无纵火。土用事，则养长老，存幼孤，矜寡独，赐孝弟，施恩泽，无同土功。金用事，则修城郭，缮墙垣，审群禁，饬甲兵，警百官，诛不法，存长老，无焚金石。水用事，则闭门间，大搜索，断刑罚，执当罪，饬关梁，禁外徙，无决堤。

① 基金项目：本文为国家社会科学基金重大项目“董仲舒传世文献考辨与历代注疏研究”（项目编号：19ZDA027）的研究成果之一。

大意是讲一年的最后一日为冬至。冬至又是一年之始。最先的七十二日正当木的时令，这个季节的气干燥混浊而呈青色，我们可称之为春季。其次的七十二日正当火的时令，这个季节的气光明而呈红色，我们可称之为夏季。第三个七十二日正当土之时令，这个季节的气潮湿混润而呈黄色，我们可称之为季夏。第四个七十二日正当金的时令，这个季节的气黯淡光弱而呈白色，我们可称之为秋季。第五个七十二正当水的时令，这个季节的气清净寒冷而呈黑色，我们可称之为冬季。之后又复归木之时令。其后的文章则讲木火土金水“用事”也即时令该做什么事情。但没有对违反时令也即违令会发生什么事情加以说明。

《淮南子·天文训》有一段话，和《治水五行第六十一》非常相似，现列举如下：

> 壬午冬至，甲子受制，木用事，火烟青，七十二日。丙子受制，火用事，火烟赤，七十二日。戊子受制，土用事，火烟黄，七十二日。庚子受制，金用事，火烟白，七十二日。壬子受制，水用事，火烟黑，七十二日，而岁终。庚子受制，岁迁六日，以数推之，（七）十岁而复至甲子。甲子受制，则行柔惠，挺群禁，开阖扇，通障塞，毋伐木。丙子受制，则举贤良，赏有功，立封侯，出货财。戊子受制，则养老鳏寡，行稃鬻，施恩泽。庚子受制，则缮墙垣，修城郭，审群禁，饰兵甲，儆百官，诛不法。壬子受制，则闭门闾，大搜客，断刑罚，杀当罪，息关梁，禁外徙。（《淮南子·天文训》）

二者的重合度很高。我们知道，《淮南子》的时代基本上和董仲舒的时代重合。刘安的生卒年为前 179—前 122 年，董仲舒为约前 176—约前 104 年。《淮南子》被《汉书·艺文志》归类为“杂家”，而《治水五行》被一些研究者归为“五行诸篇”据说有伪篇的嫌疑。对此本文不作为问题，也就是说不追究孰先孰后，谁抄袭谁的无证据结果，而是想通过对《治水五行第六十一》篇的考察，探索董仲舒阴阳五行说的历史根据，究明这个七十二日说的来龙去脉。

一、阴阳结合和七十二日

阴阳五行说是董仲舒思想的重要内容。其对阴阳五行说的重要贡献，在于将阴阳和五行完美地结合起来了。

我们知道，从数字来说，阴阳是偶数，五行是奇数，将二平分为五，或将五分属于二，是一件非常难的事情。董仲舒为了将阴阳和五行能更好地结合，采取了许多方法。其中最重要的方法，就是在其中渗入了一个四季。“天地之气，合而为一，分为阴阳，判为四时，列为五行。”（《五行相生第五十八》）

简而言之，董仲舒首先以阴阳二气的运行轨迹来配四季，也即将阴阳二气按照一年四季的运行变化分为少阳、太阳、少阴、太阴，将它们分别配以春、夏、秋、冬：

> 少阳因木而起，助春之生也。太阳因火而起，助夏之养也。少阴因金而起，助秋之成也。太阴因水而起，助冬之藏也。（《天辩在人第四十六》）

这里，“少阳·春”配“木”，“太阳·夏”配“火”，“少阴·秋”配“金”，“太阴·冬”配“水”，但还缺五行之“土”。

本来，《吕氏春秋》十二纪里，以阴阳五行和时令相配时，阴阳的偶数和五行的奇数有不能相配的问题。于是，在季夏的六月纪之后，加上了这样一段文章：

> 中央土，其日戊巳，其帝黄帝，其神后土，其虫裸，其音宫，其律中黄钟之宫，其数五，其味甘，其臭香，其祀中霤，祭先心。

这里把土放在六月的后面七月的前面，即一年的前半和后半之间，还以土为中央，也即最贵，然而还没有给予土具体的时间和空间。

董仲舒的阴阳五行结合说受到《吕氏春秋》等著作的启发。为了使“土”获得时间，首先是将一年分为五个季节，即在夏和秋之间设立了一个“季夏”：

> 天有五行，木火土金水是也。木生火，火生土，土生金，金

生水。水为冬，金为秋，土为季夏，火为夏，木为春。春主生，夏主長，季夏主养，秋主收，冬主藏。（《五行对第三十八》）

于是，土有了“季夏”之时间，还被赋予了“养”之季节之功。

其次，为了使“土”获得空间，董仲舒又说：

土居中央，为天之润。土者，天之股肱也。其德茂美，不可名以一時之事，故五行而四時者，土兼之也。金，木，水，火虽各有职，不因土，方不立。（……）土者，五行之主也。五行之主，土气也。（《五行之义第四十二》）

这样土被配于了中央，且成了统领其他四行的“股肱”。

最后，为了克服四季不能和五行平均相配的问题，《治水五行第六十一》中，将一年三百六十日平均分为五季，也即以一季为七十二日。于是有了开头《治水五行第六十一》的这一段话：

日冬至，七十二日木用事，其气燥浊而青。七十二日火用事，其气惨阳而赤。七十二日土用事，其气湿浊而黄。七十二日金用事，其气惨淡而白。七十二日水用事，其气清寒而黑。七十二日复得木。

土不但有了时间和空间，还拥有了“黄”色。

二、和管子诸篇的比较

人们不仅要问，上面这个“七十二日”是从哪里来的？这个主意“idea”是董仲舒的发明还是受到了其他人的影响？我以前以为是董仲舒的“创造”，但现在看来，其可以从《管子》那里找到蛛丝马迹。

检索先秦两汉的古典文献，发现出现“七十二日”的，除了前述《淮南子·天文训》以外，只有两篇。一篇是《治水五行第六十一》，另一篇是《管子·五行篇》。两篇的内容都以时令为主，而且文章的结构非常相似。为了不厌其烦，现将两篇文章按照木火土金水的顺序剪辑下来排列在一起，以便于比较。而《管子·四时篇》，虽然主要内容是讲四时，但在夏秋之间专门设了一段讲“土”的文章，以配当五行。为此也剪辑下来，分别放在《治水五行》和《五行篇》之下。

木、春、青、立春

七十二日木用事，其气燥浊而青。……木用事，则行柔惠，挺群禁。至于立春，出轻系，去稽留，除桎梏，开门阖，存幼孤，矜寡独，无伐木。（《春秋繁露·治水五行》）

日至，睹甲子木行御，天子出令，命左右士师内御，总别列爵，论贤不肖士吏，赋秘赐赏于四境之内，发故粟以田数。出国衡，顺山林，禁民斩木，所以爱草木也。然则在解而冻释，草木区萌，赎蛰虫卵菱，春辟勿时，苗足本。不疠雏鷇，不夭麑麇，毋傅速。亡伤襁褓，时则不凋。七十二日而毕。（《管子·五行篇》）

然则春夏秋冬将何行？东方曰星，其时曰春，其气曰风，风生木与骨。其德喜嬴，而发出节时。其事：号令修除神位，谨祷弊梗，宗正阳，治堤防，耕芸树艺，正津梁，修沟渎，甃屋行水，解怨赦罪，通四方。然则柔风甘雨乃至，百姓乃寿，百虫乃蕃，此谓星德。星者掌发，为风。是故春行冬政则雕，行秋政则霜，行夏政则欲。是故春三月以甲乙之日发五政。一政曰：论幼孤，舍有罪；二政曰：赋爵列，授禄位；三政曰：冻解修沟渎，复亡人；四政曰：端险阻，修封疆，正千伯；五政曰：无杀麑夭，毋蹇华绝芋。五政苟时，春雨乃来。（《管子·四时篇》）

《治水五行》的大意是，这个七十二日木正当时令，它的气干燥混浊而呈青色。……由于是木之时令，就要行仁政施惠，宽恕触犯禁令的人。到了立春这一天，释放轻罪犯人，赦免长期拘禁的人，解除罪犯的脚镣手铐，打开门户疏通沟壑，爱护幼小的孤儿，怜悯孤寡老人，不砍伐树木。

《管子·五行篇》和《治水五行》在对季节的气性描述很接近。《治水五行》为其气躁浊而青，《五行篇》为解而冻释，草木区萌。其次是要求按照木的德性来应时治事，在爱护儿童和禁止砍伐树木方面和完全一致。《四时篇》的时令的近似之处更多一些，譬如“东方曰星，其时曰春，其气曰风，风生木与骨。其德喜嬴，……耕芸树艺，……解怨赦罪，通四方”。下面列出第一个七十二日的比较表：

篇名	五行	季节	时令形式	颜色	气之性	相同政令	环境政策
治水五行	木	（春）	木用事	青	燥浊	行柔惠，存幼孤	无伐木
五行篇	木	春	木行御	（青）	解而冻释	亡伤襁褓	禁民斩木
四时篇	星（木）	春	发出节时	（青）	其气曰风	其德喜嬴，解怨赦罪	耕芸树艺

火、夏、赤、立夏

七十二日火用事，其气惨阳而赤。……火用事，则正封疆，循田畴。至于立夏，举贤良，封有德，赏有功，出使四方，无纵火。（《春秋繁露·治水五行》）

睹丙子，火行御，天子出令，命行人内御。令掘沟浍津旧涂，发臧任君赐赏，君子修游驰以发地气，出皮币，命行人修春秋之礼于天下，诸侯通，天下遇者兼和。然则天无疾风，草木发奋，郁气息。民不疾而荣华蕃。七十二日而毕。（《管子·五行篇》）

南方曰日，其时曰夏，其气曰阳，阳生火与气。其德施舍修乐。其事：号令赏赐赋爵，受禄顺乡，谨修神祀，量功赏贤，以动阳气。九暑乃至，时雨乃降，五谷百果乃登，此谓日德。日掌赏，赏为暑，夏行春政则风，行秋政则水，行冬政则落。是故夏三月以丙丁之日发五政。一政曰：求有功发劳力者而举之；二政曰：开久坟，发故屋，辟故卵以假贷；三政曰：令禁扇去笠，毋扱免，除急漏田庐；四政曰：求有德赐布施于民者而赏之；五政曰：令禁罝设禽兽，毋杀飞鸟。五政苟时，夏雨乃至也。（《管子·四时篇》）

《治水五行》的大意是，这个七十二日火正当时令，它的气光明而呈红色。……由于火正当时令，所以要划定疆界，巡视田地。到了立夏这一天，要推荐贤良之人，奖励有德之人，奖赏有功之人，派遣使者到各国去。警惕火灾。

《五行篇》对季节的气性描述也很接近。《治水五行》为其气惨阳而赤，《五行篇》为“天无疾风，草木发奋”。其次是按照火之活性来应时治事，在整治水利工事和派使者去通天下方面是一致的。“郁气息”和“无纵火”也是相通的。《四时篇》也有许多共通之处，如“受禄顺乡，谨修神祀，量功赏贤，以动阳气”。下面列出第二个七十二日的比较表：

篇名	五行	季节	时令形式	颜色	气之性	相同政令	环境政策
治水五行	火	夏	火用事	赤	惨阳	举贤良，封有德，赏有功，出使四方	无纵火
五行篇	火	夏	火行御	（赤）	天无疾风	行人修春秋之礼于天下，诸侯通，天下遇者兼和	君子修游驰以发地气，出皮币
四时篇	日（火）	夏	施舍修乐	（赤）	其气曰阳	号令赏赐赋爵，受禄顺乡	谨修神祀，量功赏贤

土、季夏、黄

七十二日土用事，其气湿浊而黄。……土用事，则养长老，存幼孤，矜寡独，赐孝弟，施恩泽，无兴土功。（《春秋繁露·治水五行》）

睹戊子，土行御，天子出令，命左右司徒内御，不诛不贞，农事为敬。大扬惠言，宽死刑，缓罪人。出国司徒令，命顺民之功力以养五谷，君子之静居，而农夫修其功力极。然则天为粤宛。草木养长，五谷蕃实秀大。六畜牺牲具。民足财，国富，上下亲，诸侯和。七十二日而毕。（《管子·五行篇》）

中央曰土，土德实辅四时入出，以风雨节，土益力。土生皮肌肤。其德和平用均，中正无私，实辅四时：春嬴育，夏养长。秋聚收，冬闭藏。大寒乃极，国家乃昌，四方乃服，此谓岁德。岁掌和，和为雨。（《管子·四时篇》）

《治水五行》的大意是，这个七十二日土正当时令，这个季节的气潮湿混沌而呈黄色。……由于土正当时令，就要奉养老年人，爱护幼小的孤儿，怜悯孤寡老人，奖励孝弟之人，广布恩惠，不兴建房屋和水利工程。

《五行篇》将这个季节的气性描写成“天为粤宛”，也即环境好像深邃的园林。其次是按照土稳重之性来应时治事，“不诛不贞，农事为敬”。做到上下亲，诸侯和。《四时篇》则要求“和平用均，中正无私”。下面列出第三个七十二日的比较表：

篇名	五行	季节	时令形式	颜色	气之性	相同政令	环境政策
治水五行	土	（季夏）	土用事	黄	湿浊	则养长老，存幼孤，矜寡独，赐孝弟，施恩泽	无兴土功
五行篇	土	（夏）	土行御		天为粤宛	宽死刑，缓罪人命顺民之功力以养五谷	草木养长，五谷蕃实秀大
四时篇	土	中央	土德实辅四时入出		以风雨节	和平用均，中正无私	和平用均

金、秋、白

七十二日金用事，其气惨淡而白。……金用事，则修城郭，缮墙垣，审群禁，饬甲兵，警百官，诛不法，存长老，无焚金石。（《春秋繁露·治水五行》）

睹庚子，金行御，天子出令，命祝宗选禽兽之禁，五谷之先熟者，而荐之祖庙与五祀，鬼神飨其气焉，君子食其味焉。然则凉风至，白露下，天子出令，命左右司马，衍组甲厉兵，合什为伍以修于四境之内。谀然告民有事，所以待天地之杀敛也。然则昼炙阳，夕下露，地竞环，五谷邻熟。草木茂实，岁农丰，年大茂。七十二日而毕。(《管子·五行篇》)

西方曰辰，其时曰秋，其气曰阴，阴生金与甲。其德忧哀、静正、严顺，居不敢淫佚。其事：号令毋使民淫暴，顺旅聚收，量民资以畜聚。赏彼群干，聚彼群材，百物乃收，使民毋怠。所恶其察，所欲必得，我信则克。此谓辰德。辰掌收，收为阴。秋行春政则荣，行夏政则水，行冬政则耗。是故秋三月以庚辛之日发五政：一政曰：禁博塞，圉小辩，斗译跽。二政曰：毋见五兵之刃；三政曰：慎旅农，趣聚收；四政曰：补缺塞坼；五政曰：修墙垣，周门闾。五政苟时，五谷皆入。(《管子·四时篇》)

这个七十二日土正当时令，这个季节的气黯淡光弱而呈白色。……由于土正当时令，就要兴筑城郭，修补城墙，严格执行各种禁令，整治兵器铠甲，告谕百官，惩罚不法之人，爱护好老年人，不兴冶炼之事。

《五行篇》将这个季节的气性描写为凉风至，白露下。同样要求整顿军事和防卫，准备收藏之事。《四时篇》也要求“修墙垣，周门闾。五政苟时，五谷皆入。”下面列出第四个七十二日的比较表：

篇名	五行	季节	时令形式	颜色	气之性	相同政令	环境政策
治水五行	金	（秋）	金用事	白	惨淡	修城郭，缮墙垣，审群禁，饬甲兵，警百官	无焚金石
五行篇	金	（秋）	金行御	白露下	凉风至，	衍组甲厉兵，合什为伍以修于四境之内	待天地之杀敛
四时篇	金	秋	阴生金与甲		其气曰阴	顺旅聚收，量民资以畜聚	百物乃收，使民毋怠

水、冬、黑

七十二日水用事，其气清寒而黑。……水用事，则闭门闾，大搜索，断刑罚，执当罪，饬关梁，禁外徙，无决堤。（《春秋繁露·治水五行》）

睹壬子，水行御，天子出令，命左右使人内御御其气，足则发而止，其气不足，则发撊渎盗贼，数剩竹箭，伐檀柘，令民出猎禽兽，不释巨少而杀之，所以贵天地之所闭藏也。然则羽卵者不段，毛胎者不□□妇不销弃，草木根本美。七十二日而毕。（《管子·五行篇》）

北方曰月，其时曰冬，其气曰寒，寒生水与血。其德淳越、温怒、周密。其事，号令修禁徙民，令静止，地乃不泄，断刑致罚，无赦有罪，以符阴气。大寒乃至，甲兵乃强，五谷乃熟，国家乃昌，四方乃备，此谓月德。月掌罚，罚为寒。冬行春政则泄，行夏政则雷，行秋政则旱。是故冬三月以壬癸之日发五政。一政曰：论孤独，恤长老；二政曰：善顺阴，修神祀，赋爵禄，授备位；三政曰：效肢计，毋发山川之藏；四政曰：捕奸遁，得盗贼者有赏；五政曰：禁迁徙，止流民，圉分异。五政苟时，冬

事不过，所求必得，所恶必伏。(《管子·四时篇》)

《治水五行》的大意是，这个七十二日水正当时令，这个季节的气清净寒冷而呈黑色。……由于水正当时令，所以要关闭城门，搜查奸细和坏人，解决一年的讼事而加以判决，拘捕罪犯，严格检查关口桥梁，禁止民众向外迁移，谨防堤防溃坏。

《五行篇》将这个季节的气性描写为“其气不足”，所以需要内敛，收藏好过冬物资，发捕贪污分子与盗贼。《四时篇》也要求“号令修禁徙民，令静止，地乃不泄，断刑致罚，无赦有罪”，以备过冬。

下面列出第五个七十二日的比较表：

篇名	五行	季节	时令形式	颜色	气之性	相同政令	环境政策
治水五行	水	(冬)	水用事	黑	清寒	闭门闾，大搜索，断刑罚，执当罪，饬关梁，禁外徙	无决堤
五行篇	水	(冬)	水行御		其气不足	发摘渎盗贼，数剿竹箭，伐檀柘，令民出猎禽兽，不释巨少而杀之	贵天地之所闭藏
四时篇	月(水)	冬	寒生水与血		其气曰寒	号令修禁徙民，令静止，地乃不泄，断刑致罚，无赦有罪	令静止，地乃不泄

综上所述，《治水五行》《五行篇》及《四时篇》关于时令的叙述有许多共通点。这些共通点可以说明《春秋繁露》和《管子》之间有某种必然联系，但也显示了时令的局限性。因为时令说按照自然秩序

和四季的推移来取舍统括现实人事、政治、经济的各种事项，所以很难在理论上有所突破。四季是不变的，而人事却因人因时因地而千变万化。何况将一年三百六十五天仅限定于五行，也就是用五种类型限定一年的生活，这更是束缚了无限的人的想象力和行动的时空，所以显得是那么单调乏味。

三、七十二日和十月太阳历

从上可知，将一年划分为春、夏、季夏、秋、冬五季，每季七十二日并配当木、火、土、金水五行，不是董仲舒的发明，而是和《管子》，特别是和《五行篇》以及《四时篇》有着千丝万缕的联系。而一般认为《五行篇》和《四时篇》是汉初的作品，时间上应该早于《春秋繁露》。关于七十二日和《管子》的关系，这里再举一个有力证据。《管子》的《幼官篇》有这样一段话：

春行冬政，肃。行秋政，雷。行夏政，则阉。十二，地气发，戒春事。十二，小卯，出耕。十二，天气下，赐与。十二，义气至，修门闾。十二，清明，发禁。十二，始卯，合男女。十二，中卯。十二，下卯。

夏行春政，风。行冬政，落。重则雨雹。行秋政，水。十二，小郢，至德。十二，绝气下，下爵赏。十二，中郢，赐与。十二，中绝，收聚。十二，大暑，至尽善。十二，中暑。十二，小暑。

秋行夏政，叶。行春政，华。行冬政，秏。十二，期风至，戒秋事。十二，小卯，薄百爵。十二，白露下，收聚。十二，复理，赐予。十二，始前节第赋事。十二，始卯，合男女。十二，中卯。十二，下卯。

冬行秋政，雾。行夏政，雷。行春政，烝泄。十二，始寒，尽刑。十二，小榆，赐予。十二，中寒，收聚。十二，中榆，大收。十二，寒至，静。十二，大寒，之阴。十二，大寒终。

将一年分为“地气发”“小卯”等三十个节气，每十二日一个节气。

每一个节气之后讲这个十二天内应该干什么。第一个节气“地气发”，要“戒春事”，也即准备春耕。第二个节气“小卯”，要“出耕”，开始耕地。以此类推。春八个十二日节气，夏七个十二日，秋八个十二日，冬七个十二日，加起来三十个十二日节气等于三百六十日，刚好是一年。

一年三十个节气，这和通常的一年四季、十二个月根本不能对应和配合。三十节气配四季的话，每个季节平均为7.5节气；三十节气配十二个月的话，每个月平均2.5个节气。所以上面的《幼官篇》出现了春八个节气，夏七个节气，秋八个节气，冬七个节气的不均衡现象。这也是管子研究者百思不得其解的历史之谜。

但是，《幼官篇》却为和本文解决七十二日之课题提供了线索，也为解答《幼官篇》自身的历史之谜提供了答案：如果以三个十二日节气为一月的话，每月三十六天，两个月就是七十二日，刚好符合本文提到的《五行治水第六十一》五行说中的一季。以一年为春、夏、季夏、秋、冬五季的话，每季两个月六个节气一百二十天，一年十个月五季三百六十天。只是《幼官篇》还没有土，以及用土去配列四季的概念，所以才出现了春八个节气，夏七个节气，秋八个节气，冬七个节气的不均衡现象。这个《管子》千古难解之谜就这样迎刃而解了。但也牵涉出了一年到底是十二个月或是十个月的问题。

我们的上述推断建立在陈久金、卢央、刘尧汉等人的研究之上。他们认为，中国上古时代曾经行用过一年为十个月的太阳历。其观点具体如下：

1.《大戴礼记·夏小正》是中国古文献中最古的十月太阳历。《管子·幼官图篇》和《诗经·七月之诗》也使用十月太阳历。

2.《管子·幼官图篇》有五方星，十图，三十节气（每一个节气十二天)。二十八宿分为五方星，代表一年中太阳所行经的路程，显示出了五方。十图（中方本图、中方副图、东方本图、东方副图、南方本图、南方副图、西方本图、西方副图、北方本图、北方副图）代表一年十个月，一年三十节气，一月三个节气，每个节气十二日，合计三十六日。

3.《诗经·七月之诗》运用的也是十月太阳历。其中有“一之日”“二之日”“三之日”“四之日”，《毛传》解释为“一之日，十之余也”。也即一年为三百六十五日，十个月计三百六十日，十月之后尚余五至六天，相当于彝族的“过年日”。这几天不计在十月之内，笔者觉得有点像现在春节时的初一、初二、初三休假日。

4.《夏小正》源于夏代而作于春秋，也即孔子为了了解夏民族的文化和风俗习惯到杞国考察，了解到了夏四时之书，也即《夏小正》。而夏民族属古羌族，使用过十月历。而齐宗室为姜尚后代，也属于古羌族，所以《管子》中出现了与十月太阳历的有关记载的痕迹。

依据上述观点，结合本文的主题，可得出以下结论：

1. 董仲舒在《治水五行第六十一》提出的一季七十二日说，可追根溯源到中国上古时期的十月太阳历。将一年三百六十日划为五等分五个七十二日，分别应对春、夏、季夏、秋、冬五季，每季两个月，五季配木、火、土、金、水五行。

关于“七十二日”，在《春秋繁露·阳尊阴卑第四十三》中也有阐述：

> 为人子者，视土之事火也。（土）虽居中央，亦岁七十二日之王。

这里的“王”，指土辅助火，类似于“季夏”之于“夏”，但最终还是确定“土”对其他四行的统率作用。

关于“十月”，则有：

> 是故阳气以正月始出于地，生育长养于上。至其功必成也，而积十月。人亦十月而生，合于天数也。是故天道十月而成，人亦十月而成，合于天道也。（《阳尊阴卑第四十三》）

十个月作为天道天数，完成生育长养之功，应该和刚才提到的七十二日有必然联系。在另一篇《暖燠常多第五十二》也有：

> 是自正月至于十月，而天之功毕。计其间，阴与阳各居几何，薰与溧其日孰多。距物之初生，至其毕成，露与霜其下孰倍。故从中春至于秋，气温柔和调。及季秋九月，阴乃始多于阳，天于是时出溧下霜。出溧下霜，而天降物固已皆成矣。故九

月者，天之功大究于是月也，十月而悉毕。

以十月为“天之功”，完成阴阳循环的一个周期。

以上这些都可说是以一年为十个月一个循环周期的十月太阳历的影响。当然，董仲舒也时常以十二个月为一岁，这里的一岁应该是他当时使用的古历。两者属于不同的系统。相对而言，讲五行，特别是讲阴阳五行结合时，十月太阳历七十二日比较好配当一些。

2. 董仲舒的七十二日说，应该是直接来源于《管子》，因为其他古典中没有七十二日的痕迹。如本文第二节所述，其时令说和五行说方面受到《管子·五行篇》《四时篇》的影响，也和《幼官篇》乃至《幼官图篇》有关联。

顺便说一句，《春秋繁露》和《管子》有着千丝万缕的联系。譬如《春秋繁露》有《服制第二十六》篇，和《管子·立政篇》中的“服制”一节非常相似。现列举如下：

> 率得十六万国三分之，则各度爵而制服，量禄而用财。饮食有量，衣服有制，宫室有度，畜产人徒有数，舟车甲器有禁。生有轩冕、之服位、贵禄、田宅之分，虽有贤才美体，无其爵不敢服其服；虽有富家多赀，天子服有文章，不得以燕公以朝；将军大夫不得以燕；将军大夫以朝官吏；命士止于带缘。散民不敢服杂采，百工商贾不敢服狐貉，刑余戮民不敢服丝玄乘马，谓之服制。《春秋繁露·服制第二十六》

> 度爵而制服，量禄而用财，饮食有量，衣服有制，宫室有度，六畜人徒有数，舟车陈器有禁，修生则有轩冕服位谷禄田宅之分，死则有棺椁绞衾圹垄之度。虽有贤身贵体，毋其爵，不敢服其服。虽有富家多资，毋其禄，不敢用其财。天子服文有章，而夫人不敢以燕以飨庙，将军大夫不敢以朝官吏，以命士，止于带缘，散民不敢服杂采，百工商贾不得服长鬈貂，刑余戮民不敢服绕，不敢畜连乘车。右服制。（《管子·立政篇》）

《春秋繁露·服制第二十六》最前面的“率得十六万国三分之”应该是脱文。剩下的部分基本上和《立政篇》重合。由于《立政篇》是《管子》的第四篇，属于“经言类”，而经言类被公认为是《管子》

中最为古老的部分，所以可以认为《春秋繁露·服制第二十六》应该是《管子·立政篇》的一节混入了《春秋繁露》。

3. 每个七十二日的季节都有独自的时令、行事和违令。《治水五行第六十一》讲时令和用事，讲时令用事的还有《五行相胜第五十九》和《五行顺逆第六十》。违令则会受到惩罚，讲违令的为《治乱五行第六十二》和《五行变救第六十三》。董仲舒的时令说除了《管子》的影响之外，还可看到《月令篇》和《吕氏春秋·十二纪》的影响。由于篇幅关系，这里不展开叙述。

4. 十月太阳历一年为三百六十五（闰年三百六十六日），而五个七十二日加起来只有三百六十日。董仲舒对剩下来的五、六天没有交代，《春秋繁露》里没有《诗经·七月之诗》那样的“一之日”“二之日”说法。而前述《淮南子·天文训》的那段话有：“庚子受制。岁迁六日，以数推之，（七）十岁而复至甲子。”这个“迁六”也即多出来的六日就相当于过年日，加起来刚好三百六十六日。这里暂取此意而存疑。

不过在董仲舒那里，一年也许就只有三百六十日，是个概数，因为农历也只有三百六十日。《人副天数第五十六》曰：

> 人有三百六十节，偶天之数也；……成人之身，故小节三百六十六，副日数也。

而且董仲舒在五行说之外还是讲一年十二个月。如《官制象天第二十四》说：

> 天之每终一岁以十二月也。十者天之数也，十二者岁之度也。……天有四时，每一时有三月，三四十二，十二月相受而岁数终矣。

可见在五行说之外，董仲舒还是使用的十二月历。

结　语

本文在对《治水五行第六十一》和《管子》的关联进行考察之上，利用陈久金、卢央、刘尧汉等人的《夏小正》十月太阳历说，对

《春秋繁露·治水五行第六十一》中的“七十二日”问题进行了解答。陈久金他们的《彝族天文学史》出版于1984年，论文发表得更早一些。但他们的研究学界属于自然科学领域的天文学史，旁及少数民族史和人类文化学，隔行如隔山，三十来年没有引起人文社会科学界，特别是中国哲学思想史学界的重视，甚为遗憾，包括笔者在内，值得反思。

《儒藏》精华编《春秋繁露》校点记

张世亮

董仲舒是西汉时期最重要的政治哲学家，也是在中国历史上影响极大的重要思想家之一，上承孔子，下启朱熹，成为儒学发展过程中的关键人物，为奠定中华民族的传统精神做出了决定性的贡献。《春秋繁露》是董仲舒的代表作，也是研究董仲舒思想的主要资料。《春秋繁露》向无善本，自来错简、文字脱误等现象较多。《儒藏》精华编作为《儒藏》工程的一部分，主要选收《儒藏》中的精要书籍，传世文献按照《四库全书总目提要》的经史子集四部分类法进行分类。《儒藏》精华编将《春秋繁露》纳入“经部春秋类附录”（第 95 册）而加以整理校点并出校记，目的是为学界提供一个相对简明可靠的版本[①]。关于《儒藏》精华编《春秋繁露》的整理校点情况，现做一简略条陈。

一、董仲舒与《春秋繁露》

董仲舒（约前 198—约前 104），西汉广川人，是当时治《春秋》的著名经师。孝、景时董仲舒为博士，受学弟子众多，下帷讲诵，无

① 《儒藏》精华编《春秋繁露》已于 2016 年 10 月由北京大学出版社出版，校点者：钟肇鹏、周桂钿、张世亮。

暇窥园。武帝时，诏贤良文学直言极谏之士，董仲舒应诏对策，随即被天子任为江都相。后来被废为中大夫，转回长安居住，著《灾异之记》。主父偃趁隙窃取此书，然后奏于天子，董仲舒因而获罪几死，最终经天子下诏赦免其罪，从此不敢再言灾异。董仲舒复为江都相，后转徙胶西相，旋即“致仕悬车”，称病辞官，告老归乡，以修学著书为事。董仲舒辞官家居，朝廷如有大议，即遣使者及廷尉张汤去其家中咨询，他总能给出有效对策，因作《春秋决狱》二百三十二事。董仲舒因年老寿终于家，葬于长安下马陵。关于董仲舒的传记资料，可见《史记·儒林列传》《汉书·董仲舒传》等文献史料。

董仲舒的著作，主要为《春秋繁露》和保存于《汉书·董仲舒传》中的《天人三策》。此外，尚有保存于《汉书·食货志》中的论经济，《匈奴传》中的议匈奴，《五行志》中的讲灾异。传为唐人所编之《古文苑》中也保存有《雨雹对》《诣丞相公孙弘记室书》等相关重要资料。《艺文类聚》收有董仲舒的《士不遇赋》一首。以上资料大体上都是研究董仲舒思想的可信材料。

董仲舒为汉代治《公羊春秋》之经学大师。《史记·儒林列传》云：“故汉兴至于五世之间，唯董仲舒名为明于《春秋》，其传公羊氏也。”[1]3128 《春秋繁露》直接讲《春秋》之篇章不在少数，是其公羊学思想的主要代表作品，据此可概观董仲舒乃至整个汉代春秋公羊学的基本面貌。其所述《春秋》之公羊学思想，如“贵德重人”“行善得众”“原心察微”“通权达变”等，如今看来也还具有重要的理论价值与现实意义。董仲舒为汉代儒学的中坚领袖，《汉书·五行志》云：“景、武之世，董仲舒治《公羊春秋》，始推阴阳，为儒者宗。”[2]1317 其学术宗师孔子，祖述六经，以儒家为中心和主体，而又兼采道、法、阴阳、名、墨各家思想，对于儒学理论在上承先秦的同时而又有重大的发展。董仲舒作为群儒之首，其思想得到汉武帝的支持而于汉代居于主要地位，成了汉代儒学的中心。“独尊儒术，罢黜百家”，董仲舒使儒学由诸子而成独尊，由一家而融会百家，是承前启后的重要环节，为儒学成为中华民族精神的主干起了极其重要的奠基作用，对后世产生了广泛而深远的影响。

二、《儒藏》精华编《春秋繁露》所用之底本

晋葛洪《西京杂记》卷二云：“董仲舒梦蛟龙入怀，乃作《春秋繁露》词。”[3]25是为《春秋繁露》之名载于典籍之最早记录者。《隋书·经籍志》经部春秋类曰：“《春秋繁露》十七卷，汉胶西相董仲舒撰。”[4]930自是以降，“历代史籍《艺文志》、目录书、书序对其多有著录，然多详辨其篇卷、流传，于其版本的具体情形则多语焉不详”[5]。

《春秋繁露》十七卷，八十二篇，自宋朝以降即阙文三篇，实存七十九篇。现存最早刻本为南宋嘉定四年（1211）江右计台刻本（简称宋本）①，国家图书馆有藏本。2003 年，北京图书馆出版社将其收入《中华再造善本》（唐宋编）影印出版。其实，国家图书馆尚藏有另外一部南宋嘉定四年江右计台刻本《春秋繁露》，不过只存十五卷，缺卷一、卷二。后来一、二卷用钞本补配，以为全帙，但所补二卷之款式字体均与计台本不同，而与明钞宋本相合②，后十五卷内亦有补钞者③，并同此例。此一版本之《春秋繁露》，《中国古籍善本书目》以及《北京图书馆古籍善本书目》均未著录。1998 年，收入北京图书馆出版社钟肇鹏选编之《续百子全书》，影印出版。2000 年，书目

① 根据国家图书馆善本书特藏部李致忠先生考证，镌刊此一版本《春秋繁露》的实际主持人为胡槻。胡槻，即《春秋繁露》后附胡榘《识语》（或称《胡仲方跋》）所谓“秘阁兄”者，即胡榘之胞兄，生卒年不详。《宋史·胡铨传》记载胡铨“孙槻、榘，皆至尚书”。乾隆《庐陵县志》卷二四荫任类载：“胡槻，铨孙，荫官至户部尚书。”此卷同时还记载了胡榘官至兵部尚书并晋少保。李致忠先生还进一步考证，所谓“江右计台”即指“江西转运使司”，而“江右计台刻本”实则就是“江西转运使司刻本”。李致忠先生认为，国家图书馆藏宋本《春秋繁露》原著录为“宋嘉定四年江右计台刻本”，经由上述考证，其版刻似可进一步著录为“宋嘉定四年胡槻江右计台刻本”。参见李致忠：《北京图书馆宋版书叙录（二）》，《文献》1991 年第 1 期。

② 明钞宋本（简称“明钞本”）《春秋繁露》，原藏涵芬楼，冒广生（1873—1959）曾借出校勘并作跋，是为冒校手稿本，现藏国家图书馆。

③ 如《春秋繁露》卷三《四时之副》第五十五篇凡二百六十五字及《人副天数》第五十六篇首三百九十六字原阙而以钞本补足，即为此例。

文献出版社也以影印的方式将其收入《北京图书馆古籍珍本丛刊》而加以出版。

《儒藏》精华编《春秋繁露》的整理校点，则以《中华再造善本》影印宋嘉定四年江右计台刻本为底本。是本原书一函六册①，版框高22.3厘米，宽16.1厘米，每半页十行，行十八字，左右双边，白口，双黑鱼尾。此本由南宋时期“楼钥（1137—1213）参校写本、萍乡本、潘叔度等诸本，始成今八十二篇定本”[6]1。正文之外，是书前有北宋庆历七年（1047）楼郁《春秋繁露序》，书后附刻“题跋”七则②。如宋版书之常，宋本《春秋繁露》书中“讓”“桓”“慎”“徵”“敦”等字因避讳而缺末笔。版心上镌字数，中镌书名卷数，下镌刻工姓或名如邓仁、邓安、翁遂、胡俊、黄鼎、刘孜、刘明、王礼、王相、宁、祁、郁等，细考其实，似大都为江右本地刻工。通检全书，是本每册皆有多处钤印，如“皇甫子孙”（白文）、“华阳山人皇甫冲印”（朱文）、“秋火何处堪消写，元晏先生满架书”（朱文）、“宋本”（朱文）、“乾学”（朱文）、“徐健庵”（白文）、“季印振宜”（朱文）、“沧苇”（朱文）、“经术堂印”（白文）、“季振宜藏书”（朱文）、“华亭朱氏”（白文）、“吉”（白文）、“其永保用”（白文）等。从这些钤印，即可大体推知此宋本《春秋繁露》的私人递藏过程，即（明）皇甫冲

① 六册分卷情况如下：第一册，卷一至卷二；第二册，卷三至卷五；第三册，卷六至卷七；第四册，卷八至卷十；第五册，卷十一至卷十四；第六册，卷十五至卷十七。

② 宋本《春秋繁露》书后《题跋附》七则依次条列如下：《崇文总目》《中兴馆阁书目》《晁公武郡斋读书志》《六一先生书春秋繁露后》《新安程大昌泰之秘书省书繁露后》《（楼钥）跋春秋繁露》《胡仲方跋》。

→（明）朱大韶→（清）季振宜→（清）徐乾学。[①] 另，宋本《春秋繁露》尚钤有“五福五代堂古稀天子宝”（朱文）、“八征耄念之宝”（朱文）、“太上皇帝之宝”（朱文）、“乾隆御览之宝”（朱文）、“天禄琳琅”（朱文）、“天禄继鉴”（白文）等印记。这些钤印说明，宋本《春秋繁露》曾入藏清宫大内，成了乾隆皇帝天禄琳琅所藏众多珍本中的一员[②]。由此来看，此本应该是在经历了一段有序的私人递藏之后，由徐乾学或其后人的“传是楼”散出，继而进入清宫大内，成了天禄琳琅的继收之物。宋本《春秋繁露》亦有多处钤有“北京图书馆藏”（朱文）印记，说明是书从天禄琳琅散出之后，最终辗转归入了北京

① “皇甫子孙”（白文）、“华阳山人皇甫冲印”（朱文）等，即为皇甫冲之藏书印记。皇甫冲（1490—1558），字子俊，长洲（今江苏苏州）人，明嘉靖七年（1528）举人，与其弟涍、汸、濂合称“四皇甫”，家富藏书，擅作诗、好谈兵、精律吕，作品汇为《皇甫华阳集》等。“华亭朱氏”（白文）乃为朱大韶之藏书印记。朱大韶（1517—1577），字象元，一作象玄，号文石，松江华亭（今上海）人，明嘉靖二十六年（1547）进士，官选庶吉士，授检讨，明代著名藏书家，酷爱宋版书，作品有《横经阁收藏书籍记》《实事求是斋经说》等。“季印振宜”（朱文）、“季振宜藏书”（朱文）、“沧苇”（朱文）、“宋本”（朱文）等，皆为季振宜之藏书印记。季振宜（1630—?），字诜兮，号沧苇，清代扬州泰兴人，顺治四年（1647）进士，授浙江兰溪令，后历官刑、户两曹，顺治十五年（1659），擢为浙江道御史，巡视河东盐政。季振宜为清初著名藏书家、版本学家，其藏书“富甲天下”，被后世目为“善本目录之泰斗”。季氏所藏宋版书详情，可参看其自编之《季沧苇书目》（又名《延令宋版书目》）。“乾学”（朱文）、“徐健庵”（白文）等，是徐乾学之藏书印记。徐乾学（1631—1694），字原一、幼慧，号健庵、玉峰先生，江苏昆山人，清初大儒顾炎武之甥，与其弟秉义、元文合称“昆山三徐”。康熙九年（1670）进士，授编修，后累官至左都御史、刑部尚书。徐乾学为清代名臣、著名学者、藏书家，其寓居之所曾建“传是楼”，专供藏书，其藏书详情，可参看《传是楼宋元板书目》《传是楼书目》等。

② “天禄琳琅”为清乾隆皇帝在乾隆九年开辟的一处私人善本藏书之所，当然也可以称之为皇家藏书之所，其具体所在为紫禁城乾清宫东侧的昭仁殿。关于“天禄琳琅”及其藏书的流传、递藏历史，可以参看王先谦《天禄琳琅书目》、刘蔷《天禄琳琅研究》以及韦力《书楼觅踪·天禄琳琅五经萃室》等资料。

图书馆（国家图书馆）公藏①。

按照李致忠先生的考证，宋本《春秋繁露》实际上就是江西转运司刻本。宋代的转运司大都有公使库，这也是地方文武官员的一项重要财源。有的主管官员热衷于文化出版事业，即用库里的公钱来刊刻书籍。胡槻在南宋嘉定四年主持梓行的《春秋繁露》即为此例，所以是本就是江西转运司的官刻。细察其字体、版式及刻工姓名等版刻要素，也与宋浙本系统的官刻本风格若合符节。官刻之书不同于大多数的坊刻本，因为有充足的银钱支持，又是官家主持梓行之事，于是刊刻起来就极其得铺陈考究。宋本《春秋繁露》即由“皮纸印造，墨色精纯，开本宏朗，不失官本体制”[7]，即便是《中华再造善本》的影印本，也是制作精良，可谓“下真迹一等”了。

董仲舒的《春秋繁露》作为经典文献，算是常见书，并不稀缺，“历来传本极多，但全且善者绝少”[7]。宋嘉定四年江右计台刻本作为现存最早的《春秋繁露》刻本，是为“古本”，具有极高的文物价值；内容上十七卷八十二篇（阙文三篇），也最接近其原始面貌，是为相对意义上的“足本”，具有极高的校勘价值。由是而言，宋本《春秋繁露》自可归为兼具文物性与校勘性的“善本”。基于以上缘由，《儒

① 据李致忠先生撰文记述，此书在天禄琳琅时期还是完本，后散出辗转归入北图时，已残去一、二两卷，仅存十五卷（卷三至卷十七）。1975 年，经周叔弢先生引介，北图善本部前往天津古旧书店以二百元价格购回一册《春秋繁露》。经与原藏宋本仔细勘对，发现此册《春秋繁露》封面书签、天禄琳琅藏印等与原藏宋本皆一致，随即勘定其即为北图所藏版本所残去的一、二两卷，由此这一珍贵的宋代珍品最终破镜重圆。参见李致忠：《北京图书馆宋版书叙录（二）》，《文献》1991 年第 1 期。

藏》精华编《春秋繁露》即以此宋本作为校点整理之底本①。是本《四时之副第五十五》篇及《人副天数第五十六》篇首三百九十六字原阙，整理校点时据《续百子全书》影印明钞本补足，以为全帙。

三、《儒藏》精华编《春秋繁露》所用之校本

《儒藏》精华编《春秋繁露》整理校点所用之校本，则选取了清代《春秋繁露》之重要版本三种：《四部丛刊》影印武英殿聚珍版本（简称殿本）、北京直隶书局民国十二年（1923）五月影印清卢文弨《抱经堂丛书》本（简称卢本）以及《龙溪精舍丛书》用清凌曙凌氏蜚云阁本《春秋繁露注》刊本（简称凌本）。其中殿本为对校本，卢本与凌本为参校本，与宋本参校，出其同异，以明各本面貌。现将三种校本的具体情况略述如下。

此次整理校点，之所以将殿本作为对校本，乃是基于殿本在整个清代或说传世《春秋繁露》版本中的重要地位和价值。绍述殿本，我们就不得不提及《春秋繁露》的另一重要版本：《永乐大典》本（简称《大典》本），二者关系甚密。《永乐大典》初名《文献大成》，是明成祖朱棣于永乐年间钦命解缙、姚广孝主持编纂的一部大型类书。全书共 22877 卷，计 11095 册，约 3.7 亿字，汇集古今图书七八千种，宋本《春秋繁露》即为被收典籍之一种。《永乐大典》正本抄成之后，虽在嘉靖时又抄有副本，但却不断佚散，到清乾隆朝时尚余

① 关于宋本《春秋繁露》的版本价值，《四库全书总目》卷二九经部春秋类附录的《春秋繁露》提要作为参照，可备一说，兹录于下："是书宋代已有四本，多寡不同。至楼钥所校，乃为定本。钥本原阙三篇，明人重刻，又阙第五十五篇及第五十六篇首三百九十八字、第七十五篇中一百七十九字、第四十八篇中二十四字、又第二十五篇颠倒一页，遂不可读。其余讹脱，不可胜举。盖海内藏书之家，不见完本三、四百年于兹矣。今以《永乐大典》所存楼钥本详为勘订，凡补一千一百二十一字，删一百二十一字，改定一千八百二十九字。神明焕然，顿还旧笈。虽曰习见之书，实则绝无仅有之本也。倘非幸遇圣朝右文稽古，使已湮旧籍复发幽光，则此十七卷者，竟终沉于蠹简中矣。岂非万世一遇哉！"参见永瑢等：《四库全书总目》，中华书局，1965年，第 244 页。

8000册，后来屡经灾厄，而时至今日存世者只有极少的零册了。由于《永乐大典》“用韵以统字，用字以系事”的编纂体例以及正副两部长期深藏禁宫之内的原因，最终导致收于其中的宋本《春秋繁露》在很长的历史时期内隐而不彰。清乾隆时期设置四库馆，广征天下遗书，用以编纂《四库全书》，但宋本《春秋繁露》始终未得。四库馆臣只得从《永乐大典》中将此书辑佚出来，收入《四库全书》经部春秋类附录。这就是《四库全书》本（简称《四库》本）《春秋繁露》。由于《永乐大典》原本《春秋繁露》今不可见了，因此《四库》本也就被惯称为“《大典》本”。《四库全书》纂修之时，乾隆还命四库馆臣择罕见之善本于武英殿校正刊行，由户部侍郎金简主管此事。金简以枣木制活字25万余，用以排印，力省功多。因活字之名不雅，乾隆赐名“聚珍版”。“武英殿聚珍版”以木活字共排印一百多种善本，辑佚所得之《大典》本《春秋繁露》即为其中之一种，此即我们所用作对校本的殿本《春秋繁露》[①]。殿本据《大典》本排印成书，在留存《大典》本原貌的同时又作有几十处校正（皆小字出注说明），具有极高的版本价值，因此《儒藏》精华编《春秋繁露》的整理即以殿本作为了对校本[②]。

殿本《春秋繁露》面世后，为诸家所关注，并产生了很大的影响，后来清人刊刻《春秋繁露》即大多以殿本为底本和参考依据。乾嘉之际出现的两大校本——卢本和凌本，均以殿本为主，所不同的是卢本参以明嘉靖蜀中本及明程荣、何允中两家本等，凌本则参以明天启王道焜刊本及清张惠言批校本等并作注。卢本和凌本流传广泛，是

---

① 殿本《春秋繁露》原书版刻信息如下：每半页九行，行二十一字，小字双行字同，白口，四周双边，单黑鱼尾。版心上镌书名，中镌卷数，下镌校官姓名。藏国家图书馆。

② 崔富章、崔涛二位先生曾撰文，将殿本（《大典》本）和宋嘉定计台本进行了较为细密的互相校正，最后认为宋嘉定本有很多不及《大典》本之处，殿本则更胜宋嘉定本。同时，他们还肯认了傅增湘在《跋校本〈春秋繁露〉》中所云“《大典》所据乃初印本”的论断，认为宋嘉定本和《大典》本谓皆出宋本则可而若谓其同出一版则非。参见崔富章、崔涛：《〈春秋繁露〉的宋本及明代传本》，《文献》2005年第3期。

有清一代出现的两个较为完善的校注读本，因此《儒藏》精华编《春秋繁露》的整理即以此二本作为参校本。凌本原书每半页十一行，行二十二字，小字双行字同，白口，左右双边，单黑鱼尾，藏国家图书馆。凌曙（1775—1829），字晓楼，清江苏江都（今扬州）人，《春秋繁露注》为其主要著作。凌曙主要受到刘逢禄春秋公羊学的影响，而以汉学的方法来注释《春秋繁露》。该书“称引繁博”[8]1，在清代产生了一定的影响。虽然后世学者对凌曙注文的水平颇有争议①，但仅就版本来说，凌本还是具有重要的校勘价值。卢本原书，别题《董子》，是书每半页十行，行二十字，小字双行字同，白口，左右双边，单黑鱼尾，版心上镌书名，中镌卷数和页数，下镌“抱经堂校订本”，藏国家图书馆。卢文弨（1717—1795），字绍弓，一作召弓，号矶渔，又号檠斋、抱经，晚年更号弓父，人称抱经先生，清浙江仁和（今杭州）人。乾隆十七年（1752）进士，授翰林院编修，累官至提督湖广学政。卢文弨为清代校勘学大家，校书以精审著称于世，其藏书与校书之所为“抱经堂”，藏书数万卷，校书多种，精本汇刻为《抱经堂丛书》。卢文弨的校勘学成就达到了有清一代的高峰，其学术流派归宗于戴震汉学一脉，治学以“求是”为宗旨，择善而从。卢文弨的校书特点可以归结为“识字为本”“旁征博考，精辟分析”“择善而从，不主一说”“慎于改字，存疑存真”和“反复推求，不断完善”几点[9]。他对《春秋繁露》（《董子》）的校勘兼具了“死校法”与“活校法”的优长，前后历时八年，于乾隆丙申、丁酉、甲辰以明清诸本多次合校，终成抱经堂校订本，是为精校精勘本，具有极高的版本价值。

---

① 如苏舆评价凌曙《春秋繁露注》曰：“凌之学出于刘氏逢禄，而大体平实，绝无牵傅。惟于董义，少所发挥，疏漏繁碎，时所不免。”参见苏舆：《春秋繁露义证·例言》，中华书局，1992年，第3页。黄开国先生也指出：“凌曙的《春秋繁露注》不仅没有董仲舒思想的精髓，而且在清代的历史背景下，还津津乐道汉代的天人感应等迷信观念，所以，此书对春秋公羊学义理的发挥并没有多少可取之处。”参见黄开国：《公羊学发展史》，人民出版社，2013年，第560页。

四、《儒藏》精华编《春秋繁露》校点情况的简要说明

按照《儒藏》精华编的编纂要求，《春秋繁露》的整理校点以宋本为底本，以殿本对校为主，结合卢本和凌本进行参校，力求保持原书的完整性和独立性。在具体的整理校点过程中，底本因避讳而缺笔之字如“讓”“桓”“慎”“徵”“敦”等，整理校点时皆补足笔画，不出校记。底本目录与正文篇题不一致者，如目录为“三代改制第二十三”而正文篇题为“三代改制质文第二十三”、目录为“尧舜汤武第二十五”而正文篇题为“尧舜不擅移汤武不专杀第二十五”、目录为“身之养第三十一”而正文篇题为“身之养重于义第三十一”等，皆不校改，以保存原貌。另，在《儒藏》精华编《春秋繁露》的整理校点过程中还酌情参考了钟肇鹏先生主编的《春秋繁露校释》（校补本）的相关成果。凡此种种，特此一并说明。

《儒藏》精华编《春秋繁露》的整理校点工作开始于 2006 年 10 月，至 2013 年 1 月完成了三审三校，清样定稿，并最终于 2016 年 10 月由北京大学出版社正式出版。回首来时路，忽忽整十年。山一程，水一程，心向《繁露》履冰行，夜深守孤灯。如今重览旧作，心内也生出无限感慨。现再次翻检一过，发现整理校点后的成书也还存在不少问题，如不应出校而出校、应出校而未出校、校点说明尚需修缮等。“校书犹扫落叶，旋扫旋生”，古人诚不我欺！在此也诚挚地期望海内外方家能够不吝指正，以使校点者在未来能够朝着“落叶应扫尽扫”的目标继续不断努力前行。

参考文献：

[1]（汉）司马迁. 史记 [M]. 北京：中华书局，1959.

[2]（汉）班固. 汉书 [M]. 北京：中华书局，1962.

[3]（晋）葛洪. 西京杂记 [M]. 四部丛刊初编：461 册 [Z]. 上海：商务印书馆，1922.

[4]（唐）魏徵等. 隋书 [M]. 北京：中华书局，1973.

［5］崔涛．现存《春秋繁露》单行本版本考略［J］．华中科技大学学报（社会科学版），2004（3）．

［6］（清）董天工笺注，黄江军整理．春秋繁露笺注［M］．上海：华东师范大学出版社，2017．

［7］李致忠．北京图书馆宋版书叙录（二）［J］．文献，1991（1）．

［8］苏舆．春秋繁露义证［M］．北京：中华书局，1992．

［9］郭道明．卢文弨校勘学初探［J］．扬州师院学报（社会科学版），1986（4）．

本文为“2021 中国·衡水董仲舒与儒家思想国际研讨会暨中华孔子学会董仲舒研究委员会学术年会”提交的论文。

张世亮（1982— ），男，河北高阳人，中国矿业大马克思主义学院副教授，哲学博士。

论董仲舒《士不遇赋》的易学思想

——以本体诠释学的认知模式探析

罗惠龄

一、博学以“观”

“古者包牺氏之王天下也，仰则观象于天，俯则观法于地，观鸟兽之文与地之宜，近取诸身，远取诸物。于是始作八卦，以通神明之德，以类万物之情。”（《系辞传下·第二章》）观即是所有认知的起点，是理解大千世界形式和活动的一种重要性行为，然而广泛涉猎的学习更有功于开放性的指导原则。博学以观，提供一个作为一项理解、一种评价世界、生活和实在方式。因为“人不但可以对天地万物进行认知，而且能体会我之为我以及物之为物的相通之处，利用一个象征系统来表达一个创造发展变化互通的宇宙生化过程以及其包含的持续更新的潜力”[1]69。

年少之际便潜心儒学、志读《春秋》的董仲舒，因学问有成，景帝时便入朝廷担任博士一职。惜当时时空弥漫无为而治的黄老之学，儒学志士即与有志难伸等同划一。不过，观古盛事及当今世道，有着先见之明的董仲舒，不仅一扫时代囿限，更以宏观的视野将诸子百家学说杂糅融摄以儒学为核心思想的体系。企图在见山是山、见水是水的豪情壮志里，得以跻身朝堂作为发扬儒学的机会。“汉武帝建元元年，诏举贤良方正直言极谏之士。丞相绾奏：‘所举贤良，或治申、商、韩非、苏秦、张仪之言，乱国政，请皆罢。’奏可。……后六年，当元光元年，复诏举贤良，于是董仲舒等出焉。……按策问中云：朕亲耕籍田，劝孝弟，崇有德，使者冠盖相望，……对策曰：‘阴阳错谬，氛气充塞，群生寡遂，黎民未济。’”[2]2—3董仲舒自认理解汉武帝，将诸子百家学说改造成独树一帜的儒学。“董仲舒的哲学基本上是《易经》阴阳学说的引申……《易经》的阴阳学与战国以来盛行的阴阳五行学，融合成为董仲舒的《春秋公羊》学。这样，把儒家与阴阳五行家统一起来了。”[3]147—148罢黜百家、独尊儒术，为社会引领一番新气象，贤良对策亦是儒运宏昌的肇端，使得儒学确立官方的正统地位。于是，大一统的主张将儒学推到了主流，成就“一阴一阳之谓道”之极盛的政治趋势。

万物皆有本，无一无来由。《周易·乾卦》已有其概念，如元、亨、利、贞中的“元”就是具有其“本”的意思。本体诠释学主要是讨论我们如何去理解对象、价值、真理，既重视事物之本与体，裨形成对于事物整体的认识与掌握。透过对话及人的相对主体间的知觉理解，具体情况而发生的认知方式，从由构成的存在体验，而与之了解《士不遇赋》[4]97—102所体现具有生命力和创造力，由观感至通觉一体的易学思想。

对董仲舒的研究应以博观并整合其历史脉络的体察为命题中心。“呜呼嗟乎，遐哉邈矣。时来曷迟，去之速矣。屈意从人，非吾族矣。正身俟时，将就木矣。”（《士不遇赋》）内文413字的《士不遇赋》是董仲舒晚年创作的一篇抒情赋，真实地表现董仲舒的不遇悲慨。开端沉重抒写对于世事的关怀和政治的抱负，不料却是困于建功立业的机遇难得，领悟为士不士的两难处境。由上可以感知，这个“‘观’可以让我们对世间变化的真实有所了解，不然我们无法生成，因为认识的目标，甚至也可以说我们有意识的目标、有生命的目标，在于我们能够更好地发挥我们的创造性行为，我们能够选择我们要做的事情，当然包含我们能够选择的能力”[5]277。通过“观”来认识宇宙，认识天地、自我和他人，以及天地、自我与他人的关系，由是形构如何透过认识自我和他者，才能知晓如何于天地之中去行为，这其实是作为易学的一个重要内涵的把握。因为“《易经》中生活的每一个具体处境中都有‘存在的呈现’，生活的每一个具体处境中都被‘存在的呈现’所掩盖，这就是易之道。（易＝变化之道、一阴一阳之道、天地之道）”[6]102

“观天之神道，而四时不忒，圣人以神道设教，而天下服矣。”（《观卦·彖传》）以此为由影响董仲舒天人感应的易学观点甚巨，接着再由“刚柔交错，天文也。文明以止，人文也。观乎天文以察时变，观乎人文以化成天下”（《贲卦·彖传》）观乎天文之刚柔相济、阴阳相合、相辅相成的化育万物，以本体诠释学之“观”的认知模式探析，并用以开放性视域的角度将其概念深化，如此地“观”的理论“完全是从经验的立场来讲这个本体。”[5]276自本体了解并掌握外面发展的事物，再回头了解本体的自我，于时序的变化而做出相应的行动。“董子之意发自于仁，因其奠基于人的生命体验，受《周易》‘天地之大德曰生’‘生生之谓易’影响而提出‘仁大远’与忧患意识……，目的是强调君王权力与实现社会秩序。……天以仁为核心，具体表现于赋予万物以生命，普爱天下万民，以灾异告戒君王。[7]67换言之，对于“‘观’引起我们对于经验的认识，产生一种整体的持续的要求”[5]277。如此一来才得以见到董仲舒在前不见古人、后不见来者，念天地悠悠之渐迈风烛残年之际，依旧不失端正儒者并树立自我完善的高尚情操，得以成全不必独怆然而涕下的耿介风骨。

二、审问触“感”

“天人三策”是董仲舒思想体系最为显著的命题，此一观念更是《周易》思想的重要内容。“咸，感也，柔上而刚下，二气感应以相与……天地感，而万物化生；圣人感人心，而天下和平。观其所感，而天地万物之情可见矣。”（《咸卦》）又，“《易》无思也，无为也，寂然不动，感而遂通天下之故。”（《系辞传上·第十章》）由观而触动的感应之道，实为董仲舒深化《周易》形成对于人事时地物的精辟理解，而天地万物的共感呼应即是最为上乘的感应之道。

外在事物的影响，唤起我们对于整体事物的认识，并能够主体地表述外界事物。这种认知性的表述不外乎一个主体，表述自己做什么或想做什么的自我逐渐发展的历程。不单单仅是外感，还是有着对于外在经验的生成，对应出主动肯定的反思。借由动态世界照见内在的一种自觉意识的能力，从观到感的审视对话，便是一个不断学习“感”的认知模式过程。“悠悠偕时，岂能觉矣。心之忧欤，不期禄矣。遑遑匪宁，秖增辱矣。努力触藩，徒摧角矣。不出户庭，庶无过矣。”（《士不遇赋》）不知不觉已届古稀之年，回顾此生，静以待时将永无出头之日，刻意追求又有汲营禄位之嫌。曾经不懈地追求忠心报国，却是换来马不停蹄的声誉耻辱，徒伤凛凛一身的浩然正气。如今足不出户的少动少错，应该就能远离动辄得咎的遗憾了。文中“时”字出现有三：其一，董仲舒触感于濒近耳顺之年才看似得以重用，殊不知来得渺茫却是去得神速的事与愿违；其二，是知其不可为而为之的积极用事，依旧抵不过羝羊触藩的损己矛盾；其三，想要追求理想的翻转现况，授之于人却不屈意从人，秉着修身自持待等立见大人，换来却是行将就木、时不我予的无尽等待。面对处理反复自我的审问触感，一动未若一静的超然自适，或许才是远忧避患的身心豁达。

《系辞传上·第八章》里面说的“观其会通”，即是观其所感、感其所观，在一个整个大的认识系统里面去掌握一个具体的事物，也在一个具体事物中透视一个整体运行的本体系统。所谓的“同声相应，同气相求”（《周易·乾卦》），得以详细审视事物感应的基本原则，即适同类相召的共性原理。“‘感其所观’，就是对于宇宙我们能够看到，也能感到，产生一种主体的观感的意识，导致价值观的建立，感其美、感其真、感其善，感其变化、感其生生不已而引发相应的行为。所以我总结‘观感’不但是一个不断发展的可以用来不断展现的生命体系，也是不断充实生命体系、发展生命体系的过程。它尤其是一个决定行为的方法与过程。”[1] 69换言之，回顾“天人三策”彻底征服了汉武帝。按照董仲舒的思路，设太学、办教育、举人才、选官员、定律令等，实现大一统的儒家思想，必然能够让自己跃上一个固若金汤的至尊地位。殊不料，如此看重董仲舒的汉武帝，非但没有予以重用，反倒由公孙弘登上宰相一职。这对于耗尽毕生心血，企图构造一幅巨丽动魄的儒学体系，从由展现生机勃勃之大一统帝国的董仲舒，无疑是迅雷不及掩耳的致命重击。

“‘观’是对宇宙认识和基于此一认识所作行为的基础，‘感’是认识自我和他人并以此为涉及他人及自己的行为的基础。”[1]69董仲舒并非盲傻，不是不能感应履霜坚冰至的萌芽疏失之因。但为构建儒家理想宏图，仍秉尊良好统治者应省察政事、励精图治为信念，努力将不利主体的因素消弭，力求悉心养护的胜券在握。“九四：鼎折足，覆公餗，其形渥，凶。”（《鼎卦》）意思是倘若君臣离心离德，毫无合作信用，不仅地位受到挑战，形象更会招致破坏。换言之，梅洛·庞蒂即是用“感”的层面应用于我们的身体、生命之感来认识外在的世界，此一知觉现象学的身体知觉意识，皆是源于知觉之感而从由与之呼应。于是，观而感知雪上加霜的董仲舒，仍以“夫鼎折足者，任非其人也，覆公餗者，国家倾也”的具体形象为喻，以一介儒者作为劝诫君王当任用贤臣，才能永保国家社稷的安康。

“观感就是一个学的过程，在里面产生一种理论的架构。所谓的先验命题即是由此而来的，有因便有果，意思是说它有一个经验的基础并在此基础上推演出来的。”[5]278因此，即便不免有着不在其位，不谋其政之“遑遑匪宁，秖增辱矣；努力触藩，徒摧角矣”之憾。但秉承“屈民以伸君，屈君以伸天”（《春秋繁露·玉杯》）得以巩固国家的统一大业，限制君主权力的过盛。作为董仲舒在天地人相感的思想体现，对于本体诠释学之“感”的认知模式，以其德行在人间的理论论证，如此一来的感应思想在历史上仍是有着积极的正面意义。

三、慎思构“思”

越是惊惶困阨之际，博观与触感之思越如泉涌。因为“思”不仅是我们对于外在事物反射内在感觉的一种知觉，也是对于知觉形构的一种再知觉，因此，它可以不断地进行抽象深耕，然后再发展我们对于事物的认识。“因为思，才能够定义概念，事物是什么、为什么是这样、怎么讲，也就是：是什么、为什么、怎么样，我们就可以重新做这些思考。”[5]278 比如“庄周梦蝶”与“蝶梦庄周”不同主体的故事衡定。又如在《周易》中，它能区分说明那些变化或者代表变化的那些表象、语言的一种差别。因为只有当我们将以为真实的东西在经验当中抽象地规定好的时候，才能够因此达到我们冀望接纳的思维方式。

汉武帝采纳董仲舒罢黜百家、独尊儒术的主张，却没有重用他，而是派他出任易王相。所谓的“思而不学则罔”，仅以思的认知把握，还不能是全面脱离观感的架构。换言之，即是“对知觉的再知觉，从观和感中汲取内涵来进行一种不断的抽象、组合、推演”[5]278。如此一来的面对仕途噩耗，才能够建立一种抽象理论并成就逻辑认知的系统建构模式。比如面对奢侈骄横，好勇斗狠的易王刘非，董仲舒感而思及此地不宜之英雄毫无用武之地。又如建元六年，祭祀汉高祖的高庙和陵园先后发生火灾，董仲舒博观触感，思以为是宣扬天人感应的大好时机。于是写篇关于“灾异之论”，主张打击不法的诸侯权臣，未料却是惨遭小人的扭曲事实告发。武帝大怒，几度死理逃生的下诏赦免，换来政治生涯的巨大打击。元朔五年，向来嫉妒才华的公孙弘，向汉武帝推荐出任胶西相。胶西王刘瑞性情比易王刘非更加阴狠残暴。原想借刀杀人的公孙弘，万万没料到胶西王竟处处礼遇董仲舒。至此早已是见山非山、见水非水的他，深知伴君恰如伴虎，若不趁早称病辞官，从此看破仕禄生涯，不免又是在劫难逃。

回首往事，思前忖后，看似生逢盛世的知识分子，却又不断涌现生不逢时、难遇伯乐之憾的生存痛苦。慎思，即是学会周全思考，基于经验的整合，经过一个反思，形成一个初步的整体意识和本根的本体意识。“生不丁三代之盛隆兮，而丁三季之末俗。以辩诈而期通兮，贞士耿介而自束，虽日三省于吾身，繇怀进退之惟谷。”（《士不遇赋》）自嘲是生于道德江河日下的末世，倚靠巧诈便能轻易赢得成就，仁德君子却是因为耿直反倒束缚手脚。面对破天荒的职场扭曲，即便每日三省吾身，仍是惴惴不安，不知如何在历史的风暴中，觅寻人生的安命出口。这其实就是借由主体发微，面对当权的不为所用，慎思构思，彻底明白日常尔虞我诈的争锋舞台，在在皆是放诸四海皆通的不变铁律。

“彼寔繁之有徒兮，指其白以为黑。目信嫮而言眇兮，口信辩而言讷。鬼神不能正人事之变戾兮，圣贤亦不能开愚夫之违惑。出门则不可与偕往兮，藏器又蚩其不容。退洗心而内讼兮，亦未知其所从也。”（《士不遇赋》）慎思构思，其实是一个很重要心理层面的过程，可以是一个人在自我感受万物之后，所产生重要意识状态的一种推理能力。借由时空的穿透力，可以想见《士不遇赋》刻画的当时背景，那种压抑文人造就时不待我的苦闷与悲哀。政治上的多次遇劫，无端遭受的陷害，不外乎造谣滋事的党徒与颠倒黑白的酷吏。由是，“思”可以是主动并观感地将一件事看成是另外一件事情的本体认知。思古悲今，慨叹士之不遇。即是说明了“‘思’是一个人自我感受万物之后所产生的一种很重要的意识状态”[5]278。因为唯有透过思维的方式，借由规范性的经验综合，才得以定义出分类。即使没有经验也能凭其逻辑、范畴等知识意义的分析，从而做出思维判断，而在思的当中又允许不同的变化生机。尤其在董仲舒深深自觉其鬼神不能纠正人事的谬误，圣贤亦无法使愚昧之人受到启发而觉悟。换言之，怀藏才学的等待时机，换来讥笑怒骂的讽刺疑惑。透过自省自责，不断加强修持，从本到体或由体溯回本，以“思”中建构的再思，思及一生没能赶上夏商周三朝的鼎盛时期，却不幸撞见夏商周末期乱世败坏的颠沛，以致不知人生之路究竟该归依何处。尤有进者，观其董仲舒的内在生命的思维变化，“认为变化本身代表一种生机，所以把变化看成万物创化的洪流，变化就是‘一故神，两故化’，这种变就成为一种创造性的要求”[5]280。得出思维的前沿离不开在“观”与“感”中不断地跌宕反复，从而在开放反馈中充实交融。

面对认识到真实处理的情境，构筑了人与人、天与天道、人之所以与天地人我之间的相辅相应，展开天人合一之抒情言志，换位认同的本体概念。确立了天、地、人三位一体模式后，引发慎思于法象天地的自然思维，是儒家关注的核心问题。因为儒家学者相对于“是什么”“为什么”的思辨命题，其实更在乎的是“怎么做”的可操作性思维。《系辞传上》：“是故法象莫大乎天地，变通莫大乎四时，县象着明莫大乎日月……是故天生神物，圣人则之；天地变化，圣人效之；天垂象，见吉凶，圣人象之；河出图，洛出书，圣人则之。”明确指出了人类的生活准则是法天而动，在思中看见意向性的对象。因此董仲舒自喻“君子藏器于时，待时而动”（《系辞传下》）。说明人的思想中的存在客观性和人的意识的主观性，皆有它自身意象的特殊性。最后，能够从由理解一代鸿儒在隐痛思维的现象背后，即是自命清高兼具独善其身的文思反动。

四、明辨生“悟”

经验虽然是敞开的，思维还得在不断的反复明辨中做出自我检视，从而在知觉能够说服的情境中继续完善自己。所谓“《易》无达占”（《春秋繁露·精华》）说的就是没有一成不变的预测，更没有准确无疑而又能够放诸四海皆通的卜辞。因为本体有着“道可道，非常道”的象征本体，却又不尽然是作为本体的本体，因此必须经由警悟的敏觉性，再回过头来审视主体，并加以整合自我，形成本体诠释学一个主客认识之“超融（transcendental integration）”[5]243，即是由观至通，由蔽去蔽之超越而排除的感通过程，是一潜在整体超越的明辨判断。

“观上古之清浊兮，廉士亦茕茕而靡归。殷汤有卞随与务光兮，周武有伯夷与叔齐。卞随务光遁迹于深渊兮，伯夷、叔齐登山而采薇。使彼圣贤其繇周遑兮，矧举世而同迷。”（《士不遇赋》）回想上古时代，无论政治处于安定或是陷入风暴，即便是廉正的人也是深感无所依傍的孤单。商汤时期有卞随和务光，武王时代有伯夷和叔齐，卞随和务光避世于深渊，伯夷和叔齐遁隐而采薇。“君子固穷，小人穷斯滥矣。”（《论语·卫灵公》）即便身处逆境，君子依然固守内心的操守。换言之，倘若那些圣贤都尚且过的惶惧不安，那么即便深陷图圄，有感于举世皆浊我独清，众人皆醉我独醒的董仲舒，最终还是悟出了汉武帝根本就是在下一盘很大的棋，而自己终究只是一颗可有可无之微不足道的棋子。在政治上失利的儒者宗，隐身在整个历史的时空背景下，似乎又再次跌入了令人分辨不清的迷茫乱象。

所谓的明辨生悟，即是主体之人相对客体宇宙的价值与道德反思，形成天、地、人三位一体的呼应思想。基于人的一种源出直觉的自然感情，比如“江畔何人初见月，江月何年初照人”；又如“我见青山多妩媚，料青山见我应如是”，彰显出人和自然的关系，于此关系中界定了人与天地和大自然间拥有一种共鸣感悟的沟通。“若伍员与屈原兮，固亦无所复顾。亦不能同彼数子兮，将远游而终慕。于吾侪之云远兮，疑荒涂而难践。惮君子之于行兮，诚三日而不饭。嗟天下之偕违兮，怅无与之偕返。”（《士不遇赋》）即便不媚俗，不与之同流合污的伍子胥和屈原，尽管面对故国家园早已是修炼到不眷恋的程度，但仍不舍得上述四人，游历到很远的地方，却仍旧一心思慕故国，这也正是作为儒家知其不可为而为之的担当气魄与人格体现。在此可以得见董仲舒的多重面相，一面是有着一心为江山社稷拼搏的脸谱，并不为然于路途荒僻、难于行走的远游。换言之，即是面对一个当下认知“悟”的层面中思及另有一前理解可资理解中的再理解，亦可解释为从理解中再去深耕挖掘并掌握所谓理解中的前理解。因前理解的效应升发，从而让董仲舒竟又退而感悟的认为，君子为了投身世运，理应不计辛苦代价的拨乱反正。换言之，再由另一个面向观之，却仍不免感叹普天之下，竟无人可与之进退。这便是以其“悟”的认知模式，将其看似矛盾的行文，予以水落石出的真相揭露。

董仲舒他所热切渴盼的大一统政治，却被销蚀剥夺了作为儒者对入世的追求；本以灾异来警醒人君，希望能有清明的政治，却几乎招来杀身之祸。忠正廉直，一心为公，却招来小人嫉恨，终不获君王重用。以上观之，在“悟”的建构过程中，一个活动的源头活水不免跟着迷失其中。因此对于自我秉持的中心思想，经由次次的洗涤、破坏、扬弃，再到重建、再生的去污除垢，更甚是全盘否定后的全面重启。换言之，以其新的思悟方式做出焕然一新的思维改变，“意思是因为它一方面象征了本体，与此同时也将其本体掩盖了；正因为它代表了本体，所以它的代表性还是值得怀疑。那么该如何打消这些建构的东西？也许在这些建构被打消的时候，我们会迷失在其中，找不到一个活动的生命的泉源，抓不到源头活水。”[5]281 于是看似立功或退隐，积极或消极，矛盾集于一身的文辞闪烁，其实也正是本体诠释学于循环反复的观、感、思、悟里。一如《周易》所言之“感而遂通”的悟境，在去蔽的体悟状态中逐尽行为盲点，以此改变自我现状的思想，超越它并驾驭它，从由开启了崭新跳跃的实践动态意义。

五、笃行践“通”

笃行践“通”即是运用学习得来的知识和思想并做出积极的指导实践。“人的本体性还是在于一个动态的行为，它要随缘变化，参与大化，随机应化，与物俱化。”[5]290 因此对于“通”的最大作用便是整合整个有关本体的认知体系，在更上层楼的完备打通中，发挥行为及应用的效果。换言之，是从实践意义的进路中，使本体本身变成无入而不自得的灵活存有的概念，即为一种经验的本体化或为本体的诠释化，说明现象中的所有事物。从悟到通的既悟且通，一如《周易》所言“寂然不动，感而遂通”之一种动态整体性的豁然开朗。“孰若返身于素业兮，莫随世而轮转。虽矫情而获百利兮，复不如正心而归一善。纷既迫而后动兮，岂云禀性之惟褊。”（《士不遇赋》）几度宦海浮沉，深悟早知如此、何必当初，不如重返儒学的钻研，莫要再随世俗走向而奔波折腾。“君子之仕也，行其义也。道之不行，已知之矣。”（《论语·微子》）明白行道之难的君子，为官服务依旧本着实践君臣之义。但与其睁一只眼、闭一只眼的降低格调来获得百利，还不如端正心意地表现出真实自我的操守。想来大多数的人是受到某种压力才做出行动的，又怎能说是人的天性是狭隘使然的呢？

一直怀抱以儒家为己任的舍我其谁之姿作为实现气吞山河的理想蓝图，然不在其位，不谋其政，因此必须孜孜矻矻于功名禄位得以施展抱负。“董仲舒的思想，体现了自然主义哲学的政治化和道德化，其对儒家建立政制、形成对政治权威的深刻控制，产生了莫大的影响。”[8]21 如何生活，应该怎样来形成价值观，如何打碎掰开，重新和成一个制度，合理代表儒家精神的制度。然而矛盾和斗争不时叩门袭扰，理想与现实又总是难以调和。罢黜百家，独尊儒术，将儒学推到了主流，形成新的政治趋势。天人感应也体现了天能生人、人能弘道的思想，表达了人的重要性。一心追求为儒家提倡的理想人生境界，换来无与伦比的成就，同时也迎来分道扬镳的隐退。

屡屡在感叹自己生不逢时的怀才不遇、福无双至的祸不单行中，开启了生命潜藏的大智慧，并以富含易学哲理的角度来审视人生，求得心理上的超然解脱。“昭同人而大有兮，明谦光而务展。遵幽昧于默足兮，岂舒采而蕲显。苟肝胆之可同兮，奚须发之足辨也。”（《士不遇赋》）面对它，处理它，接受它并放下它的心态端正后，经由自我反思，对外界的认识、整合、再包含，喜占《同人卦》和《大有卦》的董仲舒，便能够做出再直觉的呈现，此亦为成中英“本体诠释学”观、感、思、悟、通之体用经验表现的概念，从而形就董仲舒于《士不遇赋》中吸收融合为开放性的易学思想。首先，《同人卦》上卦为乾为天为君王，下卦为离为火为臣民，象征君王上情下达，臣民下情上达。卦意精神当破除一家私见，本着大公无私的道义基础，不计小异的重视大同，以和为贵的积极合作，才能实现理想的大同境界。次为，《大有卦》上卦为离为火，下卦为乾为天，火在天上，普照万物，万民归顺。卦意精神即是凸显顺势而为将必大有所成。除了喜占《同人卦》和《大有卦》，还以《谦卦》自勉。《谦卦》上卦为坤为地，下卦为艮为山，地下有山，山处地下。象征德行高重，谦虚低调，却不张扬。因此诚恳团结他人，并获他人的协助，即使遇到困难，也亦能化险为夷的在事业上大有作为。因此认为尊者有谦而更光明正大，预示着当以此比照办理。“‘通’就是我们要把过去所有障碍的东西，把各种差异融合成一个动态的整体。而它能够帮助我们形成一些行为的规则或行为的智能，所以‘通’的最大作用就是整合整体的有关本体的认知体系。”[5]282 换言之，深刻体察本应当是默默无闻、默不作声地自我努力，却又为何要如此地卖弄才华而冀求显达呢？答案是只要保有一颗追求真、善、美的赤子之心，在大的才能方面营造一致的自信自足，如此一来的无入而不自得的生命展现，哪里还需要注意那些枝微末节的表象事物呢。

“博学之，审问之，慎思之，明辨之，笃行之。”（《礼记·中庸》）一如观、感、思、悟、通五个阶段的认知模式分析结果，并非是一朝一夕，一次性的同时并生，而是在相互交感交融之活活泼泼的灵动经验中，所引动一连串循环反复且超越融摄的实践动态意义。观、感、思、悟、通的体用经验表现，如观一朵花、看一太阳、见一江河，感而思，思即悟，悟而通，遂得到一花一世界之花中有天堂，日升日落之生命常如斯，滚滚江河之逝者如斯夫。所谓的《易》无达占，便是如同在《周易》里呈现出单一、对偶、多元与丰富变化性的一体多面融合，皆是一即一切、一切即一之承继于天地人我共感交融的大化流行。因此，有别于面对怀才不遇，从由寄情山水或田园稼穑的赋作，在万万不能的限制里，找到万事皆可的悟通。已然又是见山是山、见水是水的董仲舒，于《士不遇赋》中通过本体诠释学之观、感、思、悟、通的认知模式，透过对话及人的相对主体间的知觉理解，经由转移升华的平和释然，因着具体情况而发生的认知方式，从由构成的认知存在体验。于是在选择、转化、包含、反对、补偿中，相应于复杂多变的现象世界里，以其认知模式作为《士不遇赋》的历史考察，调适并梳理出时运不济至云淡风轻的变化处境。最终，借由本体意义的价值发挥，完整自觉的认知整合，心灵多样的转折轨迹，从由理解《士不遇赋》在易学生生不息之动态境界的思想表现意向，完成掷地有声的创新价值以及润物无声的历史使命。

参考文献：

[1] 成中英．船山易学的本体诠释［J］．船山学刊，2015（4）．
[2]（宋）洪迈．容斋续笔．［M］．台北：新文丰出版社出版，1996．
[3] 范文澜．中国通史：第二册［M］．北京：人民出版社，1978．
[4] 赵逵夫．历代赋评注．汉代卷［M］．成都：巴蜀书社，2010．
[5] 成中英、杨庆中．从中西会通到本体诠释——成中英教授访谈录

[M]. 北京：中国人民大学出版社，2016.

[6] 成中英. 易学本体论 [M]. 北京：商务印书馆，2020.

[7] 张实龙. 董仲舒学说内在理路探析 [M]. 杭州：浙江大学出版社，2007.

[8] 成中英. 董仲舒政治哲学的形上基础及其现代诠释 [J]. 衡水学院学报，2015 (3).

本文为“2021 中国·衡水董仲舒与儒家思想国际研讨会暨中华孔子学会董仲舒研究委员会学术年会”提交的论文。

罗惠龄，女，台湾台北人，湖州师范学院人文学院博士。研究方向：中西比较哲学研究。

懂山　懂水　懂仲舒

——《春秋繁露·山川颂》解析

曹迎春

江山，是中华民族的文化象征，是历代文学作品都喜欢描写的对象。中国的山水文学源远流长、异彩纷呈，董仲舒的《山川颂》就是第一篇以山水为题材的散文。《山川颂》存于《春秋繁露》第十六卷，此外，在《古文苑》[①] 和《全汉文》[②] 中也有收录。这部作品，经学者考证已基本定论为董子之作[③]。

《山川颂》全篇298字，上章写山，下章写水，将人类的德行操

① 《古文苑》是宋代编的古诗文总集，收录了先秦到齐梁的诗赋杂文264篇，其中包括董仲舒的《士不遇赋》（卷三）、《诣丞相公孙弘记室书》（卷一〇）、《郊祀对》《雨雹对》（卷一一）、《山川颂》（卷一二）、《集叙》（卷一七）等六篇。

② 《全汉文》是清代严可均编的《全上古三代秦汉三国六朝文》中的一集。《全上古三代秦汉三国六朝文》是迄今为止收录唐以前文章最全的一部总集，一共十五集。《山川颂》收录在《全汉文》卷二四。

③ 关于董仲舒《山川颂》的真伪问题的研究参见：桂思卓的《董仲舒研究欧洲北美新趋势》（《中国哲学史》1998年第1期，120－126页）。该文引用了格里·阿巴克尔的观点："格里·阿巴克尔的《〈春秋繁露〉真伪考》简单回顾了中日著名学者对文章的质疑，其本旨是要考证现存的《春秋繁露》第73章《山川颂》的真伪及成书年代。在比较了《山川颂》和《说苑》中对应的六段文字后，阿巴克尔认为：《山川颂》成书早于《说苑》，并且是一篇最有可能由这位汉代大师所做的可信著作。"（加里·阿巴克尔：《〈春秋繁露·山川颂〉年代及真伪考》，载《通报》第75期226－234页，1989年）

守与自然的山水进行比附，充分发挥了孔子“仁者乐山，智者乐水”的思想。全文如下：

山则巃嵸㠑崔，摧嵬嶵巍，久不崩陁，似夫仁人志士。孔子曰：“山川神祇立，宝藏殖，器用资，曲直合，大者可以为宫室台榭，小者可以为舟舆桴楫。大者无不中，小者无不入，持斧则斫，持镰则艾，生人立，禽兽伏，死人入，多其功而不言，是以君子取譬也。”且积土成山，无损也；成其高，无害也；成其大，无亏也。小其上，泰其下，久长安，后世无有去就，俨然独处，惟山之意。《诗》云：“节彼南山，惟石岩岩；赫赫师尹，民具尔瞻。”此之谓也。

水则源泉混混沄沄，昼夜不竭，既似力者；盈科后行，既似持平者；循微赴下，不遗小间，既似察者；循谿谷不迷或，奏万里而必至，既似知者；障防止之能清净，既似知命者；不清而入，洁清而出，既似善化者；赴千仞之壑，入而不疑，既似勇者；物皆困于火，而水独胜之，既似武者；咸得之而生，失之而死，既似有德者。孔子在川上曰：“逝者如斯夫，不舍昼夜。”此之谓也。

一、颂体之文，经学之魂

《山川颂》是一篇以“颂”名篇的颂体之文。颂是中国古代众多文体中的一种，源于原始宗教活动，最初是宗庙祭祀的乐歌。从先秦时期的颂到汉代董仲舒的《山川颂》，颂在句式章法、题材内容、赞美对象上都有所变化。

（一）先秦的颂

先秦时期，《诗经》中的“三颂”——《商颂》《周颂》《鲁颂》是颂体文学的源头。《诗经》分风、雅、颂，风是地方民歌，雅是宫廷乐歌，颂是祭祀诗歌。“三颂”只有40篇，与风160篇、雅105篇比，数量少很多，但是颂的地位却是最高的。南朝梁的文学评论家刘勰（约465—532）的《文心雕龙·颂赞》中说：“四始之至，颂居其极。”所谓“四始”，即《诗经》中的“风、大雅、小雅、颂”，他认为《诗经》中的这四类诗歌，以颂为至极，内容庄重纯美、文理允备，是“宗庙正歌”。

“三颂”所作的年代不同，其中关于商颂是商代所作还是春秋时期宋国的诗存在争议①，周颂是最可靠的早期颂文，为西周时期武王、成王、康王、昭王时代一百多年间所作。刘勰曾将《周颂》中的《时迈》作为颂诗创作的模板。从句式上看，《时迈》以四言为主，杂以五言，不押韵。其实，“三颂”多以四言为主，杂以三言、五言、六七言，句式简短。至于有韵、无韵，有学者做过统计，《周颂》共31篇，其无韵诗14篇，有韵诗17篇；《鲁颂》4篇，全部有韵；《商颂》5篇，全部有韵②。从内容上看，这是武王克商后巡守诸侯国和祭祀山川百神时所作的诗，其功用在于祭祀，是敬天告神，但其号召收起干戈、弓矢这些兵器，止武修文，追求美好的德行，俨然已经具有神性外化为“德”与“信”的历史特点③，既是在颂祖颂神，也是在颂德颂信。

这首《时迈》十分符合《毛诗序》中对“颂”之特征的描述：“颂者，美盛德之形容，以其成功告于神明者也。”“颂”是祝颂者赞美神灵的美好盛大的德行，并将人世间的“功成治定”报告给神明。“颂”字最早见于金文，字形“”，是一个人屈膝低头，并开口说话，态度是恭顺的，视角是仰视的，表达的是下对上衷心的赞美和颂扬④。

---

① 《毛诗序》认为商颂是商代乐章，后人则多以为商颂在周颂之前。魏源《诗古微》举十三证，说明商颂是春秋宋诗。皮锡瑞《诗经通论》又添七证。王先谦《诗三家义集疏》引三家诗进一步论证之。王国维《观堂集林·说商颂》从卜辞角度证明商颂皆宗周中叶之诗。

② 张启成：《诗经风雅颂研究论稿》，学苑出版社，2003年，第331页。

③ 段立超：《汉代“颂体”的经学化——从〈山川颂〉作为“文颂”说起》《当代文坛》2011年第3期，第124—127页。

④ 主要论证参见段立超：《“颂”字本义新考》，《古籍整理研究学刊》2006年第2期，第65—68页。

“三颂”诗都是下对上的赞美和颂扬，但是赞美对象有所不同，所体现的文化特色有所差异。《商颂》主要是“颂神”，体现出祭祀文化的特点；《周颂》“颂神”的同时也“颂德”，颂扬对周王朝作出重大贡献的历史人物集各种美德于一身，至善至美，体现出礼仪文化的特点；《鲁颂》主要是“颂君”，表现出世俗化的特点。《毛诗序》解读“三颂”时，多将《商颂》《周颂》与祭祀相联系，比如：说《商颂》的《那》是“祀成汤”，《烈祖》是“祀中宗”（太戊），《玄鸟》《殷武》是“祀高宗”（武丁），只有《长发》是“大禘”，也就是郊祭天；《周颂》的《清庙》是“祀文王”，《天作》是“祀先王、先公”，《执竞》是“祀武王”。而解读《鲁颂》四篇的时候，则全都是“颂僖公”，这是一个重要的变化，神秘化的对先祖上天的祭祀意味变淡，世俗化的歌颂君主、赞美人事的内容凸显。

春秋时期的《鲁颂》对于颂体的发展意义重大：其一，颂诗开始摆脱祭祀文化附庸的地位，向一种专门的文学体裁发展；其二，篇幅增大，内容增加，叙事功能增强，直接促使后世之颂由诗到文的转变。不过，西周、春秋时期的《诗经》“三颂”并没有以“颂”名篇，也并没有从诗中独立出来，而只是诗歌的一种类型，且与乐舞相伴，因而它还不属于独立文体意义上的颂体作品。

战国时期，出现了以“颂”名篇的颂体作品。屈原的《橘颂》一直被认为是第一篇以“颂”名篇的颂体作品。《晏子春秋·内篇杂下》：“橘生淮南则为橘，生于淮北则为枳。”橘树只适应南方的土地，如果移植到淮北去，味道就变了。橘树的这一习性，在屈原看来十分宝贵。从句式上看，《橘颂》基本为四言，偶句末用“兮”，是典型的楚辞体。从内容上看，《橘颂》以橘树为赞美颂扬的对象，前半部分描写其美好的外在形貌，后半部分赞颂其高贵的内在品质，写橘亦写己，被朱熹称为“咏物之祖”①，清代林云铭评价其“句句是颂橘，句句不是颂橘”②。董仲舒的《山川颂》在颂扬方式上也是“句句是

① 朱熹：《楚辞评林》，《四库全书存目丛书》，齐鲁书社，1997年，第89页。
② 林云铭：《楚辞灯》，彭丹华点校，华东师范大学出版社，2012年。

山水，句句不是山水"，与《橘颂》十分相似。

上博简有一篇《李颂》[①]，与《橘颂》无论是在篇幅长短、句式结构、修辞用韵，还是思想内容方面都十分相似。篇幅上，两篇相仿，都是一百四五十个字；结构上，都是先状物，再托物言志；句式上，都以四言句为主体，偶句末用"兮"；修辞上，都大量使用拟人的手法，以物比德；用韵上，都是两句一韵；思想内容上，都强调对美好德行的追求。甚至两篇颂有不少句子都是高度相似的。至于写作时代，有学者认为时间大致相当[②]，有学者认为《橘颂》要比《李颂》晚一些[③]，《橘颂》很可能就是模仿《李颂》这类楚辞作品而写成的[④]。

不管是《橘颂》还是《李颂》，都以"颂"名篇，且在内容题旨上与《诗经》"三颂"相比，都脱离了宗教仪式，不再颂扬祖先神明、圣王君主，而是将歌颂的对象扩展为美物懿德，运用拟人手法，托物言志，这无疑是对颂体文学内容和题材的丰富和拓展。不过，战国时期的颂仍是一种诗歌体裁，"楚辞融诗、歌、舞于一体，带有鲜明的音乐文化特质"[⑤]，《楚辞》体的颂也仍如《诗经》体一样，未脱乐歌之藩篱，还没有成为单纯的文学艺术。

（二）秦代的颂

颂与乐分离，是在秦代。秦代的颂以刻石的形式呈现，反映出秦始皇追求不朽的帝王心态。刘勰在《文心雕龙·颂赞》中说："至于

---

① 参见马承源：《上海博物馆藏战国楚竹书（八）》上海古籍出版社，2011年。经过学者们的讨论，已经究明《李颂》的歌咏对象实际上是梧桐，有学者也称此篇为《桐颂》。

② 蔡靖泉：《上博楚简〈桐颂〉与屈原〈橘颂〉》，《晋阳学刊》2014年第4期，第17—22页。

③ 曹锦炎：《上海博物馆藏战国楚竹书〈楚辞〉》，《文物》2010年第2期，第59—62页。

④ 万德良、陈民镇：《上博简〈李颂〉与〈楚辞·橘颂〉比较研究》，《邯郸学院学报》2013年第3期，第63—67页。

⑤ 杜兴梅：《"楚辞"的音乐文化特质及其影响》，《音乐探索》2000年第3期，第8—13页。

秦政刻文，爰颂其德。”已经把这些刻石文看作是颂体作品了。章太炎《国学讲演录·文学论略》中说：“三颂而外，秦碑亦颂之类也。刻石颂德，斯之谓颂矣。唯古代之颂，用之祭祀。生人作颂，始于秦碑。”①

秦始皇统一六国后，数次出巡，留下七处刻石，分别是：峄山刻石（前219年）、泰山刻石（前219年）、琅琊刻石（前219年）、之罘刻石（前218年）、东观刻石（前218年）、碣石刻石（前215年）和会稽刻石（前210年）。刻石文载于《史记·秦始皇本纪》的有六篇，清代严可均的《全秦文》卷一辑录了七篇刻石文。这七篇刻石文的内容均为歌颂秦始皇功德的颂文，为秦相李斯所作。

《泰山刻石》是泰山最早的刻石，原立于泰山山顶，残石现存岱庙东御座院内。这篇刻石文前面主要交代了泰山刻石的时间、地点、人物、事件，接下来，主要歌颂皇帝勤勉国政、励精图治的政治功绩。从句式上看，以四言为主，三句一韵，承袭了《诗经》三颂的体制，其余六篇除了《琅琊台刻石》是两句一韵外，也都是三句一韵。总体来看，这七篇刻石文设计颇具匠心，结构清晰，句式整饬，词语精美，韵律齐整，文辞典雅，气魄宏伟，具有较高的文学价值，被历代文人所称道。鲁迅先生称赞其“质而能壮”。

秦刻石文对颂文的发展有着重要的价值和意义。先秦时期，《诗经》“三颂”与乐舞一体，是颂的最初形态。发展到战国时期，《橘颂》作为第一篇以“颂”名篇的颂文，虽然是文人独立创作的作品，但是在楚辞文化背景中还是带有乐的性质②。而到秦刻石文才完成了与音乐的分离，成为单纯的文学艺术。不过，秦石刻文仍然是四言为主，两句一韵或三句一韵的颂诗形式。直到汉代，颂的文学表现形式才从古朴的四言为主的颂诗形式演为散体的文。

（三）汉代的颂

汉代的颂大为兴盛，据统计有48篇，不过大多是东汉作品。《全

① 章太炎：《国学讲演录》，吴永坤讲评，南京凤凰出版社，2008年，第258页。

② 丁静：《汉晋颂文考论》，湖北大学博士论文，2018年。

汉文》中存留的西汉时期的颂只有 6 篇：董仲舒《山川颂》，东方朔《旱颂》，刘向《高祖颂》，王褒《圣主得贤臣颂》《甘泉宫颂》《碧鸡颂》。此外，西汉时期比较早的颂还有《汉书·艺文志》班固自注中提到的淮南王刘安的《琴颂》《汉书·淮南王刘安传》中所说的刘安献的《颂德》及《长安都国颂》。不过刘安的这三篇颂，都是只留其名，未见其文。而汉高祖时期韦孟的《讽谏诗》、汉武帝时期司马相如的《郊祀歌》，虽可归入颂类[①]，但并不以颂名篇。因此，董仲舒的《山川颂》可以说是现存西汉时期较早的一篇以颂名篇的颂文。

汉代的颂题材更加广泛，形式更加自由。题材上，凡是可以称道的人或事或物，都可以入颂，颂帝王、颂功臣、颂儒者、颂逸民、颂山川、颂符瑞、颂器物、颂园林，内容丰富多彩。形式上，除了传统的四言诗颂形式，更有大量摆脱四言限制的散体文颂出现。董仲舒的《山川颂》中只有少量的三言、四言句式如“似力者”“似察者”“持斧则斫，持镰则艾”，更多的是运用杂言句式，随文就势地或解释、或描述、或援引[②]，与之前《诗经》体、《楚辞》体、碑刻体的颂完全不同，是一篇不折不扣的“颂文”。董仲舒的《山川颂》可以说是颂由诗入文的代表性作品。

汉代的颂呈现出“赋化”和“经学化”的鲜明特征。赋是汉代的主流文学样式，所以它对颂的渗透和影响使之“赋化”，便是自然而然的；而汉代又是经学昌明的时代，所以颂在内容上的“经学化”也不可避免。董仲舒的《山川颂》便具有这两个鲜明的特点。

因为汉代的文体观念还很模糊，所以汉代的颂和赋经常混称。如《史记·司马相如列传》记载司马相如的《大人赋》，又称《大人之颂》；王充《论衡·谴告篇》称扬雄的《甘泉赋》为《甘泉颂》；《文选》所收王褒的《洞箫赋》又称《洞箫颂》，马融的《长笛赋》又称《长笛颂》。这些混称的赋、颂作品，在内容上都是表达颂美之意。此

① 张立兵：《论先秦两汉的颂、赞、箴、铭》，西北师范大学，2004 年。

② 段立超：《汉代“颂体”的经学化——从〈山川颂〉作为“文颂”说起》，《当代文坛》2011 年第 3 期，第 124—127 页。

外，赋颂连称现象也很普遍。赋和颂本就都是从《诗经》分流出来的两种文体，存在相通之处，所以“赋颂”成了汉代文献常见的一个词组。

赋影响了颂的创作，使颂出现“赋化”的倾向。董仲舒的《山川颂》文中大量引用《诗经》和孔子的原话，与汉赋尚典文风一致；句式灵活多样，用三言、四言间以杂言；形容山的高大时，连用几个双音节词“巃嵸嵒崔，摧嵬嶵巍”①，形容水的浩荡时，连用几个同偏旁字“混混沄沄”，给人排山倒海扑面而来的画面感，这种铺排罗列式的赞美，也表现出汉赋的特征。由此可见，《山川颂》的“赋化”表现有三：文风尚典、句式灵活、铺排赞美。

至于颂和赋的区别，刘勰的说法最为经典：“颂惟典雅，词必清铄，敷写似赋，而不入华奢之区；敬慎如铭，而异乎规诫之域。”典雅、清铄、敬慎，是描述颂体特征的关键词。这三个关键词用于评价《山川颂》也无疑是准确而贴切的。总之，董仲舒的《山川颂》虽有赋化之表现，不失颂体之本色。

作为汉代“群儒首”“儒者宗”的经学大家董仲舒，其《山川颂》以经学的方式颂美山水之德，阐述儒家思想观念，堪称“经学化”汉颂的代表作。

首先，布局谋篇“经学化”。该颂化用《论语》中“仁者乐山，智者乐水”之意，分别安排了山、水两章。《古文苑》注曰：“《春秋繁露》有此篇，与《韩诗外传》解‘仁者乐山，智者乐水’意颇相

① 这八个字重叠啰嗦，像绕口令一样拗口难读，是因为在传写过程中，有的写作“巃嵸崔嵬”，有的写作“巃嵸摧巍”，后人误把它们合在一起，于是出现了“嵒崔”“摧嵬”“嶵巍”。一声之字，不应重叠使用，而且在其他文献中，也没有重叠使用者。如，西汉刘向的《说苑·杂言篇》：“夫山巃嵸累嶵。”司马相如的《上林赋》：“崇山矗矗，巃嵸崔巍。”可见，《山川颂》开头这八个字，其实应该是四个字。不过这种讹误由来已久，在宋代版本中就已经是这样了。

类。”（卷一二，四部丛刊本）《韩诗外传》[①] 卷三中以问答的方式展开，问者针对经典进行询问“智者何以乐于水”“仁者何以乐山”，答者从山水之德进行诠释，采用一问一答的解经常式。此外，《说苑·杂言篇》《孔子家语》中阐释水德的段落，都是延用《荀子·宥坐篇》，假托孔子与子贡的对话。而董仲舒的《山川颂》则更为巧妙和隐蔽，不再托拟对话，而是成为一篇通篇比德的颂作，实为解经未言经，解经尽在不言中。

这两段解经，虽然一为显性，一为隐形，但两者的句式结构、用词都有相同之处。据《汉书·韩婴传》载：“武帝时，婴尝与董仲舒论于上前，其人精悍，处事分明，仲舒不能难也。”两人为同时期人，因此到底是谁模仿谁，不好判定。

其次，行文方式“经学化”。《山川颂》以说理为主，在行文中大量引用儒家典籍，通过解释性复述，化为己意，为我所用。比如：写山，引用《尚书大传·略说》的“夫山，草木生焉，禽兽蕃焉，财用殖焉。生财用而无私为焉，四方皆代焉，每无私予焉”来诠释山之无私奉献；引用《诗经·小雅·节南山》的“节彼南山，惟石岩岩；赫赫师尹，民具尔瞻”来比喻高山的君子风骨。写水，引用《孟子·离娄下》的“源泉混混，不舍昼夜，盈科而后进”来诠释水之公平公正；引用《论语·子罕》的“逝者如斯夫，不舍昼夜”来比喻人之进德不已。在经学生态下，儒者习惯性地从经书中寻找证据，注重发掘经书的微言大义，这也就使得文学作品也染上了经学的某些特征。汉代文章从纵横驰骋转变为坐而论道，可以说是从董仲舒开始的[②]。

除此之外，董仲舒还模仿了《荀子·宥坐》中孔子论“水德”之

① 《汉书·儒林传》说：“婴推诗人之意而作内外传数万言。”内传在两宋之间已经亡佚，只有外传留存。但留存下来的外传，并不是一部阐述经义的书，从散见于宋以前古籍中的一些零星的佚文看来，儒林传的说法大致符合于已经亡佚的内传，而现存外传的体例却和刘向的《新序》《说苑》《列女传》等相类似，都是先讲一个故事，然后引诗以证。《四库提要》说：“王世贞称外传引诗以证事，非引事以明诗，其说至确。”

② 郭预衡：《中国散文史》，上海古籍出版社，1986年，第253页。

意。《荀子》所载水德“九似”：德、义、道、勇、法、正、察、善化、志，《山川颂》中也称水有“九似”之德：力、持平、察、知、知命、善化、勇、武、德，对《荀子》有很明显的模仿痕迹。

明代学者张燮评价董仲舒的文章“文质而核，赡而有体”（《重纂董胶西集小引》）“文质而核”是说文字质朴而内容精当；“赡而有体”是说旁征博引而不偏离主题，能够最终阐明所论之理。这八个字用来评价《山川颂》也是十分贴切的。

第三，内在气质“经学化”。董仲舒在颂扬山川的时候，更偏重于以经学的方式阐释儒家所提倡的道德观念。赞颂山的无私奉献似“仁”，赞颂水的明辨笃行似“智”，赞颂果决豪迈似“勇”，这都是儒家一贯重视的品德。董仲舒在赞颂山时所引孔子这段话“宝藏殖，器用资，曲直合，大者可以为宫室台榭，小者可以为舟舆桴楫。大者无不中，小者无不入，持斧则斫，持镰则艾，生人立，禽兽伏，死人入”，无不着眼于山对于民生日用的作用，体现出儒家强烈的民本情怀。

总之，从先秦时期的颂到汉代董仲舒的《山川颂》，颂在句式章法、题材内容、赞美对象上都有所变化：句式章法上，从四言的诗颂到散体的文颂；题材内容上，从祭祀到解经；赞美对象上，从祖先神灵到儒家德行。董仲舒的《山川颂》在文体和主旨上的典型特征可以概括为八个字——“颂体之文，经学之魂”。

二、山水比德，天人作喻

（一）“比德”的内涵及来源

董仲舒以山水为“象”，阐述道德之“意”，在写作上充分运用“比德”的手法。所谓“比德”，是指“以自然物（如玉、山、水等）的某些特点使人联想其人的道德属性，为人的道德品格、情操的象征，因之赋予自然物以道德意义”[①]，简言之，就是将自然物象人格化。

“比德”也就是与自然物“合德”，将山川万物与人的品德、人格相勾连，体现了儒家天人合一的思想观念。《周易·乾卦·序卦》：“有天地然后有万物，有万物然后有男女，有男女然后有夫妇，有夫妇然后有父子，有父子然后有君臣，有君臣然后有上下，有上下然后礼义有所错。”把由天地产生人与万物的思想同社会伦理道德密切联系起来，自然界与人类社会就成为一个“天人合德”的整体[②]。《文言》中说：“夫大人者，与天地合其德。”认为“君子之德”和“天地之德”合而为一，天人合一落脚于“德”。乾坤两卦象传中的“天行健，君子以自强不息”“地势坤，君子以厚德载物”两句名言也反映了天人合德的思想，人的自强不息、厚德载物，便是对天地大德的信仰与效法。

“比德”来源于《周易》的“取象”思维和《诗经》的“比兴”手法。关于“取象”，《周易·系辞上》说：“圣人有以见天下之赜，而拟诸其形容，象其物宜，是故谓之象。”赜，杂乱。圣人看到天下万事万物纷繁复杂，便用八卦比拟它的形态，用合适的物来取象，这就叫卦象。比如，《说卦》中的：“乾为马，坤为牛。”这就是讲乾、坤的取象。牛、马就是用来取象的物。为什么乾要取象为马、坤要取象为牛呢？这是按八卦的性质来取象的。乾、坤的性质是什么呢？《说卦》说：“乾，健也。坤，顺也。”马日行千里，正符合乾卦健的性质，所以将乾取象为马；牛性格温顺，正符合坤卦顺的性质，所以将坤取象为牛。可见，卦的象实际上是借助卦爻符号和卦爻辞对世间万物及其属性的摹写。因为乾可以为马，可以为首，可以为君，可以为父，即卦的象具有普遍性，所以能像天下纷繁复杂的事物。《周易》中的取象思维，就是以卦爻符号或具体物象来引发联想，让人们通过想象、体悟，从而得出相应的结论。《山川颂》中的“山水比德”毫

① 张开诚：《君子人格与“比德”》，《学术月刊》1995年第12期，第25—28、47页。
② 李存山：《天人合德：性善与成人》，《道德与文明》2019年第1期，第39—43页。

无疑问就是运用了这种取象思维，以山水为象引发联想，通过对山水的某些特殊性质的描述，让人们体悟君子之品德人格。

关于“比兴”，郑玄《周礼·大师》注：“比者，比方于物；兴者，托事于物。”朱熹《诗集传》：“比者，以彼物比此物也”，“兴者，先言他物以引起所咏之词也。”可见，“比兴”就是一个从外到内，从物到心的过程，触目会心，由物对心的感发达到心与物的契合。比如：《周南·关雎》开篇的“关关雎鸠，在河之洲，窈窕淑女，君子好逑”，以雌雄和鸣的关雎鸟起兴，描写淑女与君子的和乐相敬；《周南·桃夭》中的“桃之夭夭，灼灼其华。之子于归，宜其室家”，以盛开的艳丽桃花起兴，写出新娘出嫁的欢乐美好；《秦风·终南》中的“终南何有？有条有梅。君子至止，锦衣狐裘”，以高大的终南山起兴，比喻人君的圣德。《小雅·鹿鸣》中的“呦呦鹿鸣，食野之苹。我有嘉宾，鼓瑟吹笙”，以呦呦欢叫的小鹿起兴，描写宴会的和谐愉快。“比德”手法也是这样一个从外物到内心的过程，高山养育万物、流水奔流不息的自然特性触发了人内心对“仁”“智”“勇”等美德的向往与追求。

（二）儒家山水比德的传统

用“比德”的眼光看世界，看山不是山，看水不是水，山水在儒者眼中变成了仁人君子，成为道德境界的象征。

孔子最早开启了儒家山水比德的传统。《论语·雍也》载：“知者乐水，仁者乐山。”仁者、智者之所以“乐山”“乐水”，是因为山水具有类似仁者、智者的某种属性。对此，朱熹给出了更为详尽的解释：“知者达于事理而周流无滞，有似于水，故乐水。仁者安于义理而厚重不迁，有似于山，故乐山。”孔子将自然山水纳入到人的伦理道德系统中，从而将自然山水人格化了。

《周易》的彖传、象传也常从山水比德的角度对卦辞进行解释。《小过卦·象传》曰：“山上有雷，小过。君子以行过乎恭，丧过乎衰，用过乎俭。”高亨认为：“按《象传》乃以山比贤人，以雷比刑，以山上有雷比刑罚加于贤人，因贤人有小错误也，是以卦名曰《小过》。君子观此卦象及卦名，从而谨言慎行，力求无过，其所过者，只是行过于恭，居丧过于哀，用财过于俭而已。”[①] 经过象传的阐释，“山上有雷”之象便具有了君子谨言慎行之意。《坎卦·彖传》曰：“水流而不盈，行险而不失其信。”水不断奔流，遇到险阻也不停留，这一特性恰可与人之守信之德相合。《坎卦·象传》曰：“水洊至，习坎。君子以常德行，习教事。”水接连而至之象，使君子领会到学而不厌、诲人不倦之意。

《诗经》中也有以山比德，将高山与圣人合而为一的表达。《周颂·天作》：“天作高山，大王荒之，彼作矣，文王康之。彼徂矣，岐有夷之行，子孙保之。”在这首祭祀大王（古公亶父）和文王的乐歌里，将对岐山的崇拜和对圣王的崇拜结合在一起。岐山是周族的发源之地，“兴云雨而利万物”[②]，圣王“荒之”“康之”，广其德泽，两者都造福万民，都是万民敬畏崇拜的对象。虽然诗中并没有直接将二者比德的表述，但大王、文王之道与天地合德、与岐山合德的意味十分明显。《大雅·崧高》：“崧高维岳，骏极于天。维岳降神，生甫及申。”《毛诗正义》解释曰：“维此至天之大岳，降其神灵和气，以福祐伯夷之后，生此甫国之侯及申国之伯。”[③] 甫侯、申伯是周宣王时的重要卿士，他们秉承神圣高山的灵峻之气而生，因此天赋异禀。《周颂·天作》和《大雅·崧高》的这种高山与圣人合而为一的表达习惯，无疑是董仲舒《山川颂》创作的灵感之源。

《孟子·离娄下》：“源泉混混，不舍昼夜，盈科而后进，放乎四海。”这是孟子对孔子“逝者如斯夫，不舍昼夜”进行阐释，认为水昼夜不停奔流，是因为有其本源，如果没有本源，虽然七八月间雨水多的时候沟渠会满，但是很快就会干涸。孟子用比德的方式进一步阐发，这就像君子如果没有儒家之道的根本，没有不舍昼夜的修道，即便暂时获得好名声，也是难以长久的。这就像朱熹《观书有感》诗中所说：“半亩方塘一鉴开，天光云影共徘徊。问渠那得清如许，为有

① 高亨：《周易大传今注》，齐鲁书社，2009 年，第 433 页。

② 李学勤：《毛诗正义》，北京大学出版社，1999 年，第 1294 页。

③ 李学勤：《毛诗正义》，第 1207 页。

源头活水来。”因为有“源头活水”，“半亩方塘”才不会干涸。

《荀子·宥坐篇》借孔子之口阐释了“见大水必观”的原因，用比德的方式观照自然界的水，将其表述为“九似”之德：德、义、道、勇、法、正、察、善化、志。荀子指出正是因为水与人的诸多道德品质相类似，所以孔子才如此重视观察流水。荀子确立了“逝者如斯夫”章在先秦、秦汉时期“比德”阐释的体例和大致内容①。《孔子家语·三恕篇》《韩诗外传》卷三、《说苑·杂言篇》，包括董仲舒的《山川颂》对水德的阐释无疑都受到了荀子这段话的影响。但这些著作不但描写了水德，还扩展到以山比德，山水相连，其自然属性与儒家的伦理道德相互沟通连贯起来了。

（三）董仲舒的山水比德观

董仲舒充分吸收了先秦儒家的“比德”思想，在其天人哲学、伦理视角下对儒家山水道德观进行了集大成式的阐释和发展，使山水比德呈现出鲜明的董氏特色。

1. 天人哲学下的平等对话

“天”是董仲舒哲学的最高范畴。山川之德不仅仅是人的道德投射，更是天的意志表达。董仲舒的“天”包含神灵之天、自然之天和道德之天三重含义②，董仲舒的山川也具有神灵之山川、自然之山川和道德之山川三重含义。作为神灵之山川，掌握着降雨大权，《山川颂》下面紧接着的《求雨》开篇就说：“春旱求雨，令县邑以水日祷社稷山川。”命令县邑在水日（五行记日中属水的日子）这一天祷告社稷山川诸神。后面还提到不同季节的求雨，“季夏祷山陵以助之”“冬舞龙六日，祷于名山以助之”，董仲舒继承了古人祭山求雨的习俗，认为山川之神具有行云布雨之伟力。作为自然之山川，蕴藏丰富生产生活资料，供给人类各种器用，董仲舒提出“无伐名木，无斩山林”（《求雨》），注重保护山川、森林资源，渗透着人与自然和谐相处的理念。作为道德之山川，体现天之仁爱、智慧。在董仲舒“天论”

① 程姣：《论〈论语〉“逝者如斯夫”章的阐释历程》，浙江大学，2012年。

② 金春峰：《汉代思想史》，中国社会科学出版社，2006年，第122—130页。

的逻辑结构中，神灵之天是形式，自然之天是基础，道德之天是核心；其山川观的逻辑结构亦是如此，即神灵之山川是形式，自然之山川是基础，道德之山川是核心。

山水有德，是传统儒家的一贯认知，但是传统儒家视野中的“山水比德”，以人为审美的主体，山水为比附的客体，是“以德观山水”。董仲舒将“山水比德”置于天哲学之下，这不但使山水有德成为一种天命必然，而且“以天观山水”使得山水获得了某种独立性，成为与人可以进行平等对话的一方，互相尊重，互相欣赏。董仲舒的比德思想不主山川，不主君子，而是在二者的相互烘托中，透露出儒家天道之消息。

2. 天人感应下的情感共鸣

在董仲舒天人感应的认识中，人与自然具有诸多一致性，不但“人副天数”“人副天形”，而且“人副天德”“人副天情”，因此人能够产生与大自然的情感共鸣、生命共振。山川即人，人即山川。山川与人之间是“同类相动”的关系，可通可感。山所具有的高大、雄伟、永恒、物产丰富、无损无害等特征，与仁人志士的“仁者爱人，义者正我”等道德情操有着精神内蕴上的契合。水的昼夜不竭、东流不息等特征，与君子人格中的力、智、察、勇等品质具有精神气质上的相似性。董仲舒的天人感应理论为山水比德提供了理论论证，同时，淡化了比德形式那种理性加工、人为拼合的痕迹，使得《山川颂》具有了更为开阔的眼界和意境，形神兼备，象意皆得，成为开启魏晋山水文学物我合一浑然意境的重要一环。

3. 伦理视角下的仁智内涵

董仲舒继承了先秦儒家的伦理思想并有所创新，进行了适应汉代社会的创造性转化和创新性发展，在仁义关系上提出“以仁安人，以义正我”，在仁智关系上强调“必仁且智”，这些伦理思想的特点在董仲舒的山水比德中都有所呈现。

董仲舒赞颂高山之“仁”，前面引用孔子之言，强调高山无私奉献养育万物之功，这其实是赞颂山的“以仁安人”；后面强调山无损、无害、无亏之德，这其实是赞颂山的“以义正我”。董仲舒说：“仁之法在爱人，不在爱我；义之法在正我，不在正人。我不自正，虽能正人，弗予为义；人不被其爱，虽厚自爱，不予为仁。”养育万物是“爱人”，“无损无害无亏”是“自正”，如果高山在成其高、成其大过程中有损、有害于万物，那么它就没有做到“自正”，即使仍有养育万物之功，也称不得仁义。董仲舒在上章山颂中很自然地将自己的仁义观融入其中，既强调了山之仁，也强调了山之义。颂扬山长养万物之仁，更多的是对传统儒家的继承，而颂扬山无损无害的“自正”品格，则毫无疑问是董仲舒的创新之见。此外，董仲舒对山之仁的阐发，与其“仁人者，正其道不谋其利，修其理不急其功”的思想也形成呼应关系。

《山川颂》中“循谿谷不迷或，奏万里而必至，既似知者”一句充分体现出董仲舒对于“智”的重视。对于此句的解释，历来存在争议，苏舆认为“知”和意思不符合，应为“志”。他列了几条文献证据：《荀子·宥坐篇》：“其万折也必东，似志。”《孔子家语·三恕篇》：“发源必东，此似志。”《说苑·杂言篇》：“其万折必东，似意（志）。”但是钟肇鹏认为《古文苑》及《繁露》旧本并作“知”，此承上“循谿谷不迷或”而言，有类于“智者”。他引用《说苑·杂言篇》中的“浅者流行，深者不测，似智”作为证据。苏舆的“志”说，只针对“奏万里而必至”而解释，却避而不谈前一句；钟肇鹏的“知”说，只针对“循谿谷不迷或”而解释，却避而不谈后一句。

其实，根据董仲舒之意，前后两句都是在谈“知”。董仲舒在《必仁且智》中论述“智”的时候说：“凡人欲舍行为，皆以其智，先规而后为之。其规是者，其所为得其所事。”“凡人欲舍行为，皆以其智”，意思是人想做什么不想做什么，都是先用智慧来进行谋划的。“先规而后为之”，也就是先知后行。苏舆注：“所知有是有非，故又必先有辨别之功”，因此《山川颂》里的这句“循谿谷不迷或”便是先有辨别之功，后面的“奏万里而必至”，则是明辨之后的笃行。“其规是者，其所为得其所事”，意思是谋划正确的人，其行为合乎其欲达成之事业。“循谿谷不迷或”是“奏万里而必至”的前提。董仲舒认为智者具有“思之而有复，及之而不可厌”的德行，也就是他思考谋划的都可以受到行为的重复检验，他为了达到目的而不知厌倦，也是强调谋划正确、行为笃定，明辨且笃行才是智慧之人。因此这里是“知”，而非“志”在仁智关系上，董仲舒将“智”与“仁”相提并论。在《必仁且智》篇，他说：“仁而不智，则爱而不别也；智而不仁，则知而不为也。故仁者所以爱人类也，智者所以除其害也。”一方面强调仁与智的相互依存，另一方面明确了这对依存关系的内部结构，即“爱人类”是目的，“除其害”是手段，“智”从属于“仁”。这一观念在《山川颂》中的体现，就是文章的前后内容的安排。整个《山川颂》化用《论语》“知者乐水，仁者乐山”的语意，但却改变顺序，先颂山后颂水，这透露出董仲舒“先仁后智”的定位和思考。董仲舒十分在意先后顺序，在《郊义》中就强调之所以每年都要在岁首举行郊祭，是因为“先贵之义，尊天之道也”，把尊贵的事情放在前面，这是尊敬上天之道。《郊语》中也说：“先享天，乃敢于地，先贵之义也。”先祭天再祭地，是把尊贵的事情放在前面。虽然两篇都是在讲祭祀的先后顺序，但是这种把尊贵的、重要的事情放在前面的思维方式无疑是董仲舒思维方式的重要特点。《春秋繁露》的很多篇章都反映出这种思维方式，比如《阳尊阴卑》中的“先经而后权，贵阳而贱阴也”，《王道通三》中的“先爱而后严”，《郊祭》中的“先贵而后贱”，等等。因此，重要的事情放前面，先山后水，先仁后智。山水比德，德亦有序。

董仲舒的比德思想不仅在《山川颂》中有充分展现，在《执贽》篇中以羔、玉比德的两段文字，在内容和体例上都与《山川颂》中的山水比德十分相似，即列举羔、玉之贽的诸多特点，而比之于各种相似的道德品质。

以羔比德，论述如下：

> 羔有角而不任，设备而不用，类好仁者；执之不鸣，杀之不谛，类死义者；羔食于其母，必跪而受之，类知礼者。故羊之为言犹祥与，故卿以为贽。

以玉比德，论述如下：

> 玉至清而不蔽其恶，内有瑕秽，必见之于外，故君子不隐其

短。不知则问，不能则学，取之玉也。君子比之玉，玉润而不污，是仁而至清洁也；廉而不杀，是义而不害也；坚而不磬，过（温）而不濡，视之如庸，展之如石，状如石，搔而不可从绕，洁白如素，而不受污，玉类备者，故公侯以为贽。

总之，董仲舒继承先秦儒家山水比德的传统，在其天人哲学下“以天观山水”，使山水与人实现平等对话；在其天人感应思想下，山川与人“同类相动”，可通可感；在其仁义观、仁智观下，山水之德呈现出独特的样貌。董仲舒《山川颂》在写作手法上的典型特征就是“山水比德，天人作喻”。

三、祭祀之礼，政治之思

《春秋繁露》十七卷八十二篇（阙三篇），根据美国学者 S. A. 桂思卓的观点，可以分为解经编、礼制编、黄老编、阴阳编、五行编几个部分。其中《山川颂》属于礼制编。礼制编共有十二篇，探讨《春秋》所载的各种礼制，包括：《郊语第六十五》《郊义第六十六》《郊祭第六十七》《四祭第六十八》《郊祀第六十九》《顺命第七十》《郊事对第七十一》《执贽第七十二》《山川颂第七十三》《求雨第七十四》《止雨第七十五》《祭义第七十六》。虽然以现代文学的眼光看，《山川颂》是一篇颂体文学作品，但是从董仲舒的主观创作动机看，这不是他有目的的文学创作，和《士不遇赋》完全不同。从《山川颂》在《春秋繁露》中的位置可知，其作品性质属于祭祀之礼一类，这其实是与《诗经》“三颂”的精神气质一脉相承的。

（一）先秦山川祭祀的传统

山川祭祀由来已久，《史记·封禅书》中记载了三皇五帝时期山川祭祀的情况：“昔无怀氏封泰山，禅云云；虙羲封泰山，禅云云；神农封泰山，禅云云；炎帝封泰山，禅云云；黄帝封泰山，禅亭亭；颛顼封泰山，禅云云；帝喾封泰山，禅云云；尧封泰山，禅云云；舜封泰山，禅云云；禹封泰山，禅会稽。”这段话乃司马迁引管仲之言，记录了从伏羲之前的无怀氏到伏羲、神农、炎帝、黄帝、尧、舜、禹，这些部落首领封禅的情况。但是《史记·封禅书》中的这段记载，带有更多传说和想象的成分。记载山川祭祀的明确的、可靠的资料是商代的甲骨卜辞。卜辞中出现很多“燎于山”“尞于洹”的记载，而且凡祭山都与雨有关①。

西周时期，山岳祭祀开始与国家礼制密切结合。《公羊传》僖公三十一年载：“天子祭天，诸侯祭土。天子有方望之事，无所不通。诸侯山川有不在其封内者，则不祭也。”周天子享有最高的山川祭祀权，不但拥有祭天的权力，还要祭祀四方群神，“方望”，就是望祭，“望于山川，遍于群神”（《尚书·尧典》），四方群神很多，不能亲至祭祀，只能遥望而祭。诸侯则只能祭祀自己封地内的山川，《左传》哀公六年楚昭王所说“祭不越望”即是此意。董仲舒在《王道》中也说：“《春秋》立义，天子祭天地，诸侯祭社稷，诸山川不在封内不祭。”《左传》昭公二十六年记载，周夷王恶疾缠身，“诸侯莫不并走其望，以祈王身”，诸侯们在其国内的名山大川奔走祭祀，祈求周王痊愈，严格恪守“祭不越望”的礼制规则。对山川进行祭祀，是统治者的权力也是义务，《礼记·王制》载：“山川神祇，有不举者为不敬，不敬者君削以地。”有权利对山川进行祭祀，就意味着有权利统治这片领地；不履行祭祀山川的义务，就要被剥夺统治这片领地的权利。山川祭祀关乎统治的“合法性”，成为统治权和领土的象征。可见，周代的山川祭祀已不仅仅是祈求风调雨顺的宗教活动了，而是蕴含着显明的王权观念、等级制度的政治活动，是周王朝巩固等级制和分封制的重要手段。

春秋战国时期，礼崩乐坏，山川祭祀之礼也屡被打破。《左传》宣公十二年记载，楚庄王在邲之战中打败晋国之后就曾“祀于河”，祭祀了本不属于其境内的黄河，打破了“祭不越望”的规定。《论语·八佾》记载了鲁国季孙氏违礼僭越旅祭泰山之事。《史记·封禅书》马融注曰：“旅，祭名也。礼，诸侯祭山川在封内者。今陪臣祭

---

① 参见陈梦家《殷虚卜辞综述》第十七章第六节《山川诸示》、第七节《求雨之祭》（中华书局，1988 年，第 594—598 页）。

泰山，非礼也。”季氏为鲁国大夫，根本没有祭祀泰山的权力，因此受到孔子的批评。

2. 秦汉山川祭祀的一统

秦汉统一王朝建立之后，在山川祭祀方面也进行了与大一统局面相适应的改革。据《史记·封禅书》记载：“及秦并天下，令祠官所常奉天地名山大川鬼神可得而序也。”规定官方祭祀名单，划定等级序列，确立信仰体系，渗透皇权一统的政治理念。但秦始皇在整理划一的过程中，仍是站在秦本土的角度，偏重秦国故地的山川，缺乏一统王朝的视野。

西汉建立初期实行郡国并行制，使得泰山等名山大川不在天子的祭祀区域之内，直到文帝十六年（前164），才收回名山大川的祭祀权，泰山回归国家祭祀。汉武帝十分重视对山川的祭祀，建元元年五月即位之初颁布诏书曰：“河海润千里，其令祠官修山川之祠，为岁事，曲加礼。”（《汉书·武帝纪》）汉武帝立足天下，对全国的山川重新进行规整，理出一个五岳四渎的制度[①]，体现出“大一统”的山川祭祀观。汉武帝重新定义五岳，五岳脱颖而出成为一等名山，大量的巡狩和封禅活动随之兴起。武帝自元封元年（前110）进行第一次封禅后，其在位期间，先后进行了八次对泰山的封禅，借此大肆宣扬自己的统治顺天意、顺民意。

3. 董仲舒的山川祭祀观

在这样的历史传统与现实氛围之下，董仲舒的《山川颂》也显示出既继承先秦传统观念又呼应现实一统政治，且与其天的哲学、“大一统”政治思想、灾异理论相融通的山川祭祀观。

在董仲舒的哲学体系中，天的位置至高无上，“天者，百神之大君也，王者之所最尊也”（《郊义》），因此祭天之礼“郊祭”是天子最重要的活动。《郊祭》篇说：“天子父母事天。”《深察名号》中提出：

---

① 汉武帝时期的五岳分别是以河南的太室山为中岳，山东的泰山为东岳，安徽的天柱山为南岳，陕西的华山为西岳，河北的恒山为北岳；四渎分别为江、淮、长江和黄河。

“故号为天子者，宜视天如父，事天以孝道也。”皇帝既然承受了天之子的称号，就要依天子之礼而祭天，就如同为人子要侍奉父母一样。祭天是天子对上天表示尊重，重建社会秩序，分别上下尊卑的重大礼节，不能因任何原因而废除，否则必将引起整个伦理秩序的崩塌。

其次就是祭祀山川百神。《奉本》曰：“其得地体者，莫如山阜。”山川祭祀属于地祇祭祀。董仲舒十分重视祭祀之序。《郊语》曰：“祭而地神者，《春秋》讥之。”说的是僖公三十一年没有举行郊祭，却望祭泰山、河、海，不守祭祀之礼，因此被孔子批评。《郊祀》曰：“故《春秋》凡讥郊，未尝讥君德不成于郊也，乃不郊而祭山川，失祭之叙，逆于礼，故必讥之。”也是认为《春秋》中凡是讥讽郊祭之事的，都是因为颠倒了祭祀的顺序，没有祭天就去祭祀山川，违背了礼制。山川之神，相对于天来说，是小神，应该在祭天之后才能举行祭祀。董仲舒对祭祀之序的强调，其实是对皇权一统的强调。《王道》中描述了五帝三王治理天下时的祭祀规范：“郊天祀地，秩山川，以时至封于泰山，禅于梁父，立明堂，宗祀先帝，以祖配天，天下诸侯各以其职来祭，贡土地所有。”遵守祭祀的先后顺序，遵守封禅的时间规定，天下诸侯也要依照自己的职位来助祭、献礼。《三代改制质文》中对于“法商而王”“法夏而王”“法质而王”“法文而王”者在举行封禅祭礼时的位置有不同的规定，分别为上、下、左、右。不管是郊祭还是山川祭祀，都是彰显政权合法性和神圣性的重要手段，都是董仲舒“屈民而伸君，屈君而伸天”政治主张的另类表达。

董仲舒的灾异思想也贯穿在其山川祭祀观念之中。《二端》篇讲“灾异以见天意”时举了楚庄王的事例，“楚庄王以天不见灾，地不见孽，则祷之于山川”①，楚庄王因上天未降灾提醒其为政之失而倍感惶恐，于是向山川之神祈求。山川是沟通天人的重要媒介，可以传达上天与人类之间的重要信息。这种观念由来已久，徐旭生《中国古史的传说时代》中就说过：“按着当时人的思想，天地相隔并不太远可

① 旧本在《必仁且智》篇，钟肇鹏校注本移入《二端》篇。

以相通。交通的道路就是靠着‘上插云霄’的高山。”① 董仲舒对《春秋》所记“山崩”现象十分关注，在《王道》《二端》都有提及，《史记·周本纪》记载伯阳父之言：“夫国必依山川，山崩川竭，亡国之征也。”山川乃国家之本，国家依赖山川而存，山崩川竭是重大灾难的征兆，意味着人与天交通的渠道断绝，天命不继，国将不国。这也是董仲舒在《山川颂》中一再颂扬高山“久不崩陁”“久长安”品格的原因，重视山川祭祀，非为神，乃为人，追求的是江山稳固。

总之，《山川颂》在《春秋繁露》中属于祭祀之礼一类，董仲舒继承先秦山川祭祀的传统观念，又适应汉朝政治的现实需求，提出先祭天后祭山川，凸显皇权一统理念，并在灾异视角下审视山川祭祀的功用，追求江山稳固。从作品性质分析，《山川颂》属于祭祀之礼，蕴含政治之思。

山川是大自然的杰作，自古至今经历了神化、德化、美化的发展历程，产生了大量优秀的山水文学作品，董仲舒的《山川颂》便是山水德化阶段的集大成者，在山水文学史上占有一席之地。

本文为“2021中国·衡水董仲舒与儒家思想国际研讨会暨中华孔子学会董仲舒研究委员会学术年会”提交的论文。

曹迎春（1976－），女，河北景县人，衡水学院董子学院教授，历史学博士。

① 徐旭生：《中国古史的传说时代》，文物出版社，1985年，第201。

董仲舒未见文集《董生书》管窥

王文书

董仲舒是一位高产的学者。司马迁说：董仲舒不置办产业，“以修学著书为事”①。《汉书·董仲舒传》载：“仲舒所著，皆明经术之意，及上疏条教，凡百二十三篇。而说《春秋》事得失，《闻举》《玉杯》《蕃露》《清明》《竹林》之属，复数十篇，十余万言，皆传于后世。掇其切当世施朝廷者著于篇。”② 但董仲舒是西汉人，距今已经2200多年了，他的文章能够流传至今实属不易。除《春秋繁露》以外，董仲舒文章多已经亡佚，冠以《董仲舒集》《董子文集》《董胶西集》等名号的文集，都是古人从《汉书》《古文苑》《太平御览》等诗文总集、丛书、类书中辑录汇编而成，并收集在大型丛书之中。由可见的史料可知，至少从隋唐就已经有学者编辑董仲舒的文集了，《隋书·经籍志》有《董子文集》的记载。《董仲舒集》《董子文集》《董胶西集》名号不一，内容基本大同小异。但是学者们往往忽略另一部与之内容不同的《董生书》的存在。《董生书》大部分内容已经丢失，本文拟从留存的少量记载中管窥《董生书》的内容。

① 《史记》卷一二一《儒林列传第六十一》。

② 《汉书》卷五六《董仲舒传第二十六》。

一、前人对《董生书》的考证

1. 王永祥《董仲舒评传》第二章之《著作状况》一节考证了董仲舒的著作情况。该文以为，汉代史籍提到的董仲舒主要著作有八项，《隋书·经籍志》只提及其中两项；唐人所藏辑录的自东周迄于南齐的诗、赋、杂文的《古文苑》有四篇董仲舒的文章（参见根据王永祥原文编辑的表格），但《董仲舒评传》未见引录《董生书》。

序号	篇名	出处
1	“明经术之意及上疏条教”百二十三篇	《汉书·董仲舒传》提及
2	“说《春秋》事得失，《闻举》、《玉杯》、《蕃露》、《清明》、《竹林》之属，复数十篇，十余万言”	《汉书·董仲舒传》提及
3	《天人三策》	《汉书·董仲舒传》所录
4	《庙殿火灾对》及论灾异七十七事；	《汉书·五行志》所录
5	乞种麦、限田章	《汉书·食货志》所录
6	御匈奴	《汉书·匈奴传赞》所录
7	《公羊董仲舒治狱》十六篇	《汉书·艺文志》提及
8	《春秋决狱》二百三十二事	《汉书·艺文志》提及
9	《春秋繁露》十七卷	《隋书·经籍志》提及
10	《春秋决事》十卷	《隋书·经籍志》提及
11	《士不遇赋》	《古文苑》录
12	《山川颂》	《古文苑》录
13	《诣丞相公孙弘记室书》	《古文苑》录
14	《雨雹对》	《古文苑》录

2. 台湾李威熊《董仲舒与西汉学术》将董仲舒的著作分为五大类：

第一类为明经策对类，包括：（1）董仲舒百二十三篇。《汉书·艺文志》所说；（2）《贤良对策》（即《天人三策》），《汉书》所录；（3）《郊事对》《古文苑》所录；（4）《说汉武帝使关中民种麦》，《汉书·食货志》所录；（5）《说汉武帝限民名田》，《汉书·食货志》所录；（6）《庙殿火灾对》，《汉书·五行志》所录；（7）《雨雹对》，《古文苑》所录；（8）《粤有三仁对》，《汉书·董仲舒传》所录；（9）《奏江都王求雨》，见《后汉书·礼仪志》注引。

第二类为言春秋得失类，包括：（1）《春秋繁露》，见《隋书·经籍志》；（2）《公羊董仲舒治狱》十六篇，见《汉书·艺文志》。

第三类书论类，包括：（1）《诣丞相公孙弘记室书》，《古文苑》录；（2）《论御匈奴》，见《汉书·匈奴传》。

第四类：赋颂文学类，包括：（1）《士不遇赋》，《古文苑》录；（2）《山川颂》，《古文苑》录；（3）《救日食祝》，见《周礼·宗伯》之太祝注；（4）《请雨祝》见《后汉书·礼仪志》注补；（5）《止雨祝》，见《春秋繁露》之《止雨篇》；（6）《七言琴歌》二首，见《文选》孔德璋北山移文引；（7）《董子文集》，见《隋书·经籍志》[①]。

第五类，其他，只有一篇《李少君家录》，见《抱朴子·内篇》引文。

李威熊所引篇目比王永祥所引多出五篇，来自（《后汉书》《周礼》《文选》《抱朴子》）的注解或引文辑录，但整篇未见《董生书》半言片语。

3. 衡水学院所编《董仲舒集》除收录了《七言琴歌》二首、《董子文集》（已经佚失）外，辑录了董仲舒的著作和文章，还增加了《春秋决事》（录自马国翰《玉函山房辑佚书》）和《董仲舒公羊治狱》（录自黄奭《汉学堂丛书》）两篇。但整书未见提及《董生书》半言片语。英国学者鲁惟一的《董仲舒儒家遗产于〈春秋繁露〉》一书第三章《董仲舒的著作》一章，仍未提及《董生书》。刘明《董仲舒集的

---

① 《隋书》卷《经籍志》原文为“汉胶西相《董仲舒集》一卷梁二卷”，并非《董子文集》。

文献史》[1] 结合史传以及既有的学术研究，考究了独立于《春秋繁露》之外的董仲舒作品的创作背景和作年等问题，勾勒出了董仲舒作品的流传史，同时系统考察了董仲舒作品被理解和评论的阅读史，但是文中没有提及董仲舒作品的集本《董生书》。看来《董生书》作为董仲舒作品的另一呈现，其性质和内容长期被人所忽略。

首次提及《董生书》的是桂思卓《从编年体到经典：董仲舒的春秋诠释学》第三章《董仲舒著作流传史》。该章节除了系统考察了《春秋繁露》之外，还关注到董仲舒的汉代及汉代以后被忽略的片段性史料。可以说，桂思卓的研究非常细致入微。她注意到了《艺文类聚》保存的四段有关董仲舒的史料，其中两段文献出自《董生书》[2]。但桂思卓没有对《董生书》硕果仅存的两段文字进行详细考证。还有《太平御览》辑录的有关内容桂思卓没有发现。《董生书》目前遗留有三种相似内容记载在不同卷章的十二条史料中。

二、《董生书》遗文“天子之宫”的比较和考释

《董生书》遗文“天子之宫”保存在五种类书之中，内容稍有不同。《艺文类聚》卷六一《居处部一》保留了《董生书》第一段内容。内容如下：

> 《董生书》曰：礼，天子之宫，在清庙，左凉室，右明堂，后路寝，四室者，足以避寒暑而不高大也，夫高近阳，广室多阴，故室适形而正。[3]

宋《玉海》卷一七五《宫室》载：

> 《董生书》曰：“礼，天子之宫，在清庙，左凉室，右明堂，

① 刘明：《董仲舒集的文献史》，《国学学刊》2021年第1期，第101—110、145页。

② 桂思卓《从编年史到经典：董仲舒的春秋诠释学》一书第三章《董仲舒之著作的流传史》（第65页）作《董圣书》。该书原文为英文，可能是翻译人员在翻译过程中出现错误，误译为《董圣书》。

③ 《艺文类聚》卷六一《居处部一》。

后路寝，四室者，足以避寒暑而不高大也。”①

明冯应京《六家诗名物疏》卷一五《国风墉二》载：

> 董子云：“礼，天子之宫，右清庙，左凉室，前明堂，后路寝，四室者，足以避寒暑而不高大也。夫高室近阳，广室多阴，故室适形而止。”②

是书因宋蔡卞《诗名物疏》而广之。

清《御定渊鉴类函》卷三四〇《居处部一》载：

> 《董生书》曰：礼，天子之宫，前清庙，左凉室，右明堂，后路寝，四室者，足以避寒暑而不高大也。夫高近阳，广室多阴，故室适形而止。③

清《御定渊鉴类函》卷三四六《居处部七》载：

> 董子曰：“天子之宫，左清庙，右凉室，前明堂，后路寝，四室者足以避寒暑而不高大也。夫高室近阳，广室近阴，故室适形而止。”④

考较以上所列文字，大同而小异。1. 按照礼制，天子居住的宫殿要明示简朴。《三国志·三少帝纪》载：“冬十二月，散骑常侍谏议大夫孔乂奏曰：‘礼，天子之宫，有斫砻之制，无朱丹之饰，宜循礼复古’。”裴松之注晋孙盛曰：“周礼，天子之宫有斫砻之制，然质文之饰，与时推移。汉承周、秦之弊，宜敦简约之化。”《左传》鲁桓公二年，“夏四月，取郜大鼎于宋。戊申，纳于大庙。非礼也。”臧哀伯谏曰：“君人者将昭德塞违，以临照百官，犹惧或失之。故昭令德以示子孙：是以清庙茅屋，大路越席，大羹不致，粢食不凿，昭其俭也。”杜预注：“以茅饰屋，著俭也。”整段文字的中心思想在于强调天子所居宫殿应昭示简朴，为天下做表率。2. 关于四种建筑的方位，几段文字不同，孰是孰非已不可考证。清庙，周王祭祀祖先的宗庙。

---

① 《玉海》卷一七五《宫室》。

② 《六家诗名物疏》卷一五《国风墉二》。

③ 《御定渊鉴类函》卷三四〇《居处部一》。

④ 《御定渊鉴类函》卷三四六《居处部七》。

《诗经》有《周颂·清庙》，“于穆清庙，肃雍显相。济济多士，秉文之德”。该诗是周祭祀祖先必唱之歌，怀念温文王的功业。《礼记·明堂位》：“季夏六月，以禘礼祀周公于太庙，升歌《清庙》。”《礼记·祭统》：“夫人尝禘，升歌《清庙》，……此天子之乐也。”后来延伸外交、视学等典礼用乐。《礼记·孔子燕居》：“两君相见，升歌《清庙》。”《礼记·文王世子》：“天子视学，登歌《清庙》。”到后来清庙成为一个综合性的礼制建筑，融合多种功能于一体。

明堂似乎周代以前是祭祀祖先的场所，《孝经》云：“孝莫大于严父，严父莫大于配天，则周公其人也。昔者周公郊祀后稷以配天，宗祀文王于明堂，以配上帝。”《春秋繁露》卷四《王道》云：“天为之下甘露，朱草生，醴泉出，风雨时，嘉禾兴，凤凰麒麟游于郊，囹圄空虚，画衣裳而民不犯，四夷传译而朝，民情至朴而不文，郊天祀地，秩山川，以时至封于泰山，禅于梁父，立明堂，宗祀先帝，以祖配天，天下诸侯各以其职来祭，贡土地所有，先以入宗庙，端冕盛服，而后见先，德恩之报，奉先之应也。”后来又发展出了祭祀、宣讲、宴享等多重功能。《史记》卷二四《乐书》云：“天子躬于明堂临观，而万民咸荡涤邪秽，斟酌饱满，以饰厥性。”蔡邕《明堂月令章句》云：“明堂者，天子大庙，所以祭祀。夏后氏世室，殷人重屋，周人明堂，飨功养老，教学选士，皆在其中。”唐代提出，“汉代达学通儒，咸以明堂、太庙为一。汉左中郎将蔡邕立议，亦以为然。取其宗祀，则谓之清庙；取其正室，则谓之太室；取其向阳，则谓之明堂；取其建学，则谓之太学；取其圜水，则谓之辟雍。异名而同事，古之制也。”但明堂与清庙之关系已不可考。

凉室，夏日避暑之室。魏何晏《景福殿赋》云：“温房承其东序，凉室据其西偏。”凉室在整个建筑整体右边当无疑问。路寝，《诗·鲁颂·閟宫》：“路寝孔硕。”《毛传》：“路寝，正寝也。”《周礼·天官·宫人》：“掌王之六寝之修。”郑玄《注》：“六寝者，路寝一，小寝五。……路寝以治事，小寝以时燕息焉。”贾公彦《疏》：“天子六寝，则诸侯当三寝，亦路寝一，燕寝一，侧室一。《内则》所云者是也。”庄公三十二年《经》：“八月癸亥，公薨于路寝。”《礼记·玉藻》：“君日出而视之，退适路寝以清听政。”可见路寝是帝王正殿所在。其方位在后，文中无异议。

(3)“《董生书》云”与“董子云”不矛盾。董仲舒《春秋繁露·循天之道》云：“君子养而和之，节而法之，去其群泰，取其众和。高台多阳，广室多阴，远天地之和也，故圣人弗为，适中而已矣。”[①]与以上五段文字中“夫高近阳，广室多阴”“高室近阳，广室多阴”“高室近阳，广室近阴”多有相似，思想内容与上文相似，极有可能出自董仲舒的另外文章，可以推知，《董生书》作者就是董仲舒。

三、《董生书》遗文“礼防其本”的比较和考释

《董生书》遗文“礼防其本”四部书之中。《艺文类聚》卷三八《礼部上》录有：

> 《董生书》曰：理者，天所为也。文者，人所为也。人所为谓之礼，礼者，因人情而为节文也，以救其乱，夫堤者，水之防也，礼者，人之防也，刑防其末，礼防其本。[②]

《天中记》卷四二《礼》、《御定渊鉴类函》卷一五四《礼总载二》所录与《艺文类聚》文字相同。

《太平御览》卷五二三《礼仪部二》录有：

> 《董生书》曰：礼者，天所为也；文者，人所为。谓之礼者，因人情为节文，以救其乱也。夫堤者，水之防也；礼者，人之防也。刑防其末，礼防其本也。[③]

二者所不同者乃“理”与“礼”。董仲舒已经初步有了“理”的概念，但是“理”还不是董仲舒的核心概念。董仲舒云：“仁人者，正其道不谋其利，修其理不急其功，致无为而习俗大化，可谓仁圣

① 《春秋繁露》卷一四《循天之道》。
② 《艺文类聚》卷三八《礼部上》。
③ 《太平御览》卷五二三《礼仪部二》。

矣。”[①] 小人才会“忘义而殉利，去理而走邪”[②]。“上通五帝，下极三王，以通百王之道，而随天之终始，博得失之效，而考命象之为，极理以尽情性之宜，则天容遂矣。”[③] 董仲舒更关注礼的意义和作用。“圣人之道，众堤防之类也，谓之度制，谓之礼节，故贵贱有等，衣服有制，朝廷有位，乡党有序，则民有所让而不敢争，所以一之也。”[④] “礼者，继天地、体阴阳，而慎主客、序尊卑、贵贱、大小之位，而差外内、远近、新故之级者也，以德多为象，万物以广博众多历年久者为象。”[⑤] 如按文意而言，“理者，天所为也”的论点更符合立理与礼的关系。西汉及之前有理即是礼的观点。“礼也者，理也。乐也者，节也。君子无理不动，无节不作。”[⑥] “礼也者，理之不可易者也。”[⑦] 发展成理学家的“礼即理之节文也”的观点。

唐人著《北堂书钞》内相关文字与宋《太平御览》同，宋代有类似的思想。张方平《乐全集》卷一二载：“周公制六典，盖以礼正其本，刑防其末弼，成五教民，协于中。”[⑧] 但《北堂书钞》在宋已经亡佚，现存《北堂书钞》乃明人版本，已经窜入内容。此“礼防其本”明显是后人加入内容。

> 《董生书》云：“礼者，人之防也。刑防其末，礼防其本。”今案御览五百二十三引董生书同。[⑨]

可知，明代编者在录入唐人原文时发现了与《太平御览》引用的《董生书》相同。明代其他学者也有引用该书，并直接认定作者为汉董仲舒。明代何孟春《余冬序录》云：“汉董生有言：‘礼者，人之防

① 《春秋繁露》卷九《对胶西王越大夫不得为仁》。
② 《春秋繁露》卷九《身之养重于义》。
③ 《春秋繁露》卷六《符瑞》。
④ 《春秋繁露》卷第八《度制第二十七》。
⑤ 《春秋繁露》卷第九《奉本第三十四》。
⑥ 《礼记正义》卷五〇《仲尼燕居第二十八》。
⑦ 《荀子》之《乐论篇第二十》。
⑧ 《乐全集》卷一二《刑法论》。
⑨ 《北堂书钞》卷八〇《礼总篇一》。

也，刑防其末，礼防其本。’用刑非圣人之得已，不教而杀，谓之虐。是故圣人在位，必先教而后刑焉。”①

四、《董生书》“禹见耕者”的考释

“禹见耕者”不见于唐《艺文类聚》，而三见于《太平御览》。其原文如下：

(1)《董生书》曰：“禹见耕者五耦而轼。”②

(2) 董仲舒云：“禹见耕者五耦而轼，过十室之邑而下；见山仰之，见谷俯之。”③

(3)《董子》曰：“禹见耕者五耦而式，过十室之邑而下，见山仰之，见谷俯之，避有道德之人，避俗之士也。”④

明清时期的类书也有采录，陈士元《论语类考》卷四《田则考》：“董仲舒云禹见耕者五耦而轼，盖服牛耕稼自炎黄以来有之。”⑤《御定渊鉴类函》载：“《董生书》曰：‘禹见耕者五耦而轼。’”⑥ 其来源显然是《太平御览》卷八二二《资产部二》。

轼，《说文》“车前也。”《释名》“轼，式也。所伏以式敬者也。”《后汉·张湛传》“轼辂马。”《注》“乘车必正立，有所敬则抚轼，谓小俛也。”其意为大禹礼贤下士，乘车见耕者有五耦必抚轼致敬，过有十户人家的小村庄必下车（与人寒暄），见高山而仰视，见深谷而俯视，生怕怠慢有道德的隐居之士。

荀子亦有类似的论述。《荀子》之《大略》篇有：“禹见耕者耦，立而式；过十室之邑，必下。”⑦ 还有以为曾参之言。《大戴礼记》记

---

① 《余冬序录》卷六《外篇》。
② 《太平御览》卷八二二《资产部二》。
③ 《太平御览》卷八二三《资产部三》。
④ 《太平御览》卷四七四《人事部一百一十五》。
⑤ 《论语类考》卷四《田则考》。
⑥ 《御定渊鉴类函》卷三五六《产业部二》。
⑦ 《荀子》之《大略篇第二十七》。

载：曾子制言，“君子错在高山之上，深泽之污，聚橡栗藜藿而食之，生耕稼以老十室之邑；是故昔者禹见耕者五耦而式，过十室之邑则下，为秉德之士存焉”①。

董仲舒的言论可能来自荀子。刘向在《荀子书录》中说：“至汉兴，江都相董仲舒亦大儒，作书美孙卿。”② 董仲舒的理论部分继承了荀子的思想，已有多位学者有系统论述，在此不再赘述。可知，董仲舒对《荀子》的熟知，引用荀子的观点也就可以理解了。

五、余论

《汉书·艺文志》载：“《董仲舒》百二十三篇。”“《公羊董仲舒治狱》十六篇。”③《汉书·艺文志》根据刘向的《别录》、刘歆的《七略》写就，距离董仲舒年代相对较近，应可信。其时尚无《董生书》。《艺文类聚》是唐代欧阳询、令狐德棻等十余人于武德七年（624）编纂而成，辑录《董生书》的内容，与《艺文类聚》同时代的《隋书·经籍志》载：“《春秋繁露》十七卷汉胶西相董仲舒撰。”“《春秋决事》十卷董仲舒撰。《春秋决疑论》一卷。”④ 无载《董生书》。从仅存的三种文献资料来看，其内容均不见于《春秋繁露》，也不同于《春秋决狱》的内容。由此可以推断，《董生书》编撰是在东汉之后，与《春秋繁露》成书时间差不多，大概在南北朝时期，到唐代该书已经亡佚，是董仲舒亡佚另一部著作。

本文为“2021中国·衡水董仲舒与儒家思想国际研讨会暨中华孔子学会董仲舒研究委员会学术年会”提交的论文。

王文书（1974—），男，河北衡水人，衡水学院董子学院副教授，历史学博士。

---

① 《大戴礼记》之《曾子制言下第五十六》。
② 《全上古三代秦汉三国六朝文》卷三七《孙卿书录》。
③ 《汉书》卷三〇《艺文志》。
④ 《隋书》卷三二《经籍一》。

《春秋繁露·必仁且智》篇智慧观解读①

耿春红　刘玉敏

中国先哲从先秦时期就开始探讨智慧，尤其是注重安身立命、直面现实生活的儒家先哲们一代又一代给出了对智慧的理解和探讨，这些都反映在一部部经典著作中。研读这些著作，可以使后人在欣赏语言文字美的同时，也能学习到先人的智慧及对智慧的探讨，为后人更智慧的生活提供宝贵经验。

读《论语》，在“知者不惑，仁者不忧，勇者不惧”[1]（《论语·子罕》）中领会到孔子在知、仁、勇三位一体中考察、理解“知”，“知”“智”合一，既体现了知识论和伦理学的统一，又反映了儒家智慧和道德相结合的基本特征。读《孟子》，在：“学不厌，智也；教不倦，仁也。仁且智，夫子既圣也”（《孟子·公孙丑上》）[2]中，我们领会“仁”“智”合一，就是圣人，字面的改变表明孟子向智慧的探讨进一步发展。孟子又提出了“是非之心，智之端也”的命题，即是非之心是智的萌芽。又因为孟子强调“人皆可以为尧舜”，所以他认为凡人也可以通过知识的积累和智慧的磨炼而“学以成圣”，智慧的获

① 基金项目：本文河北省社会科学发展研究课题“董仲舒天人哲学及其人文价值”（项目编号：20200402019）；河北省教育厅人文社会科学研究重大课题攻关项目“董仲舒思想及其现实意义研究”（项目编号：ZD202125）；国家社会科学基金项目（项目编号：19BZX051）阶段性成果。

得人人平等，这是孟子对智慧论述的贡献。荀子是继孔孟之后的儒学大师，他对知识的层次和分类有意识地进行了具体分析，提出征知、辩合、符验等一系列认识、推理、证明的环节，从而说明“求智”是一个辩证发展的过程，从而为人们获得智慧指明路径和方法。他认为“人所具有的认识事物的本性”就是“知”，人的认识应和外界相符合、达到对事物之理的把握则是“智”。可见，“智”是从知识中分化出来的结果，这种见解是荀子论智慧的一大创新。另外，荀子还通过耳目感知之知和心之征知两个阶段分别涉及感性和理性的认识，从而为进一步认识智慧开辟途径[3]。

我们读先秦经典，感受到了儒家对智慧的探索和深入。然而先秦儒家没有将“智慧”两个字连用，而多是将知、智、慧等字单用，直至汉代儒者贾谊才在他的《新书》中将先秦儒家对智慧定义的基本思路揭示出来：“深知祸福谓之智，反智为愚；极见窕察谓之慧，反慧为童。”[4]意思是，智慧就是深知祸患之辨，极见事物义理本质，侧重社会人事及其行为趋势的明智理解和理性把握，和知识、理性相关联，又具有浓重的人文色彩，并且和愚昧、童蒙相对立。

正是有了前人对智慧的诸多探讨，于是到了汉代董仲舒，作为哲学家的他才在其《春秋繁露》① 中专辟一章论说智慧，这就是“必仁且智”篇。董仲舒也因此成为中国历史上较为系统论说智慧的第一人。“必仁且智”篇，分三段，全文四五百字；以说理为主，同时采用意象式的下定义方式。全篇说理充满了干净利落、言简意赅且具体细致的特点。董仲舒的智慧观既继承孔子以来开创的智慧观，即知识与伦理、智慧和道德相结合，又有其创新和超越意识。下面通过对文本的解读，具体说明。

第一段，智慧的重要性及在选材用人方面的不可或缺性。对一个人来说，没有比仁、智更重要的了，即“莫近于仁，莫急于智”。仁，即仁爱；智，即明智，前者侧重情绪能力，后者侧重理性能力，二者

① 下文所引《春秋繁露》内容均出自张世亮、钟肇鹏、周桂钿译注的《春秋繁露》，中华书局，2012年。

结合就是智慧；然后指出“不仁不智而有材能”“适足以大其非，而甚其恶”，意思是，没有仁、没有智却有才能的人，会运用他的才能去助长他邪僻不正的思想，去帮助他邪恶乖僻的行为。在这里，他强调了智慧的道德性特征，同时又提到一个概念：“材能”，即才能，所以下面提到了智慧和选材用人的问题。董仲舒认为，仁与智的统一是选才用人的标准。他说“有否心者。不可藉便埶（势）；其质愚者，不与利器”，意思是：有邪恶心的人，不可以给他便于利用的权势；资质愚钝的人，不可以给他锐利的武器。因为仁、智是用来别是非、辨善恶的。“仁而不智，则爱而不别也；智而不仁，则知而不为也。故仁者所以爱人类也，智者所以除其害也。”仁而不智，是爱而不别是非；智而不仁，是虽知是非，但却不肯为是而非；是非不分的人，虽知道什么是善事而不会去做。所以“必仁且智”，才能成为一个合格的人才。第一段指出一个合格的人才由仁、智共同组成其智慧，这样的人才能别善恶、明是非，做一个对社会、对人类有用的人。同时，仁、智对举，让我们想到现代心理学上的情商和智商两对概念。情商，是1990年美国耶鲁大学的萨洛维和新罕布什尔大学的梅耶提出的概念，又叫情绪智力，是管理情绪意识的能力。智商，是美国斯坦福大学推孟在1916年提出的概念，又叫智力商数，是心理年龄与实足年龄之比，也称比率智商，作为比较人的聪明程度的相对指标。董仲舒是否有此超前意识，且看下面两段分析。

第二段，何谓仁。先用三个肯定句“憯（惨）怛爱人，谨翕不争，好德敦伦”，意思是，忧伤痛苦地爱护别人，恭敬和合地不与人争斗，喜好并诚恳地遵从伦理道德。孔子讲“仁者爱人”，董仲舒又加上了“憯（惨）怛”二字，说明爱与同情、怜悯心、同理心有相同之处，和孟子的“恻隐之心”相同，属于本体之心。第二、三句话是讲和人相处之道及对伦理的遵从，体现了儒家重伦理的特点，属于用的范畴。这三句话体现了“仁”这个概念体、用结合的特点。三句话都侧重与别人适当关系的处理，也体现了儒家“仁”的基本特征就是处理人和人之间的关系。紧接着连用六个否定句，论“仁”所反对的内容：“无伤恶之心，无隐忌之志，无嫉妬（妒）之气，无感愁之欲，无险诐之事，无辟讳之行。”意思是，没有伤害别人的心理，没有暗中记恨别人的心志，没有嫉妒别人的情绪，没有抱怨忧闷的意愿，没有阴险邪僻的事情，没有邪恶乖僻的行为。前四句话从心志写，写人内心的阴暗邪恶；意识支配行动，所以后面两句写效果、写行为。六句话，先肯定，后否定，体现了儒家温柔敦厚的思想特点，同时抓住了仁的实质，仁就是人的心理情绪，它支配人的行动，一念之间天壤之别。因此，要对心、对意念、对情绪进行管控。只有管控好心、意念和情绪，行为就不会出现偏差，也就不会出现坏的结果。由上面的描述看出，仁，确实类似于现代心理学所说的情商。所谓情商，主要是指人在情绪、意志、耐受挫折等方面的品质，反映一个人感受、理解、运用、表达、控制和调节自己情感的能力，以及处理自己与他人之间的关系的情绪能力。它是非理性的，与后天的培养息息相关。情绪失控，就如同汽车制动失灵，造成车毁人亡；情绪失控，造成人生病、发疯、自杀、杀人。因此认识情商、认识情绪管理的能力非常重要。早在两千多年前的董仲舒似乎认识到了，他通过三个肯定句、六个否定句，最后导出了一个情商管理四要素：“其心舒，其志平，其气和，其欲节”，意思是，心情舒畅，志意平稳，心气和顺，欲望节制，唯有这样才能“其事易，其行道”，行事平易，行为合乎正道。可以说，仁，等同情绪管理，小到关乎身心健康，大到关乎人间正道。

第三段，何谓智。分五点：首先，智就是正确谋划。“凡人欲舍行为，皆以其智，先规而后为之”，意思是，人们大凡要实行或放弃某项行动，都先用他们的智进行谋划，然后才去实行。但是谋划有正确与错误之分，按谋划而行为的结果也就有了天壤之别：谋划正确的人，“其所为得其所事，当其行，遂其名，荣其身，故利而无患，福及子孙，德加万民，汤、武是也”；谋划错误的人，“其所为不得其所事，不当其行，不遂其名，辱没及其身，绝世无后，残类灭宗亡国，桀、纣是也”。故曰：“莫急于智。”所以人没有比需要智更急切的了。这里，董仲舒通过历史上两类著名的人物——汤武和桀纣行为的结果谈到谋划的重要性，其于己、于人、于家、于国至关重要。谋划正确就是明智，谋划错误就是不明智。所以智就是理智判断。同时汤武、桀纣的行为也带有道德性，所以智的道德属性不言而喻。其次，智能预测。“智者见祸福远，其知利害早，物动而知其化，事兴而知其归，见始而知其终”，明智的人能预测祸福，能提前知道利害，事物刚一发动就知道它的变化情况，事业刚一兴起就知道它的结果，看到开端就知道结局。这里强调智的先见之明，它是基于知识、经验习得积累基础上的，不完全等同于知识的，从而强调了学习、积累、总结的重要性。其三，智的理性威严。“言之而无敢哗，立之而不可废，取之而不可舍，前后不相悖，终始有类，思之而有复，及之而不可厌。”这里强调智的理性威严，强调它的合理性和恰当性。其四，智的简约性。“其言寡而足，约而喻，简而达，省而具，少而不可益，多而不可损”，意思是，他的言语不多而理由充分，语言简约而清楚明白，简单而能表达充分，省略却又全面，语句少时别人无须增加什么，语句多时别人无法减少什么。可见，智简约而不啰唆且具缜密性。其五，智合乎伦理。“其动中伦，其言当务。”智的行为符合伦理规范，智的话语切合时务。总之，思维的规范性、判断的合理性及行事的恰当性三者的有机统一就是智。董仲舒既把智中的理性主义内容论说了出来，又体现出对其实践性的重视。这也是董仲舒论智慧的创新之处。同时，智和现代心理学上所说的“智商”非常相近。现代概念的智商主要反映人的认知能力、思维能力、语言能力、观察能力等。也就是说，它主要表现人的理性的能力。理性的高级形式就是做人做事符合宇宙、自然、社会、人生等的规律，汤武、桀纣的做法，只要是一个理性而正常的人，都能判断出孰是孰非。所以，两千多年前的董仲舒就用简洁、有理、符合逻辑的语言论说了智就是做人做事的理性能力。

“仁”和“智”的先后逻辑也很清晰。“仁”类似情商，“智”类似智商，现代心理学研究表明，情感常常走在理智的前面，它影响着认识和实践活动的能力。智商的作用主要在于更好地认识事物。智商高的人，思维品质优良，学习能力强，认识程度深，容易在某个专业领域做出杰出成就，成为某个领域的专家。情商主要与非理性因素有

一、旗帜鲜明地弘扬道德

道德是社会意识形态之一，是人们共同生活及其行为的准则与规范。道德通过社会的、学派的或一定阶级的舆论对社会生活起一定的引导与约束作用[①]，从哲学层面讲这种引导与约束作用应该以道家为最，从伦理层面讲这种引导与约束作用应该以儒家为最。

不言而喻，作为儒家重要人物之一的董仲舒在道德关照与弘扬方面必然有他的独到之处。据《春秋繁露·楚庄王第一》载："楚庄王[②]杀陈·夏征舒[③]，《春秋》贬其文，不予专讨也；而灵王杀齐庆封[④]，却直称楚子，何也？曰：庄王之行贤，而征舒之罪重，以贤君讨重罪，其于人心善，若不贬，庸知其非正经？"

这段文字就《春秋》对同样杀人的两个人的评判结果完全不一样，董仲舒就此做了精准的解读。他说虽然楚庄王杀死了罪恶累累的陈国夏征舒，《春秋》一书却通过千挑万选般地选择语言文字，而轻描淡写地贬谪了楚庄王，却不是用专业而犀利的文字去批判他，如此便保全了他的千秋万代美名。但楚灵王杀死齐国的庆封，《春秋》却直称楚灵王为楚子，在当时的语境下，楚子乃甚贱之词，是对人的贬称。不言而喻，两个人都杀了人，但《春秋》对他们的评价却大相径庭。

在《春秋繁露》一书里，董仲舒认为楚庄王杀死齐国庆封的行为有道德元素在其中。而夏征舒作为臣子却敢犯上作乱以弑君，其罪过也实在是太重了。董仲舒肯定地认为，以贤君的身份讨伐有重罪的人，就人心而言是善良的，是一种有道德的行为；而对犯有严重罪过

① 中国社会科学院语言研究所词典编辑室编：《现代汉语词典》，商务印书馆，1996，第259页。

② 曾振宇注说：《春秋繁露》，河南大学出版社，2009年，第115页。

③ 曾振宇注说：《春秋繁露》，第115页。

④ 曾振宇注说：《春秋繁露》，第116页。

的弑君之人如果不加以声讨和批判，人们就不知道他走的不是一条正路。不难看出，董仲舒在这里借题发挥，游刃有余地把道德提到如此高度、表述得如此响亮，同时又把犯上作乱的弑君者予以鞭挞，轻而易举地普及与推广了儒家文化，弘扬了正能量，实乃民族文化尤其是儒家文化之幸也！一如前文所言，道德是社会意识形态之一，道德通过社会的或一定阶级的舆论对社会生活起约束作用。

那么《春秋》对楚庄王、灵王二人的评判标准有如此大差异，便是"舆论对社会生活起约束作用"的一个典型案例。

一般而言，实践或活动起源于人们的欲望，其大多非理性所为。理性可以分辨对与错、可行与不可行，而"楚庄王杀陈·夏征舒"便属于理性这类情况。欲望正好相反，它因为不能分辨对与错，所以便容易爆发一些盲目的行动。而"灵王杀齐庆封"便属于这种情况。当然了，欲望有时候也能够服从理性，虽然如此，但更多的时候是反对理性的。所以说，服从理性的欲望导致良好的选择，反对理性的欲望导致错误的选择，而道德便是理性和良好选择的前提，道德从根本上起源于欲望理性的统一。在没有养成习惯之前，做一个有道德的人并不容易。但是，良好的选择习惯一旦养成，道德的活动本身就能够带来快乐，这种快乐又不断地诱导人们选择做有道德的事。所以说做一个有道德的人并不难，主要取决于个人的成长环境、理性选择和社会舆论的恰到好处。这和董仲舒就《春秋》对楚庄王的历史评价做出高度的赞叹与认可是高度吻合的。

"道德"一词，可追溯到先秦思想家老子《道德经·第五十一章》："道生之，德畜之，物形之，势成之。是以万物莫不尊道而贵德"。[①] 用现在的话来说就是："道生成万物，德养育万物，万物呈现出各种各样的形态，环境使万物成长。所以说万物没有不尊重道而重视德的。"这里的"道"指自然运行与人世共通的真理；而"德"则是指人世间的德性、品行、王道，德的本意实为遵循道的规律来自身

① 林秀豪主编：《老子·庄子》，延边大学出版社，2005年版，第79页。

发展变化。在当时语境下道与德是两个概念，因为当时并无“道德”一词。但涉及道与德的言论却屡屡出现。比如《论语·学而》有子曰：“其为人也孝弟，而好犯上者，鲜矣；不好犯上，而好作乱者，未之有也。君子务本，本立而道生。孝悌也者，其为人之本与！”[①]用现在的话来说就是：“有子说：那种孝顺父母、敬爱兄长的人，却喜欢触犯上级，是很少见的；不喜欢触犯上级却喜欢造反的人，更是从来没有的。有德行的人总是力求抓住这个根本。根本建立了便产生了仁道。孝敬父母、敬爱兄长，大概便是仁道的根本吧！”孔子的得意门生有子在此以“孝悌”开头，再以“孝悌”结束，渐次推理，层层递进，最终以“孝悌也者，其为人之本与！”结束，实属高论。从中可以看出，“本”“道”是人们，尤其是儒家对于世界的看法，应属于世界观乃至“三观”的范畴，对社会上形形色色的人们是有极大的引导作用和指导意义的。再如《论语·为政》子曰：“道之以政，齐之以刑，民免而无耻；道之以德，齐之以礼，有耻且格。”[②]用现在的话来说就是：“孔子说：‘用政令来治理百姓，用刑罚来制约百姓，百姓可暂时免于罪过，但不会感到不服从统治的可耻；如果用道德来统治百姓，用礼教来约束百姓，百姓不但有廉耻之心，而且会纠正自己的错误。’”《论语》这章把“政”“刑”“德”“礼”进行了比较，比较的结果更偏重于后二者“德礼”，再说得具体一些，就是“德主刑辅”。

不可否认，《道德经》《论语》把道与德已经说得比较清楚了，这就为“道德”一词在不久将来的横空出世，奠定了良好的基础。

二、不失时机地推广礼乐

前文已把《道德经》《论语》就道与德的关系问题说得比较清楚了，并且肯定地说“道德”一词在不久将来的横空出世。不出所料：

---

① 陈晓芬、徐儒宗译注：《论语 大学 中庸》，中华书局，2014年，第8页。

② 陈晓芬、徐儒宗译注：《论语 大学 中庸》，中华书局，2014年，第16页。

孔子后两百多年，“道德”二字连用还真的出来了。“道德”一词始于儒家学派重要人物、比孔子小238岁的荀子。荀子在《荀子·劝学》云：“故学至乎礼而止矣，夫是之谓道德之极。”① 用现在的话来说就是“所以学习到了明礼的程度才停止，这就是道德的极致”，说得太好了！道德的极致就是明礼。当然，关于礼的定义很多。比如：礼就是社会生活中，由于道德观念和风俗习惯而形成的仪节；礼就是符合统治者整体利益的行为准则（王即之：语境不同了，用现在的话来说应该是“礼就是符合国家整体利益的行为准则”）；礼就是表示尊敬的态度和动作，比如：“礼让、礼遇、礼赞、礼尚往来、先礼后兵……”《左传·昭公二十五年》说得更文雅一些：“夫礼，天之经也，地之义也，民之行也。”②

用现在的话来表述就是：“礼犹如天上日月星辰的运行、地上万物的自然生长、人民大众本有的自然的行为。”

儒家礼乐如此之好！作为一代大儒的董仲舒自然要推广与宣扬了。据《春秋繁露》载：“春秋曰：‘晋伐鲜虞。’奚恶乎晋，而同夷狄也?”曰：“《春秋》尊礼而重信，信重于地，礼尊于身。何以知其然也？宋伯姬疑礼而死于火，齐桓公疑信而亏其地，春秋贤而举之，以为天下法”③。在此董仲舒就《春秋》记载的“晋国攻伐鲜虞国”之说发表自己的观点：为什么对晋国不好，而将它等同于夷狄呢！是因为《春秋》注重礼义而又重视诚信。诚信比土地更重要，礼义比人身要尊贵。那么又怎么知道是这样的呢？因为宋伯姬对礼持有怀疑态度，结果被火烧死；齐桓公对诚信持有怀疑态度而损失了土地。《春秋》遇到有道德的人就极力推举他，并以此作为天下普遍的法则。

有人曾问董仲舒：“晋恶而不可亲，公往而不敢至，乃人情耳，君子何耻，而称公有疾也?”④ 大意是说晋国不好并且不可亲近，昭

① 安小兰译注：《荀子》，中华书局，2007年，第10页。

② 左丘明：《左传》，岳麓书社，2001年，第622页。

③ 曾振宇注说：《春秋繁露》，第117页。

④ 曾振宇注说：《春秋繁露》，第118页。

公前往晋国吊少姜之死却不敢进入晋国。这本是人之常情，君子为什么把赴晋当作耻辱而假称自己有病了呢？董仲舒回答说："恶无故自来，君子不耻，内省不疚，何忧于志是已矣。今春秋耻之者，昭公有以取之也。……昭公虽逢此时，苟不取同姓，讵至于是；虽取同姓，能用孔子自辅，亦不至如是。时难而治简，行枉而无救，是其所以穷也。"①

董仲舒借题发挥、游刃有余、一针见血地回答说，我认为这是没有原因的厌恶而造成了半途而废。君子不以此为耻，在思想上又无头绪，乱作一团。而如今《春秋》将此当作耻辱，是因为大臣欺凌自己的国家，从文公时就开始了，到昭公时已经最为严重了，国家动乱不堪，昭公却没有惧怕与警惕之心，还得意忘形地随意征讨而打败同姓诸侯。人们常说："国家安定太平，四邻都来祝贺你；国家动乱不安，四邻就要远离你。"因为季孙氏独掌鲁国大权，致使昭公在国外流浪八年，至死才得以回国。他自己死了，他的孩子也就随之危险了。昭公虽然生逢此时，但他如果不随意攻取同姓国家，就不会落到如此不堪的境况，即使攻取同姓国家，如果能够任用孔夫子之类的儒生辅助自己，也不至于沦落到这种境地。时事如此艰难，对策又无章法，行为不正又无人补救，这就是鲁国沦落的原因所在。

提问者无名氏与回答者董仲舒这段文字虽稍显冗长，但却一针见血而又不失时机地推广了儒家礼乐文化，旗帜鲜明地批评了当政者不注重孔子这样的儒生而造成了国家治理中的束手无策。董仲舒不愧为一代大儒，在此，他把一个人的提问回答得如此精准、精致乃至经典，实令两千多年后的我辈倾慕与敬仰！

三、恰到好处地表达义理

义理：合于一定的伦理道德的行事准则。亦称宋以来之理学为义

① 曾振宇注说：《春秋繁露》，第 118 页。

理之学。《礼记·礼器》云：“先王之立礼也，有本有文。忠信，礼之本也；义理，礼之文也。无本不立，无文不行。”① 用现代语言来表述就是说，先王所制定的礼，既有内在的实质，又有外在的形式。忠信是礼内在的实质，义理是外在的形式。没有内在的实质，礼就不能够成立；没有外在的形式，礼就无法推行。一如董仲舒《春秋繁露·五行顺逆》云：“故动众兴师，必应义理，出则祠兵，入则振旅，以闲习之。”② 读之令人感佩，满满的正能量！发动兵众，派出军队，一定要符合正义和真理。而且一定要有形式感：出兵时要举行仪式，回军要整顿队伍。这些都是为了使军士熟悉战斗，取得胜利。

在《春秋繁露》中董仲舒还曾对《春秋》良好而贴切的记事规则和表述方式进行过阐述。他说：“吾以其近近而远远、亲亲而疏疏也……百物皆有合偶，偶之合之，仇之匹之，善矣。……然则《春秋》义之大者也，得一端而博达之，观其是非，可以得其正法，视其温辞，可以知其塞怨，是故于外道而不显，于内讳而不隐，于尊亦然，于贤亦然，此其别内外、差贤不肖、而等尊卑也。义不讪上，智不危身，故远者以义讳，近者以智畏，畏与义兼，则世逾近，而言逾谨矣，此定、哀之所以微其辞。以故用则天下平，不用则安其身，《春秋》之道也。”③

经过对《春秋》深入地研究，他得知《春秋》亲近关系近的，疏远关系远的……任何事物都有与之对立的一方，对立双方总是互相配合，相依而存在的。……由此看来，《春秋》是表达最高义理的书了！了解其中的一部分就可以推知全部；观察它的是非标准，就可以推知事情的正确原则；看到它用词含蓄，就可以推知它的幽怨。因此，它主张正道却不显现；它有避讳却不隐藏。它对尊贵者是这样，对卑贱者也是这样。这就是区别内外，使贤与不贤有差别，使尊卑有别。按道义不应诋毁在上位的人，按智慧不能危及自身。所以关系远的因道

① 宋元人注：《四书五经》，中国书店，1985 年，第 132 页。
② 曾振宇注说：《春秋繁露》，第 119 页。
③ 曾振宇注说：《春秋繁露》，第 135 页。

义而隐讳，关系近的因智慧而畏惧。畏惧和正义同时兼备，社会就越来越亲，言论就更加严谨。这就是定公、哀公所以受到隐微批评的原因。所以采用《春秋》的原则，天下就太平；不采用也可以使自身安定。这就是《春秋》的记事规则。

应该说董仲舒如此这般地对《春秋》加以阐述与解读，对匡正后人们的行为规范、维护后来社会的和谐稳定，有巨大的历史意义。

四、坚定不移地实行仁爱

仁，汉语常用字一级字、会意字。最早出现在春秋晚期的《侯马盟书》中。[①] 本义是对人友善、相亲。如《论语·颜渊》载："樊迟问仁。子曰：'爱人。'"[②] 用现在的话来说就是：樊迟问什么是仁。孔子说："爱人。"应该说，孔子所说的爱人，包含有古代人文主义精神，仁是他全部学说的核心。再如《礼记·中庸》载："仁者，人也，亲亲为大。义者，宜也，尊贤为大。"[③] 翻译过来就是说，仁就是爱人，亲爱亲族是最大的仁。义就是事事做得适宜，尊重贤人是最大的义。仁后来发展为含义广泛的道德范畴，如儒家所提倡的"仁爱""仁政"等等。

在《春秋繁露》中，董仲舒认为《春秋》对仁爱有直接的赞赏，也有对不仁爱的人和事以及战争征伐，表现出厌恶之情。他说："会同之事，大者主小，战伐之事，后者主先，苟不恶，何为使起之者居下，是其恶战伐之辞已！且春秋之法，凶年不修旧，意在无苦民尔；苦民尚恶之，况伤民乎！

伤民尚痛之，况杀民乎！故曰：凶年修旧则讥，造邑则讳，是害民之小者，恶之小也；害民之大者，恶之大也，今战伐之于民，其为害几何！考意而观指，则春秋之所恶者，不任德而任力，驱民而残贼

① 曾振宇注说：《春秋繁露》，第135－136页。

② 张燕婴译注：《论语》，中华书局，2006年，第182页。

③ 陈晓芬、徐儒宗译注：《论语 大学 中庸》，第8、324页。

之；其所好者，设而勿用，仁义以服之也。诗云：‘弛其文德，洽此四国。’此春秋之所善也。”[①] 在这里发问的人问董仲舒《春秋》记载战争征伐十分谨慎，《春秋》厌恶战争征伐到了无语的程度，这是为什么呀？董仲舒回答说矛盾双方会面谈和之事，大国要以小国为主；交战征伐之事，攻伐者首先要以被攻伐者为主。如果不厌恶征战之事，为什么让发动战争的人居于下位呢？他还以《诗经》相关经典句子“弛其文德，洽此四国”做后盾总结说，这就是《春秋》厌恶战争征伐的用语特点呀！

顺着这个话题董仲舒继续说，《春秋》的基本原则是：“凶年不修旧，意在无苦民尔。苦民尚之，恶况伤民乎，伤民尚痛之，况杀民乎，故曰：‘凶年修旧则讥，造邑则讳。是害民之小者，恶之小也；害民之大者，恶之大也。今战伐之于民，其为害几何，考意而观指，则《春秋》之所恶者，不任德而任力，驱民而残贼之。其所好者，设而勿用，仁义以服之也。’《诗》云：‘弛其文德，洽此四国。’此《春秋》之所善也。”[②]

他对《春秋》灾荒之年不装修旧建筑之事解读得非常精准，言其用意在于不使百姓更加困苦。在此基础上他又递进了一层：使百姓更加困苦尚且令人厌恶，何况进一步伤害百姓呢！再递进一步说伤害百姓尚且痛，更何况屠杀百姓呢！随后他又归纳说，之所以说灾荒之年修饰旧的建筑就要受到指责、建筑大的城邑就是忌讳之事，是因为这些伤害百姓的小事，是罪恶中的小事；这些伤害百姓的大事，就是罪恶中的大事。《春秋》所厌恶的是不用德行只凭借武力驱赶并残害百姓；统治者喜好的兵刑之类，虽可设置但不建议使用，而是要用仁义使百姓心悦诚服！说到底，这就是《春秋》所推崇的善良呀！

---

① 曾振宇注说：《春秋繁露》，第 118 页。

② 曾振宇注说：《春秋繁露》，第 136 页。

五、结语

《春秋繁露》是孔子之后儒家文化的扛鼎人物之一董仲舒的扛鼎之作，共十七卷八十二篇，实可谓皇皇巨著！

《春秋繁露》推崇公羊学、发挥“春秋大一统”之旨，着重阐述了以阴阳五行、天人感应为核心的哲学乃至神学理论和“性三品”的人性论、“王道之三纲可求于天”的伦理思想及“赤黑白三统循环”的历史观。与此同时，董仲舒在《春秋繁露》中也不失时机地结合对《春秋》的认知和解读，对纯正的儒家文化诸如“道德、礼仪、礼乐、诚信、义理、仁爱、仁道、仁德、正义、公平、人文、科学、健康、尚中、忠诚、孝悌、尊贵、尊老、爱幼、从善、清廉、教化、节操、谨慎、审慎、端正、一元、威严、协调、和顺、通达知变、法天正己，遵时守位，知常明变、居安思危、趋利避害、开物成务、建功立业、改变命运、把握时机、除恶扬善、法圣效贤、法古为今、尊崇自然、统管施用……”加以推广、普及、运用、借用和杂糅。很好地宣扬了儒家文化！基于此，作为儒家研习者之一员的我不揣冒昧，欲对《春秋繁露》之儒学系列做一番梳理和浅议。只是由于自己的视野、研习程度和文稿篇幅所限，遂于匆忙中形成这篇小文，以表我对非常敬仰的一代大儒董子的敬仰之情！

本文为“2021 中国·衡水董仲舒与儒家思想国际研讨会暨中华孔子学会董仲舒研究委员会学术年会”提交的论文。

王即之（王卫民），男，汉族，1958 年生于陕西省西安市长安区；现为西北大学中国西部书画研究院研究员，西北大学现代学院国学院研究员、执行院长，陕西省国学研究会副主席。

从《史记·循吏列传》看司马迁所述董仲舒的《春秋》教

董金裕

一、前言

在《史记》总共一百三十篇本纪、书、表、世家、列传中，《循吏列传》向来极少被学者特别注意。其原因有三：一为该列传虽属多人的合传，但所述者仅楚相孙叔敖、郑相子产、鲁相公仪休、楚相石奢、晋理（司法官）李离五人，且皆属春秋中叶至战国初期的人物；二为全文篇幅极短，尚不满一千字，用以记叙各人事迹平均每人不及二百字，叙事嫌简略；三为全文末尾的“太史公曰”仅对所记五人事迹中的一部分略加提点，而非如其他篇的发表评论，或整体总结，或补充叙述。

然则《循吏列传》除文末的“太史公曰”以外，一开头与多篇不同的是也有“太史公曰”，亦即全文有两“太史公曰”。篇首的“史公曰”可以视为全文的序论，其文曰：

> 太史公曰：“法令所以导民也，刑罚所以禁奸也。文武不备，良民惧然身修者，官未曾乱也。奉职循理，亦可以为治，何必威

严哉！”①

除此之外，司马迁在《太史公自序》中又述及此篇之作意，曰：

奉法循理之吏，不伐功矜能，百姓无称，亦无过行，作《循吏列传》第五十九。②

两文皆极为简短，但文中分别提到“奉职循理”“奉法循理”③。或言“奉职”，或言“奉法”，应属互文见义，指在所任职位上尽其本分，遵循相关的法令规章，尚属可以理解。但所谓“循理”的“理”，究竟是什么理？则有待探究。

按司马迁的思想，上承孔子之教及其父司马谈、其师董仲舒之传，系以儒家为主，兼融道家而成。《孟子·告子上》云：“心之所同然者何也？谓理也，义也。圣人先得我心之所同然耳。故理义之悦我心，犹刍豢之悦我口。”④ 又《荀子·议兵》曰：“仁者爱人，义者循理。……彼仁者爱人，爱人，故恶人之害之也。义者循理，循理，故恶人之乱之也。”⑤ 董仲舒《天人三策》第三策曰：“孔子曰：‘天地之性人为贵。’明于天性，知自贵于物；知自贵于物，然后知仁谊；知仁谊，然后重礼节；重礼节，然后安处善；安处善，然后乐循理；乐循理，然后谓之君子。”⑥ 又《春秋繁露·深察名号》曰：“《春秋》

---

① 司马迁撰，裴骃集解，司马贞索隐，张守节正义：《史记·循吏列传》，台北：艺文印书馆据清乾隆武英殿刊本景印，1958年，第1265页。

② 司马迁撰，裴骃集解，司马贞索隐，张守节正义：《史记·太史公自序》，台北：艺文印书馆据清乾隆武英殿刊本景印，1958年，第1361页。

③ 按《史记·循吏列传》叙及公仪休时，亦有“奉法循理”句。

④ 朱熹：《孟子集注·告子上》，《四书章句集注》，台北：大安出版社，2005年，第462页。

⑤ 杨倞注，王先谦集解：《荀子集解·议兵》，《新编诸子集成》第二册，台北：世界书局，第185页。

⑥ 班固撰，颜师古注，王先谦补注：《汉书·董仲舒传》，台北：艺文印书馆据光绪庚子春日长沙王氏校刊本景印，1958年，第1170页。

辨物之理，以正其名。”① 《春秋繁露·玉英》曰：“治国之端在正名。”② 综上所述，则所谓“循理”之理，应指知仁谊（义），重礼节，正其名，亦即仁义礼智之理，此即孟子所称“其事则齐桓、晋文，其文则史，其义则丘窃取之矣”③ 的义理。此义理在孔子所删述的六经，尤其是《春秋》之中屡屡可见。

司马迁之撰作《史记》，一方面是秉承其父遗训，谓：“太史公曰：‘先人有言，自周公卒五百岁而有孔子，孔子卒后至于今五百岁，有能绍明世，正《易传》，继《春秋》，本《诗》、《书》、礼、乐之际，意在斯乎！意在斯乎！小子何敢让焉。’”④ 另一方面更想继踵“西伯拘而演《周易》，仲尼厄而作《春秋》；屈原放逐，乃赋《离骚》；左丘失明，厥有《国语》；孙子髌脚，《兵法》修列；不韦迁蜀，世传《吕览》；韩非囚秦，《说难》《孤愤》”。因而发愤，撰作《史记》，“凡百三十篇，亦欲以究天人之际，通古今之变，成一家之言”⑤。凡此皆可见其受《春秋》影响之深，而将此《春秋》所讲的义理寄托于《史记》之中。

二、司马迁之有得于董仲舒的《春秋》教者

据《史记·儒林列传》记载：

> （董仲舒）以治《春秋》，孝景时为博士。……汉兴至于

---

① 苏舆撰，钟哲点校：《春秋繁露义证·深察名号》，《新编诸子集成》中华书局，第293页。

② 苏舆撰，钟哲点校：《春秋繁露义证·玉英》，《新编诸子集成》中华书局，第68页。

③ 朱熹：《孟子集注·离娄下》，《四书章句集注》，台北：大安出版社，2005年，第413页。

④ 司马迁撰，裴骃集解，司马贞索隐，张守节正义：《史记·太史公自序》，台北：艺文印书馆据清乾隆武英殿刊本景印，1958年，第1351—1352页。

⑤ 班固撰，颜师古注，王先谦补注：《汉书·司马迁传》，《报任少卿书》，台北：艺文印书馆据光绪庚子春日长沙王氏校刊本景印，1958年，第1257页。

五世之间，唯董仲舒名为明于《春秋》，其传公羊氏也。①

再据《汉书·董仲舒传》云：

仲舒遭汉承秦灭学之后，六经离析，下帷发愤，潜心大业，令后学者有所统壹，为群儒首。②

《汉书·五行志》又云：

汉兴，承秦灭学之后，景、武之世，董仲舒治《公羊春秋》，始推阴阳为儒者宗。③

综合以上记载，可见董仲舒为西汉景帝、武帝时代最为精通《春秋》之学者。司马迁之认识《春秋》大义，乃来自董仲舒教之教导，《史记·太史公自序》云：

上大夫壶遂曰："昔孔子何为而作《春秋》?"太史公曰："余闻董生曰：'周衰道废，孔子为司寇，诸侯害之，大夫壅之，孔子知言之不用，道之不行也，是非二百四十二年之中，以为天下仪表，贬天子，退诸侯，讨大夫，以达王事而已矣。……夫《春秋》，上明三王之道，下辨人事之纪，别嫌疑，明是非，定犹豫，善善恶恶，贤贤贱不肖，存亡国，继绝世，补敝起废，王道之大者也。'"④

在孔子删述的六经之中，最推重《春秋》，曰：

《易》著天地阴阳四时五行，故长于变。礼经纪人伦，故长于行。《书》记先王之事，故长于政。《诗》记山川溪谷禽兽草木牝牡雌雄，故长于风。乐乐所以立，故长于和。《春秋》辩是非，故长于治人。故礼以节人，乐以发和，《书》以道事，《诗》以达

① 司马迁撰，裴骃集解，司马贞索隐，张守节正义：《史记·儒林列传》，台北：艺文印书馆据清乾隆武英殿刊本景印，1958年，第1277—1278页。

② 班固撰，颜师古注，王先谦补注：《汉书·董仲舒传》，台北：艺文印书馆据光绪庚子春日长沙王氏校刊本景印，1958年，第1173页。

③ 班固撰，颜师古注，王先谦补注：《汉书·五行志》，台北：艺文印书馆据光绪庚子春日长沙王氏校刊本景印，1958年，第600页。

④ 司马迁撰，裴骃集解，司马贞索隐，张守节正义：《史记·太史公自序》，台北：艺文印书馆据清乾隆武英殿刊本景印，1958年，第1352页。

意，《易》以道化，《春秋》以道义。拨乱世反之正，莫近于《春秋》。……《春秋》者，礼义之大宗也。①

既阐明孔子作《春秋》之深切用意，更对《春秋》所能发挥之效用推崇到极点。

按董仲舒著有《春秋繁露》，又《汉书·董仲舒传》载有董仲舒上汉武帝，而以《春秋》为立论基础的《天人三策》，吾人皆可从中考见董仲舒对《春秋》大义的见解。司马迁既承其教，在所撰《史记》多篇之中，可见其受《春秋》教之影响，而对《春秋》大义有所发挥。因牵涉层面甚广，难以殚举，故本文仅以《循吏列传》所载，勾勒其所显现《春秋》教之理，以略窥其一斑。

三、《史记·循吏列传》之内容大要

《史记·循吏列传》首尾各有一段“太史公曰”，可以视为全篇的序论及论赞。传中所叙者五人，大抵可分为两组：前三人一组，为孙叔敖、子产、公仪休，皆先叙其出身背景，再列举其施政纲领，最后评论其施政成效；后两人一组，为石奢、李离，仅各举其一项事迹而已。

兹将全篇之内容大要列表如下，以便省览：

太史公曰（序论）	
人物	施政情形
孙叔敖	导民乐其生（施政纲领） 复币安民　高车变俗（施政事例） 民从其化（施政成果）
子产	教化功效（施政成果） 民思遗爱（施政影响）

① 司马迁撰，裴骃集解，司马贞索隐，张守节正义：《史记·太史公自序》，台北：艺文印书馆据清乾隆武英殿刊本景印，1958年，第1352—1353页。

续表

太史公曰（序论）	
公仪休	奉行法理，无所变更（施政原则） 不与民争利—廉不受鱼　拔弃园葵　焚机出妇（具体事例）
石奢	廉正而无所阿避（为人） 纵父杀人之罪，自刎以谢（行事）
李离	能听微决疑（能力） 过听杀人，伏剑而死（行事）
太史公曰（论赞）	

四、《史记·循吏列传》显现的董仲舒《春秋》教

《史记·循吏列传》开首之“太史公曰”称：“法令所以导民也，刑罚所以禁奸也。”拿来与《论语·为政》所载“子曰：‘道之以政，齐之以刑，民免而无耻；道之以德，齐之以礼，有耻且格’”① 两相对照，则司马迁所称用以导民的“法令”应指德、礼而言；用以禁奸的“刑罚”则指政、治而言。董仲舒于其《天人三策》之第一策云：“道者，所繇适于治之路也，仁义礼智皆其具也。”② 于第二策云：“（尧）得舜、禹、稷、卨、咎繇众圣辅德，贤能佐职，教化大行，天下和洽。万民皆安仁乐谊（义），各得其宜，动作应礼，从容中道。”③ 由此皆可见其对道德礼义的重视。

诚如班固所言，董仲舒乃“始推阴阳为儒者宗”，故将德刑与阴阳相配合，而在天人三策之第一策云：“王者欲有所为，宜求其端于

① 朱熹：《论语集注·为政》，台北：大安出版社《四书章句集注》，2005 年，第 70 页。

② 班固撰，颜师古注，王先谦补注：《汉书·董仲舒传》，台北：艺文印书馆据光绪庚子春日长沙王氏校刊本景印，1958 年，第 1164 页。

③ 班固撰，颜师古注，王先谦补注：《汉书·董仲舒传》，台北：艺文印书馆据光绪庚子春日长沙王氏校刊本景印，1958 年，第 1167 页。

天。天道之大者在阴阳，阳为德，阴为刑，刑主杀而德主生，是故阳常居大夏而以生育长养为事，阴常居大冬而积于空虚不用之处，以此见天之任德不任刑也。”① 《春秋繁露·天道无二》又云：“阳之出，常县于前而任岁事；阴之出，常县于后而守空虚。……天之任阳不任阴，好德不好刑如是。”②《春秋繁露·基义》亦云：“阳之出也，常县于前而任事；阴之出也，常县于后而守空处。此见天之亲阳而疏阴，任德而不任刑也。”③ 凡此皆可见其主张重德而轻刑。

董仲舒论性，从表面看来，似乎有圣人之性、斗筲之性、中民之性的分别，但“圣人之性不可以名性，斗筲之性又不可以名性，名性者中民之性。中民之性如茧如卵，卵待覆二十日，而后能为雏；茧待缫以涫汤，而后能为丝；性待渐于教训，而后能为善。善，教训之所然也，非质朴之所能至也，故不谓性。”④ 又云：“名性，不以上，不以下，以其中名之。性如茧如卵，卵待覆而成雏，茧待缫而为丝，性待教而为善，此之谓真天。”⑤ 所谓“性待渐于教训，而后能为善。善，教训之所然也”“性待教而为善”。由此可见其极为强调教化的重要。

董仲舒虽曾谓“正其谊不谋其利，明其道不计其功”，且成为千古名句，认为义重于利，对道义固然极为重视，至于功利，虽然乃在于道义之下，但他似乎并不绝对排斥，曾云：“天之生人也，使人生义与利。利以养其体，义以养其心。心不得义不能乐，体不得利不能

① 班固撰，颜师古注，王先谦补注：《汉书·董仲舒传》，台北：艺文印书馆据光绪庚子春日长沙王氏校刊本景印，1958年，第1165页。

② 苏舆撰，钟哲点校：《春秋繁露义证·天道无二》，《新编诸子集成》中华书局，第345页。

③ 苏舆撰，钟哲点校：《春秋繁露义证·基义》，《新编诸子集成》中华书局，第351页。

④ 苏舆撰，钟哲点校：《春秋繁露义证·实性》，《新编诸子集成》中华书局，第311－312页。

⑤ 苏舆撰，钟哲点校：《春秋繁露义证·深察名号》，《新编诸子集成》中华书局，第300页。

安。义者心之养也，利者体之养也。”[1] 足见利可以养体而使体安，因而主张均利以足民，于天人三策第三策中云：“夫已受大又取小，天不能足，而况人乎！此民所以嚣嚣不足也。……受禄之家食禄而已，不与民争业，然后利可以均布而民可家足。此上天之理，而亦太古之道，天子所宜法以为制，大夫所当循以为行也。”[2] 由此可见他对民生问题亦颇关切。

董仲舒对于名实关系极为注重，在《春秋繁露·深察名号》中曾云：“名生于真，非其真，弗以为名。名者，圣人之所以真物也。……欲审曲直，莫如引绳；欲审是非，莫如引名。名之审于是非也，犹绳之审于曲直也。诘其名实，观其离合，则是非之情不可以相谰已。”[3] 循名以责实，则是非真假立判，不容诬枉。认为《春秋》旨在正名，曰：“《春秋》辨物之理，以正其名。名物如其真，不失秋毫之末。”[4] 凡此亦可见其对于正名的看重。

以上所述对道德礼义的重视、主张重德轻刑、强调教化的重要、对民生的关切、对正名的看重，在《史记·循吏列传》中皆有所显现。重视道德教化者，如叙孙叔敖时称：

> 施教导民，上下和合，世俗盛美，政缓禁止。吏无奸邪，盗贼不起。

至于子产施政，则其成效每年皆有进展：

> 为相一年，竖子不戏狎，班白不提挈，僮子不犁畔。二年，市不豫贾。三年，门不夜关，道不拾遗。四年，田器不归。五年，士无尺籍，丧期不令而治。

---

① 苏舆撰，钟哲点校：《春秋繁露义证·身之养重于义》，《新编诸子集成》中华书局，第263页。

② 班固撰，颜师古注，王先谦补注：《汉书·董仲舒传》，台北：艺文印书馆据光绪庚子春日长沙王氏校刊本景印，1958年，第1171页。

③ 苏舆撰，钟哲点校《春秋繁露义证·深察名号》，同注7，页290－291。按“谰”意为“诬妄”。

④ 苏舆撰，钟哲点校：《春秋繁露义证·深察名号》，《新编诸子集成》中华书局，第293页。

凡此皆属重视道德礼义、重德轻刑、致力教化的具体成果。

关切人民之生活者，如叙孙叔敖时谓：

秋冬则劝民山采，春夏以水。各得其所便，民皆乐其生。

至于公仪休则：

奉法循理，无所变更，百官自正。使食禄者不得与下民争利，受大者不得取小。……食茹而美，拔其园葵而弃之；见其家织布好而疾出其家妇，燔其机；云：欲令农士工女安所售其货乎？

凡此皆属不惊扰百姓，能为民兴利而不与之争利，使民得其所便，以乐其生的表现。

又如所叙石奢、李离的事件皆与司法有关，石奢缉获杀人犯，不料竟为其父，乃循私纵放。李离判案有误，导致入人于死。两人以未能勿纵勿枉，使名实相符，故皆引咎自杀，以死谢罪。

综上所述，可以看出《史记·循吏列传》所记人物虽然仅有五人，篇幅不到一千字，叙事也较简略，但已能将董仲舒《春秋》教中的主要思想显现出来，可谓相当难得。

五、结语

按《春秋》本为鲁国史书，所记为鲁隐公至鲁哀公共二百四十多年之史事。其时世已衰而礼义之道微，社会动乱而缺乏大家共同遵循的准则，以至于是非混淆，善恶不明。孔子深以为忧，乃据之而作《春秋》经，以寄托礼义。其内容，诚如司马迁所云：“夫《春秋》，上明三王之道，下辨人事之纪，别嫌疑，明是非，定犹豫，善善恶恶，贤贤贱不肖，存亡国，继绝世，补敝起废，王道之大者也。”[①]其后又有《左传》《公羊传》《穀梁传》，分别从不同的角度阐发其要义，内容更为丰富。至汉世董仲舒既深研《春秋》，而以发挥大义的

① 司马迁撰，裴骃集解，司马贞索隐，张守节正义《史记·太史公自序》，台北：艺文印书馆据清乾隆武英殿刊本景印，1958年，第1352页。

《公羊传》为宗，并杂揉阴阳五行之说，故其思想规模极为宏阔，包罗天道论、心性论、涵养论、政教论等。

司马迁秉承董仲舒的《春秋》教，所得当然不止一端，而分别寄托在《史记》全书各篇之中，并非任何一篇纪传所能单独殚举。为此本文乃运用篇幅甚短的〈循吏列传〉，从所载人物之施政或行事，以述其教，虽然是以偏概全，然则尝脔知鼎，未始不可窥见司马迁所承董仲舒《春秋》教之一斑，而可以有助于了解其述作的深刻用心焉。

本文为“2021 中国·衡水董仲舒与儒家思想国际研讨会暨中华孔子学会董仲舒研究委员会学术年会”提交的论文。

董金裕，1945 年生，台湾苗栗县人。现任政治大学中文系名誉教授，台湾古籍保护学会理事长，孔孟学会副理事长国际儒学联合会荣誉顾问等政治大学中文研究所博士。

相感与相分的中和：司马光对董仲舒天人感应论的吸收与转化

魏　涛

宋代学者对董仲舒思想的回应乃是董学史中不可忽视的一页，也是研究宋代思想史不可遮蔽的方面。北宋时期的儒家学者对于董仲舒十分重视，相关的评论亦甚多。从王开祖、“宋初三先生”、二程到一般儒者大多将董仲舒的大一统论、天人感应论、重义轻利论及其经学纳入其理论视野予以考察。加之北宋中期王安石变法反对派对其的借重，使得董仲舒的天人感应论在北宋时期的影响颇为显豁。很多儒者基于自身的理论视角和现实需要，都对董仲舒的思想有或多或少的吸收。程颐从总体上肯定董仲舒的天人感应论，但反对搞一一对应的简单比附。司马光的后学晁说之不同意王安石新经学，转而赞同董仲舒的经学解释学，倡导经学解释中的开放性、历史性。这充分展现了董仲舒思想在北宋儒者中的回响。从儒学发展史的意义来考量可见，北宋时期儒家学派关于天人关系论的论述承续着汉唐儒家学的传统，即主要还是围绕着天人感应论而展开。诚如李祥俊先生所云：“北宋时期儒家学派的天人感应论可以以王安石变法为一个发展转折点。在之前，汉唐儒家经学的天人感应论是儒学士大夫阶层的基本，提出批评意见的只是极少数人，且社会影响很小；在王安石变法期间，儒家学者之间赞同与反对天人感应论的论争达了高潮；在其之后，天人感应论仍然为儒家学派所承续，但三内涵上已经做了调整，剔除了汉唐儒家经学传统天人感应论一些机械、烦琐、神秘的成分，而予以更多的理性化的解释。”[①] 这一观点比较准确地展现了董仲舒天人感应论在北宋的历史地位和影响。

北宋时期，大多数儒家学者赞同并倡导汉唐儒家经学的天、感应论，并自觉利用天人感应论来批评时政，劝谏皇帝以配天，在财政、用人等各方面励精图治，从而获得天的庇佑。宋太宗、宋真宗时期的儒学名臣寇准、田锡、王禹偁等利用天人感应论劝谏皇帝是他们经常采取的手段。宋仁宗时期，儒学士大夫阶层积极投身政治，天人感应论成为他们批评时政、谋求变革的工具。当时主持“庆历新政”的范仲淹本人不相信天人感应论，但其周围拥护新政的欧阳修、孙复、石介、苏舜钦、李觏、蔡襄等都赞同天人感应论。欧阳修、石介、苏舜钦都对柳宗元的反天人感应论颇为不满，屡屡作文予以反驳。宋神宗支持王安石变法，当时的很多反对派往往利用天人感应论来批评新法。宰相富弼、韩琦也利用天降灾异批评时政，贬斥变法派为小人。王安石及宋神宗虽反对那种庸俗化的天人感应论，然亦难以从正面直接加以反对。北宋后期的哲宗、徽宗、钦宗时期，虽然新旧党争持续不断，但王安石变法中“天变不足畏”的精神逐渐丧失，天人感应论更加兴盛。正是因为得皇帝的认同，所以才能长期成为维护政治平衡的有效手段，董仲舒的天人感应论在政治管理中的工具性作用并未因个别儒者的反对而退出历史舞台，而是被皇帝和士大夫们所利用，因应时代发展的需要在适时地进行调整。作为反对王安石变法的领袖人物的司马光也在通过其新天人观的建构，围绕“天变不足畏”，展现了司马光对董仲舒天人感应论的批判继承与理论发展。有关司马光天

① 李祥俊：《道通为一——北宋哲学思潮研究》，北京师范大学出版社，2006 年，第 383 页。

人关系问题，在以往的研究中争论异常激烈，或将其视为“天命论者”①

① 侯外庐等：《中国思想通史》（第四卷上，人民出版社，1959年，第521页）中指出：“司马光的哲学是传统的天命论神学的继承者。”任继愈：《中国哲学史》第三（《隋唐五代宋元明》部分，人民出版社，1979年，第190页）中指出：“司马光相信命，相信天是自然和社会的主宰……司马光继承了孔子、子夏以来的‘死生有命，富贵在天’的唯心主义观点，认为‘得失有命’‘成功在天’。”姜国柱《中国历代思想史》（宋元卷）（台湾文津出版社，1993年，第115页）（“司马光在哲学思想上崇信天命论和天不变道亦不变的形而上学思想。他认为天是一个有目的、有意志、全智全能的人格神，是人和宇宙万物的主宰者，天能主宰人的吉凶祸福，又能赏善罚恶。”李元庆在《论司马光的宇宙观与人性论——兼与〈中国思想通史〉作者商榷》（运城师专学报1986年第3期，第32页）一文中亦坚持认为司马光“具有明显地唯心主义天命论的严重局限”。姚瀛艇在《司马光经学史学思想的哲学基础》（《司马光与资治通鉴》，吉林文史出版社，1986年）中指出：“司马光相信天命，是一个天命决定论者。”“司马光天人观的全部内容应当是既承认社会意义上的‘天’，又承认自然意义上的‘天’；既强调天命，又强调人事。”漆侠在《宋学的发展和演变》（河北人民出版社，2002年，第23-24页）中指出：“在司马光看来，‘天者，万物之父也’，这个作为‘万物之父’的‘天’，是有意志，有人格的，人们必须按照它的命令、意志办事，‘违天之命者，天得而刑之；顺天之命者，天得而赏之’。”

或视为“否定天命论，重人事者”①，莫衷一是。基于司马光对于气当中潜藏的“中”这一自然的调节机制相当有信心，认为只要不以人为去打扰其自然的发展，“中和之气”就会渐渐自动发挥其调节秩序的作用，使天地万物恢复到原先正常合乎“中”的秩序。这样的信心表现在其对天人关系的理解上，便呈现出一方面是近似于荀子的“天人有分”的理路，另一方面又对于董仲舒的天人相感理论有一定的继承和发展。而这一看似矛盾的状况皆根于司马光对于天和人双重有限性的深刻认识。司马光也正是以此为基础，实现了对董仲舒天人感应论的传承与转化。

---

① 杨渭生在《试论司马光的学术思想》一文（《宋史研究论集》第一集，杭州大学出版社，第8页）中指出：“司马光在对待天与人的关系问题上，是强调‘尽人事’，而不是把天视为主宰一切的造物主。”“如果只摘取司马光某些信天命的话，而不注意他不相信天命、神怪的正面论断，便给戴上‘天命论’的帽子，那是不妥当的。”董根洪在《司马光哲学思想述评》（山西人民出版社，1993年，第97页）中指出：“司马光继承坚持了历史上直接与天命论对立的三个根本观点。第一是继承了荀子、扬雄等人主张的天道自然无为的思想，反对天有意志的观点。……第二是继承了唯物主义者荀子、刘禹锡的天人相分又相胜的观点。……第三是肯定并继承了荀子人定胜天的‘养备而动时，则天不能病’的制天命思想。……显然，司马光完整地继承发扬了历史上反天命论的各种基本观点，将它们有机统一起来，从而构成了系统的反天命的理论，而这在北宋可说是独一无二的。……在社会生活中重人事、薄天命。”陈克明在《略论司马光的哲学思想》（《社会科学辑刊》1982年第5期，第37页）中指出司马光主张：“天命和人事是一种相互影响、相互制约的依存关系。”“既不否认天命的作用，也不否认人为的作用。”罗光在《中国哲学思想史》（宋代篇）（台湾：学生书局，1984年，第38页）中指出：“司马光恢复《诗》《书》的思想，以人的命运属于天，人的伦理标准在于天意，人则有责任努力行善，以利国家社会。他不是消极的命运论者。”晋生在《司马光哲学思想论略》（河南师范大学学报1989年第4期，第21页）中指出：“首先，他是一个天命决定论者。……司马光在天人关系问题上也吸取了‘天人相分’的思想，重视‘人为’的作用，具有‘天人相济’的积极思想。”余敦康在《司马光的温公易说》（《内圣与外王的贯通——北宋易学的现代阐释》，学林出版社，1997年，第56页）中指出：“司马光则是天道与人事并重。”

一、天人相感

司马光的天人关系论首要的一方面，即是对董仲舒强调灾异的天人感应思想有着一定程度上的肯定。这一点往往让学者的评论有很大的出入①。漆侠先生的评论虽然并不全面，但其所指出的司马光对董仲舒天人感应论有所肯定这一点实为司马光思想中无法回避的一面。

董仲舒建立的天人感应思想，最基本的概念，即认为自然灾异的发生，缘于君主施政不当，上天依此示警。在此思想影响下，汉人经常将某一人事与某一灾异做连结。而这套思想内涵在董仲舒之后，经汉儒的诠释，并与谶纬相结合，使内涵更加扩充。这套思想至魏晋时仍继续流行，但只限于政治领域。至唐代，开始出现大规模批评天人感应思想的言论，但当时少有直指天人感应思想的理论核心进行攻击。

北宋建国初期，基于国家政权合法性的需求，天命思想被大量运用。因此可见大臣以“天灾为时数”的言论响应君主；亦可见天书事件中充斥祥瑞和天命思想。但相对地，也有不断持批评天书事件的朝臣。在学术上，也有儒者对作为天人感应思想依据的《尚书·洪范》进行反五行灾异的理论改造工作。北宋中晚期的天人感应思想在质与量上都有重大突破。“当中虽有持传统天人感应思想者，但他们更侧

① 漆侠认为司马光的“天”有人格神色彩，他认为董仲舒的“天人相感论”把“天”神秘化、人格化，而司马光“对天的认识路线就是沿着董仲舒的路线发展的，而且比董仲舒还要董仲舒!”（见氏著《宋学的发展与演变》，南京大学出版社，1998 页，第 375 页）李昌宪则是将此部分解释为司马光为了政治而有的策略性论述，如李昌宪认为司马光的思想“基本上继承了刘禹锡‘天人相胜’的思想，而且还提出了‘天人共济’的思想，从而完善发展了荀子在天道观上的天人相分的思想”（ 见氏著《司马光评传》，南京大学出版社，1998 页，第 350 页），但是由于“封建社会里权力缺乏有效的制约机制，人们不得不借助天命论、天人感应的学说来‘略以助政’（ 见氏著《司马光评传》，南京大学出版社，1998 页，第 352 页），所以司马光才会有如‘天者，万物之父也’这样的论述出现”。

重两点：一为自省修德；一为行事应发自内心与至诚。”[①]

董仲舒的“天人感应”论是以元气为本的，他讲：“天地之气，合而为一，分为阴阳，判为四时，列为五行。”其所主张之天人感应、天人合一的基础为“人副天数”。其理论是从“天人相类”“天人相通”之前提出发，达致“天人相感”。在董仲舒看来，人之所以会与天同类而能“同类相动”，是因为其均以气为本，才能“由阴阳性情而感通”，以阴阳之气为媒介来进行天人感应。与董仲舒相仿，司马光也有天人间可以精神感通的主张：

天人之际，精祲相感，人失其道，妖灵先觉也。[②]

君臣上下夫妇朋友，无不以类相应也。[③]

一为思始而当昼，精神感通，故遇神及师，虽或发于梦寐，而不失其正，若高宗梦傅说是也。梦者，事之难据者也。精诚之至，犹得正而可据，况佥谋师锡者乎?”[④]

在这些引文中之天人精神感通中的“天”，似乎都指向鬼神之说，但其鬼神并没有强烈的人格神色彩，人与天互相感应，感于鬼神的重点仍是在求“道”。这样的精神感通基础是建立在“以类相应”之上，此与董仲舒的观点比较相近。最后一条引文提及以梦之形式出现的精神感通，虽有玄妙神秘之嫌，但强调的仍是在于人必须“精诚得正”，否则无法得到正确的信息，依然与前述天人有分的理路一贯。

所以在这种理路下，司马光有强调畏天、事天等文字，也就不矛盾了。《迂书·士则》：

万物之父也，父之命，子不敢逆；君之言，臣不敢违。父曰前，子不敢不前；父曰止，子不敢不止，臣之于君亦然。故违君之言，臣不顺也；逆父之命，子不孝也，不顺不孝者，人得而刑

---

① 颜汝庭：《北宋天人感应政治思想之研究》，台北：台湾师范大学历史系，2007年硕士论文。

② 司马光：《太玄集注》，中华书局，1998年，第88页。

③ 司马光：《太玄集注》，第88页。

④ 司马光：《太玄集注》，第89页。

之，顺且孝者，人得而赏之。违天之命者，天得而刑之，顺天之命者，天得而赏之。①

在以往的研究中，这段文字往往被引用来证明司马光的“天”是人格神的天，而且是为了巩固政治上的君权才大谈神道。但其实不然，从上下文来看，司马光反而是用现实生活中的父子关系与君臣关系来比拟、说明人对于天应有的态度，强调人有绝对顺服此一规律的必要，要是人违反这一规律，这一规律之强制力就会显现出来。因此人不能不“事天”“顺天”。“天者，万物之父也”，并非强调“天”像基督教所讲的“天父”，只是在说明天与万物之关系犹如父子关系中，子对于父之命令有着在道德上必须顺服的绝对义务，否则将会招致被刑罚的恶果，人对天这一必须绝对顺服的感受，即是前文所强调的“人之有限性”。而天之刑赏并不在物质层面，而往往是在精神层面。

从这样的观点来看司马光提到鬼神或天之刑赏的文字，就能明显发现其论鬼神之能力多只在于赏善刑恶方面：

著在天庭，犹云简在上帝之心。五帝三王以明美之德，故为天所祚、人所爱而长久。②

小人骄溢，不以法度自规，鬼所毁笑，将降之祸也。明察者莫若鬼，人之愚者或未之知，而鬼之明察先见其祸也。③

小人不慎其初，陷于祸极，乃始尪尪然俟天之救己，天且亦降之祸矣，故曰：“天扑之颡。”④

小人为隐慝，阴伤于物，自以人莫能知也，然冒于天罔，天必诛之。⑤

如上所述，小人遭受天的报应，多是因为其早已自己累积祸事，有时候表面上看起来像是天有意识的惩罚，但事实上都是因为其抵触了人

① 司马光：《传家集》卷七四，商务印书馆，1937年，第906页。

② 司马光：《法言集注》，文渊阁四库全书第696册，台北：商务印书馆，1983年，第328页。

③ 司马光：《太玄集注》，第109页。

④ 司马光：《太玄集注》，第42页。

⑤ 司马光：《太玄集注》，第49页。

尚未知的隐藏规律，才会招致恶果。因此，在司马光的理解中，鬼神或许是存在的，会福善祸恶，但他并无真正的人格神意识，因为在他看来，鬼神仍是在代表天地共同之规律。

承前所述，在这样的天人关系架构下，司马光亦承认灾异的存在。但他极为强调灾异是末，德为本，若要把灾异视为天之暗示，就一定要谨慎分判，《法言集注》释“在德不在星，德隆则晷星，星隆则晷德也”为“晷，影也。影从形者也，德祟则星从而祥，星祟则德从而坏”①。司马光在《法言集注》中还讲：“灾异应时君之德，故以德为本，异为末。”② 灾异是会随着人的德而表现出来的，所以重点应该是要注重道德，而非一味重视灾异来改变、决定事物。就司马光的政治态度来说，他在进谏皇帝的时候，大多会斥退过于附会、谄媚式的灾异说，但有时也会依谏言的需要，适当地用灾异来提醒皇帝。这种反对过分迷信，却又反对绝对的天人二分的理路，对鬼神之说有些许宽容的思想，表面上看似矛盾，但实为是对天人双重有限性有深刻体会的一种典型的天人关系。司马光本身“不喜佛老”，对于迷信、风水等会影响正常人事制度的说法，更是多加反对。但他更反对王安石那种“天变不足畏，祖宗不足法，流俗不足恤”的论点，《学士院试李清臣等策问一首》：

> 天地与人，了不相关，薄复震摇，皆有常数，不足畏忌。……意者古今异宜，王者造次动静，未尝不考察天心而严畏之也。③

由他为学士院所拟的这一题目可知，司马光虽然反对迷信，但极端的天人二分，司马光更是强烈批判的。对于天，他无论如何都会留下对于变道、对于命的那份敬畏谨慎，人不可过分自信。对于人之有限性的深刻体会，或许就是司马光与王安石最大的差别吧！

---

① 司马光：《法言集注》，第317页。

② 司马光：《法言集注》，第350页。

③ 司马光：《传家集》卷七五，第919—920页。

《易说》解释“神而明之存乎其人”为“苟非其人，道不虚行”①，此显示人对道的配合在宇宙中的重要性。为：“故谓事之所以然，无有师保，自得楷法，如临父母，言可严畏。”② 司马光强调没有天神或外来的力量会直接告诉人现成法则，人必须自己主动从自然中摸索出规律，然后要谨慎地遵行，不能背离此一规律，如其所言：“天犹不能无事，况在于人？安得饱食终日无所用心？”另一条引文的意思也与此相近：“天地能示人法象而不能教也，能生成万物而不能治也，圣人教而治之以成天地之能。”③ 天地自然只能给人呈现各种“象”，不能直接教导人规律，所以天地能生成万物却不能治理，人必须从这些法象中自己摸索出规律。能摸索出规律的人就是圣人，圣人掌握了规律，以此来治理万物，便是“成天地之能”。《法言集注》释“圣人存神索至，成天下之大顺，致天下之大利，和同天人之际，使之而无间者也”为：

> 大顺谓上下各安其分，大利谓万物各得其所。天者不为而自成，人者为之然后成，和同其际使之无间隙，皆圣人神心之所为也。④

此处对圣人安顿宇宙秩序之功的论述，强调了人在天地中的能动性与重要性，也显示了天处于这一大规律下的有限性，因此当人能掌握这一规律后，就能反过来掌握天、治理天，使天人都能够各得其所。天人处在同一秩序之下，人间的规律与天地自然之规律紧紧结合，没有方向相左、矛盾冲突的情形发生，而是天人互助，天人互利。其实，追本溯源即可见，司马光的这一思想仍是根于其天人合一的理念，如其在《易说》总论中所言：

> 或问：敢问易者天事欤？抑人事欤？曰：易者道也，道者万物所由之途也，孰为天？孰为人？故易者，阴阳之变也，五行之

① 司马光：《温公易说》，上海古籍出版社，1989 年，第 643 页。
② 司马光：《温公易说》，第 651 页。
③ 司马光：《温公易说》，第 653 页。
④ 司马光：《法言集注》，第 297 页。

“血气之类皆营为以求生”的万物不一样，“天地无为而自生”①。因此，天地只不过是自然界中最大的物体罢了，他们是无意志的。其认识在《迂书·天人》里表露得最为明显。他说：

天力之所不及者，人也，故有耕耘敛藏。人力之所不及者，天也，故有水旱螟蝗。②

天之所不能为而人能之者，人也；人之所不能为而天能之者，天也。稼穑，人也；丰歉，天也。③

这里的“天”，无疑指的是自然之天。天与人的功能、作用各不相同，体现了司马光天人相分的思想。如果只看这两段文字，似乎在司马光的思想意识之中，人类在天的面前、在水旱蝗螟面前是无能为力的。其实不然，司马光是主张人定胜天的。他多次阐述了自己的这一思想，他坚信，如果“以道莅天下”，那么“寒暑风雨，变化自成”，“物各得其所，无妖灾”。他认为“圣人与鬼神合其吉凶”，“民，神之主也。圣人不伤人，则神亦不伤矣”④。由此可见，妖灾是否形成，关键在圣人是否按客观规律决策行事。

司马光讲天人相分的目的，并不仅仅在于揭示宇宙间万事万物都有自己的职分，更重要的是在于引出“天人相济”之思想。司马光说：“天者不为而自成，人者为之然后成，而同其际，使之无间隙，皆圣人神心之所为也。”⑤ 主张充分发挥人的主体性，协调天人关系，使之达到最佳状态，以取得最佳效果。这样，司马光不仅继承了刘禹锡天人相胜的思想，而且还提出了“天人共济”的思想，从而完善并发展了荀子在天道观上的天人相分思想。

他认为个人是否能保持健康，关键也在于自己能否行中和之道，“养备而动时”。他说：

---

① 司马光：《道德真经论》，《道藏》本，台北：新文丰出版社，1977年，第355页。

② 司马光：《传家集》卷七四，第909页。

③ 司马光：《传家集》卷七四，第916页。

④ 司马光：《道德真经论》，第371页。

⑤ 司马光：《法言集注》，第297页。

> 夫人之有疾也，必自于过与不及而得之。阴阳风雨晦明，必有过者焉；饥饱寒爊劳逸喜怒，必有偏者焉。使二者各得其中，无疾矣。阴阳风雨晦明，天之所施也；饥饱寒暑劳逸喜怒，人之所为也。人之所为，苟不失其中，则天之所施，虽过亦弗能伤矣。木朽而蝎处焉，肉腐而虫聚焉。人之所为，不得其中，然后病袭焉。故曰，养备而动时，则天不能病也。是以圣人制动作礼义威仪之则，所以教民不离于中；不离于中，所以定命也。能者则养其中以享福，不能者则败其中以取祸。是皆在己，非在它也。①

但是，人类认识自然、征服自然的能力毕竟是有限的。“人定胜天”，也只能在一定的范围内才能显示它的威力，此即为《天人二则》所要表达的思想：“天之祸福，必因人事之得失，人之成败，必待天命之于夺。”②

从另一个方面，司马光讲天命、天分、人分，一个重要的目的在于要求上至君王，下至臣民，修省恐惧，安分守己，按照儒家所倡导的“君君”“臣臣”“父父”“子子”的伦理思想来调整社会关系，以达致长治久安的目的。故司马光说：“王者造次动静未尝不考察天心而严畏之也。”③“天心”成为对君王权力的唯一有效制裁，故而天命亦成为能够主宰包括君王言动视听的重要工具。富弼在听到“三不足”的传闻后失声惊呼也是同样，他说：“人君所畏惟天，若不畏天，何事不可为者？去乱亡无几矣！”④ 质言之，统治者借助于天命这一绝对命令实现“神道设教而天下服”之目的。

---

① 司马光：《传家集》卷六二，第753页。

② 司马光：《法言集注》，第325页。

③ 司马光：《传家集》卷七五，第919页。

④ 黄以周等：《续资治通鉴长编拾补》熙宁二年二月己亥，中华书局，2004年，第151页。

三、对“天变不足畏”的批判

天变不足畏，是熙宁变法时期的反对派加给王安石的罪责。事实上，王安石提出过“祖宗不足法”①，“人言不足恤”，却没有明确提出过“天变不足畏”，然而在思想上，王安石还是有“天变不足畏”之痕迹的②。

在传统社会，天命论是社会的统治思想。它不仅是士大夫们的一般宇宙观，同时也是政治斗争的工具。北宋熙宁十一年间的反变法派，也无不以天命论为依据，反对变法。如御史吕诲曰：“方今天灾

---

① 邓小南在《试论宋朝的祖宗之法》中指出：“王安石从未直斥‘祖宗之法’，但他确曾表明自己的立场说：至于祖宗之法不足守，则固当如此。且仁宗在位四十年，凡数次修敕；若法一定，子孙当世世守之，则祖宗何故屡自改变？（《续资治通鉴长编纪事本末》卷五九《王安石事迹（上）》）。他也曾经批评过吴申‘谨奉祖宗成宪”的意见：且如‘谨奉成宪’，不知申意欲如何‘谨奉’？若事事因循弊法，不敢一有所改，谓之‘谨奉成宪’，恐非是。（《太平治迹统类》卷一三《神宗任用安石》）以有为的、发展的观点看待祖宗之法。”

② 最早讲三不足之说的是邵伯温撰写的《邵氏闻见录》。该书中说：“荆公相神宗，以天命不足畏、祖宗不足法、人言不足恤为本。”这里已明确把“三不足”之说与王安石联系到一起。然因《邵氏闻见录》作者敌视王安石变法的立场，有关该资料的可靠性尚有争议。目前然有关“三不足”之说学界有两种看法：第一种以邓广铭为代表，他认为“三不足”之说的始作俑者是司马光，但对于王安石是否讲过“三不足”之语未有明确说明，但邓广铭又指出，三不足之说确实反映了王安石的立场。（邓广铭《北宋政治改革家王安石》，人民出版社，1997 年，第 92 页）第二种，以王荣科、林天尉、黄复山为代表。王荣科提出王安石并没有提出过“三不足”之说。当然也不可否定，王安石身上确实是表现了相当的“三不足”精神与变革勇气的（参氏著《王安石提出“三不足”之说质疑》，《复旦学报》2000 年第 1 期）。林天尉则对邓广铭的观点提出批评，考论了“三不足”说的初意在于范论神宗与王安石对新法推行时的坚决意志，司马光主持策论以之命题旨在试探民亦可能拟在制造反对舆论。邵伯温见闻录之，乃在维护司马光创“三不足说”，李焘录之，被后世史家所沿袭（《考三不足说之伪，析杨升庵说之偏》，《纪念司马光王安石逝世九百周年学术研讨会论文集》，台北：文史哲出版社，1986 年）。黄复山则在林文基础上详列了二十二种述及“三不足说”的文献，就“三不足说”的历史流衍做了精细的考辨（《王安石三不足说考辨》，《汉学研究》第 11 卷第 1 期，1993 年）。

屡见，若安石久居庙堂，必无安静之理。灵台郎尤英言：天久阴，星失度，宜退安石。”富弼道：“王安石进用多小人，以致诸处地动。”范镇云：“乃者天鸣地震，皆新法劳民之象。”郑侠说：“熙宁七年大旱，由安石所致，去安石天必雨。”文彦博谓：“市易司卖果实，与天下争利，致使华州山崩。”如此等等。反对派的这些说法，是其反对变法的口实，也深深地影响了笃信天命的宋神宗。

但是，天命论并不是反变法派的专利，变法派当然也可利用。当郑侠说天旱是由安石变法所致，当文彦博说华州山崩是市易司卖果实所致，王安石即对神宗讲道：

> 华州山崩，臣不知天意为何，若有意，必为小人发，不为君子。汉元时日食，史高、恭、显之徒，即归咎萧望之等，望之等即归咎恭、显之徒。臣谓天意不可知，如望之等所为，亦不必合天意。然天若有意，必当怒望之等，怒恭、显之徒。[①]

他是完全可以用天命论反司马光等人的。但是，哲学不能只是反对异己的工具，而首先是自己安身立命之所。天命论固然可以用来反击反对派，但变法派却不能以此安身立命。因为天命论尚存有导向人无所事事，被动顺应的现实可能。如果人事都由天命决定，则会消弭人的斗志。故因循守旧者多与天命论有着亲缘关系，而变法者却不能以此作为自己安身立命之所，必须强调人事，而不是天命或天变。没有人事，又何来破弊俗、立法度呢？因此，整个熙宁变法期间，王安石一直强调修人事，而不是不畏天变。因为在王安石看来，自然灾害只是由时数造成的，对人事究诘不休当是极其可笑的，当务之急应该是赈灾。

熙宁七年（1074）四月，神宗以久旱不雨，忧见于容色。每次辅臣进见，未尝不叹息忧心，欲尽罢保甲、方田等法。王安石对神宗曰：“水旱常数，尧汤所不免。陛下即位以来，累年丰稔，今旱暵虽逢，但当益修人事，以应天灾，不足贻圣虑耳。”[②] 结果遭神宗批评：

---

① 李焘：《续资治通鉴长编》卷二三九，中华书局1986年，第5810页。

② 李焘：《续资治通鉴长编》卷二五二，第6147页。

“此岂细故耶？朕今所以恐惧如此者，正为人事有所未修也。”[1] 张希清先生曾认为王安石这一言论完全否定了董仲舒的灾异观[2]，有学者对此提出了质疑，认为王安石在这里并没有否定董仲舒的“天人感应论”[3]。

熙宁八年（1075）冬十月，彗出东方，神宗诏中外臣僚直言朝政阙失。王安石又上言曰：

> 臣等伏观晋武帝五年，彗实出轸，十年，轸又出孛，而其在位二十八年，与《乙巳占》所期不合。盖天道远，先王虽有官占，而所信者人事而已。天文之变无穷，人事之变无已，上下传会，或远或近，岂无偶合？此其所以不足信也。周公、召公岂欺成王哉？其言中宗所以享国日久，则曰“严恭寅畏天命，自度，治民不敢荒宁”。其言夏、商所以多历年所，亦曰德而已。裨灶言火而验，及欲禳之，国侨不听，则曰不用吾言，郑又将火。侨终不听，郑亦不火。有如裨灶未免妄诞，况今星工岂足道哉？[4]

在王安石看来，“天道远”“人道迩”，水旱有其常数，上下附会，只是偶合罢了。可以修人事以应天，修政以救灾。循此而论，天变亦不需恐惧，更不应以天变而动摇推行新法的决心。从这个意义上说，安石是有“天变不足畏”思想倾向的。

需要指出的是，王安石不畏天变并不是完全否认了天道、人事之间的紧密关系，而只是说，天变并非是由政治行为所造成的，对天变本身要认真对待，修人事以消除天灾。在这个意义上说，对天变亦要畏惧，不畏惧是不对的。所以他在《洪范传》中讲道：

> 人君固辅相天地以理万物者也。天地万物不得其常，则恐惧修省，固亦其宜也。今或以为天有是变，必由我有是罪以致之；

① 李焘：《续资治通鉴长编》卷二五二，第6148页。

② 张希清：《王安石的赈济思想与〈上龚舍人书〉的真伪》，《中国史研究》1982年第2期。

③ 王宇：《王安石天变不足畏新论》，《浙江社会科学》2002年第5期，第119页。

④ 李焘：《续资治通鉴长编》卷二六九，第6597页。

或以为灾异自天事耳，何豫于我，我知修人事而已。盖由前之说，则蔽而葸；由后之说，则固而怠。不蔽不葸、不固不怠者，亦以天变为己惧，不曰天之有变，某必以我为某事而至也，亦以天下之正理考吾之失而已矣。蔽是蒙蔽，葸是不敢进取，固是固陋因循，怠是怠慢。①

在这里，王安石充分意识到，在天人关系上有两个误区：一是天人的盲目感应，“以为天有是变，必由我有是罪以致之”，有了这种思想，则会受其蒙蔽而无所进取。故而，反对派以天变反对新法，这当然是他所不能接受的。另一种是天人相分说，“以为灾异自天事耳，何豫于我，我知修人事而已”，由此不知取法天地，统理万物，把自己从天地万物中抽离出来，则其结果一定是虽亦日修人事，其实是不知如何修人事，这也是他所反对的。在王安石看来，修人事应当是质诸天地自然的，即“以天下之正理考吾之失”。此即“不蔽”“不葸”“不固”“不怠”的态度。如上所提，他劝神宗修人事，即是在这一意义上的修人事。有学者据此提出王安石于此彻底否定了董仲舒天人感应论和洪范灾异学说的说法是不符合实际的②。

当然，也不能说王安石完全不相信天命，或者说，明确地主张“天变不足畏”。他有时也相信天命，他常以“畏天变”来称誉神宗，固然是应时之辞，但他有时也径直劝神宗祈天永命。如熙宁六年(1073)三月，“司天监言，四月朔，日当食九分。神宗诏：‘自十四日，易服，避正殿，减常膳。仍内出德音，降天下死罪囚，流以下释之。王安石言曰：‘民每欲雨，陛下辄一祈未尝不辄应，此陛下致诚感天之效。然今岁日食正阳之月，恐宜以此降德音。’上从之。”③ 如此等等。这说明了王安石虽身为宰辅大臣，基于对人有限性的体察，所以不可能完全摆脱天命论的影响。

---

① 王安石：《王文公文集》卷二五，上海人民出版社，1974年，第293页。

② 邓广铭：《王安石——中国十一世纪时的改革家》，人民出版社，1997年修订版。

③ 李焘：《续资治通鉴长编》卷二四三，第5918页。

如前所论，司马光一方面也持守天命，但他认为天和人各自都有一定的局限，故而又主张天人相分，天人共济。落实在常与变的问题上，他表现为对“道”与“法”的区分，并主张采取不同的态度去面对。如他曾讲：“夫道有因有循，有革有化，因而循之，与道神之；革而化之，与时宜之。故因而能革，天道乃得；革而能因，天下乃训。夫物不因不生，不革不成。故知因而不知革，物失其则；知革而不知因，物失其均。革之匪时，物失其基；因之匪理，物丧其纪。因革乎因革，国家之矩范也。矩范之动，成败之效也。”① 但是，他是反对变革“道”的。另一方面，司马光还提出社会的各种制度要随着时代的变化而变化，如其所言：“物久居其所则穷，故必变而通之。”社会的各种制度长期不变，最终，物极必反，必得加以变革才行。司马光认为，在人类社会中，对历史发展的客观规律，人类是不能改变的，只能加以认识利用，但是对于礼仪制度却是可以而且必须适时地加以变革，由于“时异事变”“世变风移，故应时而造者、损益可知也”②，所谓“应时而造，谓礼乐刑政也”③。人们必须遵循客观规律，但不必也不应死守各项具体的法规制度，故他讲“圣人守道不守法”④。

司马光在熙宁三年三月，奉命拟策试题时，正担任谏官，享有风闻言事之权力。然而当其引导参试者批驳“三不足”的策试题被否决后，司马光即此罢休。与此同时，司马光以故旧好友的身份曾接连致书介甫，批评王安石主持变法是“侵官、生事、征利和拒谏”，建议停止变法。其信中所谈，涉及王安石变法的人事、组织措施、指导思想等方面，皆是从具体的处事方式上进行的规劝。然从另一方面来看，司马光试李清臣等策试题以及随后神宗帝与王安石的对话来看，形成其以三不足批判王安石变法，亦不是没有可能。台湾学者林天蔚

① 司马光：《法言集注》，第293页。

② 司马光：《法言集注》，第298页。

③ 司马光：《法言集注》，第298页。

④ 司马光：《温公易说》，第645页。

曾在《宋代史事质疑》中指出，司马光以“三不足”之说的内容作策试题，“目的在于试探民意，亦可能是拟制造反对的舆论”。被王安石称作“赤帜”的司马光，作为反对变法派之领袖，“三不足”之说出自其手，似也在情理之中。而以司马光长期从政的政治才干与主持编撰史学巨著《资治通鉴》所展现的文学才能来看，要概括出“天变不足畏、祖宗不足法”这样的话语，亦当非难事。但不能不说，这样的做法当与司马光“天人相分”的思想有一定的冲突。

综上可见，司马光在天人关系上是借由对荀子天人相分思想的融入，实现了对董仲舒天人感应论的转化①，通过对天与人双重有限感的认知，形成了其对王安石变法理论基础的“天变不足畏”观点的系统批判。司马光对天命的基本观点是天人相分与天人相感理论的和谐发展，从思想渊源上来看，其思想是孔子敬畏天命思想、荀子天人相分思想和董仲舒天人感应思想的综合创新发展。基于其对中和思想的高度重视与应用，他对于天人相分和天人相感的思想都有所发展完善，使之更能符合当时社会政治的需要，从而为其在对人类自身进行认识批判过程中形成的中和哲学的理论方向奠定了良好基础。司马光对董仲舒天人感应论思想的吸收与转化，乃是北宋士大夫对天人关系体认的集中代表。他们一方面肯定天人感应论，另一方面又不同意迷信，不同意汉唐儒家经学天人感应论上搞一一对应的机械比附，实则是从总体上肯定天人之间的互动关系。欧阳修、二程、苏轼等人亦持这种观点。诚如欧阳修所言：“然会而通之，天地神人三以异也。使其不与于人乎，修吾人事而已；使其有与于人，与人之情无以异也，亦修吾人事而已。夫专人事，则天地鬼神之道废；参焉，则人事惑。”② 这实际上是在天命和人事之间寻求一种平衡，进而认为重人

---

① 漆侠在《宋学的发展和演变》中指出：“从天道观这个根本问题上看，司马光在事实上则是继承了孟子、董仲舒以来的天道观和天命论，而王安石则是继承了荀子的天道论和人定胜天的思想。”（见第 24 页）实际上将孟子与董仲舒合称本身从天人观上是不成立的，何况司马光的天人观本身体现了兼采荀子和董仲舒的鲜明特色。

② 欧阳修：《易或问》，参见《全宋文》第 18 册，巴蜀书社，1991 年，第 6－7 页。

事和肯定天人感应两者之间并不矛盾。通过中和理论的介入，把肯定天人感应，又强调重人事二者有机结合起来，成为司马光对天人感应论的重要改造。这也是我们在研究董学史的过程中不可忽视的重要环节。

本文为“2021中国·衡水董仲舒与儒家思想国际研讨会暨中华孔子学会董仲舒研究委员会学术年会”提交的论文。

魏涛（1978—），郑州大学历史学院副教授，哲学博士，国学系主任，硕士生导师。国际儒学联合会理事，河南省二程研究会秘书长。主要研究方向：宋明理学史。

言人人殊——从董仲舒义利观接受视角看清前期的“新义利观”

徐到稳

一、引言：问题的由来

在中国古代，儒家文化具有很强的生命力和延续性：不仅历代中原王朝几乎都奉行崇儒重道的文化政策，而且各少数民族政权同样如此[①]。这成为法国思想大家伏尔泰（1694—1778）批判法国封建专制的“巨杖”，也成为德国哲学大师黑格尔（1770—1831）中国文明自古未变说的重要源泉[②]。深受黑格尔影响的德国社会学大师马克斯·

① 滕绍箴《论东北兴起的几个民族政权的中原文化认同——谈祭孔问题》：“本文宗旨在于通过对比研究，揭示东北兴起的魏、辽、金、元与清朝各个少数民族政权，奉行崇儒重道及其差别。认为各个民族政权在兴起前后，如不具有相当程度认同中原传统文化是不可能成功进入中原并占住脚跟的；理解和认同中原传统文化的水平与王朝在中原统治时间长短有关；清朝满洲贵族将历朝崇儒重道做到极致，甚至超越中原帝王。”见滕绍箴：《论东北兴起的几个民族政权的中原文化认同——谈祭孔问题》，《河北民族师范学院学报》2011 年第 1 期。

② 黑格尔对中国文化的看法主要集中在他的《历史哲学》和《哲学史讲演录》两书中。《历史哲学》所举的例证都集中在清前期，这是黑格尔通过欧洲传教士的介绍所能了解的中国状况。

韦伯（1864—1920）认为儒教伦理对中国资本主义发展起了严重的阻碍作用，此说影响极其巨大。此后人们普遍视儒家思想为传统中国的资本主义或工商业发展的畔脚石（与促进西欧崛起的基督新教相比更是如此）。19 世纪以前的中国工业化或资本主义发展不足，被归因于儒家文化的保守性（特别是对应世的强调和对求财的鄙弃等）。20 世纪 50 年代—90 年代，日本与“亚洲四小龙”的先后崛起，这激发人们从精神文化视野探讨东亚崛起的深层原因，由此产生“儒家（教）资本主义”（Confucian capitalism）热议[①]。

对儒家伦理与资本主义精神的探讨常常与对明清义利观的探讨密不可分。一方面，“经济伦理”（economic ethics）或“商业伦理”（business ethics）是很现代的、引入古代语境显得有些生硬的表达，而“义利观”则是相对传统的、引入古代语境不显得生硬的表达，[②]因此很多研究者探讨古代儒家伦理与资本主义精神时更习惯用“义利观”。另一方面，早在 20 世纪 50 年代，明后期在南方一些地区的手工业中出现了新的经营手段（即开设工场，使用自由雇佣劳动进行较大规模的生产），被众多学者认为近似西方资本主义生产关系的早期

① 儒家（教）资本主义，又称为“东亚工业文明”或“第三种现代化模式”，不同于西欧北美和俄罗斯东欧实现工业化、现代化的道路或模式。该提法最早由美国学者弗兰克·吉布尼（Frank Gibney）在 1982 年提出的。方克立认为：“现代新儒家设想的以儒家文化为背景或以儒家思想为指导来实现资本主义现代化的发展道路或模式。”见方克立：《现代新儒家与中国现代化》，天津人民出版社，1997 年，第 458 页。

② 义利问题是中国经济伦理史上一个经久而不息的讨论课题。有学者指出：“从某种意义上来说，我国传统经济思想和伦理思想的源头即是义利之辩，而贯穿中国几千年经济伦理之核心范畴仍然是义利之辩。”见王曙光：《中国传统经济伦理与商业文明及其现代意义》，https：//www. sohu. com/a/465393534 _ 488777，2022 年 1 月 9 日访问。儒家关于义利的辩论源远流长。学术界曾经一度认为儒家“重义轻利”，甚至将重农轻商或资本主义不发达的板子打到儒家身上。最近的研究普遍反对这种片面的看法。如朱德贵说：“实际上，在符合‘义’的情况下，儒家倡导逐富求利。”见朱德贵：《中国经济伦理思想研究——以诸子原典和出土文献为中心》，中国商业出版社，2009 年，第 123 页。

形态，即“资本主义萌芽”[1]。因此，关于儒家伦理与资本主义精神的探讨避不开明后期与清代。明后期思想界的特征是阳明学的流行，而阳明学常常被现代学者赋予了解放的意义[2]，因此众多学者在探讨古代儒家伦理与资本主义精神时努力证明阳明学促进了明后期“义利观”与经营手段的革新[3]。还有很多探讨都涉及一个问题：清前期

① 在毛泽东《中国革命与中国共产党》1950年修订版中，修订者新增了一句话："中国封建社会内商品经济的发展，已经孕育着资本主义的萌芽，如果没有外国资本主义的影响，中国也将缓慢地发展到资本主义社会。"正以毛泽东的这篇文章为起点，"古代中国的资本主义萌芽"迅速风靡内地历史学界，成为烜赫几十年的显学。研究伊始，各路学者就提出了种种五花八门的论证标准，而根据这些论证标准，"资本主义萌芽"到底出现于古代中国的什么时期也就莫衷一是。1985年，许涤新、吴承明出版了《中国资本主义发展史（第一卷）》（人民出版社），书中把资本主义萌芽产生的时间定义为"明代后期"，代表了大多数历史学家的认识。1996年，李伯重发表《"资本主义萌芽情结"》（《读书》1996年第8期），直言不讳地指出：所谓的"资本主义萌芽"问题，本质上就是国内历史学者的"情结"问题，就是坚信"西方有，我们也有"，坚信"资本主义是中国历史发展的必经阶段"。此后国内学界越来越倾向于"资本主义萌芽"是一个"伪命题"。

② 如余英时认为中国思想史有"四个最有突破性的转型期"："春秋战国之际"（从"礼坏乐崩"到"道为天下裂"）、"汉晋之际"（"个体自由与群体秩序"）、"唐宋之际"（"回向三代与同治天下"）与"明清之际"（"士商互动与觉民行道"）。

③ 余英时在论证第四次重大突破时对王阳明撰写的《节庵方公墓表》，进行了过于现代的解读：将阳明《墓表》中的"四民异业而同道"论放到中国"入世苦行"的伦理形态中加以阐释，认为阳明的致良知教在满足士阶层谈本体、说工夫的学问要求的同时，也适合社会大众的精神需要，打破了朱子读书明理之教在"新儒家伦理和农工商贾之间所造成的隔阂"，此与欧洲中古寺院中的出世清修转化为俗世众生的入世苦行、新禅宗的"若欲修行，在家亦得，不由在寺"互相交映。他进而断定"16世纪——即王阳明（1472—1529）时代——是中国思想史上第四次重大的突破"。陈立胜指出：（1）阳明"四民异业而同道"论其精神实质是以"生人之道"贞定商业文化，（2）"讲学"而非"治生"是士大夫不可摇动的"首务"，这是阳明一以贯之的立场，（3）阳明对纵欲逐利与攀比嫉妒现象的批判可被视为是对舍勒与松巴特所谓的"资本主义工商精神气质"蔓延化现象的不满，（4）传统儒家一气贯通、生生不息的宇宙论、万物一体的生存实感、天地位万物育的致中和理念在根本上限制着商业活动成为一种"中立"的、自足自证的领域。见陈立胜：《王阳明"四民异业而同道"新解——兼论〈节庵方公墓表〉问世的一段因缘》，《哲学研究》2021年第3期。该文虽然说"无意质疑余英时先生中国近世宗教伦理与商人精神的整体洞见"，实际上正是一个非常有力的质疑。

(1644—1733）有没有对当时与后世商业有重要影响的“新义利观”[①]？

一些学者认为清前期有对当时与后世商业有重要影响的“新义利观”，持此说者有余英时、黄海涛、卢雄勇、张海英、吴怀祺、王记录、廖群等[②]，其中余英时、黄海涛、张海英堪称代表人物。有些学者认为余英时的努力没有意义。如苏力说：“在东亚，从日本开始，紧接着是亚洲四小龙，再到中国大陆的经济高速发展，都一再挑战韦伯的理论。于是有华人学者试图修正和补充韦伯的学说。但这类努力，坦白地说，只是削足适履，其想说的不过是：韦伯的理论没错，只是韦伯或韦氏学人把英美或东亚社会的法律错误概括错了。”“于是有华人学者试图修正和补充韦伯的学说”有条脚注：“如余英时：《中国近世宗教伦理与商人精神》，台北：台湾联经出版事业公司，1987年版。”[③] 笔者认为这种批评更多表现出学科偏见，与余英时、章益国等历史学者对“儒家（教）资本主义”陈义过高、无法实证化的批评表现出惊人的相似[④]。从历史学角度来看，余英时等人对历史的挖掘是有很大价值的，但是我们应该也需要看到挖掘还很不充分。

① 现代学者在考虑清代与明代、民国时期的切割时，一般将清代的断代时间（与清代的实际时间略有不同）定为1644.1—1911.12，共268年。三等分之，则清前期，1644.1—1733.4；清中期，1733.5—1822.8；清后期，1822.9—1911.12。此处清前期就与一般所说的顺康雍时期很接近。

② 见余英时：《士商互动与儒学转向——明清社会史与思想史之一面相》，载魏秀梅、郝廷平主编：《近世中国之传统与蜕变：刘广京院士七十五岁祝寿论文集》，中央研究院近代史研究所，1998年，第3—52页；黄海涛：《明清实学经济伦理思想研究》，云南大学出版社，2007年；卢雄勇：《苏商精神及其社会价值》，江苏教育出版社，2011年，第67页；张海英：《明清商书文献概述》，载陈春声、刘志伟主编：《遗大投艰集——纪念梁方仲教授诞辰一百周年》，广东人民出版社，2012年，第653—654页；吴怀祺，王记录：《升华：宋元明清时期的中华民族精神》，广东人民出版社，2015年，第120—125页；廖群：《中国经济增长奇迹成因追踪》，东方出版社，2019年，第280—286页。

③ 苏力：《如何说好中国故事？——在中西文化交流的语境中》，《东方学刊》2020年第4期。

④ 见章益国：《论儒家资本主义学说》，《史学月刊》2006年第8期。

二、董仲舒义利观接受视角是一个合适而重要的视角

余英时是认为清前期有对当时与后世商业有重要影响的“新义利观”（或“义利新说”“新义利说”）的代表人物。1998 年[①]余英时在《士商互动与儒学转向——明清社会史与思想史之一面相》中说：“从孔子到王阳明，儒家义利论有两个主要特征：(1) 它是针对士以上的人（包括帝王）而立说的，因为他们是对于公共秩序的直接负责者。至于孟子所谓‘鸡鸣而起，孳孳为利’的一般人民（包括商人在内）至少并不是儒家义利论的主要立教对象。(2) 义与利基本上是互不相容的，人或者选择‘义’，或者选择‘利’，而不能‘义利双行’（朱熹驳陈亮语）。所以这二者之间的关系大致与‘理’与‘欲’‘公’与‘私’相同。”[②] “但是 16 世纪以后，‘义利’的观念，也和‘理欲’‘公私’一样，发生了微妙的变化。”[③] “这个新的义利观并不是偶然一现于 16 世纪，后无嗣响，而是持续有所发展的。”[④] “最后，让我们再引一段 18 世纪初年的资料，以见新义利说的流传情况。”[⑤] 总之，余英时认为义利新说兴起于 16 世纪，并持续发展到 18 世纪。按

① 余英时的《士商互动与儒学转向——明清社会史与思想史之一面相》是其《明清社会变动与儒学转向》的最后改定稿，两者差异较大。《明清社会变动与儒学转向》最早发表于林水檺主编、林德顺副主编：《中华文化：发展与变迁》，马来西亚中华大会堂联合会，1997 年，第 45—89 页。《士商互动与儒学转向——明清社会史与思想史之一面相》最早发表于魏秀梅、郝廷平主编：《近世中国之传统与蜕变：刘广京院士七十五岁祝寿论文集》，中央研究院近代史研究所，1998 年，第 3—52 页。

② 余英时：《士商互动与儒学转向——明清社会史与思想史之一面相》，载余英时著、沈志佳编：《儒家伦理与商人精神》，广西师范大学出版社，2004 年，第 219—220 页。

③ 余英时：《士商互动与儒学转向——明清社会史与思想史之一面相》，第 220 页。

④ 余英时：《士商互动与儒学转向——明清社会史与思想史之一面相》，第 221 页。

⑤ 余英时：《士商互动与儒学转向——明清社会史与思想史之一面相》，第 222 页。

照他的理解，清前期有新义利观。其后有很多学者认为颜元的义利观是新义利观。如李伟波说："清初实学家颜元在批判地继承以往的义利观的基础上，重新诠释了儒家的义利观，提出了'正其义以谋其利，明其道以计其功'的义利新解，成为清初实学在义利问题上的一大突破。"①

笔者认为上引诸看法不无可议之处：义利观包含甚广，需要分多层面分析②；"明末清初"很模糊，有必要分明后期与清前期以便做更深入的探讨；所举例证过少，它们的代表性十分可疑。今存明后期的文集总数可能在一千种以上，而今存清前期文集总数可能在一万种以上。余英时在《明清社会变动与儒学转向》中说："由于这一运动是静悄悄的和长期的③，如果不是全面考察三四百年间的有关文献——主要是文集和笔记，我们便很难发现它的存在。"④ 实际上，今人仍不具备"全面考察"明后期、清前期"有关文献"的条件，但是应当更充分地利用"有关文献"做更深入的探讨。正因为今存清前期"有关文献"非常丰富，而"全面考察"这些文献几乎不可能，所以采用某一视角搜罗相关文献变得非常有必要。尽管余英时没有注意到颜元"正其义以谋其利，明其道以计其功"所含的意义，考察董仲舒义利观在清前期的接受是一个合适而重要的视角。

---

① 李伟波：《清初实学家颜元的义利新解》，《中共宁波市委党校学报》2007年第4期。

② 如个人修养领域的义利观与商业活动领域的义利观应当区分。古人谈义利更多从个人修养方面谈。今人对商业活动领域的义利观更感兴趣，但这方面的资料更难寻得。

③ "这一运动"指"士商合流"运动——笔者按。

④ 余英时：《明清社会变动与儒学转向》，载林水檺主编、林德顺副主编：《中华文化：发展与变迁》，马来西亚中华大会堂联合会，1997年，第50页。这些文字不见于《士商互动与儒学转向——明清社会史与思想史之一面相》，耐人寻味。可能余英时已经意识到，他对16—19世纪的文集和笔记的挖掘是非常不够的，但如果他自己说出来，会让读者怀疑他的立论基础。

董仲舒："夫仁人者，正其谊不谋其利，明其道不计其功。"① 这是古人探讨义利问题的核心文献之一②。程子曰："董子言仁人正其谊不谋其利，明其道不计其功，度越诸子远矣！"朱熹在《白鹿洞书院揭示》中说"正其谊不谋其利，明其道不计其功"是"处事之要"。朱子语类中有多处论及董仲舒的义利观并持赞同态度。《性理大全》（1415）卷五七《董子》下引用程子、朱子、真德秀山三人称赞董仲舒的义利观的言论③，可见《性理大全》代表的官方对董仲舒的义利观也持赞同态度。

因此董仲舒的义利观在16世纪以前是被广泛赞同，堪称主流。考察董仲舒的义利观在清前期的接受非常有助于考察清前期有没有"新义利观"，因此是一个合适而重要的视角④。

值得注意的是，近几十年来，随着民间文献的大批发现，一些研究商业史的学者已不再满足对"贾儒观""义利观"等形而上的探讨，而是透过具体的商书（商业书和商人书）研究，探人探讨商帮经营文化的丰富内涵。这种商业史研究是重要的，但是以张海燕为代表的学者对"贾儒观""义利观"等形而上的探讨实际上很少促进，对儒家（教）伦理与资本主义精神这个经典问题回应过少。我们如果承认儒家（教）伦理与资本主义精神这个话题在历史学上是有意义的，那么就有必要思考三个问题：明后期、清前期一流的儒家伦理思想家有哪

---

① 《春秋繁露》作"仁人者，正其道不谋其利，修其理不急其功"。陈山榜认为："如果班孟坚别无所据，而今《春秋繁露》不伪无错。那么将'正其义不谋其利'的义利观加诸董仲舒是不妥的，董子是冤枉的，因为他的原本的义利观是重义而不放弃谋利。"见陈山榜：《义利之辨与董仲舒的不白之冤》，《衡水学院学报》2018年第5期。这种看法值得重视，不过研究董仲舒义利观接受史也有意义。

② 《论语·里仁》："子曰：'君子喻于义，小人喻于利。'"《孟子·梁惠王上》："孟子对曰：'王何必曰利？亦有仁义而已矣。'"这两条也是古人探讨义利问题的核心文献。考察这两条在清前期的接受是很有意义的，但是研究者将面临在清前期"全部文献"中检索更困难的境地。

③ 胡广：《性理大全书》卷五七诸子一《董子》。

④ 与余英时重视的"治生论""四民论"等相比，是更好的视角。

些人[①]？他们的思想是怎么影响文化圈的？他们的思想是怎么影响商业圈并促进经营方式的变革的？由于中国伦理学史研究近百年来没有大的进步[②]，要回答第一个问题并不容易。由于明后期、清前期没有像涩泽荣一那样既经商又著书立说的儒家伦理思想家[③]，要回答第三个问题也很困难。在这种情况下，考察董仲舒的义利观在清前期的接受具有特别的思想史价值，很有助于这三个问题的解答。

三、清前期赞同董仲舒义利观的代表人物

那些认为清前期有“新义利观”的学者没有告诉我们：清前期赞同董仲舒义利观的代表人物有哪些（举三到五位）？清前期反对董仲舒义利观的代表人物有哪些（举三到五位）？

---

① 王泽应说：“明末清初时期义利问题的探讨主要是围绕对程朱理学义利观的批判而展开的，但因批判的重点和程度不同而互有区别。李贽、黄宗羲批判了程朱理学去私为公、崇义贬利的观点，主张要公开为私心、私利辩护，强调吃饭穿衣即是人伦物理。何心隐、王夫之则批判程朱理学的存理灭欲的观点，认为天理寓于人欲之中，落实到义利问题上，他们又不赞成李贽、黄宗羲的观点，指出不能以私利代仁义，并认为义是人之所以为人的根本特征，重义是必要的，但不能废利，他们主张以理导欲，以义制利。颜元则主张把义利统一起来，既正其谊又谋利，既明其道又计功。”见王泽应：《中国伦理思想史上的义利之辨及其理论分析》，《道德与文明》1990年第3期。值得思考的是，李贽、何心隐是明后期一流的儒家伦理思想家吗？黄宗羲、王夫之、颜元是清前期一流的儒家伦理思想家吗？学术界普遍不关注这样的问题。

② 蔡元培《中国伦理学史》（1910）是第一部系统整理和研究中国古代伦理思想发生、发展及其变迁的学术著作，阐述了从孔子到王阳明28位思想家的伦理思想，其中王阳明是唯一明代思想家。该书附录中列叙了戴震、黄宗羲、俞正燮三人的道德学说，也可见作者对明清伦理思想是轻视的。该书至今多次再版，从一个侧面说明中国伦理学史研究近百年来没有大的进步。

③ 涩泽荣一（1840—1931），日本江户时代末期至大正时代的实业家与思想家，拥有“日本企业之父”“日本金融之王”“日本近代经济的领路人”“日本资本主义之父”“日本近代实业界之父”等桂冠。涩泽荣一将《论语》作为第一经营哲学，他的著作《论语与算盘》总结自己的成功经验就是：既讲精打细算赚钱之术，也讲儒家的忠恕之道。他被公认为影响日本明治时代商业圈的重要儒家伦理思想家。可参考John H. Sagers：*Confucian Capitalism：Shibusawa Eiichi，Business Ethics，and Economic Development in Meiji Japan*，Palgrave Macmillan，2018。

笔者认为清前期赞同董仲舒义利观的代表人物有：刁包（1603—1669）、吕留良（1629—1683）、李塨（1634—1710）、雍正帝（1678—1735）、张汉（1680—1759）。

刁包，字蒙吉，晚年号用六居士，直隶祁州（今河北安国）人。明天启举人，后弃科举，钻研儒学。明末战乱，倾家集众守祁州，救济流民。明亡，隐居读书。著有《易酌》《四书翊注》《潜室札记》《用六集》等。刁包《潜室札记》为平日所做的随笔札记，成书在刁包晚年。卷上："秦焚诗书，学问一道扫地矣！继以汉高嫚骂，故开国之初知学者绝少。历文景间，文学之士始稍稍出。贾谊之文博大昌明，而或失则浮；鼂错之文典雅精练，而或失则刻：以言乎知道均未也。至董子出，然后知道之大原出于天，才说性，才说命，是吾道一大开山也。故'正其谊不谋其利，明其道不计其功'，是董子之学度越诸子处；'诸不在六艺之科孔子之术者，咸绝其道，勿使并进'，是董子之教度越诸子处。繇周迄宋可与适道者得三人焉，文清推昌黎，文成推河汾。然河汾以西方之教为圣人，昌黎以墨翟、臧孙辰与孔孟并称，要之醇正不杂，俱逊广川一席也。"① 刁包称赞董仲舒是儒家的一大开山，认为他的"正其谊不谋其利，明其道不计其功"是他的学问"度越诸子处"。可见刁包对董仲舒的义利观非常赞同。

吕留良（1629—1683），又名光轮，一作光纶，字庄生，一字用晦，号晚村，别号耻翁、南阳布衣、吕医山人等，浙江崇德（今浙江桐乡崇福镇）人，明末清初学者、文学家。顺治十年（1653）应试为诸生，后隐居不出。康熙间拒应清政府的鸿博之征，后削发为僧。死后，雍正十年被剖棺戮尸，子孙及门人等或戮尸，或斩首，或流徙为奴，罹难之酷烈，为清代文字狱之首。吕留良著述多毁，现存《吕晚村先生文集》等。吕留良撰《天盖楼四书语录》卷二六《论语宪问》第十四《南宫适问于孔子章》："释氏以虚无之说网罗高一层，人以果报之说网罗低一层，人若此节书看得不好，则二病俱有羿奡不得其

① 刁包：《潜室札记》卷上，清雍正刻本。

死，禹稷有天下。若讲得铢计寸量，便如《功过格》《感应篇》相似。孝顺父母也算几功？螺蚌放生也记一善。这意思熟落，则举善念便是恶，善根才绝也。于是聪明人即从此中翻出一种意思来，悉举善恶祸福之说而归之于无有。《庄子》所云‘知其无可奈何，而安之若命’，是人事可不修矣！若不答适出之意看得如一重公案相似，便差人那里去也，须实发出行法俟命之意。正谊不谋利，明道不计功。董子之后，至程朱始发明之。今人不闻此等议论久矣，安望人心之反经耶?”[①] 吕留良用董仲舒的义利观批驳佛道的义利观，并认为董仲舒的地位处于孔子与程朱之间。李栅栅认为：“吕留良严申贵义贱利的价值标准，而这恰恰与明末清初适应商品经济发展以及儒学自身义理发展态势的义利相合之新义利观格格不入。”[②] 徐宇宏说：“吕留良所忧心的正是人心之坏，力图救正，所以他讲义利之辨，最终还是试图教人在立身取舍上明白原则界限。这也是他目睹亲闻明末及清初一辈士人的丑行丑态而生发出来的论说。”[③] 笔者认为李栅栅对吕留良的评价脱离历史语境，而徐宇宏对吕留良的评价更有道理[④]。

李骥，字西骏，号虬峰，兴化（今江苏兴化）人。成年后因生活窘困，从兴化迁居到扬州居住，以教书为生，一直没有入仕，布衣终身。李骥一生穷困潦倒，死后没有留下子嗣，也没有遗产。他的作品生前由朋友集资刻印，著有《虬峰文集》《楚吟集》《楚吟外集》《虬峰杂述》《读易臆谭》等。除《虬峰文集》流传在外，其余均散失不传。《虬峰文集》卷一四有《董仲舒论一》《董仲舒论二》《董仲舒论三》《董仲舒论四》，堪称董仲舒在清前期的知音之一。《董仲舒论三》：“况三代以下相天下者惟知汲汲以富国为务。而仲舒独谓：仁人者，正谊不谋利，明道不计功。不谓之王佐之识不可也。彼妄引《周

① 吕留良：《天盖楼四书语录》卷二六“论语宪问”第十四《南宫适问于孔子章》，清康熙金陵玉堂刻本。

② 李栅栅：《吕留良的遗民认同及其理学思想研究》，浙江大学博士论文，2019年。

③ 徐宇宏：《吕留良》，陕师师范大学出版总社，2017年。

④ 可见义利之辨需要分语境。

礼》之王安石，以掊克导君，傅会经义，纷纷营利。纵行之而善，亦一有司之能耳，夫岂相天下才乎?”称赞董仲舒有“王佐之识”。

雍正六年九月甲戌，雍正帝在谕内阁：“大凡为臣者，必以报称君上为心，而不得有瞻顾身家之念。古圣贤之教忠，皆是道也。盖在平时，则‘正其谊不谋其利，明其道不计其功’。孝、弟、忠、信一一皆尽其实，而不可有一毫之虚假。及乎居官，则国尔忘家，公尔忘私，尽屏其偏陂党同之习，悉去其沽名市惠之念。此之谓实心任事，而智名勇功于是乎出矣！夫臣下之用心，在上未有不洞烛其隐微者。古之良臣有嘉谋嘉猷，则入告于内而顺应于外。其诚意之交孚，何如其恳挚？苟或挟诈任术，饰貌修文，隐微有潜伏之私，则必不能忠敬以事上，而上有不知其情伪者乎？凡学古入官者，宜矢之以至诚，将之以笃敬。秉虚公以揆大中之则，务正直以遵王道之平；存忠君为国之实心，务立身行道之大本。以此自勉，更以此交勉，则可以成明良一德之盛矣！”[①] 雍正帝赞同董仲舒的义利观，他以此来反对臣子有私心私利的义利观。

张汉，云南石屏人，字月槎。康熙五十二年（1713）进士。乾隆元年（1736）举鸿博，授检讨，改监察御史。寻乞归。著有《月槎集》。康熙五十二年，张汉作《史论》，云：“大凡人臣之进说于君也，衷之以经术而已。六籍之微言无论，则三代而下硕儒名臣之嘉猷谠论无有逾于程朱。以程朱躬承圣人之统者，其先则汉董仲舒。汉唐诸儒无有过是，亦守先待后之人，程朱之所许也。请因明咨而陈之！考管子以德当位、功当禄、能当官为三本，以节用贤佐、法度诛赏、天时地宜为六务。荀卿以仁、义、威为三具，其四齐则其治、法其佐、贤其民、愿其俗美之说也。汉孝文时，鼂错对贤良三？冑，一以明国家大体，一以通人事终始，以能直言极谏。孝武帝时仲舒三？冑则多援《春秋》经义、天人治道之要，明析言之。盖正谊明道，不谋利以计功，其闻道者。以是推之，致君亦以是。当是时贾、董并称，而治安之？冑不免于矫激之论，与公孙

① 《雍正朝实录》雍正六年九月甲戌。

氏同举。而曲学阿世，吏治缘饰以儒术，其本原大有醇疵。区区智囊之鼌错审机度务，正不免计功、谋利之习也。夫岂可同日语耶?”① 认为董仲舒义利观是程朱义利观的先导。

四、清前期反对董仲舒义利观的代表人物

笔者认为清前期反对董仲舒义利观的代表人物有：颜元（1635—1704）、吴世杰（1641—1688）、张德桂（1664—1722）。

颜元，原字易直，更字浑然，号习斋，直隶博野县（今河北市博野）人，明清之际学者。一生以行医、教学为业。主要著述为《四存编》《习斋记余》等。颜元《四书正误》云：

> 以义为利，圣贤平正道理也。尧、舜“利用”，《尚书》明与“正德”“厚生”并为三事。“利贞”；“利用安身”；“利用刑人”；“无不利”；“利者，义之和也”：《易》之言“利”更多。孟子极驳“利”字，恶夫掊克聚敛者耳！其实，义中之利，君子所贵也。后儒乃云“正其谊不谋其利”，过矣！宋人喜道之，以文其空疏无用之学、予尝矫其偏，改云：“正其谊以谋其利，明其道而计其功。”②

颜元《言行录》又云：

> 这不谋不计两个字，便是老无释空之根。惟吾夫子先难后获、先事后得、敬事后食三后字无弊。盖正谊便谋利，明道便计功，是欲速，是助长；全不谋利计功，是空寂，是腐儒。③

很多学者认为颜元的义利观是突破性的，但是颜元的立足点是《周易》“利者，义之和也”。也就是说儒家的义利观很丰富多元，甚至不无（看似）矛盾之处。颜元的义利观其实仍属于传统儒家义利

① 张汉：《史论》，载张廷玉编：《皇清文颖》卷九，清文渊阁四库全书本。
② 颜元《四书正误》卷一。
③ 颜元《言行录》。

观，并没有现代研究者赞美的那么高①。

吴世杰，字兼兰，号梅麓，广东水东（今广东广州从化区）人，清前期官员、学者。著有《天文管见》《玉堂文集》《介节堂草》等。吴世杰的《董仲舒论》是一篇很重要的文字，似乎至今不为董仲舒研究界所知，今全录如下：

> 儒者之术，修其身而裁成辅相，以美利利天下，助造物以成功，非独善其身、授生徒、著书立说以传于后已也。三代以上之儒或为君，或为大臣，君、大臣之外无儒者。孔孟穷在下，不得已，徒以修身自见，而著书以垂教。是则儒者之变，非其正也。宋儒以董仲舒正谊不谋利、明道不计功之言为汉之儒者冠。夫功利以一已言之乎？陋矣！不必也。以天下言之，而利不利皆非其所顾，有功无功皆其所不问，则道谊固无与于天下，而天下亦无与于儒者矣！董子曰：非也，诈力耳。吾则谓天下有无功利之诈力，断无无功利之道谊。黄帝、尧、舜、汤、武之为君，益皋陶、伊尹、旦、望之为臣，何事不为天下谋其利？何事不为天下

① 商聚德说："对于传统义利观的批判，在中国哲学内部可谓由来已久，并伴随其发展的全过程。早在战国初期的墨子就提出过'义者利也'的观点；南宋时期以陈亮、叶适为代表的功利学派，明代的李贽，明清之际的黄宗羲、王夫之，清初的颜元、戴震等，对传统义利观都进行过不同程度的批判。……颜元说：'以义为利，圣贤平正道理也。……义中之利，君子所贵也。'（《四书正误·大学》）这些观点，对于传统义利观主流派观点的某些方面，起到某种纠偏、矫正的作用。他们强调义利统一，而反对片面突出义而否定利；强调人必有私，而反对以公压私、以公灭私；强调义在利中，而反对只讲义不讲利。但实际上，他们所持的义利标准，与传统义利观并无不同；他们的正面观点，总体上也并未超出传统义利观的范围；在大原则上仍与传统义利观相一致，并且成为其有机部分。当然，对这些非主流派思想的积极作用还是应该给予充分评价的，正是由于有这些非主流派思想的存在，才构成了传统思想内部一定程度上的交锋，促进了传统义利观的深化，并构成向新时代转化的内在动力。"见商聚德：《传统义利观要义及其改造与转换》，《中国哲学史》1994 年第 4 期。张耀南认为颜元："是以'合理大利主义'批评'极端大利主义'，而不是以'利己主义'或'合理利己主义'（'欧西功利主义'只是一种'合理利己主义'）批评'极端大利主义'。'利己主义'在中华思想系统中，是不存在的，不仅'极端利己主义'不存在，就连'合理利己主义'也不存在。"见张耀南：《中国慈善哲学概论》，中国社会出版社，2019 年，第 228 页。这两种看法很值得注意。

计其功？论道谊而斥功利，是为独善之道；谊论功利而即以为诈力，是圣贤皆无功利之道谊。呜呼！岂其然乎？吾观后世戡乱定太平，类皆奇才杰士，无一儒者与其间。而所谓儒者，不过穷经力学，乱则杜门自守，治则出而高谈性命、辨学术。苟当国家危难，嫌疑或御权奸、制盗贼，惟知洁身全道谊，必不肯稍权宜以救当世之急而除后日之患，然则天下亦何赖有儒者也？孔子曰："苟有用我者，期月而已可也，三年有成。"孟子曰："诸侯有行文王之政者，七年之内，必为政于天下。"孔孟虽穷在下，未尝一日不为天下谋其利、计其功。而世儒但见其不苟合以狥人与枉尺直寻之说，遂谓儒者无计功谋利之事，亦已过矣！宋儒讲明理学，谓孟子后千载无真儒，至宋始得传其绪、接其统，而其人则皆可与立不可与权，得其偏而不得儒术之全者。有明王文成公聪明天锡，杰然诸儒之上，居大位，遇大变，权谋百出，而皦然无惭于仁义肫肫、恻隐岂弟。而杀伐用张，无毫发姑息濡忍，故能使社稷危而复安，而功成乎再造。苟持董子之说，则逆藩、盗贼披猖决裂天下，不知其何如矣！然则孟子之后一人，舍文成谁与归哉？①

吴世杰似乎对程朱等宋儒很不满，也对"平日袖手谈心性，临事一死报君王"的刘宗周很不满，大力推崇王阳明。他似乎将董仲舒的义利观与程朱等宋儒的义利观等同，甚至将董仲舒的义利观与明遗民的义利观等同，将董仲舒的义利观与王阳明的义利观对立起来。

张德桂，字兼兰，号梅麓，广东水东（今广东从化江埔区）人，清前期官员。著有《天文管见》《玉堂文集》《介节堂草》等，今皆不存。张德桂在康熙五十四年（1715）为北京的广东商人所建立的仙城会馆撰写了一篇《创建记》，其下半篇畅谈义与利的问题②。值得注意的是，余英时是通过李华编《明清以来北京工商会馆碑刻选编》

① 吴世杰：《甓湖草堂集》文集卷三论《董仲舒论》，清康熙刻本。

② 余英时在《士商互动的儒学转向》中对《创建记》的后半段有引用。此处不再引用。

（文物出版社，1980 年）看到张德桂的文字的。正是通过引用这篇文字，余英时才说新义利观在 18 世纪持续发展。

五、结语　从董仲舒义利观接受视角看清前期的“新义利观”

总之，余英时等人认为清前期有对当时与后世商业有重要影响的“新义利观”，但对清前期义利观的考察不够全面深入。清前期留下的史料浩如烟海，我们不可能穷尽所有材料，但有必要在前人的基础上做更深入的探讨。董仲舒义利观接受视角是一个合适而重要的视角。清前期赞同董仲舒义利观的代表人物有：刁包、吕留良、李骥、雍正帝、张汉。清前期反对董仲舒义利观的代表人物有：颜元、吴世杰、张德桂。他们身份迥异，大都有文集传世，对我们认识那时的文化圈颇有帮助。他们赞同或反对董仲舒义利观的目的、角度、方式是不同的，可谓言人人殊。这让我们很难看出清前期谁是一流的儒家伦理思想家，也很难看出清前期有影响文化圈的“新义利观”。如果清前期没有影响文化圈的“新义利观”，那么清前期影响商业圈并促进经营方式的变革的“新义利观”更无从谈起。因此我们有理由怀疑清前期有对当时与后世商业有重要影响的“新义利观”的说法不够严密，被赋予了过多的现代解读。

本文为“2021 中国・衡水董仲舒与儒家思想国际研讨会暨中华孔子学会董仲舒研究委员会学术年会”提交的论文。

徐到稳（1985—），安徽庐江人，中国社会科学院古代史研究所助理研究员，主要从事儒学、历史文献学与清史研究。

论冯友兰对董仲舒哲学的研究①

柴文华　张　收

对董学的评价存在多维向度：否定者认为其是“伪儒学”，赞赏者认为其“为儒者宗”，更多的研究者则认为其是“长短互见”。立足当代视域，我们对董仲舒哲学思想的评价怎样才能尽可能做到“照词若镜”“平理若衡”？冯友兰对董仲舒哲学思想的研究会为我们提供一些有益启示。

冯友兰毕生对中国哲学史怀抱极大的热忱，他不仅先后撰写了三部中国哲学史著作，而且在《人生哲学》以及《新原道》等论著中也论及中国哲学史的问题。鉴于董仲舒在中国哲学史上占据重要的历史地位，冯友兰通史性的哲学史著述也始终为董仲舒哲学保留一片天地。不仅如此，由于冯友兰的中国哲学史研究经历过思想上的转变和时代的跨越，其对董仲舒哲学的研究随之展现出丰富的动态变化过程。

一、以西方哲学为框架系统梳理董仲舒哲学

冯友兰在《中国哲学史》（以下简称《史》）第二篇“经学时代”

① 基金项目：本文为国家社会科学基金重大项目“中华民族共同体的伦理认同研究”（项目编号：20&ZD037）阶段性成果。

中，对董仲舒哲学的历史地位、哲学源流进行精确的定位和辨析，并且从多个维度对董仲舒哲学体系进行全面的梳理。

（一）历史地位

冯友兰将中国哲学史划分为“子学时代”和“经学时代”，分别对应西方哲学史的上古哲学和中古哲学。在他看来，西方哲学史上时期的划分并非简单的依据年代而定，在不同时期的背后“其精神面目，亦有卓绝显著的差异”[1]6。考量“精神面目”的因素，中国哲学只能二分为两个时代。其中从孔子到淮南王是子学时代，从董仲舒到康有为是经学时代。经学时代的特征可概括为“旧瓶装新酒”，即此一时代的哲学家发挥思想皆依傍子学时代的哲学诸系统。董仲舒被列为经学时代的第一位哲学家，其原因有二：第一，由于董仲舒“推明孔氏，抑黜百家”的主张得到西汉统治者的认可，导致“春秋以后，言论思想极端自由之空气于是亡矣”[2]269，这就终结了子学时代。第二，董仲舒引申《春秋》而作《春秋繁露》，着重发挥《春秋》之微言大义，实际上是依赖经学而建立自己的哲学系统，由此开启了经学时代。冯友兰对董仲舒的历史定位包含他对中国哲学的独特理解。对于董仲舒在西汉儒者中的地位，冯友兰根据《汉书》中《董仲舒传》《五行志》等史料，指出董仲舒为当时群儒之首，可充分代表西汉之时代精神，突显董仲舒在西汉哲学中的代表性。

（二）哲学源流

先秦百家之学，在争鸣中亦相互吸收借鉴。冯友兰指出，作为一个学术派别的阴阳家在其成“家”之时，即似乎有与部分儒家思想相混合的趋势，这种趋势在秦、汉之时达到极致。冯友兰说：“西汉经师，皆采阴阳家之言以说经。所谓今文家之经学，此其特色也。”[1]10董仲舒作为西汉今文经学的代表，其思想是充分融合了阴阳家思想的儒学。具体而言，董仲舒利用阴阳家的阴阳、五行等思想构建起系统的宇宙发生论，并与儒家的人性论和伦理、政治社会学说相衔接。从儒家的系统来看，董仲舒哲学是通过解释《春秋》来进一步阐发的，冯友兰将《春秋繁露》与《春秋》的关系，比作《易传》与《易经》的关系。在人性论方面，冯友兰曾提及董仲舒论性，“盖就孔、孟、荀之说而融合之”[1]26。由此可见董仲舒哲学的学术渊源。

（三）哲学体系

冯友兰从元、天、阴阳、五行、四时、人副天数、性情、个人伦理与社会伦理、政治哲学与社会哲学、灾异、历史哲学、《春秋》大义等方面对董仲舒的学说进行全面的梳理，使董仲舒哲学得以清晰、系统地呈现。

1. 宇宙论

冯友兰认为阴阳家思想中的宇宙间架直接影响了董仲舒宇宙论的建构。在董仲舒系统中，宇宙由十种成分构成：“天、地、阴、阳、木、火、土、金、水：九；与人而十者，天之数毕也。”（《春秋繁露·天地阴阳》）冯友兰指出“天”的含义有时指物质的、与“地”相对的天，有时又指“有智力有意志之自然”；“阴阳”有时表示物质性的“阴阳之气”，但更多时候没有明显的物质属性；“五行”在《洪范》中的次序是相生的次序，但是在董仲舒这里还表现为一种“分布的次序”，犹如人之五官一样有序排列。“五行”中的“木”“火”“金”“水”分别主春、夏、秋、冬四时之气，四时的运行是由阴阳按照固定方向运动、此消彼长所产生。构建出天的运行图式之后，董仲舒提出“人副天数”的理论，将天与人紧密联系为一体，形成一个完整的宇宙。冯友兰清晰地描绘了董仲舒宇宙论的完整图式，同时阐明董仲舒的宇宙论极大地彰显人在宇宙间的地位。

2. 人性论、伦理学

董仲舒的人性论主要集中在“性情”方面。他认为人的心理之中包含“性”和“情”，“性”外在表现为“仁”，“情”外在表现为“贪”。因为人之“质”中有性有情、有仁有贪，故人性不能全善。欲使人成为善人，必须加之以“教”。冯友兰认为，董仲舒讲人之质中本就有善端，从这点来看，与孟子的性善论一致；但是又主张以“教”制情，从这点来看，是调和孟荀的思想。他还指出董仲舒所说的人之“质”特指普通人而言，实际上董仲舒还考虑了高于普通人和低于普通人的两种情况，即孔子所谓的上智和下愚，因此董仲舒的人性论是“就孔、孟、荀之说而融合之”[1]26。

伦理学方面，冯友兰区分了个人伦理和社会伦理。个人伦理着重强调人要成为善人所需要的多种道德。冯友兰指出董仲舒将仁、义、智作为人所必具之德，其中又以仁义最为重要。在社会伦理方面，冯友兰重点阐释了董仲舒的三纲五纪之说。董仲舒从儒家的人伦（五伦）当中，着重提出以君、父、夫三伦为纲，即“君为臣纲，父为子纲，夫为妻纲”，通过三纲将臣、子、妻捆绑为君、父、夫的附属品。冯友兰指出，三纲之说可以从董仲舒的形上学中找到依据，“君臣父子夫妇之义，皆取诸阴阳之道”（《春秋繁露·基义》）。通过天道中的阴阳关系来比附、类推社会伦理中的君臣、父子、男女之关系，使社会伦理具备和自然规律一样的真理性，从而为儒家伦理的推行提供合理性依据。

3. 政治哲学、历史哲学

正因为人性虽有善质而未能全善，所以需要立王来教化民众，董仲舒由此从人性论过渡到社会层面，展开政治哲学。冯友兰认为董仲舒的政治哲学以“法天以治人”为核心，并从天时、天命、天数、天道、天志等五个方面进行系统的阐发。他从《春秋繁露·王道通三》中提炼出王者“法天以治人”的五条举措：第一，“法其时而成之”，王者的庆赏刑罚皆以春夏秋冬的四时变化为准则。第二，“法其命而循之诸人”，王者从上天那里接受指令，以成化人性为目标来教化民众。第三，“法其数而以起事”，王者制定官制，设立三公、九卿、二十七大夫、八十一元士等官职，等级和名额都要符合天数的要求。第四，“法其道而以出治”，天道是规律性和变化性的统一，王者的政令、决策都需“视天而行”。第五，“法其志而归之于仁”，王者应效法上天爱利人的本意，通过施行仁政来治理天下。关于灾异的解释，有目的论和机械论两种。董仲舒一方面认为人若有不当行为，天会主动降下灾异以做谴告，此为目的论的解释；另一方面认为人若有不当行为，阴阳之气会机械地受到感应而出现灾异，此为机械论的解释。冯友兰指出董仲舒灾异理论的两种解释是矛盾的，并分析这种矛盾的根源出在阴阳家，阴阳家本来就两种说法并行。

董仲舒认为历史的发展变化同样遵循天道的规律。历史观上董仲舒主张三统说。三统为黑、白、赤三统，在实际的历史中，夏为黑统，商为白统，周为赤统，周的后继者又重回黑统，如此循环往复。历史的车轮途径哪一统，统治者就需要随之改制，但不涉及现实中的人伦道德、政治理念、风俗教化等核心要素，此即“王者有改制之名，无易道之实”（《春秋繁露·楚庄王》）。董仲舒认为这一历史规律出自天道，“天不变道亦不变”，王者只能顺应不可改易，某种意义上即孔子所谓的无为而治。与此相似董仲舒又提出过“三教”之说，同样是一种历史循环论。冯友兰指出：“依此‘天人合一’之观点观之，则历史成为一‘神圣的喜剧’矣。”[1]41 对董仲舒历史哲学的合理性予以否定，但同时又肯定了其作为一个有系统的历史哲学的哲学史意义。

综合起来看，冯友兰对董仲舒哲学的系统梳理是在西方哲学的框架下进行的，较为理想地完成了董仲舒的思想材料由传统学术到现代哲学意义上的转化，可视为中国哲学史“以西释中”的典范。

二、新理学视域下的董仲舒哲学

1939 年《新理学》出版，代表冯友兰开始从一个哲学史家转变成哲学家。“贞元六书”之一的《新原道》于 1945 年出版，在其第六章“汉儒”部分重点提到董仲舒哲学。冯友兰对该书的评价是：“盖欲述中国哲学主流之进展，批评其得失，以见新理学在中国哲学中之地位……此书非惟为《新理学》之羽翼，亦旧作《中国哲学史》之补编也。”[3]3 因此它一方面从中国哲学史的角度，对董仲舒哲学（汉儒部分）这一“主流”展开论述，另一方面又从冯友兰自身的哲学观即“新理学”的视域出发，对董仲舒哲学进行批评。同样，在《中国哲学简史》中，冯友兰也以哲学家的视角对董仲舒哲学进行剖析和阐释。

“新理学”提出通过理解和体悟“理”“气”“道体”“大全”等“纯形式”的观念，从而使人达到最高的精神境界。冯友兰认为这种最高的精神境界乃圣人方可领略的“天地境界”，其特征是内圣而外王、“极高明而道中庸”。中国哲学史上的各家各派都在致力于“高明”与“中庸”两个对立面的统一，以合乎极高明而道中庸的标准，此即中国哲学的主流。《新原道》本质上是冯友兰以极高明而道中庸为标准，对各家各派所做的批评史。

基于彻底的新理学立场，在《新原道》中冯友兰对董仲舒哲学的评价较低：第一，“严格地说，汉代只有宗教、科学，没有纯粹底哲学”[3]77，董仲舒的哲学同样不够纯粹。这主要是受阴阳家的影响。冯友兰指出，哲学中的宇宙代表“一切”，是一个“形式底观念”，科学中的宇宙指一种结构，是一个“积极底观念”。按照董仲舒的说法，宇宙由天地、阴阳、五行和人等十种成分构成，阴阳和五行在性质上都类似于物质性的气，因此其宇宙观念是积极的、科学的。关于灾异的起因，董仲舒有两说：一说是起于“天的不悦”，又一说是起于“机械底感应”。前者是目的论，近于宗教，后者是机械论，近于科学。冯友兰指出这种含混是由于不论在阴阳家还是在董仲舒的系统里，宗教与科学都本来是混合的。第二，汉儒“他们的哲学，不能‘超以象外’。所以他们的境界，也不能‘经虚涉旷’”[3]84，这恰恰是以董仲舒的哲学为考察对象做出的结论。在董仲舒的系统中，人是天的副本，人与天地并而为三，人的任务是帮助天地完成其未竟之功业，这与《中庸》所讲的“与天地参”一致。但是冯友兰认为《中庸》所讲的与天地参是一种形式的说法，而董仲舒这里是一种积极的说法。由于人是天的副本，是宇宙的缩影，故人在宇宙间的地位极高。冯友兰指出，董仲舒的系统中虽然人的地位抬得很高，但并不能使人有极高的精神境界。在董仲舒这里人的境界是近乎天地境界，严格来讲只是道德境界。在董仲舒的理论中，人副天数，人的存在是对于天的模仿，冯友兰认为这一过程实际上是反着来的，上天的所有性质都是从人类这里类推而来，“天是人身的放大”，所以冯友兰说：“董仲舒对于天底说法，是从人的观点，用图画式底思想，所得到者。”[3]84 它导致人对于宇宙的了解不够，因此董仲舒哲学的境界不高，不符合极高明的标准。在冯友兰看来，董仲舒推崇儒家和孔子，其态度是宗教的，他将孔子由“师”变而为“王”甚至是神，他虽然是继承了子思及孟子一派的儒家，“但可以说是对于孟子的境界，毫无了解”[3]85。

冯友兰在1948年出版了《中国哲学简史》（以下简称《简史》）的英文版，同样对董仲舒哲学进行了全面的阐释。内容上虽然与《史》相差无几，但也发生一些新的变化。比如书写方式上采用纯“叙述式”的体裁，放弃大量史料的征引，语言更加简洁通畅，在思想逻辑上对董仲舒哲学也有进一步的发挥。

在《简史》中冯友兰站在哲学的高度重新审视了董仲舒哲学，虽然没有像《新原道》那样有明显的指向，但实际上依然受到“新理学”的深刻影响。《简史》以中国哲学的精神即“内圣外王之道”为主题串起整部的中国哲学史。在哲学观上，冯友兰坚持“新理学”的观点，认为按照中国哲学的传统，哲学的功用不在于增加积极的知识，而在于提高精神的境界。境界的最高成就是圣人，圣人的人格是内圣外王，因此中国哲学所讲就是“内圣外王之道”。由“内圣”到“外王”，体现出哲学理论的现实化、政治化倾向。在《简史》中，冯友兰充分注意到董仲舒哲学“外王”的一面，对于他的政治思想及思想的政治意义予以肯定，具体表现在以下方面：第一，开始注重时代背景和历史政治因素。第十七章专讲董仲舒哲学，而其前一章题目为“世界政治和世界哲学”，冯友兰讲述“秦统一前的政治状况”以及“中国的统一”，描绘出国家由分裂到统一的历史必然趋势下人们在思想和哲学层面对统一的渴望。尽管秦朝完成了政治上的统一，但是思想理论层面，直到董仲舒才将统一的新秩序以理论化的形式系统表达出来。第十八章“儒家的独尊和道家的复兴”中“统一思想”一小节讲了秦朝和汉朝统一思想的政策，重点提到董仲舒向汉武帝提出的思想上大一统的建议。《简史》以大量篇幅阐述政治背景和政治思想，这是《史》中所没有的。第二，强调哲学的目的论，董仲舒的哲学是为汉朝的大一统服务。第十七章题目为“将汉帝国理论化的哲学家：董仲舒”，在冯友兰的描述中，董仲舒不是被动地在当时历史环境和政治条件下进行哲学建构，而是主动地以哲学的手段去帮助汉朝完善和巩固大一统的局面。冯友兰说：“董仲舒所要做的就是为当时政治、社会新秩序提供理论的根据”。[4]在这里，董仲舒的哲学建构显然是一种充满政治意味的目的性活动。第三，董仲舒的哲学不仅为大一统的专制皇权服务，同时也对专制皇权有所限制。比如董仲舒王者受命于天的学说一方面为皇权统治的合法性提供依据，另一方面皇帝的行事需要忌惮天的喜怒，理论上，一旦有灾异出现即要调整或改正自己的行为。三统说也侧面表达了对每个朝代统治者的限制，它理论上允许改朝换代。这些丰富的外王之学体现了董仲舒哲学的理论倾向。

综上，在《新原道》和《简史》中，冯友兰都以个人的哲学观重新审视董仲舒哲学，对董仲舒的“内圣”与“外王”两方面进行深入的考察，这个过程使董仲舒的思想更加哲学化、逻辑化。

三、以马克思主义哲学诠释董仲舒哲学

中华人民共和国成立以后冯友兰开始服膺马克思主义，在 20 世纪 80 年代出版的《中国哲学史新编》（以下简称《新编》）（第三册）中，冯友兰以马克思主义哲学为指导思想和方法重新诠释董仲舒哲学，一方面体现了在中国哲学史研究上的连续性，同时也是对《史》和《简史》的大胆突破。

首先，冯友兰为董仲舒哲学这个体系注入了一些新的内容。第一，从《新编》整体来看，汉代哲学的阵容扩大，导致董仲舒哲学不再是西汉哲学的代表或中心。无论是在《史》还是《简史》中，董仲舒始终被定义为西汉哲学的代表，对西汉其他哲学家不够重视。与此相比，从西汉建立到汉武帝、董仲舒的时间段内，《新编》以单章形式阐述了汉初黄老之学（包括曹参、汲黯、司马迁父子）、贾谊、董仲舒公羊学、《礼记》、淮南王刘安、《盐铁论》等哲学代表。其中贾谊被尊为“汉初最大的政论家和哲学家”，淮南王刘安的黄老之学被当作“董仲舒哲学体系的对立面”，皆给予较高的关注，这些无疑很大程度上削弱了董仲舒在西汉哲学中的地位。第二，对董仲舒所处的政治社会环境多所铺陈，以阐述社会政治因素对其哲学思想的影响。冯友兰认识到“一个哲学家的政治社会环境对于他的哲学思想的发

展、变化，有很大的影响”[5]4，因此他在《新编》中结合当时的社会政治环境来补充和深化对董仲舒哲学的阐释。冯友兰认为董仲舒哲学的诞生恰好迎合了汉初中国封建社会的上层建筑的理论化需求，为说明这一点，《新编》通过“中国封建社会的经济基础和上层建筑、汉武帝和董仲舒”“公羊春秋和汉朝的政策”等章节对当时的时事背景和方针政策展开充分的解读。《简史》对董仲舒哲学的介绍已经开始关注政治的因素，《新编》在政治社会背景方面所补充的尤多。这并非针对董仲舒，而是《新编》中的普遍现象，以至于冯友兰不无“这样作可能失于芜杂”[5]4的顾虑，可谓其哲学史创作的大胆尝试。第三，新增了“董仲舒的逻辑思想”。《新编》注意到了在《史》和《简史》中都没有关注过的董仲舒的逻辑思想。冯友兰指出，《春秋繁露·深察名号》说“《春秋》辩物之理，以正其名”，这涉及“名”和“理”的关系问题，“名”必须与“理”相符合，先分析事物的“理”，根据“理”才能确定“名”的意义。董仲舒也谈荀子所说的“共名”与“别名”，他将“共名”称为“号”，将“别名”称为“名”，对“号”和“名”做了解释和区分。董仲舒认为“名生于真，非其真弗以为名”（《春秋繁露·深察名号》），名可以使原来不清楚的事物得以清楚地认识。冯友兰指出这种说法作为一种逻辑思想来讲是正确的，但前提是“名”能够正确反映事物的本质。事实上，董仲舒把“诸侯”的“侯”理解成“伺候”的“候”；把“大夫”理解成“大于匹夫”；把“士”理解为能办事的“事”；把“民”说成是没有觉悟的“瞑”，可见他所谓的“名”都是“任意的、轻率的、瞎说的抽象”，并不能反映事物的本质，反而使人们对事物的认识更糊涂。董仲舒还认为“名”是“天意”的表现以及“名”代表一种“理”，人们应该由“名”求理[6]84，这是对唯物主义名实关系的歪曲。冯友兰指出，董仲舒的逻辑思想是与他的唯心主义理论结合着的，“他的关于逻辑的理论是他的唯心主义、神秘主义体系的一个组成部分”[6]84。

其次，冯友兰以马克思主义哲学为诠释框架重新研究董仲舒哲学，努力对董仲舒哲学作出符合马克思主义哲学观的评价。第一，运用阶级分析法以揭示董仲舒哲学的阶级属性和政治目的。冯友兰指出，董仲舒关于“天”的理论，其社会意义在于论证封建地主阶级的政权和皇权都是出自天意，是“为地主阶级的政治哲学在宇宙观方面虚构出一个理论的根据”[6]54；董仲舒的阴阳学说，其政治目的在于“论证封建的等级制度和社会规范的合理性，为封建的君权、父权、夫权制造根据”[6]61。除此之外董仲舒的天人感应说、人性论、历史观等，都是为居于统治地位的地主阶级服务。第二，运用唯物论和辩证法的观点，批判董仲舒哲学的唯心主义和形而上学。冯友兰指出，董仲舒关于气、阴阳、五行的自然观是唯心主义的，董仲舒所讲的“气”具有情感和意识的变化，显然将以前的物质性的概念进行了唯心主义和神秘主义的歪曲；董仲舒将“五行”的关系伦理化，体现一种道德目的，“把原来的唯物主义的五行学说歪曲为唯心主义和目的论”[6]62。董仲舒的天人感应论，把人描述为自然的摹本，又将自然现象与社会现象混为一谈，这种理论是“将自然人格化的唯心主义思想的一种表现形式”[6]68；历史观上，董仲舒的“三统”说是一种唯心主义的历史循环论。董仲舒认为作为自然界最高原则的“天”是不变的，作为社会的最高原则“道”也是不变的，“天不变，道亦不变”，这是典型的形而上学宇宙观。在《易传》中阴阳作为矛盾的对立面可以相互转化，而董仲舒的阴阳思想认为阴完全受阳压制，实际上并不能发生什么作用，他的阴阳说“吸收了易传中辩证法的思想资料，加以改造，使之成为形而上学思想”[6]60；阴阳的理论应用到社会伦理，君、父、夫永远统治着臣、子、妻，也体现了形而上学的思想。第三，运用否定之否定的规律，说明董仲舒哲学是逻辑与历史的统一。冯友兰认为，哲学史自有它的一般规律，那就是“唯物主义和唯心主义，辩证法和形而上学，这些对立面的斗争和转化，以至于唯物主义和辩证法的不断胜利”[5]12，这个一般规律在哲学史中表现为发展的螺旋形式。冯友兰指出，在中国历史上的第一次大转变中，春秋时期的奴隶社会是“正”，是“肯定”；秦始皇建立秦朝是“反”，是“否定”；到了汉武帝固定下来的封建制度是“合”，是“否定之否定”。与历史的发展相适应，中国传统文化的发展中，“原来的儒家是‘正’，是‘肯定’；法家是‘反’，是‘否定’；以董仲舒为代表的春秋公羊家是‘合’，是‘否定之否定’”[6]10。否定之否定表明了事物的发展进步，因此冯友兰虽然站在马克思主义哲学的立场对董仲舒哲学做了很多批判，但他仍然肯定董仲舒哲学在历史发展中的进步意义。

四、几点思考

如上所述，冯友兰对董仲舒哲学的研究涉及董学的方方面面，有些问题需要我们进一步思考。比如：我们应该如何看待冯友兰对董仲舒哲学研究的动态过程？冯友兰对董仲舒哲学的评价是否合理？等等。

首先，冯友兰对董仲舒哲学阐释的动态过程与他学术思想发展的步调是一致的。从冯友兰的整个学术活动历程来看，其思想发生过较为明显的阶段性变化。冯友兰在《三松堂·自序》中将其从事哲学研究的阶段划分为20年代、30年代、40年代、50年代及以后。这不仅仅是时间段或哲学著作上的划分，它更体现了冯友兰在学术兴趣、思想理论和研究方法等深层次上的转换。冯友兰对董仲舒哲学的研究分别对应着后三个分期，代表其哲学史研究中的三种变化：通过西学来疏通中国哲学史、通过“新理学”来观照中国哲学史以及通过马克思主义来重新阐释中国哲学史，以一己之力展示了中国哲学史书写方式上的多样性。

其次，冯友兰对董仲舒哲学的研究还是一个逐渐深化的过程，从一遍又一遍的重复阐释中将对董仲舒哲学的理解向着更深层次推进。中国传统哲学虽有哲学之实而无哲学之形，在形式上缺乏清晰系统的整理，因此“讲哲学史之一要义，即是要在形式上无系统之哲学中，找出其实质的系统”[2]252—253。以西学框架梳理董仲舒哲学的主要目的就是将董仲舒哲学从传统的经学形态转化为现代的哲学形态，使其得以清晰地呈现。以“新理学”的视域来考察董仲舒哲学，是将董仲舒的哲学纳入“高明”与“中庸”、“内圣”与“外王”等中国哲学的经典话语中去讨论，重点突出了董仲舒哲学的水准高低和内容上的侧重点。在《新编》中，冯友兰指出董仲舒的历史任务就是为中国封建社会上层建筑提供理论支撑，以至于过分突出其哲学理论的时代使命和政治目的而掩盖其理论本身，但也从根本上发掘了董仲舒哲学产生的社会历史根源。从结构到内容再到社会根源，冯友兰对董仲舒哲学的研究整体上是不断深化的。

再次，冯友兰在三个时期对董仲舒哲学的研究，分别展示了不同的学术特色，又以中华人民共和国成立前后的差异最大。一方面，冯友兰在20世纪50年代以后逐渐膺服马克思主义，《新编》是在他最擅长的学术领域践行其马克思主义哲学理论的思想结晶。尽管学界一直对这种转变的原因存在质疑，但诚如冯友兰的哲学史所揭示的“一时代有一时代之时代精神”，任何个人的思想也都一定会打上时代的印记，我们不能完全以跨时代的眼光去苛求前人。作为哲学史家和哲学家的冯友兰，其本身对哲学史认识的不断深化和时代的发展共同造就了其对董仲舒哲学研究的动态变化。这虽有可争议之处，但同样展示了哲学史研究中理论、方法及书写形式上丰富的可能性，拓宽了中国哲学史研究的道路，从中国哲学史学科发展的角度而言是有积极意义的。另一方面，冯友兰从《史》到《新编》的哲学史研究一直有本来的历史与写的历史的区分。本来的历史是客观的历史事实，是不会改变的；写的历史则体现了写作者对本来的历史的主观认识，会因人、因时而异。同历史上的一直追求“信史”的史家一样，哲学史家的工作也可以看作是一个求真的过程。然而，如冯友兰这样的对同一个历史事实的多样化描述，到底是会加大求真的困惑还是更能接近历史的真相，是值得我们深思的问题。从冯友兰对董仲舒哲学的研究中发现，在不同时期研究中的理论、方法、观点可能不尽一致，但董仲舒哲学的基本内容是稳定的，揭示了“哲学史”与“写的哲学史”的内在张力，这也是中国哲学史能够一直书写下去的根源，中国哲学史学史的诞生同样得源于此。从中国哲学史学史的角度而言，“三史”作为不同时期的成果，不可互相取代。

此外，冯友兰对董仲舒哲学的价值评判虽然有变化，但总体上是辩证的、合理的。金无足赤人无完人，任何一个人的学说都不可能是完美的，董仲舒哲学亦不例外。所以对董仲舒哲学的价值评判应该

“知人论世”“长短互见”。在冯友兰的笔下，董仲舒是中国哲学史上划时代的哲学家，他终结了子学时代，开启了经学时代，是经学时代的第一位哲学家。同时，董仲舒在西汉儒者中是群儒之首，代表了西汉的时代精神。董仲舒的宇宙论极大地彰显了人在宇宙间的地位。董仲舒哲学不仅为大一统的专制皇权服务，同时也对专制皇权有所限制。冯友兰还肯定了董仲舒历史哲学作为一个有系统的历史哲学的哲学史意义。即便是冯友兰曾对董仲舒哲学做了不少批判，但始终肯定了董仲舒哲学在历史发展中的进步意义。有人以为，董仲舒的哲学在以前儒家哲学中已经见到端倪，他只不过是发挥引申而已，不能算自己的哲学和新的贡献。冯友兰反对这种看法，认为我们不能轻视发挥引申，发挥引申即是进步。鸡卵变成鸡，鸡不过发挥引申了鸡卵中所已有的官能而已，然而不可因此说鸡卵即是鸡，由潜能到现实便是进步[7]。但冯友兰也指出了董仲舒哲学的一些问题，灾异理论的内在矛盾、提高精神境界的限度等等。冯友兰对董仲舒哲学的评价有别于劳思光基于心性学把汉儒包括董仲舒哲学的一些观点判定为“荒谬思想”“恶劣思想”“伪儒学”等偏颇观点，是一种较为公允的价值评判，值得我们借鉴。

参考文献：

[1] 冯友兰. 三松堂全集（第三卷）［M］. 郑州：河南人民出版社，2001.

[2] 冯友兰. 三松堂全集（第二卷）［M］. 郑州：河南人民出版社，2001.

[3] 冯友兰. 三松堂全集（第五卷）［M］. 郑州：河南人民出版社，2001.

[4] 冯友兰. 三松堂全集（第六卷）［M］. 郑州：河南人民出版社，2001：166.

[5] 冯友兰. 三松堂全集（第八卷）［M］. 郑州：河南人民出版社，2001.

[6] 冯友兰. 三松堂全集（第九卷）［M］. 郑州：河南人民出版

社，2001.

[7] 冯友兰. 中国哲学史 [M]. 北京：中华书局，1961：23-24.

本文为“2021 中国·衡水董仲舒与儒家思想国际研讨会暨中华孔子学会董仲舒研究委员会学术年会”提交的论文。

柴文华（1956—），安徽涡阳人，教授，黑龙江大学哲学学院博士生导师；张收（1990—），河南南阳人，黑龙江大学哲学学院博士生。

董学研究方法、综述

论董学研究的方法问题

——唯实主义的视角

张　珂

一、董学研究的特殊性和三重难度

在中国哲学史，甚至在世界哲学史范围内，董仲舒和董学的地位是十分特殊的，也是独特的。关于董仲舒和董学的历史事实和观念事实在历史上长期被扭曲，形成了层层累积的作伪①。

董学的特殊性也是董学研究的难度。这些难度是三重的，即历史事实的难度，观念事实的难度和方法论的匮乏。

（一）关于董仲舒和董学地位的历史事实的特殊性

1. 董仲舒可能是被了解最少和被误解和扭曲最多的哲学家

在中国历史和哲学史上，董仲舒历来是个边缘性的人物，也是充满争议的历史人物。但是，这个被边缘化的人物却是居于中国哲学史核心的人物，对中国哲学、中国历史和中国文明做出了卓越的贡献。

① 作伪是唯实主义的术语，指人为，包括官方，为了达到政治等目的，利用对信息的垄断而进行的系统的造假行为，以掩盖或者篡改事实。详见张珂《唯实主义》，人民出版社，2020 年。

2. 董仲舒的生平与历史评价深受政治因素影响

(1) 在世时的跌宕起伏

董仲舒的生平中有三个角色交织在一起，即哲学家、官员和教师。

作为哲学家董仲舒创立了庞大的哲学体系即董学。董学受到汉武帝的接纳，被打造出了中国的意识形态，成为未来两千多年的哲学、文化和意识形态的基干。

作为官员，董仲舒曾几次出任诸侯国的国相，其间饱受迫害，几次被人陷害，几乎蒙难。后因辽东庙事件被汉武帝判了死刑，后又免死但贬为庶民。

作为教师，董仲舒在致仕之后回到家乡潜心著书立说，教书育人，推广公羊学和董学，可谓桃李满天下，荫泽后人。

(2) 身后遭遇不公

董仲舒的名字被从官方文件中剔除。董仲舒在致仕之后，仍然对汉武帝的决策起到重要作用。在老家董仲舒深居简出教书育人之时，汉武帝屡次派张汤等高官向董仲舒请教国事，这些在官方文件中都被隐去。曾经为国家做出巨大贡献的董仲舒在去世之后不见国家为其颁发谥号等认可行为，而不见关于他的去世和葬礼的任何记载[①]。

更为严重的是，董仲舒的名字从历史文献中被隐形和降格。司马迁在《史记》中没有为董仲舒单独列传，只是在《儒林列传》中用两百字一带而过[②]。若非班固在《汉书》中为董仲舒单独列传，补记了《天人三策》等重要资料[③]，董仲舒与汉武帝之间的关系以及他对中国历史所做出的历史贡献或许会被永远地埋葬在作伪的层层尘埃之下。

(3) 董仲舒的哲学成果被剥夺

董仲舒受到的最大的不公并不是生死的磨难和仕途蹭蹬，而是他

---

① 参见《史记》《汉书》等史籍。

② 参见《史记·儒林列传》。

③ 参见《汉书·董仲舒列传》。

的哲学被剥夺，屡屡带到了别人，尤其是孔子头上，形成了“董冠孔戴”的现象。比较典型的例子是，作为董学的国家伦理学的核心内容的三纲五常却被后人认为是孔子提出的，被搬到了孔家店。类似的例子还有许多。

(4) 董仲舒是中国哲学史上称谓最多的哲人

不仅哲学成果被剥夺，董仲舒还遭到了历史性的贬低和污蔑，成为中国哲学史上不仅名称最多并且饱受各种污名的哲人。

董仲舒的名称包括：汉儒、阴阳家、法家、经学家、骗子，等等。董学被冠以儒家学说的一种、儒家和阴阳家的合流、儒家和法家的融合、神学、神学目的论等等①。

名称的繁杂是后人对董仲舒本人和董学不了解，无法做出正确和准确的定性的结果，折射出了董学研究历来是冷门的历史事实，更反映了对董仲舒和董学所进行的各种作伪的长期性和复杂性。

(二) 作为观念事实的董学的难度

董学研究的难度还在于董学本身。董学是个庞大的哲学体系，其中的思想十分丰富。用现代哲学的标准来划分，董学中包含天学、形而上学、历史哲学、政治哲学、法学、政治经济学、阴阳辩证法等多种方法论。事实上，在中国哲学史上没有哪一种哲学体系像董学这样深入地涉及哲学的各个部门，如此地庞大和复杂。这些复杂的部分形成了一个有机的整体，相互之间存在着系统论中的总系统和子系统以及各个子系统之间的互动关系。

董学在内容上的丰富性和在系统上的复杂性为董学研究造成了困难，在细节和整体上都要较其他哲学的研究更难。

出来庞大的体系性之外，董学中存在着大量的原创性。虽然作为饱学之士的董仲舒对先秦百家各个流派了如指掌，在著作中多有引述和论述，然而董仲舒是从扬弃的高度来看待先秦思想的，在这个基础之上董仲舒原创地创立了董学体系。

---

① 详见《董学与孔学的正本清源》的《第三十九章》。

董学的原创性赋予了董学在理念和价值观上的独立性，是具有独立价值观的哲学体系。

（三）董学研究的传统方法

董学研究的双重难度需要特殊的或者说是更有力度的方法加以有效的应对，需要具有更坚实的哲学方法论支撑的新的研究方法。而传统的哲学史研究中，方法论明显存在着不足。

1. 源流的方法不是全部

源流的方法是中国哲学史研究的普遍方法，在哲学上是发生论的方法。然而，发生论与本质有关，却不是本质的全部，甚至在一定的情境下是相互违背的。

2. 百家对号法不适用于董学

所谓百家对号法就是在中国哲学史研究中将不同哲人的概念和理念在具有相似性的情况下便将其纳入先秦百家的一种，而不去认真考辨其思想的全貌的性质。中国哲学史研究中的源流追溯与百家对号法是紧密相连的。

这种情况在董学研究中体现得十分典型。根据董学的个别概念和理念，董学被认为是儒学的一种，是阴阳学的一种，是老子哲学的一种，是法家的一种，等等。

这种削足适履的百家对号法是简单粗暴的方法，它置董学的原创性和独立性于不顾，实际上是对董学进行作伪的另一种形式。

3. 点和面的方法的局限性

（1）点和面的研究不具有充分性

对点和面的考据性的研究往往可以开来细节上的澄清，然而由于董学在内容上的丰富性和在体系上的复杂性，对其进行个别概念和理念的研究是必要的，却是不充分的。尤其是对于董学这样庞大的哲学体系，既要看到点和面，更要看到整个森林。也就是说，对于董学，还要从结构上和系统上进行总体的研究，与对点和面的研究相结合，才能对董学有准确的把握，进而挖掘出其本质。

（2）缺乏体系研究的方法论

然而，对哲学思想进行系统的体系性的研究并没有成熟的方法论可以使用和依靠。缺乏对哲学思想的系统性的研究方法是哲学方法论上的一个空白。哲学方法论的不足无法完成董学研究所面临的双重困难，即无法剥去和清除关于董学在历史事实和观念事实上的层层累积的历史性作伪。

4. 泛儒学化

所谓泛儒学化就是将中国传统哲学的许多范畴和理念在不加严格的考证和鉴别的情况下统统归于孔子，统统纳入儒学。先秦易学、阴阳学、管子或者其中的观点等都被纳入儒学，使儒学的外延不断扩大。将董学纳入儒学是泛儒学化的重灾区，而董学的许多重要观点的董冠孔戴现象更是泛儒学化的一种典型表现。

（三）董学研究的三重困难和三维性

1. 对董学地位的认定是中国哲学史的一个关键点

由于董学研究的三重困难的存在，董学是被了解很少并被作伪很多的哲学。这种情况使董学成为中国哲学史和历史中的巨大谜团。

2. 清洗历史事实上的作伪的难度最大

如果说董仲舒和董学所遭遇的种种不公有董仲舒的同僚官员和历史学家的个人因素的话，那么皇权是在幕后控制这些个人的主导。也就是说，董仲舒和董学是皇权的牺牲品，董学是被皇权刻意作伪的哲学。由于各种复杂而强大的因素，关于董学的历史事实变成了被人为严重破坏的大型考古现场，成为层次累积的作伪的重灾区。

3. 董学研究的三维性

董学研究的三重困难决定了董学研究并不是单纯的学术或者哲学史研究，并不是单纯的针对观念事实的研究，而是集学术研究、历史研究和方法论研究为一身的综合性研究。也就是说，董学研究的三重困难决定了董学研究具有三维性。

董学研究不但要剥离环绕在董学之上的这种假象和谜团，厘清董学的观念事实，还要洗刷历史上流传下来的对董仲舒和董学的各种污名和作伪。这种双重任务决定了董学研究的难度远超对其他哲人和历史人物的研究三重难度。虽然这种双重困难在其他哲人的研究中也不同程度存在，但只有在董仲舒和董学的研究上表现得如此的厚重和典型。

二、唯实主义的方法

唯实主义是以事实性为核心的哲学方法论。将唯实主义由于董学研究是用纯哲学的视角和方法来研究董学。

围绕董学的历史事实的层层作伪、观念事实的复杂性和方法论的匮乏构成了董学研究的三重困难。虽然作为哲学方法论的唯实主义具有普适性，然而在某种意义上，唯实主义是为应对和解决这三重困难而生的。唯实主义能够正面应对和解决董学研究所面临的三重困难，能够提供破解三重困难所需要的三个维度。这就是要用唯实主义来进行董学研究的根据。

（一）唯实主义的基本方法

唯实主义是以事实性为核心的系统性的研究方法。应用于董学研究的唯实主义是唯实双构的方法。作为哲学方法论的唯实主义的基本理论框架在《唯实主义》中进行了系统的阐述。

1. 现代哲学的思辨思维

使用唯实主义的方法进行董学研究意味着主要是以现代哲学的标准和思辨思维对董学进行以事实性为基础和原则的深入、严格和系统的双重解析。唯实主义不拘泥于东西方哲学的分野，不囿于各种门户和传统，不泥古不拒西不迷西，一切以事实性为唯一的准绳。如此，能够摆脱功利性和偏见，以事实性为唯一的原则和方法。

从研究对象的分类上看，唯实主义可分为观念唯实主义和历史唯实主义。观念唯实主义是以人类的观念和思想为研究对象的方法论，主要针对哲学史和思想史的系统研究。历史唯实主义是以人类历史和行为为研究对象的方法论，适用于历史学、人类学和考古学等。

2. 作为历史事实的时代性

哲学是具有超越时空的超然性的，又是具有鲜明的应用性的。哲学都是在特定的时代背景下产生的。哲学的一个重要功能就是为时代所面临的困境和危机提供全面的解决方案。董学更是如此。董学产生于深陷各种危机的西汉初期，董学的出现就是为了解决这些危机而提出来的一整套方案。因此，准确和全面地了解董仲舒所处时代的历史事实，尤其是当时所面临的各种困境和危机，对于理解董学具有重要的意义。

这点虽然是老生常谈，但却与“主流”的对当时时代状况的判断具有很大的不同。西汉前期并不存在所谓的“文景之治”，而是一个皇权摇摇欲坠，国家缺乏意识形态，饱受匈奴帝国欺凌和羞辱的时代，是个危机四伏而又不知所措的时代。

3. 事实性、归零重启法和唯实双构

根据唯实主义的事实性原则，归零重启法和唯实双构在确认、剥离和清除围绕在董学之上的各种作伪是必要的方法。归零重启法就是将史籍和后人对董仲舒和董学的评价悬置，即归零，然后根据董学的观念事实进行挖掘，在得到关于董学的核心概念和理念的准确和完整的事实之后再重建针对董学的核心概念和理念的定位和评价，恢复董学的本来面目。

归零重启法的过程就是唯实主义对董学的核心概念和范畴以及核心理念进行的深入的唯实双构的过程。唯实双构包括唯实解构和唯实重构。归零法和根据董学的典籍探求其观念事实的过程就是唯实解构，而根据这些新发现的事实对董学和董仲舒进行重新评价和定位的过程就是唯实重构。

归零重启法是抛开传统、抛开门户、抛开百家流派而对董学进行纯粹的哲学研究和评判的至关重要的第一步，是客观研究董学的必不可少的方法论前提。而在归零和重启之间，归零则更为重要。如果无法做到归零，便无所谓重启，便无所谓对进行单纯的哲学研究。

4. 观念事实

对于董学来说，对其观念事实的唯实解构包括点和面两个层次。

点就是对董学的核心概念和范畴根据唯实主义的原则所进行的唯实解构。董学在《春秋繁露》等著作和文章中所阐述的观点，如忠、孝、义等等与孔学和后人流传的观点大相径庭，需要改进观念事实进行重新的整肃和清理。

面就是对董学的核心理念根据唯实主义的原则所进行的唯实解

构。同董学的核心概念和范畴一样，董学在其著作中所表述的理念与孔学和其他儒家的观点在本质上是不同的，却被后人反复作伪，以至于与董学的本意相去甚远，需要进行整肃和清理。

对点和面的唯实双构是对董学结构性和体系性进行唯实双构的重要组成部分，也是纠正董冠孔戴等现象和对董学与孔学进行正本清源的重要内容。

5. 历史事实

对董仲舒在世时与汉武帝的互动和复杂的关系是正确和准确认识董学的历史功能和贡献的不可或缺的重要维度。作为独领风骚的哲学家，董仲舒与千古一帝汉武帝进行过巨人间的合作，导致了中国历史上的巨大变革，创立了“公羊模式”。董仲舒也受到汉武帝的迫害，险些罹难。两个巨人之间的关系对于董仲舒个人的命运产生了跌宕起伏的冲击，也在很大程度上影响了中国历史的进程。

在很大程度上，厘清董仲舒与汉武帝之间的复杂关系是解开董学和中国哲学史之谜的关键，也是对董学和孔学进行正本清源的重要内容。

6. 观念事实和历史事实的有机结合

唯实主义对于观念事实和历史事实的理论恰好可以针对围绕在董仲舒和董学之上的种种作伪进行唯实解析，具有直接的对象性和目标性。

由于董学的复杂性，仅靠观念事实或者历史事实都无法全面而准确地了解和理解董学，只有将两者进行有机地结合起来才能有效地对董学进行唯实双构。

7. 哲学的本质在价值观

通过对事实性的哲学构建，唯实主义认为哲学的本质在于价值观，价值观是进行哲学鉴别的根本依据。个别概念和理念并不能体现一种哲学的本质，能够体现哲学本质的只能是价值观。这是唯实主义的一个重要原则，也是确立董学相对于孔学和儒学的独立性，对澄清董学与孔学的不同本质以及两者之间的关系进行重新定位的根据。

（二）对董学唯实双构的层次性

1. 董学的核心概念和范畴

对董学的核心概念和范畴的唯实考证和唯实解析是董学研究的砖瓦，是董学研究的基础研究和基本研究，缺少这些砖瓦是不能建立起董学研究的大厦的。关键在于，对董学的核心概念和范畴的研究和构建一定要建立在牢固的事实性基础之上，杜绝断章取义、人云亦云、以偏概全、“顺水推舟”和“敲敲补补”等现象。

例如，忠是董学的国家伦理学的重要概念，然而长期以来董学的忠被认为是孔学的忠，形成了董冠孔戴现象。通过唯实双构可以对忠进行正本清源式的澄清和纠正。

2. 董学的结构性

董学是个具有复杂的内在结构性的庞大的哲学体系。这种结构性是建立在董学的核心概念和核心理念的基础之上的，而同样重要的是将这些砖瓦连接起来的逻辑线索，通过内在的逻辑线索可以将这些砖瓦有机地联系和构造起来，发现董学的内在的结构性。因此，虽然对董学的核心概念和核心理念的唯实双构十分重要，然而对董学的结构和体系的唯实重构同样是必不可少的。

董学的结构就是董学的各个部分，即形而上学、历史哲学、政治哲学、伦理学和方法论之间的相互关系，而天人合一哲学就是将各部分有机地构建成结构性的重要的逻辑线索和链条。通过这条逻辑链条，董仲舒将其形而上学、历史哲学、政治哲学、国家伦理学和教化论等部分有机地联系成了一个整体，形成了具有统一的逻辑性和结构性的哲学体系。

3. 董学的系统性

观念唯实主义认为，哲学的体系性分为两个层次，即理念层次和形式层次。理念层次集中体现哲学理念的逻辑性和体系性，形式层次则集中于哲学理念所涉及的不同哲学领域之间的结构性、逻辑性和体系性[①]。

董学包含了是个庞大的哲学体系，具有典型的体系性，体系性中的理念层次和形式层次在董学中都有典型的体现。体系性不仅是董学的重要的本质特征，也是董学与其他中国哲学的重要区别。董学的体系不仅包含哲学的主要领域，而布局合理，逻辑严密，在构建了结构性的同时，也形成了环环相扣的体系。即使是按照当今的哲学标准来审视，仍然堪称卓越。

因此，研究董学必须具有针对其体系性的体系观，从宏观布局上纵览董学的整个体系，不仅要探究董学的理念层次，也要发掘出形式层次。只有这样才能发现董学中的各个核心概念和核心理念的功能和意义，从而把握董学的本质和真正的价值观。

4. 与孔学的唯实比较法

对于董学来说，孔学是个绕不开的参照系，在很大程度上成了哲学意义上的“他者（the otherness）”。如果说孔学与董学存在着巨大的观念事实上的不对称性的话，那么在历史事实的层面上两者则通过历史性的层层累积的作伪在核心概念、核心理念和历史功能上紧密地纠结在了一起。因此，与孔学的唯实比较是董学研究绕不开的课题和方法，是对董学的本质的判断和董学与孔学以及其他哲学思想的关系的认定是个十分关键的问题。

唯实主义的唯实比较法为将董学与孔学进行全面而深入的系统比较提供了理论框架和具体的方法，在核心概念、核心理念上进行了深入而系统的体系性的唯实比较。将董学与孔学进行体系性的唯实比较可以更加清晰董学的本质的同时，也可厘清董学与孔学的真正关系，体现出中国哲学史的层次性和立体性。

虽然作为哲学思想，董学与孔学不具有对应性和对称性，然而在董学与孔学之间进行全面而深入的唯实比较仍然具有重要的哲学意义和哲学史意义。在《董学与孔学的正本清源》一书中，董学与孔学的

① 参见张珂《董学与孔学的正本清源》（上册）。

唯实比较在核心概念、核心理念、方法论、体系性等方面全面而系统地展开。

5. 中国哲学史的立体性

通过对董学与孔学的唯实比较，我们发现了中国传统意识形态和哲学史的立体性。

传统的中国哲学史都是流水账式的，平面的。而《董学与孔学的正本清源》认为由于董学的历史存在和贡献具有十分重大的哲学和历史意义，董学与孔学的互动使中国哲学史呈现出立体性的独特的内在特征。以董氏公羊学和公羊道成为皇权主义的独家统治秘籍，秘不示人，而以孔学的形象代言人的儒学则面向读书人和大众，形成了等级严格的等级制的意识形态结构。

中国哲学史的立体性体现在中国哲学史的双重结构之上，是建立在对董学与孔学的本质和其不同的意识形态功能的确认之上的。

三、唯实主义研究方法的发现

《董学与孔学的正本清源》是利用唯实主义的方法和原则来唯实双构董学和孔学并以董学为核心唯实重构中国哲学史的一次实践，也记录了关于董学的本质的一些发现。包括，董学与孔学是本质不同的哲学思想；先秦之后的中国哲学史是以董学为核心和主轴的哲学史；等等。这些发现与传统的观点有所不同，有些还具有颠覆性，但它们都是建立在严格的事实性基础之上的。

参考文献：

司马迁. 史记［M］. 杭州：浙江古籍出版社，2000.

班固撰，汉书. 中州古籍出版社，1996.

董仲舒著，钟肇鹏主编. 春秋繁露校释（校补本）（上下）［M］. 河北人民出版社，2005.

王维堤、唐书文撰. 春秋公羊传译注［M］. 上海：上海古籍出版社，2005.

张珂．唯实主义［M］．北京：人民出版社，2020.
张珂．董学与孔学的正本清源［M］．北京：人民出版社，2021.

本文为“2021中国·衡水董仲舒与儒家思想国际研讨会暨中华孔子学会董仲舒研究委员会学术年会”提交的论文。

张珂（1966—），男，山东济南人，沈阳城市学院辽河文化研究院教授，哲学博士。

“聚力融合　协同发展”①

——河北省董仲舒研究会2020学术年会暨儒商文化研讨会综述

曹迎春　崔明稳

2020年12月19—20日，“聚力融合　协同发展——河北省董仲舒研究会2020学术年会暨儒商文化研讨会”隆重召开。此次年会由河北省董仲舒研究会主办，衡水学院、衡商总会、衡水市继创者联合会承办。来自省内外各高校和科研机构的专家学者、各社会团体的研究人员、衡水市儒商代表以及董子故里文化管理部门的部分人员参加了此次会议。

与往年相比，此次学术年会呈现出两个显著的特点：其一，跨界交流，融合共赢。研究者和企业家共聚一堂，交流对话；来自高校和科研机构的学者，也不再限于文史哲领域，而是包含了法学、管理学、经济学等诸多学科。其二，成果丰硕，新说凸显。会议提交的文章，主要围绕“董仲舒思想”与“儒商文化”展开研究。对董仲舒思想进行了多方面的精深辨析，对儒商文化进行了全方位的思考探研。

①　基金项目：本文为国家社会科学基金重大项目（项目编号：19ZDA027）；河北省社会发展研究课题（项目编号：20200402007）；河北省教育厅人文社会科学研究重大课题攻关项目（项目编号：ZD202125）阶级性成果。

一、主旨演讲

中山大学教授、博鳌儒商论坛理事长黎红雷作了题为《企业儒学对董仲舒儒学的吸收与转化——以“五常”为例》的主旨演讲。黎教授提出了董仲舒儒学和企业儒学的“两个定位、三个共同点”，即董仲舒儒学是中国历史上第一个以儒学为基础构建的国家治理哲学体系，企业儒学是一个以儒学为基础构建的企业治理哲学体系，二者有着共同的思想渊源、学术旨趣、运用对象。

中国继创者联盟执行主席杨宗岳做了题为《做新时代董子文化和儒商精神的继创者》的主旨演讲。杨主席提出“董子文化、儒商精神、衡商精神”三位一体的说法，并认为继创者应该继承董子文化、儒商精神，增强爱国情怀、勇于创新、诚信守法、承担社会责任、拓展国际视野。

石家庄市社会科学院社会法律所所长邢洪儒教授作了题为《董子政治儒学的思想精髓及时代价值》的主旨演讲。邢教授指出，董仲舒建构起一个集“天地”“阴阳”“道统”“规则”等百家学说与儒家“三纲五常”高度融合的大一统理论，将政治儒学提高到了一个新的发展水平，不仅对中国封建社会的政治演进发生了深远影响，而且对新时代协调推进中国特色社会主义“五位一体”总体布局、统筹推进“四个全面”战略布局、总揽“四个伟大”具有重要的现实意义和时代价值。

河北师范大学秦进才教授作了题为《正谊明道与董仲舒义利观关系新探》的主旨演讲。秦教授指出，正谊明道是仁人的标准，与董仲舒义利观没有关系。到了宋代，朱熹赋予了正谊明道义利观的内容，之后随着宋明理学的发展，正谊明道才逐渐与义利观联系在一起，并成为中国古代义利观的典型语言，广泛传播到社会的诸多领域。

二、儒商论坛

此次会议的儒商论坛主题是“儒家商道与后疫情时代的企业应对”。黎红雷教授作了题为《新儒商　新挑战——新冠疫情之下的新儒商精神》的主题报告。黎教授认为，新冠疫情的考验彰显了新儒商精神的价值，弘扬新儒商精神是弘扬中华优秀传统文化的重要内容，培育新儒商是中华民族伟大复兴的重要保证。黎教授指出博鳌儒商论坛工作的重心应该实现从表彰新儒商到培育新儒商的转移，培育千万新儒商，为中华民族伟大复兴的大厦担当企业界的坚强栋梁！

河北地质大学苗泽华教授作了题为《后疫情时代易之儒商精神挖掘与塑造》的主题报告。苗教授运用易经智慧对“儒商”进行解读，提出了“上善若水”与“自强不息”是新时代儒商精神的两大核心价值，初步构建了诚实守信、守正创新、风月同天、义以生利、需求管理、润人润己的新儒商精神及其价值体系，并提出了培育新时代儒商的思路与措施。

三、分组研讨

与儒商论坛同时进行的是分组研讨。本次大会共收到论文 83 篇。根据论文主题，讨论分为 6 场，主要围绕“董仲舒思想研究”和“儒商文化研究”两个主题进行。

（一）董仲舒思想研究

关于董仲舒思想研究的论文，主要围绕董仲舒思想的基本问题、历史影响、现代价值及董子文化的普及开发、董子故里的地域文化等进行研究。这些董学研究成果，既立足学术，又结合现实，对董仲舒思想进行了创造性转化和创新性发展。下面择其主要观点进行概述。

1. 对董仲舒思想基本问题的研究

（1）哲学思想研究

张茂泽的《论董仲舒的中和思维》认为，董仲舒提出天人感应说，建立了汉朝人的精神家园，实际上也提供了一套基于“本元”的“中和”思维方式，作为人们思考问题、认识事物、实践活动的方法指导。魏彦红的《董仲舒“为人者天”释析》认为，“为人者天”是董仲舒关于人循天道应遵守的总则。白立强的《董仲舒天人哲学及其人文价值》认为，董仲舒的天人合德思想蕴含着两方面的人文价值：在个体意义上，客观上以正反双向维度形成了对人的主体性建构的潜在性永恒培固；在整体意义上，以朝向理想社会的旨归而型构着现实社会的良性秩序。张晓周的《因声致诚：董仲舒“深察名号”新论》认为，董仲舒的“深察名号”依据的是声训的训诂方法，体现出董仲舒思想中信仰与理性的双重维度。许敬辉的《董仲舒人性论的再思考》认为，汉儒论性的诸家之中，董仲舒志在论性以成就当时的政教，将人性分解为阳善阴恶的合体，正式把人性看作客观的论题。李占稳的《董仲舒五行思想及其意义》认为，董仲舒创立了五行相生说，用五行相生理论揭示尊卑上下的历史渊源，构建儒家“忠”“孝”等人伦准则。常睿的《〈春秋繁露〉——理性与神性交织的逻辑之境》认为，董仲舒的《春秋繁露》虽属于“政治哲学思想体系”，但其中所蕴含的理性与神性交织的逻辑才是其学术思想的核心价值。马晴晴、孙斌的《数量词与〈春秋繁露〉中的几个自然科学问题》认为，董仲舒讲“天人一”，不是简单的比附与组合，而是以“数”作为耦合天人之间相互联系的核心介质，将二者有机联系起来。

（2）政治思想研究

金周昌的《董仲舒的儒学文化共同体设计》认为，董仲舒用阴阳五行思想解释历史，用“华夷之辨”激发共同体意识，从而构建起共同体理念。王征的《董仲舒“德主刑辅”治理理念探究》认为，董仲舒“德主刑辅”思想缓解了阶级矛盾，解决了秦王朝遗留的许多历史问题，为后世处理德治与法治问题提供了很好的理论依据。徐日辉的《略论董仲舒“天人三策”为汉王朝治国理念的创新与发展》认为，董仲舒为加强王权和延续大一统中央集权，创新了周公以来的治国理念，其“天人三策”的核心是创新“礼”和“治”。李祥翔的《变革还是执守——董仲舒政治思想探究》认为，董仲舒的政治思想既有对于常、经的执守，又有对于变、权的追求，但变革只是手段，执守才是目的。董仲舒的政治思想就是通过变革来实现统一，以变革维护汉朝的长久统治。续晓梅、冯江峰的《〈公羊春秋〉政治运行规则研究》一文，以《公羊春秋》和《春秋繁露》为依据，以天、君、臣、民四者之间的关系为研究对象，探讨了《公羊春秋》所确立的政治运行规则。赵宜聪的《〈春秋〉灾异中的董仲舒阴阳五行学说》指出董仲舒选取灾异事件常将有失君德、臣德、妇德之事作为主要材料，这与其“三纲”思想正相对应。张银霏的《论董仲舒灾异思想中人的处境》认为，在董仲舒的天人理论中，身处上位的国君面对灾异时只能“奉天法古”；处于下位的臣民则可以适当地违逆天意。王孝庭的《在朝与在野：先秦两汉儒家道统的延迟效应——从“丧家犬”到“王佐之才”》认为，董仲舒杂糅道、法、阴阳等学说，实现了儒家开始走向经学化与正统化的新转变。刘贵生的《董仲舒“贵微重始”说的内涵及其现实意义》认为，董仲舒提出“贵微重始”之说，提醒统治者要善于体察、及早判知、敬畏天地、顺天行事。耿春红的《“独尊儒术”意蕴浅说》认为，“儒术”既是理论又有实用，是理论和工具的完美结合。

（3）伦理思想研究

桑东辉的《董仲舒“三纲”思想及忠德观念麈议》认为，董仲舒对“君为臣纲”极其重视，提出了忠君道德，并通过对忠德的论证，使得“三纲”思想逐渐占据国家意识形态的思想阵地。高一品的《〈春秋繁露〉的“德”观念研究——论董仲舒政治运行的德行要求》认为，董仲舒的《春秋繁露》中的“德”不是伦理之德，而是政治之德。天、圣人、君主、臣民，这四者之德形成有机关联，在政治领域中不同角色各尽其职分，才能达到和谐统一的状态。

（4）教育思想研究

任艳的《王教圣化：董仲舒名学视域下的政教思想》认为，董仲舒推进了“名”的政治内涵，使得“名”从思想概念转变为具体的政治手段。代春敏的《董仲舒教化思想的天道伦理内涵》认为，董仲舒以天论教，其教化思想处处体现了对天人之道的敬畏和仰望。薛志清、彭佳的《汉代学风管窥——从董仲舒“三年不窥园”说起》认为，以董仲舒为代表的思想家将人才培养和量材授官制度化，功名利禄成为学子勤勉发奋的动力。

（5）法律思想研究

李清章、薛洁、李江杉的《董仲舒法律思想的形成渊源及其构成机理》认为，董仲舒重构的君臣机制、礼法一体以及重视教化和判例的作用，在中国法制史上留下了深刻印记。罗秋霞、刘正的《董仲舒礼法结合思想研究——基于“春秋决狱”的案例》认为，董仲舒春秋决狱的主要特征是：注重主观动机；以情说理，赋予判决人性化的特征；德法结合，抑制用刑从重。马文杰的《董仲舒儒学思想对法律儒家化的进程推动——汉代法律中的“阴阳家言”》认为，以董仲舒儒学思想为指导的汉代法律中表现出了阴阳家思想的许多特征。赵立新、赵悦的《汉代法律儒家化与董仲舒的影响探析》认为，董仲舒将儒家思想融入司法活动、立法活动当中，走上了法律儒家化的道路。武占江的《引经决狱与儒法法律文化的融通》认为，董仲舒在推动儒学成为官方意识形态的过程中，对儒家进行了一定程度的法家化解释。

（6）生态思想研究

代春敏的《循天之道以养其身——董仲舒的天道生命观》认为，董仲舒所讲的循天“养身”，是一种养身与养德、治身与治国和谐统一、内外兼修的整体的“生命保养”。张鹏的《大地伦理视域下的董仲舒生态思想探析》认为，董仲舒提出了“天人感应”思想，强调人与自然生态的和谐相处，这与美国生态学家利奥波德的大地伦理学说可谓异曲同工。

（7）文本研究

张延国的《〈春秋繁露〉串解》认为，《春秋繁露》是一本传统的“春秋学”经典，其内容和范围要超过《春秋公羊传注疏》，并将《楚庄王第一》分为若干个章节进行详细论述。曹迎春的《从“不遇”到“不朽”——董仲舒〈士不遇赋〉讲读与解析》一文，首先对董仲舒的《士不遇赋》进行逐句讲读，然后从艺术形式、写作手法、情感、思想等角度进行解析。

(8) 学术史研究

王松的《民国学人对董子学的认识：以〈学衡〉为中心》认为，《学衡》杂志注重不同学派之间的联系，对董子学认同而不盲从，务求儒学体系的统一。把增强的《关于加强董仲舒学术史研究的思考》一文，从学术史的角度，对董仲舒研究提出建议，指出董仲舒研究的整体学术史需要关注。

以上文章，从哲学、政治、伦理、教育、法律、生态、文本、学术史等不同的角度，对有关问题进行了基础性研究，明确了其概念与内涵，提出了自己的看法，为后来的研究打下了基础。

2. 对董仲舒思想历史影响的研究

张思齐的《李白对董仲舒思想的积极继承与诗性表达》，从文学的角度，阐发了董仲舒对李白的影响，提出李白对董仲舒的倾慕，源于其对《春秋繁露》一书的熟读、记忆和运用。王文涛的《孔子圣化的观念史考察》，从儒学史的角度，指出在孔子神圣化的过程中董仲舒的重要作用。杨智雄的《董仲舒符瑞灾异思想与中唐天人之争论析——以韩、柳、刘为考察中心》，马元元、任克宁的《董仲舒的限田思想与宋代限田实践》，王瑞蕾的《宋代监狱探析》3 篇文章分别从董仲舒的哲学、经济、法律思想对唐宋时期的影响入手进行研究，阐明继承关系，剖析时代差异，使董仲舒思想的历史影响得以具体呈现。

3. 对董仲舒思想现代价值的研究

吴金生、吴昊的《董仲舒新儒学思想的文化特质、历史贡献与当代价值》认为，从文化特质的视角考察董仲舒新儒学思想，有助于充分认识董仲舒的历史贡献和当代价值。陈世新的《天人感应与构建人类命运共同体研究》认为，董仲舒提出的天人一体思想、命运共同体理念，对构建以合作共赢为核心的国际关系具有十分重要的价值。刘炳煌、左秀芹的《董仲舒的天人感应学说与中道哲学思想的发展与应用》认为，传承董仲舒的中道哲学思想，可以用于处理人与人的关系、人与社会的关系、人与自然的关系。刘道岭的《董仲舒大一统治国范式对我国当下治国方略的镜鉴》认为，借鉴董仲舒的大一统治国范式有助于理解意识形态领域思想统一的重要性和理论创新的必然性。高春菊的《董仲舒治世思想的现代价值》认为，借鉴董仲舒的治世思想，有助于坚持以人民为中心的执政理念。张家智的《科学借鉴董仲舒思想，努力构建社会治理新格局》认为，董仲舒的社会治理思想对当前构建自治、法治、德治“三治融合”的社会治理体系有着重要的启示作用。辛红军的《董仲舒治国理政思想对中国共产党推行以德治国策略的影响》认为，董仲舒治国理政思想对于当前推进国家治理体系和治理能力现代化具有重要的借鉴意义。王洪英的《董仲舒德政思想对当前推进国家治理体系现代化的影响》认为，董仲舒的民本思想可以为当今民生建设提供传统思想支持。王荣亮的《董仲舒民本思想对以人民为中心发展思想的历史借鉴研究》认为，董仲舒的民本思想对中国共产党“以人民为中心”的思想具有重要的历史借鉴意义。安桂玲的《〈春秋繁露〉的教化思想对后世从教者的启示》认为，《春秋繁露》中的教化思想有助于启发教师注重自身修养、细化教育过程，为学生树立榜样。郑艳芳的《董仲舒“必仁且智”修养观的现实意蕴》认为董仲舒“必仁且智”的人才修养观对于人才培养、教师修养等方面都具有重要的现实意义。

以上文章，立足于现实，从多方面探讨董仲舒思想的现代意义。这说明董仲舒思想虽然相隔两千年岁月，但依然能够与现实社会进行对话，能够与现代思想产生共鸣，能够在新时代焕发蓬勃生机。

4. 对董子文化普及开发的研究

李爱云、吴海涛的《清唱剧〈董仲舒〉歌词创作及其价值探究》，曹迎春的《趣说董子（三句半）》，王文书的《绘本〈董仲舒与西汉政治〉文案》，分别以清唱剧、三句半、绘本的形式，艺术地再现董仲舒的一生和主要思想。杨英法、郭广伟的《“文化衡水”建设中董子文化资源的数字化经营研究》则从技术的角度为董子文化的普及开发支招，指出必须对董子文化资源做数字化经营。

5. 对董子故里地域文化的研究

这方面的研究主要有董观堂的《枣强王寿村董氏渊源考》和田卫

冰的《清季衡水地区州县书院教育》两篇文章。这类文章因为缺乏资料，写作十分不易，作者用发现的眼光，对族谱、县志进行了仔细的耙梳、整理。

（二）儒商文化研究

关于儒商文化的文章，主要围绕儒商的宗旨和价值、董仲舒思想与儒商理念两个方面进行研究。

1. 儒商的宗旨和价值

黎红雷教授的《当代儒商的宗旨与使命》将当代儒商的宗旨概括为“道创财富，德济天下”，使命概括为“以儒促商，以商兴儒”。景三郎的《文化战略：儒商促进文化产业发展的“四层论”概述》，从文化产业开发的角度，提出并解析了国学产业化“四层论”和“五纬体系”。杨英法、郭广伟的《以儒商精神助推中国产品和服务“走出去”研究》，提出了中国产品和服务走向世界，应该汲取儒商文化精髓。靳晓娜的《试论儒商“以人为本”的管理之道》从管理学的角度，阐述了儒商“以人为本”的管理之道。

2. 董仲舒思想与儒商理念

董旭楼的《董仲舒天人合一思想与企业八大系统》认为，董仲舒的天人合一思想，对于当代企业的运行和管理具有指导意义。任国征的《董仲舒研究助推新儒商话语权构建》认为，董仲舒研究将对新儒商话语权在内容层面进行转换，从而使其更容易被民众理解、接受。孙斌、马晴晴的《董仲舒义利观与儒商商业理念的内在联系——以〈春秋繁露〉为中心》认为，应该把董仲舒的义利观与新儒商商业理念结合起来，倡导商业行为中“公利”价值的实现。李章军的《试论儒商发展的几个历史阶段》认为，董仲舒提倡“不与民争利”，并用自己的一生践行了“正谊明道”的儒家正道，为儒商树立了人生楷模。

本次“河北省董仲舒研究会 2020 学术年会暨儒商文化研讨会”的成功举办，既为董子思想的现代转化提供了机遇，为董学研究的落地生根提供了土壤，又有助于用董子智慧增强企业凝聚力，用董子精神提高行业竞争力；既为传统的董学和儒学研究提供了更多新的视角，开拓了研究的广度，又为董学和儒学研究注入了新的力量，激发了研究的活力，真正凸显出“聚力融合，协同发展”的大会主题。

原载于《衡水学院学报》2020年第2期。

曹迎春（1976－），女，河北景县人，衡水学院学报编辑部教授，历史学博士。

崔明稳（1974－），女，河北衡水人，衡水学院学报编辑部教授。